禅宗语录鉴赏辞典

新一版

上海辞书出版社

图书在版编目(CIP)数据

禅宗语录鉴赏辞典 / 麻天祥主编. —上海：上海辞书出版社，2022 （2025.1 重印）

ISBN 978-7-5326-5756-8

Ⅰ.①禅… Ⅱ.①麻… Ⅲ.①禅宗-语录-中国-词典 Ⅳ.①B946.5-61

中国版本图书馆 CIP 数据核字(2021)第 273784 号

CHANZONG YULU JIANSHANG CIDIAN

禅宗语录鉴赏辞典

麻天祥　主编

责任编辑　张　恬
装帧设计　王铁颀
责任印制　王亭亭

出版发行　上海世纪出版集团
上海辞书出版社(www.cishu.com.cn)
地　　址　上海市闵行区号景路 159 弄 B 座(邮政编码：201101)
印　　刷　上海展强印刷有限公司
开　　本　890 毫米×1240 毫米　1/32
印　　张　19
字　　数　545 000
版　　次　2022 年 12 月第 1 版　2025 年 1 月第 3 次印刷
书　　号　ISBN 978-7-5326-5756-8/B·337
定　　价　118.00 元

本书如有质量问题，请与承印厂联系。电话：021-66366565

主　编

麻天祥

编　委

李志军　姚彬彬　戴雯炯　李　明　沈　庭　宋海霞

凡 例

一、本书共收鉴赏 267 篇。

二、本书包括原文、注释、鉴赏三部分。原文主要以《大正新修大藏经》中收录的经文为底本，包括《五灯会元》《出三藏记集》《高僧传》《续高僧传》《宋高僧传》《景德传灯录》《联灯会要》《嘉泰普灯录》《天圣广灯录》《建中靖国续灯录》《指月录》等，并参阅其他相关书籍作为补充文本。

三、禅宗以直指人心，顿悟成佛为旨归，它所指向的是不可言传的“本心”之理境。故鉴赏文字除要求语言准确、活泼生动、晓畅明白外，更重要的是对言外之意的揭示。除此，对语录作者及其历史背景进行了扼要的考证和说明。

四、本书所选文本根据时间顺序编排，以人物作为划分，收录禅宗发展史各个时期颇具代表的人物的相关语录及公案。编排为“史前传说与禅宗开创”“慧能下一世”“慧能下二世”“慧能下三世”“慧能下四世”“慧能下五世”，共六卷。

五、本书使用简体字，在无对应简体字或者可能产生歧义时，酌用繁体字或异体字。

六、因各位编委分头写作，行文风格和某些观点可能不尽一致。在不涉及硬伤和原则性问题的前提下，尊重学术个性，不做硬性统一。

前　言

一

佛教传入中国，或断之两汉之交，或断之汉来桓灵，禅亦与之同步。作为外来文化的移植，首当其冲的便是本土化或者说中国化的问题。应当说，佛教中国化是在魏晋时期完成的。禅和禅宗思想无疑是中国化的产物，是中国思想文化的范畴。

普遍认为，禅是梵文 Dhyāna 之翻译。禅，本音 shàn，意为祭天、传代；Dhyāna 读作 Dān Nā，意思是静虑。无论从读音上说，还是从字义上讲，禅和 Dhyāna，均不相对应。也就是说，禅的选用既非音译，也非意译，翻译的本身，就带有创造性。正因为如此，禅字屡经变迁，发音变作 chán，意思也由原来的静虑变成内涵越来越丰富的、全新的哲学范畴，或者说是新的文化概念。

推源溯始，Dhyāna 之意来源甚古，古印度《奥义书》(Upanishads)中便有类似的意思，其名曰“瑜伽”(Yoga)。此字是印度文与日耳曼文的混合，有枷或驾之义，英文谓之牛軛，引申为联系、合一，或者干脆就是管束的意思。中华旧籍和佛教典籍也有译作“相应”的，如《瑜伽焰口施食要集》云：“三业相应，故曰瑜伽。”但在古印度，瑜伽特指一种修行方法，所谓枷、驾，实为制服奔驰、奋发的情欲的方法。据汤用彤先生考订，瑜伽之法原有二，一是苦行，二是持心。持心即禅定也。这种被称为 Yoga 的禅定之术，在佛教未创立之前，已经盛行古印度次大陆。释迦牟尼出家之前，就曾从学于瑜伽师，先练苦行，后修禅定。正因为如此，佛教兴起之后，便吸取了瑜伽理念，把信、精进、思维、定、慧,统统视为通往瑜伽之路。《瑜伽经》四卷中的第一卷,便是讲述禅定之性质和目的的。后来佛家干脆把瑜伽纳入佛法,而以 Dhyāna 名之。

由此可见,Dhyāna 本意与 Yoga 驾驭、管束之意相近,即所谓持心,尽管它也强调追求真际之智慧,实际上突出的还是实现内心修养的“定”的工夫。胡适曾指出:“总的来说,印度的禅……都是入定”,“印度禅重在定”①,算是对印度禅(即 Dhyāna)言简意赅的概括。

作为“定”和“静虑”意思的 Dhyāna,在佛教传入中国后,被翻译为“禅”,可以说一直没有丢弃它的本意。僧界和汉译佛典中“禅”“定”连用,尤其特指这一冥心虚寂、御心摄意的方式。特别在佛法传译过程中,对禅的理解,大多还是沿袭印度 Dhyāna 的本意,包括被称为禅宗初祖的菩提达摩在内。

毫无疑问,在达摩来华之前,禅法已流行于汉和魏晋。南北朝时期慧皎(497—554)所记《高僧传》,已有二十个习禅的。东汉至魏晋,也有许多关于禅的翻译佛典行世。可以这样认为,早在达摩来华前四五个世纪,随着佛教的传入,Dhyāna 也就被译为“禅”而引介到中国并流行开来。“禅定”一语,虽不见于最早翻译的《四十二章经》,但有“诵经”“行道”等,似为“禅”之古译②。

应当承认,汉、魏士大夫多受庄老思想的熏染,而“通习华言”“宣译众经,改梵为汉”的安世高也不能不受其思想的影响。于是,他就选择了《庄子·寓言》中的“禅”字,也就把他的思维从狭义的“定”中解放出来了。庄子说:

> 万物皆种也,以不同形相禅,始卒若环,莫得其伦,是为天均。天均者,天倪也。

禅字显然是从此处挖出来的。禅的内涵也从原来的不确定性开始,不断扩充起来。胡适断定:印度瑜伽传入中国,一方面“越变越简单”而发展为中国禅宗,另一方面却发展成为烦琐的唯识哲学③。

---

① 胡适:《中国禅学之发展》,见《胡适说禅》,东方出版社,1993 年,173、175 页。
② 汤用彤:《汉魏两晋南北朝佛教史》,中华书局,1983 年,67 页。
③ 胡适:《禅学古史考》,见《胡适说禅》,东方出版社,1993 年,98—99 页。

胡适的结论也可以说是“大胆地假设”。但有一点可以肯定：传译时期引介的禅法，仍然在瑜伽的思维框架中运作，与禅宗的“禅”是没有太大关系的。不过，中国人创造性的翻译——禅字的选择应用，却为后来者提供了创造性思维的可能性，使“禅”意距印度 Yoga 和 Dhyāna 愈来愈远，而与中国禅宗思想越来越近。

二

禅的大众化，就是中国化佛教的大众化，在思想内容上，实际是庄老思想的大众化，而其发端在慧能（638—713）之《坛经》。《坛经》以通俗易懂的语言，阐述了已经中国化的禅的思想。无论在理论，还是在心性实践上，其目的或者方法，均强调一切时中，在行住坐卧中实现禅的创造性思维，把深奥难解的庄老哲理，一变而为简洁明快的语言，借助担水劈柴、吃饭睡觉之类的方法，使之在社会各阶层不胫而走。同时，倾心成佛的超越追求，也变成了实现“吃饭睡觉拉撒”的普通人的自我完善。简单地说就是思想语言的大众化，和见性成佛的普遍性。因此可以说《坛经》不仅完成了中国禅宗思想的建设，而且也推动并实现了中国禅学的大众化。

关于禅宗思想的发端、禅宗思想的真正创始人，尽管有弘忍（602—675）、慧能和神会（668—760）等不同说法，对禅宗思想也有各种不同的诠释；但是，以《坛经》为禅宗的根本经典，即禅宗思想本源，或者更准确地说，作为禅宗的基本理论，是没有异议的。

透过《坛经》故事，考察其中蕴含的思想，一言以蔽之曰“见性成佛”。这一理论简单明了，易懂易记，而且雅俗共赏。平民百姓不因它雅而深奥敬而远之，士人官绅也不因其俗而简洁不屑一顾，原因就在它既是贴近生活的通俗说教，又是思深义密、情理交融的玄奥思辨。

它告诉人们自性本来清净，只要返观自心，就能够“即时豁然”而“顿现真如本性”，即所谓“识心见性，自成佛道”。这种基于自然主义的还本之说，是禅宗思想的显著特征。

概而言之，禅宗思想是围绕着“见性成佛”的宗旨而展开的，可以归纳为两个方面：

一是依性本清净的自然主义，充分发挥“但行真心”的随缘思想，即所谓“青青翠竹，尽是法身；郁郁黄花，无非般若”①“触目是道”“放下即是”等；

二是以否定性的思维，扩充其超越精神。即离相、离念、离言，“理超四句，体绝百非”，“说似一物即不中”等。

需要说明的是，经过传译的禅，在庄老思想的改造下，一则寄心玄远，以自我意识，追求居于现象界二元对立之上的绝对本体，并以本体强固自我意识，实现个体与本体的合一（即所谓成佛或觉悟）；二则排斥苦行苦修的方法和清规戒律，这与以佛祖为崇拜对象，以刻苦自励为修身入道的方法，以清规戒律为行为规范的佛教制度是很不相同的。所以，应当说：

以《坛经》为代表的禅宗思想是庄老化的哲人之慧，而不是佛教徒的立身行事！

三

综上所述，有以下几点值得注意：

一、“禅”字作为翻译名词，与佛教传入同步。此字取诸《庄子·寓言》。

二、“禅”字对于Dhyāna既非音译，也非意译，而是形、声结合，意义引申和转化的创造性产物。在意义上，早期主要还是指印度Yoga和Dhyāna定心、摄意与断灭知见的方法，但已经有意识地从《庄子》中借用了，实际上也是创造了一个意思模糊、具有不确定性的“禅”(chán)②字，并不断地赋予它庄老思想的内涵。禅宗思想是庄老哲学的大众化。

三、禅在早期，已经具有两个方面的内容：一是类似印度Yoga和Dhyāna以“定”为核心的修习方法，有人称之为禅定，有人谓之禅法，或谓之习禅之禅；二是已经产生庄老化，特别是庄子化的哲学范畴，禅宗思想正是在这一基础上发展起来的。作为修习方法的禅，在以后近二千年的禅宗史上始终与作

---

① 牛头成语，源出三论。

② 何时由shàn音转为chán音，难以详考。大概与巴利文Jhāna读音有关。即脱落最后一个元音。

为哲学范畴的禅同时存在。歧义并存,研究禅宗思想尤应注意予以区别。

四、禅的智慧既非战场上的金戈铁马、针锋相对、硝烟弥漫;也不是情场上的爱恨情仇、缠绵悱恻、悲欢离合;更不是利禄场上的熙熙攘攘、利来利往、机关算尽。而是同日常生活中柴米油盐、衣食住行、言谈举止等琐细小事休戚相关的大智慧。

五、中国化、大众化和现代化的禅,以鲜明的自然主义倾向,教人在一切时中自净其心,做一个无生死可怖、无涅槃可得的寻常人。其行为方式、关注结果均面向现实和平民大众。但是,寻常是无造作、无凡圣的寻常;其核心还是现实时空的超越与现实生活的神圣。

六、由此可见,禅是不可言说的,不落言诠的;又是日常的,平实的。故禅师接人,贵在不说破,习禅者贵在自得。于是,机锋棒喝,扬眉瞬目,或者指东画西,或者缄口不言;或方言俚语,或诗词歌赋;或直说,或曲说;吹拉弹唱,呵祖骂佛,无所不用其极,在禅的历史上留下了许许多多令人回味无穷的经典故事。这些故事生动鲜活,又如露如电,如梦如幻,美不胜收。

上海辞书出版社邀我组织编撰禅宗语录鉴赏辞典。如是重托,理应竭力,然鸿篇巨制,绠短汲深;光阴荏苒,难以为继,零光片羽,敬呈读者。不敢说是抛砖引玉,权且当作问路之石。

是为之序。

麻天祥

目　录

卷一、史前传说与禅宗开创

七　　佛

七佛传心

古佛应世，绵历无穷，不可以周知而悉数[①]也。故近谭贤劫[②]，有千如来[③]。暨于释迦，但纪七佛。案《长阿含经》[④]云："七佛精进力，放光灭暗冥。各各坐树下，于中成正觉。"又曼殊室利[⑤]为七佛祖师。金华善慧大士[⑥]登松山[⑦]顶行道。感七佛引前，维摩[⑧]接后。今之撰述，断自七佛而下。

毗婆尸佛。偈曰：

身从无相中受生，犹如幻出诸形像。幻人心识本来无，罪福皆空无所住。

尸弃佛。偈曰：

起诸善法本是幻，造诸恶业亦是幻。身如聚沫[⑨]心如风，幻出无根无实性。

毗舍浮佛。偈曰：

假借四大以为身，心本无生因境有。前境若无心亦无，罪福如幻起亦灭。

拘留孙佛。偈曰：

见身无实是佛身，了心如幻是佛幻。了得身心本性空，斯人与佛何殊别？

拘那含牟尼佛。偈曰：

佛不见身知是佛，若实有知别无佛。智者能知罪性空，坦然不怖于生死。

迦叶佛。偈曰：

一切众生性清净，从本无生无可灭。即此身心是幻生，幻化之中无罪福。

释迦牟尼佛，姓刹利⑩。……说法住世四十九年。后告弟子摩诃迦叶："吾以清净法眼涅槃妙心实相无相微妙正法，将付于汝，汝当护持。"并敕阿难，副贰⑪传化，无令断绝。而说偈言：

法本法无法，无法法亦法。今付无法时，法法何曾法。

（《景德传灯录》卷一）

〔注释〕 ① 周知而悉数：全部了解而清楚每一个。 ② 贤劫：所谓"劫"，是佛教的时间观念，分为小劫、中劫和大劫。二十小劫为一中劫，四中劫（成、住、坏、空）为一大劫，一小劫为一千六百八十万年。据佛经所云，现在世界处于"住劫"的第九小劫，此劫有千佛出世。因为贤圣众多，故称"贤劫"。 ③ 如来：是梵文"多陀阿伽度"或"多陀阿伽陀"的意译，为佛的别称之一。 ④《长阿含经》：后秦佛陀耶舍、竺佛念译。是早期佛教的基本经典之一，汉传佛教四部《阿含》之一。因所集各经篇幅较长，且所说事实多涉及长远过去事，故名。全经分四分四诵，二十二卷，共收三十部经。属部派佛教时期法藏部所传经典。 ⑤ 曼殊室利：即文殊菩萨，在佛教诸菩萨中象征聪明智慧。曼殊，意为美妙、雅致；室利，意为吉祥、庄严。 ⑥ 善慧大士：即傅翕（497—569），南朝梁时人，字玄风，号善慧。又称傅大士、双林大士、东阳大士或乌伤居士。其传世著作有《心王铭》、《语录》四卷、《还源诗》等。生平颇多神异传说。 ⑦ 松山：即今浙江义乌云黄山。 ⑧ 维摩：即维摩诘，传说中的佛教大居士，智慧广大，辩才无碍，佛教有《维摩诘经》即叙述他的事迹。 ⑨ 聚沫：聚在一起的泡沫。 ⑩ 刹利：即刹帝利种姓，为印度王族。 ⑪ 副贰：辅佐。

〔鉴赏〕 禅宗历史传说的形成，颇像史学家顾颉刚所说的"层累地造成"，越到后世，传说越加丰富古远。自慧能开创宗派后，先追认了中土的六代祖师；后世又在中土六代之上编撰了"西天八祖""二十八祖"的谱系；再后来，在二十八祖之前又追溯到上面这个“七佛传心”的故事。这些，无外都是后世僧人意在使禅宗的传法谱系不断完整严密，且追加的年代越古，就越显得神圣。《景德传灯录》由七佛叙起，按佛教的说法，如毗舍浮佛是庄严劫的最后一尊佛（第一千尊），当时人寿六万岁；拘留孙佛是贤劫第一尊佛，当时人寿四万岁；迦叶佛是贤劫第三尊，当时人寿还有二万岁。这样，禅宗的历史几乎可以无穷尽地延长了。这种做法，也是历史上各大宗教凸显自身优越性的一种常见方式，正如日本学者忽滑谷快天所言：“（前六佛）仿释迦佛之传而作，痕迹昭昭，其记事千篇一律，可证成出于一人之笔。”（《中国禅学思想史》〔上〕，大象出版社 2017 年版，第 85 页）

就思想的考察而言，七佛传心的故事究竟出于何时何人之手，未必重要。七佛之偈语，表达的无外都是身心如幻如化、外境虚幻不实的大乘佛教“般若性空”的简单道理。所谓“般若”，即佛教所言智慧。所谓“性空”，其实也就是对于宇宙万象存在的一种否定精神——不仅身体是假象，心灵也是假象；不仅恶是假象，善也是假象；不仅生是假象，灭也是假象。世俗所言的“佛”也好，“佛法”也好，在究极的佛教真理层面，无外全是虚幻的假名。《金刚经》说：“法尚应舍，何况非法”，其中的道理，也就是释迦传法偈中所谓的“法本法无法”；反过来，“无法”也就是“法”，故谓“无法法亦法”。“无法”之境界，无形无相，“说似一物即不中”。

在禅宗看来，言诠文字，乃至三藏十二部经典，都不是真谛本身，只是促使众生开悟的方便手段。禅的境界，认为佛与众生本无差别，众生本来已具足佛性。禅不在西天净土，也不在三藏经典中，只需唤醒内心深处的本真，便是开悟。所谓的“本心”“真心”“真如心”“本来面目”“无位真人”等，都是通过对世间万有的彻底否定，破除一切世俗思维方式之羁绊，体认“实相非相”之后所激扬出心灵本真的呈现，这也即是“禅”。

（姚彬彬）

摩诃迦叶尊者

拈花微笑

世尊在灵山会上拈花示众。是时众皆默然,唯迦叶尊者破颜微笑。

世尊曰:“吾有正法眼藏①,涅槃②妙心,实相无相③,微妙法门,不立文字,教外别传④,付嘱摩诃迦叶⑤。”

(《五灯会元》卷一)

〔注释〕 ① 正法眼藏:佛法谓正法,朗照宇宙谓眼,包含万有谓藏。 ② 涅槃:佛教修行所拟达到的最高理想,一般指超越生死轮回后的境界。 ③ 实相无相:佛教认为万有皆空、心体本寂,所以世间万相无外都是“造作之相”或“虚假之相”,就本质(也就是“实相”)而言,其实还是“无相”。 ④ 教外别传:禅宗以本宗为“以心印心”不立文字所传,故为“宗门”;其他佛教派别都是通过经典而传承义理,皆被禅宗称为“教下所传”,本宗则为“教外别传”。 ⑤ 摩诃迦叶:“摩诃”意译为“大”。迦叶为佛陀座下弟子,号称“头陀第一”,以苦行闻名。

〔鉴赏〕 禅宗二十八祖之传说自慧能弟子神会始,最早有八世说,后世又有二十三世说、二十四世说、二十五世说、二十八九世说。唐人所作碑传中,各说皆有,不可胜举。又有依据僧祐《出三藏记》中之萨婆多部世系而立五十一世说的。自佛陀时代到“东土初祖”菩提达摩间的历史长达千年,如果世系太少(如八世)或太多(如五十一世),显然皆不甚合乎情理。后人经过不断折中调和,渐统一为二十八祖之说而为众所公认。在二十八世的谱系中,有的人在佛教史上是实有的,也有不少向壁虚构的人名。其初祖,则被定为释迦牟尼的弟子迦叶。

举凡关于禅宗传法渊源的传说,应以这则“世尊拈花,迦叶微笑”的故事最具文学色彩与象征意义。其作为典故,亦多见于后世的诗文作品中。流风所及,乃至于当代风靡一时的武侠小说中,可谓人人耳熟能详。但这则传说的流传并非很久远,成书于北宋景德年间的《景德传灯录》中尚无此记载,较后的李遵勗《天圣广灯录》中始有“如来在灵山说法,诸天献华,世尊持华示众，迦叶微笑。世尊告众曰：吾有正法眼藏，涅槃妙心，付嘱摩诃迦叶，流布将来，勿令断绝”之说。《天圣广灯录》中的这则故事也从未见诸禅宗灯录外的佛教经书，唯有《宗门杂录》中说起王安石曾经见到出处：“余顷在翰苑，偶见《大梵天王问佛决疑经》三卷，因阅之，所载甚详。梵王至灵山，以金色波罗花献佛，舍身为床座，请佛为众生说法。世尊登座，拈花示众，人天百万，悉皆罔措，独有金色头陀破颜微笑。”不过，这则记载本身便是僧人的耳食之言，未必可信。且《大梵天王问佛决疑经》世所不传，虽近代曾于日本发现，但据该国学者考证，该经应系伪经。因为无译者名，无请回日本的祖师名，藏经目录不载。且文字往往颠倒，内容亦多不符史实。“即使能够考实，也只能证明曾见于文字，不能证明曾见于事实。”（张中行《禅外说禅》，中华书局 2012 年版，第 143 页）但总而言之，将这则故事断为中国人的创作，应无太大疑问。

这则传说将“拈花微笑”作为禅的高深意蕴，虽难以找到其印度佛教的思想渊源，但可与中国道家认为大道作为宇宙最高真谛难以用语言表述的理念相印证，如《老子》中的“道可道，非常道”“大音希声”等。《庄子·秋水》中更谓：“可以言论者，物之粗也；可以意致者，物之精也；言之所不能论，意之所不能察致者，不期精粗焉。”对此郭象注：“求之于言意之表，而入乎无言无意之域，而后至焉。”这里的“无言无意之域”事实上正是“实相无相”的“涅槃妙心”之所在。

毫无疑问，“不立文字”的说法与庄老玄学中的“得意忘言”之境可谓若合符节，后世文人“庄禅”常常连用，显然已有见于此。禅宗思想在本质上，可以说是一种“大众化的庄老哲学”，这一点，在拈花微笑的故事中已经表现得淋漓尽致。

（姚彬彬）

马鸣大士

有作无作

十二祖马鸣大士者，波罗奈国人也。亦名功胜，以有作无作[①]诸功德最为殊胜，故名焉。既受法于夜奢尊者，后于华氏国转妙法轮[②]。忽有老人，座前仆地。祖谓众曰：“此非庸流，当有异相。”言讫不见。俄从地涌出一金色人，复化为女子，右手指祖而说偈曰：“稽首长老尊，当受如来记。今于此地上，宣通第一义[③]。”

（《五灯会元》卷一）

〔**注释**〕 ① 有作无作：典出《大宝积经》：“何等名为二圣谛义。所谓有作及以无作。”“有作”谓在世俗上的作为，在佛教看来是不究竟的；“无作”谓在佛教解脱道上的作为，是出世间的真实解脱法门。 ② 转妙法轮：佛教谓宣说教法为转法轮。 ③ 第一义：即第一义谛，大乘佛教谓难以用世间言语表达的最高真理。

〔**鉴赏**〕 禅宗西土二十八祖之说法，自是后世禅僧“攀龙附凤”（胡适语）所编造的谱系。在这个谱系中，被禅宗标榜为十二祖的马鸣，是生活在公元100至160年间的佛教文学家，中天竺人，出身婆罗门种姓，皈依佛教前研读婆罗门教典籍，以辩论为事，难逢对手，后与佛教的胁尊者对论，终被折服而皈依佛门。入佛门后，他穷究三藏，遍读内外典籍，平生著述甚多。在现存之汉文大藏经中署名马鸣撰者有《大庄严经论》《佛所行赞》《大乘起信论》《大宗地玄文本论》《事师五十法颂》《十不善业道经》《六趣轮回经》《尼乾子问无我义经》等八部。其他未译为汉文的有《美难陀传》《舍利弗传》《赖吒和罗》《苏摩达多》等戏剧作品。据现代学者考证，《佛所行赞》及未汉译的传记确为马鸣的作品，其著作以诗文辞藻见长。

禅宗之所以将马鸣视为祖师，主要是因为汉传佛教中有一部重要典籍《大乘起信论》与他有关。据近人考证，《大乘起信论》是南朝时不知名者所造，为引起重视而托名马鸣。该书对中国佛教发展影响非常深远。《起信论》提出一心开二门之说，以为世俗谛的“生灭门”与胜义谛的“真如门”皆为一心开出，提出觉悟的“本觉”真心是生成一切万法的根源。谓“念无自相，不离本觉。譬如迷人，依方故迷。众生亦尔，依觉故迷。若离觉性，则无不觉”。强调佛性的“当下即是”与“一切具足”，其途径则是“自信己身有真如法，发心修行”。《起信论》中认为证悟佛理只是返观“自心”的体验过程，这种“真心本觉说”深刻地影响了后世的禅宗。诸如慧能之师弘忍开创“东山法门”,提倡“守心第一”,“守心”从根本上说,就是“守本真心,妄念不生”,这种思想即出自《起信论》真心本觉说。慧能的《坛经》更提出“直心是道场”,这里的“直心”便脱胎于《起信论》中透过生灭门直下悟入真如本心的方法。后世禅师,对于《起信论》亦多加推重。

总之,因《起信论》的“本觉说”是禅宗的顿悟说的一个重要理论依据,故禅宗将《起信论》托名的作者马鸣尊为本宗祖师,也就在情理之中了。

(姚彬彬)

龙树尊者

无福无报,不死不生

十四祖龙树尊者,西天竺①国人也,亦名龙胜。始于摩罗尊者得法,后至南印度。彼国之人,多信福业。祖为说法,递相谓曰:“人有福业,世间第一。徒言佛性,谁能睹之?”祖曰:“汝欲见佛性,先须除我慢。”彼人曰:“佛性大小?”祖曰:“非大非小,非广非狭。无福无报,不死不生。”彼闻理胜,悉回初心②。

(《五灯会元》卷一)

〔注释〕 ① 西天竺:关于龙树的出生地,在《龙树菩萨传》中为南天竺:“龙树菩萨者,出南天竺梵志种也。” ② 初心:指初发心愿学习佛法。

〔鉴赏〕 龙树(约150—250)是印度大乘佛教史上杰出的论师,也是中观学派(空宗)的奠基者。出身于婆罗门种姓,出家学佛后,先学小乘三藏及大乘教,后游历南天竺,得国王之护持而大弘佛法,并折服无数其他教派的学者。著述有《中论》《大智度论》《十二门论》等数十种。龙树是大乘佛教承先启后的奠基者，在佛教史上地位崇高。由于他的思想创举，使印度佛教的教义体系达到了鼎盛阶段。印度大乘两大系统之一的中观宗（即大乘空宗，另一系统是后出的阐释唯识思想的“瑜伽宗”），便是绍述龙树思想的学派。在中国，由于大乘佛教思想的传播如风偃草，各宗均尊龙树，故有“八宗祖师”之称。

龙树的哲学思想，要之在于建立了“二谛”学说，认为作为“胜义谛”的佛法高妙究竟而不可言说，一落言诠，便非真实。但他又不否认世间知识（世俗谛）的合法性，认为世俗言说，虽非真理本身，但亦算是一种方便法门，可以作为一种实现见道的工具，故曰“不依世俗谛，不得第一义”。贯穿于龙树思想体系中的，是一种不落两边的“中道”精神，而“中道”又是需要通过否定一切世间幻象和错误认识才能开启，他在《中论》中阐扬的“八不”之偈颂说：

不生亦不灭，不常亦不断。
不一亦不异，不来亦不出。
能说是因缘，善灭诸戏论。
我稽首礼佛，诸说中第一。

这便是大乘佛教“空观”的具体表述，对于世间的一切分别观念，均作否定，希图达到无分别之心境，最终悟入实相。显然，后世禅宗提倡不落言诠，不入两边，直显心性的教义，应在这种思想中得到了颇多的启示。本段语录中“非大非小，非广非狭。无福无报，不死不生”，显然便是从这首“八不”偈颂中引申而出的。与龙树思想密切相关的，阐扬大乘空观的经典《金刚经》，被慧能以后的禅宗视为心要法门，慧能本人，正是从《金刚经》“应无所住而生其心”句下大悟。龙树所阐扬的诸如“无住”之类的空观否定精神与道家“无为”之旨的相互符契，奠定了后来禅宗“平常心是道”“日日是好日”之类的立足世间而又超脱世间的思想意趣。可以说，禅宗思想正是以道家自然无为宗旨为文本的理解前提，对龙树中观学说的一种新的诠释。

（姚彬彬）

道 安 大 师

四 禅 妙 止

安般[①]者，出入也。道之所寄，无往不因[②]；德之所寓，无往不托[③]。是故安般寄息[④]以成守[⑤]，四禅[⑥]寓骸以成定也。寄息故有六阶[⑦]之差，寓骸故有四级[⑧]之别。阶差者，损之又损之，以至于无为[⑨]。级别者，忘之又忘之，以至于无欲也。无为故无形而不因，无欲故无事而不适。无形而不因，故能开物；无事而不适，故能成务[⑩]。成务者，即万有而自彼[⑪]。开物者，使天下兼忘我也。彼我双废者，守于唯守也。故《修行经》[⑫]，以斯二法[⑬]而成寂。得斯寂者，举足而大千震，挥手而日月扪，疾吹而铁围[⑭]飞，微嘘而须弥[⑮]舞。斯皆乘四禅之妙止，御六息之大辩[⑯]者也。

（《安般注序》）

〔**注释**〕 ① 安般：即安那般那、阿那波那，印度禅法中注意吸气呼气的修定方法。“安那”为入息，“般那”为出息，具体而言就是通过控制呼吸而达到体悟佛教的神秘经验。 ② 因：沿袭，因循。此句谓万事万物均循道而行。 ③ 托：寄于，存于。这里是援用《老子》“道生之而德畜之”之语来理解禅法的微妙。 ④ 息：呼吸。 ⑤ 守：守意。即持守心意而不放纵。 ⑥ 四禅：谓印度禅法的四个阶段，又作四禅定、四静虑。每一阶段下面还有更细的分支。 ⑦ 六阶：坐禅时的六种止观法门，即数、随、止、观、还、定。 ⑧ 四级：即四禅。⑨ 损之又损之，以至于无为：此句出自《老子》第四十八章、《庄子·知北游》，“损”意谓放弃执着，只有放弃一切执着，才能到达“无为”之境。后句“忘之又忘之，以至于无欲也”与此意近，均试图以道家无为自然之旨去理解禅定的奥妙。 ⑩ 开物成务：典出《周易·系辞上》，“开物”谓通晓万物之理，“成务”谓由此得以做好各种事务。 ⑪ 自彼：始于彼。⑫《修行经》：即《修行道地经》，为西晋竺法护译，系纂集诸经所说瑜伽禅定观行之要义而成。 ⑬ 斯二法：指无为、无欲。 ⑭ 铁围：即铁围山，佛教认为四大部洲之外，有铁围山环绕，周匝如轮，故名。 ⑮ 须弥：即须弥山，古印度神话中位于世界中心的山，此说被佛教沿用。 ⑯ 六息之大辩：此句典出《庄子·逍遥游》“御六气之辩，以游无穷者”。“六息”

即“六气”,具体指阴、阳、风、雨、晦、明;“辩”通“变”,指变化。

〔鉴赏〕 印度小乘禅法,为安世高于东汉桓帝时(147—167)始传中国,至东晋道安(312—385)集其大成。道安师承后赵国师佛图澄,慧解过人,生平著述甚多,开创般若学之“本无宗”,并完善僧制,是佛教中国化历程中承先启后的奠基者。汤用彤指出:“自汉以来,佛教之大事,一为禅法,安世高译之最多,道安注释之甚勤。一为《般若》,支谶、竺叔兰译大小品,安公研讲之最久。”(《汉魏两晋南北朝佛教史》,武汉大学出版社2008年版,第130—131页)道安对大小乘两系佛法均造诣甚深。小乘禅法,也就是禅数学,是他思想中的重要组成部分。禅数学重在习定修观,是谓其“禅”;而斯学常将佛教的基本理论用编排数字的方法进行归纳,如五阴、十二入、十八界等,称“法数”,合而谓之“禅数”。大约在348至365年间,他以阐扬禅法为主,并为安世高所译的《阴持入经》《大十二门经》《人本欲生经》《修行道地经》等写序作注。

东晋之时,玄学兴盛,时人所理解的佛法,均以庄老义理为背景,此段文中道安以《老子》之“道”“德”范畴表述安般之寄寓,又以庄老“无为”“无欲”思想说明禅定的意义,并以《周易·系辞》“开物成务”之说比喻禅定所达到的境界,显然皆与玄学的思想方法联系在一起。至于形容禅定奥妙境界“举足而大千震,挥手而日月扪;疾吹而铁围飞,微嘘而须弥舞”之语,更为后世所习用。显而易见,这与《庄子·逍遥游》中“乘天地之正,而御六气之辩,以游无穷”之境界,诚有异曲同工之妙。道安所理解的禅法,从一开始便有意无意地携带了中土玄理的诠释维度。

道安对禅法的理解,尚有一重要特色,他将大乘般若学的性空之理与小乘禅观之境界论联系起来,这种方式在以往的佛教中是从未有过的。他在《道行经序》中说:“大哉智度!万圣资通……千行万定,莫不以成。”在道安看来,“千行万定”不出乎止观二行,这都需要借助般若而成就。以止观贯通诸行,又以诸行联系般若,二者相辅相成、相互统摄,即以般若为千行万定的基础,反过来又通过千行万定成就般若。正如汤用彤指出的,“安公可谓自禅观以趣于性空者也”“安公之空,发于禅也”(《汉魏两晋南北朝佛教史》,第169页),视禅定境界即为般若智慧之呈现。这样,他使禅法不再仅为印度佛教中强调神秘经验的“定”，更联系到了般若空观的“慧”。

综上而言，道安对“禅”的理解方式，兼具“庄老化”的理解风格和“重在慧”的创造性诠释，显然已为中国禅宗的建立开启先路。

（姚彬彬）

竺道生大师

顿悟成佛

生[①]既潜思日久，彻悟言外[②]，乃喟然叹曰：“夫象以尽意，得意则象忘[③]。言以诠理，入理则言息。自经典东流，译人重阻[④]，多守滞文[⑤]，鲜见圆义[⑥]，若忘筌取鱼[⑦]，始可与言道矣。”于是校阅真俗，研思因果，乃言善不受报，顿悟成佛。又著《二谛论》《佛性当有论》《法身无色论》《佛无净土论》《应有缘论》等。笼罩旧说，妙有渊旨，而守文之徒，多生嫌嫉，与夺[⑧]之声，纷然竞起。

（《高僧传》卷七）

〔注释〕 ① 生：即竺道生。 ② 言外：超越语言表述范围的微妙道理。 ③ 得意则象忘：“意”谓精神实质，“象”谓表面现象。谓领略了精神实质后就扬弃了表象。 ④ 重阻：重重险阻。 ⑤ 滞文：笨拙的文字表述。 ⑥ 圆义：圆满的奥义。 ⑦ 忘筌取鱼：即得鱼忘筌。喻目的达成后就忘了本来所凭借的工具。 ⑧ 与夺：褒贬。

〔鉴赏〕 竺道生(355—434)是东晋义学高僧，僧史多尊称“生公”。少年时依竺法汰(320—387)出家，随师姓竺。中年游学，后拜于鸠摩罗什(344—413)门下，得其看重，罗什门下有四圣、十哲等称，道生皆予其列。除了在罗什门下研习大乘空宗之学，道生对涅槃佛性之说亦深有所造，他是魏晋南北朝时期佛学中般若学转向佛性论的枢纽性人物。当时全本的《大般涅槃经》尚未传入南方，南朝只有六卷《泥洹》流传，是全本的一部分，其中说“除一阐提皆有佛性”，“一阐提”指断除了善根的恶人，也就是认为有一部分众生是不存在佛性的。但道生仔细分析经文整体的义理，主张“一阐提人皆得成佛”才是涅槃佛性说的根本思想。当时的保守僧团认为他的说法违背经论，故将他摈出僧众。道生遂入吴中的虎丘山，传说他曾聚石为徒，讲到阐提有佛性之义时，群石皆为点头(《佛祖统纪》)。南朝宋元嘉七年(430)以后，全本《涅槃》传入南朝，其中果然有“一阐提人有佛性”的说法，于是众皆服之。所谓“一阐提人有佛性”，也就是“一切众生皆有佛性”，这一思想后成为中国佛学主流各宗的共同基石，无论天台、华严，还是禅宗，均以此说为标榜。

道生的顿悟成佛之说对后世禅宗思想有直接的影响。大乘佛教一般认为，修持佛道有严格的阶梯，是所谓“菩萨十地”，需要通过一点点的努力渐次升进。后名僧支道林(314—366)等提出，修至十地中的第七地后，方达到了一个顿悟阶段，后世把这种说法称为“小顿悟”。至道生则更进一步，他提出，所谓顿悟，即是寂鉴微妙，不容阶次，一达斯境，便是与佛道相契无间的豁然大悟。后世称此种顿悟义为“大顿悟”，如南朝陈慧达所撰《肇论疏》卷上曾记载：“竺道生法师大顿悟云：夫称顿者，明理不可分，悟谓照极。以不二之悟符不分之理，理智悉称，谓之顿悟。”显然，道生大顿悟之说，是南北朝时期的中国佛学对于印度传统佛教的又一种“创造性诠释”，这种诠释风格，此处的记载已经明确提示是受到庄子哲学“得鱼忘筌、得意忘言”(《庄子·外物》)的心性空明之境的启发。这距离后世慧能“故知一切万法，尽在自身中；何不从于自心，顿现真如本性”(《坛经》)的顿修顿悟之说，恐怕也就只有一步之遥了。

(姚彬彬)

僧肇大师

有由心生

夫有由心生，心因有起，是非之域，妄想所存，故有无殊论[①]，纷然交竞[②]者也。若能空虚其怀，冥心真境，妙存环中[③]，有无一观[④]者，虽复智周万物[⑤]，未始为有，幽鉴无照[⑥]，未始为无。故能齐天地为一旨，而不乖其实；镜群[⑦]有以玄通[⑧]，而物我俱一[⑨]。物我俱一，故智无照功；不乖其实，故物物自同[⑩]。

（《注维摩诘经》卷五）

〔注释〕 ① 有无殊论：此谓因为人们执着于“是”“非”之类的世俗分别观念，所以认为存在“有”“无”的不同。 ② 纷然交竞：指不同思想派别间纷乱地相互争斗。 ③ 环中：圆环的中心点。语出《庄子·齐物论》，谓泯除一切是非之境。 ④ 有无一观：把有或无看成是同一而没有差别的。 ⑤ 智周万物：典出《周易·系辞上传》，谓对于天下万物无所不知。 ⑥ 幽鉴无照：幽鉴，谓明察，喻智慧。谓不用智慧去观照任何事物。 ⑦ 镜群：镜，喻心灵。“镜群”谓种种不同的人心认识。 ⑧ 玄通：谓与天道相通。典出《老子》。 ⑨ 物我俱一：泯除了主体与客体的分别。典出《庄子·齐物论》：“天地与我并生，而万物与我为一。” ⑩ 物物自同：谓各种事物在究竟的意义上是相同无分别的。

〔鉴赏〕 东晋高僧僧肇（384—414），京兆（今西安）人。少年时雅好庄老，后因阅《维摩诘经》皈依佛门。出家后不久，他便以“善解方等、兼通三藏”知名于世。西域大师鸠摩罗什入华后，他便随之就学，为罗什最初，也是最为器重的弟子。后秦弘始三年（401），僧肇随师至长安，协助罗什入西明阁及逍遥园翻译佛典，朝夕请益，所学大进。弘始六年（404），《大品般若经》译出后，他撰《般若无知论》，凡二千余言，罗什阅后大加赞赏。生平主要著述，为《物不迁》《不真空》《般若无知》《涅槃无名》四论，此四论后世合称为《肇论》，其中的《涅槃无名论》是否为僧肇所撰，学界迄无定论。

僧肇生平尽得罗什空宗之学，深契印度般若中观之妙义，不过，他对般若的诠释，因其个人趣向与时代文化精神的影响，自始至终以庄老玄学的思想系统为理解前提。僧肇的思想属于中国化佛学，抑或说是玄学系统思想的发展环节。汤用彤曾指出，罗什以后，僧肇之学为“印度学说之华化”，而“仍属玄学之系统”，这体现在僧肇作品的玄学风格的语词文体，以及贯彻其思想的中国风格的体用思维中（参见《汉魏两晋南北朝佛教史》，第225—228页）。吕澂也提出，《肇论》思想在词句和思想上都“与玄学划不清界线”，因为印度中观只重认识论而不讲宇宙论，而僧肇的《不真空论》等作品中经常出现“审一气以观化”这样针对宇宙论所说的文辞，不知不觉地走进了玄学的圈子（参见《中国佛学源流略讲》，中华书局 2014 年版，第 102 页）。要之，佛教传入中国后，对于般若中观之学的庄老化诠释，当由僧肇开启先河。

本段语录中，僧肇从本体论的高度来认识“心”的作用。他认为因“是非之域，妄想所存”而产生世人“有无”的虚妄分别，这些皆由心体而衍生，故谓“有由心生”；反过来，心灵亦因这些本来不真的外境的影响而存续下去，故谓“心因有起”。如何才能超越有无，达到无分别的真实理境呢？僧肇强调“若能空虚其怀，冥心真境”，最终自然可体悟到“天地与我并生，而万物与我为一”的“物我俱一”之境。这是用《庄子》中齐物哲学的“一往平等之谈”（章太炎语）对中观学“有无双遣”思想的诠释，并将超越性的主体寄托在“冥心真境”的真心之上。显然，般若中观思想通过僧肇庄老化的诠解，构成了与后世禅宗相通的桥梁。僧肇尚谓“妙理常一，语应无方，而欲以无方之语，定常一之理者，不亦谬哉”（《注维摩诘经》），认为真实境界中玄妙之理体，绝对唯一，世间的言语则有其局限性，难以描述。此种“绝言忘虑”之思想，亦深契西晋郭象注《庄子》中所阐“求之于言意之表，而入乎无言无意之域”的道家玄理，更已显后世禅宗“不立文字”之“法超言象”之宗趣矣。

（姚彬彬）

菩提达摩[①]

达摩见梁武帝

（菩提达磨）十月一日至金陵。帝[①]问曰：“朕即位已来，造寺写经，度僧不可胜纪，有何功德？”祖曰：“并无功德。”帝曰：“何以无功德？”祖曰：“此但人天小果，有漏[②]之

① 编按：“达摩”亦作“达磨”，佛教文献中有两种写法，本书“鉴赏”部分统一写作“达摩”，引文则依原文照录。

因,如影随形,虽有非实。”

帝曰:“如何是真功德?”祖曰:“净智妙圆,体自空寂,如是功德,不以世求。”

帝又问:“如何是圣谛第一义③?”祖曰:“廓然④无圣。”

帝曰:“对朕者谁?”祖曰:“不识。”帝不领悟。

祖知机不契⑤,是月十九日,潜回江北。

(《五灯会元》卷一)

〔**注释**〕 ① 帝:指梁武帝。 ② 有漏:为“无漏”之对称。漏,乃流失、漏泄之意;为烦恼之异名。佛教认为人类由于烦恼所产生之过失、苦果,使人在迷妄的世界中流转不停,难以脱离生死苦海,故称为有漏;若达到断灭烦恼之境界,则称为无漏。 ③ 圣谛第一义:指佛教的最高真理。 ④ 廓然:形容远大空寂。 ⑤ 机不契:谓与梁武帝不相契合。

〔**鉴赏**〕 菩提达摩是禅宗所追认的“东土初祖”,为南天竺人(一说波斯人)。不过,早期史实上所记载的达摩与后世禅宗所叙述的事迹颇有出入。近代学者胡适、汤用彤等根据较早的佛教典籍《洛阳伽蓝记》和《续高僧传》中的记载考证,达摩于南朝刘宋时期来华,抵达南越(今广东一带),并于刘宋末年(约470—479)北上,游化于伊洛(今洛阳一带)。在华生活了五六十年而故去。在可靠的记载中,其平生并未见到梁武帝。至于后世禅宗所传,达摩于梁武帝时期来华,继又“一苇渡江”北上,“九年化去”。其平生还有面壁少林、只履西归乃至于精通武术等说法,皆逐渐形成于8至9世纪乃至于更后的时代。很显然,禅宗所传说的达摩,乃是经过宗教神圣化改装过的形象。

关于历史上的菩提达摩的思想,据《续高僧传》所载,其教人有“理入”与“行入”二途。所谓“理入”者,“藉教悟宗,深信含生同一真性。客尘障故,令舍伪归真,凝住壁观,无自无他,凡圣等一,坚住不移,不随他教,与道冥符,寂然无为,名‘理入’也”。即相信众生皆有佛性,一切平等,重视禅坐入定的精神训练。而所谓“行入”者,有“四行”,为报怨行、随缘行、无所求行、称法行,都是强调日常无禁欲的苦行工夫。达摩传法所本之经典,为南朝宋译之四卷《楞伽经》,他曾语于慧可:“我观汉地,惟有此经,仁者依行,自得度世。”(《续高僧传·慧可传》)其后世弟子多自称为“南天竺一乘宗”。但当时中土佛教学者不甚重视其学说，唯有“领宗得意者，时能启悟”。

菩提达摩虽有禅师之名，但此“禅”非后世禅宗所说之“禅”。这是印度的梵文中称 Dhyāna 的，以“定”为核心的修习方法，国人谓之为禅定或禅法。这种“禅”，目的在于通过一定方式的心理上的反观体察而诱发潜意识层面的宗教经验。佛教之三学戒、定、慧，其中的定学，主要就是以禅法行之的。在印度，禅法的修行实践并不限于佛教，其渊源更是早于佛教的产生。无论是各派婆罗门正统哲学，还是耆那教等沙门思潮，都有其各具特色的一套禅法。应该说，作为 Dhyāna 之禅，可以代表印度文化之一典型。而后来的禅宗实际创始人慧能所理解的“禅”与此大不相同，《坛经》明确指出禅并不在坐，“外离相为禅，内不乱为定”，强调的乃是精神的自由与超越。虽袭用早期“禅”这个词汇，但是思想实质已经脱胎换骨了（参见麻天祥《中国禅宗思想发展史》，武汉大学出版社 2007 年版，第 3—4 页）。近人胡适对此有比较清晰的划分，即“印度禅重在‘定’；中国禅重在‘慧’”（胡适《中国禅学的发展》，武汉大学出版社 2008 年版，第 40 页）。

包括这则达摩见梁武帝的传说在内的后世禅宗所创作的故事中，都是用后世中国禅的精神去塑造达摩的形象的。在这则故事中，梁武帝颇以平生大规模造寺写经为功德；达摩则指出，这类事情只能获得“人天小果”，也就是只能求得来世的善报，并非佛教真实究竟的解脱之道，故说“无功德”。而真正的功德，乃是内心的圆明空寂，并不是致力于世俗之事可以达成的。

接着，武帝所问“如何是圣谛第一义”。在禅宗看来，这一问又执着于凡圣的分别心了，故达摩为断除他的这个疑惑，答曰“廓然无圣”。意谓佛心只在当下，安有圣凡之别？

不过，武帝还是不能理解，又问，坐在我面前的是谁啊？这在禅宗看来，又落入人我之分别了，故达摩答为“不识”。因为人我分别，又是一重执着。佛性本一，何分于人我啊！

这则故事，虽叙述的时代背景远远在禅宗产生之前，却颇具后世禅师公案话头的风味。

（姚彬彬）

慧可大师

断臂求法

时有僧神光者，旷达之士也。久居伊洛，博览群书，善谈玄理，每叹曰："孔老之教，礼术风规①；《庄》《易》之书，未尽妙理。近闻达磨大士住止少林，至人②不遥，当造玄境。"乃往彼晨夕参承。师常端坐面墙，莫闻诲励，光自惟曰："昔人求道，敲骨取髓，刺血济饥，布发掩泥③，投崖饲虎。古尚若此，我又何人？"其年十二月九日夜，天大雨雪，光坚立不动，迟明，积雪过膝。师悯而问曰："汝久立雪中，当求何事？"光悲泪曰："惟愿和尚慈悲，开甘露门④，广度群品。"师曰："诸佛无上妙道，旷劫精勤，难行能行，非忍而忍，岂以小德小智，轻心慢心，欲冀真乘？徒劳勤苦。"光闻师诲励，潜取利刀，自断左臂，置于师前。师知是法器，乃曰："诸佛最初求道，为法忘形。汝今断臂吾前，求亦可在。"师遂因与易名曰慧可。

（《景德传灯录》卷三）

〔注释〕 ① 礼术风规：此谓儒道二家的学说，要在宣扬礼教和劝化风俗，只是世俗的学问。 ② 至人：谓得道的高人。《庄子·逍遥游》谓"至人无己"。 ③ 布发掩泥：典出《指月录》，谓佛陀在前世曾向燃灯佛求法，见一片泥潭，恐其污燃灯之足，于是解开头发覆于泥上，以侍燃灯。 ④ 甘露门：指如来之真实教法。甘露为涅槃之譬喻，故以趋赴究竟解脱之道譬之为甘露门。

〔鉴赏〕 慧可(487—593)，后世禅宗所尊的二祖，又名僧可，俗名姬光，号神光，虎牢(今河南荥阳)人，唐德宗谥其为大弘禅师。慧可于三十岁时在洛阳龙门香山寺依宝静禅师出家。四十岁时，至嵩山于菩提达摩门下修学，得其心要。然因达摩的禅法在当时不被僧团主流认可，故其一生经历艰辛坎坷，生前亦未扬名于世。道宣《续高僧传·慧可传》中曾载，慧可颠沛流离之际，“遭贼斫臂，以法御心，不觉痛苦”，此事遂成后世慧可“断臂求法”传说的缘起。此外达摩尚有弟子名昙林者，与慧可为挚友，亦曾遇贼，被砍一臂，故后人称其为“无臂林”，慧可独臂之说，亦可能是昙林的形象在他身上的讹传。

佛教以四大为空幻，历来有为法忘躯之说，历代僧徒，若焚身、断臂、燃指以供佛之事，所在多有。直至近代尚有遗风，名僧敬安(1851—1912)就曾于宁波阿育王寺佛舍利塔前烧残二指，为世所钦，遂号“八指头陀”。其实，这类事情当属佛教中所保留的原始宗教的野蛮信仰遗风，自不足提倡。然佛徒之间，多以之标榜求法热忱与信仰之虔诚，慧可断臂之传说，盖由此兴。

这段故事还体现了中土尊师重道之传统，故其说传为美谈，并影响后世。如儒家有“程门立雪”之事迹，《宋史·杨时传》载，杨时“一日见颐，颐偶瞑坐，时与游酢侍立不去，颐既觉，则门外雪深一尺矣”。就常理而言，此事抑或为传言而已，然与慧可故事中“天大雨雪，光坚立不动，迟明，积雪过膝”的记述如出一辙。儒佛二家历来互相影响，于这类点滴的传说中亦可见一斑。

(姚彬彬)

觅心不得

光[①]曰：“诸佛法印[②]，可得闻乎？”师曰：“诸佛法印，匪从人得。”

光曰：“我心未宁，乞师与安。”师曰：“将心来与汝安。”

曰：“觅心了不可得。”师曰：“我与汝安心竟。”

(《景德传灯录》卷三)

〔**注释**〕 ① 光：慧可号神光。 ② 法印：谓佛法中最本质的精髓。

〔**鉴赏**〕 慧可平生秉承菩提达摩之法要，以《楞伽经》为传法经典，在理论上，他阐扬达摩二入四行“理入”之义，深信一切众生具有同一真性，如能舍妄归真，就是凡圣等一的境界。他曾用诗句来表达他的禅学见解，谓“本迷摩尼是瓦砾，豁然自觉是真珠，无明智慧等无异，当知万法即皆如”，强调心性本来觉悟之观念。在修行上，则秉持达摩的“头陀行”。凡修头陀行者，在衣食住三方面都极力刻苦，须穿极少又极简单的衣服；须乞食，又不得多食；住宿须在远离人家的荒僻处，往往住在树下或坟墓之中，须常趺坐而不横卧（参见胡适《楞伽宗考》，武汉大学出版社 2008 年版，第 70 页）。显然，这些方式与后世禅宗标榜的“平常心是道”“日日是好日”的生活方式可谓大相径庭。

这则语录所记，并不见于《续高僧传》等早期文献中。这里是通过反问的方式，釜底抽薪，使来学者明白妄心的非实在性而获得开悟，显然带有后世禅宗机锋话头的风格。后世语录中有关三祖僧璨、四祖道信者，皆有类似的事迹，如：

> 北齐天平二年，有一居士（即僧璨），年逾四十，不言名氏，聿来设礼，而问祖（慧可）曰：“弟子身缠风恙，请和尚忏罪。”祖曰：“将罪来与汝忏。”士良久曰：“觅罪了不可得。”祖曰：“与汝忏罪竟，宜依佛法僧住。”
>
> （《指月录》卷四）
>
> 隋开皇十二年，有沙弥道信，年始十四，来礼祖（僧璨）曰：“愿和尚慈悲，乞与解脱法门。”祖曰：“谁缚汝？”曰：“无人缚。”祖曰：“何更求解脱乎？”信于言下大悟。
>
> （《指月录》卷四）

这些问答与慧可“觅心了不可得”之语几乎如出一辙，为后人所依托的痕迹十分明显。那么，这种通过反诘以阐明妄心非实的方式是否有佛教经典中的依据呢？答案是有的，其来源，当是《楞严经》中的“七处征心”之故事。

《楞严经》中之“七处征心”，盖谓佛弟子阿难遭摩登伽女之幻术而迷失本性，佛陀令文殊菩萨持咒护持，并携阿难归来。佛陀通过反诘的启发方式，问阿难心目所在之处，阿难答以心在身内、身外、潜于眼根、有暗则藏有窍则明、随有、在中间，乃至无著，每答一次，均被佛陀破斥为无有是处，如是辗转征诘，令阿难了悟妄心本无所依止。佛陀遂进一步阐明，妄心自非实有，然本来觉悟的“妙净明心”，遍一切处，无所不在。上述语录中所谓的“觅心了不可得”或“觅罪了不可得”，均无外此义。

《楞严经》据说是武周时期宰相房融笔授而译出，不过，近代以来学界大多数人判定《楞严》为中国人所伪托，无论从《楞严》的行文风格，还是思想旨趣来看，这个研究结论应该是可靠的。由此推论，《楞严》的问世，不会早于中唐。如果我们进一步“大胆的假设”，认定“觅心不得”语录是受《楞严》征心故事的影响而造出的话，这些痕迹类似的语录的形成，自亦应在中唐以后。

（姚彬彬）

僧璨大师

信心铭

至道无难，唯嫌拣择[①]。但莫憎爱，洞然明白。毫厘有差，天地悬隔。欲得现前，莫存顺逆[②]。违顺相争。是为心病。不识玄旨，徒劳念静[③]。圆同太虚，无欠无余。良由取舍，所以不如[④]。莫逐有缘[⑤]，勿住空忍[⑥]。一种平怀，泯然自尽。止动归止，止更弥动[⑦]。唯滞两边，宁知一种[⑧]。一种不通，两处失功。遣有没有[⑨]，从空背空[⑩]。多言多虑，转不相应。绝言绝虑，无处不通。归根得旨，随照失宗[⑪]。须臾返照，胜却前空[⑫]。前空转变，皆由妄见。不用求真，唯须息见。二见不住，慎莫追寻。才有是非，纷然失心。二由一有，一亦莫守[⑬]。一心不生，万法无咎[⑭]。无咎无法，不生不心，能由境灭[⑮]，境逐能沉。境由能境，能由境能。欲知两段，原是一空。一空同两，齐含万象。不见精粗，宁有偏觉[16]。大道体宽，无易无难。小见狐疑，转急转迟。执之失度，必入邪路。放之自然，体无去住。任性合道，逍遥绝恼。系念[17]乖真，昏沉[18]不好。不好劳神，何用疏亲。欲取一乘，勿恶六尘[19]。六尘不恶，还同正觉。智者无为，愚人自缚。法无异法，妄自爱着。将心用心，岂非大错。迷生寂乱[20]，悟无好恶。一切二边，良由斟酌[21]。梦幻空华，何劳把捉。得失是非，一时放却。眼若不睡，诸梦自除。心若不异，万法一如。一如体玄，兀尔忘缘。万法齐观，归复自然。泯其所以，不可方比[22]。止动无动，动止无止[23]。两既不成，一何有尔。究竟穷极，不存轨则。契心平等，所作俱息。狐疑尽净，正信调直。一切不留，无可记忆。虚明自照，不劳心力。非思量处，识情难测。真如法界，无他无自。要急相应，唯言不二[24]。不二皆同，无不包容。十方智者，皆入此宗。宗非促延，一念万年。无在不在，十方目前。极小同大，忘绝境界。极大同小，不见边表。有即是无，无即是有。若不如是，必不须守[25]。一即一切，一切即一[26]。但能如是，何虑不毕[27]。信心不二，不二信心。言语道断，非去来今[28]。

（《景德传灯录》卷三十）

〔**注释**〕 ① 拣择：分别，区分，抉择。此谓体悟大道者不能对一切万法有选择的分别心。 ② 欲得现前，莫存顺逆：谓欲大道现前，须秉无为自然之旨，心中不能对外境生起逆、顺之念。 ③ 不识玄旨，徒劳念静：谓若不知上述道理，即使去做像打坐之类的厌动欣静的工夫，也是徒劳无功的。 ④ 不如：不自在，不解脱。 ⑤ 有缘：此谓因众缘和合而成的一切世间事物。 ⑥ 空忍：即无生法忍。谓一切法不生不灭之理。“勿住空忍”谓即使对于佛法的真理，亦不能生起执着之心。 ⑦ 止动归止，止更弥动：谓若强行停止动转的心念，其实这种“止”是程度更高的动。 ⑧ 一种：谓所体悟到的动静一如之中道实相。 ⑨ 遣有没有：刻意去遣除万象的“有”而求空理，反而被存在的“有”所淹没。 ⑩ 从空背空：若刻意执着于空境，又陷入了对于“空”的执着，背离了空的本义。 ⑪ 随照失宗：谓若执着于假法，随主观的见闻觉知而动心起念，不能返照自心，就会迷失自性。《坛经》中有“随照枉迁流”一语，与此意近。 ⑫ 须臾返照，胜却前空：谓如此就当下一念而返观自心，已胜于前面所言的执着于空境的“空”了。 ⑬ 二由一有，一亦莫守：“二”谓空、有两边，“一”谓一心，此谓不仅不能执着于两边，执意守心亦不可取。 ⑭ 无咎：谓无过失。 ⑮ 能由境灭：“能”与“境”，即能缘之心与所缘之境。 ⑯ 偏党：偏私，阿附。 ⑰ 系念：谓修行中过分执着于所观之境。 ⑱ 昏沉：指用功不切，失于所观之境，落于昏睡的状态，亦是修行之大忌。下文的“不好劳神”的“不好”指昏沉，“劳神”指系念。真正的用功是行平等观，不能有好恶亲疏之见。 ⑲ 六尘：佛家以外境中的色、声、香、味、触、法为六尘，分别对应主观的眼、耳、鼻、舌、身、意六根。 ⑳ 迷生寂乱：迷失本真的时候，才有静与动之别。“寂乱”指动与静。 ㉑ 一切二边，良由斟酌：谓一切执着于有、无两边的错误，皆因主观上习惯于斟酌揣摩的分别心而起。 ㉒ 方比：比拟。 ㉓ 止动无动，动止无止：意思是得道开悟后无止可动，动而不动；无动可止，止而不止。与前文“止动归止，止更弥动”的错误意思相反。㉔ 要急相应，惟言不二：谓如欲尽快与至道相应，唯有不二法门方可契入。 ㉕ 若不如是，必不须守：意谓若非以上阐述之“不二法门”之理，则皆不须遵从。 ㉖ 一即一切，一切即一：此谓《华严经》中所阐的法界之境，在此境界中，一切有限均是无限，无限亦入于有限，交相涵摄，深妙难言。 ㉗ 何虑不毕：反问，谓何愁不成功？ ㉘ 言语道断，非去来今：“去来今”谓过去、未来、现在三世；此言开悟后所显之绝言忘虑之境界，契入真如实相，超越了世俗意义上的三世存在。

〔鉴赏〕 僧璨，早期典籍中作“僧粲”，是禅宗传说的第三祖，其事迹不明，道宣《续高僧传》中无其传，然大约同时代的禅僧《法冲传》中记载，当时信奉《楞伽经》的其中一种人“口说玄理，不出文记”的，有名“粲禅师”者。但这个“粲禅师”在《达摩传》《慧可传》《道信传》中却全无记载。后人认定他就是禅宗的第三代祖师，其主要根据来自《续高僧传·辩义传》。此传提到一个叫僧粲禅师的，曾在隋仁寿四年(604)的前数年，于庐州(今安徽合肥)独山烧香求水，并死于此山。并结合《道信传》中的记载：“有二僧莫知何来，入舒州(今安徽潜山)皖公山静修禅业。”由于独山距皖公山很近，加上传说道信是僧粲的弟子，后人便推测二僧中有一个就是《法冲传》中所记载的粲禅师。但这些说法，均建立在推测之上，可靠性有限。1982 年，杭州市出土了一块铭文砖，上书：“大隋开皇十二年(592)七月僧粲大师隐化于舒之皖公山岫，结塔供养，道信为记。”或可作为僧粲此人确实存在，且为道信之师的佐证。至于其是否曾师承于慧可，文献无征，或为后人“攀龙附凤”的谱系创作而已。

《信心铭》最早见于唐代僧人百丈怀海的《百丈广录》(见《古尊宿语录》卷二)，后又收入《景德传灯录》中。学界一般认为，《信心铭》全文近六百字，文辞雅赡，与《续高僧传》说他“口说玄理，不出文记”相背。据日本学者柳田圣山考证,《信心铭》当成文于8世纪末期(参见[日]柳田圣山《初期禅宗史书的研究》,法藏馆1967年版),系伪托僧璨之名而撰成。

《信心铭》虽为伪托作品,但向为历代禅僧所推崇,其主要思想,提出修行者须清除一切是非、有无、得失等的差别观念和对于外物的取舍之心,方能体悟"至道"。杨曾文认为,文中主要有三个要点:

首先,"至道无难,唯嫌拣择,但莫憎爱,洞然明白……欲得现前,莫存顺逆。违顺相争,是为心病。不识玄旨,徒劳念静"。是说达到解脱并非难事,但最忌讳的是心中产生取舍、憎爱、违顺之心。如果做不到这些,即使坐禅也是徒劳无益的。

其次,"多言多虑,转不相应,绝言绝虑,无处不通……不用求真,唯须息见。二见不住,慎莫追寻。才有是非,纷然失心。二由一有,一亦莫守。一心不生,万法无咎"。其中的"转"当指心识的活动;"二见"是常见与断见,有见与空见等;"一"是一心。是说修行者应息绝言语、思虑,既不要执着"二见",也不必执意守心,如能做到自然无为,便可以达到与真如相应的境界。

最后,"契心平等,所作俱息。狐疑尽净,正信调直。一切不留,无可记忆……非思量处,识情难测。真如法界,无他无自。要急相应,唯言不二。不二皆同,无不包容。……有即是无,无即是有。若不如此,必不须守。一即一切,一切即一"。若能体认一切空无平等,涤除心中所有的世俗杂念,用与真如相应的"不二"法门来看待世界万物,便能泯灭一切差别观念,看到宇宙万有相融无碍的本来面目。(参见杨曾文《唐五代禅宗史》,中国社会科学出版社2006年版,第45—46页)

显然,《信心铭》的核心思想,与慧能《坛经》所谓的"无念为宗,无相为体,无住为本"的近于庄老之自然无为的理念,可谓若合符节。至于其中所说的"绝言绝虑,无处不通""任性合道,逍遥绝恼""万法齐观,归复自然"之类,在语言上亦直接来源于道家玄理。由此可见,《信心铭》应出现于慧能以后禅宗思想已相当成熟,甚至已成为一种"新玄学"(吕澂语)的时期,殆无疑问。

(姚彬彬)

道信大师

一行三昧

信禅师再敞禅门，宇内流布，有《菩萨戒法》一本，及制《入道安心要方便法门》，为有缘根熟①者说。“我此法要，依《楞伽经》，诸佛心第一②，又依《文殊说般若经》，一行三昧③，即念佛心是佛④，妄念是凡夫。”

（《楞伽师资记》卷一）

〔注释〕 ① 根熟：根器成熟，谓已具备了开悟的成熟条件者。 ② 诸佛心第一：谓佛法以心性为第一要义，这是“如来藏”一系佛学的基本观点，若《华严经》谓：“若人欲了知，三世一切佛。应观法界性，一切唯心造。”即以本来觉悟的真心为生成万有的根源。 ③ 一行三昧：是南朝梁曼陀罗仙所译《文殊说般若经》中提出的修行法门。所谓“一行”，即指法界一相。认为法界圆融，一切无差别，故谓一相，也就是一行。“三昧”谓定境，“一行三昧”亦即通过观想法界实相以达到入定的方法。 ④ 念佛心是佛：谓观想佛的本觉真心，本身就是佛的存在。

〔鉴赏〕 道信（580—651），祖籍河内（今河南沁阳），出生于蕲州广济（今湖北武穴）七岁出家。其师戒行不纯，道信虽多次劝谏，不听，他便私下坚守斋戒五年。后闻舒州皖公山（在今安徽潜县西）有“二僧”在静居修禅，便前去归依（见《续高僧传·道信传》）。有关此“二僧”，后世的《传法宝纪》谓即是三祖僧璨与其同学定禅师。隋大业年间，道信正式得到官府允许受具足戒，编籍于吉州（治今江西吉安）的某寺院。隋末战乱，道信曾到江州（治今江西九江），应道俗信徒的请求，住庐山大林寺。唐初武德七年（624），应蕲州（治今湖北蕲春）道俗僧众的邀请，到达江北传法，见黄梅县西的双峰山山泉秀丽，便在此处造寺作为修行和传法的中心道场。道信在此居住三十多年，“诸州学道，无远不至”（《续高僧传·道信传》），其中著名者有荆州法显、玄爽，衡岳善伏等。山中门人最多时达五百余人，其中以“五祖”弘忍为上座。道信著述《菩萨戒法》已亡佚，《入道安心要方便法门》则在《楞伽师资记》中保留了一些片段。

道信住湖北黄梅后所开创的僧团组织,后世谓之“东山法门”。有学者认为,道信、弘忍师徒在黄梅活动时期,禅僧团发生了多方面的革命性变化,其主要表现有三:第一,道信和弘忍先后在黄梅的双峰山和东山传教弘禅数十年,道信的弟子五百余人,弘忍的弟子上千人。禅僧由此从分散流动转向聚众定居,稳定的传教基地随之建立起来,并且成为后世众多禅派向全国发展的唯一中心地。第二,把劳动纳入修行范围,农禅并重,自耕自食。佛教徒通过游走乞食解决衣食来源,原先通过接受供养筹集经费的传统生存方式,从此发生了彻底转变。第三,随着禅众有了新的生活方式、修行方式和生产方式,以自信自立、自求解脱为特点的新教义也应运而生,逐渐流行于僧俗、知名于朝野(参见魏道儒《禅宗的创立与起源考辨》,《中国社会科学报》2011 年 7 月 26 日)。由此可见,道信的“东山法门”的成立,为慧能以降禅宗的正式创立,奠定了宗教制度化的重要社会基础。

道信的“东山法门”之禅修理念,继承了达摩以来观心法门的宗旨,以《楞伽经》的“如来藏”真心本净说为依据。认为一切众生虽具佛性,但被妄念所覆盖,需要通过“一行三昧”等禅修方法破除无明而渐渐开显本心,胡适先生谓这一系禅修团体为“楞伽宗”,但发展到了弘忍弟子慧能这里,发生了“思想革命”(胡适《楞伽宗考》,第 47—51 页),将“一行三昧”的禅法转变为以“识心见性”为宗。认为“外离相曰禅,内不乱曰定”,一旦开悟便是成佛,并明确反对传统的、强调禅坐观想的神秘主义方法,这也就最终完成了由“定”到“慧”的转向。至于“楞伽宗”宗旨的后世传承,神秀一系所谓“北宗禅”的“观心看净”的宗旨,显然即此法门的流衍。

(姚彬彬)

同归方寸

祖曰:“夫百千法门,同归方寸[①];河沙妙德,总在心源。一切戒门、定门、慧门,神通变化,悉自具足,不离汝心;一切烦恼业障,本来空寂;一切因果,皆如梦幻。无三界可出,无菩提可求。人与非人,性相平等,大道虚旷,绝思绝虑。如是之法,汝今已得,更无阙少,与佛何殊?更无别法。汝但任心自在,莫作观行,亦莫澄心,莫起贪瞋,莫怀愁虑,荡荡无碍,任意纵横,不作诸善,不作诸恶,行住坐卧,触目遇缘,总是佛之妙用,快乐无忧,故名为佛。”

(《五灯会元》卷二)

〔注释〕 ① 方寸:即心性。

〔鉴赏〕 这段托名于道信的语录多被后世各种禅宗灯录所引用,所谓“百千法门,同归方寸”一语,更为宗门禅僧所常言。但其中思想,若谓“但任心自在,莫作观行,亦莫澄心”之类,显然是慧能以后禅宗“不重宗教仪式,不重看心、看净”(印顺《中国禅宗史》,见《印顺法师著作集》〔第40册〕,印顺文教基金会〔光碟版〕,2006年,第134页)的表现,绝非史实上道信所倡的强调观心看净的“一行三昧”之楞伽法门,殆为后人所伪托者无疑。语录中如“行住坐卧,触目遇缘”之类表述,显然更是后世禅宗“即世间求解脱”思想的体现。

“一切烦恼业障,本来空寂;一切因果,皆如梦幻。无三界可出,无菩提可求。”意即一心本来具足,烦恼即是菩提,解脱不离当下。显然,此类思想是禅宗发展到成熟阶段的产物,与后世禅德语录中“日日是好日”“平常心是道”“寒便向火,热即摇扇;饥时吃饭,困来打眠”“神通及妙用,运水与搬柴”等理念相互符契,皆体现出一种自然、乐观、不离于人情日用的思想风貌。禅者以任运为道,无修为修,这也就是中国禅宗之“慧”。后世张拙曾有诗偈曰:

光明寂照遍河沙,凡圣含灵共我家。
一念不生全体现,六根才动被云遮。
断除烦恼重增病,趣向真如亦是邪。
随顺世缘无挂碍,涅槃生死等空花。

此诗偈比较全面地概括了禅宗的自然主义思想。要之,烦恼即是菩提,生死即是涅槃,故在禅者看来,妙谛当然不离于世间,刻意避世求之,反更成一重执着而为"禅病"。宗门所谓之佛道,其实正如这段语录借道信之口所说的:"快乐无忧,故名为佛。"

(姚彬彬)

弘忍大师

栖神幽谷

问:"学道何故不向城邑聚落[①],要在山居?"答曰:"大厦之材,本出幽谷,不向人间有也。以远离人故,不被刀斧损斫,一一长成大物后,乃堪为栋梁之用。故知栖神幽谷,远避嚣尘;养性山中,长辞俗事;目前无物,心自安宁;从此道树花开,禅林果出也。"其忍大师,萧然净坐,不出文记,口说玄理,默授与人。

(《楞伽师资记》卷一)

〔注释〕 ① 聚落:村落。

〔鉴赏〕 弘忍为中国禅宗相传的第五祖。蕲州黄梅(今湖北黄梅西北)人。七岁时从道信出家,年十三正式剃度为僧。他在道信门下出类拔萃,于双峰山日间从事劳动,夜间静坐习禅,尽得道信所学。道信圆寂后,由他继承法席,因四方来学之人日多,便在双峰山的东面冯茂山另建道场,名东山寺,故后人称道信、弘忍所传之禅学为东山法门。弘忍本人未有著作传世,《楞伽师资记》中谓弘忍素日"萧然静坐,不出文记,口说玄理,默授与人"。可见他走的仍是达摩一系楞伽师重禅坐而不重义学阐发的老路。不过,藏经中保存有《最上乘论》(亦称《修心要论》)一书,题为"第五祖弘忍禅师述",近代以来于敦煌写经卷子中亦发现了此书的多种抄本，今人多认为这是由弘忍的弟子随时记录老师的言谈而辗转流传下来的。《最上乘论》中的思想要之在于倡"守本真心"之说，谓修持佛道无外通过禅坐而开显本来觉悟的如来藏自性清净心，与道信所阐"一行三昧"的观心法门并无本质上的区别。

关于弘忍门下的情况，《楞伽师资记》中引用玄赜《楞伽人法志》的记载说，弘忍临终前二日曾语玄赜曰："吾一生教人无数，好者并亡；后传吾道者，只可十耳。"于玄赜以外，更举出了上首神秀、资州智诜、白松山刘主簿、华州惠藏、随州玄约、嵩山老安、潞州法如、韶州慧能、扬州高丽僧智德、越州义方。这十人中闻名后世者，自为神秀和慧能二人，而慧能更是以"不立文字，直指本心，见性成佛"为特征的禅宗的真正创始人。

弘忍秉承楞伽宗历来隐居山林而避世修行的传统，提倡"栖神幽谷，远避嚣尘；养性山中，长辞俗事"，可见当时的禅僧团体近于一种隐修组织。但对于这种避世的态度，后世禅宗与之可谓大相径庭。慧能在《坛经》中说："若欲修行，在家亦得，不由在寺。在家能行，如东方人心善，在寺不修，如西方人心恶。"认为修行只是观当下一心，不必刻意避世求道。至于宋代以后的禅宗，更加和光同尘，如北宋临济宗黄龙派的真净克文禅师有偈曰："事事无碍，如意自在，手把猪头，口诵净戒，趁出淫坊，未还酒债，十字街头，解开布袋。"认为烦恼场便是修道乐地，酒色财气不碍菩提路，诚可谓躬行实践所谓的"即世间求解脱"了。

不过，这段语录中弘忍谓"大厦之材，本出幽谷，不向人间有也。以远离人故，不被刀斧损斫"者，这一譬喻显然出于《庄子》。《庄子·山木》中谓："庄子行于山中，见大木，枝叶盛茂，伐木者止其旁而不取也。问其故，曰：'无所可用。'庄子曰：'此木以不材得终其天年。'"由此可见，弘忍的思想中，已有意无意地渗透了一些庄老哲学中逍遥自在的精神，这种精神最终将在其弟子慧能手中大放光彩。

（姚彬彬）

牛头法融大师

空为道本

夫大道冲虚，幽微寂寞，不可以心会，不可以言诠。今且立二人①，共谈真实。师主名入理，弟子号缘门。于是入理先生，寂无言说。缘门忽起，问入理先生曰："云何名心，云何安心？"答曰："汝不须立心，亦不须强安，可谓安矣。"……问曰："云何为道本，云何为法用？"答曰："虚空为道本，参罗②为法用也。"

（《绝观论》）

〔注释〕 ① 且立二人：意谓暂且假设两个人，即后文说的名叫"入理"的老师，与名叫"缘门"的徒弟。 ② 参罗：即指万象，也就是一切世间存在的万事万物。

〔鉴赏〕 法融(594—657)，是后世禅宗"牛头派"创始人，俗姓韦，润州延陵(治今江苏丹阳延陵镇)人。十九岁入句容茅山从三论宗僧炅剃度。后从大明钻研三论和《华严》《大品》《大集》《维摩》《法华》等佛经数年。乃师圆寂后，法融渐从经论的义解研究转为倾向于禅定修行，因而入山凝心宴坐二十余年。

唐贞观十年(636)他游历到南京牛头山幽栖寺，于北岩下构筑一茅茨禅室，日夕参究，倡"无心合道""空为道本"之说，影响于世，被誉为"东夏之达摩"。关于牛头禅的后世传承，据宗密(780—841)说，传了六代，法融为第一祖，智岩第二，慧方第三，法持第四，智威第五，慧忠第六。据日本学者关口真大等考证，敦煌文献中所发现的《绝观论》即法融作品。

后世谓法融曾就学于禅宗"四祖"道信，不过《续高僧传》内并无记载，因为牛头禅自成系统，这种说法可能也是后世的"攀龙附凤"而已。不过，法融的学说在禅宗史上具有非常重要的地位，佛教学者印顺法师在《中国禅宗史》中提出，正是牛头法融的“空为道本”诸说，开启了后来禅宗的思想特色，也是禅学从强调“安心”的印度禅转向近于庄子的“丧我忘情为修”的中华禅的分水岭。

法融教人以无思无为的“无须立心”，并强调“虚空为道本”，而所谓的“虚空”，是佛家所言性空、空性、空寂、寂灭之类名相的别名。至于所谓“道”，则显然受到魏晋玄学思想的影响。对此，印顺法师指出，“道”原本便是玄学的主题，是不落于名言、心思的。凡言说所及的、心思所及的一切，都不等于道，道是超越一切而不可思议的(印顺《中国禅宗史》，第128—129页)。“虚空为道本”与玄学的“以无为本”显然若合符节。《二入四行论》中说：

> 高卧放任，不作一个物，名为行道。不见一个物，名为见道。不知一个物，名为修道。不行一个物，名为行道。

无论“无心合道”还是“无心用功”，无外都是认为道是超越于心物二元对立的，非执着于二边之人所能契合的。印顺认为，《庄子·天地》中所说的，凭借知识与能力都不能得，却为罔象所得的“玄珠”(比喻道体)，便是玄学化的牛头禅思想的本质。毫无疑问，以“丧我忘情为修”的法融牛头禅，已为后世“大众化的庄老哲学”禅宗开启先河，是其重要思想来源。

(姚彬彬)

四祖传法

牛头山[1]法融禅师者，润州延陵[2]人也。姓韦氏。年十九，学通经史。寻阅《大部般若》，晓达真空。忽一日叹曰：“儒道世典，非究竟法。《般若》正观，出世舟航。”遂隐茅山，投师落发。

后入牛头山幽栖寺北岩之石室，有百鸟御花[3]之异。

唐贞观[4]中，四祖遥观气象，知彼山有奇异之人，乃躬自寻访。问寺僧："此间有道人否？"曰："出家儿那个不是道人？"祖曰："阿那个是道人？"僧无对。

别僧曰："此去山中十里许，有一懒融，见人不起，亦不合掌，莫是道人么？"

祖遂入山，见师端坐自若，曾无所顾。祖问曰："在此作甚么？"师曰："观心。"祖曰："观是何人？心是何物？"师无对，便起作礼曰："大德高栖何所？"祖曰："贫道不决所止，或东或西。"师曰："还识道信禅师否？"祖曰："何以问他？"师曰："向德滋久，冀一礼谒。"祖曰："道信禅师，贫道是也。"师曰："因何降此？"祖曰："特来相访，莫更有宴息之处否？"师指后面曰："别有小庵。"遂引祖至庵所。

绕庵，唯见虎狼之类。祖乃举两手作怖势。师曰："犹有这个在。"祖曰："这个是甚么？"师无语。

少选[⑤]，祖却于师宴坐石上书一佛字，师睹之竦然。祖曰："犹有这个在。"师未晓，乃稽首请说真要。

祖曰："夫百千法门，同归方寸，河沙妙德，总在心源。一切戒门、定门、慧门[⑥]，神通变化，悉自具足，不离汝心。一切烦恼业障[⑦]，本来空寂。一切因果[⑧]，皆如梦幻。无三界[⑨]可出，无菩提[⑩]可求。人与非人，性相平等。大道虚旷，绝思绝虑。如是之法，汝今已得，更无阙少，与佛何殊？更无别法，汝但任心自在，莫作观行，亦莫澄心，莫起贪嗔[⑪]，莫怀愁虑，荡荡无碍，任意纵横，不作诸善，不作诸恶，行住坐卧，触目遇缘，总是佛之妙用。快乐无忧，故名为佛。"

师曰："心既具足，何者是佛？何者是心？"祖曰："非心不问佛，问佛非不心[⑫]。"

师曰："既不许作观行，于境起时，心如何对治？"祖曰：

"境缘无好丑,好丑起于心。心若不强名,妄情[13]从何起?妄情既不起,真心任遍知。汝但随心自在,无复对治,即名常住法身,无有变异。吾受璨大师[14]顿教法门[15],今付于汝。汝今谛受吾言,只住此山。向后当有五人达者,绍汝玄化。"

祖付法讫,遂返双峰终老。师自尔法席大盛。

(《五灯会元》卷二)

〔注释〕 ① 牛头山:亦称牛首山,是中国佛教禅宗"牛头禅"的发祥地,位于今南京市中华门外。 ② 润州延陵:治今江苏丹阳延陵镇。 ③ 百鸟御花:应作"百鸟衔华","御"乃是"衔"字之误。 ④ 少选:少顷,片刻。 ⑤ 戒门、定门、慧门:即修戒、定、慧之法门。戒、定、慧,又名三学,或三无漏学。戒是戒止恶行,定是定心一处,慧是破妄证真。戒能伏贪爱心,定能伏嗔恚心,慧能伏邪痴心。持此戒定慧三法,能对治三毒,成就佛果,所以佛经上称之为"三无漏学"。 ⑥ 业障:指由宿世所作的种种罪业而生今世的种种障碍,亦作"孽障"。 ⑦ 因果:因是种因,果是结果,因者能生,果者所生,有因则必有果,有果则必有因,由此因而得此果,是谓因果之理。 ⑧ 三界:指欲界、色界、无色界。欲界,是有淫食二欲的众生所住的世界;色界,是无淫食二欲但还有色相的众生所住的世界;无色界,是色相俱无但住心识于深妙禅定的众生所住的世界。在佛教看来,以上三界都是凡夫生死往来的境界,佛教修行者是以跳出三界为目的。 ⑨ 菩提:译为"觉",是指能觉知法性、断尽烦恼的大智慧。 ⑩ 贪嗔:指贪、嗔、痴三毒中的二毒。贪是贪爱五欲,嗔是嗔恚无忍,痴是愚痴无明,贪嗔痴三毒被佛教视为一切烦恼的根本。 ⑪ 非心不问佛,问佛非不心:非心,即不是心,不是心当然不会问佛;问佛非不心,懂得问佛的当然是心。 ⑫ 妄情:指虚妄不实之情识。 ⑬ 璨大师:指禅宗三祖僧璨。 ⑭ 顿教法门:指不依次第,快速到达觉悟的教法,又作大乘顿教。特指禅宗不立文字,只辨真性,不设断惑证理的阶位,是顿修顿悟之法门。

〔鉴赏〕 禅宗自谓"教外别传",其传灯谱系已经是大家非常熟悉的了。而这"教外别传"之中也经常另有"别传",牛头宗就被视为是从禅宗宗谱中旁出的一支,其初祖为法融禅师。关于法融禅师的资料,当以与其同时期的道宣所作《续高僧传》中之"法融传"为准,而论翔实,《景德传灯录》的记载则更为生动。关于牛头宗的传承,又一向有四祖道信付法法融的说法,然而在《续高僧传》中,这一说法却找不到材料印证。经过近代以来的学术研究,如今学界比较一致的看法是:法融与道信的师承关系,"缺乏历史的真实性"(杨曾文《唐五代禅宗史》),明显有"后人臆测"的成分(麻天祥《中国禅宗思想发展史》),“是很有问题的”(印顺《中国禅宗史》)。不过,历史史实虽然不能证明法融与道信的师承关系,但从思想上看,法融的禅学思想却和中国禅学一脉相承,对中国禅宗思想的走向有承上启下的重要作用。

据载,法融于十九岁即学通经史,后弃儒从佛,剃度出家,钻研三论以及《华严》《大品》《大集》《维摩》《法华》等大乘般若经典。总体上看,“空为道本”“无心合道”是牛头禅法的主要标志,而“玄学化”“庄老化”则为牛头禅风的思想特征,其思想上承三论、天台,下启慧能南宗禅思想,并融合了南方地区盛行的禅观,形成了与当时提倡坐禅观心的东山法门并立不同的禅法系统。由此,无论是否是法融的后世弟子为了“攀龙附风”而臆造出了法融与道信的传承谱系,从思想内容上来说,法融的思想确实更加贴近和反映日后中国南宗禅法的特质。此篇四祖付法法融的传说,可以帮助我们从思想层面对牛头禅风有一个更为直观的了解。

相传,当日法融在深山中修定,坐禅观心,虽已道行颇高,却仍然未能破除执着之心。四祖见状,便问他“观是何人?心是何物?”此言如同怀让开示马祖“磨砖不能成镜,观心岂能成佛”一样,蕴含了深刻的禅机,希望启迪法融破除心境之执,法融对此无以为答。而后,法融带道信前往“更有宴息之处”,即更为清净的地方,忽然见到虎狼,道信表现出了惧怕之状,此时法融却说:“原来您还有这个在啊!(原来,大名鼎鼎的道信禅师也还有恐怖之心没有破斥啊!)”道信马上问他,“‘这个’是什么?”意谓前念既去,过去之心便不可再执着。法融禅师无言以对。见时机成熟,道信便在石上写了一个苍劲有力的“佛”字,让法融去坐,法融不敢,道信马上反诘道:“原来你还有这个在啊!(原来,你还有畏佛之心没有破斥啊!)”法融心悦诚服,立刻请道信为其说明其中奥妙。

道信对法融的这段说法,也是法融牛头禅法的主要思想,即心灵的真正清净,并不在于外境的清静与热闹,而在于内心。真正的禅者,并非执着于“观心”一事,执着于“观”,所观之心仍是“妄心”,真正所需观之心,其实是自己的自性真心,而这是人人具足的,不用“出三界”,亦不许“求菩提”,“触目随缘”便可得。证得自性真心,“与佛何殊”?法融又问:“既然每个人都有自性本心,那到底什么是佛?什么是心?心和佛还有区别么?”道信答道:“不是心就不会问佛，懂得问佛的自然是心。心佛本来就是不二的，又何须有如此分别之心呢？”境起之时，本无分别，好恶美丑都是人心所致，要破除执着，破除分别，随心自在，随缘自然，才可“妄心不起”，“真心遍知”了。

闻罢，法融茅塞顿开：“欲得心净，无心用功”，“心处无境，境处无心”（法融《心铭》），真可谓“青青翠竹，尽是法身；郁郁黄花，无非般若”！

（李　明）

凡之与圣，二俱是假名

问师①：“夫言圣人②者，当断何法，当得何法而言圣人？”答：“一法不断，一法不得，此谓圣人。”

进曰：“不断不得，与凡夫③有何异？”师曰：“有异。何以故？一切凡夫皆有所断，妄计所得真心④；圣人则本无所断，亦无所得。故曰有异。”

进曰：“云何凡夫有所得、圣人无所得？得与不得，复有何异？”师曰：“有异。何以故？凡夫有所得，则有虚妄；圣人无所得，则无虚妄。有虚妄者则有异，无虚妄者则无异。”

进曰：“若无异，圣人名因何立？”师曰：“凡之与圣，二俱是假名⑤。假名之中无二，则无有异，如说龟毛、兔角也。”

进曰：“圣人若同龟毛、兔角⑥，则应是无，令人学何物？”师曰：“我说龟毛，不说无龟。汝何意作此难？”

进曰：“龟喻何物？毛喻何物？”师曰：“龟喻于道，毛喻于我。故圣人无我而有道，凡夫无道而有我。执我者犹如龟毛、兔角也。”

（《祖堂集》卷三）

〔**注释**〕 ① 师：指牛头法融禅师。 ② 圣人：指断惑证悟真理的人，其智慧最卓越，人格最完善，能力最高强，即得道之人。 ③ 凡夫：与圣人相对，指迷惑事理和流转生死轮回中的平常之人。④真心：即真实无妄的本心，也就是清净无碍的佛性。⑤假名：佛教认为，诸法皆为因缘和合而成，没有具有自性的本体，所以不可自差别，所附之名仅为差别诸法，离名则无差别之诸法，诸法之名皆为假名。⑥龟毛、兔角：龟无毛，兔无角，“龟毛”“兔角”用来比喻根本不存在的事物，意在说明此仅为假名而已。

〔鉴赏〕 世间之人修习禅法，莫不渴望得道成佛，转凡成圣。然而，究竟得到了什么法，又断除了什么法，才能够成为圣人呢？颇多人迷惑不解。面对弟子同样的问题，法融的回答是：“什么法也不用断除，什么法也没有修得，这就是圣人之道。”若既没有断法，又没有得法，那所谓的圣人和平常的凡夫之辈究竟还有没有区别呢？法融的回答是肯定的，这两者之间当然有所区别，一切凡夫之辈修习禅法，每天所执着考虑的就是要断除虚妄，所执着追求的就是想体悟清净无碍的真实本心，可谓“以入世之心求出世之理”，处处有漏有碍，常怀有先入为主的是非、善恶、美丑、对错，我见、我爱、我恨的偏见和执着。而真正的圣人是不会执着于此的，他们本来就没有什么要执着断除的虚妄，也没有执着得到的体悟本心，“以出世之心做入世之事”，一切随顺自然，一切理所应当，处处自由自在任运自如。这就是圣人和凡夫的区别。

弟子又问：“为什么说凡夫是有所得，而圣人是无所得，这得与不得之间有什么区别呢？”法融回答道，当然是有所区别的。凡夫渴望有所得，希望悟道成佛，成为圣人，这就是“有所得”，其实是有所执着，被这个欲望所牵绊，希望破除的是虚妄，结果却陷入了另一个虚妄。而圣人修行自然而然，前念既灭，后念既起，不念前念，不阻后念，念念相续，随顺自然，不被成佛、悟道这种念头所牵绊，因此，并“无所得”，也没有陷入虚妄之中。凡夫整天想着如何成圣，被这个念头所系缚，因而执着于凡圣之间的区别。如果没有这种执着，也自然不会有分别之心了。人人都有清净之本心，人人自性清明，凡圣之间又有什么不同呢？

说法至此，道理已经非常清楚，可是这位弟子仍然被“凡圣”之名所困，继续追问法融：“既然凡夫和圣人没有什么区别，那为何还要有凡夫和圣人的名称的区别呢？”法融回答道，凡夫也好，圣人也罢，这只是个假名罢了。抛开假名论其实质，都是一样的。比如说龟毛和兔角，其实龟无毛，兔也没角，我这么说也仅仅是称呼一个假名而已。不过，可千万不要理解成这一切就是虚无,没有什么道可以修。这修道就好比龟毛一样,将修行的人比作毛,将所修之道比作龟,圣人明白了道的本来存在,就不必刻意追求,自然而得,然而凡夫却执着于一个圣人的假名,就好比去执着于龟毛一般啊。

这则故事借凡、圣之辨,表达了般若佛性人人具足,识得本心,便可成佛的思想,警示众人千万不要纠缠和执着于成佛的念头,以免陷入另一种虚妄。后世卧轮禅师曾有偈曰:"卧轮有伎俩,能断百思想。对境心不起,菩提日日长。"六祖慧能对作一偈曰:"慧能没伎俩,不断百思想。对境心数起,菩提作么长。"当是对本文"一法不断、一法不得"的最好注脚。

"凡之与圣,二俱是假名",涉及名相之间的关系。佛教向来以名相复杂著称,特别是发展到宗派佛教阶段,诸宗纷纷著书立说,研习经典,更有以分析名相著称的法相宗,却不知不觉中束缚了佛教思想的发展,直至有不立文字、以心传心的禅宗出世而迅速风靡中土。中国禅宗的一个重要特点就是吸收了庄子"筌者所以在鱼,得鱼而忘筌;蹄者所以在兔,得兔而忘蹄;言者所以在意,得意而忘言"(《庄子·外物》)的思想,从而强调"诸佛妙理,非关文字",要"于相离相""于言离言",一切经文都是方便假说,不可执着,"说似一物即不中"。而牛头禅法被视为禅宗庄老化的最突出代表和最重要的阶段,法融对"凡圣假名"和"龟毛兔角"的这番解读,也更加印证了这一点。

(李　明)

慧能[①]大师

佛性无南北

弘忍和尚问慧能曰:"汝何方人,来此山礼拜吾?汝今向吾边,复求何物?"慧能答曰:"弟子是岭南人,新州[①]百姓。

---

① 编按:"慧能"亦作"惠能",佛教文献中有两种写法,本书"鉴赏"部分统一写作"慧能",引文则依原文照录。

今故远来礼拜和尚，不求余物，唯求作佛法②。”

大师遂责慧能曰：“汝是岭南人，又是獦獠③，若为堪作佛！”

慧能答曰：“人即有南北，佛性即无南北；獦獠身与和尚不同，佛性有何差别？”

大师欲更共议，见左右在傍边，大师更便不言。遂发遣慧能令随众作务。

（杨曾文校写《敦煌新本六祖坛经》）

〔注释〕 ① 新州：治今广东新兴县东。 ② 唯求作佛法：《坛经》后世诸本作“但求作佛”。③ 獦獠：“獦”是一种野兽的名字，“獠”为凶恶貌。“獦獠”是当时对以行猎为生的南方少数民族的侮称，代指没有开化或没有知识的人。

〔鉴赏〕 慧能，传说的禅宗中土第六祖，实际是禅宗的真正创始人，俗姓卢，世居范阳（治今河北涿州）。为弘忍晚年所说“传吾道者”之十弟子之一，后世则认为他承接了弘忍衣钵，为真正的唯一得法者。慧能幼年丧父，后移南海（今广东广州），家境贫困，靠卖柴养母。一日，他在集市上闻客店有人诵《金刚经》，颇有所悟，便问此经何处得来，客人告以从黄梅弘忍禅师受持此经。遂有寻师求法之志，他把母亲安顿好后，即北行。相传他在唐高宗咸亨二年(671)抵黄梅。这段语录即他初见弘忍时师徒间的答对。

弘忍初见慧能即发问：“汝是岭南人，又是獦獠，若为堪作佛！”初看此问，似有地域歧视之意，“獦獠”之语更类乎后世的粗话“南蛮子”之类，意颇粗鄙，与弘忍之佛教宗师身份不甚相符。况且，“一切众生皆有佛性”的说法自南北朝以降一直是中国佛教的主流思想，在慧能所处的唐代，是中国佛教绝大多数宗派的共识（只有玄奘从印度亲习的唯识学除外）。就禅宗而言，其传说中推尊始祖的达摩亦早已有“深信含生同一真性”（《续高僧传·菩提达摩传》）之说，弘忍大师对此自应早已了知于心，但故意去问这么一句“吊诡语”而非“庄语”考较来学，无外是想从慧能所答中测知其根器深浅。

历代禅门语录中，以粗话俚语作为公案话头的，不胜枚举，若谓“佛是干屎橛”“狗子无佛性”之类皆是，这类话头的功能，乃是以类乎“吊诡”的风格，破除学人对语言名相的执着，起到得意忘言，有无双遣的启示作用，不仅扫荡了主体性的“我执”，更扫荡了对于佛法本身的“法执”，是禅门特有的教学方式，意在断除一切思维羁绊后，促使学者绝处逢生而获开悟。理解禅宗的这类语言，自不能执于文字表面，看似无理的问答中，其实深蕴机锋慧解。

弘忍所问之语，如果我们按禅宗的这种特定语言风格去理解，意思便比较明晰了。传说慧能“不识字”，竟能作答“人即有南北，佛性即无南北”如此妙语，尤其令人吃惊。显然弘忍对这一答复也是满意的。

（姚彬彬）

献偈呈心

五祖忽于一日唤门人尽来。门人集已，五祖曰：“吾向汝说，世人生死事大。汝等门人终日供养，只求福田，不求出离生死苦海。汝等自性迷，福田何可求？汝等总且归房自看，有智慧者自取本性般若之智，各作一偈呈吾。吾看汝偈，若悟大意者，付汝衣法，禀为六代。火急作！”

门人得处分①，却来各至自房，递相谓言：“我等不须澄心用意作偈，将呈和尚。神秀上座是教授师②，秀上座得法后自可依止。偈不用作。”诸人息心③，尽不敢呈偈。

大师堂前有三间房廊，于此廊下供养，欲画《楞伽》变相④，并画五祖大师传授衣法，流行后代为记。画人卢珍看壁了，明日下手。

上座神秀思惟诸人不呈心偈，缘我为教授师。我若不呈心偈，五祖如何得见我心中见解深浅？我将心偈上五祖呈意，求法即善；觅祖不善，却同凡心夺其圣位。若不呈心偈，终不得法。良久思惟，甚难甚难。夜至三更，不令人见，遂向南廊下中间壁上题作呈心偈,欲求衣法。若五祖见偈,言此偈悟,若访觅我,我见和尚,即云是秀作。五祖见偈,若言不堪,自是我迷,宿业障重,不合得法。圣意难测,我心自息。秀上座三更于南廊中间壁上,秉烛题作偈。人尽不知。偈曰:

身是菩提树,心如明镜台。
时时勤拂拭,莫使有尘埃。

神秀上座题此偈毕,却归房卧,并无人见。

五祖平旦,遂唤卢供奉[⑤]来南廊下画《楞伽》变。五祖忽见此偈,请记。乃谓供奉曰:"弘忍与供奉钱三十千,深劳远来,不画变相也。《金刚经》云:凡所有相,皆是虚妄。不如留此偈,令迷人诵。依此修行,不堕三恶道[⑥]。依法修行,有大利益。"大师遂唤门人尽来,焚香偈前。众人见已,皆生敬心。大师曰:"汝等尽诵此偈者方得见性,依此修行,即不堕落。"门人尽诵,皆生敬心,唤言:"善哉!"

五祖遂唤秀上座于堂内问:"是汝作偈否?若是汝作,应得我法。"秀上座言:"罪过,实是神秀作。不敢求祖位,但愿和尚慈悲,看弟子有少智慧,识大意否?"五祖曰:"汝作此偈见解,只到门前,尚未得入。凡夫依此偈修行,即不堕落。作此见解,若觅无上菩提,即不可得。要入得门,见自本性。汝且去,一两日思惟,更作一偈来呈吾。若入得门,见自本性,当付汝衣法。"秀上座去数日,作偈不得。

有一童子于碓坊边过,唱诵此偈。慧能及一闻,知未见性,即识大意。能问童子:"适来诵者是何偈?"童子答:"你不知大师言生死事大,欲传衣法,令门人等各作一偈,来呈吾看，悟大意即付衣法，禀为六代祖。有一上座名神秀，忽于南廊下书无相偈一首，五祖令诸门人尽诵。悟此偈者即见自性，依此修行，即得出离。”

慧能答曰：“我此踏碓八个余月，未至堂前。望上人引慧能至南廊下见此偈礼拜。亦愿诵取，结来生缘，愿生佛地。”

童子引能至南廊下。能即礼拜此偈，为不识字，请一人读。慧能闻已，即识大意。慧能亦作一偈，又请得一解书人于西间壁上题著，呈自本心。不识本心，学法无益，识心见性，即悟大意。慧能偈曰：

菩提本无树，明镜亦无台。
佛性常清净，何处有尘埃。

又偈曰：

心是菩提树，身为明镜台。
明镜本清净，何处染尘埃。

院内徒众见能作此偈，尽怪。慧能却入碓房。五祖忽来廊下，见慧能偈，即知识大意。恐众人知，五祖乃谓众人曰：“此亦未得了。”五祖夜至三更，唤慧能堂内说《金刚经》。慧能一闻，言下便悟。其夜受法，人尽不知，便传顿教及衣，以为六代祖。将衣为信禀，代代相传；法即以心传心，当令自悟。

（杨曾文校写《敦煌新本六祖坛经》）

〔**注释**〕 ① 处分：谓吩咐，指示。 ② 教授师：即阿阇黎，意即教授弟子，使之行为端正合宜，而自身又堪为弟子楷模之师。 ③ 息心：谓不再奢望。 ④ 变相：简称“变”，用绘画或雕刻所表现的佛经故事。“《楞伽》变相”即用绘画表现《楞伽经》中的故事。 ⑤ 卢供奉：即上文所言“画人卢珍”。 ⑥ 三恶道：佛教谓六道轮回中的地狱、饿鬼、畜生。

〔**鉴赏**〕 关于神秀与慧能分别题壁所呈之偈，神秀的一首认为人身乃是觉悟的主体，而身内所秉的心性如同明镜一般，应当勤于修行除去情欲妄念，以使心性永远明净。这是劝人修善去恶，后人称之为“拂尘看净”，归之为渐教禅法。慧能之偈系针对神秀偈而言，他认为，身与心皆不可执着，从根本说来是空无所有，众生所秉佛性本来是清净的，何有尘埃可染？

敦煌本《坛经》所载慧能第一首偈的第三句从宋代惠昕本《坛经》开始，后世一般皆作“本来无一物”，更早的文献则尚见于《祖堂集》与《宗镜录》。从佛教的般若学说来看，“佛性常清净”与“本来无一物”并无根本的差别。因为佛教讲“佛性”，事实上也就是“诸法实相”“法性”“般若波罗蜜”“毕竟空”等。“佛性常清净”是从第一义谛（真谛）说的，谓佛性超言绝象，从这一角度理解，佛性清净其实也就是一切皆空。

后世禅宗史有所谓“南顿北渐”之分，顿宗为慧能所开启，渐宗则为神秀所阐扬。二宗思想的分野，由他们在此所述的偈语中已可见诸端倪。顿悟是不经次第、阶段而直下证入真理，契合真性的觉悟；慧能当下觉知“佛性常清净”或“本来无一物”，尘埃本是无根之物，这便是顿悟。渐悟是不断修习，渐次悟入，运用种种权宜方法，经历由低到高的阶段，进而把握真理，体悟真性；神秀强调“时时勤拂拭”之观心看净之方法，也就是渐悟法门。后世禅宗文献谓：

> 第五祖弘忍大师在蕲州东山开法，时有二弟子：一名慧能，受衣法，居岭南为六祖；一名神秀，在北扬化。其后神秀门人普寂者，立秀为第六祖，而自称七祖。其所得法虽一，而开导发悟有顿渐之异，故曰南顿北渐。
>
> （《五灯会元》卷四）

所谓“南顿北渐”，具体所指便是慧能与神秀分别在南北两地传法的殊异禅风,"天下散传其道,谓秀宗为北,能宗为南。南北二宗,名从此起"(《宋高僧传·神秀传》)。南北顿渐的截然对立,肇始于慧能弟子神会对神秀一系禅法的抨击,他于唐开元二十二年(734)开始进行"南宗北伐",在滑台大云寺(位于今河南滑县)举行了一次"无遮大会",对北宗道统真伪与教义是非,发出了公开挑战。神会在会上说:"今设无遮大会兼庄严道场,不为功德,为天下学道者定宗旨,为天下学道者辩是非。"(《神会和尚禅话录》)指出只有慧能才是继承了法脉的禅宗正统。谓北宗"师承是傍,法门是渐"(《中华传心地禅门师资承袭图》)。因此,南北二宗形成争夺法统的紧张局面,当时据说"顿渐门下,相见如仇雠,南北宗中,相敌如楚汉"(《禅源诸诠集都序》)。

禅宗南北二系的发展,在7世纪下半叶和8世纪上半叶,神秀的北宗禅覆盖了中国北方,其势力与影响远在慧能南宗之上。但到9世纪中叶会昌灭佛后逐渐衰退,约至9世纪末便趋于衰亡了。慧能一系到了8世纪,在南方迅速发展起来,到了至德二年(757)前后,郭子仪平安禄山叛乱时神会被推举出来,助唐军筹军饷而置坛度僧,为当局贡献良多,"肃宗皇帝诏入内宫供养,敕将作大匠,并功齐力,为造禅宇于荷泽寺中"(《圆觉经大疏钞》)。至此,神会终于被认定为禅宗"第七祖",也为慧能的南宗争得了正统地位。而慧能一系的后学,如南岳怀让与青原行思等人,后更有临济、曹洞等"五家",把南宗禅推向一个新的阶段,用不同方式的教法阐扬慧能顿悟学说,奠定了中国禅宗的思想走向。

(姚彬彬)

按:神秀与慧能所呈偈,通常认为,神秀偈落于有,未得入门;慧能偈了然空义,而成绝唱。至近世,杨度提出,慧能虽得空义,却未得非空非有之真如义。也就是说,神秀偈执着有,慧能偈偏于空,二者均未入佛学之堂奥。此说亦与《坛经》"此亦未得""唤慧能堂内说《金刚经》""慧能一闻,言下便悟"的记载相符契。杨度于是作偈曰:"菩提本无树,明镜亦非台,尘埃即无物,无物即尘埃",意欲表达非空非有、不落两边的真如之境。之后,陈寅恪又从学术的角度批评神秀、慧能偈“譬喻不当”“意义不完备”。这也是禅学在近代的一桩公案,颇值得寻味。

(麻天祥)

风动幡动

(惠能)遂出至广州法性寺;值印宗法师讲《涅槃经》。

时有风吹幡动,一僧曰“风动”,一僧曰“幡动”,议论不已。

惠能进曰:“不是风动,不是幡动,仁者①心动。”一众骇然。

(宗宝编《六祖大师法宝坛经》)

〔注释〕 ① 仁者:佛教界对人的尊称。

〔鉴赏〕 慧能关于“风幡之辩”之事,不见于早期的敦煌本《坛经》,亦不见于宋代的惠昕本中,而出现在以元代宗宝本为代表的后代传世诸本中。因此,恐怕是后人所附加。《坛经》载,慧能得衣付法后,因弘忍的指示,为恐遭迫害而南下避难,返回岭南藏身于猎人队伍中多年,终于决心出世弘法。唐上元三年(676),慧能来到法性寺,遂有这段故事。

“风幡之辩”虽未必为史实,但在禅门耳熟能详,影响颇大,乃至后世杜撰的“西土祖师”故事中,也有类似的翻版,《五灯会元》中载“十七祖僧伽难提尊者”付法“十八祖伽耶舍多尊者”事谓:

他时闻风吹殿铃声,祖问曰:“铃鸣邪?风鸣邪?”舍多曰:“非风铃鸣,我心鸣耳。”祖曰:“心复谁乎?”舍多曰:“俱寂静故。”祖曰:“善哉!善哉!继吾道者,非子而谁?”即付法眼。

这显然与慧能的故事如出一辙,“风幡之辩”之所以有代表性,是因为其中明白揭示了禅宗“诸佛心第一”“心生万法”,心性为绝对的主体之哲学特质。众生或迷或悟,均为自心主宰,故宗门尝谓“心生则种种法生,心灭则种种法灭”。

史学家顾颉刚曾记述赵朴初先生在1960年代对其所说的禅宗看法，不失为这则语录的最好注脚，朴老说："释迦牟尼所创之佛教，本为心物二元论。其后势力日大，党派渐分，唯心论遂占上风。唯心主义之最高峰，是为禅宗。"（顾颉刚《枫林村杂记》，见《顾颉刚全集》第28册，中华书局2010年版，第157页）顾氏为史学大家，立论谨严，此记应相当可靠。此为朴老私下所语，显露本心，弥足重视。事实上，印度佛教在早期大乘尚未兴起的部派阶段，虽亦已认识到心性的重要性，但亦未断然否定外境的实在性，若"说一切有部"更有所谓"极微"论（认为一切事物的基本构成皆为极细小的微粒），明确不否认外境的实有。至大乘佛教出现，方确立了"万法唯识"诸说，否认外境的存在。而禅宗则是受到庄老哲学"逍遥自在"观念影响的中国化佛教学说，其中更渗透了中国哲学一贯重视心性超越的宗旨，慧能"风幡之辩"的故事也反映出禅宗思想的唯心论特征。

（姚彬彬）

见性成佛

善知识[①]！我于忍和尚处一闻，言下大悟，顿见真如本性。是故将此教法流行后代，令学道者顿悟菩提，各自观心，令自本性顿悟。若不能自悟者，须觅大善知识示道见性。

何名大善知识？解最上乘法，直示正路，是大善知识，是大因缘。所谓化道[②]，令得见性。一切善法，皆因大善知识能发起故。三世诸佛，十二部经，在人性中本自具有，不能自悟，须得善知识示道见性。若自悟者，不假外求善知识。若取外求善知识，望得解脱，无有是处。识自心内善知识，即得解脱。若自心邪迷，妄念颠倒，外善知识即有教授，救不可得。汝若不得自悟，当起般若观照，刹那间妄念俱灭，即是自真正善知识，一悟即至佛也。自性心地，以智慧观照，内外明彻，识自本心。若识本心，即是解脱。

（杨曾文校写《敦煌新本六祖坛经》）

〔注释〕 ① 善知识：佛教谓正直而有德行，能教导正道之人。亦指一切信奉佛法之人。② 化道：解脱道。

〔鉴赏〕 “见性成佛”是《坛经》之思想主旨，也是慧能禅宗思想的最核心部分。较诸佛教其他宗派的烦琐义理，这一理论简单明了，易懂易记，而且雅俗共赏。平民百姓不因它雅而深奥就敬而远之，士人官绅也不因其俗而简洁便不屑一顾，原因就在它既是贴近生活的通俗说教，又是思深义密、情理交融的玄奥思辨。

何以谓“见性成佛”？其立论也是建立在道家自然主义的基础之上，即所谓“性本清净”。性本清净、性自明觉，所以觉悟不在于向外追求，只要反求诸己，识得自性，还得本心，便是觉悟。换句话说，就是要认识自我。各种版本的《坛经》中几乎无处不强调这一根本宗旨建立的依据，诸如：

佛性即无南北……佛性有何差别。

不识本心，学法无益，识心见性，即悟大意。

人性本净……自性本净。

本元自性清净。

世人性本清净，万法在自性。

于自性中万法皆见。

一切法自在性，名为清净法身。

般若常在，不离自性。

佛是自性作，莫向身外求。

如是等等，都在于告诉人们自性本来清净。慧能的偈语，“菩提本无树，明镜亦无台，佛性常清净，何处有尘埃”，集中表述的也不外乎此。既然自性清净，自性本觉，自然也就无须向外苦苦求索，只要返观自心，反求诸己，还得本心，就能够“即时豁然”“顿现真如本性”。即所谓“即得见性，直了成佛”“识心见性，自成佛道”。这种基于自然主义的还本之说，是禅宗思想的首要显著特点。

（麻天祥）

心净则佛土净

世尊在舍卫城①说西方引化②，经文分明，去此不远③。只为下根④说远，说近只缘上智。人有两种，法无两般。迷悟有殊，见有迟疾。迷人念佛生彼，悟者自净其心。所以佛言：随其心净则佛土净。使君，东方人但净心即无罪；西方人心不净亦有愆⑤，迷人愿生东方。两者所在处，并皆一种心地，但无不净。西方去此不远，心起不净之心，念佛往生难到。除十恶⑥即行十万，无八邪⑦即过八千⑧，但行直心⑨，到如弹指。使君⑩！但行十善⑪，何须更愿往生？不断十恶之心，何佛即来迎请？若悟无生顿法⑫，见西方只在刹那；不悟顿教大乘，念佛往生路远，如何得达？

（杨曾文校写《敦煌新本六祖坛经》）

〔注释〕 ① 舍卫城：古印度佛教圣地，在今印度北方邦北部，拉普底河南岸。佛教史上著名的祇园精舍所在地。据说憍萨罗国富商“给孤独长者”用金钱铺地的代价购得波斯匿太子祇陀在舍卫城南的花园，作为释迦牟尼在该地说法、驻留的场所。 ② 西方引化：谓接引往生西方极乐世界。 ③ 去此不远：谓西方极乐世界离此不远。 ④ 下根：下等根器的普通人。 ⑤ 愆：罪过，过失。 ⑥ 十恶：佛教的十种恶业。即杀、盗、淫、妄语、绮语、恶口、两舌、悭贪、嗔恚、邪见。为身口意三业所造。 ⑦ 八邪：佛教谓与八正道相对立的邪见、邪思维、邪语、邪业、邪命、邪方便、邪念、邪定为八邪。 ⑧ 八千：此“八千”与前面的“十万”连读，谓距离西方十万八千里，形容其遥远。 ⑨ 直心：即真心，本心。 ⑩ 使君：指韶州刺史韦璩，与慧能常有往来请益。 ⑪ 十善：佛教的十种善业，即不杀生、不偷盗、不邪淫、不妄言、不绮语、不两舌、不恶口、不悭贪、不嗔恚、不邪见。 ⑫ 无生顿法：即标榜见性成佛的顿悟法门。

〔鉴赏〕 慧能基于其“见性成佛”的返本思想，对佛教的基本理论进行了大胆的革新。它把外在的佛变成了心内佛，把向外觉悟大千世界的外在超越,变成向内反求诸心的内在超越。同时,慧能亦对彼时所流行的标榜往生西方极乐的弥陀信仰,表达了不同看法,赋予其新的诠释,认为西方净土不过是针对下根众生的方便法门,真正的净土其实就在本心之中,这就是"心净则佛土净"。这在本质上,就是中国传统的心性学说对印度传来的佛教文化进行的一次革命,也就是禅宗的"唯心净土"之观念。

自庐山慧远结社念佛,以期往生西方极乐净土,便形成了以彼岸净土为指归的净土法门,既主张口念弥陀,又强调入定安心。道生虽提出"佛无净土"之说予以矫正,但外在有形之净土仍然受到善男信女们的欢迎。慧能一则基于"性本清净"的自然之理,又受道生"佛无净土"之说的影响,以"唯心净土"取代了"西方极乐净土",这也是对虚幻的说教和彼岸往生的寄托的大胆革命。

佛教本有佛、法、僧三皈依之说,这原本是用来规范佛教徒的制度和原则。《坛经》却打破了这一成法,提出"佛者,觉也;法者,正也;僧者,净也"。用觉、正、净三个心性学说中的范畴,取代了佛、法、僧三个有相的存在,因此也就不再是皈依佛、皈依法、皈依僧的律仪规制,而是皈依觉、皈依正、皈依净的内在道德要求。此谓"自心三皈依",从本质上看,就是皈依本自觉悟、纯正、清净的自心,外在的佛、法、僧全都荡涤殆尽,唯有一心可以皈依、可以尊奉。至此,佛教的解脱法门从虚无的彼岸终于回到了现实的此岸自心之中,佛家的义理显然已经无痕换骨了。

《坛经》特别指出"于一切时中,行、往、坐、卧,常行直心","直心是道场","直心是净土"。慧能在这里更强调"心但无不净,西方此去不远;心起不净之心,念佛往生难到"。净土不在西方而在自心,自心清净,即得净土;自心不净,无论如何念佛,也是没有用的。像"自心三皈依"一样,标榜"心净则佛土净"的"唯心净土"之说也是禅宗思想实现内在超越的革命的结晶。

(麻天祥)

三十六对

大师遂唤门人法海、志诚、法达、智常、智通、志彻、志道、法珍、法如、神会。大师言："汝等十弟子近前。汝等不同余人。吾灭度[①]后，汝等各为一方师。吾教汝等说法，不失本宗。举三科法门，动用三十六对，出没即离两边[②]。说一切法，莫离于性相[③]。若有人问法，出语尽双，皆取对法[④]，来去相因[⑤]，究竟二法尽除[⑥]，更无去处。

三科法门者：阴、界、入。阴，是五阴；界，是十八界；入，是十二入。何名五阴？色阴、受阴、想阴、行阴、识阴是。何名十八界？六尘、六门、六识。何名十二入？外六尘、中六门。何名六尘？色、声、香、味、触、法是。何名六门？眼、耳、鼻、舌、身、意是。法性起六识：眼识、耳识、鼻识、舌识、身识、意识；六门、六尘。自性含万法，名为含藏识[⑦]，思量即转识[⑧]。生六识，出六门，见六尘，是三六十八。由自性邪，起十八邪；若自性正，起十八正。若恶用即众生，善用即佛。用由何等？由自性。

对：外境无情对有五：天与地对，日与月对，暗与明对，阴与阳对，水与火对。语与言对，法与相对，有十二对：有为无为对，有色无色对，有相无相对，有漏无漏对，色与空对，动与静对，清与浊对，凡与圣对，僧与俗对，老与少对，大与小对，长与短对，高与下对。自性居起用对有十九对：邪与正对，痴与慧对，愚与智对，乱与定对，戒与非对，直与曲对，实与虚对，险与平对，烦恼与菩提对，慈与害对，喜与瞋对，舍与悭对，进与退对，生与灭对，常与无常对，法身与色身对，化身与报身对，体与用对，性与相对，有情与无亲对。语言法相对有十二对，外境无情有五对，自性居起用有十九对，都合成三十六对也。

此三十六对法，解用通一切经，出入即离两边。如何自性起用三十六对？共人言语，出外于相离相，入内于空离空。着空，即惟长无明；着相，即惟长邪见。谤法，直言不用文字。既云不用文字，人不合言语；言语即是文字。自性上说空，正是语言本性不空。迷自惑，语言除故。暗不自暗，以明故暗；明不自明，以暗故明。以明变暗，以暗现明，来去相因。三十六对，亦复如是。”

（杨曾文校写《敦煌新本六祖坛经》）

〔注释〕 ① 灭度：圆寂，逝世。 ② 出没即离两边：谓说法时坚持中道，不落于任何一端的执着。 ③ 性相：性就是诸法永恒不变的本性，相就是诸法显现于外可资分别的形相。④ 出语尽双，皆取对法：谓说法时谈到任何一个问题都要列举其相反相成的两个方面。⑤ 来去相因：谓“对法”作为矛盾的两个方面，互为因缘。 ⑥ 究竟二法尽除：谓最终通过否定了“对法”的矛盾双方，而开显出中道实相。 ⑦ 含藏识：即藏识，也就是唯识宗所说的第八识阿赖耶识，佛教唯识思想体系中以其为生成一切万法的根本。 ⑧ 思量即转识：唯识学认为，第七识末那识执取阿赖耶识为实有，从而转变出眼、耳、鼻、舌、身、意六识。

〔鉴赏〕 三十六对法之说，是慧能临终前开示于其所托付的十弟子的说法心得，要在“出入即离两边”而开显中道之意，其中贯穿了辩证性的否定精神，这也是禅宗的一种别具特色的本体观念。

从原始佛教的教义来看，以重重因果而说“缘生”之义，即所谓“因缘所生法，我说即是空”，因此，它是否定本体存在的。但是，禅宗思想明显地受到道家本体论的影响，特别是《庄子·齐物论》的影响，由强烈的主体意识进而演化为绝对自心、自性本体。于是，无本体的佛学一变而为心性本体的禅宗思想。“从自我意识到独立的主体，从独立的主体到绝对的本体，这是隋唐佛学的一般的思辨结构。通过自我意识的反观来证悟本体……这一本体即是自我意识‘心源’，这条道路在早期禅宗中就已开辟出来。”（侯外庐《中国思想通史》第四卷上册，人民出版社 1959 年版，第 162 页）这段话用来说明禅宗思想的思辨结构则是非常中肯的。毫无疑问，禅宗思想本体观念的确立，除了承继僧肇“本体无相，超于有无，即体即用”的否定思维，当然也难免直接受庄子“齐是非、齐生死、齐物我、齐彼此”的相对主义的影响。既然是本体，也就是唯一的,因而也是无对的;本体无相,也就是超越有无二元对立的,因此就应当“离相”。“无对”“离相”,便是超越有无等一切二元对立的否定性思维,也就是禅宗思想的本质精神。

慧能《坛经》的三十六对说法,其中有些虽然还不能算严格的“对”,而且列举这些也不能把世界种种现象包容净尽,但他的意思就是要申明以此对法,“解通一切经,出入即离两边……出外,于相离相,入内,于空离空”,“于一切法上无住”,“于一切境上不染”。总之一句话,就是不着两边,超越有“对”的思维方式。或者说“于相而离相”,“于念而不念”。“三十六对法”本质上是否定性的思维。他力图通过这种思维的渠道,去提示事物、逻辑概念中存在的矛盾或二律背反,从而实现跨越一切二元对立的超越精神,由本体而强固不折不扣的自我意识。如此由自我意识升华到本体,再借助本体强化自我的禅宗思想,其具体表现形式就是这种出入即离两边、即双遣的否定思维,也就是超二元对立的超越精神。

(麻天祥)

卷二、慧能下一世

西域崛多三藏

何不自观自静

西域①崛多三藏②者，天竺③人也。于六祖言下契悟。后游五台④，见一僧结庵⑤静坐。

师问曰："孤坐奚⑥为？"曰："观静。"师曰："观者何人，静者何物？"

其僧作礼，问曰："此理何如？"师曰："汝何不自观自静。"彼僧茫然。

师曰："汝出谁门⑦邪？"曰："秀禅师⑧。"师曰："我西域异道最下种者⑨不堕此见。兀然空坐，于道何益！"

其僧却问："师所师者何人？"师曰："我师六祖，汝何不速往曹溪⑩，决其真要。"

其僧即往参六祖。六祖垂诲，与师符合，僧即悟入。师后不知所终。

（《五灯会元》卷二）

〔**注释**〕 ① 西域：汉以来对玉门关、阳关以西地区的总称，此处应指印度半岛。 ② 崛多三藏：《宋高僧传》作"掘多"、《景德传灯录》作"堀多三藏"，《传法正宗记》将其列为慧能法嗣弟子首位。称之为"三藏"，是对其精通经、律、论佛典的褒扬。 ③ 天竺：即《山海经》中所云"天毒国"也，今印度及其他南亚次大陆国家之统称。 ④ 五台：即山西五台山，与四川峨眉山、安徽九华山、浙江普陀山合称为"中国佛教四大名山"，相传为大智文殊师利菩萨道场。 ⑤ 结庵：庵，圆顶草屋。即搭建草屋之意。 ⑥ 奚：文言疑问代词，相当于“胡”或“何”。 ⑦ 门：指师门，宗教的教派或思想派别。 ⑧ 秀禅师：即神秀，禅宗五祖弘忍大师弟子，北宗禅创始人，主张“坐禅习定”“住心看净”的渐修法门。 ⑨ 最下种者：《宋高僧传》作“最下劣者”，《景德传灯录》作“最下根者”。意指愚钝蠢笨之人。 ⑩ 曹溪：广东曹溪宝林寺，因六祖慧能于此传法而兴，后成禅宗南宗的别号。

〔鉴赏〕 五台山是我国佛教四大名山之一，佛教传入五台至迟可追溯至北魏孝文帝时期。至隋唐，五台山佛教进入鼎盛时期。隋唐诸帝多尊崇佛教，五台山作为李唐王朝“祖宗植德之所”(《清凉山志》)，更是借机形成鼎盛局面。佛教各大宗派，包括唯识、华严、净土、天台、禅宗等宗派的高僧大德纷纷至五台山学法布道，开辟道场，建立宗派。五台山的禅宗，是魏齐以来五台山禅学和传入五台山的禅宗诸派相结合的产物，融摄牛头宗、北宗、南宗。一般认为，在唐开元、天宝年间，慧能法嗣辩才将南宗的顿悟法门传入五台山。然据《传法正宗记》《宋高僧传》《景德传灯录》《五灯会元》等所载，早在开元前，慧能法嗣崛多三藏禅师就已将南宗曹溪禅法传入五台。禅师为印度僧人，东游中土，与六祖慧能机教相接，尽得南宗禅之精要，后游历五台，不知所终。

时北宗在神秀法嗣巨方的传法下，已于五台多有影响。崛多三藏禅师游方至太原定向县历村，所遇结庵静坐者，即是禅宗北宗弟子。北宗禅开创者神秀大师曾作偈曰：“身是菩提树，心如明镜台。时时勤拂拭，莫使有尘埃。”此偈可见，神秀系下强调“观心”，以修心为通往佛法之至要法门：众生心性，如蒙尘之镜，若能息灭妄念，念尽则圆明觉性显。北宗禅神秀一系，可用“拂尘看净，方便通经”(《圆觉经大疏钞》卷三)概括，在具体的修习法门上，神秀一系尤重视坐禅、诵经等行法，且重视“观心”“看静”，主张凝心、摄心，形成北宗禅“渐修”的思想体系，是对四祖道信、五祖弘忍所宣扬的东山法门的忠实继承与发挥。

但是，这种“住心观静”的禅修方式，在外来僧崛多三藏看来，却是连“西域异道最下种者”都不齿的最下等的旁门左道。崛多禅师依六祖慧能得法，其所言和南宗曹溪禅相契相合。由“住心观静”到“自观自静”，正是六祖慧能对东山法门的革命性变革，是禅宗南北两宗的根本分歧之一，亦是南北顿渐的根本成因,更是中国禅宗最终得以形成的一大标志。

慧能以顿悟法门为要,但并不反对坐禅。慧能反对的,是北宗这种“兀然空坐,蓐烂身疲,初无深益”(《宋高僧传》)的“观静”。在慧能看来,“心元是妄,知心如幻,故无所看也”,“性自清净,起心看净,却生净妄,妄无所处,看者是妄”(《坛经》)。性本清净,无需看,若执于看静,反生执着,为静相所缚,障蔽本性,南辕北辙了。北宗“观心看静”的渐修形式在南宗看来,恰恰是障碍真道的不正确修持之法,无怪乎崛多三藏斥之为最下等的修持方法了。

于北宗而言,“观”乃“看”之义,是一种作的工夫,而于曹溪而言,“观”则更多是体悟,是一种主体与人生的感悟。于北宗而言,“观静”是主客体二分的行法,“看者”与“静者”是主客体二元对立的二者;于南宗而言,“观静”则是“自观自静”的主客体完全同一——“看者”与“静者”,实则都是一个“人”。“自观自静”的思想表现了超二元对立的特征,高扬了主体的价值,与南宗宣扬的“见性成佛”“本性清净,自修自行,自成佛道”的思想是一贯的。“自观自静”的背后,是慧能对“自心自性”的张扬,“直指人心,见性成佛”的向内求法之法门,一改六祖以上向外求法的路径,将本性清净的主体解放出来,可谓是六祖慧能建构起中国禅宗的一大基石。

“汝何不自观自静”,世人该自问,是否将手段错当成目的,是否将内心的观照错解为外界的追求?何不迷途知返,明心见性,自观自静?

(戴雯炯)

韶州法海禅师

即心名慧,即佛乃定

初见六祖,问曰:“即心即佛[①],愿垂指喻。”

祖曰:“前念不生即心,后念不灭即佛。成一切相即心,离一切相即佛。吾若具说,穷劫不尽。听吾偈曰:即心名慧，即佛乃定。定慧等持[②]，意中清净。悟此法门，由汝习性。用本无生，双修是正[③]。”

师信受，以偈赞曰：“即心元是佛，不悟而自屈[④]。我知定慧因，双修离诸物。”

（《五灯会元》卷二）

〔注释〕 ① 即心即佛：自心即佛。 ② 等持：旧称“三昧”，新称“三摩地”，“定”之别名。 ③ 用本无生，双修是正：体用双修。 ④ 自屈：委屈自己。

〔鉴赏〕 此则公案记载了韶州（治今广东韶关市西）法海禅师初参六祖，六祖以“定慧等”阐释“即心即佛”之理。

六祖五大高足之一的南阳慧忠国师曾批评暗含“色身有常而性无常”倾向的“即心即佛”观点，认为这是“南方知识”对六祖《坛经》的添改，已篡改了慧能原义。《坛经》成书，不可避免受到后世的修订，慧忠国师所言，或许不虚。“即心即佛”从肯定义上言本具佛性，建立起人之自信；然则从禅宗强调的不二中道观来看，理应有“非心非佛”之说，从否定义上遣破对“心”的执着，与“即心即佛”相平衡。但不可否认的是，“即心即佛”思想的出现在中国禅宗思想史中具有革命性的意义。现今传世的《坛经》文本均极言“即心即佛”之理，“即心即佛”思想是六祖以后中国南禅宗心性论的主流，荷泽神会、洪州马祖、百丈怀海、大珠慧海等门下弟子皆疾呼“即心即佛”之旨。南禅宗诸师强调应机接物、随缘讲法，《坛经》对“即心即佛”的强调是针对世人不悟自心自性、向外驰求而迷失自性的普遍现象，一改六祖以前禅宗强调息灭妄念的坐禅观静之法，而将求法的根据立在了当下自心之上，意义重大。

此则公案中，六祖慧能并没有从心性论、本体论的层面上阐释“即心即佛”，而是以他的另一独创——“定慧等”的禅学修习法门来阐发“即心即佛”。“即心即佛”将曹溪禅与早期传入中国的印度佛教区分开来，而“定慧等”则将曹溪南宗禅与神秀一系北宗禅区分开来。六祖慧能以上，东山法门以“观心源、息妄念”为守如来藏清净自性之手段，表现出“专念息想，极力摄心”的早期禅学色彩。与此相应，定与慧是相离的两个修行阶段，由定生慧、先定后慧，尤重“定”之法门，沿袭了印度佛教坐禅冥想修行之法，如《传法宝纪》中言道信之法“努力勤坐，坐为根本”；弘忍之法“昼则混迹驱给，夜便坐摄至晓”；神秀之法“凝住入定，住心看净，起心外照，摄心内证”。直到六祖慧能，才提出“定慧等”的思想，通过“心”之内在状态，将定与慧统一起来。“即心名慧，即佛乃定”，即心即佛，定慧双修。

慧能的“定慧等”思想与神秀一系“定慧别”的传统禅法根本不同在于两者的心性论差异。慧能并不以清净无垢的如来藏清净心为众生“心”，而认为心包净妄，强调心妄性净、心与性两者皆不离现实，当下具有，统一于人之内在本性。故慧能并不强调“守一真心”（弘忍语），除灭妄念，而是强调“无相者，于相而离相；无念者，于念而无念；无住者，人之本性”，在念念相续之中，在应机接物之时，不起任何妄心执着。六祖不执于“无”、不执于“圣”，而是将众生活泼泼的自性融入生命的实践，将定、慧统摄到人的内在生命之中。曹溪禅法赋予“定慧”以心的意义：定，非坐禅习定，而是与慧同行的内在心性之体验；慧，非外在般若智慧，而是“内不乱”的自然所见之自性。以心性论观之，故知定慧相即不二，即慧之时定在慧，即定之时慧在定，因而慧能提出“用本无生，双修是正”之禅法，唯有定慧双修，才能做到于念离念、无相离相，内心不乱而离于四相，真正实现明心见性、当下彻悟。

（戴雯炯）

吉州志诚禅师

盗　法

初参秀禅师，后因两宗①盛化，秀之徒众往往讥南宗曰：“能大师不识一字，有何所长？”

秀曰：“他得无师之智②，深悟上乘③，吾不如也。且吾师五祖亲付衣法④，岂徒然哉！吾所恨不能远去亲近，虚受国恩。汝等诸人无滞于此,可往曹溪质疑。他日回,当为吾说。”

师[5]闻此语,礼辞至韶阳,随众参请[6],不言来处。

时六祖告众曰:“今有盗法之人,潜在此会。”师出礼拜,具陈其事。

祖曰:“汝师若为[7]示众?”师曰:“尝指诲大众,令住心观静,长坐不卧。”祖曰:“住心观静,是病非禅。长坐拘身,于理何益?听吾偈[8]曰:生来坐不卧,死去卧不坐。元是臭骨头,何为立功过?”

师曰:“未审大师以何法诲人?”祖曰:“吾若言有法与人,即为诳汝。但且随方解缚,假名三昧[9]。听吾偈曰:一切无心自性戒,一切无碍自性慧,不增不退自金刚,身去身来本三昧。”

师闻偈悔谢,即誓依归。乃呈偈曰:“五蕴幻身,幻何究竟。回趣真如[10],法还不净。”

(《五灯会元》卷二)

〔注释〕 ① 两宗:即由慧能开创的禅宗南宗和由神秀开创的禅宗北宗,时称“南能北秀”,又有南顿北渐之分。 ② 无师之智:指无师独悟之佛智,不借他人、他力,自然成就之智。③ 上乘:佛教常以车轮为喻阐释佛法。上乘,即大乘,喻指高妙的境界和高深的佛法。④ 亲付衣法:中国禅宗师徒间传授道法,常以付衣钵为信,比喻思想、学术的师徒相承。⑤ 师:指志诚禅师,吉州太和(今江西吉安泰和县)人,先投神秀座下,后为慧能法嗣。⑥ 参请:禅林用语,拜见请益,参学问道之义。 ⑦ 若为:表反问,怎样。 ⑧ 偈:梵文中指“颂”,以四句为结,为佛经中的唱颂词。 ⑨ 三昧:梵文音译,又译“三摩地”,意译为“正定”。谓屏除杂念,心不散乱,专注一境。 ⑩ 真如:世界的真实本质、最高真理。

〔鉴赏〕 神秀、慧能皆系禅宗五祖弘忍法嗣,分头弘化、禅风迥异。神秀一系为“渐修”,尽得东山法门之要旨,禅法保守,依附王室,在唐代盛极一时,因其在北方影响最大而被称为北宗;慧能一系则重“顿悟”,改革创新,别开生面,在南方影响较大而被称为南宗。

南北二宗分歧昭然,既有法脉传承傍正之争,更有其内在佛法主张的根本差异。北宗立足“渐修”，主张“凝心入定，住心看净”(《南宗定是非论》)；南宗强调顿悟，主张“于念念中，自见本性清净，自修自行，自成佛道”(《坛经》)。然而，“南顿北渐”两宗公开对峙的局面，并不在“南能北秀”时期，而是起于滑台大会上神秀弟子普寂和慧能法嗣神会的直接对抗。神会大师北上辩机，打破了北宗独盛的局面，使得曹溪禅得以北上。此后两宗为争夺正统斗争愈烈，甚至“相见如仇，相敌如楚汉”。然反观历史，在“南能北秀”时期，神秀一系与慧能一系虽多有间隙，“秀之徒往往讥南宗”，但门派之见实不如后世深刻，神秀大师更赞慧能“深悟上乘”，自叹不如。两位高僧的弟子亦多有交流，先投北宗后入南宗者史册有征。此则公案中的吉州志诚禅师即为明证。

正如宗密所云：“原夫佛说顿教渐教，禅开顿门渐门，二教二门，各相符契”，顿渐法门原自会通；南宗北宗，相补相契。会通两宗，才不落一边。这就是神秀大师鼓励座下弟子志诚禅师前往曹溪求学的缘故。慧能本以为志诚禅师乃偷听佛法之徒，具闻因缘之后，却随缘解说，连作两偈，将禅法要旨俱呈神秀弟子，亦可见南能北秀相互尊重、教学相长。

此则公案亦深刻地体现了禅宗南北二宗的内在佛理差异。“住心观静，长坐不卧”是神秀“渐修”思想的体现，神秀一系讲究摄心离念，观心看净。“观心”是神秀禅法体系中的重要概念，相传神秀撰《观心论》，以“观心”一法总摄诸法。神秀继承东山法门禅法，认为“一切佛法，自心本有；将心外求，舍父逃走”(《景德传灯录》卷四)，因此他主张“时时勤佛试”，以“坐禅习定”“住心看净”为根本的方便法门。然而北宗的这一修习法门却受到了六祖慧能的明确批判：“住心观静，是病非禅；长坐拘身，于理何益”，慧能认为北宗强调的“观心”是“兀然空坐，蓐烂身疲，初无深益”(《宋高僧传》)的病态而不是真正的禅法，坐禅拘禁了身心，于参禅学法毫无益处，反而阻碍觉性的自然显现。《金刚经》有云：“应无所住而生其心”，一旦“住心”则落入了执着的窠臼。曹溪禅以“无住”为本，强调“于诸法上，念念不住，即无缚也”，势必批评“住心观静”是错误的禅修形式，“看心观静，不动不起，从此置功，迷人不会，便执成颠”(《坛经》)。南宗禅与北宗禅在修习的法门上，确实存在迥异的分歧：北宗谈凝心定性，时时拂拭；南宗讲见性成佛，顿悟法门，此是一。北宗谈长坐不卧，离念离相，是一种“心性工夫”；南宗讲应机接物、随方解缚、念念不住，更是一种“实践工夫”。执着于“看心看净”的坐禅工夫，不是南宗的修习之道，曹溪禅的禅法是活泼生动的，对内返观内照、明心见性、任运自然；于外结合日常、随缘参学、历境炼心。这正是南宗禅与北宗禅的一大分歧点。

“道由心悟，岂在坐也”（《坛经》），在慧能看来，道既是自性本具的，又是需要由心去领悟的；既是被感悟的真如本体，又是于日常中去领悟佛法的主体。佛法岂是“长坐不卧”的枯坐所能把握的？明心与否、见性与否，无关坐卧等外在形式，关键正在于一个“悟”字，只有于日常中去学习生活、学习感受、学习体验，才能领悟到那活泼泼的佛法。

（戴雯炯）

洪州法达禅师

念 经 僧

七岁出家，诵法华经[①]，进具[②]之后，礼拜六祖，头不至地。祖诃曰：“礼不投地，何如不礼！汝心中必有一物，蕴习何事邪？”师曰：“念《法华经》已及三千部。”祖曰：“汝若念至万部，得其经意，不以为胜，则与吾偕行。汝今负此事业，都不知过。听吾偈曰：礼本折慢幢[③]，头奚不至地？有我罪即生，亡功福无比。”

祖又曰：“汝名甚么？”对曰：“名法达。”祖曰：“汝名法达，何曾达法？”复说偈曰：“汝今名法达，勤诵未休歇。空诵但循声，明心号菩萨。汝今有缘故，吾今为汝说。但信佛无言，莲华[④]从口发。”

师闻偈，悔过曰："而今而后，当谦恭一切。惟愿和尚大慈，略说经中义理。"

祖曰："汝念此经，以何为宗?"师曰："学人愚钝，从来但依文诵念，岂知宗趣?"祖曰："汝试为吾念一遍，吾当为汝解说。"

师即高声念经，至《方便品》。祖曰："止。此经元来以因缘[5]出世为宗。纵说多种譬喻，亦无越于此。何者？因缘唯一大事，一大事即佛知见也。汝慎勿错解经意，见他道开示悟入，自是佛之知见，我辈无分。若作此解，乃是谤经毁佛也。彼既是佛，已具知见，何用更开？汝今当信，佛知见者，只汝自心，更无别体。盖为一切众生自蔽光明，贪爱尘境[6]，外缘内扰，甘受驱驰，便劳他从三昧[7]起，种种苦口，劝令寝息，莫向外求，与佛无二。故云：开佛知见。汝但劳劳执念，谓为功课者，何异牦牛爱尾也。"

师曰："若然者，但得解义，不劳诵经邪?"祖曰："经有何过，岂障汝念？只为迷悟在人，损益由汝。听吾偈曰：心迷法华转，心悟转法华。诵久不明己，与义作仇家。无念念即正，有念念成邪。有无俱不计，长御白牛车[8]。"

师闻偈再启曰："经云诸大声闻，乃至菩萨，皆尽思度量，尚不能测于佛智，今令凡夫但悟自心，便名佛之知见，自非上根[9]，未免疑谤。又经说三车，大牛之车与白牛车如何区别？愿和尚再垂宣说。"祖曰："经意分明。汝自迷背，诸三乘人[10]不能测佛智者，患在度量也。饶伊尽思共推，转加悬远。佛本为凡夫说，不为佛说。此理若不肯信者，从他退席。殊不知坐却白牛车，更于门外觅三车。况经文明向汝道，无二亦无三。汝何不省三车是假？为昔时故。一乘是实，为今时故，只教你去假归实，归实之后，实亦无名。应知所有珍财，尽属于汝，由汝受用，更不作父想，亦不作子想，亦无用想。是名持法华经，从劫至劫，手不释卷，从昼至夜，无不念时也。”

师既蒙启发，踊跃欢喜，以偈赞曰：

“经诵三千部，曹溪一句亡。未明出世旨，宁歇累生狂。羊鹿牛权设。初中后善扬。谁知火宅内，元是法中王。”

祖曰：“汝今后方可为‘念经僧’也。”师从此领旨，亦不辍诵持。

（《五灯会元》卷二）

〔**注释**〕 ① 法华经：即《妙法莲华经》，是佛陀释迦牟尼晚年所说教法，为大乘佛教初期经典之一。 ② 进具：佛教谓僧尼受具足戒。 ③ 折慢幢：谓使傲慢者折伏。 ④ 莲华：《法华经》中以之比喻正法。 ⑤ 因缘：佛教指产生结果的直接原因和辅助促成其结果的条件。 ⑥ 尘境：佛教以色、声、香、味、触、法为六尘，称现实世界为尘境。 ⑦ 三昧：梵文音译，又译“三摩地”，意译为“正定”。谓屏除杂念，心不散乱，专注一境。 ⑧ 白牛车：比喻大乘佛法。 ⑨ 上根：上等的根器，指根性很敏锐的人。 ⑩ 三乘人：指声闻乘、缘觉乘、菩萨乘。

〔**鉴赏**〕 此则公案为洪州（治今江西南昌）法达禅师悟道因缘。法达禅师七岁出家，恭诵《法华经》，受具足戒之后便来曹溪参学于六祖慧能，叩头时却头不触地。六祖看出此是法达禅师以平素所学为傲，内心贡高的表现，故问他平素如何修行。禅师回答说已经诵读《法华经》三千余遍。《法华经》共七卷二十八品，六万九千余字，诵读一遍最快亦需一天。法达自云已读三千余遍，可见其已诵读《法华经》近十载。六祖慧能指出，法达自以为诵读经文为功德而生贡高我慢之心，为傲慢心所缚却不自知。法达禅师执有我相、生我慢之心，此即禅师之罪；若能除去我有、我慢，以一颗平常心对待诵经功德，才能修得无量无边的福德。

六祖借禅师法名“法达”继续开示。法达，即通达佛法。但禅师心怀我慢，执持诵经，与佛法不通也。慧能又作一偈指出，禅师虽修行精进，勤诵《法华经》不止，却是有口无心，空诵经文而不知其真义。明了其中义理、明心见性者才是真菩萨行。“但信佛无言，莲花从口发”，释迦牟尼说法四十九年，谈经三百余会，可谓说法无量无边，而佛祖却自称：“吾四十九年住世，未曾说一字。”释祖说法，无非是随众生根性、不同机缘的权宜方便之说。“法本法无法”，佛法离一切相、离文字相、离言说相、离心缘相，万法皆空、虚妄不实。六祖将对佛经、佛言、佛法等外在权威的信靠转向了对自心自性的自信之上。若能明佛本无言，随机说法，发明本心，反求诸己，才能契入经文的莲华真义。

法达禅师听此偈后，便忏悔谢罪，请六祖启示《法华经》经文宗趣。六祖不识一字，便请禅师读经于他，再行讲解。当禅师诵至第三譬喻品时，六祖慧能就开始开示。慧能指出，《法华经》借种种譬喻来点明“诸佛世尊以佛的知见出现于世上”的宗趣，世人于外执于色相，于内执于空性，是为迷也，不得正知正见。若能外接触相而不加以执持，内明空性之理而不加以沉迷，就打通内外、不落有无，内外不迷，刹那间便能开佛知见。“三世诸佛，十二部经，亦在人性中本自具有”，佛之知见人人本具，自心即是佛知见。“一切万法尽在自身中”，自心之外，别无佛知见。然世人多迷，不见自性清净，只缘为贪爱所惑，光明之性被外尘所遮盖。世人向外苦苦求索，反生内扰，心为形役，此乃缘木求鱼。自性清净、本觉，何须向外驰求，只要返观自心，还得本心，即能“即是豁然”“直了成佛”，此即曹溪禅“见性成佛”之宗趣。诸佛世尊说种种法，无非是权宜教导，劝众生莫向外攀，自见其性，自证自悟。如法达禅师者，日日夜夜诵经不休，执着《法华经》以为功课，和爱惜尾巴不惜生命的牦牛有何异？向外驰求，无非本末倒置、舍本求末，反求诸己才能开佛知见。

法达禅师才出对经文的执着，又落入了对不诵经的偏执。六祖便又开示自性、诵经不相碍之理。佛经本是诸佛世尊根据众生根性的随机讲法，迷悟皆在自身，而无关诵经。若能明经文真义，口诵心行，便是转法轮；若是不明就里，有口无心，便是被法轮所转，远离究竟。不持执着是正念，起分别之心即是邪念。禅宗常行不落两边的中道义，有无二边皆不执，彻底消除分别、执着之心，念与不念经皆无有分别，念而为念，不念而念，若不执着念与不念，不落有无二边，便能驾驭自身清净圆满自性。故知一心是真义，无涉念无否。

法达禅师还有不明，他认为声闻、缘觉、菩萨三乘人都不能彻底领悟佛智，何况是根性不佳的凡夫俗子，若只言自悟其心，不免不明佛义，谤经毁法。且若清净本性人人自具，则如何理解《法华经》对羊车、鹿车、大白牛车三车的区别？六祖指出，法达禅师曲解了《法华经》经意。三乘人不悟佛法，错在度量。度量，便起分别、执着之心，远离佛知见。佛所说的佛法是根据凡夫根性随缘所作，而不是为佛所说。众生本具清净自性，如坐白牛车，反向外寻找羊鹿牛三车，即是众生迷。实则佛所说法均是一乘法，别无他乘。二乘、三乘、三车，其他种种，均是譬喻、假设，为权宜方便的随机之论，非实有也。《法华经》"开权显实、开迹显本，会三归一，纯圆独妙"，是教众人除去三乘的权教而归于真实，这个真实的"法"非名言所示，而是禅宗所言的清净自性。清净佛性为自身宝藏，识得本心、开启自身宝藏，随缘任用，不作执想，便是无时无刻不在诵《法华经》。

至此，法达禅师终于领悟禅宗宗旨，以"念而无念，无念而念"的不二法门继续诵读《法华经》。

（戴雯炯）

寿州智通禅师

三 身 四 智

初看《楞伽经》[①]约千余遍，而不会三身四智。礼拜六祖，求解其义。

祖曰："三身者，清净法身[②]，汝之性也。圆满报身[③]，汝之智也。千百亿化身[④]，汝之行也。若离本性，别说三身，即名有身无智。若悟三身无有自性，即名四智菩提[⑤]。听吾偈曰：自性具三身，发明成四智。不离见闻[⑥]缘，超然登佛地。吾今为汝说，谛信永无迷。莫学驰求者，终日说菩提。"

师曰："四智之义，可得闻乎？"祖曰："既会三身，便明四智，何更问邪？若离三身，别谭[7]四智，此名有智无身也。即此有智，还成无智。"复说偈曰："大圆镜智性清净，平等性智心无病。妙观察智见非功，成所作智同圆镜。五八六七果因转，但用名言无实性。若于转处不留情，繁兴永处那伽定[8]。"〔转识为智者，教中云：转前五识为成所作智，转第六识为妙观察智，转第七识为平等性智，转第八识为大圆镜智。虽六七因中转，五八果上转，但转其名而不转其体也。〕

师礼谢，以偈赞曰："三身元我体，四智本心明。身智融无碍，应物任随形。起修皆妄动，守住匪[9]真精。妙旨因师晓，终亡污染名。"

（《五灯会元》卷二）

〔注释〕 ①《楞伽经》：即《楞伽阿跋多罗宝经》，是佛入楞伽山所说的宝经，为大乘佛教重要经典。 ② 法身：指佛所说之正法。 ③ 报身：指以法身为因，经过修习而获得佛果之身。 ④ 化身：指佛菩萨为教化救济众生而变化示现各种形相之身。 ⑤ 菩提：梵文音译，意译为觉、智、知、道。 ⑥ 见闻：指目见佛，耳闻法。 ⑦ 谭：同"谈"。 ⑧ 那伽定：那伽，即龙。又称龙定。指虽历净染多途而心性常在定中，就如龙之静潜深渊，能现大变而不失定力。 ⑨ 匪：同"非"，表否定。

〔鉴赏〕 此公案亦载于《坛经·机缘品第七》。

六祖慧能法嗣智通禅师，寿州（治今安徽寿县）安丰人士。初看《楞伽经》千余遍，始终不得"三身四智"之真意，故参学于六祖，为后世留下"三身四智"的公案。

《楞伽经》是大乘佛教的重要经典，性相相融、各宗共尊，相传为达摩亲传慧可大师，是"如来心地要门，令诸众生开示入悟"（《景德传灯录》），四祖道信以上，尤其持重。自五祖弘忍起，开始转以《金刚经》为印心经典，六祖慧能正是因听闻此经而开悟。六祖以下，中国禅宗更尤重《金刚》，但不可忽视《楞伽经》对禅宗的影响。《楞伽经》的"三界唯心""佛凡一体""即凡即圣"等思想对禅宗的禅学理论和禅修实践有直接的影响。

《楞伽经》文本艰涩精简、内容艰深广博，不仅是性宗的主要经典，经中详示五法、三自性、八识等法门也是相宗的研习对象。经中所谈“二种无我”“三身”“四智”“五法”“八识”种种，皆是极其高深的佛法，无怪乎智通禅师阅读千遍仍不解“三身四智”了。《楞伽经》的艰涩难懂，或许正是六祖以下中国禅宗转重《金刚经》的原因之一；它的衰微也是南宗禅强调“自性”的结果。六祖慧能开创的中国禅宗，高扬了人之主体性，解放了人之自性，是一场中国佛教的平民化运动。勤勉如智通大师者亦不能领会《楞伽经》的各种深奥，何况普通大众？六祖慧能识字不多，却能就《楞伽经》中繁杂的概念“三身四智”做出直接明了的解释，曹溪禅以方便直捷的“见性”法门应对繁杂艰涩的佛理佛法，在此则公案中可见一斑。正因为此，禅宗才从“精英化”走向了“平民化”，兴盛一时，流传甚广。

所谓“三身”，是佛的法、报、化三身；所谓“四智”，是指八识转变而成的唯有佛才具有的最完满、最无上的四种智慧。依唯识宗之观点，“三身”与“四智”是不同的二体，依第八识阿赖耶识得大圆镜智，依第七识末那识得平等性智，依第六识意识得妙观察智，依眼耳鼻舌身前五识得成所作智。“四智”和“三身”各有各的“体”，是不能混淆的。《八识规矩颂》评前五识“果中犹自不诠真”，仍不能解释真如；第六识“俱生犹自现缠眠”；第七识只是在“因”地发起作用；只有到了第八识才“大圆无垢同时发”，得到圆满。足见其理论的艰深、修习次第的严苛。

然而六祖慧能对“三身四智”的阐释展示出了与唯识宗的“理性主义”非常不同的“灵性”色彩。简而论之，六祖慧能将唯识宗极其烦琐的“三身”与“四智”简明地以“自性”解之。慧能释“三身”为本性清净的法身；自性所生智慧，圆满无缺的报身；清净自性，导人向善的化身。“四智”为悟自性清净的大圆镜智；悟心性无病的平等性智；断灭外境执着的妙观察智；和大圆镜智一样，得益于自性清净的成所作智。可见，六祖的“三身”与“四智”是不二的，统摄于“自性”之下。“三身”与“四智”本就存在于人的自我本性之中，离开自性谈“三身”，不过空洞名相罢了，六祖斥之为“有身无智”。“自性”的思想是“三身”“四智”的逻辑起点，若能领悟“三身”缘起性空、无有自性的佛理，“四智”

就自然生起了。

在慧能的阐释下，修得“三身”、“转识成智”的关键转变成了“见性”。其一，是要“不离见闻缘”，这四种佛智是不离见、闻、觉、知的。若能见性，并在日常生活的实践中修习禅法，安然处于纷繁世间，方能成就“四智”；其二，要向内观照，不可往外驰求。所谓“转识”只是名相上的，真正关键的还是自身本具的那个清净不变的自性。可见重要的不是执着于外在的修习，而是向内的探索，使自性恢复清净之貌，自然得三身四智、成就佛法了。如此，慧能就将《楞伽经》中至为繁杂的理论，通过“自性”提炼成了至为简易的工夫，在佛与凡人之间架起了桥梁。

（戴雯炯）

江西志彻禅师

常无常

一日，忆祖之言，远来礼觐。祖曰：“吾久念于汝，汝来何晚！”

曰：“昨蒙和尚舍罪，今虽出家苦行，终难报于深恩。其唯传法度生乎！弟子尝览《涅槃经》[1]，未晓‘常无常’义，乞和尚慈悲，略为宣说。”祖曰：“无常者，即佛性也。有常者，即善恶一切诸法分别心也。”

曰：“和尚所说，大违经文。”祖曰：“吾传佛心印，安敢违于佛经。”

曰：“经说佛性是常，和尚却言无常。善恶诸法乃至菩提心，皆是无常，和尚却言是常。此即相违，令学人转加疑惑。”祖曰：“《涅槃经》，吾昔者听尼无尽藏[2]读诵一遍，便为讲说，无一字一义不合经文，乃至为汝，终无二说。”

曰：“学人识量浅昧，愿和尚委曲[3]开示。”祖曰：“汝知否佛性若常，更说甚么善恶诸法，乃至穷劫，无有一人发菩提心者。故吾说无常，正是佛说真常之道也。又一切诸法若无常心者，即物物皆有自性，容受生死，而真常性有不遍之处。故吾说常者，正是佛说真无常义也。佛比为凡夫外道，执于邪常诸二乘[4]人，于常计无常，共成八倒[5]，故于涅槃了义教中，破彼偏见而显说真常、真乐、真我、真净。汝今依言背义，以断灭无常，及确定死常而错解佛之圆妙最后微言，纵览千遍，有何所益！”

行昌[6]忽如醉醒，乃说偈曰：“因守无常心，佛演有常性。不知方便者，犹春池拾砾。我今不施功，佛性而见前。非师相授与，我亦无所得。”

祖曰：“汝今彻也，宜名志彻。”师礼谢而去。

（《五灯会元》卷二）

〔注释〕 ①《涅槃经》：经中说佛身常住不灭，涅槃常乐我净。 ② 无尽藏：唐代武周时尼姑，相传为六祖八拜之交刘志略的姑姑，曾向慧能问经义。 ③ 委曲：详尽。 ④ 二乘：指声闻乘与缘觉乘，皆为不究竟之小乘。 ⑤ 八倒：指凡夫二乘对涅槃境界的八种偏执之见。或执常、乐、我、净四倒，或执非常、非乐、非我、非净四倒。 ⑥ 行昌：即志彻禅师，俗名张行昌。

〔鉴赏〕 江西志彻禅师少年时为侠客。时神秀、慧能二系分化弘教，南宗慧能得五祖弘忍衣钵，而神秀门下宗徒尊神秀为六祖，欲除慧能，故派行昌行刺慧能。后行昌行刺失败，反被六祖慧能降服并加以敦敦开示，萌生出家之心，但六祖要他且去，待他日改头换面再来。

此则公案即行刺事件过后一段时日，行昌带着对《涅槃经》中“常、无常义”的不解，依约再来参觐六祖慧能。慧能以善恶诸法分别心为常，以佛性为无常。行昌以为《涅槃经》以佛性为常，而善恶诸法无常，与六祖所示恰恰相违。

实则,六祖所示非但与《涅槃经》不违,反而是《涅槃经》之真义。佛说小乘法时,说“诸行无常”,《涅槃经》则接引小乘人入大乘,言善恶诸法为无常之生灭法,同时在善恶诸法之上设立不生不灭之真常佛性。《涅槃经》在言诸法无常之“无”的基础上肯定了佛性是常之“有”,以真常佛性破除小乘人对“诸行无常”的执着。实际上《涅槃经》说“常”道“无常”,只是一种遣破有无二边、行中道义之方便说法,与《楞伽经》卷四中“我法起非常非无常,所以者何?谓外性不决定故。唯说三有唯心,不说种种相有生有灭”的表述并无二致。佛性非常非无常,换言之,佛性是常亦无常,才是《涅槃经》“常无常”之真义。

行昌读经不明真义,执着于经文字面义,而不知其所以然。慧能开示佛性无常而善恶诸法分别心为常,是针对行昌执着于“诸行无常,佛性是常”而言的。行昌执佛性是常,即落入“有”边;执善恶诸法为无常,又堕入“无”边。行昌所执,落入两边,才是真正的“大违经文”。声闻、缘觉二乘人,执涅槃之常乐我净为无常、无乐、无我、无净,众生凡夫执生死之无常、无乐、无我、无净为常乐我净,行昌与二乘凡夫一样,迷于“八倒”,皆未了义、还留偏见,未能证得真常、真乐、真我、真净。

若说佛性是常、恒久不变,诸法性空、平等无碍,故一切善恶诸法亦如佛性,恒久不变,则菩提心亦是常,无从生起,“常”即沦入“无常”;若说一切善恶诸法无常,万物无有自性、生生灭灭、永受轮回,则此周遍一切的生灭现象即是不变之理,故说“常”。慧能正是以“常、无常”的相对义来遣破行昌对“佛性是常,诸法无常”的执念。

六祖慧能有偈曰:“以知五蕴法,及以蕴中我;外现众色像,一一音声相;平等如梦幻,不起凡圣见;不作涅槃解,二边三际断,常应诸根用,而不起用想,分别一切法,不起分别想。”于念而离念,于相而离相,于境而离境,即慧能对真常乐我净的注释。南宗禅主张在现实中实现解脱,即世出世,随顺缘起,“触目即道”,不断六根、不离世间而觅得真如佛性。“青青翠竹,尽是法身;郁郁黄花,无非般若”,一切善恶诸法皆是佛性之显现,离“无常”而言“常”,恰如觅兔角;“至人除心不除境,境在而心常寂然”,内在清净之性融摄外境外相而不加阻碍,离“常”而言“无常”,恰若求无根之水。“烦恼即菩提”,故六祖统摄

“常”与“无常”，断行昌之执着、破行昌之两边，开示“佛性是佛法不二之法”，以明佛性“非常非无常”“非善非不善”之理。法无定相，相机接引，六祖所示实与《涅槃经》义不二也。

（戴雯炯）

信州智常禅师

自 己 灵 光

一日，参六祖。祖问：“汝从何来？欲求何事？”师曰：“学人近礼[①]大通和尚，蒙示见性成佛之义，未决狐疑。至吉州遇人指迷，令投和尚，伏愿垂慈摄受[②]。”

祖曰：“彼有何言句，汝试举看，吾与汝证明。”师曰：“初到彼三月，未蒙开示，以为法切[③]，故于中夜独入方丈，礼拜哀请。大通乃曰：‘汝见虚空否？’对曰：‘见。’彼曰：‘汝见虚空有相貌否？’对曰：‘虚空无形，有何相貌？’彼曰：‘汝之本性犹如虚空，返观自性，了[④]无一物可见，是名正见。无一物可知，是名真知。无有青黄长短，但见本源清净，觉体圆明，即名见性成佛，亦名极乐世界，亦名如来知见[⑤]。’学人虽闻此说，犹未决了，乞和尚示诲，令无凝滞。”

祖曰：“彼师所说，犹存见知，故令汝未了。吾今示汝一偈曰：不见一法存无见，大似浮云遮日面。不知一法守空知，还如太虚[⑥]生闪电。此之知见瞥然兴，错认何曾解方便。汝当一念自知非，自己灵光常显见。”

师闻偈已，心意豁然。乃述一偈曰：“无端起知解，着相求菩提。情存一念悟，宁越昔时迷。自性觉源体，随照枉迁流。不入祖师室，茫然趣[⑦]两头。”

（《五灯会元》卷二）

〔注释〕 ① 礼：礼拜参学。 ② 摄受：佛教谓佛以慈悲心收取和护持众生。 ③ 切：急切，迫切。 ④ 了：明了，了然。 ⑤ 如来知见：佛教最究竟、最了义的正知正见。 ⑥ 太虚：天，天空。 ⑦ 趣：同“趋”，趋向，奔向。

〔鉴赏〕 与六祖慧能齐名的北宗神秀大师谥号为“大通和尚”，然而此则公案中信州智常大师最初参学的大通和尚显然不是神秀上座。《坛经》载，大通和尚乃洪州（治今江西南昌）白峰山一禅师也。智常大师，信州（治今江西上饶市西北）贵溪人，幼年出家，立志明心见性。初学法于大通和尚，因求法心切，半夜闯入方丈室恳求禅师赐教，大通和尚以“虚空”喻“本性”，阐释了本性清净、了无一物的看法。虚空无形，无相无貌；本性犹如虚空，明一切皆空、无物可见、无物可知，才是正知正见；万物无有差别，若能体悟本源清净、自性圆满，就是见性成佛、证得如来藏知见了。六祖慧能有一成名的偈子：“菩提本无树，明镜亦非台，本来无一物，何处惹尘埃。”初看，慧能亦持“无一物”的空观，大通和尚似与慧能极为契合；然而细细体味之，倒是与另一位大通和尚——北宗神秀的意见更为相投。

智常大师不仅具有求学的热忱，而且具有追求真理的执着。对于大通和尚的教诲，智常大师心存疑惑，于是改投六祖，并最终在慧能开示下得以开悟。多亏智常大师不满足于“不求甚解”，后人才得以通过此公案探知六祖慧能的“空”观及其不落两边的佛学原则。

慧能对大通和尚的观点是持否定态度的，认为他犹存偏见，不得佛理。大通和尚彻底的“空”观为何不入慧能法眼呢？关键正在这“空”上。大通和尚把一切“空”了，却将自性禁锢在了这个无一物可见、无一物可知的“虚空”之中，住“空”而不可自拔了。在六祖的禅学理论中，“空”只是一种佛法的方便法门，而不是学法的最终目的，大通将不见一法、不知一物的“虚空”等同于自性，在禅宗南宗看来，也是错误的知见。六祖教导，不仅要彻悟缘起性空、万法皆空的佛理，更要警惕流于对“空”的执着。只有对“不空”“空”实行双谴，不落于“空”“有”两边，才是正知正见。执着于“空”，与执着于“有”一样，都是一种遮蔽自性明了的执着。大通和尚执着于“虚空”，反而着了“空”相，起了执念，与“本源清净，觉体圆明”背道而驰了。心中有一个“空”的执念，就是“不空”了；心中有一个“悟”的执着，就不能真正开悟了，只有放下这种无见之见、无知之知，自知其非，认识到自己的任何偏见偏知都是错误的，那么自己的灵光——自性才能清明、呈现出来。这就是百丈禅师所言的“灵光独耀，本自圆成”。

事实上，慧能的“本来无一物，何处惹尘埃”乍看之下容易使人误解为一种“顽空”，然而恰恰相反的是，慧能一系是明确反对顽空，主张不落空有两边的不二法门的。反观注重渐修的北宗，却容易落于断灭空。“时时勤拂拭”的工夫建立在分别善恶、净秽的基础之上，北宗观心静坐，就是要息灭妄念，念尽才本性清明，容易流于对“虚”空的执着。神秀门人卧轮禅师作有一偈：“卧轮有伎俩，能断百思想。对镜心不起，菩提日日长。”慧能听后痛加破斥，认为此偈未明心底，作偈对曰：“慧能没伎俩，不断百思想。对境心数起，菩提作么长？”南禅见性成佛，是以无差别之心去观察万物本然面目，与境相接而不执着于境，在对世界万事万物的体悟中逐渐洞彻自身本具的清净本性。《楞伽经》云：“识迷无因，妄无所依，尚无有生，欲何为灭？”迷妄其实都是菩提自性，本就无生，何谈断灭？《坛经·定慧品第四》云：“无者无二相，无诸尘劳之心。念者念真如本性。”“真如自性起念。六根虽有见闻觉知。不染万境。而真性常自在。”南禅所要证的空，并不是要灭断一切念头、不见一物、不知一物、什么都没有的虚无之“空”，而是以不染着、不分别之心观照万物、返观本心，说“空”而不着于“空”，不取“空”“有”二端，这才是曹溪禅“空观”之真义。

（戴雯炯）

永嘉玄觉禅师

一 宿 觉

丱[①]岁出家，遍探三藏[②]。精天台止观圆妙法门。于四威仪[3]中，常冥禅观。后因左溪朗禅师激励，与东阳策禅师同诣曹溪。初到振锡[4]，绕祖三匝，卓然而立。

祖曰："夫沙门者，具三千威仪，八万细行[5]。大德自何方而来，生大我慢。"师曰："生死事大，无常[6]迅速。"

祖曰："何不体取无生、了无速乎？"师曰："体[7]即无生，了本无速。"

祖曰："如是，如是！"于时大众无不愕然。

师方具威仪参礼，须臾告辞。

祖曰："返太速乎！"师曰："本自非动，岂有速邪？"

祖曰："谁知非动？"师曰："仁者[8]自生分别。"

祖曰："汝甚得无生之意。"师曰："无生岂有意邪？"

祖曰："无意谁当分别？"师曰："分别亦非意。"

祖叹曰："善哉！善哉！少留一宿。"时谓"一宿觉"矣。

师翌日下山，乃回温州，学者辐凑[9]，着证道歌一首，及禅宗悟修圆旨，自浅之深。

（《五灯会元》卷二）

〔注释〕 ① 丱(guàn)：年幼。 ② 三藏：即三法藏，佛教经典分为经藏、论藏、律藏三藏。 ③ 四威仪：行、坐、卧、住。 ④ 锡：锡杖，为比丘行路时所应携带的道具，属比丘十八物之一。 ⑤ 三千威仪，八万细行：比丘在行住坐卧方面要注意的三千细微行仪、八万四千条律仪。 ⑥ 无常：世间万有生灭变化、迁流不住。 ⑦ 体：指大道。 ⑧ 仁者：指六祖慧能。 ⑨ 辐凑：像车辐集中于车毂一样聚集。

〔鉴赏〕 玄觉禅师(665—713)，字明道，号永嘉玄觉，永嘉(今属浙江温州)人，幼年出家，先习天台止观之法，后在六祖门下得到印可，留曹溪一宿，故时人称之"一宿觉和尚"。永嘉玄觉与南岳怀让、青原行思、荷泽神会、南阳慧忠为六祖慧能五大弟子，禅师提倡天台止观、禅宗顿悟融合之说，著有《证道歌》《永嘉集》《禅宗悟修圆旨》，对后世影响甚大。

玄觉禅师与天台宗第八祖左溪玄朗大师交往甚密，玄朗大师终生修习止观，以止观为入道安心之要。玄觉禅师受其影响，常修禅观，尤精于天台止观法门。《坛经》记载，玄觉因看《维摩诘经》，"发明心地"，在慧能弟子玄策大师的鼓励下，同游曹溪，到六祖处印证所学。天台宗以止观学指导佛法的实修，天台止观有三：一乃渐次止观，讲次第，重积累；二乃不定止观，或渐或顿；三乃圆顿止观，直观诸法实相。值得注意的是，精通止观双修的玄觉禅师却是在看《维摩诘经》时得到开悟的。《维摩诘经》以不可思议之不二法门著称于世，是禅宗的宗经之一，对禅宗的思想、思维方式、语言文字观、公案机锋等都有深刻的影响。钱塘月溪禅师曾指出《坛经》所示与此经共通之处甚多。可见，玄觉禅师虽攻止观双修的天台学，其思想却与提倡明心见性、直指人心的南宗禅更为相契。从此则公案里玄觉禅师与慧能大师充满禅机的对话中，足见二人思想上强烈的共鸣所迸发出的火花，为后世留下了关于"无生"的禅林美谈。

初见六祖慧能，玄觉禅师显得无礼而傲慢，并不具备僧人应有的礼仪。慧能问由，玄觉答道：死生是何等大事，世事变幻无常，威仪细作这等小事又何足挂齿？六祖此时已将曹溪禅之精要告知于玄觉：何不去体悟不生不灭的大道呢？这样就能顿悟了。玄觉之回答甚得慧能之心：万事万物本就是不生不灭，没有生死的；关于此超越生死的不二真理的获得，又怎会有快、慢之分呢？此处达到公案的第一个高潮，玄觉的思想与慧能是高度一致的，以超越相对的不二法门体认世界的本质。玄觉既得到慧能的印可，参礼后就要告辞。慧能谓玄觉归程太快，玄觉答道，自性不来不去，就在那里，哪有快慢之分？慧能接着问道，谁能知道它没有变动。玄觉回答，自性不动，动的是大师您这有分别对待的心。慧能赞其深得无生的真意。玄觉反问，既然无生，哪有意思可言？慧能问到，若没有意义，谁又能去领会到它。玄觉的回答导向了此则公案的第二个高潮：任何分别都是没有意义的！自性自心是没有分别心的平等智。

此则公案，有两大关键词：一是"无生"，二是"无分别"。庄学亦讲究"齐万物、泯是非、一生死"的大气魄，亦作出"七窍开，混沌死"的警告，与中国佛教一样超越死生、反对分别心。然而庄学的前提是大道流行，而于禅学而言，其基础则在于"性空"之说。佛教的"无生"是不生不灭、超越死生的意思，"无生"即不自生，万物缘起性空，没有实体自性，本就超越了"生""灭"的简单语言范畴，根本不可以用“生灭变化”等概念来描述，所谓“一切法性真实空，不来不去，无生无灭，同真际，等法性”(《仁王经》)。死生、生灭都是一体异名，指向的都是缘起性空的世界本然面目罢了。在佛教中，所谓“无分别”，就是要明了诸法无自性，一切法在“性空”的基础上是分别性的。即在“性空”的大背景下，万事万物的一切差异性都是相对的表象，其根本性就在于无有差别、均无自性。分别心、分别智在这里也就彻底地失去了意义。

(戴雯炯)

婺州玄策禅师

有心邪？无心邪？

游方时，届于河朔[①]。有隍禅师[②]者，曾谒黄梅，自谓正受。师知隍所得未真，往问曰：“汝坐于此作么？”隍曰：“入定[③]。”师曰：“汝言入定，有心邪？无心邪？若有心者，一切蠢动之类，皆应得定。若无心者，一切草木之流，亦合得定。”

曰：“我正入定时，则不见有有无之心。”师曰：“既不见有有无之心，即是常定，何有出入？若有出入，则非大定。”隍无语。

良久问：“师嗣谁？”师曰：“我师曹溪六祖。”

曰：“六祖以何为禅定？”师曰：“我师云：‘夫妙湛圆寂，体用如如[④]。五阴[⑤]本空，六尘[⑥]非有。不出不入，不定不乱。禅性无住，离住禅寂。禅性无生，离生禅想。心如虚空，亦无虚空之量。’”

隍闻此说，遂造于曹溪，请决疑翳，而祖意与师冥符[⑦]，隍始开悟。

师后却归金华，大开法席。

(《五灯会元》卷二)

〔注释〕 ① 河朔：古代泛指黄河以北地区。 ② 隍禅师：河北智隍禅师，六祖慧能法嗣，曾参学五祖弘忍。 ③ 入定：即入于禅定。 ④ 如如：佛教谓诸法皆平等不二的法性理体。 ⑤ 五阴：色、受、想、行、识五阴，又称五蕴。 ⑥ 六尘：指依于眼、耳、鼻、舌、身、意六根所接之色、声、香、味、触、法六尘。尘，指污染。 ⑦ 冥符：默契，暗合。

〔鉴赏〕 此则公案为婺州(治今浙江金华)玄策禅师接引河北智隍禅师参学六祖慧能之因缘，玄策禅师表现出了与六祖慧能极为契合的禅学思想，而智隍禅师的思想则直接继承了五祖弘忍的禅法，此二人关于“入定”的不同见解体现了六祖慧能所创的南宗禅与五祖弘忍以上东山法门的基本分歧。

智隍禅师青年时曾求法于黄梅五祖弘忍大师，经师几年教悟自以为证得正受，前往河北结庵隐修，二十余年长坐禅修，从不懈怠。玄策禅师为六祖门下法嗣，喜游方参访。一日，玄策禅师至河北，听闻智隍禅师长坐二十余载，此乃东山渐修之法，与曹溪禅所扬之“见性成佛”顿悟法门相违，故知禅师未曾真正开悟，特前去接引。

智隍禅师彼时正如常禅坐入定，玄策禅师故以坐禅入定为话头，开示智隍。玄策提出的第一个问题是：入定时要用心，还是不用心？若说入定用心、动心，则一切能蠢蠢而动的有情众生，包括并未禅修之人，甚至包括动物都无时无刻不在动心、不在入定；若说入定不用心，则一切没有情识的无情之物，如草木瓦石、山河大川等无心可用，也应是入定。玄策禅师所言，是要智隍禅师明有心非定、无心亦非定之理，不执心与非心，不落有、无两边。智隍禅师的回答似乎已经达到境界，认为禅师的定中境界，即非有心、亦非无心，不起有、无二心，不执有、无二边。实则智隍禅师的定中境界是典型的东山法门所追求的禅定境界，时时拂拭，息灭妄念，令念尽而显圆明本性。于禅定之中，断灭“有无之心”的念头即是弘忍禅师要求断除一切烦恼，体证清净污染的真心的其中一步。然此与六祖所创之南宗禅有重大的分别。玄策禅师正是看到了此中分别，再起诘问：若说定中不见有、无之心，即是一直处于定中状态，何谈出定、入定？若说定分出、入，入定则不见有有无之心，出定则心神散乱，则不达大乘经所言“那伽常在定，无有不定时”之大定境界。智隍禅师从东山习得的“定”，强调“入定”，净染之境分别显著，执着于入定之清净境界，反而从另一个角度肯定了出定后的心神散乱之染境，毕竟不是究竟圆满的“大定”。故玄策禅师这一发难，彻底难住了智隍禅师，沉思良久只能问玄策师承。玄策禅师趁此开示曹溪禅法：所谓妙湛，即《楞严经》所言之“妙湛总持不动尊”，为无相之法身。从“体”看，法身湛然圆满，清净常寂，真实不虚；从“用”看，缘起性空，五蕴皆空，六尘非实，一切相皆是虚妄。真如本体不碍虚妄相用，曹溪禅打通了体、用之别，由体生用，由用现体，即体即用，体用不二。真正的大定须以即体即用为前提，心离一切分别因缘，遣破出入、定乱之分别，超越东山法门静寂的禅定境界，而与内外贯通、融摄日用，此即六祖所言“动静无心，凡圣情忘，能所俱泯，性相如如，无不定时也”。

“禅性无住，离住禅寂。禅性无生，离生禅想”，玄策所言，即道出了五祖东山法门一系与六祖慧能南禅宗一系的基本分歧。东山法门以清净无垢之“真心”为人心，讲究层层修炼，除灭一切妄念，恢复清净之心，北宗禅正是继承东山法门之宗旨，以“时时拂拭”为修炼之法。此“定”，安住于禅定，执守静寂之禅，落于禅想，反被禅性、禅寂、禅想所缚，不是真正的大定。而曹溪一系，“心”为净染之心，无着净染，放下一切分别、执着之心，即见清净本性。此“定”，非四禅八定之定，乃是一种与慧同行的定；非意识层次上的修炼，更是一种存在与意义上的慧观，一种生活日用的实践。六祖所宣之定，即是自性本定。若能识得本心，便得打通内外、凡圣之大定。曹溪门下，直指人心、见性成佛之顿悟禅风昭然可见。

（戴雯炯）

南阳慧忠国师

他 心 通

时有西天[①]大耳三藏[②]到京，云得他心通[③]。肃宗命国师[4]试验。三藏才见师便礼拜，立于右边。

师问曰："汝得他心通耶？"对曰："不敢！"

师曰："汝道老僧即今在甚么处？"曰："和尚是一国之师，何得却去西川[5]看竞渡？"

良久，再问："汝道老僧即今在甚么处？"曰："和尚是一国之师，何得却在天津桥[6]上看弄猢狲？"

师良久，复问："汝道老僧只今在甚么处？"藏罔测[7]。

师叱曰："这野狐精[8]，他心通在甚么处！"藏无对。

（《五灯会元》卷二）

〔**注释**〕 ① 西天：指印度。 ② 大耳三藏：唐代僧人，肃宗时来京。 ③ 他心通：佛教六通（宿命通、天眼通、漏尽通、天耳通、他心通、神足通）之一，能如实了知他人心中差别相之神通力。又指十智中之他心智。 ④ 国师：指南阳慧忠国师，受唐玄宗、肃宗、代宗三朝皇帝礼遇，尤受肃宗、代宗推崇，奉为两朝国师。 ⑤ 西川：唐方镇名，即剑南西川，约今四川成都平原及其以北以西和雅砻江以东地区。 ⑥ 天津桥：隋唐时为连接洛河两岸之交通要道，今洛阳桥附近。 ⑦ 罔测：无法推测，说不出其然。 ⑧ 野狐精：原指野狐之精灵，变幻诳人者，喻自云悟道而欺诳他人者。

〔**鉴赏**〕 南阳慧忠国师（675—775），越州诸暨（今属浙江）人，俗姓冉，为六祖弟子当中朝野声名最显赫者。《宋高僧传》卷二说其"法受双峰"（道信、弘忍），然据《祖堂集》《景德传灯录》记载，实受法曹溪慧能，从六祖受心印。隐居南阳白崖山（今河南淅川县东）党子谷四十余年，因道誉甚高，备受玄宗、肃宗、代宗三朝礼遇，受封国师，法传甚广。

国师说禅，以随机说法为主。已与六祖以上公开、普遍的开法大有不同，此亦可视为曹溪禅立个别摄受、方便巧说趋势之先声。在这则大眼三藏的公案中，国师禅风可见一斑。

慧忠国师受肃宗之托，对"外来僧"大眼三藏进行了三次考验，若三藏真具他心通，则必然通晓国师"今在甚么处"。前两次，慧忠心往西川竞渡、心着天津桥猢狲，俱为三藏所通晓。然第三次三藏却对慧忠之心惘然不知、无以为对，被国师斥骂为野狐狸精，妄称得他心通以欺诳他人。

仰山慧寂与赵州从谂对此有精妙的见解(《景德传灯录》卷五)。仰山曰:“前两度是涉境心,后入自受用三昧,所以不见。”从谂则云国师“在三藏鼻孔里”,“只为太近”而三藏不见。实则仰山、赵州殊途同归,均是对执着外境的拒斥和对返观内照的吁求,与六祖《坛经》“直指人心、见性成佛”的宗旨何其契合!

仰山所言“涉境心”,又为取舍分别之心,乃心执着依附于外境之上而对自身的一种扭曲破坏。然清静寂然的心之本体处于“自受用三昧”境界,息止缘虑,凝结心念而心神俱宁。缘境而生念,无念而本性显。也只有返观内照,深入“自受用三昧”状态,方可明心而见本然之清静本性。大眼三藏自诩修得神通,只向外求,虽能通得生念之心用,又何尝能明无念之心体,尽显本性?三藏实乃“野狐精”也。此公案亦可见作为印度各宗教均重视的修习方法之“禅定”与作为禅宗中心概念之“定慧”的区别所在。坐禅修行达到一定的境界,就会产生包括他心通在内的种种神通,可见佛教对神通亦是承认并给予一定重视的。慧忠国师斥责大眼三藏为“野狐精”并非是对神通的断然否定,根本上在于其颠倒佛教修行目标与手段,本末倒置。禅宗之“禅”已非传统禅定之“禅”,后者仅是修习手段之一,绝非究竟解脱之因,亦非禅宗追求之最高境界。禅宗一改“禅定”为明心见性的定慧之学,已非神通所能尽之。只有将注意力由“他心通”转为返观内心的“自心通”,方可明了心性,究竟圆满解脱。然世人却往往为外境所惑,一味追求五光十色的外在世界,而忽视了对心性本体的维护,“只为太近”,反少了观照、失了自省,可悲可叹。

更可贵的是,慧忠国师在反观自性“度己”的同时,大为弘扬大乘佛教的“度他”精神。先后敕住龙兴寺、千福寺西禅院、光宅寺,在京城传法长达十六年,述理人治国之要,畅唐尧虞舜之风,弘禅宗南宗之妙法。实是实践了六祖“法元在世间,于世出世间,勿离世间上,外求出世间”(《无相颂》)之主张,以出世精神行入世之道,可谓“人间佛教”之超时空知音者也。

(戴雯炯)

国师唤侍者

一日唤侍者，者应诺。如是三召三应。

师曰："将谓①吾孤负②汝，却是汝孤负吾?"

(《五灯会元》卷二)

〔注释〕 ① 将谓：原以为。 ② 孤负：同"辜负"，对不住。

〔鉴赏〕 此是发生在南阳慧忠国师和与其朝夕相处的贴身侍者之间的公案。国师召唤侍者，本应是二人相处模式中最为寻常不过的琐事，然则国师一连召唤侍者三次，可知此远非寻常的召唤，而是国师以召唤的方式在示法于侍者了。侍者与国师相处甚久，国师对其在参学佛法方面抱有很高的期望，故以不易为人所警觉而又直指人心的手法测试侍者的开悟程度，谁曾想侍者根性愚钝，在国师身边多年竟一点未开悟，茫茫然应诺三次而不知所以然，国师甚感失望。

"十方如来，怜念众生，如母忆子。若子逃逝，虽忆何为?"(《楞严经》)慧忠国师迫切地希望能唤醒侍者领悟到清净佛性内在本具之道，然而侍者愚钝，越唤越逃，国师好生无奈，岂有不痛心之理?

国师唤侍者，实则在唤醒侍者的内在自性，将侍者从对外界的关注中转而向内在自我的审视。"侍者!"岂知你自性清净圆满?"侍者!"何不速速返观自照?"侍者!"见性即可成佛，汝即是佛也。赵州从谂和尚评曰："如人暗里书字，字虽不成，文彩已彰。"国师之意，已尽然在此三唤之中，奈何侍者不悟。世人何尝不是如此?六祖慧能发出"见性成佛"之呐喊，神会以后南禅宗广为流传，自性清净、明心见性的禅宗旨意遍布全国，然又有多少人真正领悟，契合了这因缘、应对了这召唤?

无门禅师评论道："国师三唤，舌头堕地；侍者三应，和光吐出。国师年老心孤，按牛头吃草；侍者未肯承当，美食不中饱人餐。"慧忠三唤，将禅宗见性成佛、直下担当的宗旨和盘托出，然其年高心孤，强按牛头吃草，要使侍者见其性、得其觉。在无门禅师看来，侍者不悟，自然是辜负了国师；而国师强使愚钝之人开悟,门下不盛,倒也是一种辜负了。然而无门的这一观点与中国禅宗精神有所出入。在禅宗看来,心、佛、众生,三无差别。或因悟道因缘之差别,各人成佛或迟或速;但从根性而言,实则并没有真正的"愚钝者"。因人之自性清净圆满,人人本具;成佛之道,尽在自性。国师所为,非强按牛头吃草,而恰恰是在引导茫茫然不知何求的小牛看到脚下至为肥美的草场。授之以鱼不如授之以渔,慧忠国师的教导不在于佛法的宣讲、佛经的传译,而在于直指人心,使人人发明自性,开启自身之宝藏,随缘任用,应用无方。

中国禅宗"直指人心、见性成佛"的教诲振聋发聩,奈何世人执着于外在名相、生分别心、起妄知妄智,"终身役役而不见其功,茶然疲役而不知其所归"(《庄子·齐物论》),对于禅宗的教诲充耳不闻,少了对自心自性的体悟,失了洞彻禅机的机敏。自性清净,则佛性自现,禅机洞明;向外驰求,则迷了自性,颠倒究竟。识得自性,正是慧忠国师召唤侍者之真义,实是开悟的关键所在也。

(戴雯炯)

师子身中虫

上堂:"禅宗学者,应遵佛语。一乘①了义②,契自心源。不了义者,互不相许。如师子身中虫。夫为人师,若涉名利,别开异端,则自他何益?如世大匠③,斤斧不伤其手。香象④所负,非驴能堪。"

(《五灯会元》卷二)

〔注释〕 ① 一乘:谓引导教化一切众生成佛的唯一方法或途径。 ② 了义:指直接显了法义,与"不了义"合称"二义"。 ③ 大匠:对在某种技艺上造诣极高的人的称呼。 ④ 香象:佛经中指诸象之一。其身青色,有香气。

〔鉴赏〕 师子,即狮子,万兽之王也。狮子身中虫,寄生于狮子身内,反啖食狮子之肉。多譬喻出家比丘自坏佛法,简称"师虫"。《佛说莲华面经》叙说甚详:"阿难,譬如师子命绝身死,若空、若地、若水、若陆,所有众生不敢食彼师子身肉。唯师子身自生诸虫,还自啖食师子之肉。阿难,我之佛法非余能坏,是我法中诸恶比丘犹如毒刺,破我三阿僧祇劫积行勤苦所集佛法。”狮子命绝身亡,然余威尚存,百兽畏惧不敢啖食其肉,唯狮子身上之寄生小虫,自啖狮子肉。如释祖涅槃后的末法时代,佛法衰微;然如斯佛法,天魔外道从外部并不能破坏之,唯依内部的恶僧破坏。狮子身上虫,正是慧忠国师所言之“不了义者”,涉名利、开异端,破诸比丘戒:或破色戒,或贮金银,或卜筮驱鬼,或诈称罗汉,或杀生掠夺,或毁坏佛塔……佛法譬如真狮子,破戒恶僧乃自啖其肉之寄生虫也;佛法譬如宝船,恶僧作种种恶业。佛祖以狮子身中虫为喻,入灭前预言了后世乱相的根源不在于邪魔外道的攻击,而在于佛教内部出家僧人的败坏。故慧忠国师对此等师虫是非常警惕的,告诫门人不可以与之为伍。

师虫对佛法的危害远不止于破戒所带来的一系列坏影响,更在于其对佛法真义的歪曲和捏造。狮子身上虫自称佛门,却背离佛教正知正见,伪造佛教经典,诽谤佛教诸宗,“倡言邪义,牵引众生,趣向恶道”,从内部瓦解佛教。慧忠国师深刻地认识到了师虫诽谤佛法的危害,故以“不了义者”取代破戒恶僧来指代破坏佛法的内部宗徒。

国师对师虫的批判与其一贯的禅学相契。不了佛法真义的师虫,不能契自心源,不曾了悟自性清净圆满的正知正见,涉名利、开异端均是其不见自性、不得悟道之外在表现形式。慧忠受封三朝国师,为六祖门下入世声望最高者,然国师身处名利却心性清明,名利的斤斧在手却丝毫不损清净自性。若要识别狮子身中虫,清理佛教门户,根本的评判标准即在于其是否契自心源、自证自性。

(戴雯炯)

即心是佛,更修万行

问:“即心是佛,可更修万行否?”师曰:“诸圣皆具二严①,岂拨无因果邪?”又曰:“我今答汝,穷劫不尽。言多去道远矣。所以道：说法有所得，斯则野干鸣[2]。说法无所得，是名师子吼[3]。”

（《五灯会元》卷二）

〔注释〕 ① 二严：即二庄严，智慧庄严和福德庄严。前者即六度中的般若，后者即六度中的布施、持戒、忍辱、精进和禅定。 ② 野干鸣：野干，狐之一种。比喻修行未臻成熟而妄说真理。 ③ 师子吼：又作狮子吼。谓佛以无畏音说法，如狮子之咆吼，代表如来正听。

〔鉴赏〕 此则公案体现了南阳慧忠国师“顿渐并重”的禅学特征。慧忠国师法受双峰（四祖道信、五祖弘忍），融摄牛头宗禅思，从六祖慧能得心印。故其禅学圆融，首重南宗禅直指人心的宗旨，发扬见性成佛之顿悟义，然又融禅教，抉择见地，兼以渐修，顿渐并重。从根本义上而言，慧忠所宣，仍是曹溪慧能禅法。慧能宣扬“识心见性，自成佛道”，其旨并非是划断禅修之顿渐。后世所论之“南顿北渐”的最终形成应是南阳慧忠同门小师弟荷泽神会时期，而南能北秀时期的曹溪禅并未断然否定神秀“时时勤拂拭”的渐修法门。

慧忠秉持曹溪禅法，以性本清净、反求诸己的心性学说肯定“即心是佛”，又以曹溪禅于相离相、于念离念的超二元对立思维方式，肯定顿悟之后仍须于自心自性上、于生活日用处时时保任修行，直至通内外真妄、任用自然、随镜而作、随缘自在，方是真正的见性成佛。此外，慧忠国师尤其注重发扬自度度他、觉行圆满的大乘精神，智慧庄严与德福庄严两不偏待，与六祖慧能“但识众生，即能见佛；若不识众生，觅佛万劫不得见也”的宗旨一脉相承，表达了对众生、对社会最深沉的关怀。

吕澂先生将禅宗修行分为三个阶段：“最初要有迫切的寻求，其次凑泊悟解，发明心地，再次是‘保任’和‘行解相应’。”曹溪禅在顿悟的基础上并不废渐修。悟前需用功，顿见自性即得佛法入处，证得般若后仍需要做好保任的修持工夫，不废布施、持戒、忍辱、精进和禅定等修行工夫。故慧忠国师云“诸圣皆具二严”，真开悟者，须皆备明心见性之般若与布施、持戒、禅定等修行，前者为根本前提，而后者则是持续的供奉，切不可以为顿悟乃一劳永逸之法门，若执于此刹那所见之“悟”，住空安心，则非真正开悟也。故慧忠国师曾在多处公案中明确否定“即心即佛”的思想，表现出“非心非佛”的旨趣。国师所否,非六祖所言"即得见性,指了成佛"的清净自性,而是世人悟迷,住空安心之执着、分别之心,旨在引导禅者打通内外,不执一心,见得本性之后任运自然,不忘精进。

此外,慧忠国师又从语言文字的局限性来言说修禅不废修行之理。国师认为,谈论越多、定义越多、辨析越多,则离禅悟越远。定义佛法者,只是修行未臻成熟而妄说真理罢了;说法不可得,只能从自心自性上体悟、从日用中体证的,才是正知正见。国师的这一见地与庄子多有契合,《庄子》中包含了深刻的"言不言"之哲学思辨,如"道不可言,言而非也""大道不称,大辩无言""言无言:终身言,未尝言;终身不言,未尝不言"等。庄子的"不言"思想对中国佛教产生了重要的影响,《华严经》有云:"最胜第一义……本无言说,体性寂静,惟诸圣者自内所证。"禅的境界与道的境界一样,都是非逻辑性、非对象性、超越时空的,非任何语言文字所能表达的,若落于语言文字的窠臼,即远离了究竟涅槃。故曹溪禅门下弟子,多以"说似一物即不中"为警觉,一来破除外境执着,直指人心;二来破斥名言的桎梏,强调内证的实践经验。

慧忠国师从智慧庄严、德福庄严两不偏废,见性之后仍须保任,以及语言文字不足以言道,禅法的证得需要真真切切的实证两个层面,肯定即心与修行的统一。"论顿也不留朕迹,语渐也返常合道"(《宋高僧传》卷九),国师禅法顿渐并重,可见东山法门之禅风,但从其根本义而言,仍是上溯庄老、源本曹溪,与六祖曹溪禅最为相契。

(戴雯炯)

身 心 一 如

师问僧:"近离甚处?"曰:"南方。"

师曰:"南方知识以何法示人?"曰:"南方知识,只道一朝风火散后,如蛇退皮,如龙换骨。本尔真性,宛然无坏。"师曰:"苦哉!苦哉!南方知识说法,半生半灭。"

曰:"南方知识即如是,未审和尚此间说何法?"师曰:

“我此间身心一如①，身外无余。”

曰：“和尚何得将泡幻之身同于法体？”师曰：“你为甚么入于邪道？”

曰：“甚么处是某甲②入于邪道处？”师曰：“不见教中道，若以色见我，以音声求我，是人行邪道，不能见如来。”

（《五灯会元》卷二）

〔注释〕 ① 身心一如：禅林用语，即肉体与精神为一体两面，身心不二。 ② 某甲：自称的代词。

〔鉴赏〕 南阳慧忠与南岳怀让、青原行思、荷泽神会、永嘉玄觉并称六祖五大高足。五大高僧各自开山宣法、相互辉映，为南宗禅的迅速发展作出了不可磨灭的历史功绩。慧忠国师曾受法于四祖道信、五祖弘忍，乃六祖慧能嫡嗣，后又与六祖再传弟子、南岳怀让法嗣洪州马祖往来密切，亲历慧能以下南宗禅的不断发展、变迁。现今流传的《坛经》版本，在历史的迁流中不可避免地遭到了后人的添改，甚至扭曲了六祖的原意。想要复见六祖的真义，借鉴《坛经》文本之余，更好的方法是从慧能嫡嗣的言谈事迹中加以辨析。慧忠国师的见解对于后人理解六祖真义是非常珍贵的。

印顺大师在《中国禅宗史》中指出，早在八世纪末神会门下“坛经传宗”之前，《坛经》就被添改了，这就是南阳慧忠所批判的“南方知识”。关于慧忠的这一事迹，在《景德传灯录》卷二十八中有更详细的记载。慧忠将“南方知识”的宗旨概括为“色身无常，而性有常”，批判这一知解“半生半灭”，与信奉“心常身灭”的古代印度先尼外道相类，是邪知恶念。

且不论这“色身无常，心性为常”的观点是否如国师所斥责般乃外道邪知，现今所见敦煌本《坛经》确实明确地保存了这一思想。如“若一念断灭，法身是离色身”“色身是舍宅，不可言归”“性在身心存，性去身坏”“外觅如来，不见色身中三身佛”等。据印顺推定，南方宗经，由六祖晚年（或再传）弟子从曹溪流传而来，“色身无常而性是常”的添加者极有可能是慧能法嗣志道禅师。慧忠国师法承六祖，历世深久，深得六祖真传，从他极力破斥这一见解来看，即使这一观点是符合东山法门隐含之义的合理发展，六祖本人对此远非敦煌本《坛经》所示般支持。

国师深刻地揭示出，“色身无常而性为常”的观点建立乃是在以见闻觉性为佛性的基础上的，引《金刚经》“若以色见我，以音声求我，是人行邪道，不能见如来”之教导，告诫世人必须予以破斥对见闻性的执着。然而，六祖门下，强调见闻觉性、身灭心常的宗门确实存在，以马祖门下洪州一系最为显著。洪州宗提倡“即心是佛”“平常心是道”，认为人的一切行为都是佛性的作用。正如宗密在《中华传心地禅门师资承袭图》中所总结的，“洪州意者，起心动念，弹指动目，所作所为，皆是佛性全体之用，更无别用。全体贪嗔痴，造善造恶，受乐受苦，此皆是佛性”。此佛性在洪州禅看来，是“未曾有生、未曾有灭”的真常佛性，而四大之身则是有生有灭的。这正是慧忠国师的反对所在。身灭、心常的对立观念首先就偏离了佛教的中道。南方知识以身为生灭的一半，以性为不生灭的一半，“半生半灭”，实体化了心性，割裂了身与心的一如关系，落入了偏于一边的窠臼。国师引《净名经》“法离见闻觉知”，鲜明地批评南方知识将见闻觉知等同于佛性真如的错误观点，一旦执着于色声等见闻觉性，就偏离了求法的正道了；又提出“身心一如，身外无余”的主张，不执着于心中一物，彻底地跳出生灭、不生灭的两种知见，“不离幻色即见空，此即真如含一切”（《宗镜录》卷四），以不二的中道观来体悟周遍一切的佛性。

（戴雯炯）

无 情 因 缘

南阳张濆行者问：“承和尚说无情说法，某甲[①]未体其事，乞和尚垂示[②]。”师曰：“汝若问无情[③]说法，解他无情，方得闻我说法，汝但闻取无情说法去。”

濆曰：“只约如今有情[④]方便之中，如何是无情因缘？”师曰：“如今一切动用之中，但凡圣两流都无少分起灭便是出，识不属有无。炽然见觉，只闻无其情识系执。所以六祖云：

‘六根[5]对境，分别非识。’”

（《五灯会元》卷二）

〔注释〕 ① 某甲：自称的代词。 ② 垂示：赐示。 ③ 无情：指山川、草木、大地、墙壁、瓦石等无情识之物。 ④ 有情：即众生，泛指人和一切有情识之生物。 ⑤ 六根：又作六情。指眼、耳、鼻、舌、身、意六种感觉器官，或认识能力。

〔鉴赏〕 印顺《中国禅宗史》指出，南阳慧忠国师有独立之禅风，出入于东山及牛头、南宗与北宗之间，“论顿也不留朕迹，语渐也返常合道”（《宋高僧传》卷九），与当时牛头宗学颇有联系，而与神会之后所传南禅宗法不尽相同。一方面，国师言“即心是佛”，要求禅者反求诸己、识得本心；另一方面，又常作超毗卢、越法身之谈，立“无情说法”“无情有性”之说。

“无情说法”是慧忠国师禅学中最具特色、最不易解、影响最大的思想，亦最能体现国师禅法贯穿曹溪法门而撷取牛头宗法的特点。

此则公案即是学僧张濆行者不解“无情说法”而参学慧忠国师之事。慧忠国师言无情说法，即是肯定相对于有情识的有情而言，没有情识的无情也是有心性、有佛性的，亦能闻法体道。这与神会之后流传之南宗禅风有所区别。慧忠在答南方来客时，曾批判宣扬“即心是佛”、以见闻觉性为佛性的“南方知识”篡改了六祖慧能之禅法。从现世留传之《坛经》来看，六祖慧能禅学是持“无情无性”之说。慧能以“自心自性”为判断标准，将“有情”与“无情”进行了严格的区分：所谓“有情”，即一切有情识、有自性之众生；所谓“无情”，则是无情识、无自心自性的草木瓦砾、山河大地等。《坛经》云：“有性即解动，无情即无动……不动是不动，无情无佛种。”荷泽神会一系更是直接呵斥“无情有性”说：“若是将青竹黄花同于法身、般若者，此即是外道说也。”如此看来，国师对于“无情”的看法与后世所传之南宗禅是相违的。

国师的“无情说法”可上溯至三个源头。一、乃早期禅宗旁支牛头宗的“无情有性”说。牛头宗创始人法融大师从“虚空为道本”的思想出发，以“虚空”为“法性”“佛性”。虚空之道遍在万有，则无情也应合道、应有佛性。慧忠国师显然受此影响，提出了“墙壁瓦砾”皆是佛心的思想。此则公案末，国师所引“六根对境，分别非识”并非六祖所言，而正是出自法融大师的著述《心铭》。二、国师的“无情说法”受到华严宗法的影响，曾举《华严经》的“三界唯心”来回应《涅槃经》的“离墙壁无情之物故名佛性”，以遍一切有情无情的法界来破斥有情、无情的割裂，“若人欲识真空理，身内真如还遍外。情与非情共一体，处处皆同真法界”（《宗镜录》卷四）。慧忠国师“身心一如，身外无余”，将有情无情统摄入遍在之法界、佛性、自性之中，正是华严宗法界圆融思想的延续。三、牛头宗的“无情有性”、华严宗的“法界圆融”、南阳慧忠的“无情说法”，实则都可上溯至《庄子》所谓“道在屎溺”之说。道家思想对中国佛学的渗透可见一斑。

然而，从理论上而言，慧忠的“无情说法”还是与曹溪禅法宗旨是一致的，“无情说法”固然受道家、牛头、华严思想影响，但最根本的仍是出于对分别心、执着心的排遣，这显然出自中国禅宗，尤其是六祖一系南禅宗法。慧忠强调身心一如，不落凡圣、有无二边窠臼，认为真正的佛性之“用”摆脱了一切分别、执着心，而持“即心是佛”“无情无性”的禅者区分情识的有无、执着见闻觉性对见性的作用，其本身就是一种分别和执着。理论上而言，“无情无性”者未能摆脱一切执着；实践上而言，则偏于情识，以声色求法求佛。比起这种割裂有情无情、以有情独有之见闻觉性为佛性的“南方宗旨”，“无情说法”的观点更贯彻“不二而二，二而不二”的中道义，更符合《金刚经》“应无所住而生其心”的理趣。整体而言，神会定南北禅宗之后，“有情有性，无情无性”说成为中国禅宗的主流，荷泽宗、洪州宗、百丈怀海、大珠慧海均持有此说；然“无情有性”说在禅宗也有所发展。国师的“无情说法”于禅林中亦有很大影响，更直接启发了曹洞宗创始人洞山良价大师。

禅宗历来应机接物、任运自然，“无情”“有情”的分别或是统一都仅仅是有针对性的随缘说法罢了，其宗旨都指向“自心自性”这一禅宗根本概念。“无情无性”说为禅宗高扬人之自性、自信、自力奠定了基础，禅宗在大众间的流行、在全国范围内的广布离不开“无情无性”说的宣扬；而“无情有性”说则在哲学、思想层面上弥补了“无情无性”说的不足，淋漓尽致地表现了禅宗的救世情怀和去分别、除执着的中道思想。在中国禅宗思想史上，两者共同起着非常重要的作用。

（戴雯炯）

如是

有僧到参礼,师问:"蕴①何事业?"曰:"讲《金刚经》②。"师曰:"最初两字是甚么?"曰:"如是。"

师曰:"是甚么?"僧无对。

(《五灯会元》卷二)

〔注释〕 ① 蕴:蓄藏,积累。 ②《金刚经》:即《金刚般若波罗蜜经》,是大乘般若系经典,鸠摩罗什译,中国禅宗依据的重要经典之一。

〔鉴赏〕 南阳慧忠国师"法受双峰"(道信、弘忍),从六祖受心印,游历四明、天目、武当诸山参学,于党子谷潜修四十余年,博通经律,皆具宗通、说通,堪称宗门巨匠。禅师博学经教、教禅一致、顿渐并重;禅风平实、直指人心。公案"如是"寥寥不过半百字,国师的思想之精妙、禅风之犀利尽显其上。

释祖涅槃之时,曾法示阿难四事:一是佛弟子应依"波罗提木叉"(戒律)为师,二是佛弟子应依"四念处"为住,三是集结经文之首应冠以"如是我闻",四是对待恶性比丘应用"默摈"(沉默的排斥)为之。故一切经首,皆安"如是我闻"四字,此是佛祖亲传。《金刚经》亦是如此,以"如是我闻"开篇,以表此经内容为佛入灭后"多闻第一"阿难从释祖处听闻佛法后编集而得。《佛说阿弥陀经通赞疏》云:"如是我闻,生信也。信受奉行,生智也。信为能入,智为能度。"

可见"如是"乃入法的根基所在。"如是"二字既是《金刚经》开卷之句,更是《金刚经》全经之精髓。慧忠国师问来参学的僧客,如是,是什么?自称研讲《金刚经》的僧人却无言以对。此僧于"如是"一无所知,可知其读经、讲经如囫囵吞枣,不求甚解,执着于文体的文字,而并未能真正契入《金刚经》所示的般若智慧。世人读书,又何尝不多是如此?或照本宣科,或按图索骥,如小和尚念经,有口无心,又怎能契入书中真义呢?

"如"者,《金刚般若波罗蜜经补注》中称之为"众生之性,万别千差,动静不一";"是"者,乃"如"之异名,离性之外,别无他法。六祖一语,道尽其间真义:"法非有无谓之如,皆是佛法谓之是。"如是,如是,正是实相非相、万法皆空的禅理,正是禅宗谈的那个不一不二、不生不灭、于相离相的清净自性!慧忠禅师呵问"是甚么?"就是直击僧客之心,了悟诸法离言自性的道理。《金刚经》中多处明示:"不应取法,不应取非法""如来所说法,皆不可取,不可说,非法非非法""知我说法,如筏喻者,法尚应舍,何况非法""说法者,无法可说,是名说法"……一切法,只是方便法门罢了,不应执着于作为工具的"筏",而忘却修习佛法、见性成佛的终极目的。

慧忠国师此处要破的是对"法"的执着,立的是向内探求"自性"的旨意。在禅宗看来,那个内在于每个生命个体的活泼清净之自性,正是所谓的真如、法性、佛性、实相、般若,是万别千差而又清净无碍的。大乘佛教云自觉觉他,自觉者,可借佛经、佛法等文字名相契入真道,但名相终究是工具,不可执着,最强大的力量还在于禅宗所倡的返观本心、契入自性。

(戴雯炯)

诸法不相到

有人问:"如何是解脱?"师曰:"诸法不相到,当处解脱。"曰:"恁么[①]即断去也。"师曰:"向汝道诸法不相到,断甚么!"

(《五灯会元》卷二)

〔注释〕 ① 恁么:怎么样。

〔鉴赏〕 此则公案体现了南阳慧忠国师"当下解脱"的顿悟思想以及不一不二的中道思维方式。

众生迷,见缘起之现象而不见性空之本质,以为"诸法相到"。"相到",即由此到彼、由彼到此、由生到灭、由因到果。诸法相到,即执诸法为生生灭灭、因果相续之作用,心为"法"所役,无从跳脱。世人大都故意起心,于世间善、恶、无记等诸事上生起分别、执着之心,念念相续,永受因果轮回之业,故不能证得真正的佛法。禅宗即要打破这一轮回,将众生从生灭因果的连续中解脱出来，故禅宗言“诸法不相到”，以破斥“诸法相到”之念。所谓“诸法不相到”，即一切法不受之意。诸法性空，虚妄不真，对于五蕴之色、受、想、行、识之一切色法，及心法，心所有法，心不应法，甚至是无为法，都应一并勘破，不即不离，不持执着。《金刚经》云：“一切法无我，得成于忍。”众生无明不觉，于一切法中，妄生分别执着之见，然一切法性，本来空寂，缘生体空。故因知一切法无我，破我执；明一切法不受，破法执。二执皆破，即证无生法般若智慧。于三界内外，不见诸法生灭之相，亦不住人法之相，湛然平等，当下即得解脱。既明万法缘生体空，就能空一切法，于一切法上了无执念，故无所谓“断灭”与否。此即《坛经》于念离念、于相离相的宗趣，应机接物而随缘说法，不住人、法而生其心。

慧忠国师的这一思想不仅与曹溪禅契合，还可见牛头宗风。印顺《中国禅宗思想史》认为，慧忠的思想与曹溪有关，而又近于当时牛头宗学。《祖堂集》所载牛头宗师法融禅师关于“不断不得”的公案，与此则公案同趣。有僧问法融：“当断何法，当得何法，而言圣人？”法融禅师答曰：“一法不断，一法不得，此谓圣人。”圣人，不须断灭一法，也不必得到一法。一切凡夫，都起妄念，计较所得，且执着于有所断灭，自以为断灭妄念即得法，殊不知反生执着，即起妄念，念念不尽。实则自性原本清净圆满，人人具足，若能反求诸己、开启自身宝藏，则明本性具足，无需外增，亦无有断除。

较之强调修道阶段次第法门的北宗禅，曹溪禅与牛头宗都高扬自心自性，不执我、法，实是更为契合相通。无怪乎六祖门下，多有出入牛头宗者。南阳慧忠、石头希迁等禅师都从牛头宗汲取了有益养分，来补充南禅禅法，禅法圆融，运用妙处，圆转无碍。

（戴雯炯）

空中一片云

肃宗[①]问：“师在曹溪得何法？”

师曰：“陛下还见空中一片云么？”帝曰：“见。”

师曰:“钉钉着,悬挂着?”

帝又问:“如何是十身调御[2]?”师乃起立曰:“会么?”帝曰:“不会。”师曰:“与老僧过净瓶来。”

帝又曰:“如何是无诤三昧[3]?”师曰:“檀越蹋毗卢[4]顶上行。”

帝曰:“此意如何?”师曰:“莫认自己清净法身。”

帝又问,师都不视之。曰:“朕是大唐天子,师何以殊不顾视?”师曰:“还见虚空么?”帝曰:“见。”师曰:“他还眨目视陛下否?”

(《五灯会元》卷二)

〔注释〕 ① 肃宗:唐肃宗李亨(711—762),奉南阳慧忠为国师。 ② 十身调御:指法身。③ 无诤三昧:指住于空理而与他无诤之禅定,无分别,一相平等。 ④ 毗卢:佛教指法身佛,是对佛真身的尊称。

〔鉴赏〕 唐肃宗参学于慧忠国师,国师借肃宗疑问言传身教,将曹溪禅法之精要细细与肃宗说来。无奈肃宗任凭国师如何开示,就是不悟。

何为曹溪之法?国师以空中一片云为喻,说明佛教性空之理。肃宗“见”云,已落入了“以色见我,以音声求我”的邪道。空中之云,既不是被他者“钉着”,亦不是自身“悬挂着”,而是无自性的“空”。肃宗以眼根见性,见闻觉知滋生种种分别,故“见”云;若能自见其性,性与见相脱,从向外探究返归对内在的观照,则一切分别俱灭,云即“不见”。

何为法身?国师起立示之,肃宗还是不悟。国师此番动作,正是自性成佛的南禅宗教诲。自性即是法身,是般若,是实相。法身不离自性,正是真真切切、活活泼泼、任运自由的自性成就了清净法身。法身无需外求,尽在自身。若能领悟,则当下种种,都是佛性的任用;吃穿住行,均为法身的体现。

何为超越了一切相待的平等三昧?国师教导肃宗要在法身佛顶上行走,即更进一步,超越法身。佛鉴勤颂:“步步踏着毗卢顶,亦非自己清净身。妙入空门得空相,祖师肝胆佛精神。”国师破斥了对法身的执着,直指曹溪禅之精髓。禅宗称初开悟为到法身边，破重关就安住于法身。还有第三关，是法身向上。《华严念佛三昧论》有云："知一切佛及以我心，悉皆如梦。知一切佛犹如影像，自心如水。知一切佛所有色相，及以自心，悉皆如幻。"只有连法身都"不住"、都予以彻底地破斥，才能体会真正的"空"性、悟到最高的如来智。求法之人，往往执着于常住法身，是以悟中见迷，终究不是彻底地悟了，须时时警惕，放下一切执着，百尺竿头更进一步。

最后，肃宗问国师为何不看他，国师答曰虚空不曾眨眼看肃宗。清净法身，犹如虚空，周遍一切，无所不包。大唐天子也罢，山野村夫也罢，清净佛性，人人本具，又岂会因身份的不同而区别对待。色身是幻，只有自性的发明才是成佛的关键。虚空不曾眨眼视人，而遍在内外；自性发明于内心，而体同万物。在成佛的问题上，世人皆平等，明心即见虚空，见性即可成佛。曹溪禅不仅在人和佛之间构建起了桥梁，而且将成佛的机会平等地赋予了所有人，这也是六祖以后禅宗发展迅猛、影响甚广的重要原因之一。

（戴雯炯）

十二时中如何修道

鱼军容①问："师住白崖山，十二时②中如何修道？"师唤童子来，摩顶③曰："惺惺④直言惺惺，历历⑤直言历历。已后莫受人谩。"

（《五灯会元》卷二）

〔注释〕 ① 军容：官名，军职。 ② 十二时：指一日一夜，从午夜子时开始到亥时为止。③ 摩顶：佛教授戒传法时的仪轨。 ④ 惺惺：清醒。 ⑤ 历历：清晰。

〔鉴赏〕 慧忠国师道誉甚高，法传甚广，即世间而出世间，与入仕者亦多有交往。此则公案为鱼军容问法于国师之事。鱼军容，即鱼朝恩，为唐代专权宦官。可见当时慧忠国师声望之高。

国师在白崖山放任佛性、结庵说法，机锋频出，禅学愈发精进、成熟。鱼军容特地前来参拜，询问国师于党子谷的修道之法。慧忠国师受牛头宗风影响，常以“道”这一概念指代曹溪禅所谓“自性”“真如”“佛性”。故鱼军容所问，乃是南禅宗明心见性之法门。

古代以十二时为一昼夜，从午夜子时起至亥时止。鱼军容认为，国师必定在十二时中无时无刻不在用心修道，才使其禅学精进，一日千里。鱼朝恩所问，隐含了一个前设，即认为禅修是持续不断、日日夜夜一心专注于修行的。国师却唤来童子，摸着童子的头回答道：“惺惺直言惺惺，历历直言历历，以后莫受人谩。”所谓“惺惺”“历历”，都是打起精神，保持清醒之义；所谓“谩”，即愚弄，蒙骗之义。国师所言，即警示军容，修行要保持清醒，不受人愚弄，不受外物牵制，不受法相迷惑，不受妄念束缚。国师将“修”之关键从外在的修行方法上转到了对内在心理状态的建构上。众人不见其清净本性，即是迷；若能保持清醒，见内在本具的清净圆满佛性，即得悟。此即禅宗直指人心、见性成佛之谓。惜世人往往苦苦向外求索，抓住外缘不放，假于师、假于经、假于修行之手段，却不知得鱼忘筌、得兔忘蹄之理，错以筏船为目的，反失了本来面目、终极目的。国师要求禅者十二时中无时不保持“惺惺”“历历”的清明状态，即是要众生看破一切相，不住诸种外缘，返观自心，反求诸己，还得本来清净之心。一旦了悟自性本净、佛性本具，即可从色相、外境、邪魔外道等种种外在诱惑中解脱出来，不再受愚弄。

《坛经》有云：“一切万法尽在自身中”“三世诸佛、十二部经，亦在人性中本自具有……佛是自性作，莫向身外求。”皈依佛、法、僧也好，持戒念佛也罢，都是从外在上着手，而慧忠国师将一切外在法门荡涤殆尽，而于自心自性上建立起成佛的根本法门——“识心见性”，即将成佛的修行法门内化，把向外觉悟大千世界的外在超越，变成了向内反求诸心的内在超越，此与《坛经》所示禅理是相契相合的。

（戴雯炯）

立 义 竟

师与紫璘供奉①论议。师升座，奉曰：“请师立义，某甲破。”师曰：“立义竟[2]。”奉曰：“是甚么义？”师曰：“果然不见，非公境界。”便下座。

（《五灯会元》卷二）

〔注释〕 ① 供奉：僧官职称。 ② 竟：终了，完毕。

〔**鉴赏**〕 一日，紫璘供奉与慧忠国师辩论经义。慧忠上座后，供奉请国师立个议题，以资看破。慧忠却道议题已立，供奉不解，国师指出其未达境界，便起身下座。

“立义竟”的公案于禅林中流传甚广。其中一种见解，以“升座”为国师所立之议题。若供奉已达境界，便能离言论议，明了国师所立，与国师辩论升座目的、作用等。然供奉仍执着于语言的“立义”方式，不明国师开示。慧忠最后又以“下座”点明自己出题立义，结束这场“无言”的论议。国师打破供奉的思维定式，离言说法，这一向是禅师们促人明心悟道的惯用方法。

国师所立之议题，未必是“升座”。据《联灯会要》卷二十九所载，“世尊云：吾有正法眼藏，涅槃妙心，分付摩诃大迦叶”，灵山法会已为佛教“以心传心”授法之发端。芙蓉灵训偈曰：“欲识祖师意，祖师传佛心。”慧忠国师上座不言便立义之作法，可堪是效法佛祖于灵山法会上拈花示教，惜迦叶尊者领受妙心，破颜微笑，紫璘供奉却不达境界，有负国师。

早期禅宗以《楞伽经》为心要，着眼于“佛语心第一”；六祖之后，禅宗转而以《金刚经》为宗，以“应无所住而生其心”为要。“不立文字、教外别传、直指人心、见性成佛”是禅宗历来宗奉的旨意。国师不以语言示法，以静默立议题的做法与禅宗“以心传心”“不假文字”的传统相契。

慧忠国师“无声胜有声”的开示方法，与印度原始佛教的教导有较明显的差异，而与中国传统文化更加契合。自释祖始，佛教教义虽有“法尚应舍，何况非法”之含义，然从实际而言，以“言说文字，皆解脱相”（《维摩诘所说经》卷二）而大开讲经论道注经之方便法门，经律论三藏汗牛充栋，“佛经如江海，其文如锦绣”（《理惑论》）。禅宗“不立文字”的传统，与其说是从印度佛教的教义发展而来，莫若说是汲取了中国道家言道观的相关内涵。道家素有

“言不尽意”之思想渊源。《老子》一章云:“道可道,非常道;名可名,非常名。”《庄子·知北游》云:“道不可言,言而非也。”行“不言之言”的“至言”是道家尝试解决“言不尽意”悖论的一条途径:“不言之教,无为之益,天下希及之”“大直若屈,大巧若拙,大辩若讷”(《老子》四十三、四十五章),“大道不称,大辩无言”“言无言,终身言,未尝言;终身不言,未尝不言”(《庄子·齐物论》《庄子·寓言》)。道家“不言”的言道方式,与佛教“缘起性空”等思想相契相合。中国禅宗汲取了道家哲学的相关资源,其语言文字观与道家思想相映生辉,发展出了包括遮诠释、禅机、公案、禅诗等诸种方式的“不言之言”。南阳慧忠国师的“静默之言”深契佛、道思想,体现了佛教与道家思想的融合。从中亦可见中国禅宗的最终形成,深受中国传统文化——道家思想的影响,可谓是“纯粹中国化的、大众化的庄老哲学”(麻天祥《中国禅宗思想史》,湖南教育出版社2011年版,第2页),中国禅宗思想不仅仅是佛教徒的立身行事,更是庄老化的哲人之思!

(戴雯炯)

佛曾迷否

一日,师问紫璘供奉:“佛是甚么义?”曰:“是觉[①]义。”

师曰:“佛曾迷否?”曰:“不曾迷。”师曰:“用觉作么?”奉无对。

奉问:“如何是实相[②]?”师曰:“把将虚底来。”曰:“虚底不可得。”师曰:“虚底尚不可得,问实相作么?”

(《五灯会元》卷二)

〔注释〕 ① 觉:觉者为佛。觉,觉悟。 ② 实相:又称“法性”“真如”等。佛教指万有本体。

〔鉴赏〕 此公案与“米胡悟否”的公案参照来看,更易见其隐义。南阳慧忠与仰山慧寂在各自的示法中都深刻地体现出了本无迷悟的不二思想。

慧忠国师问紫璘供奉什么是佛,紫璘回答说佛是觉悟。“佛”是梵文

Buddha 的音译“佛陀”的简称,意译为“觉者”“知者”。在大乘佛教中,觉有三义,即自觉、觉他、觉行圆满,是大乘佛教修行的最高果位。印度佛教传入中国后,受中国传统民间信仰的影响,信徒多有将表示“觉者”的佛陀误认作人格性的神明这一倾向。紫璘供奉直指佛的原旨在于觉悟,已经超越了普通信徒的一般见解。然而慧忠对这一答案并不满意,继续开示,既然佛是觉悟,那么佛是否曾迷?紫璘认为佛不曾迷,慧忠反问既然佛不曾迷,又何来觉悟一说?供奉无言以对,转换话题询问国师什么是“实相”。慧忠采用迂回战术,反叫供奉先把“虚空”拿来。紫璘当然拿不出虚空来,国师开示道,虚空不可得,实相又怎可分别?

在这则公案中,紫璘供奉所犯的致命错误在于起了分别之心,在“觉”“迷”“实相”“虚空”之间进行了知解性的划分。禅宗讲究不二的中道思想,不落两边,而紫璘供奉对“觉”和“实相”的分别和追求已经是落入一边了,这正是仰山慧寂禅师所谓的“落第二头”。米胡禅师曾令门僧问仰山:“今时还假悟也无?”仰山云:“悟即不无,争奈落在第二头。”佛,当然是觉者。慧忠和慧寂禅师破斥的不是超越了俗世的觉、迷二边的真觉性,而是这落入第二头的“思而知之”(《唐袁州仰山慧寂传》)。所谓“思而知之”,是以人的常智对事物进行知解、分别,肢解了原本清净圆满的自性。“思而知之”,将人自身与世界万物划分成了“思”的主体和“被思”的客体,佛教讲起心(分别心)即妄,有二即非。紫璘供奉以为“觉”是佛义、虚空是空、实相是实,种种知解,都起于心中之分别,已失自性之清净,落于两边了。

《老子》二章云:“有无相生,难易相成,长短相形,高下相倾,音声相和,前后相随。”万物处于相反相成的统一关系之中。在禅宗看来,“觉”“迷”“实相”“虚空”也是处于不一不二的统一之中。分悟破迷,明来暗谢,智起惑亡,皆是成佛的中途事,是见性的方便工具。真正的佛陀是觉迷不二、虚实相通的。六祖云:“常应诸根用,而不起用想;分别一切法,不起分别想。”觉,是体用不二、主客一体的,排除了一切分别心、超越两边的大智大觉。荷泽神会以虚空不因明暗而变化自身来说明“烦恼即菩提”,“迷悟即是有殊,菩提心元来不动”。从知解层面来看,觉、迷有别,然站在佛觉佛智来看,则清净佛性并不因所谓“迷”而丧失，不因所谓“觉”而产生，而是内在固有的清净自性。

再者，大乘佛教注重自觉觉他的觉行圆满，佛陀由凡入圣，再堕凡普度众生。禅宗不仅是心性的修炼，更是真真切切地对生活的实践。六祖慧能云：“佛法在世间，不离世间觉，离世觅菩提，恰如求兔角”，又云：“不离见闻缘，超然登佛地”，曹溪禅的“觉”并不仅仅是知解意义上的觉悟，更是在烦恼中证得菩提的实证。禅宗的最高境界，是智不到处、智不可知的境界。要证得这一境界，就需放下对常人所谓的“觉”“实相”等工具的执着，于相离相、于念离念，在纷扰的俗世烦恼中不断返观发明内在的菩提心。

（戴雯炯）

无　缝　塔

师以化缘将毕，涅槃[1]时至，乃辞代宗[2]。

代宗曰：“师灭度后，弟子将何所记？”师曰：“告檀越[3]造取一所无缝塔[4]。”帝曰：“就师请取塔样。”师良久，曰：“会么？”帝曰：“不会。”

师曰：“贫道去后，有侍者应真[5]却知此事。乞诏问之。”

大历十年十二月十九日，右胁长往[6]，塔于党子谷[7]。谥大证禅师。

代宗后诏应真问前语。真良久，曰：“圣上会么？”帝曰：“不会。”真述偈曰：“湘之南，潭之北，中有黄金充一国。无影树下合同船，琉璃殿上无知识。”

（《五灯会元》卷二）

〔注释〕 ① 涅槃：圆寂。 ② 代宗：唐代宗李豫(726—779)，奉南阳慧忠为国师。 ③ 檀越：指施主。 ④ 无缝塔：僧死入葬，地上立一圆石作塔，没有棱、缝、层级，故称“无缝塔”。 ⑤ 应真：即吉州耽源山应真禅师。 ⑥ 长往：灭度，圆寂。 ⑦ 党子谷：即南阳白崖山党子谷。

〔**鉴赏**〕 此为南阳慧忠圆寂前就唐代宗询问入灭之后有何嘱托所作答复的机缘。一说为肃宗，然慧忠国师圆寂于大历十年(775)，正是代宗在位(762—779)时期，而肃宗早在762年病死，因此此处应为代宗无误。

代宗虔信佛法，于慧忠入灭前询问国师最后教诲。慧忠国师请代宗为之建造一座无缝塔。何为无缝塔？现多解释为，僧死入葬，地上立一没有棱、缝、层级的圆石作塔。倘若真是为国师造这样一个原石塔作入葬之用，代宗身为一国之主又有何难，云何"不会"？代宗奉养国师多年，参学问礼，对佛法亦有略得。国师请代宗造无缝塔，并非仅是交代身后事，更是在传承禅法：国师临终所念，尽是庄严圆满佛法，能如无缝宝塔无坚不摧、屹立不倒。代宗虽略知大师所指，然毕竟禅修有限，故再问国师无缝宝塔的样子。国师沉默良久，曹溪禅门下讲究一个"悟"字，圆满自性、庄严佛法是"以心传心、不立文字"的。国师素来离法言性，破斥世人对名相的执着。慧忠以沉默应对，即是晓喻代宗要向内自观，发明本心，方能成就庄严佛法。昔有外道问佛，不问有言不问无言，师尊亦沉默良久，外道得证，师尊云其"如世良马，见鞭影而行"。外道正是返观内照而得入佛道，可惜代宗却不会。时人多如代宗，无缝塔明明自备于心，"见鞭影而行"即可，却于外界苦苦追寻，终不得入。国师只能"不离文字"，向代宗举荐了耽源山应真禅师，希望应真禅师能继续自己的事业，为世人宣讲见性成佛的佛法。

应真禅师跟随国师多年，深得国师认可，就连示法都同是用沉默良久来应对代宗"无缝塔样"的询问。可惜代宗还是不悟，不得已下，耽源作一偈子，开示代宗。这强立的文字给禅林增添了一段著名公案，千古参详。这偈初看是各种稀奇词语的堆砌，读来甚是让人摸不着头脑，实则展现出了超越现实的无限、超越意象的意境。

《碧岩录》中记载，时人认为"湘"是相见，"潭"是谈论；又有人认为"湘"是相州之南，"潭"是潭州之北，无缝塔就是当中这个黄金国。这些说法都被佛果圆悟禅师斥之为邪见、邪道。潭州(治今湖南长沙)在湘江之畔，湘江为南北流向，其实根本无所谓南岸、北岸。耽源禅师所指的无缝塔所在，也许根本就是子虚乌有之乡，颇有惠施称"天下之中央，燕之北，越之南是也"的旨趣。

《金刚经》云:"在在处处,若有此经,一切世间天、人、阿修罗所应供养,当知此处则为是塔。"这无缝塔无处可寻,亦处处遍在;这充满了黄金的国度就是自性圆满的内在心性。清净圆满的禅法"若言是有,处处求之不可见;若言是无,了了恒在眼前"(道信语),向外驰求,断不可得;若能自省,自悟本性,必能见性成佛,觅得无缝宝塔。

雪窦重显大师颂古云:"无缝塔,见还难,澄潭不许苍龙蟠;层落落,影团团,千古万古与人看。"无缝宝塔,清净圆满,外求难觅,自寻烦恼,去道弥远。要拨开这重重迷雾,恢复宝塔清净,定须返观自照、自悟本性。于事事物物上仔细体会、参详,于心间细细品味,一旦自见其性,则当下直见无缝宝塔。这就是慧忠国师的遗愿。

(戴雯炯)

荷泽神会禅师

见即是主

年十四为沙弥①,谒六祖。

祖曰:"知识②远来大艰辛,将本来否?若有本则合③识主,试说看。"师曰:"以无住为本,见即是主。"祖曰:"这沙弥争④合取次语。"便打。

师于杖下思惟,曰:"大善知识,历劫难逢。今既得遇,岂惜身命。"自此给侍。

(《五灯会元》卷二)

〔注释〕 ① 沙弥:佛教僧团中,指已受十戒,未受具足戒,年龄在七岁以上,未满二十岁时出家的男子。 ② 知识:即善知识,指正直而有德行、能教导正道之人。 ③ 合:应该。 ④ 争:怎么,如何。

〔**鉴赏**〕 荷泽神会禅师是六祖慧能门下最小的弟子,在中国禅宗史上留下了不可磨灭的印记。盖中国禅宗的最终形成,离不开神会大师的毕生心血。禅师北上中原,与北宗分庭抗礼,宣扬曹溪南禅宗风,开创荷泽宗,为南禅成功北上奠定基础。神会禅师为南宗竭尽忠忱,打破北宗独大的局面,奠定南禅宗正宗地位。然而,荷泽神会与北宗的渊源也是极深。

神会早年慕道,志求大法,皈依神秀大师门下,从学三年,不得要领,便南行参礼慧能。此则公案即是神会小沙弥初参六祖之事。彼时,神会在曹溪与六祖因缘不契,便旋即北归,回到神秀门下,直至神秀禅师圆寂,神会追思秀大师曾令从慧能受教之语,便于景龙初年(707)再次回到曹溪,一经六祖点化,明心见性,终获六祖印可。故神会对北宗禅与南宗禅均有深入的了解,其禅法明显与曹溪禅风相契而留有神秀禅之余风。葛兆光教授认为,神会的禅法仍然属于"清净禅"一流,和北宗禅相去不远,是早期禅东山法门与马祖之后南禅宗之间的桥梁。

神会初参六祖,而与曹溪因缘不契,盖因其受北宗禅法之影响。六祖初见神会沙弥,便开示南宗禅法之要,问"本"问"主",皆为勘验神会对于"自性"的认识。神会的回答看起来与曹溪禅宗旨极为契合:"以无住为本,见即是主。"六祖对此却不印可,当下杖打神会。

《坛经》有载,六祖概括自身禅学法门为"立无念为宗,无相为体,无住为本",此处却不首肯神会之"无住为本",何故?盖因神会之"无住为本,见即是主"与曹溪禅法之"无住"概念不同,神会之"无住"实际上与北宗禅"清净"之旨更为投契,而非南禅法门。《坛经》云:"于一切法上念念不住,即无缚也,是以为主为本。"曹溪之"无住",直接源于《金刚经》"应无所住而生其心"的思想,以"自性"的无住为本,于念无念,反对"直言坐不动,除妄不起心"的禅法。曹溪禅的"无住",强调的是随缘接物、任运自然,与日常外境的触处解脱,不起任何分别、执着,甚至对"无住"自身也要加以破斥,不加执着。

然观神会小沙弥,不假思索脱口而出的"无住为本",偏于心体空寂,空寂心的自证,不住一切法,"莫作意,心自无物。即无物心,自性空寂。空寂体上,自有本智,谓知以为照用"(《神会集》)。这显然是受到了东山法门神秀一系禅法的影响，更接近“清净禅”的法门，强以“无住”为实在之“本”，未勘破“无住”法门亦不可执，落于“无念”而失于“念念相续”，实则与六祖之法旨并不尽相同。

再论“见即是主”，宗密《圆觉经大疏钞》卷三“主”作“性”。圣严法师对此做二解：一、开悟之人开启智慧之用时，即“见主”；二、尚未开悟者，错认凡夫知见为主。方立天在《禅宗概要》中指出，荷泽宗重视灵知心体，以灵明真智为心的本性，“知心空寂，即是用处”。由此可见，圣严法师以“智慧”解神会之“见”是可说通的。神会认为空寂之体自生灵觉，智慧知解正是观照之妙用，这一见解是对六祖禅学思想的发挥，实则与原旨有所出入。从曹溪禅宗旨来看，“见即是主”应作“见性即可成佛”之解，强调的是对自心自性的返观自照、不假外求。故两者亦非绝然相契。

关于神会初参六祖的公案，诸典籍中各有不同侧重。依照《坛经》记载，彼时六祖并不印可神会，而根据神会后人及尊崇者的记述，六祖却是充分肯定神会，甚至于夜间亲传大法。这无非是神会后学尊师之举罢了。且不论他日神会于六祖处参学多时，仍得慧能“知解宗徒”的评价，但就神会此处所言，偏于“清净禅”，而与曹溪禅法实有不同，即知此时神会并未开悟，仍需磨炼。

（戴雯炯）

知解宗徒

他日，祖告众曰：“吾有一物，无头无尾，无名无字，无背无面，诸人还识否?”师[①]乃出曰：“是诸法之本源，乃神会之佛性。”

祖曰：“向汝道无名无字，汝便唤作本源佛性?”师礼拜而退。

祖曰：“此子向后，设有把茆盖头[②]，也只成得个知解宗徒。”师寻往西京受戒。

（《五灯会元》卷二）

〔注释〕 ① 师：指神会禅师，荷泽宗创始人，六祖五大弟子之一。 ② 把茆盖头：茆，通“茅”。指禅师住持居住的寺院，引申为为人宗师之意。

〔鉴赏〕 印顺在《中国禅宗史》中指出，曹溪慧能身前还只是东山门下的一流。六祖圆寂后，由其弟子秉承曹溪法门，才进入了“凡言禅皆本曹溪”的时代，这期间最为显著的就是荷泽神会于滑台大云寺，开无遮大会，定佛教是非，竖立南宗顿教。胡适更是撰写了《荷泽大师神会传》，大赞神会为“南宗的急先锋，北宗的毁灭者，新禅学的建立者，《坛经的》的作者……”胡适对神会充满感情的极力讴歌，不免有夸大失实的成分，但曹溪慧能在世之时，只是南方的一方宗师，后世称之为“六祖慧能”，其“见性成佛”“直指人心”的教诲于全国遍布广传，确然离不开荷泽神会的毕生心血，他为曹溪禅顿悟法门鞠躬尽瘁，北上犯险，坦然直进，为中国禅宗的最终形成做出了不可磨灭的贡献。

这样一位杰出的宗师级人物，在参学于六祖之时却遭到了慧能严厉的批评，斥之为“知解宗徒”。印顺在比较了宗宝本《坛经》、《中华传心地禅门师资承袭图》、《景德传灯录》等文本中有关神会见慧能的五种传说后，指出慧能诃责神会“只成得个知解宗徒”乃是反荷泽一系的洪州、石头门下所添加，是不满神会的禅者，假托慧能所说，来贬抑神会。此说或不尽然。其一，文本不免遭人添改，反荷泽一系的禅者固然可能假托慧能贬低神会，神会门下亦可能或添加赞誉或删除批评来塑造神会大师形象；其二，此公案发生于神会参学慧能的早期，神会拜入曹溪门下，不离山中，常在左右，禅修必定大有进益，不可与早期同日而语耳。故不可因神会的巨大成就，来否定早期他可能对佛法有所偏解。从此则公案的内容来看，神会的表现确实不尽如人意，并没有体现出曹溪禅法的精髓，确实是个“知解宗徒”。

慧能所问的“无头无尾，无名无字，无背无面”的一物正是曹溪禅的核心所在——人的“自性”。惜时人却多为外物所惑，向外驰求，佛性本具，却往往视之不见、不闻、不识。神会禅师深有慧根，能知六祖所言正是“诸法之本源，神会之佛性”，明了这无形无相的内在自性正是禅者所追求的佛性、真如。神会的回答非常符合曹溪禅“直指人心”“见性成佛”的旨意，其所达到的禅法程度，已经是时人所不能及的了，为何慧能还呵斥其为“知解宗徒”呢？与六祖另一高足南岳怀让相比，就易见神会禅师的不足了。《五灯会元》记载，怀让参见六祖，六祖问他何处来，怀让经过八年禅修才得开悟，对曰："说似一物即不中。"六祖甚是赞赏。

自性不是"一物"，它"无头无尾，无名无字，无背无面"，超越了"物"的界限，也超越了任何语言文字的框架。清净自性是非逻辑性、非对象性，超越了语言逻辑的一种直觉观照。慧能的问题不是一个知解性的问题，旨在启发世人返观自照，切切实实地于自心自性上做一番领悟，而不是定义"是什么"。神会的解释固然不离"直指人心"之旨，却也仅仅是知解性的阐释而已，落入了语言文字的窠臼，偏离了禅宗"不立文字"的主张。

禅的精要，从来不是从定义、分析等知解而来。《坛经》有云："若悟自性，亦不立菩提涅槃，亦不立解脱知见。"禅是一种实实在在的工夫，是个体生命的一种感悟，是直觉，是通感，是超逻辑超知解的本真。禅无葛藤，顿超直入，顿悟的法门是通达直入的，以心传心，教外别传，一旦诉诸语言，就已"不中"，丧失原义了。禅宗讲"不立文字，不离文字"，语言文字作为方便禅者讲经和解经的工具，禅宗并非是彻底地摒弃。然而六祖随缘说法，见神会落于文字，便以"知解宗徒"的教训来破斥世人对名相知解的执着，无非是告诫世人"荃者所以在鱼，得鱼而忘荃；蹄者所以在兔，得兔而忘蹄；言者所以在意，得意而忘言"(《庄子·外物》)。莫被语言文字所缚，莫被逻辑知解所累，要有一番真参实证的工夫，心领神会，明心见性，自证成佛。

(戴雯炯)

念摩诃般若

一日乡信至，报二亲亡。

师入堂白槌[①]曰："父母俱丧，请大众念摩诃般若[②]。"

众才集，师便打槌曰："劳烦大众。"

师于上元元年[③]奄然而化[④]，塔于龙门[⑤]。

(《五灯会元》卷二)

〔注释〕 ① 白槌：白，告白；槌，一般律院告大众静肃时敲打之器具。 ② 摩诃般若：摩诃，大；般若，智慧。指《摩诃般若波罗蜜多心经》。 ③ 上元元年：指唐肃宗上元元年(760)，另一说指唐乾元元年(758)。 ④ 奄然而化：圆寂。 ⑤ 龙门：指洛阳龙门宝应寺。

〔鉴赏〕 此则公案中神会大师对待双亲的死生问题颇有庄子“鼓盆而歌”的风范。《庄子·至乐》记载，庄子亡妻，惠子凭吊，却见庄子鼓盆而歌，惠子不解，庄子对曰：“察其始而本无生，非徒无生也而本无形，非徒无形也而本无气。杂乎芒芴之间，变而有气，气变而有形，形变而有生，今又变而之死，是相与为春秋冬夏四时行也。”在庄子看来，人的生死就如四季运行般自然。气聚则生，气散则亡，气聚气散，生生死死，循环不已。死亡，是人回归于大自然的最终安息。若视死亡为最大的恐惧，“嗷嗷然随而哭之”，则是“不通乎命”的表现了。庄子对待死亡的超然洒脱态度在《庄子·列御寇》中也可见一斑。庄子将死，反对厚葬自己，认为死后“以天地为棺椁，以日月为连璧，星辰为珠玑，万物为赍送”，死亡将人融入大自然中、与世界万物合同为一，是人向自然回归的最终旅程。面对死别，庄子在短暂的伤感之余，体认到了大道流行、死生如梦的道理，自然豁达洒脱，不为死亡所缚了。神会禅师知父母双亡，就如庄子亡妻之初般“概然”，故请僧众为双亲念摩诃般若，超度亡魂。然而神会禅师很快体认到了死生如幻的禅理，僧众才集合就将众人解散，此是神会看淡死生，当下超然洒脱的缘故。

孔子曰：“未知生，焉知死。”死生问题向来是每个人不得不面对的最重要的人生命题。在死亡面前，人类往往能最深刻地感受到个体生命的渺小和有限性。每一个宗教的发端，都与超越死亡、超越有限的追求有关；每一个宗教的建构，都试图对死生问题作出解释，佛教亦是如此。《妙法莲华经》云：“诸佛世尊唯以一大事因缘，故出现于世。”此谓“大事因缘”者，即是死生大事。如果说庄子对待死亡的旷达洒脱，是出于对大道自然的体认，那么荷泽神会面对双亲的逝去所展现的豁然通达，则是建基于佛教对死生问题的基本态度，一字概括之，曰“空”。

“缘起性空”是佛教的基本理念。在佛教看来，天地万物因缘和合而生，聚散无常；众生由“地水火风”四大与“色想受行识”五蕴和合而生，生死轮回。

“死”与其说是生命的终止符，毋宁说是一个阶段的休止符，它孕育着新生，是新的人生阶段的开端。法无我，人无我，宇宙间有的只是不断生灭的名色相续流，天地间并不存在恒常的一个“我”。《楞严经》卷三：“始终相成，生灭相续，生死死生，生生死死，如旋火轮，未有休息。如水成冰，冰还成水。”生死是相接相续、相互转化、未有间隙的。生死问题与其说是生与死的问题，不如说是不生不死的问题。

禅宗更进一步，通过“自性”将生死彻底打通，一念悟，虽死犹生；一念迷，虽生犹死。神会禅师开示光宝禅师时，曾道：“汝若了声色体空，亦信眼耳诸根，及与凡与圣，平等如幻，抗行回互，其理昭然。”若能自见其性，领悟性空之理，即能知凡圣、生死不二，均是平等并行的因缘整体，当下即可跳出轮回、得到解脱。

赵朴初说得好：“生固欣然，死亦无憾。花落还开，水流不断。我兮何有，谁欤安息？明月清风，不劳寻觅。”禅宗对待死亡超然豁达的态度，实在值得世人好好琢磨、细细体会。

（戴雯炯）

青原行思禅师

不落阶级

幼岁出家，每群居论道，师①唯默然。闻曹溪法席②，乃往参礼。

问曰：“当何所务，即不落阶级③？”祖曰：“汝曾作甚么来？”师曰：“圣谛④亦不为。”

祖曰：“落何阶级？”师曰：“圣谛尚不为，何阶级之有！”祖深器⑤之。

（《五灯会元》卷五）

〔注释〕 ① 师：指青原行思禅师(671—740)，六祖慧能门下首座。其后出云门、曹洞、法眼三大宗支。 ② 法席：佛教指讲解佛法的座席，泛指讲解佛法的场所。 ③ 阶级：佛教指修行阶位。 ④ 圣谛：指佛所说的真理。 ⑤ 器：器重。

〔鉴赏〕 此则公案是青原行思禅师初次拜见六祖慧能时发生的对话。行思禅师关于"不落阶级"的禅修见解得到了六祖慧能的印可，六祖甚为器重他。

行思带着如何方"不落阶级"的疑问来到了曹溪，六祖并没有直接开示，而是用反问的方式，一步步启发行思自己得出答案。六祖示法，颇有古希腊哲学家苏格拉底"精神助产术"的精妙，通过层层的对答，使行思返观自照，逐渐体会到了自身本具的圆满自性，使其清明佛性自现。

"要如何修行，才能不陷于相对的某一个阶位中?"这或许是每个修禅之人的共同疑问。华严宗、天台宗、唯识宗、密宗等宗派的修行都是讲阶级的，有着严格的次第阶位系统。按华严之说，菩萨行位就有包括十信、十住、十行、十回向、十地、等觉、妙觉在内的共五十二个阶位，从起心发愿起，按照严格的等级由下而上历练，须经过漫长而艰苦的层层修习，才能通过五十二个关卡，得到妙觉，成就佛身。六祖以下的中国禅宗却一扫繁复阶位的桎梏，不落阶级，宣讲的是顿超直入的顿悟法门，若能开启自家智慧、明心见性，就能超越一切相对的阶级境界，直入开悟成佛的绝对之境。

六祖慧能谈见性成佛，首要并非是划断禅修之顿渐。南顿北渐的最终形成应是在六祖弟子荷泽神会时期，而南能北秀时期的曹溪禅并未断然否定神秀"时时勤拂拭"的渐修法门。行思得到慧能印可之处，与其说是破除阶位之渐修，明了见性成佛之顿悟，不如是肯定行思能够超越一切相对，不起分别之心，不着净染，不执法我。行思这一思想与禅宗"出入即离两边"的超二元对立之不二中道观念极为契合。

"圣谛不为"，此乃本公案之文眼也。何谓"圣谛"? 佛陀所传之至高至善佛法也。行思连公认的"真理"都放弃了，还会存念什么分别之心呢? 又怎会再落入分别高低等级的修习阶级呢? 对"真理"的追求往往是最难破的，学佛之人执着于法、执着于觉、执着于真如、执着于涅槃……甚是繁多。然则一旦有所执着，执着外物，执着名相，包括执着于"圣谛"等佛法"真知"，必是起了分别之妄心，以有限相对的知见看待本就世俗不二的世界万物，落入一边，堕于相对了。六祖云："常应诸根用，而不起用想；分别一切法，不起分别想。"这种无分别的超二元思想正是曹溪禅"见性成佛"顿悟法门的根基。"时时勤拂拭"的修习工夫以层层的阶级果位为外在表现形式，内在的根基则正是分别善恶、净秽种种的分别心，"落于阶级"极易流于对"法""圣谛"等的执着，分别心不除，清明自性谈何显现？《楞严经》有云"不作圣心，名善境界，若作圣解，即受群邪"，正是此意，不可妄自分别，舍本求末，执着"圣谛""圣境""圣解"的修炼而忘记了发明本心的体悟。愈是迷于阶级，反是南辕北辙，与成佛境界相去愈远了。

林泉老人评唱道："建化门中，不无评品；实际理地，宁有阶差？"不悟，看到的只是高低不齐的层次之分；若能明心见性，进入超越有限、超越相对、超越二元对立的境界，一切阶级、一切分别俱被抛弃，剩下的，是清清静静的自心自性，定然能见平等无碍的不二法门，于当下领悟"妙觉"，成就佛性。如此，曹溪禅贯通凡圣，强调清净自性，宣讲见性成佛的顿悟禅修，就于超二元对立的不二法门下统一了起来，构成了中国禅宗的基本理论框架。

（戴雯炯）

寻 思 去

师既得法，归住青原。六祖将示灭[①]，有沙弥[②]希迁〔即石头和尚〕问曰："和尚百年后，希迁未审当依附何人？"祖曰："寻思去！"

及祖顺世[③]，迁每于静处端坐，寂若忘生。

第一座问曰："汝师已逝，空坐奚为？"迁曰："我禀遗诫，故寻思尔。"座曰："汝有师兄思和尚，今住吉州，汝因缘在彼。师言甚直，汝自迷耳。"

迁闻语，便礼辞祖龛，直诣静居[④]参礼。师曰："子何方来?”迁曰:“曹溪。”师曰:“将得甚么来?”曰:“未到曹溪亦不失。”师曰:“若恁么[5],用去曹溪作甚么?”曰:“若不到曹溪,争[6]知不失?”

迁又曰:“曹溪大师还识和尚否?”师曰:“汝今识吾否?”曰:“识。又争能识得?”师曰:“众角虽多,一麟足矣。”

迁又问:“和尚自离曹溪,甚么时至此间?”师曰:“我却知汝早晚离曹溪。”曰:“希迁不从曹溪来。”师曰:“我亦知汝去处也。”曰:“和尚幸是大人[7],莫造次[8]。”

他日,师复问迁:“汝甚么处来?”曰:“曹溪。”师乃举拂子[9]曰:“曹溪还有这个么?”曰:“非但曹溪,西天[10]亦无。”师曰:“子莫曾到西天否?”曰:“若到即有也。”师曰:“未在,更道。”曰:“和尚也须道取一半,莫全靠学人。”师曰:“不辞向汝道,恐已后无人承当。”

(《五灯会元》卷五)

〔注释〕 ① 示灭:佛教指佛菩萨及高僧坐化涅槃。 ② 沙弥:佛教僧团中,指已受十戒,未受具足戒,年龄在七岁以上,未满二十岁时出家的男子。 ③ 顺世:佛教指僧徒逝世。④ 静居:指吉州青原山静居寺。 ⑤ 恁么:这样,如此。 ⑥ 争:怎么。 ⑦ 大人:德行高尚的人。 ⑧ 造次:轻率随便,乱来。 ⑨ 拂子:即拂尘,是禅宗祖师最常使用的一种教学道具。 ⑩ 西天:佛教指极乐世界。

〔鉴赏〕 此公案记载了石头希迁禅师的悟道因缘。石头希迁(700—790),青原行思法嗣,端州高要(今属广东省肇庆市)人。与马祖道一合称“并世二大士”,门人颇多,影响甚大。马祖称之为“石头路滑”,因其禅法运用妙处,圆转无碍,如环无端。在此则公案中,已初见希迁禅师的犀利机锋。

石头初于曹溪慧能门下参学,六祖圆寂后,与他留下“寻思去”的训诫。希迁和尚以为六祖嘱咐他仔细寻思冥想,故日夜静坐冥思,想要参透“寻思去”的奥秘,这一参就是十五年,仍然茫然无所得。后在首座大师的指点下,才醒悟依止师兄青原行思禅师才是六祖的遗训。慧能有云:“此门坐禅,元不着心，亦不着净，亦不是不动。若言着心，心原是妄。知心如幻，故无所着也。”慧能不反对坐禅，但对“枯禅”是持鲜明的破斥立场的，在慧能看来，行住坐卧都是禅，是落在自性上的妙行。希迁小沙弥“静处端坐，寂若妄生”，行的是枯禅，未就自性上细细体会；六祖直指人心，直接点破，希迁却执迷不悟，无怪乎十五年来无所得了！

及至吉州青原山静居寺参见青原行思，行思与希迁的对答可谓机锋峭然。对答往来之下，希迁已经得到了行思的印可，受到了“众角虽多，一麟足矣”的称赞。这则对答就禅宗的根本问题进行了探讨。希迁和尚精准地把握到了慧能禅法的精髓，即自性具，清净圆满。众生自迷本性，不知佛性本具，六祖开坛讲法，为的就是将众生从向外驰求中拉回到对自性的关注，旨在使众生开启自身宝藏，识得本心，见性成佛。希迁从外在名相层面上而言识得行思，但从内在心性层面上而言还未能识得行思。自性常迷，他人心性自然更加难得。一切要旨都在明心见性，返观内照，自悟自心，不需外求。“一麟足矣”，行思夸赞希迁是难得高徒外，又何尝不是在说纷纭外界，唯有自性清净足矣呢？希迁不从曹溪来，行思却知希迁往何处去。圆满佛性于清净心性上起，终落在自心自性上，自由无滞，念念自觉，超越时空的界定而内在于自身。

行思问曹溪可有拂尘，实则问的还是“自性”“佛性”的问题。行思以拂尘喻清净自性，开示希迁。希迁回答不仅于曹溪不可得“佛性”，即便在西天极乐世界也不可觅得，“佛性”是自身内在本具的，自悟自得，不可外求。禅师的指点、求法的历练，仅仅是开启自性的手段罢了。得鱼忘筌，内在的清净本性终究不可于外界中觅得，还需向内探索、明心见性。《坛经》：“凡愚不了自性，不识身中净土，愿东愿西，悟人在处一般，所以佛言：随所住处恒安乐。”极乐世界不在东不在西，自性见，则身中净土见，净土遍在。见性，则觅得极乐世界，而世人常本末倒置，迷西方净土，而丢了自我本性。希迁秉受慧能教诲，望能将此误解纠正过来，启发众生应着眼于自身，确立自性本具，见性必能成佛的信心，自修自悟，不假外求。

（戴雯炯）

住山斧子

师令迁持书与南岳让和尚曰："汝达[1]书了，速回。吾有个鉳[2]斧子，与汝住山[3]。"

迁至彼，未呈书便问："不慕诸圣不重己灵时如何？"岳曰："子问太高生[4]，何不向下问？"迁曰："宁可永劫受沉沦，不从诸圣求解脱。"岳便休。

迁便回。师问："子返何速？书信达否？"迁曰："书亦不通，信亦不达。去日蒙和尚许个鉳斧子，只今便请。"师垂一足，迁便礼拜，寻辞往南岳。

（《五灯会元》卷五）

〔注释〕 ① 达：送达。 ② 鉳(tú)：钝。 ③ 住山：为一寺院之主持。 ④ 高生：即高深。

〔鉴赏〕 青原行思"居清源山之静居寺，最为学者所归。其法嗣一人，曰南岳石头希迁者"(契嵩语)，石头和尚乃行思之嫡传法嗣也。石头希迁本是行思同辈师弟，六祖托孤，拜行思为师。行思尤为器重这个慧根绝佳的小和尚，时时示法，后更是效法六祖慧能传法不传衣钵的做法，许一把钝斧子与希迁，命石头禅师开宗住山、广传佛法。

此则公案记载了行思付法希迁的因缘。据《祖堂集》，青原行思先考验了石头对于听律、念戒的看法，希迁"不用听律""不用念戒"的回答非常契合曹溪禅"直指人心""见性成佛"的教宗。曹溪禅法之核心在于体悟自性清净圆满，念戒持律等外在的修行方式被视作是发明本心的辅助工具，若执着于此，便是起了分别、反而生了障碍，唯一的成佛之道在于向内追求、返观自照。此谓"无相戒，戒之最也"之义。行思或是为了进一步勘验希迁，或是为了让希迁开阔眼界、获得更多的教诲，决定派希迁送书于南岳怀让，接受怀让的考验。临行前，行思即许了把钝斧子与他将来住山之用。

南岳怀让与青原行思并称六祖门下二甘露门，此时已于衡山结庵住山，成为一代高僧。希迁受命而来，面对怀让大德，好不怯场。未呈书信，便开口问道："是不仰慕圣贤还是不重视自身灵觉，大师如何看待两者？"《祖堂集》中怀让的回答与《五灯会元》有所区别："子问太高生，向后人成阐提去。"阐提，即断善根、信不具之人。可见，怀让大师对希迁和尚在仰慕圣贤和重视自身灵觉两者间进行区分的做法并不认同。希迁对答说："宁可永远沉沦，也不要为入圣而出凡。"南岳大师不语。《祖堂集》云："师机既不投，书亦不达，便归师处。"

然则南岳怀让与石头希迁并非不投机，二人的禅学思想均出曹溪，是相契相合的。后希迁别过禅师后，即返南岳拜会怀让，可见，二人的思想是共鸣而非对立的。禅宗以"不立文字，教外别传，直指人心，见性成佛"为要旨，曹溪禅法深契不二中道观，此十六字法门蕴涵了更深刻的含义。直指人心、见性成佛是南宗禅法的核心，曹溪禅最重自性灵觉之开启，直指人心是一条通向自我内在的道路，见性成佛是一种内证的经验；同时，在发明清净圆满之自性的前提下，曹溪禅也是肯定佛教典籍的作用，肯定圣贤的榜样作用和禅师的开导作用的。正是基于此点，怀让初以为希迁和尚仍未摆脱执着、分别之心，"慕诸圣"和"重己灵"在怀让看来是统一的、不二的。实则希迁禅师并非是仍起执念、偏离中道。禅宗讲法，随机说禅、随缘讲法，和世俗外境相契相合。希迁禅师在此处对自性灵觉的强调，和对入世精神的彰显，是针对眼下时人对所谓"涅槃""圣境"的执着而言的。石头禅法，一重自性，人人本有佛性，"即心即佛"；二重事理圆融、物我不二。希迁认为，圣人、佛性、自性是三无差别的，即仰慕圣人与发明本心是一致的；成佛的境界乃天地六合，内外相融，物我冥一，凡俗不二，即反对俗圣的二元对立观，主张佛法在世间，入圣不出凡。

因此，行思垂下一足，终于印可了石头禅师。希迁礼拜别师，带着行思传授的法印——"自性"斧子，独立弘法去了。

（戴雯炯）

犹带瓦砾在

荷泽神会来参，师问："甚处来？"曰："曹溪。"师曰："曹溪意旨如何?”会振[①]身而立。师曰:“犹带瓦砾在。”

曰:“和尚此间莫有真金[②]与人么?”师曰:“设[③]有,汝向甚么处着?”

(《五灯会元》卷五)

〔注释〕 ① 振:抖动。 ② 真金:喻指真如佛性。 ③ 设:假设,如果。

〔鉴赏〕 青原行思与荷泽神会同为六祖门下五大高足之一,行思是跟随慧能多年的首座,神会是六祖晚期的高徒。小师弟神会前往青原山拜访大师兄行思,师兄弟二人切磋禅学,留下了禅林中一宗著名公案。神会创立南禅荷泽宗,“自传心印,演化东都,定其宗旨”(《祖堂集》卷三),曹溪禅法自神会起始芳宇宙,可谓是一代宗师,千古留名。然而彼时小师弟却受到了大师兄行思和尚的委婉批评,看来六祖对神会“知解宗徒”的评价不假。

行思考验神会对曹溪禅意旨的理解,神会起身抖落身上的仆仆风尘,示一个“空”相与行思,以示曹溪宗旨,尽在“自性”上。自性本来清净,为外境之尘所覆。外境万有缘起性空,无有自性,若能除去这“空”的尘土,修持明心,便能见本来真如之性。此即曹溪之法门也。神会“振身而立”,虽指向自心自性,契合曹溪禅法高扬主体精神的一贯禅风,然而行思敏锐地捕捉到了神会理解曹溪宗旨的偏差,评价其“犹带瓦砾在”,未了悟曹溪之旨,仍存执着。其一,存在执着于“空”的危险。禅宗讲究“虚空不空”的中道,言空却不执于空,要众生了悟即使在“空性”上也没有一法可当清,没有一点实执,彻底遮断空有两边。神会刻意以“空”相示人,恐是心中仍存有一物——“空”,住空着空。禅宗有不立文字的传统,认为禅学精要非语言文字所能表达,开口便错,动念即乖,才涉言路,便失真常;而此处行思对小师弟的要求更加严格,就连行住坐卧等行为做势都要恪守中道,不留半丝执着。“当生如是心:我当度脱一切众生。”(《金刚经》)缘起性空之空性是禅宗的理论前设,而关爱世间万有、心系芸芸众生则是禅宗的佛学应用。“于空离空”,曹溪禅主张不住空色而生其心。佛法不在遥远的彼岸世界,就在人人的自心自性中,就在此岸世界的点滴日常中。神会“立身”,明了外境之空,识得自性之至要。然过分强调、刻意为之，则反生执着，存有出凡入圣的趋势，这与禅宗凡圣不二、世间求法的精神是相悖的。

其二，神会的禅修方式留有北宗禅的印迹。宗密概括北宗思想为“众生本有觉性，如镜有明性；烦恼覆之，如镜之尘。息灭妄念，念尽即本性圆明，如磨拂尘尽镜明，即物无不极。”(《圆觉经大疏钞》卷三)神会“振身”抖落身外尘土的修习稍有不慎，即便落入北宗“时时拂拭”的渐修窠臼之中。曹溪禅直指人心、明心见性，重视向内观照，而非与外驰求。“于念离念，于相离相，于境离境”，南宗禅并非要息灭妄念，念尽尘尽方见自性，而是随顺缘起，“触目即道”，不断六根、不离世间而觅得真如佛性。

神会向行思索取“真金”的做法，更见其仍未彻悟。真金，乃无上佛法、真如实相之义也。神会向行思处索取真金，岂不是将曹溪禅法一应抛诸脑后？真如、实相、佛性、自性等无差别，人人本具，理应返观自照，开启自身宝藏，岂有与他人处寻觅之理？唯有自心自性是真金，此是南宗禅启示世人的一大法旨。

（戴雯炯）

庐陵米作么价

僧问：“如何是佛法大意？”师曰：“庐陵①米作么价？”

（《五灯会元》卷五）

〔注释〕 ① 庐陵：今江西吉安，著名的粮米产地。

〔鉴赏〕 “庐陵米价”是青原行思禅师留给后世最难以参透的公案。短短十七字，字字朴实，却让人参详不透、不着门道。

后人费尽心思，种种猜思，旨在领悟庐陵米到底是个什么价、和佛法大意又有何相关。有人将“庐陵米价”解释为不许商量的不二价，住心看净就是得到佛法大意的唯一途径。万松老人在《从容庵录》中反对这种看法，认为学僧问“佛法大意”乃“小官念律多”，未开悟的禅修者就如事事被束缚的小官，脑中诸多戒律，心上多有思虑，将“佛法大意”视为悬在脑袋上的尚方宝剑，执着于此,失了自在;而行思一句“庐陵米作么价”则是“老将不论兵”,真正了悟佛法大意的禅者,根本不作任何计较、知解,于佛法大意也了无执念,只在生活处,切切体悟。

万松老人对“庐陵米价”的评唱更接近禅宗的宗旨。行思以“庐陵米作么价”来应对“如何是佛法大意”,具体来看,在三个层面上与六祖慧能的禅学思想极为契合。

其一,不立文字,离言说法。佛法大意,即“祖师西来意”,一直于禅林中流传甚广。禅宗最重“不立文字,教外别传,直指人心,见性成佛”,僧所问之“佛法大意”是超越文字言语,非言筌所能得其真意,全落在一个“悟”字上,最重内心的自悟自证。在禅宗看来,“西来意”并不是纯思辨性的对象,不可被抽象化、被概念化、被定义成任何知见分解。正所谓开口便错,动念即乖,才涉言路,便失真常。他人断然是说不得何谓佛法大意的。佛法也好,尊师也罢,都是禅宗见性成佛宗旨下的一种方便工具。得鱼忘筌、得兔忘蹄,经文所记载的佛言佛语、高僧大德开示的“佛法”种种,均是如幻如化,无有自性。“庐陵米价”看似与佛法毫无干系,正是行思要破斥学僧对文字语言等名相的执着,离言说法。

其二,自心自性,向内观照。庐陵乃粮米重镇,人人都知米为何价,庐陵米价是最为寻常,而时时接触的事物。行思以“庐陵米价”喻佛法大意,以示佛法大意本就在人的自心自性中,在世俗生活的点点滴滴中,靠的是清净自性的发现。可叹时人往往迷于名相,不解佛性本具,忽视了这日日见、时时闻的“庐陵米价”。向外驰求断不可得佛法大意,只有返观自照、向内探询,于自心自性上好好下一番工夫,在生活的实践、生命的践履中,发明本心,觅得本具佛性,方能得佛法之大意。

第三,觉行圆满的大乘思想。行思的师兄南阳慧忠国师曾以“文殊菩萨”喻指佛法大意,行思的弟子石头希迁禅师曾以“露柱”比喻祖师西来意。三位高僧都旨在切断禅修者向外驰求的路径,启示禅修者向内观照,明心见性。比较之下,行思的“米价”之喻更富有实践的意义。不仅深契自度度他、觉行圆满的大乘精神,更与六祖慧能“但识众生,即能见佛;若不识众生,觅佛万劫不得见也”的宗旨一脉相承，表达了对众生、对社会最深沉的关怀。生活即事理，佛法是不离生活实际的。烦恼即菩提，生死即涅槃，在禅宗看来，禅是圣俗不二的一种境界，“佛法在世间，不离世间觉；离世觅菩提，恰如求兔角”（《坛经》），佛法大意不仅是佛学理论问题，更是生活的实践问题，真正的禅修必须是在生活中历练，于最平凡、最世俗的生活点滴中去体悟心中清净圆满的自性。

“老青原，没缝隙。向佛法，酬米价。差毫厘，成话把。无面目，得人怕。”（《庐陵米价颂》）青原行思以空灵婉转的禅风为后世留下了千古公案，其间的禅思，值得后人细细品读，体味个中奥妙。

（戴雯炯）

南岳怀让禅师

说似一物即不中

参六祖。祖问：“甚么处来？”曰：“嵩山来。”祖曰：“甚么物恁么来？”师无语。

遂经八载，忽然有省①。乃白祖曰：“某甲有个会处。”

祖曰：“作么生②？”师曰：“说似一物即不中③。”

祖曰：“还假④修证否？”师曰：“修证则不无，污染即不得。”

祖曰：“只此不污染，诸佛之所护念⑤。汝既如是，吾亦如是。西天般若多罗⑥识汝足下出一马驹，踏杀天下人。应在汝心，不须速说。”

（《五灯会元》卷三）

〔注释〕 ①省：醒悟。 ②作么生：做什么。 ③中：正确。 ④假：假借，凭借。

⑤ 护念：佛教指令外恶不入为护，内善得生为念。 ⑥ 般若多罗：禅宗所立西天二十八祖中之第二十七祖。

〔**鉴赏**〕 此公案为南岳怀让禅师参学六祖慧能的悟道因缘。诸种禅典籍关于此则公案记载有差，《景德传灯录》没有“遂经八载，忽然有省”的记载，怀让与慧能的对答一气呵成；《祖堂集》记载，“假修证不”的对答发生在怀让初见六祖慧能后的十二载；《五灯会元》的记载与《天圣广灯录》较相符，“说似一物即不中”和“修证不无”的话头均为怀让于慧能处禅修八年后的结晶。从佛典记载的差异来看，此公案所酬对的历史背景已较难考证。通过参究此公案，虽不能精准地把握到怀让禅师的求学悟道经历，但足以对南岳怀让禅学的主要内涵形成较好的理解。

南岳怀让(677—744)，金州安康(今陕西安康)人，初习律学，后依皈慧能，留住曹溪十二载，于南岳般若寺弘法，世称南岳怀让和尚。张正甫的《衡州般若寺观音大师碑铭并序》称怀让弃律学禅的契机在于其“厌离文字”，“说似一物即不中”的公案或许可以为这一看法提供佐证。

慧能问“甚么物恁么来”已非寻常问话，并非是问怀让从何而来，有何所得，而是充满禅机的试探。从律学转投禅宗门下的怀让对此竟一时语塞，无言以答。历经八年修禅，怀让才彻底开悟，对出“甚么物恁么来”的答案——“说似一物即不中”，自性即佛性，内在清净本具，而非外境一物；见性成佛的境界非语言文字所能表达，而是要返观自照，切切实实地作一番实证，如人饮水，冷暖自知。《华严经》有云：“最胜第一义，不生不灭，不失不坏，不来不去……本无言说，体性寂静，唯诸圣者自内所证。”这种非逻辑性、非对象性、超越时空的直觉观照，非任何语言文字所能表达，开口便错，动念即乖，才涉言路，便失真常。若落入对外境之物的执着，便失了自性；若落于语言文字的窠臼，即远离了究竟涅槃。总体说来，怀让的“说似一物即不中”一来破除外境执着，直指人心；二来破斥名言的桎梏，强调内证的实践经验。

这一见解契合六祖心意，故六祖接着话头再问：“达到这种境界还须借助修证否?”这是慧能对怀让的更高一层测试。慧能法嗣荷泽神会定南禅为顿宗，一时“南顿北渐”的说法甚嚣尘上。然在慧能时代，南宗禅在强调顿悟的同时,并不完全否定渐修的工夫。慧能的禅法最重不二的中道观,于禅修方式亦是如此。《坛经》云:"所开悟顿教,不执外修,但于自心常起正见,烦恼尘劳,常不能染,即是见性。"即反对执于外境的修证,反对北宗"坐禅习定""住心看净"的修证。然则修持乃佛教的根本义理。"外离相曰禅,内不乱曰定",六祖重新定义禅定,将禅定融摄到对自心自性的自我观照上,不染外境,见性不乱,将外在的修持变革为内在的心性工夫。时时观照自心自性,体会到自性清净而不着外境,就是曹溪慧能的"修证"。此工夫并不止于顿悟之时,即使已见性成佛,仍需观照本心、护持修证。可见,南宗禅与北宗禅的最大区分并不在于成佛的顿渐,乃在于修证的路径。前者见性成佛,向内探求;后者住心看净,向外驰求。怀让"修证即不无,污染即不得"的回答不偏于有无两边,即不否认修证的价值,又直指自性清净、不着污染。与六祖的禅学极为相契,因而得到慧能赞许,印可了怀让的开悟。

至若"西天般若多罗识汝足下出一马驹,踏杀天下人"的预示,说的是南岳怀让门下出马祖道一大师,开创南岳怀让洪州宗,广传南禅家风,此是后话。

(戴雯炯)

磨砖岂得成镜

开元中有沙门[①]道一(即马祖),在衡岳山常习坐禅。师知是法器[②],往问曰:"大德坐禅图甚么?"一曰:"图作佛。"师乃取一砖,于彼庵前石上磨。

一曰:"磨作甚么?"师曰:"磨作镜。"一曰:"磨砖岂得成镜邪?"师曰:"磨砖既不成镜,坐禅岂得作佛?"

一曰:"如何即是?"师曰:"如牛驾车。车若不行,打车即是,打牛即是?"一无对。

师又曰:"汝学坐禅,为学坐佛?若学坐禅,禅非坐卧。若学坐佛,佛非定相[③]。于无住[④]法,不应取舍。汝若坐佛,即是杀佛。若执坐相,非达其理。”

一闻示诲,如饮醍醐[5],礼拜,问曰:“如何用心,即合无相三昧[6]?”师曰:“汝学心地法门[7],如下种子。我说法要,譬彼天泽[8],汝缘合故,当见其道。”

又问:“道非色相[9],云何能见?”师曰:“心地法眼能见乎道,无相三昧亦复然矣。”

一曰:“有成坏否?”师曰:“若以成坏聚散而见道者,非见道也。听吾偈曰:心地含诸种,遇泽悉皆萌。三昧华无相,何坏复何成!”

一蒙开悟,心意超然。

(《五灯会元》卷三)

〔注释〕 ① 沙门:出家修道者。 ② 法器:佛教指具有学佛、弘法善根的人。 ③ 定相:固定的坐相。 ④ 无住:指法无自性,无所住着。 ⑤ 醍醐:佛教指使人彻底觉悟的智慧。 ⑥ 三昧:正定。 ⑦ 心地法门:指卢舍那佛所说的“四十心地成佛法门”,即把住、行、向、地之法一起说出来。 ⑧ 天泽:天降甘露。 ⑨ 色相:一切物质显现于外可以眼见的形相。

〔鉴赏〕 马祖道一因南岳怀让“磨砖成镜”的启发开悟,成为怀让最得意的入门弟子,后开创洪州宗,法嗣广布天下,影响甚远,应验了六祖慧能“汝(怀让)足下出一马驹(马祖),踏杀天下人”的预言。

这样一位“中国最伟大的禅师”(胡适语)在遇到怀让启示而开悟之前,却只是一个用错了功的小和尚。幸南岳怀让识得马祖道一具有参学弘法的根性,前去开导。慧能门下,出青原行思和南岳怀让两大法系。怀让与行思的禅风不同,行思善用遮断式,而怀让善用启发式来接引弟子。“磨砖成镜”即是一个典型的成功教案。

马祖道一十二岁出家,二十六岁在衡山传法院每天静坐坐禅,他深受五祖弘忍一系的影响,在修禅方式上秉承正宗的东山法门,时时勤拂拭、住心看净,以息灭妄念来求证得觉性。曹溪禅明确反对北宗禅观心、看净、坐禅的禅修方式,南宗禅的禅法活泼生动,对内返观内照、明心见性、任运自然;与外结合日常、随缘参学、历境炼心，与北宗息灭妄念的静坐形式截然迥异。马祖一味强调坐禅苦行，一来执于看静，为静相所缚，障蔽本性；二来枯坐冥想，放弃了于生活的日常之处真切地体悟佛法，失了生命的践履。“道由心悟，岂在坐也？”（《坛经》）马祖坐禅，是断然不能证得佛法的。

怀让禅师正是看到了马祖此时仍生执念，徒然坐禅，无益于他的开悟。于是以更加荒诞不经的“磨砖成镜”之喻来启示马祖，使他自己认识到坐禅如同磨砖，磨砖不能成镜，坐禅亦不能成佛的道理。怀让接着比喻，修禅如同牛拉车，自性就是推动成佛的唯一动力源。车若不动，自是牛之故，是世人迷于外境、未见自性也，岂能颠倒因果，不去发明本心，反而观心看净、向外驰求？六祖有一偈“生来坐不卧，死去卧不坐；一具臭骨头，何为立功课”说得好，禅是生动活泼的，并非坐卧也；默然静坐，更不是随佛参礼，佛并没有固定的相状，“佛法在世间，不离世间觉”，佛出入圣俗、随缘任用、自由自在，岂是执于不变的坐相所能领会？《金刚经》：“应无所住而生其心”，曹溪禅以“无住”为本，世间万物无有自性、本无常态，切不可有所住、有所执、有所取舍、有所分别。若起分别之心，“迷人不会，便执成颠”，坐佛反而遮蔽了内在佛性的显现；坐禅反而阻碍了大道的流行。至若如何用心，方能达到禅的境界，怀让启示马祖要返观内照，在心地上切切地下一番工夫，明心见性，开启自身宝藏。人的清净自性就是佛性，自性、佛性与要经历“成住坏空”的“相”有本质区别，世界万物刹那生灭，而佛性不生不灭、不增不减，须臾不离本心。马祖听闻，当下开悟。

在禅宗看来，佛性、觉性是内在本具的自性，需要由心去领悟。明心与否、见性与否，并不拘泥于任何禅修方式，无关坐卧等外在的修禅手段，关键落在一个“悟”字上，追求的不是息灭妄念，而是自性大彻大悟的境界。只有于日常中去学习生活、学习感受、学习体验，才能发现内在清净圆满的佛性，见性成佛，当下解脱。之后马祖随怀让参学十余载，继承怀让衣钵，“禅非坐卧，佛无定相”的思想对其影响深远，马祖正是在这一思想的基础上延伸出“平常心是道”等教旨，大兴洪州禅法，成为影响甚大的一代宗门大师。

（戴雯炯）

如镜铸像

有一大德[①]问:"如镜铸像[②],像成后未审[③]光向甚么处去?"师曰:"如大德为童子时,相貌何在?"

曰:"只如像成后,为甚么不鉴[④]照?"师曰:"虽然不鉴照,谩[⑤]他一点不得。"

(《五灯会元》卷三)

〔注释〕 ① 大德:佛教对年长德高僧人的敬称。 ② 像:佛像。 ③ 审:知道。④ 鉴:镜子。 ⑤ 谩:欺瞒、蒙蔽。

〔鉴赏〕 有一僧问南岳怀让,将铜镜铸造成佛像后,原本镜子的光明去了哪里?怀让以儿童时期相貌虽经改变而不可复原,然人却未曾失过相貌为例,说明镜子铸成佛像后,形态发生了改变,但并没有失去原本的光明之性,并且以另一种方式来"鉴照"万物。世间万物本来的模样,是半点欺瞒不得的,并不因失去镜子的鉴照而有丝毫的分别,镜子的光明之性也不因形态的改变而有本质上的区别,转为佛像的内在觉性而存续。

此公案是少有的逻辑严密的公案。禅宗向来重心性的体悟,其思维模式偏向于非逻辑性的直觉感悟。禅宗思想分流之后,越是往下,非逻辑性的直觉思维越是明显,公案禅越意欲出奇制胜,彻底斩断逻辑思维程序,玄而又玄,造成禅宗的滥觞。六祖下一世的禅师,较之后世,禅风普遍平实。南岳怀让笃实修行、不事张扬,善启发教学,故能为后世留下如此有理有据、事例充分的公案,看似平实,实则禅机洞然。

"光"是铜镜的特性,铜镜铸成佛像后,众人不见"光",误以为铸像导致"光"之性的失去。然而在南岳怀让看来,光明之性并没有因为外在载体形式的改变而有所改变,镜子的光明之性转变成了佛像的内在觉性。镜子以光明之性鉴照万物,佛像亦以内在觉性体察万物,都能洞明世间万物的本来面目。众生迷情,如镜之光不显,若能发明本性、开启自身宝藏,则可知清净圆满佛性自身本具,须臾不离,未曾改变。"佛非定相",自性、佛性超越了名相,没有形象可以执着、分别；虚空不空，自性、佛性真实不妄，自备于心，无境无相，光明一片。

南岳怀让的这一思想体现了曹溪禅“色身无常而性是常”的思想流变倾向，此思想被怀让法嗣马祖道一发扬光大，成为后世禅宗流行于世的主流观点之一。这一思想实际上与印度原始佛教的思想有所冲突，而更与土生土长的中国道家思想相合。“色身无常而性是常”的思想，可谓是道家“大道无形”“先天地生”“独立而不改”“周行而不殆”的道体的佛学化阐释。若说印度佛教是无本体的本体论，那么中国禅宗则是以心性为本体的本体论，期间的转变，正始于斯。

（戴雯炯）

三十年不曾少盐酱

后马大师阐化①于江西。师问众曰：“道一为众说法否？”众曰：“已为众说法。”

师曰：“总未见人持个消息来。”众无对。因遣一僧去，嘱曰：“待伊②上堂时，但③问作么生④？伊道底言语，记将来。”

僧去一如⑤师旨。回谓师曰：“马师云：自从胡乱⑥后，三十年不曾少盐酱。”师然⑦之。

（《五灯会元》卷三）

〔**注释**〕 ① 阐化：开创教化。 ② 伊：他。这里指马祖道一。 ③ 但：只，仅。 ④ 作么生：做什么。 ⑤ 如：依照 ⑥ 胡乱：佛教指苟且参究，即胡参或胡钻乱撞。 ⑦ 然：以……为然，认为……是对的。

〔**鉴赏**〕 南岳怀让在世期间只是率身修行，并不开发传禅。门下唯一留有事迹的马祖道一在唐大历初年（766—769）于洪州（治今江西南昌）开化寺，弘传怀让之言旨，大扬其教，时人称之“洪州宗”。

怀让得六祖慧能“足下出一马驹，踏杀天下人”的预言，悉心栽培马祖道一，赞其“得吾心，善古今”，对其甚为器重。据考，怀让大师于天宝三载(744)入灭，而马祖道一在江西传法之时应晚于天宝元年。怀让大师暮年仍心系马祖，关心其佛学造诣，特遣小僧前往探询，师徒情谊，令人动容。

此时应是马祖初来江西弘法之时，距其在开化寺创立洪州宗有约二十年之隔。这期间马祖道一的禅学思想日趋完善，最终形成了极具特色的南禅流派。从此则公案中，已然初见洪州宗之宗意。洪州宗“起心动念，弹指动目，所作所为，皆是佛性全体之用，更无别用”(《中华传心地禅门师资承袭图》)，即心即佛，树立禅者的自信，自悟自觉；强调性体之“用”：“若覆其体性，则毕竟不可见、不可证，如眼不自见眼等；若就其应用，即举动应为，一切皆是，更无别法而为能证所证”(《中华传心地禅门师资承袭图》)，将修行融入日常生活，行住坐卧，皆不离禅，担柴运水，无非妙道。马祖道一的禅学思想之精妙，尽在上述两点，可以“平常心是道”一语概之。

“不少盐酱”正是马祖“平常心是道”的先声。

从“心”之“体”来看，“不少盐酱”，即自性清净，一切圆满之意。马祖意指自开悟后，领悟到曹溪禅自心自性的禅理，开启自身宝藏，即明自性圆满，事事圆融，不少一分一毫。马祖引《楞伽经》云：“佛语心为宗，无门为法门”，指出“万法皆从心生，心为万法之根本”，此心是一切教理建立之根基，众生心当下即是清净真心，圆满自足，不少“盐酱”。

从“心”之“用”来看，“不少盐酱”从“理事无别，尽是妙用”的日常妙用层面暗示了“平常心是道”的洪州宗旨。马祖道一将南禅宗风引向了更为简易直捷、突出日常生活的境界。南禅宗向来在世求佛，马祖更加明确地将禅阐释为生活之道。禅指向活动，是日常生活的实践，是生命的特殊践履。道一有云：“只于今行住坐卧，应机接物，尽是道。道即是法界，乃至河沙妙用，不出法界。”菩萨行超越凡夫行和圣贤行，而寓于日常生活的点滴活动之中。“盐酱”乃日常生活寻常之物，三十年不少盐酱，即是马祖开悟后须臾不敢离日常生活而修，“饥来弄饭，困来即眠”，以任运自在、随缘适性、触事而真的精神，游于世间，于日常生活的真处，体证修行的最高层次，体验禅修的至妙境界。

“盐酱”亦是佛法的思想，既上承六祖“于一切时中，行、住、坐、卧，常行直心是”的思想，又与庄子“道”“在蝼蚁”“在稊稗”“在瓦甓”“在屎溺”（《庄子·知北游》）的观点极为契合，为“生活禅”“农禅”奠定了理论基础。

（戴雯炯）

卷三、慧能下二世

耽源应真禅师

佛不受供养

异日,师[1]携篮子归方丈。国师问:"篮里甚么物?"师曰:"青梅。"

国师曰:"将来何用?"师曰:"供养[2]。"

国师曰:"青在争堪供养?"师曰:"以此表献。"

国师曰:"佛不受供养。"师曰:"某甲只恁么,和尚如何?"国师曰:"我不供养。"

师曰:"为甚么不供养?"国师曰:"我无果子。"

(《五灯会元》卷二)

〔注释〕 ① 师:指耽源应真禅师,南阳慧忠国师法嗣。 ② 供养:用贡品祭祀。

〔鉴赏〕 梅子,在禅林中常喻作佛性。马祖道一与大梅法师之间有一宗"梅子熟了"的公案,大梅法师坚持"即心即佛"的佛理,马祖赞其"梅子熟也",表大梅法师已经开悟,明心见性了。此则公案中,"梅子"亦应作佛性解,"青梅"应作尚未开悟解。

耽源应真禅师以青梅供奉佛祖,是禅师自性尚未发明,就向外驰求佛法之意。慧忠国师称佛不受供奉,以示若不开启自身宝藏,不悟本性清净,必不能证得佛法。国师直言因无果子而不供养,是为了开示应真禅师,要返观自照顿悟后仍不忘自性修持,时时向内探求自心自性,维护自性的清净圆满。

梅子甘甜爽口，未熟的青梅却苦涩无比。以梅子喻自性，可谓绝佳。中国禅宗各派，都以本具觉性为基础，众生本有清净自性，为烦恼所覆。众生自性迷，迷中是烦恼，若未熟之青梅也；众生见自性，悟了是菩提，若甘美之梅子。“前念着境即烦恼，后念离境即菩提”（《坛经》），南禅宗认为烦恼即菩提，迷与悟不二，均为心之作用。烦恼之性立菩提之名，迷性，则烦恼诸生；见性，则菩提心现，两者相即不离。

国师说法，旨在告诫应真应于自心自性上切实地修行。见性顿悟之后，仍需切切修持、终生精进，好好维护自身宝藏，切不可以为顿悟乃一劳永逸之法门，急着供奉，失了对自性的呵护。吕澂将禅宗修行分为三个阶段：“最初要有迫切的寻求，其次凑泊悟解，发明心地，再次是‘保任’和‘行解相应’。”禅宗在顿悟的基础上并不废渐修。悟前需用功，顿见自性即得佛法入处，此时多是刹那所见之初关景象，之后仍需要做好保任的修持工夫，“譬如其母，顿生其子，与乳渐养育，其子智慧自然渐渐增长”（荷泽神会语）。若执于此刹那所见之“悟”，住空安心，则非真正开悟也。还须不断磨炼，细细探究自心，直至打通内外真妄、任用自然、随境而作、随缘自在，方是真正的见性成佛，梅子才得以熟也。

（戴雯炯）

不断世谛

国师讳日[①]设斋，有僧问曰：“国师还来否？”师曰：“未具他心。”

曰：“又用设斋作么？”师曰：“不断世谛[②]。”

（《五灯会元》卷二）

〔注释〕 ① 讳日：忌日。 ② 世谛：又称“俗谛”。“真谛”的对称。指世间之事实。

〔鉴赏〕 “谛”乃真实不虚之理。“真谛”，即第一义谛、胜义谛；“俗谛”，即世俗谛、世谛。《涅槃经》云:"如出世人所知者,第一义谛。世间人所知,名为世谛。"真谛是出世之理,是圣贤所知的"不颠倒之法";俗谛是在世之理,是世人执以为真的虚妄之法。

然而,禅宗的真俗二谛义思想受印度龙树、提婆的中观学说一系影响较深,对二谛的阐释与上述观点不尽相同。《中论》的"第一义皆因言说,言说是世俗;是故若不依世俗,第一义则不可说",是从世俗谛作为第一义谛显示之工具来揭示真俗二谛缺一不可的佛理。禅宗则从体用不二、即体即用的层面更彻底地践行了不一不二的中道观:真谛从法性理体的层面说诸法性空,而俗谛则从缘起现象的层面谈事物是有,真俗二谛是从不同层面阐释一切世出世染净诸法缘起无自性之理。故言真俗二谛二而不二,二谛双运非有非无,超越相对,不落两边,方才是真如实相。

此为禅宗于理论层面对真俗二谛相即不离做出的阐释,而于实践层面,则禅宗更有精彩之发挥。禅宗秉承了大乘佛教自利利他、自度度他、自觉觉他的精神,在认识俗谛具有虚幻性的同时,从另一个角度也肯定了世俗的真实性。禅宗主张在现实中实现解脱,更是直接提出了即世间而求出世间、出世与入世不二的思想。《坛经》云:"佛法在世间,不离世间觉;离世觅菩提,恰如求兔角。"《娑罗馆清言》云:"至人除心不除境,境在而心常寂然。"于念离念、于相离相、于境离境,"青青翠竹,尽是法身;郁郁黄花,无非般若",禅宗强调佛法在人间,人间即涅槃,修行不离世间,要在外境中追求本具佛性,出世与入世、真谛与俗谛,非截然断裂之二者,乃相即不离之"一"也。

《菜根谭》云:"思入世而有为者,须先领得世外风光,否则无以脱垢浊之尘缘;思出世而无染着,须先谙尽世中滋味,否则无以持空寂之苦趣。"慧忠国师正是领略出世之妙境与入世之滋味的大德,他隐居南阳白崖山党子谷四十余年,后因道誉甚高,受封三朝国师,法传甚广。国师一生,了无俗心而不断世谛,"入烦恼大海,而得一切智宝",在世间达到大乘佛教"觉行圆满"的至高境界,实乃践行禅宗即世间而出世间旨意之高僧。

(戴雯炯)

蒙山光宝禅师

抗行回互

初谒荷泽。泽谓之曰："汝名光宝，名以定体，宝即己有，光非外来。纵汝意用而无少乏①，长夜蒙照而无间歇。汝还信否？"师曰："信则信矣，未审②光之与宝，同邪异邪？"泽曰："光即宝，宝即光，何有同异之名乎？"

师曰："眼耳缘声色时，为复抗行③，为有回互④？"泽曰："抗互且置⑤，汝指何法为声色之体乎？"

师曰："如师所说，即无有声色可得。"泽曰："汝若了声色体空，亦信眼耳诸根，及与凡与圣，平等如幻，抗行回互，其理昭然。"师由是领悟，礼辞而去。

（《五灯会元》卷二）

〔注释〕 ① 乏：匮乏，减少。 ② 审：知道。 ③ 抗行：并行；抗衡。 ④ 回互：回环交错，相互交融。 ⑤ 且置：暂且搁置。

〔鉴赏〕 此为发生在沂水蒙山光宝禅师和荷泽神会禅师之间的公案。光宝禅师，并州（治今山西太原市西南）人，俗姓周，参学荷泽神会，得闻神会关于"性空"之妙解后，顿然开悟。后隐居沂水蒙山，故称"蒙山光宝"。唐元和二年（807）圆寂，年寿九十。

荷泽神会以蒙山和尚之名"光宝"随机说禅。"宝"乃自身之宝藏，人人本具；"光"非外来之光，而是本具之宝散发出来的内在光照。自身之宝，取之不尽用之不竭，纵人任用自然、运用无方；内在之光，源源不断，昼夜不息，普照外境而无所缺少。此宝，即内在自性；此光，即明心见性、见性成佛。宝即是光，光即是宝，自性是内在的宝藏；佛智之光是发明本性、明心见性后自心自性的自然流露。自性为内在之体，光照乃自性之用，两者不一不二、即体即用，同出而异名。此乃曹溪禅法之要旨也。是此则公案的第一层义。

光宝禅师问荷泽神会，眼根与所见之色、耳根与所闻之声，根与尘两者间是独立并行的关系还是相互交融的关系，则引发了此则公案的第二层义。"根"，为认识感官之意，"六根"即指眼、耳、鼻、舌、身、意六种感觉器官或认识能力，能够摄取相应的"六尘"（色、声、香、味、触、法），生长出"六识"（眼、耳、鼻、舌、身、意）。光宝禅师的困惑在于，根触尘生识的过程中，根与尘两者是独立、分别的，还是交融为一体的。神会先将这一问题搁置，转而反问光宝禅师何为六根之本体。光宝禅师修行多年，深明诸法缘起性空之理。

《金刚经》云："凡所有相，皆是虚妄，若见诸相非相，即见如来。"世出世间一切法种种相本无自性，缘起性空，皆是虚妄不真。《心经》又云："是故空中无色无受想行识……无眼界乃至无意识界。"五蕴皆空，六根对六尘，六根空，六尘亦空，两者都是虚妄不真，由真空实相上幻化出来的，并非实有。因而在自性空的前提下，虽有六根对待诸尘，但仍可以不受诸尘所染，眼耳缘色声是平等一如，不作分别的。世间万有无不因根、尘间的相互作用，而互成因果、辗转无穷。众生受根尘作用迷惑，起种种虚妄分别心，造种种业因。然则若能时刻观照，明诸法性空、性空不二；亦相信六根缘六尘生六识的作用，则能照见五蕴皆空，诸法无分凡圣，皆是虚妄不真，一应平等，无有分别。根与尘、凡与圣，在"性空"的基础上，是不一不二的因缘整体。

光宝禅师闻言，当下契悟，眼色、耳声、根尘、凡圣、内外等二边之分别顿然冰消，终以内在之"光"返观自照，开启了自身之"宝"。

（戴雯炯）

马祖道一禅师

道不属修

问："如何是修道?"师云："道不属修。若言修得，修成还坏,即同声闻[1]。若言不修,即同凡夫。"

云:"作何见解,即得达道?"

云:"自性本来具足,但于善恶事上不滞,唤作修道人。取善舍恶,观空入定,即属造作。更若向外驰求,转疏转远。但尽三界[2]心量。一念妄想,即是三界生死根本;但无一念,即除生死根本,即得法王[3]无上珍宝。无量劫来,凡夫妄想,谄曲邪伪,我慢贡高[4],合为一体。故经云:'但以众法合成此身。'起时唯法起,灭时唯法灭。此法起时不言我起,灭时不言我灭。前念、后念、中念,念念不相待,念念寂灭,唤作海印三昧[5],摄一切法。如百千异流同归大海,都名海水。住于一味即摄众味,住于大海即混诸流。如人在大海中浴,即用一切水。所以声闻悟迷,凡夫迷悟。声闻不知圣心本无地位、因果、阶级心量,妄想修因证果,住其空定[6],八万劫二万劫,虽即已悟,却迷。诸菩萨观如地狱苦,沉空滞寂,不见佛性。若是上根[7]众生,忽遇善知识[8]指示,言下领会,更不历于阶级、地位,顿悟本性。故经云:'凡夫有反覆心,而声闻无也。'对迷,说悟。本既无迷,悟亦不立。一切众生从无量劫来,不出法性三昧[9],长在法性三昧中。着衣吃饭,言谈祇对,六根运用,一切施为,尽是法性。不解返源,随名逐相,迷情妄起,造种种业。若能一念返照,全体圣心。汝等诸人,各达自心,莫记吾语。纵饶说得河沙道理,其心亦不增,总说不得,其心亦不减。说得亦是汝心,说不得亦是汝心。乃至分身放光现十八变,不如还我死灰来。淋过死灰无力,喻声闻妄修因证果。未淋过死灰有力,喻菩萨道业纯熟,诸恶不染。若说如来权教[10]三藏,河沙劫说不可尽,犹如钩锁,亦不断绝。若悟圣心，总无余事。久立，珍重。”

（《古尊宿语录》卷一）

〔注释〕 ① 声闻：闻佛之言教、证四谛之理的得道者，常指罗汉。 ② 三界：众生所居之欲界、色界、无色界。 ③ 法王：一教说法之主，对佛的尊称。 ④ 贡高：佛教指骄傲自大。 ⑤ 海印三昧：海印，即真如本觉。《华严经》所依之根本定，为十种三昧之一，又称海印定。 ⑥ 空定：观察空相的禅定。 ⑦ 上根：上等的根器，指根性很敏锐的人。 ⑧ 善知识：指正直而有德行，能教导正道之人。 ⑨ 法性三昧：指体得法性之理。 ⑩ 权教：种种权宜方便之教法，指由浅入深，逐渐使人觉悟的教法。

〔鉴赏〕 马祖道一禅学以即心即佛、非心非佛为两大支点，归旨于“平常心是道”的禅学思想。所谓“平常心是道”，实则是“道不用修，但莫污染”的延续表述。在马祖看来，“但有生死心，造作趣向，皆是污染”。故要以“无造作，无是非，无取舍，无断常，无凡无圣”的平常心践行“非凡夫行、非贤圣行”的菩萨行，应机接物而证道。可见，“平常心是道”的禅学思想是建立在“道不用修”的自然主义基础上的，是其进一步的总结。而“道不用修”的理论根基则是马祖所言的“道不属修”。

“道不属修”，是从佛性本体论上立言的。马祖认为“道即是法界”，是超越现象、超越时空、超越相对、超越众生知见范畴的真如境界。故从本体上而言，佛性远离成住坏空，是绝对的本体，本然具足。若说是修行而成，必是因缘和合而生，受成住坏空之轮回，则落于成、坏二边，此多为声闻乘人所执。若说不修，则与凡夫无异。禅者均以“修”“证”为其生命所在，这是佛教各宗派包括南禅宗所共同承认的，只是各宗修行方法有所不同罢了。

曹溪禅从来不废修行，而以反求诸己、返观自照为修。故“道不属修”亦非单纯地不做修行。牛头宗法融禅师云“若言修生，则造作非真；若言本有，则万行虚设”即同此理。从本体之理而言，马祖谓“道不属修”，实则是说道属于悟、证，是“圣智自觉所得，非言说妄想觉境界”（《楞伽经》）的第一义谛。第一义谛超越世俗谛，而修行的方便法门只在世俗谛中安立。“道不属修”是超越世俗权教的佛之境界。

“道不属修”是基于自性清净之前提而言的。马祖深契曹溪禅法，以清净污染之自性为宗。“心性无染，本自圆成；但离妄缘，即如如佛”，在马祖禅法中，此无染圆成之自性即是“无造作，无是非，无取舍，无断常，无凡无圣”的平常心，不滞善恶，不取生死，不起分别、执着心，即可证得佛法真谛。此湛然平等之平常心并不仅仅是离世间的清净之心，而是融会在日用中的无分别之心。以此心为修行的根源及保障，则必不执着于修行的方式。内外、凡圣之别俱因此心而被打破，世间与出世间相融不二。“佛法在世间，不离世间觉”（《坛经》），即世出世的智慧在马祖“平常心是道”的命题上得到了最大的彰显。

六祖开示：“万法在自性”“一切万法尽在自身中”。马祖之“平常心”融摄了一切世间法、出世间法，如百川归海，万法归于一心。在此，马祖批评了声闻乘人偏执于出世间法的修行方式，声闻乘人执于所悟的空寂之理，将出世与世间、圣与凡对立起来，安住空相之定，因而不能成就不入涅槃、不住生死的菩萨行，说是已悟实则是迷。若能不执于因果阶级，明本性具足、内外凡圣无别，即世而出世，奉取直行，方可顿悟见性，真正契道。这“道”即是在众生行住坐卧、着衣吃饭、应机接物的日用中，在种种日常行为举止中，即所谓“在在处处则为有佛”。马祖云“一念返照，全体圣心”，即是说反求诸己、返观“平常心”，与日常生活融合为一体，就能呈现道的全体作用，何须外在权说？声闻乘人妄修因证果，执着佛言佛说，此皆是佛祖根据三界众生的不同根性所作的随机权教，皆是不真，“心外无别佛，佛外无别心”，唯安此“平常心”，回归自性，莫向外持求，不作造作修行，而在日常生活中保任无念之心，方可当下解脱。

（戴雯炯）

即心即佛

一日，谓众曰：“汝等诸人，各信自心是佛。此心即是佛心。达磨[①]大师从南天竺国来至中华，传上乘一心之法，令汝等开悟。又引《楞伽经》[②]文，以印众生心地。恐汝颠倒，不自信此心之法，各各有之。故《楞伽经》以佛语心为宗，无门为法门。夫求法者应无所求。心外无别佛，佛外无别心。不取善，不舍恶，净秽两边，俱不依怙[③]。达罪性空，念念不可得，无自性故。故三界唯心。森罗万象，一法之所印。凡所见色，皆是见心。心不自心，因色故有。汝但[4]随时言说，即事即理，都无所碍。菩提道果[5]，亦复如是。于心所生，即名为色[6]。知色空故，生即不生。若了此意，乃可随时。着衣吃饭，长养圣胎。任运过时，更有何事？汝受吾教，听吾偈曰：心地随时说，菩提亦只宁。事理俱无碍，当生即不生。"

（《五灯会元》卷三）

〔注释〕 ① 达磨：即菩提达摩，被称为中国禅宗初祖。 ②《楞伽经》：即《楞伽阿跋多罗宝经》，是佛入楞伽山所说的宝经，为大乘佛教重要经典。 ③ 依怙：依靠，依赖。 ④ 但：只要。 ⑤ 道果：佛道的正果。 ⑥ 色：物质存在之总称。

〔鉴赏〕 马祖道一(709—788)，得法南岳怀让，渊源于曹溪慧能，开创洪州宗，法嗣广布天下，影响甚广。道一作为上承六祖禅法、下启宗门的著名禅师，在中国禅宗史上具有十分重要的地位。印顺甚至认为，洪州禅出现之后，才真正标识着禅学中国化的完成。道一的禅法主要是"即心即佛"和"非心非佛"两大命题，并最终归旨于"平常心是道"的思想，确然激荡着中国文化特征。

不少禅者将"即心即佛"的禅学主张看做是马祖道一洪州宗一系独有的思想命题，然则即心即佛思想是贯穿禅宗发展史的，各禅师对此均有不同层面的阐发。马祖对"即心即佛"的思想作了比较全面的总结并作出了创造性延伸，故被后人误认为是"即心即佛"的首创者。

此则公案，马祖开宗明义，表明"即心即佛"之思想上承于菩提达摩。菩提达摩入东土传最上乘的明心之法，以《楞伽经》"以心印心"，明"佛语心为宗，无门为法门"之宗旨。然而马祖禅学与达摩禅法并无直接干系，"即心即佛"的思想也非渊源于菩提达摩。中国禅宗的真正开创始于六祖慧能，慧能之前，禅宗以《楞伽经》印心，强调"安心"；慧能以下，中国禅宗始以《金刚经》为印心教典，禅法纲领转"安心"为"无住"。中国禅宗与达摩禅无论是从典籍、宗旨还是纲领上都有很大的区别。达摩以"凝住壁观"为法门，使众生之心通过"壁观"不断熏习，契入真性。马祖所传之"即心即佛"与达摩禅法有明显区别，实际上马祖渊源于曹溪禅法，此处是以《楞伽经》解《金刚经》之无住法门，弘南宗禅风。“即心即佛”一词在很多关于六祖的史料中均有出现，《坛经》亦有多处论证“佛心不二”“即心即佛”的思想，如“识自心众生，见自心是佛”“一切万法，尽在自身之中，何不于自心顿现真如本性”等思想。六祖禅法，以自性清净，见性成佛为要旨，迷者，佛成众生；见性，众生成佛，于妄念顿入自性。自此，“即心即佛”成为南宗禅的共同法门。

马祖的“即心即佛”在借鉴六祖慧能思想的基础上，从“性空”层面发展出了另一套论证：首先，诸法性空，无有自性，破斥众生对外物外境的驰求。其次，三界唯心，一心具万法，心不自心，心法亦是虚妄不实，破斥众生对内心的执着。再次，众生心性平等，心地佛性本具，破斥内外之执，即可见此清净自性。最后，即事即理，理事无碍，于“理”，人人自具如来藏自性清净心，众生平等；于“事”，事相需要转化。理事无碍，一切色相，都是自心妙用，行住坐卧、担柴运水的日用无不是佛性作用。“着衣吃饭，长养圣胎”，马祖教导门人要随时随地从现实日常生活处一超直入佛性，以用见体，任运过时，不缚牵累。

马祖主要在最后一层面上作出创造性的发展，即其“平常心是道”的思想。“万法为自心真如的妙用”，就要不离现实生活，由行住坐卧、着衣吃饭的日用中体悟，从而见性。宗密批判洪州宗“即黑便是明珠”“明珠之体，永不可见”，只讲“随缘用”而缺乏“自性用”正是从这个层面上说的。然则，马祖于此则公案表现出的是“即理即事”的理事圆融思想，从理之性体和事之性用两方面入手论证“即心即佛”的佛理，在“随缘用”和“自性用”上平等对待，无有分别。只是末流后学，仅从字面上理解马祖禅法，曲解马祖真义，偏于“随缘用”而失了“自性用”。

（戴雯炯）

为止小儿啼

僧问：“和尚为甚么说即心即佛？”师曰：“为止小儿啼。”曰：“啼止时如何？”师曰：“非心非佛。”

曰:"除此二种人来,如何指示?"师曰:"向伊[1]道不是物。"

曰:"忽遇其中人来时如何?"师曰:"且教伊体会大道。"

(《五灯会元》卷三)

〔注释〕 ① 伊:彼,他,她。

〔鉴赏〕 永明延寿《宗镜录》以"马祖即心是佛"为洪州宗的旨趣。马祖"即心即佛"的禅学思想影响甚大,据《祖堂集》记载,马祖圆寂后,大多数弟子持"即心即佛外无别说"。实则道一禅师云"即心即佛"时亦云"非心非佛",在马祖留下的许多公案的机缘对答中,马祖因缘随机说法,在两者间任用自然。"非心非佛"与"即心即佛"同为马祖禅理论两大基石,同归旨于"平常心是道"的禅学思想。

此则公案中,马祖道一针对四种不同程度的禅者,相应地提出了四种不同的示法。第一种人,为不明自性清净,向外驰求者。马祖以"止小儿啼"譬喻"即心即佛",众生性迷,求法如小儿索取心爱之物不得而啼哭一般,惯于向外求道,而不知内在本具的心底法门才是成佛之道。马祖开示禅者,应返观自照、转向自心自性,明了即心即佛,免去诸多外境烦恼,回归自家心头寻灵药,即止住了小儿之啼。

"止小儿啼"乃"空拳黄叶止啼"一词的简称。"空拳"语出《大宝积经》:"以空拳诱小儿……小儿于此复号啼。""黄叶"语出《大般涅槃经》:"婴儿见已,生真金想,便止不啼,然此杨叶实非金也。""即心即佛"正如同这"空拳""黄叶",仅是为止小儿啼的权宜之说,并不是常住不坏的真如佛法。等到众生断了向外驰求之妄念,返观自心,开始于内在心地法门上做工夫后,就要更进一步,放下"即心即佛",进入"啼止时"的"非心非佛"阶段。

此阶段的禅者,虽明自性清净圆满,却仍是从浅层的表面义着手,仍存执着心。虽不执外境,却执着自心。如小儿终得心爱之物后,日日抱守,须臾不离,虽不啼哭,反被贪爱之心所缚,禅者体悟即心即佛后,又执心为佛,此非真悟也,反生魔障,须进一步破斥执念。马祖以"非心非佛"涤荡对心的执着,其门下高足南泉普愿禅师所云“若认心，决定不是佛”即是此意。“是心是佛，是心作佛，情计所有”（《古尊宿语录》），执着心是佛，便是情计，即生业力，不得解脱。故马祖以“即心即佛”扫除外境之执后，更要以“非心非佛”扫除内心之执，于内于外，彻底斩贪除妄。

外境内心均无有执着的禅者即进入了第三阶段，虽洞悉内外无执，却仍余分别取舍之心。以自心自性为高，傲视万物。普愿禅师道：“若言即心即佛，如兔马有角；若言非心非佛，如牛羊无角。你心若是佛，不用‘即’他；你心若不是佛，亦不用‘非’他。”即心即佛与非心非佛皆不可执，悟入须远离“即非两端”，甚至连此不落两端的境界都不可住、不可执。“不是心，不是佛，不是物”，世间万有皆为道之体现，平等无碍，无有分别。即非、凡圣、有无、人佛种种，等无差别，不可存分别取舍之心。

若能证得上述境界，即是真正有所得了。然马祖重即理即事、理事无碍，尤重事物的转化与意义，故开示有所悟者不可安于所得所悟，更要任运而行、应机接物，于日常生活体会大道。由此，马祖道一便从“即心即佛”“非心非佛”转向了“平常心是道”。“智不是道”，道是即体即用、体用不二的，马祖禅认为日常生活种种，皆是道之体现，“若了此意，乃可随时。着衣吃饭，长养圣胎。任运过时，更有何事？”已了悟的禅者，应该在日用中时时保任、任运度时、处处不离自性，于生活的实践和生命的实践之中，体悟大道，进而达到自由无碍的妙用境界，即证得马祖禅“平常心是道”的至高宗旨。

（戴雯炯）

没弦琴

庞居士[①]问：“不昧[②]本来人，请师高着眼。”师直下觑[③]。

士曰：“一等没弦琴，唯师弹得妙。”师直上觑。

士礼拜。

师归方丈。居士随后，曰：“适来[④]弄巧成拙。”

又问：“如水无筋骨，能胜[⑤]万斛[⑥]舟。此理如何？”

师曰："这里无水亦无舟，说甚么筋骨？"

（《五灯会元》卷三）

〔注释〕 ① 庞居士：指庞蕴居士(生卒年不详)，字道玄，衡州(治今湖南衡阳)人。 ② 不昧：不晦暗，看清。 ③ 覷：瞧，看。 ④ 适来：刚才。 ⑤ 胜：能承担，能承受。 ⑥ 万斛：极言容量之多。

〔鉴赏〕 庞蕴居士，出入儒佛，初谒石头希迁和尚，继与丹霞天然为友，终皈依马祖道一门下，为禅门在家居士，与梁代傅大士并称"东土维摩"，被誉为达摩东来开立禅宗之后"白衣居士第一人"，留有传世偈颂近二百首。

庞蕴居士世业儒学，交游名僧大德，佛学造诣较高。初参马祖道一悟道之后，希望能尽快提高自己的禅修层次、识得人之本来面目，故请马祖"高看一眼"，从更高的层次进一步阐释心地法门。马祖禅以"即心即佛""非心非佛"为两大支撑，而归旨于"平常心是道"，主张在行住坐卧、担柴挑水、着衣吃饭等生活日用中应机接物、证得心地法门。庞蕴居士虽有所开悟，却仍存执着之心，急于精进。马祖向下看，即是暗示庞蕴不应起高下、凡圣的分别之心，不要一味看高看远，应该继续于生活点滴的触处下功夫。"不昧本来人"即"明心见性"，马祖门下，明心见性的问题并不仅仅是一个高深的理论问题，更是一个融入平常生活的实践问题。明心见性，并不需要"高着眼"，以"出凡"的高姿态示人，而恰恰要如马祖所示"下覷"，融入俗世、回归平常，于日用的真处了悟自性，识得本来面目。

庞蕴认为唯有马祖能弹奏没有弦的一等琴。陶渊明谓："但识琴中趣，何劳弦上琴。"无弦琴以其非有非无的意象被视作契合大乘空宗之中道义，然于此处，可做另一种理解。这无上的上等无弦琴乃禅宗所云众生清净圆满自性也。庞蕴称马祖为明心见性第一人，马祖却向上看，众生清净心性本具，人人皆自备上等无弦琴。若能无心而用、任运自然，发明本心，开启自身宝藏，人人皆能尽妙指之音。马祖"下覷"，为要将人之追求从远离生活的玄思中拉回现实的当下世界；马祖"上覷"，则要树立人自心自性的自信，肯定人之价值，宣扬人人皆可成佛之宗意。一上一下，即明人人本具佛性，须在平常俗世处觅得，打通凡圣之别，即理即事，二而不二。

马祖欲归，庞蕴追问水无筋骨，如何能负巨舟？“水”，喻自性；“舟”，喻妙用。可见其仍不灭执着之心，以明体、达用为执。马祖云“道非一物”，自性之体无从执守；“万法为自心真如的妙用”，随缘妙用亦不可认取。真正契入之人，了自性清净，明随缘妙用；只在“运水及搬柴”处自在变化、任运自然，不执“水”之体，亦不取“舟”之用。体用交融相即，无有分别。若以般若空观观之，两者更是无有自性，皆为虚妄不真，不可执取，故马祖云“无水亦无舟”也。

（戴雯炯）

随侍玩月

一夕，西堂①、百丈②、南泉③随侍④玩月次。

师问：“正恁么⑤时如何？”堂曰：“正好供养⑥。”丈曰：“正好修行。”泉拂袖便行。

师曰：“经⑦入藏，禅归海，唯有普愿，独超物外。”

（《五灯会元》卷三）

〔注释〕 ① 西堂：指虔州（治今江西赣州）西堂智藏禅师（735—814），马祖道一弟子。 ② 百丈：指百丈怀海禅师。 ③ 南泉：指南泉普愿禅师，门下出赵州从谂。 ④ 随侍：侍从。 ⑤ 恁么：如此。 ⑥ 供养：礼佛。 ⑦ 经：佛经，典籍。

〔鉴赏〕 马祖道一门下盛极，称“八十八位善知识”，以西堂智藏、百丈怀海、南泉普愿最为闻名，号称“洪州门下三大士”。西堂智藏在道一门下最久，得道一亲付袈裟，领导僧团；百丈怀海门下出沩山灵佑与黄檗希运两大士，为沩仰与临济二正宗根元；南泉普愿创立南泉禅院，其语录与公案于禅林间甚为流传。此则公案为马祖道一禅师借赏月之机，勘探三位禅师的禅法修为。

道一以“明月当空，该行何事”引出话头。西堂智藏的“供养”得到了马祖“经入藏”的评价。智藏大师时时不忘读经礼佛，于经律研习而言极佳。马祖堪得智藏这一长处，故后来亲付袈裟，放心将僧团交由智藏主持；百丈怀海答曰“修行”，马祖判之曰“禅归海”。怀海大师时时禅修、刻刻精进，坐禅静心，于自心上下一番苦功，于禅修而言甚好。怀海不负马祖评价，日后大胆改革教规，建立丛林制度，修建禅堂，设立百丈清规，使禅宗真正成为一个独立的佛教宗派。南泉普愿既不“供养”，亦不“修行”，不发一语，拂袖转身便走，得到马祖道一的最高评价——“独超物外”。

西堂智藏和百丈怀海禅修各有侧重，前者尤重经律典籍，“藉教悟宗”；后者尤擅静心修禅，观照自心，重“心地法门”。在马祖道一看来，都不如南泉普愿的无有执着、任运自然、超然物外。禅宗“不立文字，教外别传”，重“说通”而非“宗通”，西堂智藏存有对经律的执着，百丈怀海偏于对禅修形式的执着，均有失偏颇。唯有南泉普愿，既不执于经律，又无意于禅修形式，不执一切相、不执一切法，任心自在，自由无碍。普愿大师拂袖而行的行为，既不落言诠，以日用行为示意，又扫除一切分别执着之妄，这种践行日用而又超然物外的精神正是马祖“平常心是道”的旨意。

马祖以超然物外的境界为高，足见道一的佛学思想中浸染了道家思想的色彩。实际上，在马祖禅法中，道一就喜用道家的核心范畴“道”来替代“佛性”“法性”等概念，如“道不用修”“应机接物尽是道”“道即是法界”等，甚至连其禅学最高宗旨“平常心是道”，也以道家之“道”表佛家之真如佛性。马祖禅法自然、超然物外的思想实与道家庄老自然无为之意趣相通也。

（戴雯炯）

藏头白，海头黑

僧问：“离四句①，绝百非②，请师③直指某甲④西来意⑤。”师云：“我今日劳倦，不能为汝说得。问取智藏⑥去。”

僧问智藏。藏云：“汝何不问和尚？”云：“和尚教来问上座。”藏云：“我今日头痛，不能为汝说得。问取海兄去。”

僧问海⑦。海云：“我到这里，却不会。”

僧举似⑧师。师云：“藏头白，海头黑。”

（《联灯会要》卷四）

〔**注释**〕 ① 四句：通常指有、无、亦有亦无、非有非无四句。 ② 百非：四句的展开，百种否定之意，即否定世间一切执着。 ③ 师：指马祖道一禅师。 ④ 某甲：自称之代词。⑤ 西来意：即达摩祖师西来意，又称西来祖师意等。为禅宗一等公案，参达摩所传之禅宗要旨，于禅林颇为流行。 ⑥ 智藏：指西堂智藏禅师，唐代著名禅师，马祖道一门下，得到道一禅师亲付授衲、袈裟。 ⑦ 海：指百丈怀海禅师。 ⑧ 举似：似，犹示。佛教指以言语提示古则，或以物示人。

〔**鉴赏**〕 “西来意”作为禅宗著名公案，于禅林中甚为流行，且出现甚早。据《祖堂集》《五灯会元》等记载，“西来意”公案最早的出现与五祖弘忍十大弟子之一的慧安(582—709)有关，系禅宗旁支所出。然慧安对此答而未答，绝言示意的行事，已昭示禅宗在“祖师意”公案上的基本态度。《祖堂集》中涉及“西来意”的公案多达三十多个，禅师的回答固然随机说禅，各有不同，然往往呈现拒绝正面回答之姿态。被胡适盛赞为“中国最伟大的禅师”的马祖，于此公案中尽显“真正的中国禅宗”之精神。

有僧人请马祖“离四句，绝百非”，直陈达摩西来传授之心法。道一以“今日劳倦”为由推诿；僧人问道智藏，智藏借故“今日头痛”推脱；僧人三问怀海，怀海直言“不会”。绕了一圈，“达摩祖师西来意”仍是雾里看花。僧人唯有再问马祖，马祖叹道：“智藏头白，怀海头黑。”僧人请教三位禅宗大师，却始终不得“西来意”之显意。然此“不说破”之方法，实则尽显中国禅宗之风流，胡适称之为中国禅学方法之首，“说破便不值半文钱”(《中国禅学的方法》)。

禅宗最重“不立文字，教外别传，直指人心，见性成佛”。《联灯会要》载：“如世尊告众曰：吾有正法眼藏，涅槃妙心，付嘱摩诃迦叶”，灵山法会已为佛教“以心传心”授法之发端。芙蓉灵训偈曰：“欲识祖师意，祖师传佛心。”祖师西来，重不在传扬佛经，而在使人觉悟，自证本具佛性。民间有说“达摩西来一字无，全凭心意用功夫”，祖师未说西来意，他人更是说不得，开口便错，动念即乖，才涉言路，便失真常。僧所问之“西来意”是超越文字言语，非言筌所能得其真意，重在一个“悟”字，即断灭向外妄求的执着，反观内心，不假他人见解，而与自心之上下一番苦功。禅的境界要求不落言筌，“言语道断，心行处灭”(《璎珞经》)，一旦流于语言，反而丧失禅之真意。不能说破，亦说不破。如人饮水冷暖自知，惟有自己参悟、明心见性，方得禅意。一味假借他力、向外探求，纵凭禅师如何说法，亦是不悟罢了。

马祖劳倦，智藏头痛，初显禅机。各找借口，非不答、无答，乃“今日”不便，仍未彻底截断世人向外寻道的妄执。只有怀海，直言“不会”，干脆决断，明言凭借他力不足以证得祖师之意，彻底截断外求之径。道一评价道：“藏头白，海头黑”，后人之释大致有二：一为智藏年长而头发花白，怀海年轻而头发黑，祖师西来之意即如这眼前所见、亲身所悟般明了清晰，佛法真意寓于日常人事之中；二借侯白、侯黑之典故，马祖赞百丈怀海较西堂智藏更为通透、了悟。《景德传灯录》记载赵州和尚问投子：“死中得活时如何？”师曰：“不许夜行，投明须到。”赵州曰：“我早侯白，伊更侯黑。”以赞投子更为高明。以此观之，头白头黑作怀海的义解较智藏更为高明之理解，亦是有据的。且从禅意观之，怀海不假旁求的绝断劝诫，直指禅宗意趣，确较马祖、智藏假托借口的行事更契合中国禅宗精神，禅机更深。

佛果圆悟禅师云：“只道藏头白海头黑，便见踏杀天下人处，只这一句黑白语，千万人咬不破。”(《碧岩集》)则是对超越相对、不落言诠、返观内照的禅宗真义更为彻底地践履。大沩真如评说：“这僧恁么问，马祖恁么答，离四句绝百非，智藏海兄都不知。”“离四句，绝百非”的境界，绝非用语言文字所能表达，即便是怀海的“不会”亦被否定，甚至连想要直指西来意的欲求，都已“着毒药在里头”，偏离禅宗正道了。六祖以下，机锋之愈发锋锐猛利可见一斑。

(戴雯炯)

若不打汝，诸方笑我

问：“如何是西来意？”师便打曰：“我若不打汝，诸方笑我也。”

(《五灯会元》卷三)

〔鉴赏〕 “西来意”作为禅宗著名公案，于禅林中甚为流行。禅师们往往随机说禅，各有不同，却都呈现拒绝正面回答之姿态。

学僧所问之“西来意”非言诠所能得其真意，重在一个“悟”字，即断灭向外妄求的执着，返观内心，不假他人见解，而与自心之上下一番苦功。“祖师西来意”不能说破，亦说不破。如人饮水冷暖自知，惟有自己参悟、明心见性，方得禅意。一味假借他力、向外探求，纵凭禅师如何说法，亦是不悟罢了。甚至连想要参透西来意的欲求，都已“着毒药在里头”，偏离禅宗正道了。学僧所问，正是“着了毒药”，故马祖举棒便打，促其返观自照，断其向外求道之路径。

值得注意的是马祖在此处的棒打教学方式。前期禅宗，以口头语的教导方式居多，自马祖始，动作乃至棒喝的方式接引弟子的现象始盛。马祖道一首开其端，洪州弟子发扬兴盛，至临济宗时达到鼎盛。此处，马祖所使用的棒打接引方法经过黄檗希运至德山宣鉴禅师的运用，对“德山棒”之宗风的形成有着直接影响。

马祖口头语与动作教导相结合的宗风和他的禅学思想是一致的。其一，禅宗心法，不落言诠，所谓开口便错，动念即乖，才涉言路，便失真常是也。马祖道一以动作教导方式弥补口头语教导方式的不足，在当下直指人心、截断学僧的迷误，更相应于“不立文字、以心传心、教外别传”的宗旨；其二，马祖道一的禅法修行主张即体即用、用中见性。生活日用无非般若，日常动作莫非佛性妙用。“着衣吃饭，长养圣胎。任运过时，更有何事?”禅僧的言语动作、行住坐卧皆为生活日用、佛性妙用。马祖以棒打等动作教导，正合“平常心是道”，以更有效地开示众生于日用间修习心地法门。

然而，后世末流禅者曲解马祖原义，滥用动作教导，动辄拳脚相加、棒喝交施，使马祖教学方式流于形式，反致禅风日益庸俗、禅宗日益衰败。

（戴雯炯）

石头路滑

邓隐峰[①]辞师[②]，师曰：“甚么处去?”曰：“石头[③]去。”
师曰：“石头路滑。”曰：“竿木随身，逢场作戏[④]。”便去。
才到石头，即绕禅床一匝，振锡[⑤]一声。

问："是何宗旨?"石头曰："苍天，苍天!"峰无语，却回举似师。

师曰："汝更去问，待他有答，汝便嘘两声。"

峰又去，依前问。石头乃嘘两声。峰又无语，回举似师。

师曰："向汝道'石头路滑'。"

(《五灯会元》卷三)

〔注释〕 ① 邓隐峰：指五台山隐峰禅师，马祖法嗣。 ② 师：指江西马祖道一禅师。③ 石头：指石头希迁禅师，青原行思法嗣。与马祖道一合称"并世二大士(菩萨)"。 ④ 竿木随身，逢场作戏：原指江湖艺人到一个地方，用随带竿木，蒙上巾幔搭成台，当众演出。佛教指悟道在心，不拘时地。 ⑤ 锡：锡杖，为比丘行路时所应携带的道具。受持锡杖可"彰显圣智""行功德本"。

〔鉴赏〕 《宋僧传》云："自江西主大寂，湖南主石头，往来憧憧，不见二大士为无知矣!"马祖道一与石头希迁时称"并世二大士"，可见当时盛矣。传统禅宗灯史均记载马祖道一上承南岳怀让，石头希迁上承青原行思。马祖门下，百丈一脉衍生沩仰、临济二宗，石头门下则分出云门、法眼、曹洞三宗。实时马祖和石头同时在江南弘禅，关系颇为密切，彼此间相互尊重，门下弟子也相互参访，并无宗派分野之偏执。石头门下大弟子丹霞天然亦与马祖有着密切关系，《祖堂集》《景德传灯录》中即记载有丹霞天然在马祖门下之事。马祖弟子邓隐峰初游马祖之门，而未能睹奥，复来往石头，虽两番不捷，而后与马祖言下相契。足见马祖和石头两系关系之密切。

此则公案即是隐峰禅师来往石头希迁，两番"滑倒"的故事。马祖知晓石头机锋高峻圆滑，告诫隐峰小心"石头路滑"，注意看脚下之路。自信满满的隐峰却不顾劝诫，到石头处，即绕床振锡，问其宗旨。石头以"苍天"应答，隐峰无言以对，此为第一次滑倒。马祖教其以"嘘"破之，隐峰再斗石头却被石头"嘘嘘"抢了先机，此为第二次滑到。

隐峰绕床振锡，问的是什么宗旨？在当时的禅者中，运用"圆相"，即以圆相来做方便表示的颇多，或于大地或于空中画一圆相，或如隐峰所为，身体绕一圆圈。圆满的圆相在禅宗中往往被用以象征圆满本具的真如、法性、实相、佛性等。隐峰问的正是禅宗核心思想——佛性、实相的宗旨。“苍天,苍天!”石头以“苍天”示自性之虚空,苍天是最深刻的虚空,虚空是最包容的廓然。马祖的对策更为绝妙,以“嘘”破苍天,“嘘”谐音“虚”,即表达了苍天的“虚空”之义,更破除了“苍天”的言诠之限,不落于任何言语文字。另,“嘘”可做其本意解,即制止、住嘴之意。既然佛性宗旨是空,那么石头你以“苍天”作答,岂非又落入“不空”之境,还是赶紧闭嘴吧!

石头对“虚空”彻底了悟的见解,与道家玄理颇有契合。南方佛法,本就受玄学影响,而把禅学看作玄学,称参禅为“参玄”的,印顺法师称石头为此第一人。此则公案亦表现出希迁禅师思想玄学化之特色。石头希迁禅师赞叹僧肇《涅槃无名论》,曰:“圣人无己,靡所不已。法身无量,谁云自它。”对僧肇所说的“空洞无象”“会万物以成己”的不一不异,“物我玄会”的般若观照思想评价甚高。“无己”的前提是“空洞无象”:知空洞无象方明万物非我造,从而达到无己,靡所不已的境界。因而以圆明澄净、虚灵寂昧之心,鉴照于六合三世,世界万象的空理都是自现的,此即明自性空之道。显然石头借用了庄老式的思维结构,对“空”“无”作出了彻底的解构。

玄道对石头希迁另一大影响是帮助其发展了“回互理论”。“门门一切境,回互不回互。回而更相涉,不尔依位住”(《参同契》),事物间相互融会涉入,无所分别。其内容固然取自华严缘起思想,然其在形式上,与道家、玄学的融通色彩则更为突出。世界圆融无住,石头禅法运用妙处,圆转无碍,如环无端,这就是马祖所谓“石头路滑”之根由也。

(戴雯炯)

师子出窟,师子在窟

有讲僧[①]来,问曰:“未审禅宗传持何法?”师却问曰:“座主传持何法?”主曰:“忝[②]讲得经论二十余本。”

师曰:“莫是师子儿[③]否?”主曰:“不敢。”

师作嘘嘘声。主曰:“此是法。”师曰:“是甚么法?”主曰："师子出窟法。"

师乃默然。主曰："此亦是法。"师曰："是甚么法？"主曰："师子在窟法。"

师曰："不出不入，是甚么法？"主无对。

遂辞出门。师召曰："座主④！"

主回首，师曰："是甚么？"主亦无对。

师曰："这钝根⑤阿师。"

（《五灯会元》卷三）

〔**注释**〕 ① 讲僧：专讲经的僧人，也作学问僧。 ② 忝：表示愧于进行某事，用作谦词。 ③ 师子儿：师子，即狮子，用以喻佛，指其无畏，法力无边。指证得无上佛法之人。 ④ 座主：大众一座之主。又作上座、首座。 ⑤ 钝根：指根机愚钝，不能领悟佛法。

〔**鉴赏**〕 唐宋时期，有熟读经论、阐释要义的"讲经僧"游方弘法。然则禅宗最重"不立文字，教外别传，直指人心，见性成佛"，芙蓉灵训偈曰："欲识祖师意，祖师传佛心。"禅宗宗纲，非知解经论，而旨在使人明心见性、自证本具佛性。"达摩西来一字无，全凭心意用功夫"，经论只是诸佛菩萨根据众生不同的根性所作的方便权教，故禅宗反对执着于经文典籍，不以建立在经论释义基础上的"学问"为佛知佛见，禅师们对自负熟读经文、以知解经典为功德的讲经僧大都不认同。此则公案即可看出马祖道一等禅师对待讲经僧的普遍态度。

讲经僧参学马祖，马祖反问僧人传持何法。马祖禅法，主张即心即佛，以自性直觉显照万有，不落经论文字而随缘应用。此僧以讲经为蕴习，已是违了马祖主张，向经文驰求，执文字以为真，不悟自性融摄一切法，为经论道理所束缚。马祖见僧人态度诚恳，还未生自持"师子儿"的贡高傲慢之心，便开示僧人。

马祖被后人尊为具显大机大用的禅师，机锋峻峭快捷，微妙难测；宗风不涉理路、不落言诠、自由粗犷；禅语灵活机动，具有强烈的张力。此则公案中马祖以"嘘嘘"和"默然"示法，正是其峻峭机动的禅风表现。"嘘嘘"，在禅宗里属于伴随语言的行列，是口头语言的一种特殊现象；"默然"，具有庄老"不言"色彩的特殊言表。此处,"嘘嘘"与"默然"成为相互反衬的语言现象,一正一反的表达手段最终指向正反合的不二中道义。马祖"嘘嘘",讲经僧以为是在示狮子出窟法;马祖默然,讲经僧以为又在示狮子入窟法。马祖问不出不入是何法,讲经僧却无言以对。此僧讲解经论二十余部,对诸佛菩萨之出法、入法都有所涉略,然却只知接受教义教理,落入出、入两边,而不明不出不入之平等不二法,只能告辞退去。马祖高唤一声,正是僧人回头之机,见清静自性人人本具,即明不出不入平等之法。惜僧人根性迟钝,满脑经论道义,不能当下顿悟,无言以对。马祖不禁叹道:"真是一个根性愚钝的讲经僧!"

《坛经》云:"三世诸佛,十二部经,亦在人性中本自具有。"禅宗强调,佛是自性作,莫着外法相。"不识本心,学法无益,识心见性,即悟大意。"三藏十二部经,原是故纸一堆,开悟的关键并不在此,而在于自心自性的开启。众生若能明心见性,即能"即时豁然","顿现真如本性",心中不存一见、不落一法,彻底除去分别、执着之心,此即所谓"识心见性,自成佛道"。"万法在自性",离开自性,向身外求,更无余法可证得。此即马祖道一不认可讲经僧只知讲经、不明自性之根本因。

(戴雯炯)

吃是中丞禄,不吃是中丞福

洪州廉使①问曰:"吃酒肉即是,不吃即是?"师曰:"若吃是中丞②禄,不吃是中丞福。"

(《五灯会元》卷三)

〔注释〕 ① 廉使:官名,唐代观察使。 ② 中丞:官名,即御史中丞。

〔鉴赏〕 洪州马祖道一的禅法,一言以蔽之,"平常心是道"也。禅学理论上,马祖随缘说法,其教学经历了从"即心即佛"到"非心非佛"的转变,最终落脚于"平常心是道";禅修实践上,马祖应机接物,"着衣吃饭,长养圣胎,任运过时",别无他事。正是基于"平常心是道",马祖积极入世,在俗世日用见任运自然。马祖还与当地官员交游，在洪州弘法期间，获得了当地刺史、观察使的支持。路嗣恭、杜亚、崔昭、鲍防、李兼等官员在任期间与马祖道一均有密切的交往，常常向马祖问法。

此则公案中前来问法的"御史中丞"应是杜亚(778—779在任)。杜亚所问应是"五戒"的持戒问题。"五戒"乃佛教最根本的戒律，在家出家佛教徒均要持此戒，故又称"在家戒""居士戒"。其中，第一戒为不杀生，鼓励素食；第五戒为不饮酒。杜亚是御史中丞，在朝入仕不可避免需要饮酒吃肉，很难持此两戒，故来问道马祖。马祖对"吃"与"不吃"的问难并没有做明确的"是"与"不是"的答复，而是答曰："吃是你的福德；不吃也是你的福德。"可见，马祖并不视持戒与否为在家居士之标准也，关键在"心"不在"律"。吃与不吃，落于外在仪轨，二元对峙，此是迷也；若能开悟，超脱二者对立，回归生活日用，按自身本来面目，随顺自然，任运自在，就可出入佛法禅道、不滞外境，还自己一个自由身。即理即事，理事无碍，马祖门下，以佛法不碍日用生活为旨。吃肉饮酒，本是生活日常，皆为道之妙用，若能应用无方、顺其自然，触类是道，便不碍佛性彰显，反于日用真处见真道。马祖所言与中国禅宗不执律、不执戒、重自性、倡自由之精神非常契合。

需要注意的是，此则公案只是马祖为士大夫灵活传法的一个例子。不能仅从字面义上作解，认为马祖道一鼓励吃肉喝酒、反对持戒。事实上，今日佛法之所以能够流传，得益于马祖百丈师徒二人对禅宗清规、制度的建设。众人皆知"酒肉穿肠过，佛祖心中留"，殊不知济公和尚还有下示二句"世人若学我，如同进魔道"。故不能执字面义，"吃""不吃"皆是福，建基于超越两边的自性开悟。任何不从心上下功夫，而从外在仪轨上跟随学习者，均是本末倒置，不得要领。故马祖所言，亦归旨于以平常心触类悟道，契合洪州禅法之精髓。

（戴雯炯）

日面佛，月面佛

师于贞元四年[①]正月中，登建昌石门山，于林中经行，见洞壑平坦。谓侍者曰："吾之朽质②，当于来月归兹地矣。"言讫而回。

既而示疾③，院主④问："和尚近日尊候⑤如何？"师曰："日面佛，月面佛。"二月一日沐浴，跏趺入灭。元和中，谥大寂禅师，塔曰大庄严。

（《五灯会元》卷三）

〔**注释**〕 ① 贞元四年：唐德宗年间，公元788年。 ② 朽质：衰朽拙劣的资质，多作谦词。 ③ 示疾：佛教指佛菩萨及高僧得病。 ④ 院主：又作住持、寺主，禅家监事之旧称。 ⑤ 尊候：问候对方起居等情况的敬词。

〔**鉴赏**〕 贞元四年正月，马祖登建昌石门山时，已觉时日不多，预见入灭之时。道一看淡死生，以肉身为朽质，以死亡为归根，齐死生之豁达态度，已跃然纸上。

登山归来，马祖即重病，寺院监事来探病，询问近况，马祖以"日面佛，月面佛"答之。二月一日，大师安然沐浴，端坐入灭，谥号为大寂禅师，铸大庄严塔。

此则公案是马祖道一禅师留与后人的最后一则公案，后人参详，甚多解法。一说，以左眼为日面佛，右眼为月面佛，两者没有交涉；一说，日即白天，月即夜晚，佛不分昼夜，病否不碍修行；一说，日面佛寿长，月面佛寿短，长寿短寿，无有分别。

第一种见解缺少文本支持，且马祖禅法与此并无交涉；第二种见解，有文本可依，宏智正觉禅师作有一偈："日面月面，星流电卷。镜对像而无私，珠在盘而自转。君不见砧锤前百炼之金，刀尺下一机之绢。"就是指病中不忘精进、不废修行。然而，病中精进之主张与马祖禅法并不吻合。洪州宗门下，以任运自然为旨，着衣即着衣，吃饭即吃饭，担柴即担柴，挑水即挑水。生活日用皆为佛法妙用，随顺生活际遇，才能于平常见真处。若是病中，即应作病中想，不应强而修行、执于精进。

相比之下，第三种见解更可信。据《佛名经》记载，日面佛寿长一千八百岁，意指寿命无限长的佛；而月面佛寿长仅一昼夜，极言寿命非常短的佛。马祖借"日面佛，月面佛"，来截断众生对寿命长短与生灭来去之相的分别、执着。"一切法性真实空，不来不去，无生无灭，同真际，等法性。”(《仁王经》)，佛教的生死观以死生、生灭为一体异名，生灭、来去指向的都是缘起性空的世界本然面目。生住异灭，乃自然之道，皆是虚妄不真；马祖禅法可谓是“自然禅”，尤重随顺自然、任运自在，故面对死生问题，马祖能如此淡然、率性直面。马祖对待死生的超然豁达，深契庄子“齐生死”的生死观。马祖言万法莫非道之妙用，将死生统摄到平常心之下；庄子则云：“方生方死，方死方生”，将死生融入道之变化形态。马祖预知了自己的死亡，不惧不喜，淡然入灭；庄子则不以哀乐入生死，面对妻子的死亡鼓盆而歌。马祖以“日面佛，月面佛”，言人之价值非寿命之长短所能衡量，庄子则以“天下莫大于秋毫之末，而泰山为小；莫寿乎殇子，而彭祖为夭”，极言寿长之相对性。马祖以“平常心是道”观之，明生死不二；而庄子以宇宙大道观之，了死生是齐、万物为一。马祖禅法中的道家色彩可见一斑。

(戴雯炯)

石头希迁禅师

岭南消息

一日，原[①]问师曰：“有人道岭南有消息。”师曰：“有人不道岭南有消息。”

曰：“若恁么，大藏小藏[②]从何而来?”师曰：“尽从这里去。”原然[③]之。

(《五灯会元》卷五)

〔注释〕 ① 原：指青原行思禅师。 ② 大藏小藏：指大藏经、小藏经。 ③ 然：以……为然，认为……是正确的。

〔鉴赏〕 此则公案发生在青原行思与石头希迁禅师之间。行思对六祖托孤的石头和尚非常器重，时时开示，促其开悟。石头希迁不负六祖慧能与恩师行思所望，于唐天宝元年(742)在衡山寺东大石上结庵而居，人称“石头和尚”，与洪州马祖道一并称“并世二大士”。“自江西主大寂，湖南主石头，往来憧憧，不见二大士为无知矣！”(《宋僧传》)，可谓盛极。

石头希迁的禅风带有强烈的道风孤高的庄老色彩，究其禅法而言，则直接渊源于六祖以下南禅宗法。此则公案可见石头和尚秉持曹溪慧能的心性论法门，持自性清净圆满的如来藏思想之立场。

一日，行思问石头岭南有无禅宗顿悟法门。禅宗法门超越有无，不落一边。若说“有”，禅宗以“诸法性空”为旨，主张“应无所住而生其心”(《金刚经》)，万法皆空，乃超越时空之存在也，不能言“有”，更不能特言“岭南有”。故石头以“有人不道岭南有消息”来回应行思“有人道岭南有消息”，以此排遣对“有”的执着。若言“无”，禅宗“以心传心”，所传之心法确然昭昭，湛然圆满之自性确然内在自身。故石头以“尽从这里去”肯定“大藏小藏”之“有”，以此排遣对“无”的执着。希迁有无双遣，反对向外驰求，而将禅修的关键立在自心自性之上，与曹溪禅法一脉相承。

石头自云其法门为：“自己心灵。体离断常，性非垢净；湛然圆满，凡圣齐同；应用无方，离心、意、识。三界六道，唯自心现；水月镜象，岂有生灭？”石头宗门，倡自性湛圆、灵源皎洁，并以心性统一理事、本末、有无等分别。所谓“法身无量，谁云自他？圆镜虚见于其间，万象体玄而自现”，自性之“用”周边无方，三界六道均为自性之自现。此心乃众生之妙灵、诸佛之本觉、本物之本、万法之源。故石头言大藏小藏不出自岭南，不出自任何教派或禅师的教导，而是来自湛然圆满的“自己心灵”。众生具足如来法性，此即希迁的如来藏思想之体现。故希迁之禅法，并不如宗密在《中华传心地禅门师资承袭图》中所评价的“同一虚妄，都无所有”般“泯绝无寄”，而是有所立，即肯定“万物自有功，当言用及处”，与洪州宗的“即心即佛”思想是相通的。希迁和尚借托般若空观和道家思想，所宣扬的核心教旨仍是源自曹溪禅门明心见性的主旨，即要求禅者返观自心，开启自身宝藏，以湛然圆满之心性观照万有。

(戴雯炯)

石头和尚

于天宝[①]初，方届衡岳。遍探岑壑，遂栖息于南台。寺东有石如台，乃庵其上，时人号“石头和尚”焉。此台则梁海禅师得道之台也。

师初至南台，师僧去看，转来向让和尚说：“昨来到和尚处问佛法轻忽底后生，来东石头上坐。”让曰：“实也无？”对曰：“实也。”让便唤侍者曰：“你去东边，子细看石头上坐底僧。若是昨来底后生，便唤他；若有应，你便道：‘石上憽悙[②]子，堪移此处栽’。”

侍者持此偈举似[③]师。师答曰：“任你哭声哀，终不过山来。”

侍者却来，举似让和尚。和尚云：“这阿师！他后子孙噤却天下人口去。”又教侍者问法。

侍者去彼问：“如何是解脱？”师曰：“阿谁缚汝？”

“如何是净土？”师曰：“阿谁垢汝？”

“如何是涅般？”师曰：“谁将生死与汝？”

侍者却来举似和尚。和尚便合掌顶戴。

此时有坚固禅师、兰、让三人为世宗匠[④]，佥[⑤]曰：“彼石头有真师子吼[⑥]。”

师唤主事，具陈前事。主事曰：“乞师有事处分。”

和尚领众去东边见石头。石头又强为不得，起来迎接，相看一切了，让和尚与石头起院成持[⑦]也。

（《祖堂集》卷四）

〔**注释**〕 ① 天宝：唐玄宗年号。 ② 憽悙：自强。 ③ 举似：奉告。 ④ 宗匠：造诣高深、成果卓著、为众人所宗仰的巨匠。 ⑤ 佥：全，都。 ⑥ 师子吼：又作狮子吼，谓佛以无畏音说法，如狮子之咆吼。 ⑦ 成持：扶持长成。

〔鉴赏〕 石头希迁和尚的参学经历可谓曲折。先于六祖慧能处做一小沙弥，后六祖临终托孤，将希迁交付于门下高徒青原行思禅师。行思非常器重希迁，细心栽培、循循善诱，后更是效法六祖慧能传法不传衣钵的做法，许一把钝斧子与希迁，命石头禅师开宗住山、广传佛法。为了让希迁开阔眼界，行思禅师特意指示其前往六祖另一高足南岳怀让处，继续精进。希迁于天宝初年到南岳，主持衡山南寺院，在寺东平坦如台的大石上结庵而居，时人称之“石头和尚”。

此公案为《祖堂集》卷四所记载石头初到南岳，怀让禅师令侍者前去探问虚实所发生的故事。侍者与石头禅师的三问三答所引出的“谁字头”话头，留下一段禅林佳话。马祖常道“是什么”，石头则教人勘破一个“谁”。有缚不得解脱，有垢不得净土，有生死则不证涅槃。若能领悟这缚者、垢者、造生死业者是谁，即可遣破这烦恼源头——“谁”，当下解脱、进入净土、证得涅槃。佛教早就指出，本分事从来不是强加于人的，这“谁”即汝自己也。《最胜王经》之二云：“一切众生于有悔，生死罥网紧牢缚。”人生的一切痛苦和烦恼的始作俑者就是为“爱欲嗔恚愚痴所缠缚”(《别译阿含经》)的自身，众生痴迷，如作茧自缚，除己之外别无他力能够束缚自身、阻碍自身。早期佛教就蕴含了自我负责的思想，四祖道信受法于三祖僧璨时，就明确提出了“谁人缚汝”的观点，且明确地将解脱法门建立在了个体生命上：“一切诸法悉皆解脱，汝等各自护念。”道信关于“解脱”的思想影响深远，石头希迁是其四传弟子，在此则公案中体现的思想显然与道信一脉相承。

然而，石头希迁的禅法直接渊源于曹溪禅法，而与东山法门毕竟不同。道信发展出“安心”的解脱法门，主张“常观神空寂”“守一不移，动静常住”，将修行的法门建立在对自心的看护、拂拭之上；而石头希迁的“谁字头”，不仅将众生的关注点拉回自心自性，更在于彻底破斥“谁”，直至不住涅槃、不念净土、不执解脱。《楞伽经》云：“凡愚妄想，如蚕作缚，以妄想丝，自缚缚他。”若是执“安心”“静心”，执解脱、净土、涅槃，便是起了分别妄想；若以求解脱、入净土、证涅槃为修炼的根本目标，反而南辕北辙，愈练离悟道成佛愈远。希迁的这一思想可用大珠慧海所说的"本自无缚,不用求解"作概括。"莫逐有缘,勿住空忍,一种平怀,泯然自尽"(《信心铭》),有缘性空,空忍亦不须"空"。南禅宗向来强调于"一切上念念不住",希迁的"谁字头"禅思显然与曹溪禅更为相近,且带有庄老自然无为的色彩,非道信"谁人缚汝"的简单重复。

希迁和尚的回答得到了让禅师、兰禅师和坚固禅师的一致认可,赞之为"真狮子吼",并亲自带领众人前去迎接希迁,亲自扶持希迁于佛法上更进一层,成为一段佳话。

(戴雯炯)

参同契

师因看肇论[1]至"会万物为己者,其唯圣人乎!"师乃拊几曰:"圣人无己,靡所不己。法身[2]无象,谁云自他?圆鉴灵照于其间,万象体玄而自现。境智非一,孰云去来?至哉斯语也。"遂掩卷,不觉寝梦:自身与六祖同乘一龟,游泳深池之内。觉而详之:灵龟者,智也。池者,性海也。吾与祖师同乘灵智游性海矣。遂着《参同契》曰:

"竺土大仙心,东西密相付。
人根有利钝,道无南北祖。
灵源明皎洁,枝派暗流注。
执事元是迷,契理亦非悟。
门门一切境,回互[3]不回互。
回而更相涉,不尔依位住。
色本殊质象,声元异乐苦。
暗合上中言,明明清浊句。
四大[4]性自复,如子得其母。
火热风动摇,水湿地坚固。

眼色耳音声，鼻香舌咸醋。
然依一一法，依根叶分布。
本末须归宗，尊卑用其语。
当明中有暗，勿以暗相遇。
当暗中有明，勿以明相睹。
明暗各相对，比如前后步。
万物自有功，当言用及处。
事存函盖合，理应箭锋拄。
承言须会宗，勿自立规矩。
触目不会道，运足焉知路？
进步非近远，迷隔山河固。
谨白⑤参玄人，光阴莫虚度。”

（《五灯会元》卷五）

〔注释〕 ① 肇论：中国佛教论书，南朝僧肇作，系统阐述大乘佛教般若性空的教义学说。 ② 法身：指佛所说之正法、佛所得之无漏法，及佛之自性真如如来藏。 ③ 回互：指事物间相互融会涉入，无所分别。 ④ 四大：指地水火风四大构成人身的因素。 ⑤ 白：告语。

〔鉴赏〕 希迁弘法长达半个世纪，“自江西主大寂，湖南主石头，往来憧憧，不见二大士为无知矣！”（《宋僧传》）可见当时石头门下盛况，传云门、法眼、曹洞宗皆系石头一系所出。石头希迁的禅学理论集中体现于他的五言古体诗《参同契》之中。马祖称“石头路滑”，石头禅法运用妙处，圆转无碍，如环无端，其中以《参同契》最为圆融，无迹可寻。若能参透《参同契》，即可得石头宗之入处。传石头希迁因受僧肇所作的《涅槃无名论》启发而著《参同契》。《参同契》与道教魏伯阳的《周易参同契》同名，不说佛，不说法，而是说“道”。印顺在《中国禅宗思想史》中称石头希迁是将禅学看作玄学的第一人。从希迁流传下来的言行来看，石头确然绝少谈佛说法，更多的是用“道”这个概念进行阐释，如“人根有利钝，道无南北祖”“触目不见道，运足焉知路”等，表现出鲜明的玄化特点。但希迁的“道”之内涵，非道教之“道”，而是受庄老道家影响、法受曹溪、融摄牛头宗与华严宗相关义理而成的玄化的禅宗概念。石头借“道”说“禅”，其宗旨还是在于使众生明通心、物平等圆融之法性，见本具湛然圆满之自性。

“参”，参差不齐，即世间万法分殊，各守其位，互不相犯；“同”，即万法虽殊，同归真如；“契”，“参”“同”统一，相融相涉。“参同契”，即是汇万法而归宗也。石头看到了心与物、内与外、有与无、理与事有别，然种种分别无非体用之别，宇宙一体，万法归宗，即体即用，体用亦不二。石头已经点题，指明了“理事一如”的佛理，也深刻地体现了庄子齐物论思想。

《参同契》首先打破了宗派门户之别。石头认为，祖师西来之义，即是“道”。众生根性有利钝之别，悟道亦有顿渐之分，故有南顿北渐之差，然心传之“道”是不分南北的。时正值神会与神秀门下进行南北二宗抗争的时代，石头指出禅者要随说而会宗，不可争相门户，许是针对南北分宗而言，要求打破门户之见。佛教不仅存在各宗间相互融合的问题，禅宗内部也存在南北各宗的分化问题，石头禅师自身融摄多家理论学思，故志在调燮佛教内部各宗，尤其是禅宗内部的各种矛盾，建立起融摄南北、包纳一切的圆融佛学体系。

《参同契》所表现出的佛学思想之一，是其灵源皎洁的心性论。希迁从《肇论》领悟圣人无己、法身无量之理，将万物合为一体的根基建立在了清净皎洁的主体心灵本性之上。自心自性是万法之源，流注万事万物，心与物是本末、显隐、交互流注之关系。物、事为千差万别之殊相，却同为灵源本体之变现；理、事虽体用有别，却是一物两体、即体即用，统一于灵源本体。此即希迁禅师所言：“湛然圆满，凡圣齐同；应用无方，离心、意、识。三界六道，唯自心现。”只有无分别地对待万事万物万法，于差别之殊相中体悟平等无碍的灵源，才能印证涅槃妙心。

《参同契》中蕴含的另一个重要的佛学思想，是吸取华严宗“十玄门”思想而提出的“回互”思想模式。石头指出，参玄的法门很多，每一门都包含一切境，此境界既相回互又不回互，“回互者，谓诸根境互相涉入，如帝网珠也；不回互者，谓诸根境各住本位，未尝混杂也”（《洞上古辙·参同契注》）。希迁从本体上论“理”，同时肯定主客不同，区分心性之理与事物之理，心性之理渗透在千差万别的事物之理中，物事为理所涵盖，无事不被理所贯穿。故既要正确对待理、事的对立面，又要看到事理的统一面，执于事物而求法是迷，执于契理而否定事物差别亦是迷，本末均须归宗，只有理事相融，无所执着，才是真正的契道。

《参同契》第三个重要的佛学思想是"触目会道"的实践工夫。希迁禅师认为，要领悟事理圆融的宗旨，就必须在生活日用中随时体验，从殊相上悟出共相之理。万物自复自性，能会末归本，以事见理；万物兼具动态之用与静态之处，两者依存，相互转化，亦能由事见理。若能返观自照、反求诸已，自见其性，就能事存理应，由事显理。后石头宗人在"触目会道"基础上进一步发展形成了"即事而真"的思想，如洞山良价《玄中铭》所云，"举足下足，鸟道无殊；坐卧经行，莫非玄路"，正是延展之说。

《参同契》二百二十字，可谓尽显石头禅法之精要也。

（戴雯炯）

不会佛法

上堂："吾之法门，先佛传受。不论禅定精进，唯达佛之知见。即心即佛，心佛众生，菩提烦恼，名异体一。汝等当知，自己心灵，体离断常，性非垢净。湛然圆满，凡圣齐同。应用无方，离心意识。三界六道[1]，唯自心现。水月镜像，岂有生灭？汝能知之，无所不备。"

时门人道悟问："曹溪意旨谁人得？"师曰："会佛法人得。"

曰："师还得否？"师曰："不得。"

曰："为甚么不得？"师曰："我不会佛法。"

（《五灯会元》卷五）

〔注释〕 ① 三界六道：三界，指众生世间的生灭流转变化，分为欲界、色界、无色界三种。其中在欲界的众生，从下往上，又可分为地狱、饿鬼、畜生、人、阿修罗、天六种，称为"六道"。

〔鉴赏〕 宗密在《中华传心地禅门师资承袭图》中将石头宗判归于专说牛头宗的“泯绝无寄宗”，归宗于般若宗诸经论。希迁禅师与物冥合、神与物游，借“道”说禅，禅风与牛头宗、道家颇近。然就其佛理而言，石头宗仍属曹溪禅一脉，不应归于牛头宗。

此则公案开宗明义，展现了石头宗的法门：不探究向外驰求、修持禅定之道，而是直指人心，传达“即心即佛”的正知正见。“心”即众生、众生即佛，烦恼即菩提，同出而异名，无有分别。人人本具之自性，清净圆满，超越一切常断、垢净、凡圣，超越一般意义上的心、意、识之作用。自性任运自然、应用无方，世界万有皆从清净湛圆的灵源而出，虚妄不真，唯有“自己心灵”真实不虚。被宗密判为“泯绝无寄宗”的石头宗实则与“触类是道而任其心”的洪州宗一样，都宣扬“即心即佛”的曹溪禅思想。马祖道一与石头希迁时称“并世二大士”，门下往来憧憧，学人互参，二家禅风迥异而又相互印契。石头以“自己心灵，湛然圆满”为宗，马祖则云“心外无别佛，佛外无别心”；石头以三界六道为心之自现，马祖则直言“三界唯心，森罗万象，一法之所印”……二大士所传之法同出曹溪，异曲同工，并无二致。石头希迁虽以般若空观为外衣，禅风与牛头宗相近，思维模式与道家多相契，然其内在珍宝仍是禅宗自性本具的如来藏思想，是曹溪禅的发挥，故石头门下，普遍奉行“明心”“识心”。

在肯定自性清净圆满，主张“即心即佛”的基础上，石头希迁主张直下承当。希迁开示潮州大颠和尚时云：“先来有心，何得言无心。有心无心，尽同谩我。”双遣“有”“无”二心，强调众生当下之现实心才是“自己心灵”，心性之体的显示须经心性的日常作用。故禅修并非追问这个“心”是何者，而应是直下自心，处处实证。此即石头希迁“触目见道”的思想，与洪州宗的“触类是道”殊途同归，均主张心性的修持需要实证的工夫。禅宗“以心传心”，不落言诠，如人饮水，冷暖自知，禅法不着相、不借文字、不假师传，而是于生活日用处发明本具的湛圆心灵。故石头云于曹溪处不得佛法、不会佛法，为的是要排遣众生对文字、语言、师传等外在修行方式的执着，开示理事不二、物我一体之禅理，树立起禅者自修自悟的自信，这与六祖心印相契，且与洪州马祖相印。故石头希迁撷道家、般若空宗、牛头禅之所长，与洪州马祖相交游，同归旨于曹溪禅法，为六祖门下所出一脉也。

（戴雯炯）

南岳一橛柴

师问新到[①]：“从甚么处来？”曰：“江西来。”
师曰：“见马大师否？”曰：“见。”
师乃指一橛柴曰：“马师何似这个？”僧无对。
却回举似马祖，祖曰：“汝见橛柴大小。”曰：“没量大。”
祖曰：“汝甚有力。”僧曰：“何也？”
祖曰：“汝从南岳负一橛柴来，岂不是有力？”

（《五灯会元》卷五）

〔注释〕 ① 新到：指新来的僧人。

〔鉴赏〕 马祖道一与石头希迁时称“并世二大士”，同在江南弘禅，关系颇为密切。《祖堂集》《景德传灯录》中记载有石头门下大弟子丹霞天然在马祖门下之事；马祖弟子邓隐峰初游马祖之门，后两番参学石头。足见马祖和石头两宗门下弟子往来憧憧、相互参访，关系之密。此则公案为一学僧往来石头、马祖门下之轶事。

石头门下有一僧从江西马祖处来，石头手指一堆木柴问学僧马祖像不像这堆木柴。僧人不明，返回洪州马祖处，详述此事。道一问僧人可知那堆木柴有多重，僧人不曾称量。马祖称僧人从南岳背来一堆柴，力气甚大。

马祖道一之前，禅宗诸师讲法简单平直、朴素平实，道一之后，中国禅宗开始进入大机大用的新阶段，各宗禅风灵活多样、百花齐放。石头希迁禅法运用妙处，圆转无碍，如环无端；马祖道一不涉理路，不落言诠，自由粗犷。从此则公案处，亦可窥探希迁与道一禅风之异同。

石头希迁以“一橛柴”勘验僧人悟道与否。缘起性空，相非实有，如《华严念佛三昧论》所云：“知一切佛及以我心，悉皆如梦。知一切佛犹如影像，自心如水。知一切佛所有色相，及以自心，悉皆如幻。”然世人却迷，错认五蕴和合为自体相，分别一切法为外尘相，以虚妄为真实、以相为实有。从“色相”的层面而言，马祖与“一橛柴”都是五蕴和合之非自性之相，在性空的基础上，两者无有分别、皆为虚妄。然而僧人却不明此理，陷入了希迁的陷阱，为“一橛柴”之相所迷，落入马祖与“一橛柴”之相的分别之中。

马祖与石头禅风相异，更加自由粗犷、直插人心。故接着希迁“一橛柴”的话头，随缘引度，更直接、更犀利地指出僧人的弊病。在石头处，僧人为“一橛柴”之相所迷，不解诸相皆虚妄、无有分别；返回江西的路上，不断参究，沉溺“一橛柴”话头。马祖指出，僧人此等行为，更是迷上加迷。禅宗强调内外双遣，外境不可执，心亦不可住。《金刚经》云：“应无所住而生其心”，正是要求自心不染一丝执着，不执相，亦不执法。僧人执着相之分别，此是错误一；又执着于参透石头所示之法，此是错误二。“思而知、虑而解，是鬼家活计”，外相本无分别，内心本自清净，人为地去分别、去判定，只是自负重担、自添烦恼罢了。若能明心见性、自悟自证，便可了悟“佛法本根源，一切众生心里出”，当下即可放下心头“一橛柴”，不再为“一橛柴”所迷。

石头与马祖皆应机接物、随缘引度，禅风灵活，常采用暗示、比喻等方式。相比之下，希迁禅法圆转无碍、温和婉转，更偏重于禅理研究，而非禅学传授，故其示法更重教者点到为止的禅理启示与学者自身的自证自悟；道一则更重禅门的教授实践，其示法更加直接，教学方式更加灵活多样，以促禅者开悟。

（戴雯炯）

无这个

大颠[①]问：“古人云，道有道无俱是谤[②]。请师除。”师曰：“一物亦无，除个甚么？”

师却问：“并却咽喉唇吻[③]，道将来？”颠曰：“无这个。”

师曰：“若恁么，汝即得入门。”

（《五灯会元》卷五）

〔注释〕 ① 大颠：即大颠宝通禅师(732—824)，自号“大颠和尚”，唐代高僧，法受石头希迁禅师。 ② 谤：诽谤。 ③ 并却咽喉唇吻：指闭口不语。

〔鉴赏〕 大颠和尚法嗣石头，著《般若波罗蜜多心经释义》《金刚经释义》等；倡“一日不作、一日不食”“农禅并重”的禅修方式。其深得石头希迁禅法之精髓，“所示广大深迴”“论甚宏博”(韩愈语)，且受历朝器重，为曹溪门下石头一系之一代高僧。

此则公案中，“道”指佛道、禅道，即禅宗所立之自心自性。大颠和尚已明佛性实有、佛性虚无之说皆是落入一边的虚妄不真之理，已初入不二中道的门道，超过常人知解了。大颠和尚向石头希迁求法，想要破除这有无二边的偏知偏解，究竟“佛性为何”这一“祖师西来之意”，然大颠和尚才出“有无”、便入执着，在石头看来，还未彻底开悟。

禅宗以“佛语心为宗，无门为法门”(《楞伽经》)，重视心性之觉悟。六祖慧能高扬“见性成佛，直指人心”之旨，曹溪弟子多言自心自性。南阳慧忠说“非心非佛”，洪州马祖言“即心即佛”，或强调性空，或强调用有，或强调相即不二，各有侧重，使禅宗心性之学日臻完善。石头希迁与洪州宗一致，肯定人人本具佛性，“即心即佛”，同时希迁对心性的阐释融入了更多的道家玄化色彩，偏重心性之空寂无为、心地自然。

石头宗强调心之自然之性，心无取舍，不附于物，自由自在，一切现成。希迁“不慕诸圣，不重己灵”，“不用听律”，亦“不用念戒”，因自觉“受缚”而求解脱，觉“受垢”而求净土，觉死生而求涅槃的做法，都是内起分别妄念、向外驰求之作用。希迁在破除种种虚妄不真之外境时，更注重对起妄念、生分别心的根源——“心体”本身的破除。“触目会道”，希迁重视破除一切外境内心之执着，彻底打破众生知见，排遣执道体实有、道体空寂之执着。所谓“一物亦无”，即心性统一理事、本末、有无；一心与万物同根同体，不分有无、异同，自然现成，遍在内外。“道有”“道无”问题的产生，只是生起分别心、失了自然之性的“心”割裂了本来湛圆的“道”；甚至“道”的概念一旦生成，即破坏了原本皎洁湛圆的灵源。“一物亦无”，是心物一体、主客消融、超越二元对立的思维模式的至高境界。这个境界是不可思议之绝对境界，超越任何语言文字，无法以唇舌证得。石头门下弟子洞山良价云:"道无心合人,人无心合道。"前者谓,道体自然,无所不包,身心遍在,自然"无心"亦合人;后者言,人若有心刻意求道,反如骑驴觅驴,终无所获。只有彻底破除对外境的执着,连那个不起之心亦破除,主体无心、心无所寄,卸下心灵上的一切执着、束缚,随顺自然,以"无心"来"合道",才可谓彻底破除执念、证得解脱。大颠和尚"无这个"正是了悟了希迁禅师"无心合道"的教导,故获得了希迁的印可。

"夫人学道莫贪求,万事无心道合头。无心始体无心道,体得无心道亦休。"(龙牙遁居禅师语)石头宗"心无所寄,方免颠倒"的"无心合道"思想受到牛头宗"冥心入理"主张的影响,且带有自然主义、宇宙论等鲜明的庄老色彩。然石头"无心合道"的根基并不在于般若空观或道家思想,而仍属于曹溪宗旨一脉。希迁既言"即心即佛",又谈"无心合道",两者是石头宗人禅修途径的不同表述而已,在明心见性、直指人心的宗旨上是一致的。

(戴雯炯)

长空不碍白云飞

道悟①问:"如何是佛法大意?"师曰:"不得②不知。"

悟曰:"向上③更有转处④也无?"师曰:"长空不碍⑤白云飞。"

(《五灯会元》卷五)

〔注释〕 ① 道悟:指天皇道悟禅师(748—807),唐代禅僧,石头希迁禅师法嗣。 ② 得:获得,得到。 ③ 向上:指开悟成佛。 ④ 转处:指窍门。 ⑤ 碍:妨碍。

〔鉴赏〕 天皇道悟禅师广参诸方、叩问玄旨,最后才顿悟禅机,先依止牛头宗道钦禅师,后参谒马祖道一,最后皈依石头希迁禅师。道悟的修学历程,与其师石头希迁颇为相似,故颇具石头禅师风韵,皆博采诸彦之所长、禅法圆融。

道悟曾在径山牛头宗处"密受宗印",又与马祖道一处"重印前解",但都未能彻悟，到了石头希迁门下，经过一番勘验才彻悟心中疑惑。

此则公案中，道悟禅师所问"佛法大意"，即禅林中盛为流行的话头。禅宗最重"不立文字，教外别传，直指人心，见性成佛"，"佛法大意"非言筌所能表，全落在一个"悟"字上，最重视内心的自悟自证。"佛法大意"并不是纯思辨性的对象，不可被抽象化、被概念化、被定义成任何知见分解。正所谓开口便错，动念即乖，才涉言路，便失真常。他人断然是说不得何谓佛法大意的。故石头希迁以"不可得到，不可知晓"应之，以彻底截断道悟禅师假于经、假于法、假于师的向外求法之道，促使道悟返观自照、开启自身宝藏。

道悟接着问开悟的法门是何，石头以"长空不碍白云飞"示法。万里长空，任凭白云自由漂游，长空不碍白云，白云亦不滞长空。正如《坛经》所言"于念念中，自见本性清净，自修自行，自成佛道"，湛然圆满的心性并不遣破"物"之现象的自然生灭，"物"现象的生灭亦不阻碍自心自性的发明。心性之"长空"包容"物"现象之"白云"，应机接物、任运自然。这是石头宗对曹溪禅法的一个重要发挥，即援引华严宗之圆融思想入禅宗法门，以即事即理、理事不二、物我一体之圆融观阐发心与物、本与末、有与无的关系以及禅宗贯彻的不二中道观。

石头希迁吸收华严宗的理事范畴，提出"执事元是迷，契理亦非悟"的禅法，落于契理、执事任何一边皆不是真正的证悟，只有将理、事两边统一起来，理事回互，才是真正的彻悟。"三界六道，唯自心现""法身无量，谁云自他"，希迁所说的湛然圆满之自性既是觉悟之主体，又是世界之本源；"物不异我，我不异物；物我玄会，归乎无极"(《参同契》)，故物与我、主观与客观、内与外、凡与圣、佛与众生等诸相分别均是一心之作用，平等无碍。心之体为性，即长空；心之用为物，即白云。长空不碍白云飞，心性与世界万有亦相即不二。故对此心的体悟既离不开参悟禅理，更离不开对宇宙人生最真切的实践，应会末归本，以物见我，由事显理，达到"即事而真"的境界。石头门下洞山良价云"渠今正是我，我今不是渠"，即谓影子是我，我非影子，形影相睹，形象显本，即事而真。

长空不仅不碍白云飞，更包融白云；白云不仅不滞长空，更是长空显现的必经之物。此即石头宗内外相融、物我冥一的精神境界，及即事即理、于世求法、即世出世的禅修实践。希迁以后，石头宗人进一步发展了“即事而真”的思想，对曹洞宗的宗法影响甚大。

（戴雯炯）

卷四、慧能下三世

百丈怀海禅师

野鸭飞过

师①侍马祖②行次，见一群野鸭飞过。

祖曰："是甚么？"师曰："野鸭子。"

祖曰："甚处去也？"师曰："飞过去也。"

祖遂把师鼻扭，负痛失声。

祖曰："又道飞过去也。"师于言下有省。

却归侍者寮，哀哀大哭。

同事问曰："汝忆父母邪？"师曰："无。"曰："被人骂邪？"师曰："无。"曰："哭作甚么？"师曰："我鼻孔被大师扭得痛不彻。"

同事曰："有甚因缘不契？"师曰："汝问取和尚去。"

同事问大师曰："海侍者有何因缘不契，在寮中哭。告和尚为某甲说。"大师曰："是伊会也。汝自问取他。"

同事归寮曰："和尚道汝会也，教我自问汝。"师乃呵呵大笑。

同事曰："适来哭，如今为甚却笑？"师曰："适来哭，如今笑。"

同事罔然。

（《五灯会元》卷三）

〔注释〕 ① 师：指百丈怀海。 ② 马祖：指马祖道一。

〔鉴赏〕 这则公案的主人公是著名的百丈怀海。百丈怀海(720—814)，俗姓王氏，福州长乐人。幼年出家，初依潮阳西山慧照和尚，后依衡山法朗和尚受具足戒。在庐江浮槎寺(位于今安徽肥东县王铁乡)阅读藏经多年，积累了丰富的经、律、论知识。时值马祖道一在江西南康弘法，他慕名前往参学，与智藏、普愿同称入室，各有擅长，成为鼎足而立的马祖门下三大士。相比而言，他是马祖门下最为有名的弟子，沩仰、临济便是由他的门下分宗创立的。因而，他也被认为是洪州禅的实际弘传人(蔡日新《禅门悟道公案选析》，台北新店圆明出版社 1998 年版)。

说起百丈怀海，最著名的莫过于"一日不作，一日不食"的百丈清规，实际上，他也确实是一个名副其实的佛教改革家，其实践的影响力远大于他的思想，"海之思想别无特色。唯开创禅刹，整顿规矩，成就祖门独立之功，将永不可没。"([日] 忽滑谷快天《中国禅学思想史》)百丈怀海的思想远承慧能，主要得到了马祖道一的真传，强调的是佛法在心中，不假旁求；学佛要消除自心所受妄想的系缚，明心见性。这则"野鸭飞过"的公案就反映了上述思想，百丈怀海由此开悟。

天上飞过一群野鸭，这原本是生活中常见的小事，马祖却以此问怀海，天上的是什么？野鸭飞到哪里去了？怀海也以平常心态回答这些平常的问题：天上的是野鸭子，野鸭子飞走了。结果马祖道一捏了下怀海的鼻子，怀海当下大悟：世界本来就没有空间和时间的分别，既然此刻已经没有野鸭子这个东西，心中应该不留痕迹，还答什么"飞过去了"！而此刻被马祖捏疼的"鼻子"，才是当下最真实的"现在"！马祖的这一捏，乃是大机大用，把时空的分界当下粉碎，破除其迷执，使怀海得以顿悟。而后怀海与同门师兄之间的一段对话，再次验证了他的悟道。所谓"适来哭，如今笑"——方才被捏疼了就哭，如今悟道高兴了就笑，时空一变，永恒的"本我"显现，无我之"我"，与万物和而不同，这正是对当下"自我"的体验。

禅宗思想的主旨是"明心见性""见性成佛"，主张运用"离相、离念、离言"的否定性思维达到一种"不一不异、不来不去、不断不常、不生不灭"的思想状态。因此禅宗主要追求对本心、自性的体悟，落脚于对“当下”“此刻”的感悟，不着于相。“当下”转瞬即逝，过去的不是现在，现在的也不是未来，即“于念不念，念念不住、念念相续”。只有明白了这个道理，把握当下，找到自我，才能找到佛性。

正如怀海所言：“善与不善，世出世间，一切诸法，莫记忆，莫缘念，放舍身心，令其自在。心如木石，无所辨别……对五欲八风不动，不被见闻觉知所缚，不被诸境所惑，自然具足神通妙用，是解脱人。”明白了这个道理，便不会被种种妄相所挂碍了。

怀海的得道开悟对中国禅宗史的发展有重要影响，这则公案的重要性也由此可见。然而值得注意的是，这则公案并没有被收录于《景德传灯录》中，在《祖堂集》中也仅有百丈惟政和百丈怀海的“百丈”之争，唯有《五灯会元》所录甚详，后世多依从于此。

（李　明）

野狐禅

师[①]每上堂，有一老人随众听法。一日众退，唯老人不去。

师问：“汝是何人？”老人曰：“某非人也。于过去迦叶佛[②]时，曾住此山，因学人问：‘大修行人还落因果也无？’某对云：‘不落因果。’遂五百生堕野狐身，今请和尚代一转语，贵脱野狐身。”

师曰：“汝问。”老人曰：“大修行人还落因果也无？”师曰：“不昧因果。”

老人于言下大悟，作礼曰：“某已脱野狐身，住在山后。敢乞依亡僧津送。”

师令维那[③]白椎[④]告众，食后送亡僧。大众聚议，一众皆安，涅槃堂[⑤]又无病人，何故如是？

食后，师领众至山后岩下，以杖挑出一死野狐，乃依法火葬。

（《五灯会元》卷三）

〔注释〕 ① 师：指百丈怀海。 ② 迦叶佛：亦称大迦叶，为佛十大弟子之一。修行头陀苦行，以“头陀第一”著称。后佛于灵山会上，百千万人天围绕之中，手拈大梵天王所献金檀木花示众，其他人都不知是怎么一回事，唯独迦叶尊者破颜微笑。佛说：“吾有正法眼藏，涅槃妙心，实相无相，教外别传，以心印心此法门，已咐嘱于摩诃迦叶。”这就是“佛祖拈花，迦叶微笑”的典故。 ③ 维那：维，是纲维、统理的意思；那，是授事的意思。维那，又作都维那，为寺中统理僧众杂事的职僧，掌理众僧的进退威仪。古来大寺院皆设三纲，即上座、寺主、维那，由维那统御住僧。我国律宗、禅宗等皆置此职。古代丛林中的维纳，要求对佛门的规矩娴熟，喉咙好，资格老，一切节目均靠他安排。 ④ 白椎：亦作“白槌”，椎指椎木，是一种寺院法器，佛事时由维那持白杖敲以聚众。 ⑤ 涅槃堂：又名如意寮，寺院疗养病僧的地方。

〔鉴赏〕 禅宗将学道而流入邪僻、未悟而妄称开悟一概斥之为“野狐禅”。野狐禅的典故来自一则带有神话色彩的公案：百丈怀海每次上堂讲法的时候都有一个老人跟随听法，有一天大家都退下了，老人依然不走。百丈怀海便问老人是何人，因何故。老人回答说，自己并非人，曾经被询问：“大修行人还落因果也无？”，因回答“不落因果”而五百年生沦为野狐身。如今求怀海禅师给一转语。怀海禅师一句“不昧因果”，令老人终得以脱去野狐身。至于这则公案的真伪，忽滑谷快天就说过“是话，非史实，一个公案而已”（[日]忽滑谷快天《中国禅学思想史》）。

理解“野狐禅”，关键在于弄清佛教的因果律以及“不落因果”与“不昧因果”的区别。佛家讲求“因果律”，认为一切诸法的形成，都逃不开因果关系的制约。“因”为能生，“果”为所生，有因必有果，因果是相对待而产生，无论何种存在，有生必有灭，有因必有果，即“物有本末，事有终始”。《无门关》即言“不落因果，为甚堕野狐；不昧因果，为甚脱野狐”，可见，“不落因果”与“不昧因果”，仅仅一字之差，意思却谬以千里。

所谓“不落因果”，就是指没有因果，即过去所做的一切因果，将来不受报，这是错误的。佛家认为，人们的所作所为，必然要承担相应的后果，不可能跳出因果链条。这位老人便是因为一句错误的回答造了口业，否定了因果，而堕沦为五百年的野狐身。而老人因百丈禅师一句“不昧因果”的转语得以解脱。那么，何为“不昧因果”呢？昧，就是暗、不明、糊涂。不昧，就是明了。“不昧因果”，就是知道因必然生果的道理，对因果报应清清楚楚、明明白白。故无门禅师曾有颂云：“不落不昧，两采一赛；不昧不落，千错万错！”

“野狐禅”这则公案中的“不昧”一词用的非常巧妙，既不肯定也不否定，不执着于“落”与“不落”的分别，既不执着于因果，也不否定因果，而是一种明晰道理，超越差别的中道之法。故兜率从悦禅师曾有颂曰：“万丈红岩倚碧空，人间有路不能通；奈何一点云无碍，舒卷纵横疾似风。”借此赞叹百丈怀海的转语如白云舒卷般无碍，充满禅机智慧。自此，野狐禅便用来形容歪门邪道。

这里还有一则更有神话色彩的公案。六祖慧能有一个弟子叫南阳慧忠，是当时的国师。相传有个有神通的“大耳三藏”到京城来，被传得很神异，慧忠便被请去试试大耳三藏的真伪。他问大耳三藏：“我的心在哪里？”大耳三藏说：“你是一国国师，为什么在天津桥上看猴戏？”慧忠说：“对。”然后入定了一会，又问：“现在我的心在哪里？”大耳三藏说：“现在在江边看赛舟。”慧忠说：“是。”然后深入禅定，又问：“我的心在哪里？”大耳三藏回答不上来。慧忠说：“你这野狐精！”便让人把他驱逐出长安了。后人传说慧忠的心当时在三摩地，就是那不生不灭、不增不减之处，“野狐”的道行到不了那里。这个故事虽然神异，却也说明了“野狐”一词所指的邪魔外道之意。

（李　明）

一日不作，一日不食

师①凡作务执劳，必先于众，主者不忍，密收作具而请息之。师曰：“吾无德，争合劳于人？”既遍求作具不获，而亦忘餐。故有“一日不作，一日不食”之语流播寰宇②矣。

（《五灯会元》卷三）

〔注释〕 ① 师：指百丈怀海。 ② 寰宇：寰，指广大的地域；宇，有整个宇宙之意。寰宇合称，即指整个地球、整个天下。

〔鉴赏〕 百丈怀海对禅宗发展的最重大贡献，就是大胆进行了教规改革，在一系列相关主张和思想中，极受人们瞩目的就是这则“一日不作，一日不食”。可以说，禅宗之所以在中国佛教中成为影响最大的宗派，与其较成功地实现了自身的世俗化发展有密切关系。“一日不作，一日不食”是推动禅宗世俗化发展的重要举措。

百丈怀海禅师的一生都在坚持劳作，认为劳动本身就是禅修必不可少的一部分。当时，怀海禅师年事已高，却坚持带头参加日常劳作，他的弟子们都不忍心让他过度劳累，私下里把他的劳动工具藏了起来，结果怀海禅师说，自己并没有那么高的德望，怎能让大家费心替自己操劳？弟子们仍然没有把工具还给他，于是，怀海禅师拒绝进食，并发出了“一日不作，一日不食”的誓言。从此，这句名言便广为流传。在他的《百丈清规》中即有一条特殊的规定：所有住在禅院中的禅僧，不论年老体弱，都要参加劳动，动员大家共同出力，这就是“普请之法”。

怀海禅师的“一日不作，一日不食”是佛教中国化进程中重要的一环，影响深远。我们知道，印度佛教中，僧人过的是一种“托钵乞食”的生活。佛陀贵为王子，出家修道解脱，用托钵乞食得到食物等维持生命的必需品，这本身就是一种修行，可去除傲慢之心和贪欲。佛教传入中国初期，僧众也过着一种专心修行，不参与劳动的生活。但作为一个传统农业大国，僧众的这种不事生产的生活方式屡屡遭到世人讥讽。对于禅宗而言，一方面，随着禅宗的发展，禅僧大都杂居别处，而无独立的禅院，无论是说法还是行道都有诸多不便；另一方面，随着唐朝中叶开始的对佛教特权的诸多限制，寺院在土地、劳动力等方面都有了新的困难，寺僧面临着如何适应社会的生存压力。在这个关键的时刻，为了使僧侣能自食其力，便有“马祖创丛林，百丈立清规”的丛林制度产生，使僧侣穿衣、吃饭、睡觉，皆有一定的规则，并且改变了其“乞食”的传统，提供固定住所令其居住。在衣、食、住都无后顾之忧的前提下，僧人们足可安心专志修道，禅宗自此开创了一种“开垦山林农田，经营农作物以自耕自食为主”的务农生活，“以改变佛教乞食制度”。全体僧众不分彼此，不分长幼，不问地位高低，均共同务农。

“一日不作，一日不食”非常具有中国禅学的特色，这告诉我们，参禅并非只是念佛、打坐、读经，参禅并非必须绝弃生活，脱离社会；相反的，世间万物中处处充满禅机，即使是挑水、种田，都涵蕴着深深的禅意。这是对马祖道一“平常心是道”，行走坐卧皆是禅机的有力践行。自此，其后千余年历代高僧，无不克勤克俭，遵循百丈遗风。

总之，“一日不作，一日不食”是推动禅宗世俗化发展的重要举措。它在理论上融合了中印佛教思想，适应了中国历史上佛教僧团必须解决的经济独立和生存需求的问题，使禅宗迎来了更大的发展。“这种在僧团日常生活或管理制度上的重要变革使禅宗较好地将自身融汇到了中国经济与文化发展的历史潮流之中，为东方文化的繁荣作出了贡献”（姚卫群《“一日不作，一日不食”与禅宗的发展》）。

（李 明）

南泉普愿禅师

一 得 一 失

师[①]问僧曰：“夜来好风？”曰：“夜来好风！”师曰：“吹折门前一枝松？”曰：“吹折门前一枝松。”

次问一僧曰：“夜来好风？”曰：“是甚么风？”师曰：“吹折门前一枝松。”曰：“是甚么松？”师曰：“一得一失。”

（《五灯会元》卷三）

〔注释〕 ① 师：指南泉普愿。

〔鉴赏〕 禅宗公案讲求意会，原本不可言传，强解公案，实际上是说“不可说”之事。相同的一则公案，倘若视角多加转换，就会有不同的答案。这也就是禅宗公案的迷人之处。如同这则“一得一失”的公案，就有如下两种解读。

南泉普愿禅师问他的弟子："夜来好风?"弟子答道："是的，夜来好风。"又问："吹折了门前一棵松么?"回答道："是的，吹折了门前一棵松。"紧接着，普愿禅师又问另一个弟子："夜来好风?"弟子回答道："是什么风?"又问："吹折门前一棵松。"回答道："是什么松?"普愿禅师听后感叹道："一得一失。"

所得为何，所失又为何？一般认为，普愿禅师是肯定前一个弟子的回答为"得"，而否定后一个弟子的回答为"失"。夜来的一阵好风，吹折了门前的一株松树。这是再平常不过的一件事。当被问起这件事，前一个弟子用再平常不过的心态来应对，"是一阵好风""是吹折了一棵松"，娓娓道来，如流水而过。而后一个弟子，却在听到问题的时候拼命追问已经过去的景象，追问"夜来是什么风?""吹折的是什么松?"这不正是一种执着之心的表现吗？同样一个问题，却得到了不同的答案，一个是自信自得的回答，一种是不自信而执着的回答，所悟之高低、深浅和所衬托出的心灵境界大不一样，一得一失，判然相别。星云大师在评定这则公案时，还说了后面的一段故事——问完这个问题之后，南泉禅师又重问学僧道："你将来要做什么?"学僧："不做什么！"南泉："应该要为众生做马牛！"学僧："应该要为众生做马牛！"南泉禅师又再转身问身旁的侍者道："你将来要做什么?"侍者："要做像老师您这样的人物！"南泉："应该要为众生做马牛！"侍者："为什么要为众生做马牛?"南泉禅师看看二人，放大声音仍然慨叹道："一得一失！"对此，星云大师如此点评：前者是南泉禅师的学僧，是入门的学僧，后者是南泉禅师的侍者，是门外的侍者，俗语说："行家前面一开口，就知有没有。"如这两个学僧和侍者，禅语的深浅，从回答的言论中一听即知了。

实际上，普愿禅师并没有明确指出这两个弟子究竟哪一个是得、哪一个是失。如果转变一个角度来看，又可以得出不同的结论。实际上，针对普愿禅师的提问，前一个弟子事事跟随效仿，进行的都是肯定的回答；而后一个弟子则事事生出疑问，进行的都是疑问的回答。而在修习佛法的过程中，这两种态度都是"有得有失"的。弟子对师傅恭敬虔诚，是必要的，但是如果对师傅的话没有理解便不假思索地一味迎合，便是犯了大错。有一则有名的"一指禅"的公案，正是这种不经大脑的效仿的经典案例。而弟子对师傅的教导心存疑惑，也是必要的，“求知扣法以令自强，成于不迷”，然而质疑倘若走向极端，变得事事皆疑，不自信自己的内心，那又怎么能悟道呢？因此，这两种态度，均有值得肯定的地方，但也均落于两边，因此才说“一得一失”。

（李　明）

南泉斩猫

师[1]因东西两堂争猫儿，师遇之，白众曰："道得即救取猫儿，道不得即斩却也。"众无对，师便斩之。

赵州[2]自外归，师举前语示之。

州乃脱履安头上而出。师曰："子若在，即救得猫儿也。"

（《五灯会元》卷三）

〔注释〕 ① 师：指南泉普愿(748—834)。 ② 赵州：指赵州从谂。

〔鉴赏〕 南泉普愿与百丈海怀、西堂治藏并称为“马祖门下三大士”，驰盛名于天下，而有“经入藏，禅归海，唯有普愿独超物外”的美誉。然而普愿法师并无系统著作，他的传记和语录分载于《景德传灯录》《碧岩录》《从容录》《无门关》《五灯会元》《葛藤录》等各种禅宗典籍，其思想可从中窥得一二。总体来说，普愿之禅法“机变纵横”，所传法语往往斩钉截铁，切中要害，所传公案亦被教内称作禅宗的“奇人奇事”。

千百年来，“南泉斩猫”这则公案都是众人争相参会的焦点，众说纷纭，五花八门，错会的人很多，是公认难参的一则公案，对于这则公案的评价也是两极分化，矛盾百出。之所以难参，是因为其中涉及了两个蕴含禅机的场景和疑问：一是普愿禅师挥刀斩猫有何用意，二是赵州和尚脱履安头又有何意。参公案的人倘若仅仅是从这两个场景出发，从字面上下功夫，自然容易下语千言，却离题万里。普愿禅师为了回避正面回答觉悟之道或修行方法的问题，在传法语录中，有不少模棱两可和模糊不清的地方，留下了许多不好参透的“话头”，有时更是用激烈的动作来暗示弟子，这也是洪州禅法踢、打、喝等迅疾施教的峻烈作风的体现,“挥刀斩猫”便是一例。

出家弟子本应六根清净,无欲无求,悉心佛法,求大自在,却为了一只猫大动干戈,相互撕扯。当普愿禅师询问“道得即救猫儿,道不得即斩却也”的时候,众人却不知道如何应答。是啊,其实猫儿只是一个相,为何要执着于此?这场争夺原本就是一个闹剧,犯了佛家贪嗔痴之大忌,一切理由都不成立。于是,普愿禅师挥刀斩猫,这一刀,斩断了弟子们的贪欲;这一刀,平息了弟子们的嗔恨;这一刀,更提醒了弟子们切勿本末倒置,忘记学佛的终极追求。因此,当赵州从谂归来得悉事情经过,慢吞吞地脱履安头的时候,得到了普愿禅师的印证。其中的道理已经跃然眼前——鞋子本应该穿在脚上,却被用来戴在了头上,这就是一种颠倒。所谓“心本无生,因境而显”。表面看来,赵州和尚是在讥讽那群本末倒置,为猫争夺的僧众;深入分析,他是在告诉我们:“颠倒妄想炽盛处,正是修行好时节。”修行就在日常生活中,修行就在烦恼缠身处。

然而,无论如何,南泉斩猫终究犯了杀戒,为了劝导别人勿贪勿争而毁了自己的修行。因此,历史上对南泉斩猫的评价也莫衷一是。有人认为南泉采取一刀两断的方式是必要的,“幸得南泉举得令,一刀两断任偏颇”(雪窦重显)。有人一分为二地评论道,南泉犯了杀戒,“一刀两断”是“杀人刀”,是将猫真的杀死;“一刀一断”是“活人剑”,只有赵州从谂的“顶履而走”的做法是正确的“禅者的超脱”(白隐慧鹤)。有人则完全否定南泉斩猫的行为,认为在僧众因猫发生争执的时候,南泉和当时的僧众竟然对猫提刀便斩,鲜血迸流,太残忍了(文首)。当然,如今我们看到的大多是肯定南泉斩猫的评论,如日本禅学者铃木大拙就说:“赵州和尚的行为都是十分认真、十分严肃的,只是不了解其中的奥妙,才会有上述疑问。禅不是一种教化,禅要把一切羁绊彻底抛却。”南泉此举,虽是求成心切,亦自有深意,颇有些我不入地狱谁入地狱的意味。

事实上,对于南泉斩猫中普愿禅师和赵州和尚的用意,所谓的解释和评价大都是我们的一厢情愿,也许永远都得不出真正的终极答案,所谓“一千个读者心中有一千个哈姆雷特”,对于这样一则公案,相信每个人心中都有自己的答案。

(李　明)

山下作一头水牯牛去

师[①]将顺世[②]，第一座问："和尚百年后向甚么处去？"师曰："山下作一头水牯牛去。"座曰："某甲随和尚去还得也无？"师曰："汝若随我，即须衔取一茎草来。"

（《五灯会元》卷三）

〔**注释**〕 ① 师：指南泉普愿。 ② 顺世：佛教指僧徒逝世。

〔**鉴赏**〕 佛教有业感轮回之说，将世间众生的生灭流转变化，按其欲念和色碍存在的程度而分为欲界、色界、无色界三种，统称为三界，作为处于生死流转中的有情众生生存的场所。其中，欲界中的众生，又可以分为六类，由下趋上分为地狱、饿鬼、畜牲、人、阿修罗、天，是为六道。其中地狱、饿鬼、畜牲为三恶道，人、阿修罗、天为三善道。众生因为生前善恶行为的不同，导致在六道中轮回受苦。而学佛的终极目的便是让人摆脱所有的痛苦与烦恼，成为自觉觉他、觉行圆满的佛，超出生死和三界六道的轮回，达到理想的彼岸世界。佛教的六道轮回说与中国本土的"积善之家必有余庆，积不善之家必有余殃"的善恶报应说高度契合，得到了社会大众的普遍认可，深信不疑。而对于普通人来说，将来会沦为六道中的哪一道，则主要看其前世所修之福，所作之业。但是对于像南泉普愿这样的得道高僧来说，摆脱轮回，修道成佛，涅槃自在才是他应有的归宿。然而，当弟子问普愿禅师圆寂之后的归处时，普愿禅师却答道："山下作一头水牯牛去"。牛是什么？牛是畜生，"诸有情因造作种种愚痴业，或因身语意各种恶行，堕于畜生道中"（《大毗婆沙论》）。那么普愿禅师为何甘于堕入畜生道呢？如果连普愿禅师都堕入畜生之道，其他的修行之人学佛还有什么意义呢？因此，倘若我们分析一则公案，仅仅按照它的字面意思进行分析，自然难以领悟蕴含其中的大机大用。

禅宗认为，我们的生活中处处充满着禅意和禅机，所谓"神通及妙用，运水与搬柴"，学人只要全身心地投入进去，处处都可以领悟到禅机，处处都可以实证禅的境界。悟禅之关键就是要保持一颗平常心，所谓"平常心是道"，正如同普愿禅师所言："春有百花秋有月，夏有凉风冬有雪。若无闲事挂心头，便是人间好时节。""平常心"的关键就是不有意造作，无是非取舍，心中不存善恶凡圣的区别。这种生活就是一种心无挂碍，自由自得的生活。因此，普愿禅师所言"山下作一头水牯牛去"并不是说真的要去作一头畜生，而是一种"做什么都可以"的自在洒脱。在这里，"水牯牛"是一个象征，象征着无思无虑、自由自在，绝是非，离语言，脱离人类社会无所不在的精神枷锁，进入真正的"饥来吃饭，困来则眠"的境界。

普愿禅师对于来世的归宿是没有挑剔，不做安排的，他打破了一般人认为的高僧过世，一定会转世再做高僧或往生佛国净土的执念，用一种轻松随意的态度对待这个终极的归宿问题。"向异类中行"，化作人以外的其他动物，像大雁一样不留下踪迹，像山下吃草的水牯牛一样悠然自在。如果我们还在盯着"水牯牛是畜生"一句不放，不正是"有我、有念、有相"的表现么？这反而就是一种分别之心，是执着和计较，和禅宗精神背道而驰了。其实，对于真正解脱自在的普愿禅师来说，无论是佛，还是菩萨，或者是水牯牛，都是假名而已，没有什么分别，无论做什么，只要是无挂无碍、无所期待、无所畏惧就是成佛的状态了。

然而弟子对普愿禅师却选择誓死追随，既然师傅选择去作一头水牯牛，弟子便也要追随师傅去作牛。然而，"此牛"却非"彼牛"，普愿禅师是无欲无求的随顺自然，弟子却是有目的的"执着"，这是没有觉悟的表现！因此，禅师回应的"倘若你要追随我，要衔取一茎草来"，是一语双关——倘若你没有觉悟，那么你随我作牛，就真的成为一头"水牯牛"吧；倘若你要理解其中的奥妙，就"自衔茎草"，自食其力，自证自悟吧！

（李　明）

归宗智常禅师

圆 相 围 菜

师[1]入园取菜次，乃画圆相，围却一株。语众曰："辄不得动着这个。”众不敢动。

少顷，师复来，见菜犹在，便以棒趁众僧曰：“这一队汉，无一个有智慧底。”

（《五灯会元》卷三）

〔**注释**〕 ① 师：指归宗智常。

〔**鉴赏**〕 禅宗思想使中国佛教思想产生了革命性的变化，由传统的外在的止观坐禅等修行方式，即依靠他力求生西方，以及那些烦琐的佛教义理和名相分析，一变而为一种崭新的“心”学思想。中国禅学的立论基础就是“性本清净”，性自明觉，“见自性清净，自修自作法身，自行佛行，自成佛道”，觉悟不在于向外追求，而在于反求诸己，识得自性，还得本心，便能成佛。

中国的禅与其说是一种宗教的修行，不若说是一种生活的智慧。《坛经》里提出了“以无念为宗，无相为体，无住为本”的三原则。无念，“于念而不念”；无相，“于相而离相”；无住，念念相续。同时还提出了天地、日月、明暗、阴阳、有无、色空等“三十六对法”，“此三十六对法若解用，即通贯一切经法，出入即离两边”。可见禅宗强调的是一种“离念、离相，超二元对立的否定性思维”，是一种涵盖一切的超越精神。什么是禅？禅就是“一种意境；一种力图摆脱思维羁绊，超越相对，涵盖相对，游行自在的意境。”（麻天祥《中国禅宗思想发展史》）只有超越了二元对立，才能“见性成佛”；虽然人不能远离世俗，心境却可以保持“出淤泥而不染”的自由状态，“由自我具足的内向转为自由无碍的外向”。（张中行《禅外说禅》）

然而，智常禅师仅仅是在一棵菜旁边画了一个圆圈，让众僧不要动，那群僧人便真的以此为界，不敢逾矩收菜了。无怪乎智常禅师恨铁不成钢，一边用棒子追打众僧，一边大叫“这帮和尚，没有一个有头脑的”。既然禅宗是将一切现成的规矩法度都看成对自我心性的束缚与障碍，那么一切外在的陈规戒律就都只是僵死的教条，它只能束缚限制内心，妨害众生对自我心性的体认。禅宗的悟道，就是要破除分别，破除执着。智常禅师的一个圆圈，就让这帮和尚将圈内的菜和圈外的菜区别开来对待，这是有“分别心”的表现，是固守规矩，拘守成命的表现。他们没有一个人敢于突破藩篱，解放思想，用平常心、无分别心来面对问题，实在像那棵菜一样被困住了！

其实日常生活中，我们又何尝不是常常把自己的思想尘封，纳入重重规范和限制当中，固守着一个个陈旧的、死板的教条，真应该借用智常法师的棒子好好敲打一下我们的脑袋，让我们自由畅快地抒发所想，突破那些陈旧思想的藩篱，发挥和创造出更大的智慧光芒。

（李 明）

芥子纳须弥

江州[①]刺史[②]李渤[③]问："教中所言：须弥纳芥子，渤即不疑。芥子纳须弥，莫是妄谭[④]否？"

师[⑤]曰："人传使君[⑥]读万卷书籍，还是否？"曰："然。"

师曰："摩顶至踵[⑦]如椰子大，万卷书向何处着？"李俯首而已。

（《五灯会元》卷三）

〔**注释**〕 ①江州：治今江西九江。 ②刺史：官名。隋初罢郡，以州统县，州的长官称刺史。 ③李渤(773—831)：唐代诗人，字浚之。曾任江州刺史，期间为江州人民办了几件有益的事情，最为有名的是曾经倡议和主持疏导南门湖，筑堤建闸，植柳造桥，调节和控制水位，以利灌溉农田和方便行旅。人们为了感谢和纪念他，将新建的堤命名为李公堤，外湖名甘棠湖，桥名思贤桥。 ④谭：通"谈"。 ⑤师：指归宗智常。 ⑥使君：汉代之后对州郡长官的尊称。 ⑦踵：脚后跟。

〔**鉴赏**〕 佛教主张，宇宙系由无数个世界所构成，一千个一世界称为一小千世界，一千个小千世界称为一中千世界，一千个中千世界称为一大千世界，合小千、中千、大千总称为三千大千世界，此即一佛之化境。每一世界最下层为一层气，称为风轮；风轮之上为一层水，称为水轮；水轮之上为一层金，或谓硬石，称为金轮；金轮之上即为山、海洋、大洲等所构成之大地；而须弥山即位于此世界之中央。（《佛光大辞典》）因此，佛家往往以"须弥山"比喻极为巨大。而与它对应的芥子是什么？芥子系芥菜之种子，颜色有白、黄、赤、青、黑之分，体积微小，在佛教经典中常用以比喻极小之物。（丁福保《佛学大辞典》）如此看来，“须弥至大至高，芥子至微至小”（白居易《白氏长庆集·三教论衡·问僧》），“须弥纳芥子”理所当然，但说“芥子纳须弥”不免让人迷惑。

《维摩诘经》有云：“唯！舍利弗！诸佛菩萨，有解脱，名不可思议。若菩萨住是解脱者，以须弥之高广内芥子中无所增减，须弥山王本相如故。而四天王、忉利诸天不觉不知己之所入，唯应度者乃见须弥入芥子中，是名住不思议解脱法门。”唐代的著名诗人白居易就对这段经文有过深深的疑惑，直问：“岂可芥子之内入得须弥山乎？”（《白氏长庆集·三教论衡·问僧》）江州刺史李渤也提出了同样的疑问：“如果说须弥纳芥子，那我深信不疑，可如果说芥子纳须弥，是不是妄谈啊？”对此，智常法师说道：“我听说使君读万卷书籍，满腹经纶，是不是啊？但是你整个的人从头到脚的那颗心也只有椰子那么大，怎么能装得下这万卷书籍呢？”一番道理说得李渤心悦诚服，恍然大悟：原来事物本无大小的分别，所大所小皆由人心。

实际上，佛家看来，大和小都是相对而言，大可以纳小，小亦可以纳大。一块小小的肉，其中蕴含着千百万个细胞；一个小小的细胞，其中又蕴含着千百万个细菌；每个细菌又可以再分下去，它的生命里还有生命，小中有大，大中有小，这就是“须弥藏芥子，芥子纳须弥”的道理。常人眼中，“一”就是一，“多”就是多，“大”就是大，“小”就是小。但是，在佛家看来，一就是多，多就是一，大就是小，小就是大。遵循“一多不二，空有不二，是非不二，善恶一心”的“不二法门”。因此，不要轻看“小”的个体，小小的个体其实蕴含着相当于“须弥山”一般的巨大的能量。所谓“佛观一粒米，大如须弥山；若人不了道，披毛带角还”，小因缘亦可聚合大能量啊！

（李　明）

大梅法常禅师

梅子熟也

大寂[①]闻师[②]住山，乃令僧问："和尚见马大师得个甚么，便住此山？"师曰："大师向我道：即心是佛。我便向这里住。"

僧曰："大师近日佛法又别。"师曰："作么生？"

曰："又道：非心非佛。"师曰："这老汉惑乱人，未有了日。任他非心非佛，我只[③]管即心即佛。"

其僧回举似马祖，祖曰："梅子熟也！"

（《五灯会元》卷三）

〔**注释**〕 ① 大寂：指马祖道一。 ② 师：指大梅法常。 ③ 只：通"只"。

〔**鉴赏**〕 "即心是佛"与"非心非佛"是马祖道一思想的两个重要命题。"即心即佛"并非马祖道一的新说，《观无量寿经》中即有"是心作佛，是心是佛"之说，《坛经》里亦有"不识本心，学法无益，识心见性，即悟大意""人性本净……自性本净""本元自性清净""佛是自性作，莫向身外求"的论述。这种"即心即佛"的佛性论是一种以"人"为核心的"心"学思想——不须向外求佛，你的自心即是佛。这就是马祖道一所言的"汝今各信心是佛，此心即是佛心"，"佛不远人，即心而证"。在众人不明白这个道理的时候，马祖禅师向法常禅师传授"即心即佛，即佛即心"的道理，就是告诉人们佛在自心，不必外求，人们要认识自性，自修自悟。

然而，这还仅仅是第一步，倘若会错了意，执着于心，局限于心，甚至"认心作佛""唤心作佛"，那就大错特错了。于是，马祖道一后来又提出了"非心非佛，非佛非心"的命题——"不是佛，不是物，不是心"。"非心"就是要我们不要把众生的心当成佛的心，或不当成佛的心，佛其实并没有一个什么固定的心，并不局限在任何一个假名之上，有一个叫作“佛的心”的东西，“成佛之后，法身遍在，即无相也无心”。所以，因为佛心无相；众生有相，但众生不是真的；有相的佛不是真的佛。佛是无心、无相的，却有其悲智的功德作用，所以说“非心非佛”。

表面看来，“即心即佛”与“非心非佛”是对立的一对命题，但其实是辩证统一的——人人明白自心是佛，也就不存在所谓“身外之佛”“心外之佛”，因此可以说“非心非佛”。这两个命题都是正确的，亦无高下之分。可以说，“非心非佛”是“即心即佛”进一步的注脚，更具有中国化佛教的特色。

法常禅师因听闻马祖道一“即心即佛，即佛即心”的开示而悟道，另辟丛林开坛说法。马祖道一派弟子试探法常是否真正开悟，而告知如今马大师已经不讲“即心即佛”，而论“非心非佛、非佛非心”的道理了。结果法常禅师并没有因此而动摇心智，直言“不管什么非心非佛，我仍然坚持我的即心即佛，即佛即心”。闻此，马祖道一大喜，说了一句“梅子熟了”。

这则公案的话头就在于“梅子熟了”，为何说法常禅师没有理会马祖大师的“非心非佛”的道理就说他是“梅子熟了”呢？前面我们分析过，这两种说法都是正确的，按照常理，法常禅师应该继续参详“非心非佛”的道理才对，然而他却不加理会，这正是一种真正开悟了的表现。这是因为，在法常禅师心中，他是听闻“即心即佛”的道理而开悟的，并没有因为马祖大师的其他说法而动摇信心。如果轻易跟随外界的纷扰而意乱心迷，那就不可能是真正的开悟，法常禅师以一颗平常心对待外界的纷扰，不管是与非，有与无，好与坏，均无异质，这不正是佛教的“不二法门”么？因此，“梅子熟了”，法常禅师是真正悟道了啊。

（李　明）

大珠慧海禅师

饥来吃饭，困来即眠

源律师[①]问：“和尚修道，还用功否？”师[②]曰：“用功。”

曰："如何用功？"师曰："饥来吃饭，困来即眠。"

曰："一切人总如是，同师用功否？"师曰："不同。"

曰："何故不同？"师曰："他吃饭时不肯吃饭，百种须索；睡时不肯睡，千般计较。所以不同也。"律师杜口。

（《五灯会元》卷三）

〔注释〕 ① 律师：佛教指专门研究解说佛教清规戒律的出家人。 ② 师：指大珠慧海。

〔鉴赏〕 佛教的修行之路往往给人以高深莫测、玄之又玄的感觉，又或者想到的不是严苛的清规戒律，就是艰苦的打坐念佛。但是禅宗却告诉我们"搬柴运水都是道"——只要我们细心地体味人生，感受生活，就会发现原来"佛法遍一切处，无处不是道"，不仅仅是在寺院，也不一定非要出家，无论是高山流水，还是庭院黄花，无论是大千世界，还是寸草小花，乃至日常生活中的一点一滴，都是蕴含禅意，满富佛理的真谛和意境。

中国禅的特色就在于提出了"平常心是道"，只要人们能保持一颗"平常心"，无杂念，不矫揉，不造作，无是非，无取舍，无断常，无凡无圣，无分别，不落于一边而行中道，超越二元对立，不受那些相对的观念的束缚，便可以合于道。如何做到平常心？景岑招贤禅师曾讲，平常心便是"要眠即眠，要坐即坐"，"热即取凉，寒即向火"，"吃茶吃饭随时过，看水看山实畅情"。这种摆脱一切束缚的自由便是大自在！

"平常心是道"是马祖道一提出的著名命题，大珠慧海是马祖的高徒，继承了他的思想精华，所以当源律师询问他如何用功修道的时候，他就回答道："饥来吃饭，困来即眠。"这本是人人都应该做到的一件再平常不过的事，又有什么不同呢？慧海禅师所说的"他们吃饭时不肯吃饭，却百般要求；睡觉时又不肯睡觉，却千般计较。所以，他们与我的用功不同"，道破了玄机。是啊，看似简单的事情，如果我们用一颗不染尘事，清澈如霞，不忧不怖、无忧无悔的平常心对待的时候，就能专注于体悟当下，那么吃饭就是吃饭，睡觉就是睡觉，吃饭、睡觉就是当下唯一的事情，便是整个极乐世界。但是，如果做一件平常事的时候，却百般计较，永不知足，或者被其他的烦恼忧愁所缠绕，贪嗔妄想便会随之而起，结果吃饭时不好好吃饭，睡觉时不好好睡觉，心不安宁。

这样简单的道理，想要做到却并不容易。有多少人不能专注于此刻，安住于当下，他们若有所思，心有所属，即此而想彼，着眼现在却想着过去或者未来。有多少人每天只知道抱怨现实，满腹牢骚，却忘了欣赏路上的风景，体悟当下的快乐，结果却是浪费了当下。古往今来的芸芸众生，又有几人能够做到慧海法师说的“饥来吃饭，困来即眠”呢？又有多少人是“吃饭时不肯吃饭，却百般要求；睡觉时又不肯睡觉，却千般计较”呢？因此，禅宗的智慧就是这么简单，只要我们能够心无杂念，心自清净，便能安住于当下，在任何境界，做任何事情都能无忧无虑不被束缚，自在洒脱。

（李　明）

长髭旷禅师

红炉上一点雪

曹溪礼祖塔①回，参石头②。头问：“甚么处来？”曰：“岭南来。”

头曰：“大庾岭③头一铺④功德成就也未？”师曰：“成就久矣，只欠点眼⑤在。”

头曰：“莫要点眼么？”师曰：“便请。”头乃垂下一足。

师礼拜，头曰：“汝见个甚么道理便礼拜？”师曰：“据某甲⑥所见，如红炉上一点雪。”

（《五灯会元》卷五）

〔注释〕 ① 祖塔：指安葬六祖慧能的墓塔，在今广东省韶关市南华寺内。 ② 石头：指石头希迁。 ③ 大庾岭：亦称庾岭、台岭、梅岭、东峤山，中国南部山脉，位于江西与广东两省边境，为南岭的组成部分。庾岭之山脊筑有一雄关，自秦代开始，此岭便是古代的军事要塞。 ④ 铺：此处指驿站。古代的驿站叫“铺”，如三十里铺。 ⑤ 点眼：挑明法眼，显示法眼。 ⑥ 某甲：自称之代词。

〔鉴赏〕 这是一则关于长髭旷禅师的著名公案。长髭旷禅师(740—830)，俗姓旷，因留长须而有此名，潭州攸县(今属湖南株洲)人，是唐代湖南地区著名的禅师。这一公案发生于他初参石头希迁时。

礼拜六祖慧能的墓塔被禅僧看作是一件功德无量的事情。不过，禅宗对祖师礼拜并非迷信活动，这与其他宗教有本质区别。正如梁启超所说，古代僧人留学印度、礼拜佛教胜迹自然与其宗教感情之冲发有密切关系，“然以比诸基督教徒之礼耶路撒冷，天方教徒之礼麦加，与夫蒙藏喇嘛之礼西天，其动机纯为异种。盖佛教本贵解悟而贱迷信。”(梁启超《中国印度之交通》)因此，禅僧礼拜祖塔，一是为了积攒功德，二是为了追求学问。按禅宗的修行理论，只有在功德和学问修行到一定程度，才可以突然遇到一个机缘就能“桶底脱了”，大彻大悟。长髭礼拜祖塔便暗含着他修行功德的意思。于是，石头问长髭旷禅师，大庾岭头的一关隘的功德，你是否已经成就？其实，就是问旷禅师是否已经修行了足够的功德和学问。这就如同过大庾岭的关卡，只有过了平日“渐修”的关隘，才能“顿悟”禅的境界。

长髭禅师表示：“成就久矣，只欠点眼在。”也就是修禅的准备工作早就已经完成了，只是缺少一个顿悟的机缘(点眼)。于是，石头禅师垂下一足要给他“点眼”，结果长髭禅师马上顿悟，便礼拜。石头考问他，你觉悟了什么？长髭禅师回答：“如红炉上一点雪。”这是说禅宗的觉悟非常迅速，如雪在红炉上即刻融化一般。慧能开创的南宗禅是以“顿悟成佛”而闻名的，讲究的是遇到点眼便能迅速领悟禅的意境。按神会的说法，主张顿悟还是渐悟是南北禅宗的主要差别。然而，按现代学者的研究，其实这种分法并不正确，南北二宗其实都强调“渐修顿悟”。禅师们平日做着各种各样的修行，积累功德，直到有一天，他们遇一巧妙的机缘，可能是听到一首诗，可能是听到鸡鸣，突然电闪雷鸣般证悟了宇宙人生的最高真相，即达到了禅的境界。长髭禅师便是以“如红炉上一点雪”，这样蕴含禅意的语言来表达他领悟的迅猛和酣畅。

此外，“红炉上一点雪”是一个很奇特的景象，烧红的火炉上一点白雪，白色的、极冷的雪和红色的、极热的火，产生了强烈的二元冲突。而禅却是一种超越相对，超越一切二元对立的意境，但值得注意的是，禅虽然超越相对，却又涵盖相对，不是要以对立去解决对立，而是要让对立相互融合。所以“红炉上一点雪”也反映了禅是一种消融二元对立、涵化二元对立的意境。

（沈　庭）

庞蕴居士

一口吸尽西江水

（庞蕴[①]）后参马祖，问曰：“不与万法为侣[②]者是甚么人？”祖曰：“待汝一口吸尽西江水，即向汝道。”士于言下顿领玄旨[③]。乃留驻，参承二载[④]。有偈曰：“有男不婚，有女不嫁。大家团乐头[⑤]，共说无生话[⑥]。”

自尔机辩[⑦]迅捷，诸方向之。

（《五灯会元》卷三）

〔注释〕 ① 庞蕴：又称庞居士。曾参石头希迁，后印证于马祖道一，这则公案乃是他在马祖处悟道之作。 ② 侣：伴侣。 ③ 玄旨：玄妙的旨意，指禅的意境。 ④ 载：年。 ⑤ 头：动词后缀，无实义。 ⑥ 无生话：无生，指超越生灭的境界，佛教认为禅的境界是无生无灭的。无生话，则泛指一切引领众生觉悟“无生”的佛法教旨。 ⑦ 机辩：禅宗师徒间传法时所运用的禅机和应辩。

〔鉴赏〕 庞蕴，字道玄，衡州（治今湖南衡阳）人，家世儒业，由于是在家居士，所以史书一般称其“庞居士”。一般来说，在家居士的地位要低于出家僧人，但庞居士是个例外。他在禅宗史上不但与诸多高僧齐名，而且不少僧人反而向他请教佛法，以致后人将他看作是维摩诘居士的化身。

据唐代于頔编《庞居士语录》卷一记载，庞居士于贞元初年（785）拜谒石头希迁，问：“不与万法为侣者是甚么人？”石头以手掩口，庞居士当即豁然省悟。一日,石头问庞居士每天都干些什么事。庞居士表示这很难开口回答,于是呈偈曰:"日用事无别,唯吾自偶谐。头头非取舍,处处没张乖。朱紫谁为号,北山绝点埃。神通并妙用,运水及搬柴。"大意是说,每日以无分别心处理日用事,这样就能把禅的神通、妙用全部落实于运水、搬柴之类的日常生活中。对此,石头希迁表示认可,问他是愿意出家为僧,还是在家当居士。他说:"愿从所慕",即愿意像他敬仰的维摩诘居士一样在家做居士。于是,他便不剃度,在家修行。

后参马祖道一禅师,问了马祖同样的问题:"不与万法为侣者是甚么人?"所谓"不与万法为侣者",指的是能够觉悟那超越一切万法的真如、法性的人,也即见性成佛之人。因此,庞居士实际上是问:佛是什么人?马祖回答:"待汝一口吸尽西江水,即向汝道。"西江水是不可能一口吸尽的,马祖这样说其实想表达的意思是:想要言说什么是佛、法性、真如这类问题是不可能的事情,如同"一口吸尽西江水"一般。马祖这般回答便是要打断庞居士对佛、真如、法性等问题的言说和思考,促使他去体悟那不可说的离言自性。正如文殊道禅师所颂:"一口吸尽西江水,大师也是不得已。偶被庞公借问来,尽力道得只如此。"庞居士问石头禅师,石头掩口不言,表示真如法性不可言说。而马祖则勉强言为:"待汝一口吸尽西江水,即向汝道。"实际上,是言说那不可言说者,"尽力道得只如此",也即勉强说之而已。

庞居士在马祖门下参修两年,他曾作偈子:"有男不婚,有女不嫁。大家团乐头,共说无生话。"展现了马祖门下僧人们共同参禅、学佛的团圆快乐的生活情景。

此则公案在禅林中非常有名,后来出现了许多颂古,如:"一口吸尽西江水,洛阳牡丹吐新蕊。簸土扬尘勿处寻,抬眸撞着自家底"(五祖法演);"吸尽西江向汝道,马师家风不草草。截流一棹破烟寒,天水同秋清渺渺"(天童正觉);"一口吸尽西江水,鹧鸪啼在深花里。自有知音笑点头,其来不入聋人耳"(宝峰惟照)。

(沈　庭)

好雪片片

因辞药山①，山命十禅客②相送至门首。

士乃指空中雪曰："好雪！片片不落别处。"

有全禅客曰："落在甚处？"士遂与一掌。

全曰："也不得草草。"士曰："恁么称禅客，阎罗老子未放你在。"

全曰："居士作么生？"士又掌曰："眼见如盲，口说如哑。"

（《五灯会元》卷三）

〔**注释**〕 ① 药山：指药山惟俨禅师（751—834），俗姓韩，绛州绛县（今属山西运城市）人。禅宗南宗青原系僧人。年17岁南度大庾岭，到潮州（今属广东）的西山，从慧照禅师出家。唐大历八年（773）从衡岳寺的智澡（或作"琛"）律师受具足戒，后前往谒见石头希迁，从受禅法，"密证心法"。由于晚年常住药山寺，故称"药山惟俨"。圆寂后，唐帝谥号"弘道大师"。是曹洞宗始祖之一，是联系马祖道一禅系和石头希迁禅系的重要禅师，在禅宗历史上有举足轻重的地位。 ② 禅客：禅寺中预先安排有口才的禅僧，当俗家请主持僧说法时，这些禅僧即出来与主持僧问答应对，共同完成说法。这些禅僧称为禅客。

〔**鉴赏**〕 禅宗非常重视"行脚"，也即在游历四方时去亲证宇宙人生的终极真谛。朱熹便非常赏识禅家的这种修行方式，他在临终前告诫自己的得意门生陈淳："今也须如僧家行脚，接四方之贤士，察四方之事情，览山川之形势，观古今兴亡、治乱、得失之迹，这道理方见得周遍。'士而怀居，不足以为士矣！'不是块然守定这物事，在一室闭门猛坐便了，便可以为圣为贤。自古无不晓事情底圣贤，亦无不通变底圣贤，亦无关门独坐底圣贤。圣贤无所不通，无所不能，那个事理会不得？"（《朱子语类》卷一百一十七）这则公案就是庞蕴居士参访药山惟俨禅师后，离开庙门时发生的故事。

庞居士辞别药山禅师，药山禅师命十个禅客相送于寺门，这隆重的送行队伍已然说明庞蕴虽是居士身份，但其禅修水平却远在一般僧人之上。在山门口，庞居士见天空突然下起大雪，天地白茫茫一片，好不干净，雪花一片片飘落，情不自禁地感叹道："好雪！片片不落在别处。"这话很奇怪，明明雪花纷飞，满地皆是，但庞居士"睁眼说瞎话"，偏偏说："片片不落在别处。"既然不落在别处，那又落在哪里呢？于是有个名叫"全"的禅客忍不住如是提问。没想到庞居士立马打了他一掌，然后又不说理由。这个禅客吃了一巴掌自然更加丈二和尚摸不着头脑，说："也不能草草了事"，既然打了人自然得交代个理由。禅客当然知道禅师常以"打人"的方式启悟学僧，但他仍然没明白其中的道理。庞居士对这位禅客的表现很不满，责备道："你这样的人也配称禅客？阎罗王不会放过你的！"也就是说禅客未能获得最高的觉悟，仍然不能脱离生死轮回的业报。该禅客不服气，反问道："居士您又怎么样呢？"意思是阎罗王会放过你吗？庞居士又打了他一巴掌，说："眼里看见却如同瞎子（没看见），口中说话却如同哑巴（没说出来）。"

庞居士以漫天纷飞的大雪为契机启悟禅客，随手拈来，没有矫揉造作，既贴近生活，又清新自然，意境优美。他说雪花片片不落在别处，指的是"自性含万法"，一切外境都是心识的作用，本质上都是自性中的影像，片片雪花不落别处，自然是落到自性、自心上来。可惜禅客没有"明心"，也未能"见性"，故遭了庞居士的巴掌。庞居士最后说："眼见如盲，口说如哑。"指责禅客虽然有眼却看不见真理，如同盲人，虽然说了很多话却句句错误，因而也是等于没说，如同哑巴。这是告诫禅客不应被眼睛和语言、思维所限定，按照普通人的眼光去执着外境，而应超脱视觉、世俗思维的羁绊。

（沈　庭）

药山惟俨禅师

千圣不识

一日，在石上坐次，石头问曰："汝在遮里作么[①]？"曰："一物不为。"

头曰："恁么即闲坐也。"曰："若闲坐即为也。"

头曰："汝道不为，不为个甚么？"曰："千圣亦不识。"

头以偈赞曰：

"从来共住不知名，任运相将只么行。自古上贤犹不识，造次凡流岂可明？"

后石头垂语曰："言语动用没交涉。"师曰："非言语动用亦没交涉。"

头曰："我这里针劄不入②。"师曰："我这里如石上栽华。"头然之。

（《五灯会元》卷五）

〔注释〕 ① 作么：即"做什么"。 ② 针劄不入：劄，同"扎"。针都扎不进去，喻指禅机圆妙。

〔鉴赏〕 禅，本意为"禅定"，是佛教修行的一种静坐、冥想的实践方式。禅师希望"由定生慧"，通过禅定最终走向智慧觉悟。而禅定之所以重要就在于它抛弃了一切妄想执着。惟俨坐在石头上，其师石头希迁问他："你在这里干什么呢？"惟俨回答："什么也没干。"石头禅师又问："这便是闲坐着了。"惟俨说："如果我是闲坐，那就已然是干了什么。"即使什么也不干，那还是在干"什么也不干"这件事，禅宗对一切造作的破斥是非常彻底的。石头禅师又问："你说什么也不干，不干个什么呢？"惟俨说："千圣亦不识。"意思是我在干古往今来的圣人也不知道的事情，其实便是说禅不是知识性的东西，它超越了最智慧的思维。

后来石头禅师又对惟俨说："言语行事与禅旨没有关系。"惟俨应对："不言语行事也没有关系。"石头说："这里针也扎不进去。"惟俨说："这里如同石块上栽花。"石头的话是从肯定的角度说禅，惟俨的话是从否定的角度说禅，呼应上文"一切不为"，石头最后的总结是禅的空灵妙境，圆满自足，一切语言、行为都不能加于其上。惟俨则又引入另一比喻："如石头上栽花"，这样的栽花自然是白费功夫，肯定活不了。所以言语行事都是试图在石头上栽种花朵，白费力气而已。这是用日常生活中的常识来说明静坐等行为、经教上的语言都与禅没有关系，一切行为、语言都是帮助理解禅的手段而已，不是禅本身。

（沈　庭）

一言不措

师久不升堂，院主①白曰："大众久思和尚示诲。"

师曰："打钟着！"众才集，师便下座，归方丈。

院主随后问曰："和尚既许为大众说话，为甚么一言不措？"

师曰："经有经师，论有论师，(律有律师)，争怪②得老僧？"

（《五灯会元》卷五）

〔注释〕 ① 院主：又名寺主，寺庙职位的一种，监事的旧名。 ② 争怪：即"怎么怪"。

〔鉴赏〕 惟俨禅师长期不上堂讲法，寺院的监事就跑过来请惟俨开示佛法。惟俨说："先打钟吧。"待僧众集合坐定，惟俨便进来坐在讲座席上，然后一言不发，又起身回到方丈室中去了。留下禅堂中的众僧不明所以，于是监事马上追上惟俨禅师问道："您既然答应给大众开讲佛法，为什么刚才一言不发？"惟俨禅师回答："讲经有经师，讲论有论师，讲律有律师，怎么还责怪老僧呢？"

佛教将佛陀的教导分为经、律、论三大类，合称"三藏"，意为佛法的总称。如果某和尚能精通经、律、论则被尊称为"三藏法师"，例如唐代的玄奘法师便被大众称为"唐三藏"。在寺庙里，有专门讲经的经师、有讲论的论师、有讲律的律师，使得学人打下扎实的佛学基础。但是，按禅宗不立文字、教外别传的宗旨，经、律、论都只是启悟的凭借，师父能教弟子经、律、论，但真正的开悟只能靠弟子自己，即所谓"自度"。《六祖坛经》有载，五祖弘忍亲自送慧能到九江驿，令慧能上船，然后自己摇橹。慧能说："请师父坐下，弟子来摇橹。"五祖道："总的来说是我渡你。"慧能应答道："迷时师度，悟了自度。"不懂得佛法时，需要师父教导，等掌握了经、律、论等教导后，最终的觉悟却只能靠自己，禅不是师父能直接教授给弟子的，所以"悟了自度"。惟俨禅师"一言不措"便离开讲堂，便是希望弟子们不要依赖师父的教导而去自度、自悟。

（沈 庭）

非 思 量

师坐次，僧问："兀兀地[①]思量甚么？"师曰："思量个不思量底。"

曰："不思量底如何思量？"师曰："非思量。"

（《五灯会元》卷五）

〔**注释**〕 ① 兀兀地：呆呆地，形容若有所思的样子。

〔**鉴赏**〕 惟俨禅师坐着，有个僧人问："呆呆地思量什么呢？"惟俨说："思量个不思量的。"这话显得自相矛盾，于是该僧继续问："不思量的怎么思量？"禅师回答："非思量。"

禅师们经常说出一些看似匪夷所思、甚至自相矛盾的话，这便是力图打破弟子的逻辑思维，迫使他们突破世俗的、常规的成见，从而启悟对实相的理解。思量个不思量的，意味着既不是没有思量，这是破斥空无；又不是有思量，这是破斥实有，既破无，又破有，这才是佛家的中道义。同时破斥无、有还不够，所以最终惟俨禅师说："非思量。"所谓"非思量"，自然是没有对立面的，这就突破了"思量""不思量"的二元对立的思维，在有、无之后，继续走向不断地否定，非有非无，即"断四句，绝百非"。

（沈 庭）

特 牛 生 儿

大众夜参，不点灯。师垂语曰："我有一句子，待特牛[①]生儿，即向你道。"

有僧曰："特牛生儿，也秖是和尚不道。"

师曰:"侍者把灯来!"其僧抽身入众。

(《五灯会元》卷五)

〔注释〕 ① 特牛:公牛。

〔鉴赏〕 禅师在启发学僧方面喜欢采用一些新奇、灵活的手段,充满了智慧的光芒。这则公案颇有几分俏皮。惟俨禅师在黑暗中与弟子们讲法,并神秘兮兮地说:"我有一句话,等到公牛生子的时候就告诉你们。"公牛岂能生子?这又是一个矛盾的表达。事实上,一旦"道"(即言说)便已经落入二元对立之中,你说"是",便意味着有与之对立的"非",说"有"便意味着还有与之对立的"无",所以禅家说:"说似一物即不中。"一旦语言介入,便意味着思维、分别的产生,这便偏离禅道。公牛生子便是矛盾,惟俨说自己有一句话便如同公牛生子,已经陷入世俗的矛盾中。这句话在黑暗中说尤为意味深长,黑暗喻义着"无明",人在无明中总是言说、总是陷入对立矛盾而不得解脱,这在觉悟了的人看来完全如同公牛生子一般荒谬。

有个僧人却接话道:"公牛已经生子了,只是和尚不说而已。"这样的回答说明该僧已经明白禅不能落入言诠的道理,他指破道:惟俨说他有一句话,便已经是公牛生崽了,只是师父不说破。惟俨见有弟子已经悟道,便命人点灯。等到有了灯光,那僧却已经退入众人之中,不见了踪影。该僧觉悟了之后(即有灯光之后),呈现了一个"无我"的境界。所以后来云岩禅师把这个故事告诉了洞山禅师,洞山禅师评价道:"这个僧人倒是省悟了,只是没有礼拜师父而已。"这便是肯定了该僧已经获得觉悟,只是为了表达自己对"无我"的理解而无法向惟俨师父表示敬意和感谢。

(沈 庭)

甚处来

师问僧:"甚处来?"曰:"江西来。"

师以拄杖敲禅床三下。僧曰:"某甲① 粗知去处。"

师抛下拄杖，僧无语。

师召侍者："点茶②与这僧，踏州县困。"

（《五灯会元》卷五）

〔注释〕 ① 某甲：自称之代词。 ② 点茶：又作奠茶。与点汤（奠汤）合称"点茶汤"，指冲泡茶、汤以供养佛、祖师或大众。

〔鉴赏〕 这则公案虽然简单，却很好地体现了禅宗的宗旨，非常具有代表性。惟俨禅师问行脚来的参学僧人："你从哪里来？"这是禅师常用的问话，表面是问别人的来处，其实却一语双关，启发学僧思考自己的本心、本性，引领学僧思考生命的起点和本来面目。行脚来的僧人不明白禅师的深意，便回答是从江西来的。于是，禅师用禅杖敲打自己的禅床三下，提示该僧应该从自身中找来处，莫向外求。该僧立马会意，表示自己大略知道了该往哪个方向努力。惟俨禅师见该僧醒悟，便将禅杖抛弃，意为禅杖仅为手段，如同指向月亮的手指，人们应该由手指之指引而观看月亮，见到月亮时便要放弃对手指的关注。

禅师接引学僧的方式多种多样，正如花样百出的公案中所展现的，但最终要抛弃这些手段，走向禅悟，类似于过河拆桥，得鱼忘筌。行脚来的僧人以沉默应对，表示抛弃手段之后的禅的境界是不可言说的，它是超越言语的圆融寂静。惟俨禅师见该僧已经初步觉悟了禅道，便招呼侍者说："给这位僧人泡杯茶，他行脚走累了。"这句中的"踏州县困"（即"行脚累了"）又是一语双关，既是实指这位僧人跨州过县行脚到此，又指刚才的公案对答才是真正的行脚，虽然刚才只是一段语言对话，却反映了由执着外境到明心见性的心路历程，这才是行脚的真正意义。所以禅宗的行脚不同于现代人的旅游，它的最终目的不在于走了多少路，参学了多少大师，而在于通过游历、参学来觉悟"万法唯心""一切万法不离自性"的人生真谛。禅宗大师们经常冷不丁地借机说法，于想不到的地方启发弟子，并常一语双关，意味深长，禅宗接引手段之机灵、活泼、智慧可见一斑。

（沈　庭）

丹霞天然禅师

丹霞烧佛

后于慧林寺遇天大寒，取木佛烧火向。

院主诃曰："何得烧我木佛?"师以杖子拨灰曰："吾烧取舍利[①]。"

主曰："木佛何有舍利?"师曰："既无舍利，更取两尊烧。"

主自后眉须堕落[②]。

（《五灯会元》卷五）

〔注释〕 ① 舍利：梵语，意为佛的遗骨，系佛门圣物，备受信徒崇拜。 ② 自后眉须堕落：从此以后眉毛、胡须掉落。这里是双关语，既是上前烤火被烧掉眉毛、胡须，也有犯了错误而受到惩罚的意思。

〔鉴赏〕 天然禅师(739—824)，邓州(治今河南邓州市)人，初习儒学，进京应试途中受一禅者启发而决心学佛，投石头希迁门下出家，后参礼马祖道一，被马祖称赞为"我子天然"。因以"天然"为法名，后主持邓州丹霞山，故称"丹霞天然"。圆寂后谥号为"智通禅师"。

"丹霞烧佛"是天然禅师的一则著名公案。丹霞天然禅师在慧林寺遇上大寒天，便焚烧木质的佛像御寒。该寺的监事见状呵责他，他边拨炉灰，边说："我是为了烧取舍利。"据说佛陀圆寂后，弟子们焚烧他的尸骨得到很多的舍利，被流传到世界各地供奉。监事说："这是木头的，哪能烧出佛骨舍利?"丹霞说："既然这样，那再拿两尊来烧。"于是监事也来烤火，结果眉毛、胡须都烧掉了，从那以后就成了没有眉毛和胡须的人。

天然禅师的作法显然有点骇人听闻，佛教徒视佛陀为偶像，无比尊敬，但是天然禅师却烧神圣的佛像，这自然被寺庙的监事视作大不敬。但是天然禅师却深契佛旨，他提示世人：佛像只是木头造的，或者其他材质造的一件事物而已，切莫将佛像当作偶像崇拜。佛教以"无我"作第一教义，以破除执着为修行要务，若将佛像等同于佛，那不仅犯了执着偶像的错误，而且也犯了向外求佛的错误。人人皆有佛性，自性即佛，崇拜木头制造的佛像是将外物作佛，偏离了佛家的根本宗旨。胡适先生曾将天然烧佛作为禅宗反偶像崇拜的经典例证，他说以天然禅师为代表，“是公开的偶像破坏主义者，甚至是反佛主义者”，丹霞烧佛“这样的一个故事，只有放在那个革命时代的一般知性趋势中去看，才能获得适当的了解”。忽滑谷快天在《武士的宗教》一书中曾经两度引用此一插曲，以表示中国的禅是破坏偶像的。之所以要破坏偶像，胡适认为这可以用庞蕴居士的一句名言来解释：“但愿空诸所有，慎勿实诸所无。”胡适盛赞此句为“庞氏解剖刀”或“中国禅的解剖刀”，拿它来斩尽杀绝中古时代的一切鬼、神、佛、菩萨、四禅、八定，以及瑜伽六通，等等。（胡适《禅宗在中国：它的历史和方法》）这意味着中国禅宁愿力主否定，也不偏向于肯定，虽然否定也不符合佛教的中道，但与肯定偶像等具体事物相比，禅宗宁可否定、破坏一切事物，也要避免众生产生执着。因此，丹霞天然看似大不敬的烧佛行为其实是力图启示世人破斥、否定对外在的执着和追求。

（沈　庭）

无　事　僧

元和三年①，于天津桥横卧，会留守②郑公出，呵之不起。吏问其故，师徐曰：“无事僧。”

留守异之，奉束素③及衣两袭，日给米面，洛下④翕然归信。

（《五灯会元》卷五）

〔**注释**〕 ① 元和三年：即公元808年。 ② 留守：官职名，这里指洛阳城的长官。 ③ 束素：一束素布。 ④ 洛下：指洛阳城。

〔**鉴赏**〕 这则公案画面感很强，描绘的是有一天天然禅师横卧在天津桥上，这时偏偏遇上洛阳城的长官郑老爷外出，浩浩荡荡的仪仗队伍要通过此桥，开路的官吏命令天然禅师让道，可禅师就是不起来。官吏问他为什么赖着不走，禅师只是淡淡地吐出三个字："无事僧。"

所谓"无事"自然是事事不牵挂于心头的意思。一般人都畏惧、听命于世俗的行政长官，但天然禅师已经不在世俗的羁绊之内，他心中没有权威、畏惧等俗事，事事不关己，牢牢守住自己如如不动的真心。这反映了佛家超越于世俗之上的宗教追求。虽佛门有"不依国主，法事难立"的经验，但是早在东晋时期，庐山慧远便提出"沙门不敬王者"，力图与世俗权威保持一定的距离，体现了佛教高僧超凡脱俗的彼岸追求和超越世俗权威的大无畏精神。天然禅师显然延续了慧远的遗风。事实上，天然这种"无事僧"的状态是由内而外的，不仅无事于外在世俗事务，而且内心也不执着于任何一事。

"无事"看起来很容易做到，但要时时"无事"，事事"无事"，却是难于上青天，若真能做到如此，那便是禅的境界了，这其实也是对马祖道一"平常心是道"的继承和发挥。"平常心"自然是不落于对任何一念的执着，不造作，不分别，保持"平常心"也便是"无事"了，只是"平常心"是肯定的角度说，"无事僧"是从否定的角度说罢了。

（沈　庭）

卷五、慧 能 下 四 世

黄檗希运禅师

大雄山下一大虫

师后游京师，因人启发，乃往参百丈。

文问："巍巍堂堂，从何方来？"师曰："巍巍堂堂，从岭南[①]来。"

丈曰："巍巍堂堂，当为何事？"师曰："巍巍堂堂，不为别事。"便礼拜。

问曰："从上宗乘如何指示？"丈良久。

师曰："不可教后人断绝去也。"丈曰："将谓汝是个人。"乃起，入方丈。

师随后入，曰："某甲特来。"丈曰："若尔，则他后不得孤负吾。"

丈一日问师："甚么处去来？"曰："大雄山下采菌子来。"

丈曰："还见大虫[②]么？"师便作虎声。

丈拈斧作斫势。师即打丈一掴。丈吟吟而笑，便归。

上堂曰："大雄山下有一大虫，汝等诸人也须好看。百丈老汉今日亲遭一口。"

（《五灯会元》卷四）

〔**注释**〕 ① 岭南：指中国南方的五岭之南的地区，相当于现在广东、广西、海南全境，以及湖南、江西等省的部分地区。 ② 大虫：即老虎。古人用“虫”指一切动物，并把虫分为五类：禽为羽虫，兽为毛虫，龟为甲虫，鱼为鳞虫，人为倮虫。把“五虫”的首领与五行方位相配，西方之神即为白虎。“大虫”也就是毛虫之首领，兽中之王的意思。

〔**鉴赏**〕 “不是一番寒彻骨，争得梅花扑鼻香。”这句家喻户晓的名言，便是出自黄檗希运禅师的偈颂。

黄檗希运是马祖道一的法孙，百丈怀海的传人，临济义玄的师父。义玄初至河北住院，便公开宣称：“我欲于此建立黄檗宗旨”，开创了绵延千年，遍及天下的临济宗。

黄檗希运身长七尺，气貌奇特，额间隆起有如肉珠，音辞朗润，志意冲澹。百丈怀海见了非常欢喜，两人对话中的四个“巍巍堂堂”十分有趣，亲切诙谐之中，暗藏禅机。黄檗希运顽皮的回答，更是透着机智与坚定。当年汾州无业拜见马祖道一，马祖说他“巍巍佛堂，其中无佛”。百丈和尚正是勘验希运凛凛一躯之中，有无心性自内流出。

希运本是福建人。岭南，则是六祖慧能的故乡。当年，慧能礼拜五祖弘忍和尚。弘忍和尚问慧能：“汝何方人，来此山礼拜吾。汝今向吾边，复求何物。”慧能答道：“弟子是岭南人，新州百姓。今故远来礼拜和尚，不求余物，唯求佛法作。”不过，慧能不像希运仪表非俗。不仅五祖弘忍说他：“汝是岭南人，又是獦獠，若为堪作佛。”慧能本人在婉言辞谢则天皇帝的进京邀请时，也对使者说：“吾形貌短陋。北土见之，恐不敬吾法。”面对五祖的诘难，慧能机智作答：“人虽有南北，佛性本无南北。獦獠身与和尚不同，佛性有何差别?”意谓人虽然有南北，但是本性是不分南北的；我的色身跟你不一样，但佛性却没有差别呢。希运的“巍巍堂堂”与慧能的“岭南獦獠”虽有肉身之别，却同样具足佛性。

百丈与黄檗，师徒二人，一问一答，俨然是五祖、六祖再世。

黄檗希运是大根器人，已经多年游历，见地非凡。游上都洛阳时，得一阿婆指示：“可往南昌，见马大师去。”希运赶到南昌时，马祖大师已圆寂，后来打听到马祖塔在石门山，于是前往凭吊。此时，百丈大智禅师已在塔旁结庐而居。希运又改而造访百丈怀海。礼拜之后，他虚心求教如何才能得到无上大法。百丈良久默不作声。无上大法实在言语不得。黄檗希运见状，认为如果只有实相般若，而没有方便般若，不能假借语言文字对机施用，最终只能断送佛法。

百丈见希运见解超迈，对他寄予厚望："希望你就是那个荷担如来家业之人。"言罢，即入方丈。希运紧跟而入，说道："弟子特地为此而来。"百丈说："如此，日后不要辜负我的期望。"希运问："您在马大师处，最得力的一句是什么？"百丈乃举："我再参马大师。侍立次，大师顾绳床角拂子。我问：'即此用？离此用？'大师云：'汝他后，开两片皮，将何为人？'我取拂子，竖起。大师云：'即此用？离此用？'我挂拂子旧处。被大师震威一喝，我直得三日耳聋。"

祖师说法，自然方便，所以常常随手拿起拂子、拄杖等等身边之物暗示传心。也最忌黏滞，无论借助何种方式开示玄义，都要"即此用""离此用"。百丈怀海领会得不错，错就错在东施效颦。马大师奋起神威，大喝一声，彻底斩断百丈的思维惯性，让他的心时时刻刻、永永远远清醒、空灵、自由。

希运一听语，一下惊呆了，舌头都吐出来，收不进去。

百丈问："子已后，莫承嗣马大师去否？"希运说："不然。今日因师举，得见马祖大机之用。且不识马祖。若嗣马祖，已后丧我儿孙。"

没有祖师，更无偶像，只有佛法千古相传，像清澈的江水一样在智者们的心灵上奔流而过，随时随地，应机而现，滋养着生命，造福于人类。

百丈云："见与师齐，减师半德。子甚有超师之作。"

大江不能干涸，弟子定要超师。太虚大师说过，祖师禅的特点就是"超佛越祖"。

在"大雄山下一大虫"的公案中，便可看出百丈对希运的赞可与厚望。

大雄山是百丈道场。大雄山下采菌子，修行正在日用之中。大虫指老虎，也指无上佛法。希运作虎声，旨在声明自己见性成佛。百丈举斧就砍。若是虚言自夸，面对如此架势，定会手足无措，原形毕露。黄檗希运早已锐不可当，随手给了百丈一记耳光。佛法平等，达者为圣，无人无我，无师无徒。百丈见弟子的确得道，大笑而归。显然，百丈印可了希运。

沩仰父子喜欢点评人物。沩山曾问仰山云："马祖出入十四人善知识，几人得大机，几人得大用？"仰山答曰："百丈得大机，黄檗得大用，余者尽是唱导之师。"

这里的大机大用，主要就是直指本心，见性成佛，讲开悟，讲机用，此即谓禅！

（李志军　宋海霞）

斗　笠

泉一日曰："老僧有《牧牛歌》，请长老和。"师曰："某甲自有师在。"

师辞南泉。泉门送，提起师笠曰："长老身材没量大，笠子太小生？"师曰："虽然如此，大千世界总在里许。"

泉曰："王老师[①]聻[②]！"师戴笠便行。

（《五灯会元》卷四）

〔注释〕 ① 王老师：南泉普愿俗姓王，喜欢称自己"王老师"。 ② 聻(nǐ)：句末语气词，相当于"呢""哩"。

〔鉴赏〕 这两段对话，言语很少，然字字句句含藏玄机，震动山河，两位大师的风采跃然纸上。

南泉普愿禅师是马祖道一的得意弟子，黄檗希运的师叔，遍学经论，"领玄机于疏论之外，当其锋者皆旗靡辙乱"（《宋高僧传》）。其言语行为往往惊世骇俗而又自由自在。一天，南泉给众僧舀粥。马祖过来问："桶里是什么？"南泉答道："这老头子怎么张口就说这种话？"马祖问得随意，南泉出口如刀，斩断思路。马祖没有再吭声，从此别的和尚也不敢再考他。

黄檗希运同样超佛越祖，当仁不让。当年在百丈处，他气势如虹地宣称："不识马祖。若嗣马祖，已后丧我儿孙。"连师父怀海也连连赞叹："见与师齐，减师半德。子甚有超师之作。"

黄檗希运得法后，上南泉山拜会普愿禅师。南泉对这位与众不同的师侄反复锤炼。二人唇枪舌剑，于是有了上面这段对话。《祖堂集》记载，南泉问黄檗："长老什么年中受戒？"黄檗毫不谦虚地说："威音王佛同时受戒。"据《法华经》，威音王佛"乃往古昔过无量无边不可思议阿僧祇劫有佛名威音王如来”。不过，黄檗并非狂妄自大。悟道之人，心与佛同，不生不灭，无往无来，超越时空，而又等同时空。南泉却说道：“威音王佛是我儿孙。”南泉也非争强斗胜，而是有根有据。《楞严经》曰：“跋陀婆罗，并其同伴十六开士，即从座起，顶礼佛足而白佛言：我等先于威音王佛闻法出家，于浴僧时随例入室，忽悟水因。”南泉禅师说在威音王佛以前受戒，不仅仅是时之极远，而是要打破希运的“法执”，是超越佛祖的更“向上一路”。

下一个回合就不同了。南泉说：“老僧有《牧牛歌》，请长老和。”

牛，指人的心性。禅僧们往往把修心比作牧童放牛，所作的《牧牛歌》很多，如长庆应圆禅师：“寒气将残春日到，无索泥牛皆勃跳。筑着昆仑鼻孔头，触倒须弥成粪扫。牧童儿，鞭弃了，懒吹无孔笛，拍手呵呵笑。归去来兮归去来，烟霞深处和衣倒。”南泉普愿的《牧牛歌》没有见到，但他确确实实以牧牛为日。《宋高僧传》称：“贞元十一年，拄锡池阳南泉山。堙谷刊木以构禅宇，蓑笠饭牛溷于牧童。”南泉曾上堂示众：“我自小就养了一头水牯牛，想向河东放牧，可它要吃别人的水草；想向西边放牧，也要吃别人的水草。所以不如将就着，在这儿吃点草吧，可是却又总找不到。”

黄檗毫不领情，说：“我自有师在。”黄檗希运的老师是百丈怀海，这个南泉普愿明明白白。纵然希运再优秀，他也不会跟自己的师兄弟争夺传人。希运的“师”，指的是自己的本心本性。他告诉师叔：我早已明心见性了，哪用无事找事，去牧什么牛，去和什么《牧牛歌》！

希运辞别南泉。南泉送到门口，又斗起了机锋。南泉提起希运的斗笠太小，与他的身材不相称。希运是何等聪明的人，知道师叔话里有话，便豪迈地答道：“虽然如此，大千世界总在里许！”原来，长老的“身材”指的是“法身”，“斗笠”的大小指的是黄檗的“心量”。对于悟者来说，法身即虚空，虚空即法身，宇宙即吾心，吾心即宇宙，唯“一真法界”耳。

关于虚空法身，还有一个著名的公案：庞蕴居士参问马祖云：“不与万法为侣者是什么人？”马祖答道：“待汝一口吸尽西江水，即向汝道。”修道者何时见到自性，体悟到心量无限，等同虚空的道理，莫说是“一口吸尽西江水”，“大千世界总在里许！”南泉话锋一转：那么，我呢？这句话有虚有实，南泉在斗笠外面,又在“斗笠”里面,怎么答,都会被揪住小辫子。黄檗希运不予理睬,戴上斗笠,大踏步而去。

黄檗希运有一首偈子,正好作这个公案的脚注:“心如大海无边际,口吐红莲养病身。自有一双无事手,不曾只揖等闲人。”

(李志军)

粗行沙门

师在盐官,殿上礼佛次。时唐宣宗为沙弥,问曰:“不着佛求,不着法求,不着僧求。长老礼拜,当何所求?”师曰:“不着佛求,不着法求,不着僧求,常礼如是事。”

弥曰:“用礼何为?”师便掌。弥曰:“太粗生!”

师曰:“这里是甚么所在?说粗说细。”随后又掌。

(《五灯会元》卷四)

〔**鉴赏**〕 这段对话涉及两个著名的人物:一个是盐官齐安禅师,一个是曾为晚唐带来“大中之治”、有着“小太宗”之称的唐宣宗。

齐安禅师(?—842),海门郡(一作海汀郡,今浙江)人,俗姓李,为唐宗室之后裔。幼时志求出家,就学于本郡云琮禅师,并从之剃发。受具足戒于南岳智严律师,并习学律仪,后拜谒江西马祖道一,得其钳槌而悟道,并嗣其法。因曾住于杭州盐官之海昌院,故又有“盐官”之称。

盐官齐安不仅仅是弘扬马祖禅法的巨匠,也是日本禅宗的始祖。当时,日本的橘皇后(嘉智子)听说大唐有“佛心宗”——慧能禅师所创的南宗禅,于日本承和六年(839),派僧人慧萼(又称惠萼、慧锷),前后三次来华。慧萼辗转到达盐官,慕名参谒了齐安法师,传达了日本皇后的渴望:“愿得师之一枝佛法为吾土宗门之根柢,不亦宜乎?”于是,齐安就派遣弟子义空与道昉等东渡日本。这便是日本倡导禅宗的开始。

唐宣宗李忱是唐宪宗的第十三子,唐武宗的叔叔。李忱“外晦而内朗”,

“视瞻特异”。武宗即位后，对李忱十分猜忌，密令捉拿他，关了数天，然后沉之宫厕。宦官仇士良(一说仇武)用车载了李忱偷偷溜出禁中。李忱削发为僧，游历江表间，“遍参诸方，独器许于盐官和尚”。会昌末年，李忱还京即帝位。《宋高僧传》记载，齐安“悬知”宣宗皇帝隐曜缁行，将来法会，预先告诫知事人员：当有异人至此，禁杂言，止横事，恐累佛法。次日，有几个行脚僧参礼。齐安默识李忱，遂令维那高位安置，殊礼相待。齐安与之交谈，益知贵气，更供养丰厚。他对李忱说：“时至矣，无滞泥蟠。”并嘱以佛法后事。后宣宗继位，即取消武宗的灭佛政策，复兴佛教。

宣宗在盐官时，黄檗希运也行脚到此，拜见师叔齐安禅师。一天，希运在殿上礼佛。刚好唐宣宗在旁，问道：“不着佛求，不着法求，不着僧求，长老礼拜，当何所求？”希运答道：什么也不求，礼拜就是礼拜。希运的回答实际上仍是佛教中的法相问题。《金刚经》云：“凡所有相，皆是虚妄。若见诸相非相，即见如来。”希运认为：“佛，法俱无，名之为僧，唤作无为僧，亦名一体三宝。夫求法者，不著佛求，不著法求，不著众求，应无所求。”人的心本来是清净、自由的，但也极易被自己的私心杂念和种种观念、道理、偶像所束缚。佛祖告诉我们，所有的相都是自己心中生出来的，要破除我相、人相等等名相，不能作茧自缚。《金刚经》云：“应无所住而生其心。”一般人往往停留在“应无所住”的“空”的境界上，而忘记了“生其心”，形成“空相”对人的新的束缚。“无所住”是为了“生其心”。呵祖骂佛，并非针对佛、祖，而是破除人心中对佛、祖的执着，对于佛、法、僧，还要长存热爱敬畏之心，这才是不落二边的中道精神。“法无凡圣，亦无沉寂；法本不有，莫作无见；法本不无，莫作有见；有之与无，尽是情见。”(希运《传法心要》)有求皆苦，无求乃乐，判知无求，真为道行。希运活在当下，心无挂碍，所以礼拜就是礼拜，不为所求。

宣宗仍然疑惑：既然什么都不求，还作礼拜干什么？希运抬手给了他一掌。这一掌，就是引导他开悟的慈悲手段。临济义玄三次向黄檗希运问道，三次被打，才打出来了一个“恍然大悟”。宣宗十分恼火。对于潜藏深渊、韬光养晦的帝胄，齐安禅师尚且十分恭敬，而希运说打就打，太粗鲁无礼了！而希运的答复又是一掌。在希运看来，佛法平等，莫说是龙子龙孙，真命天子，关键时刻，逢佛杀佛，逢祖杀祖。哪里还要说粗说细？

宣宗皇帝尽管为一代明主，修行终究有限，对这两掌，始终耿耿于怀。黄檗希运圆寂后，裴休为他请封号，宣宗皇帝赐了个“粗行沙门”。裴休再次求情，才改封为“断际禅师”。

“断际”者，断“前后三际”。百丈禅师说：“前际无烦恼可断，中际无自性可守，后际无佛可成，是三际断，是三业清净，是三轮空，是三檀空。”即如《金刚经》所言：“过去心不可得，现在心不可得，未来心不可得。”《宗镜录》说：“观如来则三际体空。”断际就是成佛。希运在圆寂弥留之际留言说：“念念不见一切相，莫认前后三际。前后之际，前际无去、今际无住、后际无来，安然端坐，任运不拘，方名解脱。”从内心深处，唐宣宗对于黄檗希运还是尊崇有加的。

后有悟心禅师颂曰：“曾施三掌触君王，佛法何曾有寸长。粗行沙门封断际，至今无地着惭惶。”

(李志军)

寻羚羊僧

师因有六人新到，五人作礼，中一人提起坐具[①]，作一圆相[②]。

师曰：“我闻有一只猎犬甚恶。”

僧曰：“寻羚羊声来。”师曰：“羚羊无声到汝寻。”

曰：“寻羚羊迹来。”师曰：“羚羊无迹到汝寻。”

曰：“寻羚羊踪来。”师曰：“羚羊无踪到汝寻。”

曰：“与么则死羚羊也。”师便休去。

明日升堂曰：“昨日寻羚羊僧出来！”僧便出。

师曰：“昨日公案未了，老僧休去。你作么生？”僧无语。

师曰：“将谓是本色衲僧，元来只是义学沙门。”便打趁出。

(《五灯会元》卷四)

〔注释〕 ① 坐具：亦称“随衣坐”。僧人用来护衣、护身、护床席卧具的布巾。南海及我国乃有敷具而于其上礼拜之风。学人对师家“两展三拜”，即二度展折坐具而礼拜三回，乃禅宗礼法之一。 ② 圆相：又作“一圆相”，表示真理之绝对性。禅僧每以拂子、如意、拄杖或手指等，于大地或空中画一圆相，有时亦以笔墨书写此类圆相，以象征真如、法性、实相，或众生本具之佛性等。圆相中或有文字或记号，以示开悟之过程。圆相之作，始于南阳国师付授侍者耽源，源承谶记传于仰山，遂目为沩仰家风。

〔鉴赏〕 这段对话，令人想起美国作家海明威的“冰山理论”——对话与潜对话。一眼望去，是漂浮在水面的冰块，而水面下则是巨大的冰山。简简单单的几句对话，包涵了临济宗、禅宗乃至整个佛学的精义。

临济义玄有一个著名的“无位真人”典故。《临济录》曰：“上堂云：赤肉团上有一无位真人，从汝等诸人面门出入，未证据者看看。”“无位真人”，就是人的“本心”，亦是黄檗希运所说的“大乘心”“菩提心”。

黄檗希运常言：即心是佛，无心是道；不得一法，名为传心；凡夫取境，道人取心；心境双忘，乃是真法。因为一切众生本来是佛。众生的“心”，本来清净皎皎，无方圆无大小，无长短等相，无漏无为，无迷无悟。从古至今，与佛祖一般。这个“心”，“不在内、外、中间，实无方所”。此一心法体，尽虚空遍法界。十方诸佛出世，只共说一心法。祖师西来，唯传心佛。“直指汝等心本来是佛，心心不异故名为祖。”这一门，名为“无为法门”。本来是佛，不假修成，故称“绝学无为闲道人”。所谓的“修道”，只是认识本心，息虑而成，不可外求。很多的学道之人，不向自心中悟，乃于心外着相取境，皆与道背。尤其是那些聪明伶俐的“义学沙门”，被希运骂作“痴狗”：“见物动处便吠，风吹草木也不别。”（希运《传心法要》）

凡是追求来的东西，包括知识、学问，都是属于有因有果、有生有灭的有为法，如同对空射箭，势力尽，箭还坠。所以，“志公云：佛本是自心作，那得向文字中求？饶你学得三贤四果十地满心，也只是在凡圣内坐。”（《传心法要》）阿难三十年为侍者，只为多闻智慧，被佛诃云：汝千日学慧，不如一日学道；若不学道，滴水难消！

有人问：“六祖不会经书，何得传衣为祖？秀上座是五百人首座，为教授师，讲得三十二本经论，云何不传衣？”希运答道：“为他有心，是有为法，所修所证，将为是也，所以五祖付六祖。六祖当时只是默契得，密授如来甚深意，所以付法与他。汝不见道：法本法无法，无法法亦法，今付无法时，法法何曾法？若会此意，方名出家儿。"(《传心法要》)

这一天，希运就遇到了一个"痴狗"。六个人中，五个行礼如仪。另外一个，提起坐具，昂然而立，希运一眼就看出对方有备而来。真正开悟的禅师，无思无虑，当下即是。举手投足，都是本心本色的自然流露。这个禅僧，只是一只追香逐嗅的"猎犬"而已。那僧人却也机智敏捷，反手就是一个"回马枪"，说："我这个'猎犬'，是寻羚羊声来的。"

佛法天真，心无方所，如同"羚羊挂角，无迹可求"。希运曾说，摄十方虚空世界，皆总不出你心，"你若道是有是无非有非无，总成羊角。羊角者，即你求觅者也"。他举例说："阿难为侍者二十年，但见如来色相。所以被佛呵云：'唯观救世者，不能离得羊角。'"(希运《宛陵录》)现在，这个禅僧到黄檗山来寻羚羊踪迹，说明希运还没到"无心无法"的化境。希运不动声色地说，自己这里无声无息，无踪无迹。禅僧认为他只是一只枯坐的哑羊，根本就不懂佛法。

第二天，希运绝地反击，升堂喝道："昨日寻羚羊僧，出来！"禅僧站了出来。这一站，就错了。你的心，才是自己的主人公，自由自在，无拘无束，何以听命于人？经此一验，原来禅僧只是一个鹦鹉学舌的义学沙门！

仰出慧寂赞叹："黄檗有陷虎之机！"果然名不虚传。

黄檗希运的禅门，并不向中下根机者开启。有人问"如何是西来意"时，"师便打，自余施设，皆被上机；中下之流，莫窥涯埃"。像这个自作聪明，伶牙俐齿的"小京巴"，只有打出山门之外。

(李志军　宋海霞)

大唐国内无禅师

一日上堂，大众云集。乃曰："汝等诸人欲何所求？"以拄杖趁之，大众不散。

师却复坐曰："汝等诸人尽是酒糟汉。恁么行脚，取笑于人。但见八百一千人处便去，不可图他热闹也。老汉行脚时，或遇草根下有一个汉，便从顶门上一锥，看他若知痛痒，可以布袋盛米供养他。可中总似汝如此容易，何处更有今日事也。汝等既称行脚，亦须着些精神好。还知道大唐国内无禅师么？”

时有僧问：“诸方尊宿尽聚众开化，为甚么却道无禅师？”

师曰：“不道无禅，祇是无师。阇黎不见马大师下有八十四人坐道场，得马师正法眼者止三两人。庐山归宗和尚①是其一。夫出家人，须知有从上来事分始得。且如四祖下牛头②，横说竖说，犹未知向上关捩子。有此眼目，方辨得邪正宗党，且当人事宜，不能体会得，但知学言语念，向皮袋里安着，到处称我会禅，遇替得汝生死么？轻忽老宿，入地狱如箭。我才见汝入门来，便识得了也。还知么？急须努力，莫容易事，持片衣口食，空过一生。明眼人笑汝，久后总被俗汉算将去在。宜自看远近，是阿谁面上事。若会即便会，若不会即散去。珍重！”

（《五灯会元》卷四）

〔注释〕 ① 庐山归宗和尚：指归宗智常（约8世纪下半叶到9世纪上半叶在世），俗姓陈，江陵（今属湖北）人，六祖慧能三世法嗣。出家后，得法于马祖道一禅师，元和年间（806—820）住庐山归宗寺。他目有重瞳，曾用药去除，致双目皆赤，故人称“赤眼归宗”。圆寂后唐文宗谥号“至真禅师”。 ② 牛头：指牛头法融，或称慧融，俗姓韦，隋唐润州延陵（治今江苏丹阳延陵镇）人，为佛教禅宗大师，牛头宗初祖，有“东夏之达摩”的称号。相传受禅宗四祖道信付法，别出牛头一脉。

〔鉴赏〕 “大唐国里无禅师！”此言一出，不仅震动天下，而且响彻古今。

当时正是禅宗繁花似锦的时期。南岳怀让在湖南，马祖道一在江西，他们的门下都是狮虎结队，龙象成群。与黄檗同辈的，还有开沩仰宗的沩山灵祐、长沙岑大虫、赵州古佛、子湖利宗等，石头和尚下面也有道吾宗智、云岩昙晟、船子德诚、龙潭崇信，这一大批禅师，都有通天彻地之能。

当时就有人不平，站出来质问："诸方高僧大德都在聚众开化，为甚么却说无禅师？"黄檗希运说："不是无禅，而是无师。"

凡圣贤者，无不唯道是念。为得道，不惜身家性命，"朝闻道，夕死可矣"！既得道，又恐薪火不传，道行不远。临济义玄临终叹息："谁知吾正法眼藏，向这瞎驴边灭却。"风穴延昭对徒垂泪："不幸临济之道，至吾将坠于地矣。"所以，孟子以"得天下英才而教育之"为君子之乐。黄檗希运一苦于英才难遇，二苦于伯乐少有。他经常用拄杖将那些凑热闹，贪供养，饱食终日，空过一生的"酒糟汉"赶出去。又扼腕叹息那些开堂说法的所谓禅师，如一盲引众盲，"横说竖说，犹未知向上关捩子"。

传授佛法，不是传授知识，更不是技艺，而是帮助弟子破除与生俱来的以自我为中心思考和处理问题的先天心理定式，砸开一切风俗习惯、思想观念所形成的坚固的外壳，打开心灵，找到自我，激发出其自由的、活泼的、旺盛的生命力量。要使灵魂出窍，可与天地同流。这是心灵的彻底解放，即所谓的"大地桶脱，虚空粉碎"。"向上关捩子"，是心灵境界的进一步提升，是"无所住"后的"生其心"。禅宗称此种机用为"啐啄同时"，好像是鸡蛋孵化小鸡，一朝成熟，小鸡在里面啐，母鸡在外面啄，才有新生命的诞生。时机的把握与手段的运用恰到好处，叫作"大机大用"。一个真正的禅师，要有敏锐的眼力，无上的智慧，通天的手段，有时擒，有时纵，有时杀，有时活，有时放，有时收，随心所欲。裴休在《传心法要》序中，说希运的禅法："独佩最上乘，离文字之印，唯传一心，更无别法，心体亦空，万缘俱寂"，"不立义解，不立宗主，不开户牖。直下便是，运念即乖，然后为本佛"。这才是真正的大机大用。

黄檗希运被唐宣宗封为"粗行沙门"，赤眼归宗也被称为"粗行沙门"。归宗铲草时，有一讲经僧来拜访。忽有一条蛇经过，归宗一锄将之断成两段。僧人说："久慕归宗大名，原来是一个'粗行沙门'。"归宗反问："你在什么地方见我斩蛇？"僧人无言以对。归宗也常常将无耳无眼瞎凑热闹的"一队汉"打散。《五灯会元》记录：

"僧辞，师问：'甚么处去？'曰：'诸方学五味禅去。'师曰：'诸方有五味禅，我这里只有一味禅。'曰:'如何是一味禅?'师便打。僧曰:'会也!会也!'师曰:'道!道!'僧拟开口,师又打。"

归宗的"一味禅",与黄檗希运接引义玄时的"三顿棒"何其相似。可惜的是,这个僧人没有像义玄那样顿悟玄旨。义玄三度向师父请教佛法的大意,三度被打。在他灰心丧气,准备离去时,黄檗安排他往高安滩头参拜大愚禅师。大愚笑道:"黄檗与么老婆心切,为汝得彻困,更来这里问有过无过?"义玄猛然醒悟过来,老师打他,是因为他直往外求,不见自性,是恨铁不成钢啊!他说:"元来黄檗佛法无多子!"日后,临济义玄接引僧人,"有时夺境不夺人,有时夺人不夺境,有时人境具夺,有时人境具不夺",将师父的大机大用发挥得淋漓尽致。杀、活、纵、夺,运用自如。临济禅代代相传,繁荣兴盛,岂偶然哉!

黄檗希运也确实"老婆心切"。他说,老汉在行脚时,哪怕是在草根下碰到一个汉,用上上机的言语来激发他,若知道痛痒,情愿用布袋盛米供养他。对于中下根人,黄檗苦口婆心,谆谆教诲:出家人要有超生脱死、成佛作祖的追求才是,"有此眼目,方辨得邪正宗党,且当人事宜,不能体会得,但知学言语念,向皮袋里安着,到处称我会禅,遇替得汝生死么";"急须努力,莫容易事,持片衣口食,空过一生";"努力!努力!此门中千人万人,只得三个五个,若不将为事,受殃有日在!故云:着力今生须了却,谁能累劫受余殃?!"(希运《宛陵录》)

圆悟克勤在《碧岩录》中,称黄檗希运:"佛祖大机,全归掌握,人天命脉,悉受指呼。等闲一句一言,惊群动众;一机一境,打锁敲枷;接向上机,提向上事。"可谓是对黄檗希运"大唐国里无禅师"这句话的最好注脚。

(李志军)

长庆大安禅师

牧 牛 人

福州长庆大安禅师①,号懒安,郡之陈氏子。受业于黄檗山，习律乘。

尝自念言："我虽勤苦，而未闻玄极之理。"乃孤锡游方，将往洪井[2]，将往洪井，路出上元。逢一老父谓师曰："师往南昌，当有所得。"

师即造百丈[3]，礼而问曰："学人欲求识佛，何者即是？"丈曰："大似骑牛觅牛。"

师曰："识得后如何？"丈曰："如人骑牛至家。"

师曰："未审始终如何保任？"丈曰："如牧牛人执杖视之，不令犯人苗稼。"

师自兹领旨，更不驰求。

同参佑禅师，创居沩山。师躬耕助道。及佑归寂，众请接踵住持。

上堂："汝诸人总来就安，求觅甚么？若欲作佛，汝自是佛。担佛傍家走，如渴鹿趁阳焰相似，何时得相应去！汝欲作佛，但无许多颠倒攀缘、妄想恶觉、垢净众生之心，便是初心正觉佛，更向何处别讨所以？安在沩山三十来年，吃沩山饭，屙沩山屎，不学沩山禅，只看一头水牯牛，若落路入草，便把鼻孔拽转来，才犯人苗稼，即鞭挞。调伏既久，可怜生受人言语，如今变作个露地白牛，常在面前，终日露迥迥地，趁亦不去。汝诸人各自有无价大宝，从眼门放光，照见山河大地，耳门放光，领采一切善恶音响。如是六门，昼夜常放光明，亦名放光三昧。汝自不识取，影在四大身中，内外扶持，不教倾侧。如人负重担，从独木桥上过，亦不教失脚。且道是甚么物任持，便得如是。且无丝发可见，岂不见志公和尚云：'内外追寻觅总无，境上施为浑大有。'珍重！"

（《五灯会元》卷四）

〔注释〕 ① 长庆大安禅师：793—883，又称“紫林懒安”，百丈怀海弟子，俗姓陈，福唐县福唐里(今福清龙田镇)人。曾入主道州开元寺、潭州沩山、怡山西禅长庆寺。唐僖宗中和三年(883)，大安禅师归怡山丈室示寂(一说示寂于黄檗山)。塔在长庆楞伽山，敕谥圆智禅师。② 洪井：又名洪井洞、洪崖洞，传说中上古仙人洪崖修道炼丹之处，在南昌市湾里区翠岩路北侧山谷中。 ③ 百丈：指百丈山，位于江西奉新西北，靠近洞山。冯水自山峰上迸出泻下，高达千尺，故称“百丈”；以山势超群，故又称“大雄山”。唐德宗兴元元年(784)，怀海入山，创建乡导庵(即百丈寺)。

〔鉴赏〕 《西游记》中的牛魔王是一个响当当的人物，通常人们把他当成神通广大的妖怪，其实他是人的心性的象征。在佛经中，“牛王”就是佛。《胜鬘经》中直接比喻伟大的佛祖为“牛中之王”。在《无量寿经》中赞佛、菩萨也说：“譬如牛王，形色无有胜者。”

孙悟空三调芭蕉扇时，告诉猪八戒：“牛王本是心猿变。”所谓魔由心生，因为人的欲火炎上，才有了“火焰山”，“牛王”也就成了“牛魔王”。只有降伏心魔，焰火消除，才能“打破顽空参佛面”。最后，孙悟空把魔王打得现了原形——一只“大白牛”。哪吒“将缚妖索子解下，跨在他那颈项上，一把拿住鼻头，将索穿在鼻孔里，用手牵来”。“牵牛归佛休颠劣，水火相联性自平。此时三藏解燥除烦，清心了意。”把牛牵回家了，就是唐三藏重新找到了自己的本心。

这一段情节，有两个隐喻：一个是牵牛归佛，一个是白牛现身。一个象征人类的本原心性，一个象征调心后所达到的最高境界。《佛遗教经》云：“汝等比丘，已能住戒，当制五根，勿令放逸，入于五欲。譬如牧牛之人，执杖视之，不令纵逸，犯人苗稼。”修行人御心要像牧牛一样，时时不忘制心、息妄。《大般涅盘经》卷二十亦云：“善男子！凡夫之人，不摄五根，驰骋五尘，譬如牧牛，不善守护，犯人苗稼。”又云：“善男子！如善牧者，设牛东西啖他苗稼，则便遮止，不令犯暴。”南岳怀让接引马祖道一时问：“如牛驾车，车若不行，打车即是，打牛即是？”牛是人心，车乃身体，人心不能觉悟，依赖坐禅的身体修炼是徒劳的。

《法华经》里面，有个“白牛喻”。其《譬喻品》谓长者子从燃烧的“火宅”中逃出，得见露地屋外之大白牛车。“露地”为门外之空地，譬喻脱落烦恼的境界，“白牛”譬喻一乘教法，禅宗借以象征无丝毫烦恼污染的清净心。六祖慧能在给法达禅师讲解《法华经》时也说:“有无俱不计,长御白牛车。”

大安禅师拜见百丈怀海,想要根见佛性。百丈告诉他,佛性就在你的心中,向别人求佛,无异于骑牛找牛。大安就此顿悟。他不仅仅是一头心性袒露的大白牛,还是荷起佛法重担,默默耕耘,无私奉献的老黄牛。

同门师兄灵祐往荒无人烟的沩山弘法,多年而无来者,几乎舍庵而他往。正当灵祐禅师惨淡经营,孤立无援的时候,大安带领一班僧人上山支持灵祐,并担任灵祐的典座,掌管后勤。据有关史料载,大安“随祐禅师同创沩山,则十数年间,僧众犹小,师乃头头耕耨,处处劳形,日夜忘疲,未尝辄暇。沩山见而语曰:‘安,汝少劳役!’师云:‘待和尚观五百众,安则休也。’不久之间,僧众果至五百。师乃劳心顿摆,或坐房廊,凝如株杌,或入灵洞月十不归,如痴似狂”(《祖堂集》卷十七)。大安协助灵祐同创沩山,到了灵祐手下聚五百众时,大安即功成身隐,高卧深岩。唐宣宗大中七年(853),沩山灵祐去世。六年后(咸通元年〔860〕),因沩山徒众的迎请,大安从道州开元寺往潭州沩山继主法席。

长庆大安一生,唯嗜禅坐,故人称“懒庵”。他非常注重日常修行,这一点,与师兄灵祐禅师不同。灵祐禅师也非常喜爱用牛作比喻。他说:“老僧百年后,向山下作一头水牯牛。左胁下书五字,曰:‘沩山僧某甲。’当恁么时,唤作沩山僧又是水牯牛,唤作水牯牛又是沩山僧。毕竟唤作甚么即得?”他还作了一首偈子:“不是沩山不是牛,一身两号实难酬。离却两头应须道,如何道得出常流。”(《五灯会元》卷九《沩山灵祐禅师》)性相常住,众生皆佛。《宛陵录》中,黄檗希运曾把佛体比喻为一团水银,分散诸处,颗颗皆圆:“诸佛体圆更无增减,流入六道处处皆圆,万类之中个个是佛。”沩山僧就是水牯牛,水牯牛就是沩山僧,他们都是佛性的显现和化身。长庆大安的“水牯牛”,是凡夫,要待变成“露地白牛”,才算成佛。

(李志军)

是五蕴,异五蕴

僧问:“一切施为是法身用,如何是法身?”师曰:“一切施为是法身用。”

曰：“离却五蕴[①]，如何是‘本来身’？”师曰：“地水火风[②]，受想行识。”

曰：“这个是五蕴？”师曰：“这个异五蕴。”

（《五灯会元》卷四）

〔注释〕 ① 五蕴：旧译“五阴”。阴者积集之义，众者众多和聚之义，亦蕴之义也。五蕴包括色、受、想、行、识。一、色蕴，总该五根五境等有形之物质。二、受蕴，对境而承受事物之心之作用。三、想蕴，对境而想像事物之心之作用。四、行蕴，其他对境关于嗔贪等善恶一切之心之作用。五、识蕴，对境而了别识知事物之心之本体。五蕴为身心之二法。对于一个人来说，则“色蕴”即身，他四蕴即心。 ② 地水火风：即“四大”。《俱舍论》说：“地、水、火、风也，此四者广大，造作生出一切之色法（物质），故名四大。”

〔鉴赏〕 这段对话旨在揭示“法身”与“法身用”的关系。

佛有三身，即法身、报身、应身。“法身”是诸佛所证的真如法性之身，通常也可以说是空性，诸法实相。“报身”是佛自己受用内证法乐之身，或为十地菩萨说法而变现的身。“应身”又名应化身，即应众生之机缘而变现出来的佛身。

法身包括“理”与“智”两个方面。“理”，指佛法，佛所证、所说的正法。“智”，是佛法的功用，即“法身用”。

按照《大乘起信论》，法身有“体大”“相大”“用大”三德。“体大”，真如平等，无生无灭，无增无减，毕竟常恒。“相大”，众生心之自性，具足大智大悲常乐我净等一切功德。“用大”，法身之作用，能够除灭无明，彰显自身，使众生见性成佛，自然而有不思议业种种之用，即与真如等遍一切处，又亦无有用相可得。“何以故？谓诸佛如来唯是法身智相之身，第一义谛无有世谛境界，离于施作，但随众生见闻得益，故说为用。”（《大乘起信论》）意思是说，法身理智不二，谓诸佛如来即是法身智相身，以其不可思议之“用大”，而随应于众生机缘各异之见闻，令皆得化导之益，故真如之“用大”，乃用即无用、而益用无边之妙用。

《少室六门》云：“若从圣入凡。示现种种杂类等，自为众生。故圣人逆顺皆得自在，一切业拘他不得。圣成久矣，有大威德。一切品类业，被他圣人转。天堂地狱，无奈他何。”“法身”就是“法身用”。

"本来身",也是指"法身"。如前所述,法身具备体、相、用"三大",世间万物都是法身的作用、法身的显现,即已经成了口头禅的所谓"青青翠竹,尽是法身;郁郁黄花,无非般若"。"五蕴"就是"法身"。但又不可掉以轻心,执着色相,认为就是法身。大珠慧海禅师在《顿悟入道要门论》中说:"迷人不知法身无相,应物现形。遂唤'青青翠竹,尽是法身;郁郁黄花,无非般若'。黄花若是般若,般若即同无情;翠竹若是法身,法身即同草木。如人吃笋,应总吃法身也。"元音老人在《心经抉隐》中说得很到位:

"大珠和尚是怕我们错认了定盘星,一听说宇宙万有都是法身的显现,就着在色相上,把镜中显现的影子当作真实。这就像禅师家所说:错认驴鞍桥作阿爷下巴颏。既然山河大地、日月星辰、草木丛林皆是自性,而自性是真实不虚的,是亘古亘今长存的,那么,就把这些色相也当作实有,执着不舍、贪取不已,这岂不是造业受报、长溺生死、永无了期了吗?所以,要加以棒喝,打破这个迷梦,以便认清实相无相,而见本性之妙用。法身虽然无相,但法身不是顽空,它是妙有真空,是客观存在。所以,它能生万法,能应物现形、随缘起用。"

"教下把色相和法身的关系谓之'不即不离'。不即者,就是说色相不过是幻影,并不即是真实的法身。不离者,是指离相无性、离境无心,犹如离影则无镜、离波则无水一样。这个'不即不离',旨在说明心性和色相的关系。我们人的真性是非有而非空、非空而非有的圆妙灵性,既不着有、也不着空,既不着空、也不着有。说空之时,充满虚空、周遍法界;说有之时,一丝不挂、纤毫不立。若能这样应用、这样理解,方于真空妙有的宗旨有少分相应。更进一步讲,非但影子不可得、不可执着,就是镜子——我们的法身,也不可执着。因为一有执着,就有了偏向。一有偏向,就必有做作之处。宗下谓之'圣堕'。因为你执着了法身,就是法执,就不究竟了。"

日用施为是法身用。即用即体,体用不二。不可于用之外更觅其体。五蕴与法身的关系亦复如是:即五蕴离五蕴,不一亦不异。不执着于任何一边,才是"入不二法门"。

(李志军)

有句无句

示众云："有句无句，如藤倚树。"

疏山[1]闻之，径造沩山。值师泥壁次，便问："有句无句，如藤倚树，岂不是和尚道？"师云："是。"

疏云："忽遇树倒藤枯时如何？"

师放下泥盘，呵呵大笑，便归方丈。

疏山随后启云："某甲四千里，卖却布单，特为此因缘来。和尚何得相弄？"师唤侍者云："将钱还伊去。"遂嘱云："向后有独眼龙，为汝点破在。"

疏山后到明招[2]，举前话。招云："大沩可谓头正尾正，只是不遇知音。"疏山却问："树倒藤枯时如何？"招云："更使沩山笑转新。"

疏山因而有省，乃云："沩山元来笑里有刀。"遂遥望沩山作礼。

（《联灯会要》卷七）

〔注释〕 ① 疏山：指疏山匡仁（？—870），吉州新淦（今江西新干）人，投本州元证禅师出家。后参洞山良价禅师悟道，住江西抚州疏山。因其身材矮小，称之为"矮师叔"。又因辩才过人，机敏健谈，常使得他人无插舌之机，故有"疏山啖族"的称号。 ② 明招：指明招德谦，生卒年不详。嗣法于罗山道闲禅师。公元907年，住明招山。以失左目，禅林亦称其为"独眼龙"。

〔鉴赏〕 这段公案可与杨岐和尚的"有句无句，如藤倚树；文殊维摩，撒手归去"对照来理解。

在《维摩诘经》中，维摩诘询问诸位菩萨言："诸仁者！云何菩萨入不二法门？各随所乐说之！"文殊师利答道："如我意者，于一切法无言无说，无示无识，离诸问答，是为入不二法门。"文殊师利反问维摩诘："我等各自说已，仁者当说何等是菩萨入不二法门？"时维摩诘默然无言。文殊师利叹曰："善哉！善哉！乃至无有文字语言，是真入不二法门！"

文殊菩萨为“有句”，然“有句”中说出了“无言无说”的“入不二法门”。维摩诘默然无言，于“无句”中亦“说”出了无有文字语言的“入不二法门”。“有句”与“无句”，如藤倚树，你中有我，我中有你。然而，二者的关系不重要，重要的是要表达的内容——入不二法门。文殊也好，维摩也好，有句也好，无句也好，都不过是敲门的砖，指月的手，用过便丢。

疏山所说的“树倒藤枯”，正是“文殊维摩，撒手归去”的境界。所以，长庆大安呵呵大笑，便归方丈。疏山被笑得丈二和尚摸不着头脑：“我卖掉了家产，跑了四千里路，特地为解开这个疑惑而来。和尚为什么笑我？”长庆和尚并不作答，而是告诉他以后会有个‘独眼龙’为他说透。

第二天，大沩安和尚上堂，匡仁禅师又问如何是“法身向上事”。大沩安和尚没有吭声，却举起拂子。匡仁禅师道：“此犹是法身边事。”大沩安和尚反问道：“如何是‘法身向上事？’”匡仁禅师便从大沩安和尚手中一把夺过拂子，折断扔在地上。于是大沩安和尚叹息道：“龙蛇易辨，衲子难瞒。”佛法传授，极讲因缘。时机不到，一切都是徒劳。

在拜访长庆大安之前，匡仁禅师先后参了洞山良价、沩山灵祐，并结交了香严智闲。他早已精通佛法道理，认识到“言发非声，色前不物”，但执着于对“有”和“无”的计较之中，没能进入禅师们常说的“向上一路”的自由王国。离开大沩安和尚之后，匡仁禅师又听说婺州明招谦和尚正出世接众，而且谦和尚是一只眼。于是，匡仁禅师便径往礼拜，把自己参大沩安和尚的经过告诉了谦和尚。谦和尚一听，便道：“沩山可谓头正尾正，只是不遇知音。”

大安所提示“有句无句，如藤倚树”，系表示我等知觉分别，只不过是相对性。疏山的“忽遇树倒藤枯，句归何处？”虽表疑惑之问，却正是诸人安心立命的真实之处。

白云守端禅师拜见杨歧方会。杨岐问：“他说你的业师作偈甚奇，能记否？”守端诵曰：“我有明珠一颗，久被尘劳关锁。今朝尘尽光生，照破山河万朵。”杨岐大笑，守端不知所措，通夕不寐。天一亮，又去咨询杨岐。杨岐问：“你见昨日要戏的没有？”守端说：“见。”杨岐说：“你还不如戏子。”守端更加惊疑：“意旨如何？”歧曰：“渠爱人笑，汝怕人笑。”白云守端恍然大悟。

大安禅师的大笑，正是斩断匡仁言语葛藤的“慧剑”，是带领匡仁进入下一个全新境界的“法身向上事”。但匡仁禅师仍然纠缠于如果离开了语言文字或种种手段，如何才能“入不二法门”的问题。他又追问谦和尚：“树倒藤枯时如何？”

谦和尚道：“却使沩山笑转新。”可谓“山重水复疑无路，柳暗花明又一村”。“应无所住而生其心”，“树倒藤枯”之后，更是“枯木逢春”。匡仁禅师终于大彻大悟。

后宋代禅僧梵言颂《有句无句》公案道：“仰之弥高，钻之弥固。昭昭明明，如藤倚树。大笑呵呵跨白牛，碧云缭绕无寻处。”

（李志军　宋海霞）

大慈寰中禅师

说　与　行

僧辞，师问：“甚么处去？”曰：“江西去。”师曰：“我劳汝一段事得否？”曰：“和尚有甚么事？”师曰：“将取老僧去得么？”曰：“更有过于和尚者，亦不能将去。”师便休。

僧后举似洞山，山曰：“阇黎争合恁么道。”

曰：“和尚作么生？”山曰：“得。”

山又问其僧：“大慈别有甚么言句？”曰：“有时示众曰：‘说得一丈，不如行取一尺。说得一尺，不如行取一寸。’”山曰：“我不恁么道。”

曰：“和尚作么生？”山曰：“说取行不得底，行取说不得底。”

（《五灯会元》卷四）

〔**鉴赏**〕 知道大慈寰中禅师的人可能不多，但一提起被誉为“西湖双绝”

的“龙井茶叶虎跑水”，饮茶的人无不知晓。

相传，唐元和十四年(819)，高僧寰中来到大慈山，深爱此地风景灵秀，便住了下来。后因附近没有水源，准备迁往别处。夜里，梦见一神仙告诉他：“明日有二虎将南岳童子泉移来。”第二天果见有二虎“跑地作穴”，涌出泉水，故称为“大慈山虎跑泉”。

大慈寰中(780—862)，河东蒲阪(今山西永济)人，俗姓卢。“禀灵特异，挺质殊伦。身支佣亭，顶骨圆峻。其声若钟响，其色犹脂凝。学通终古，辞实丰赡。”(《宋高僧传》)于并州(治今山西太原市西南)童子寺出家，尽览群经，一心慕上乘佛法，参礼百丈怀海，得嗣其法。后驻锡于大慈山，四方归依参礼者。唐僖宗追谥“性空大师”之号。

这段灯录牵涉的高僧比较多。那个时代，是一个以追求宇宙人生的真谛为风尚的时代。僧人们四处行脚，一旦听说哪个地方有高僧出世，便不远万里，前来拜访。住山的大德们也喜欢从这些云游的僧侣口中互通消息。同一个问题，往往得出了不同的甚至相反的答案，而这些不同的回答都包含着佛法大义。这正是禅宗所具有的无穷魅力。

这一天，一个禅师辞别大慈寰中。寰中问他：“麻烦你一件事，把我也带过去。可以吗?”寰中指的不是自己，而是佛法，或者说是这个僧人在寰中这里得到的禅法。僧人答道：别说是你，就是释迦牟尼、历代祖师的禅法，我也带不去。你的心灵是你的，佛祖的心灵是佛祖的，我的心灵是我自己的。我带着自己的自性逍遥天下，与你们谁都没有关系。

后僧人向洞山禅师说了这个公案。洞山禅师却斩钉截铁地说：“能带去！因为我的心量广大无边，函盖乾坤，别说是你，就是三世诸佛，我也能带去。”法眼文益禅师听说后说道：“和尚若去，某甲提笠子。”前面黄檗希运说过，“大千世界都在我的小小的笠子里面”。法眼是要提起笠子，这是佛子出生时“天上地下，惟我独尊”的气概。

在听了大慈禅师“说得一丈，不如行取一尺。说得一尺，不如行取一寸”这句话后，洞山又唱反调，认为“说取行不得底，行取说不得底”。有人举似云居，云居说：“行时无说路，说时无行路。不说不行，合行什么路?”有人举似洛浦，洛浦说："行说俱到，本分事无。行说俱不到，本分事在。"这里的"行"，包含了三种境界：一是修行，如五祖法演所说："拄却临济棒，吹云门曲，应赵州拍，担仰山锹，驱沩山牛，耕白云田，七八年来渐成家活。"二是自度度人，自利利他的菩萨行。三是悟境，纯净澄明的诸法空相，即所谓的"本分事"。

大慈寰中只是让大家少说虚的，多踏踏实实地修行，多做一些对自己、对他人、对社会有益的实事。到了洞山、云居、洛浦那里，变成了一种玄学的思辨。空相，言语道断，心行处灭，只可意会，不可言传。几个高僧正说、反说，尽管都很精妙，但于修行何益？最后还是洛浦本色，称赞大慈和尚是一尊"古佛"。

诸位高僧的议论反馈至大慈寰中处，他独对洛浦青眼相加，称之为"作家"，即大有机用者。

（李志军）

平田普岸禅师

平　田　路

临济访师，到路口先逢一嫂在田使牛。

济问嫂："平田路向甚么处去？"嫂打牛一棒曰："这畜生到处走，到此路也不识。"

济又曰："我问你平田路向甚么处去？"嫂曰："这畜生五岁尚使不得。"

济心语曰："欲观前人，先观所使。"便有抽钉拔楔[①]之意。

及见师。师问："你还曾见我嫂也未？"济曰："已收下了也。"

师遂问："近离甚处？"济曰："江西黄檗。"师曰："情知你见作家②来!”

济曰:“特来礼拜和尚。”师曰:“已相见了也。”

济曰:“宾主之礼,合施三拜③。”师曰:“既是宾主之礼,礼拜着。”

(《五灯会元》卷四)

〔注释〕 ① 抽钉拔楔:抽,拔出;楔,楔子。抽去钉子,拔出木楔,比喻彻底解决问题。这里指断惑见性。 ② 作家:禅宗大有机用者之称。 ③ 三拜:指“两展三拜”之礼。

〔鉴赏〕 为求无上大法,无数的行脚僧人常年奔波于崇山峻岭之中,穿梭于庙宇丛林之间。在他们疲惫而茫然的旅途中,突然会出现一位外表普通平常的女性,像传说中的观世音菩萨一样,三言两语,指点迷津。

德山宣鉴听说南方的禅法神奇,心中不服,背上自己对《金刚经》的注疏,前往龙潭,寻找著名的崇信禅师理论。至澧阳路上,腹中饥饿,见一婆子卖点心。婆子说:“我有一问,你若答得,施与点心。若答不得,且别处去。《金刚经》道,过去心不可得,现在心不可得,未来心不可得。未审上座点那个心?”轻轻一问,如当头一棒。宣鉴张口结舌,万丈豪情,无影无踪。

无独有偶,与“德山棒”齐名的“临济喝”——义玄禅师在拜访师叔平田普岸的途中,也遇到了一位手眼通天的人物,是普岸禅师的嫂子。

平田普岸(770—843),洪州(治今江西南昌)人,于百丈门下得旨。他生性恬淡,听说天台山景色殊胜,圣贤辈出,欲高蹈方外,便“结茅薙草,宴寂林下”。年长日久,为四众所知,乃于大和七年(833)创平田禅院(即后之万年寺)。

临济来平田拜访,向一位在使牛的大嫂问路。对话之间,临济义玄意识到大嫂并非平凡的村妇。“平田路”指的是明心见性的手段,“牛”是说他的内心。大嫂是在批评他向外驰求,而不知返观自己的本心。临济顿觉心中凛然透通,一片澄明,并暗自感叹。

见到师叔,才知使牛的大嫂是普岸的嫂嫂。普岸得知临济从黄檗处来,赞其被有大机大用的“作家”锤炼过。临济坚持“宾主之礼,合施三拜”。普岸没有推辞。“施三拜”乃宗门之大理。来访僧将作礼,初欲展坐具,师家止之,乃作折势，鞠躬叙事情，是为一展。复欲重展，复被止，乃作折势叙寒暖，是为两展。然不拜则情不足，故不展坐具以手持之触地，三拜也。要知道，临济义玄是一个呵祖骂佛、雄视天下的人物，连师父黄檗希运都敢打。他一开悟，当时就把指点的大愚禅师揾了三拳。义玄哪里是在拜平田普岸，他拜的是普岸的嫂嫂！普岸是一位隐于山林的世外高僧，他嫂嫂则是隐于田舍的真正的世外高人。在生活中享受禅悦，在禅悦中享受生活，这是佛法的最高境界，也是诸佛示现于世的目的。

（李志军　宋海霞）

石霜性空禅师

出得井中人

僧问："如何是祖师西来意？"师曰："如人在千尺井中，不假寸绳，出得此人，即答汝西来意。"

僧曰："近日湖南畅和尚出世，亦为人东语西话。"

师唤沙弥："拽出这死尸着。"

沙弥即仰山①。

山后问耽源②："如何出得井中人？"源曰："咄！痴汉，谁在井中？"

山复问沩山③。沩召慧寂，山应诺。沩曰："出也。"

山住后，常举前语谓众曰："我在耽源处得名，沩山处得地。"

（《五灯会元》卷四）

〔注释〕 ① 仰山：指仰山慧寂禅师（840—916，一说804—890），俗姓叶，韶州（治今广东韶关市西）人。九岁投广州和安寺，从不语通禅师出家。以沙弥的身份，开始游方参学。初礼吉州耽源山应真禅师，已悟玄旨，后又参沩山灵祐禅师，遂升堂奥。承其师灵佑而集大成，于江西宜春仰山道场宣扬宗风，世称"沩仰"宗。 ② 耽源：指耽源应真禅师。南阳慧忠法嗣。 ③ 沩山：指沩山灵祐(771—853)，沩仰宗(禅宗五家七宗之一)初祖。福州长溪(今福建霞浦县西)人，俗姓赵。十五岁从建善寺法常(一作法恒)出家。后参百丈怀海，并嗣其法。至沩山弘扬禅风四十年之久，世称"沩山灵祐"。

〔**鉴赏**〕 "To be, or not to be: that is the question."这是莎士比亚的名剧《哈姆雷特》中最经典的独白。有译为："生存还是毁灭，这是一个值得考虑的问题。"或译为："行动还是不行动，这是一个严肃的问题。"

其实，复仇也好，复国也好，都有无穷的策略和步骤。古今中外有着很多成功的案例。但"延宕"，是哈姆雷特的性格特征。哈姆雷特说："顾虑让我们都变成了懦夫，使得那果断的本色蒙上了一层思虑的惨白的容颜，本来可以做出伟大的事业，由于思虑就化为乌有了，丧失了行动的能力。"一直到死，他都生活在这个无法选择的痛苦与失望、苦闷与彷徨之中。

普通人没有处在哈姆雷特的那样的风口浪尖上，但每天睁开眼，看见一件事物，第一反应就是作出一个判断，是与非，善与恶，对自己有利还是不利；闭上眼睛前，还要"三省吾身"，后悔或者窃喜，盘算明天的行动。正是这些算计思虑的纠缠，使人的心中充斥着烦恼，堆积成尘垢。

慧能开导慧明："不思善，不思恶，正与么时，哪个是明上座本来面目。"禅宗讲直指人心，就是斩除一切二元对立的价值判断在心头所形成的纠结，直接洞见自己的那个干净、纯粹、圆满、自由的心灵。

很多禅师采取了"以毒攻毒"的高超手段，把人的思维逼到一个无法挣扎的死角，如能起死回生，腾空而出，便是大彻大悟。

石霜性空禅师面对僧人的提问，设了一个局：一人身陷千尺井中。你不准借助绳索和其他工具，如果能把此人救出，我就告诉你什么是"祖师西来意"。这个僧人想了半天，无计可施，还发牢骚说湖南有个畅和尚就能解答大众的疑问。性空禅师唤身边的小沙弥将僧人拖出去。这个小沙弥就是日后如中天红日的仰山慧寂禅师。当时他也是百思不得其解，但又不敢询问。这个疑问一直放在慧寂的心里，就像身陷千尺井中。

慧寂后行脚到吉州耽源山，询问应真禅师如何救出井中人。应真大喝一声:“笨蛋!谁在井中?”慧寂有所醒悟。“本来无一物,何处惹尘埃”,心中了无挂碍,哪里有“井”,何来“井中人”?到沩山后,他又请教灵佑禅师。灵佑突然叫了一声:“慧寂!”慧寂答道:“在!”沩山灵佑一笑:“这不是出来了吗?”慧寂终于豁然开朗。

这个困在井中的“人”,就是我们的“心”,本来清清静静,自由自在。“井”,是我们日常的种种思维杂念。困住我们的,不是别人,而是我们自己。就像一个在黑暗房间里的孩子,感到周围都是鬼影晃动。一下摸到了开关,“啪”的一声,电灯亮了,这个让人害怕的地方,原来是我们的熟悉的家。

“祖师西来意”,就是这个电灯的开关。如果钻到“出来”“出不来”的思维怪圈里面,你就是那个困在井中的人。一旦找到了自己的“心”,打开了心中的明灯,那些是是非非的矛盾,思前想后的纠缠,统统烟消云散。这时,你自然就明白了“祖师西来”的“真意”。

(李志军)

古灵神赞禅师

报师慈德

福州古灵神赞禅师,本州大中寺受业,后行脚遇百丈开悟,却回受业。

本师问曰:“汝离吾在外,得何事业?”曰:“并无事业。”

遂遣执役。一日,因澡身命师去垢,师乃拊背曰:“好所佛堂而佛不圣。”

本师回首视之,师曰:“佛虽不圣,且能放光。”

本师又一日在窗下看经,蜂子投窗纸求出。师睹之曰:“世界如许广阔不肯出,钻他故纸驴年去!”遂有偈曰:

“空门不肯出，投窗也大痴。百年钻故纸，何日出头时?”

本师置经，问曰：“汝行脚遇何人？吾前后见汝发言异常。”

师曰：“某甲蒙百丈和尚指个歇处。今欲报慈德耳。”本师于是告众致斋，请师说法。

师乃登座，举唱百丈门风曰：“灵光独耀，迥脱根尘。体露真常，不拘文字。心性无染，本自圆成。但离妄缘，即如如佛。”

本师于言下感悟曰：“何期垂老得闻极则事。”

（《五灯会元》卷四）

〔鉴赏〕 师徒就是父子。禅林常说：“见与师齐，减师半德。见过于师，方堪传授。”青出于蓝，被视为弟子对师父的最好的报答。邓隐峰推车故意碾伤恩师马祖道一的脚，马祖也不怪罪。义玄打了黄檗，黄檗反而高兴得呵呵大笑。这就叫作“父慈子孝”。

还有一种更感人的报恩方式，弟子度师。学生领悟到了宇宙人生的真谛，首先想到的，是赶快回去告诉老师。在佛门，“法布施”为一切布施之首。

鸠摩罗什在龟兹国通达大乘佛法奥义后，便要辞别龟兹王，说：“我在罽宾国的师父尚未体悟大乘的妙义，我想亲自前往为他解说。”他的师父盘头达多，一听说弟子鸠摩罗什有非凡的体悟，便不远千里，冒着跋涉山川的艰辛，专程赶来学习大乘经典。盘头达多向鸠摩罗什顶礼，说：“和尚是我的大乘师，我是和尚的小乘师。”

五百年后，古灵神赞与业师，再传互为师徒的佳话。古灵神赞禅师，福州人，姓氏生卒不详，出家后从本州大中寺受业，后行脚参礼百丈禅师，得以开悟见性。即回大中寺，欲教化其本师。

有一天，本师命他给自己搓澡。神赞禅师抚摸着本师的后背，说道：“好一所佛堂，而佛不圣。”“佛虽不圣，且能放光。”对业师传道可不比教授弟子，神赞利用揩背的机会，机智巧妙，点化师父。言词应对，收放自如，任运无碍，显露其了悟禅法后之机锋。又一日，本师在窗下读经书。刚好，有一只蜜蜂，投窗纸求出。神赞见了，即作偈曰："空门不肯出，投窗也大痴。百年钻故纸，何日出头时?"本师被彻底惊醒，意识到他的不同凡响，询问之下才知他是回来报恩度师的。

赵州和尚说："七岁童儿胜我者，我即问伊；百岁老翁不及我者，我即教他。"无为法是无上的佛法，不是世俗的道理。依法不依人，得道者为师。高僧们就有这样的气度。

当年，正在讲《大涅槃经》的印宗和尚，听到眼前这位貌不惊人的行者，就是传说中得到师父弘忍衣钵的慧能，就马上为他剃度，请师弟代替自己，登上法坛。同样，古灵神赞的师父一听弟子已经得道，立即命令大众设斋，请神赞禅师说法。

尊师论佛法，当仁亦不让。神赞禅师于是登座，举唱百丈禅师的门风。度化本师之后，神赞禅师即前往古灵，开法度众。

（李志军　宋海霞）

和安寺通禅师

仰 山 将 床

师一日召仰山将床子来。

山将到，师曰："却送本处着。"山从之。师召："慧寂。"山应诺。

师曰："床子那边是甚么物?"山曰："枕子。"

师曰："枕子这边是甚么物?"山曰："无物。"

师复召："慧寂。"山应诺。

师曰："是甚么?"山无对。师曰："去!"

（《五灯会元》卷四）

〔**鉴赏**〕 这也是发生在仰山慧寂行脚途中的事。

广州和安寺通禅师，生性沉默寡言，当时人们送了他一个外号，叫作“不语通”。某日他正在虔敬地礼佛，来了一个禅者，问：“座主礼底是甚么？”通言：“是佛。”禅者指着佛像问：“这个是什么东西？”通无言以对。至夜，通穿上袈裟，郑重地拜访禅者，行大礼请教：“您今日所问，在下实在不知意旨如何？”禅者问：“座主已经几夏了？”通答：“十夏。”禅者曰：“还曾出家了没有？”通更加茫然。禅者说：“如果连这个也不会，百夏有何用？”乃命通和他一起同参马祖。及至江西，马祖已圆寂。通就去拜见百丈怀海禅师，顿释疑情。

仰山慧寂四处游方，来到和安寺。通禅师见他颇有慧根，便着意栽培，命他将床子搬来搬去，借床子对慧寂说法。但慧寂此时尚未有空明之心，通禅师让他搬他就搬，喊他他就应，问他什么他就如实答。禅宗讲触目是道，立处即真。在日常生活中，无处不是道场。作为一个禅者，时刻都要“惺惺着”——心的每一个当下，都处在空明自由的自性之中。只有自己“心”，才是自己的主人公。慧寂服服帖帖地让禅师颐指气使，实际上已经表明慧寂的心，始终在受制于外物，而没有找到自性。见性之人，可与佛争座，天上地下，舍我其谁，岂能与他人为奴作仆，将一条无用的破床子搬来摆去！十方世界，遍虚空界，佛性无处不在，怎么能什么都没有呢？仰山慧寂的目光仍然停留在现象上面，而没有用自己的“本心”来洞察事物的实相。所以通禅师最后忍不住骂道：“去！”

（李志军）

东山慧禅师

辅弼宗师，不废光彩

师同大于、南用到茶堂。有僧近前不审[①]。

用曰：“我既不纳汝，汝亦不见我。不审阿谁？”僧无语。

师曰："不得平白地恁么问伊。"

用曰："大于亦无语那。"

于把定其僧曰："是你恁么累我亦然。"便打一掴。

用大笑曰："朗月与青天。"

大于侍者到。师问："金刚正定，一切皆然。秋去冬来，且作么生？"者曰："不妨和尚借问。"

师曰："即今即得，去后作么生？"者曰："谁敢问着某甲？"

师曰："大于还得么？"者曰："犹要别人点检在。"

师曰："辅弼宗师，不废光彩。"侍者礼拜。

（《五灯会元》卷四）

〔注释〕 ① 不审：请教之意。比丘相见之礼话。

〔鉴赏〕 三个高僧法战，好像"三国演义"，正在龙争虎斗，忽又异军突起，硝烟弥漫如夏云奇峰，令人眼花缭乱。

大于和南用两位禅师来东山，拜访慧禅师。三人一起走进茶堂。这时，有个僧人近前请教。刚说了"不审"两个字，南用禅师打断他的话说："我既不接受你，你也不认识我。你"不审"的是哪一个？"僧人不知如何作答。

佛经有言，海纳百川，但不纳死尸。南用禅师的"我"，指的是"佛法"：法海无边，包罗万象，唯独执迷不悟者，难入其门。你不能识得佛法，我的心境中也无法容纳你，你"不审"哪一个？慧禅师见了，连忙给僧人打圆场："你不可这么草率地请教问题。"

南用禅师枪头一转，对准站在一边看热闹的大于禅师发起了攻击："这个僧人不懂道理，你也不懂吗？为什么也不讲话？"大于禅师无法招架，转过身来揪住问话的僧人抬手就是一个耳光。

南用禅师呵呵大笑："朗月与青天。"同是"无语"，悟道与不悟道，了然分明。南用大笑眼似朗月，大于无语心如青天。

这个僧人也算是好学爱道之人，一见高僧，便凑上来虚心求教，不料先是遭到一顿呵斥，接着无端又是一记暴打。然在禅门，打骂就是说法。如是一个伶俐的僧人，于掌下幡然醒悟，当时就还给大于一拳："你的是你的，我的是我的。枪法不好，怪什么矛头不利？自己机锋不敏，与旁人何干！"

眼见寺里僧人被打，慧禅师当然不能袖手旁观。刚巧大于禅师的侍者到来，慧禅师便故意向侍者发难。《心经》云："是诸法空相，不生不灭，不垢不净，不增不减。"体用不二，动静一如，瞬间就是永恒。既然金刚正定，万物不迁，为什么秋去冬来，生灭无常？

僧肇《物不迁论》言，说万物是有是静，说万物是无是动，都是俗谛。说万物非有非无，非动非静，才是真谛。然而这个问题只可意会，不可言传。一旦讨论，不仅说不清楚，而且马上陷入思维混乱的泥潭。这是一个陷阱。

不料，大于的侍者是个高手，轻描淡写地说："和尚随便问问也无妨。"便把慧禅师的力道化于无形。因为这个问题不仅不能答，而且不能问。提问本身就是错误。慧禅师不依不饶，但攻势已成强弩之末。侍者明明说："谁敢来问着我？"慧禅师却故意刁难："大于能问吗？"侍者从容答道："就是本师，也要盘点一番。"

强将手下无弱兵，侍者给大于禅师挣足了面子。为此慧禅师赞叹不已。

（李志军）

沩山灵祐禅师

有火无火

年十五出家，依本郡建善寺法常律师，剃发于杭州龙兴寺，究大小乘教。二十三游江西，参百丈。丈一见，许之入室，遂居参学之首。

侍立次，丈问："谁？"师曰："某甲。"

丈曰："汝拨炉中有火否？"师拨之曰："无火。"

丈躬起深拨得少火，举以示之曰："汝道，无这个聻！"师由是发悟，礼谢陈其所解。

丈曰："此乃暂时歧路耳。经云：欲识佛性义，当观时节因缘。时节既至，如迷忽悟，如忘忽忆，方省己物不从他得。故祖师云：悟了同未悟，无心亦无法。只是无虚妄凡圣等心，本来心法元自备足。汝今既尔，善自护持。"

次日，同百丈入山作务①。丈曰："将得火来么？"师曰："将得来。"丈曰："在甚处？"师乃拈一枝柴吹两吹，度与百丈。丈曰："如虫御木。"

（《五灯会元》卷九）

〔**注释**〕 ① 作务：劳作；服役；或从事杂役之人。

〔**鉴赏**〕 百丈怀海禅师有两个最重要的弟子：一个是黄檗希运，其弟子临济义玄开创了临济宗；另一个是沩山灵祐，与弟子阳山慧寂一起创建了沩仰宗。

沩山灵祐二十三岁时，云游到江西参访百丈禅师。百丈眼明，一见便喜，便收为弟子，并居参学之首。一天，百丈让灵祐看炉中有无火。灵祐拨了一下，说："无火。"百丈走过来，弯腰往深处一拨，发现一点火炭。灵祐一下子愣住了，马上心中通亮："这点深藏在灰烬之中的灵火，就是我的清净本心！"沩山后来告诉弟子仰山慧寂："要想到那无思的妙处，要返照心中灵火的不朽。想到极点，又必须返本归源，使你的本性和形相都永恒的合一不变，这就是真佛的如如之境。"

时节既至，如迷忽悟，如忘忽忆。百丈对因缘具足的灵祐寄予厚望，希望他对所悟好好珍惜，善自护持。

第二天，灵祐同百丈一起进山干活。百丈问带火了没有，灵祐说带了，并拾起一枝柴，吹了两吹，递与百丈。

"有火"就是"无火"，"无火"就是"有火"。此时的灵祐，不仅点亮了心中的真火，而且用它来照亮世界。他开始用另一种眼光来洞察世间万象，进入到诸法平等，空有一如的境界。但是百丈怀海又给灵祐泼了一瓢冷水，说：

"如虫御木。"

"如虫御木",来自《大般涅槃经》。原文是:"比丘当知,是诸外道所言我者,如虫食木,偶成字耳。是故如来于佛法中,唱是无我,为调众生故、为知时故,说是无我。有因缘故,亦说有我。如彼良医,善知于乳是药非药,非如凡夫所计吾我。凡夫愚人所计我者,或言大如拇指,或如芥子,或如微尘。如来说我,悉不如是,是故说言诸法无我,实非无我。何者是我?若法是实、是真、是常、是主、是依,性不变易,是名为我。"

精通大小乘教义的沩山灵祐,当然知道这个典故的含义。凡夫以"拇指""芥子"等现象界的事物为实有,外道以实有为因缘和合的假相。佛法认为:"空"是真空,"有"是妙有。不可执着"有我",也不可执着"无我"。所谓的"有我"与"无我",都是真常佛性随缘显用。沩山灵祐前者以"有"为"无",今天以"无"为"有",如不及时提醒纠正,都有落入边见的危险。

百丈怀海对弟子的要求极其严格,他要把灵祐锤炼成具有大机大用的人天之师。灵祐明白老师的苦心:自己如今的初心虽然从缘而得,一念顿悟,仍然有无始旷劫习气未能除尽,一定要根除现业流识。

(李志军)

沩山主人

司马头陀[①]自湖南来,谓丈曰:"顷在湖南寻得一山,名大沩,是一千五百人善知识所居之处。"

丈曰:"老僧住得否?"陀曰:"非和尚所居。"

丈曰:"何也?"陀曰:"和尚是骨人,彼是肉山。设居徒不盈千。"

丈曰:"吾众中莫有人住得否?"陀曰:"待历观之。"

时华林觉为第一座,丈令侍者请至。问曰:"此人如何?"

陀请謦欬[②]一声,行数步。陀曰:"不可。"

丈又令唤师，师时为典座③。陀一见乃曰："此正是沩山主人也。"

丈是夜召师入室，嘱曰："吾化缘在此。沩山胜境，汝当居之，嗣续吾宗，广度后学。"

而华林闻之曰："某甲忝居上首，典座何得住持？"

丈曰："若能对众下得一语出格，当与住持。"即指净瓶问曰："不得唤作净瓶，汝唤作甚么？"林曰："不可唤作木楔也。"

丈乃问师，师踢倒净瓶便出去。丈笑曰："第一座输却山子也。"师遂往焉。

(《五灯会元》卷九)

〔注释〕 ① 司马头陀：司马，掌管军政之官名，位在将军之下，参与军事计划。头陀，则为祖师出世之号。一说为宋时南康府人，精通地理风水；一说为唐代精通地理风水的堪舆学家。② 謦欬(qǐng kài)：咳嗽。 ③ 典座：寺院中，负责大众床座及斋粥等杂事之役的僧人。

〔鉴赏〕 来自湖南的司马头陀向百丈介绍寻得大沩山，是一千五百人善知识所居之处。但百丈却不能住，因为"和尚是骨人，彼是肉山，设居徒不盈千。"于是百丈将第一座华林觉禅师唤至堂前，遭到了司马的否定。待灵祐出场，司马慧眼识人："这位典座，正是沩山主人！"

当晚，百丈悄悄把灵祐叫到丈室，嘱咐说："我的行化因缘在这里。那个大沩山是个胜境福地。你应当去那里主持一方，嗣续我宗，广度后学。"

这个司马头陀也是个妙人。当时大沩山并非是一个现成的道场。此山悬崖峭壁，荒无人烟，猿猱为伍，虎狼出没。灵祐住在山后，以橡栗充食。在山上住了数载，绝无来者。但司马头陀断言，这是个能拥有一千五百僧众的大道场。堂堂的百丈怀海对他的话竟然深信不疑，竟然动心。然而，司马头陀却预言这位禅林领袖并不是最佳人选：这座山是个"肉山"，而百丈怀海是个"骨人"。这个理由和比喻更妙不可言。大概因为百丈的禅法冷峻高拔，非上上根机之人不能悟入。在大沩山这样的新环境下，更需要一个耐心细致而坚韧不拔的高僧。吴经熊在《禅学的黄金时代》中，对临济义玄和沩仰父子的禅风进行了对比，说："以激烈的性格来论，临济是偏于庄子；以其成熟和宁静来论，沩山和仰山却是偏于老子的。"沩山接人有着慈父般的温暖，只有这样的高僧才能使一座"肉山"兴旺昌盛。

百丈相信，灵祐一定能不负众望，光大佛法，成为一代宗师。但位居上首的华林颇为不服。于是百丈指着净瓶问华林："不得唤作净瓶。汝唤作甚么。"明明是净瓶，却不得唤作净瓶。后来的禅僧称之为"背触关"——背也不是，触也不是。按照《金刚经》的说法："此是净瓶，而非净瓶，是名净瓶"，其意旨在于破相。华林的回答不能算错。但对于一个真正的禅者来说，对与错都不重要，最重要的是要有一颗自由空灵的心。"空灵"，一方面是"空"——"应无所住"，另一方面是"灵"——"生其心"。南宗的祖师爷慧能就是从这里悟入的。沩山灵祐一脚踢倒净瓶，大踏步走了出去，走上了大沩山。

在大沩山，初来乍到的灵祐孤身只影，生活极为艰难，仅靠采集野果野菜充饥度日，"非食时不出，凄凄风雨，默坐而已，恬然昼夕"（《大圆禅师碑铭并序》）。多亏师弟长庆大安禅师率领几个僧人赶来辅佐于他。后来名望鹊起，灵祐"率众共营梵宇，连帅李景让奏号同庆寺"。相国裴休时任潭州刺史，与灵祐禅师关系甚为密切。尤其是在会昌法难期间，对灵祐禅师的弘法活动，给予了很大的支持和保护。会昌法难后，裴休便用自己的车舆迎请灵祐，并"亲为其徒列"，恳请他再次剃发现出家僧宝相，继续住持沩山道场。大沩山很快就成了四方学人争相辐辏的大丛林。他的道场不但接引修学自马祖一系所传的学人，而且石头法脉的道吾、云岩、石霜、夹山、九峰、疏山、德山等禅德，都曾在沩山游历参学过。

沩山灵祐禅师成为一方宗主，"言佛者天下以为称首"（《潭州大沩山同庆寺大圆禅师碑铭并序》）。后有得法上首仰山慧寂禅师继续传播灵祐禅法，故世称"沩仰宗"。

（李志军）

顿悟之人更有修否

上堂："夫道人之心，质直无伪，无背无面，无诈妄心。

一切时中，视听寻常，更无委曲，亦不闭眼塞耳，但情不附物即得。从上诸圣，只说浊边过患，若无如许多恶觉情见想习之事，譬如秋水澄渟，清净无为，澹泞无碍。唤他作道人，亦名无事人。”

时有僧问：“顿悟之人更有修否？”

师曰：“若真悟得本他自知时，修与不修是两头语。如今初心虽从缘得，一念顿悟自理，犹有无始旷劫习气未能顿净，须教渠净除现业流识，即是修也。不可别有法，教渠修行趣向，从闻入理，闻理深妙，心自圆明，不居惑地。纵有百千妙义，抑扬当时，此乃得坐披衣，自解作活计，始得。以要言之，则实际理地，不受一尘，万行门中，不舍一法。若也单刀直入，则凡圣情尽，体露真常，理事不二，即如如佛。”

（《五灯会元》卷九）

〔鉴赏〕 沩山灵祐禅师的这段话不长，解决的却是哲学思考和宗教救赎的最核心的部分，即有关人的本性与人类灵魂的归宿问题。

基督教认为人是带着原罪来到世间的。世界上的一切战争、痛苦、死亡、疾病都是因为人的原罪导致的。靠人类自身的力量，永远无法得救，只有信靠上帝。伊斯兰教不承认原罪说，认为母亲把人生下来时都是干净的。一切痛苦的来源，一方面是因为自己犯罪作恶所招致，“凡你所享的福利，都是真主降赐的；凡你所遭的祸患，都是你自讨的”（《古兰经》）；另一方面是来自真主对人的考验。真主以些微的恐怖和饥馑，以及资产生命收获等损失，试验世人，以鼓励培养人们奋斗与坚忍的品格。人的行为要服从真主的意志。

佛教讲“两重三世”因果，因缘果报的主人是主人公自己，而不是神灵。一个人前生所作所为所形成的“因”，导致了今生今世的“果”；而今生的所作所为都会储藏起来，成为来世的“因”。在三世之间流转的，类似于人们通常所说的“灵魂”，叫作“阿赖耶识”。阿赖耶识就像庄稼的种子，所以又叫“种子识”。今生之所以或为人或为牲，都是因为前世的“无明”所导致。在娘胎里面产生意识的一瞬间，前世的无明就降临在心中，导致在考虑处理问题的时候，总是以自我为中心。佛教称之为“无始无明”“根本无明”，或叫“我执”。佛教修行最艰巨的任务之一，就是破除“根本无明”，即“我执”，原始佛教讲“诸法无我”，《金刚经》讲“无我相、无人相、无众生相、无寿者相”等，意旨均在破除这个“无始无明”。

如果人的本性完全建立在“无始无明”或者说“根本无明”的基础之上，那么人类的未来是毫无希望的。以唐玄奘为代表的法相唯识宗认为，要想去除杂染的“阿赖耶识”是十分困难的一件事。即使有佛的慈悲方便的引导，也要经过生生世世坚持不懈的修行，并且有一种“无有出世功德种性”，永无成佛的可能性。

这种观点在佛教界遭到了大量的批判和反对。唯识学派内部，一些学者主张在第八识阿赖耶识之上，还有一个第九识“清净识”。“清净识”被视为真如佛性，是人性乃至宇宙的根本。人类通过修行，去掉蒙在清净识上的污染，即可成佛，达到永恒的境界。

中国人本来就相信“天地良心”。孟子说：“恻隐之心，仁之端也；羞恶之心，义之端也；辞让之心，礼之端也；是非之心，智之端也。”“恻隐之心，人皆有之”，如果能以仁义之心行事，那么人人皆可成为圣贤。佛教的佛性本有思想与中国人的人性本善观念结合，中国大乘佛教的天台宗、华严宗、禅宗等均以“心、佛、众生，是三无差别”为其修行解脱的理论依据。华严宗认为我们的世界本来就是佛光普照的“华藏世界海”，心可造天堂，亦可造地狱。关键在于人心。禅宗的“顿悟”，就是顿悟人原本是佛，心原本清净。

沩山灵祐说：“道人之心，质直无伪，无背无面，无诈妄心。”“心”灵明通透，无时无刻不在发挥作用，“一切时中，视听寻常，更无委曲，亦不闭眼塞耳”，只要不拿外物干扰污染它，心就能像“秋水澄渟，清净无为，澹泞无碍”。这样的修行人，就叫“道人”，亦名“无事人”。

下一个的问题就是，既然是“无事人”，那么还有修行的必要吗？

看灯录等史料，除了六祖慧能等少数几人外，一闻便顿澈心源、永不退转者，真如凤毛麟角。而人的“无始无明”更是根深蒂固，否则，玄奘大师等也不会把修行看得那么重要,那么艰辛。人只要活着,从心理到生理,就有保护自己的生命与繁衍后代的责任和义务,这是产生“我执”的最原始的原因。沩山灵祐是一个实事求是的禅师。在他的禅修过程中,几次洞明心地,百丈都没有认可。他明白:“如今初心虽从缘得,一念顿悟自理,犹有无始旷劫习气未能顿净,须教渠净除现业流识。”

但是,沩山灵祐禅师所说的“修”,不同于传统意义的“修”。传统的修行,就是安坐入定,慑心静虑,而沩山灵祐的修,是“单刀直入”,直透性地,使心灵直接契入诸法实相,与宇宙间的最高精神境界融为一体。如此“则凡圣情尽,体露真常,理事不二,即如如佛”。

在《金刚经》中,须菩提向佛祖提的问题是:“如何降伏我心?”佛祖并没有直接告诉他如何去“降伏”其心,而是指出“凡所有相皆是虚妄”,包括佛法在内,“所谓佛法者即非佛法”,佛法亦应舍去,“修”亦是如此,否则就是着于法相。灵祐禅师说:“若真悟得本他自知时,修与不修是两头语。”言“修”言“不修”,都是执着于相的边见。如果真正“顿悟”了,修就是悟,悟就是修,修即无修,不修而修。并非安坐山林才是修行,更非自命清高才是觉悟,日常生活的一举一动都是修行。

《金刚经》说:“应无所住而生其心。”“心无所住”就是成佛,“离一切诸相即名诸佛”。“无所住”就是“生其心”,“无所住”才能“生其心”。“生其心”就是以“无所住”法,去救护无量、无数、无边众生,“皆令入无余涅槃而灭度之”。灵祐说:“实际理地,不受一尘,万行门中,不舍一法。”这就是“应无所住,而生其心”。

沩山灵祐的“修”,不是对“无始无明”的强制压抑或者力图根除,而是转化与超越。“实际理地,不受一尘”,本源心性,出淤泥而不染,并且任何尘埃污秽,均能化为清净法身。就像《易经》上所说的“地势坤,君子以厚德载物”,大地有无穷的承载和转化能力。大地给我们的是小麦和瓜果,我们给大地的是垃圾与粪便,然而大地能把垃圾与粪便重新转化为小麦与瓜果。“万行门中,不舍一法”,一切声皆是佛声,一切法都是佛法,一切行都是菩萨行,心同虚空,包罗万象。具有容纳万物的心灵境界和化腐朽为神奇的精神力量的人，才能称为“道人”。

禅僧的开悟见道，并不见得就达到了修行的终极点。因此，沩山认为，禅者悟道后，仍须有一个“护持”的阶段，方可使其已悟之禅境不至于退转，方可尽除其无始劫以来的无明业障。这一主张，在当时的丛林中已实施了，且各大禅师在咐嘱其见性之徒时，均语重心长地向他们道声“珍重”或“善自护持”。可见，禅者悟道后，若弃渐修，便会退转，乃至堕落。因而，沩山在开示学人中，明确指出了参禅道人在悟后必须坚持再修行，这便为禅门明确地指出了一个修行的阶次。在《沩山语录》中，还载有这样一桩公案：

灵云（志勤禅师）初在沩山，因见桃花悟道，有偈云：“三十年来寻剑客，几回落叶又抽枝。自从一见桃华后，直至如今更不疑。”沩山览偈，叮咛道：“从缘悟达，永无退失，善自护持。”

沩山在这里对灵云的咐嘱，与当年乃师百丈对他所咐嘱的“汝今既尔，善自护持”，可谓如出一辙。一时的见道，绝不意味着终身大事就完结了，还必须有一个善自护持、长养圣胎的修习过程。

（李志军）

无心是道

师在法堂坐，库头[①]击木鱼，火头[②]掷却火抄，拊掌大笑。

师曰：“众中也有恁么人？”遂唤来问：“你作么生？”

火头曰：“某甲不吃粥肚饥，所以欢喜。”师乃点头。

（《五灯会元》卷九）

僧问：“如何是道？”师曰：“无心是道。”

曰：“某甲不会。”师曰：“会取不会底好！”

曰：“如何是不会底？”

师曰：“只汝是，不是别人。”复曰：“今时人但直下体取不会底，正是汝心，正是汝佛。若向外得一知一解，将为禅道，且没交涉。名运粪入，不名运粪出，污汝心田。所以道不是道。”

（《五灯会元》卷九）

〔注释〕 ① 库头：副寺（职位）之旧称。司寺内之出纳。《百丈清规》“副寺”条曰：“副寺者，古规曰库头。今诸寺称柜头，北方称财帛，其实皆此一职。” ② 火头：佛教司掌点灯之职称。又作油头。也指司掌造饭者。

〔鉴赏〕 吃饭、睡觉，生活原本就是这么简单。

我们经常赞美抬着硕大骨头的辛勤的蚂蚁，或者在花丛中飞来飞去的蜜蜂。其实，植物学家们观察发现，它们每天的工作时间都没有超过两个小时。生活的很多意义，都是人们自己附加上去的。这些“意义”，往往偏离了人生，甚至走向了初衷的反面。所有的争夺、罪恶乃至战争，都是因为贪婪与野心所致。

美国的哲学家马尔库塞写了一本书，叫作《单向度的人》。他认为人已经被社会全面异化，人成了“物”。现代工业社会技术进步给人提供的自由条件越多，给人的种种强制也就越多，这种社会造就了只有物质生活，没有精神生活，没有创造性的麻木不仁的单面人。譬如日常的消费，基本上是被媒体与时尚所引导和操纵着，已经与人的实际需要没有多大关系了。

《庄子·天地》中讲述了一个故事。子贡从楚到晋，路过汉阴，见一老人正在给菜园浇水，凿隧而入井，抱瓮而出灌，用力甚多而见功甚寡。子贡曰：“有一种机械，一日可浸百畦，用力甚寡而见功多，老人家想要吗？”老人忿然作色，不屑地笑道：“吾闻之吾师，有机械者必有机事，有机事者必有机心。机心存于胸中，则纯白不备；纯白不备，则神生不定，神生不定者，道之所不载也。吾非不知，羞而不为也。”子贡卑陬失色，顼顼然不自得，行三十里才恢复正常。

要返回人的自身，享受生命的每一天。人人都明白其中的道理，也时常如此劝慰别人宽解自己，但不是人人都能做到。饥来即食，困来即眠。子贡感慨地说：“执道者德全，德全者形全，形全者神全。神全者，圣人之道也。”只有“治其内，而不治其外，夫明白入素，无为复朴，体性抱神”的悟道之人，才能真正做到安时处顺,怡然自乐。

驽马易见,骐骥难得。发现一个得道者,如入山见宝一般。当年百丈大师率众锄地,忽有一僧听见鼓鸣,扛起锄头,大笑便归。百丈大师忍不住叫道:“俊哉!此是观音入理之门。”观音菩萨耳根圆通,闻声悟道。百丈归院,乃唤其僧问:“适来见甚么道理,那么高兴?”僧答:“适来肚饥,闻鼓声,归吃饭。”

这一天,沩山灵祐在法堂中坐。库头敲击木鱼,通知开饭。一个烧火的僧人扔掉火抄,拊掌大笑。沩山见了,心中惊喜:“没想到僧众里面,原来还有一个这样的人?”遂唤来问:“你为什么大笑?”烧火僧答道:“在下不吃粥肚饥,所以欢喜。”生命,本来就是如此简单。

什么是道?庞居士的女儿灵照说:“也不易也不难,饥来弄饭困来眠。”大珠慧海《诸方门人参问语录》载:“有源律师来问:‘和尚修道还用功否?’师曰:‘用功。’曰:‘如何用功?’师曰:‘饥来吃饭,困来即眠。’曰:‘一切人总如是,同师用功否?’师曰:‘不同。’曰:‘何故不同?’师曰:‘他吃饭时不肯吃饭,百种须索;睡时不肯睡,千般计校。所以不同也。’律师杜口。”

沩山灵祐说:“无心是道。”有僧人说:“在下不会。”灵祐说:“道,就在你这个‘不会’的心里。”当下直接体认自己这个“不会的心”,就是你的自性清净心,你就是佛,佛就是你。如果向外求得一知半解,把它视为禅道,则是风马牛不相及。从外面得道一切东西,都是垃圾。把这些垃圾带到你的心里,只会污染你的心灵。只能叫“运粪人”。只有无心才是道。

(李志军)

大机,大用

一日,师谓众曰:“如许多人,只得大机,不得大用。”

仰山举此语,问山下庵主曰:“和尚恁么道,意旨如何?”主曰:“更举看。”

仰拟再举,被庵主踏倒。仰归举似师,师呵呵大笑。

(《五灯会元》卷九)

师摘茶次，谓仰山曰："终日摘茶只闻子声，不见子形。"

仰撼茶树，师曰："子只得其用，不得其体①。"

仰曰："未审和尚如何？"师良久。

仰曰："和尚只得其体，不得其用。"师曰："放子三十棒。"

仰曰："和尚棒某甲吃，某甲棒教谁吃？"师曰："放子三十棒。"

（《五灯会元》卷九）

仰山蹋衣次，提起问师曰："正恁么时，和尚作么生？"师曰："正恁么时，我这里无作么生？"仰曰："和尚有身而无用。"

师良久，却拈起问曰："汝正恁么时，作么生？"仰曰："正恁么时，和尚还见伊否？"师曰："汝有用而无身。"

师后忽问仰山："汝春间有话未圆，今试道看。"仰曰："正恁么时，切忌勃诉。"师曰："停囚长智②。"

（《五灯会元》卷九）

〔注释〕 ① 体用：本体和作用。语出佛家。后来成为中国近代哲学史上的重要概念。② 停囚长智：囚，"留"字的音讹。"囚"与"留"叠韵，音近，故而在口语流传中易混。指做事时不要匆忙去做，先停下来思考一下，便能增长智谋、生出智慧来。

〔鉴赏〕 仰山慧寂雄姿英发，眼高天下，以"大机大用"为评判诸方尊宿的标准。沩山曾问他："马祖出八十四人善知识，几人得大机，几人得大用？"仰山答道："百丈得大机，黄檗得大用。余者尽是唱道之师。"

他的师弟香严智闲击竹悟道，乃有颂曰："一击忘所知，更不假修持。动容扬古路，不堕悄然机。处处无踪迹，声色外威仪。诸方达道者，咸言上上机。"师父沩山听了，很是高兴："此子彻也！"仰山依然认为："此是心机意识，著述得成。"要亲自勘验一番。他登程过访香严，让他"若有正悟，别更说看"。香严出口成章："去年贫未是贫，今年贫始是贫。去年贫，犹有卓锥之地，今年贫，锥也无。"

此偈流传千古，与六祖的"本来无一物，何处惹尘埃"异曲而同工，但慧寂仍不认可:"如来禅许师弟会,祖师禅未梦见在。"香严的这首偈子表述的是悟入诸法空性,已是最高的精神境界,但仍然只属于信仰、禅定和苦行的范围;只要专心于沉思或读经,都可以达此"空"境,这就叫作如来禅。

香严再颂道:"我有一机,瞬目视伊。若人不会,别唤沙弥。"慧寂这才报告师父:"且喜闲师弟会祖师禅也。"这首偈子已悟入了"真我",如沩山所说的"以思无思之妙,返思灵焰之无穷,思尽还源,性相常住。事理不二,真佛如如。"这是一种超越了观念、理性,甚至伦常等的精神境界。"瞬目视伊"是全偈的重心所在。这个伊,即是"他""那个""此"。这些代名词都是被禅师用来直指玄妙的"真我"。而"瞬目"者是谁?这就是我们心中的"无穷之灵焰"。这点闪耀的"灵焰",是体、真正的自我,是机——万物皆出于机,而入于机;它的光芒照亮了我们眼前的一切——开悟后的言语行为,是真我的"大用"。

如此,可以看出仅仅悟到空性,而不会大机大用者,仅仅是"如来禅"。懂得大机大用者,才是"祖师禅"。

这三段语录讨论的仍是大机大用问题。慧寂问庵主何谓只知大机不知大用,庵主把他一脚踢倒,沩山听了大笑不已。正所谓:"一坏一不坏,笑杀观自在。师子蓦咬人,狂狗尽逐块。"一个人的主人公是自己内在的"真我"。"狂狗"总是听命于外物,把石块当骨头来追逐,得大机大用者方为"狮子儿"。庵主让仰山再说一遍,仰山果真乖乖服从。庵主当即给慧寂表演了一场什么是"大机大用"。

临济义玄掌喝师父黄檗希运。沩山师徒在一边坐山观虎斗,并义务充当评论员。沩山说:"养子方知父慈。"他可能为养出来了仰山慧寂和香严智闲这样两个优秀儿子而骄傲地大发感慨。仰山则云:"不然,大似勾贼破家。"不破不立,破字当头,立也就在其中了。一个能够开天辟地的儿子,是不会贪吃祖宗饭,充当啃老族的。其实仰山慧寂何尝不是"勾贼破家"之人?一旦掌握了大机大用,对师父也不放过。

在师徒二人摘茶、蹋衣的对话中,沩山灵祐平和宁静,有慈父般的温暖,循循善诱;仰山慧寂天真活泼,生气勃勃,展现出了沩山偏于体、仰山偏于用的特点。《人天眼目》说:"父慈子孝,上令下从。尔欲捧饭,我便与羹。尔欲渡江,我便撑船。"父子二人亦师亦友,机锋互换,在禅门中演出了一幕幕大智大慧,妙趣横生的情景剧。丛林尽道其各得一橛,只是因为性情的不同,实则举缘即用,忘机得体。没有无用之体,没有无体之用,大机中有大用,大用中有大机。

(李志军　宋海霞)

信也不立

师坐次,仰山入来。师曰:"寂子速道,莫入阴界①。"仰曰:"慧寂信亦不立。"

师曰:"子信了不立,不信不立?"仰曰:"只是慧寂,更信阿谁?"

师曰:"若恁么即是定性声闻②。"仰曰:"慧寂佛亦不立。"

师问仰山:"《涅盘经》四十卷,多少是佛说,多少是魔说?"仰曰:"总是魔说。"师曰:"已后无人奈子何!"

仰曰:"慧寂即一期③之事,行履在甚么处?"师曰:"只贵子眼正,不说子行履。"

(《五灯会元》卷九)

〔注释〕 ① 阴界:五阴和十八界,指内心被无明遮蔽的世界。五阴,即五蕴,谓色、受、想、行、识。有相为色,领纳名受,取像曰想,迁流为行,分别为识。蕴者积聚为义,谓积聚生死之过患,另"五阴"。以阴覆为义。无明黑云之所阴覆,盖覆真性,摄尽有为。合眼、耳、鼻、舌、身、意之六根,色、声、香、味、触、法之六尘,眼识、耳识、鼻识、舌识、身识、意识之六识,名为"十八界"。此中因根对尘,中间发识以了别境界,如眼根为能发,眼识为所发,色尘为助发。眼根如是,余根可类推。每一根的根境识,必须同时具备,才会发生作用。 ② 定性声闻:法相宗所立五种性之一。具本来唯一之声闻无漏种子者。唯修声闻之因,证声闻之果,不更进求佛道,是曰"定性声闻"。 ③ 一期:指人的一生,或生物的一度生死。

〔鉴赏〕 沩山对慧寂呵护备至,悉心培育,如切如磋,如琢如磨。有一次,沩山正在打坐,仰山慧寂走进他的房间,他便提醒慧寂不要走入阴界,执着于文字概念，生活在现象世界之中。师徒对话引出了佛说魔说、佛道魔道之别，慧寂认为四十卷《涅槃经》通通都是魔说的，得到了沩山的高度评价。《金刚经》云："若以色见我，以音声求我，是人行邪道，不能见如来。"执着于经卷者，佛经亦为魔说。

后来，仰山慧寂入住观音院，出榜云："看经次不得问事。"有一僧前来问讯，见仰山正看经书，不敢打扰，站在一旁等待。仰山放下经卷，问："懂得经义吗？"其僧答："在下不看经，怎么能会？"仰山说："你以后，自然会懂得。"鄂州岩头全奯禅师听说后，赞叹道："这个老师，我以为他被故纸堆埋却，原来真的是个禅师！"无法相，无非法相，这在禅林本不足为奇。就像仰山对香严智闲的怀疑一样，懂佛法的人，凭"夙习记持"，同样能说出几句豪言壮语来。见道之人，须有正悟。

《从容庵录》中说，仰山昔年在僧堂前入定，夜半不见山河大地寺宇人物以至己身，内外全同空界。第二天一大早报告沩山。沩山说："我在百丈时，亦得此境。乃是融通妄想销明之功。你以后说法，不会有人超过你的。"万松道："非仰山不证，非沩山不识。"

仰山慧寂虽然证得空性，但仍然没有得到沩山的完全印可。一天，沩山对慧寂说："须独自回光返照。在别人无法知道的境界之处，请把所证所解，献于老僧看。"慧寂说："若教学生自己看，到这里无圆位，亦无一物一解得献和尚。"沩山云："无圆位处，仍然是你的知解处，未离心境在。"慧寂说："既无圆位，何处有法？把何物作境？"沩山说："你所说的亦无一物的地方，是具足心境法，未脱我所心在。依然是知解所得，怎么说无解献我。只认可你的'信位'出现，'人位'还没有达到。"

所谓的"信位"，是指超越纯净绝对，向上直入之悟境。反之，向下救济众生之位，则是"人位"。仰山慧寂抵达"空无所得"的境界，认为自己已经掌握了佛法。这个"认为"本身又形成了新的心灵障碍，即所知障，"法障"。一个真正的禅师应该是"空处为座，万行为衣"，让内心彻底空灵，在日常生活中，显示佛法的大机大用。

仰山问师父："慧寂的生死大事已毕，行履在甚么处？"沩山灵祐答道：你的眼界与心地，都已经没有问题了，但具体的行履如何，还要看你的实际行动。

（李志军）

老牸牛，水牯牛

师一日，见刘铁磨来。师曰："老牸牛，汝来也。"磨曰："来日台山①大会斋②，和尚还去么？"

师乃放身作卧势，磨便出去。

（《五灯会元》卷九）

上堂："老僧百年后，向山下作一头水牯牛。左胁下书五字，曰：'沩山僧某甲。'当恁么时，唤作沩山僧又是水牯牛，唤作水牯牛又是沩山僧。毕竟唤作甚么即得？"

仰山出礼拜而退。

（《五灯会元》卷九）

〔注释〕 ① 台山：五台山。 ② 大会斋：又作无遮会、大斋会、大施会。指广设斋食以供养僧众及诸佛、菩萨、人、天、神、鬼等之大法会。上至佛、菩萨，下至地狱、饿鬼、畜生等，乃至于人中，不分贤愚、凡圣、上下、道俗等，皆以财法二施，平等供养。

〔鉴赏〕 "昔者庄周梦为蝴蝶，栩栩然蝴蝶也。自喻适志与！不知周也。俄然觉，则蘧蘧然周也。不知周之梦为蝴蝶与？蝴蝶之梦为周与？周与蝴蝶则必有分矣。此之谓物化。"这是《庄子·齐物论》中一个著名的寓言。庄生和蝴蝶都是"大道"的化身。道通为一，即可为真人仙子，亦可为稊稗尿溺，无所不在，万物齐同。人们如果能打破生死、物我的界限，则无往而不快乐。

庄子把梦境与现实之间写得委婉迷朦，后代的文人骚客常借其凄美之意境，排遣人生的无奈与惆怅。李白在《古风五十九首》其九中写道："庄周梦胡蝶，胡蝶为庄周。一体更变易，万事良悠悠。乃知蓬莱水，复作清浅流。青门种瓜人，旧日东陵侯。富贵固如此，营营何所求。"人生本如蝴蝶梦一般，变化莫测。苏轼登高望远，感慨物是人非，逝者如斯，《题清淮楼》云："观鱼惠子台芜没，梦蝶庄生冢木秋。惟有清淮供四望，年年依旧背城流。”清人张潮的《幽梦影》：“庄周梦为蝴蝶，庄周之幸也；蝴蝶梦为庄周，蝴蝶之不幸也”，更是体现了对人生悲观绝望的心理。

然而，庄子的精神后裔并不是那些受到崇拜的大文豪们，而是被现代人遗忘在历史的某个角落的禅僧们，当然也包括那些名不见经传的“婆子”们。他们的心灵进入“天地与我同根，万物与我一体”的无上境界，脱去躯壳，穿越时空，物我无碍，生死一如，游戏神通，自由自在。

刘铁磨，是一个活跃的女菩萨，机锋峻峭，故得其名。其净信庵与沩山相距十里，经常向灵祐参学。这一天，沩山灵祐见刘铁磨来，开口便称她为“老牸牛”。刘铁磨对“老牸牛”毫不介意，却问沩山：“来日台山大会斋，和尚还去吗?”五台山离沩山数千里之遥，怎能说去就去？须知，要去文殊菩萨道场的是沩山和尚的法性身，而不是肉身。沩山地上一躺，是告诉她：“我已到台山与文殊菩萨相见过了，你向什么处见沩山?”刘铁磨不言不语走了出去。一个放身卧，一个便出去。《碧岩录》赞不绝口：“这老婆会他沩山说话，丝来线去，一放一收，互相酬唱，如两镜相照，无影像可观。机机相副，句句相投。”

有僧以此公案问风穴延沼禅师，风穴答得儒雅风流。僧问：“沩山道：‘老牸牛，汝来也。’意旨如何?”风穴云：“白云深处金龙跃。”僧问：“只如刘铁磨道：‘来日台山大会斋，和尚还去么?’意旨如何?”风穴云：“碧波心里玉兔惊。”僧又问：“沩山便作卧势，意旨如何?”穴云：“老倒疏慵无事日，闲眠高卧对青山。”

沩山称刘铁磨为“老牸牛”，称自己为“水牯牛”。“水牯牛”就是“沩山僧”，“沩山僧”就是“水牯牛”。而“牛”在禅宗中含义非常丰富，南泉普愿禅师喜欢用“水牯牛”作譬喻：

(南泉)上堂曰：“王老师自小养一头‘水牯牛’。拟向溪东牧，不免食他国王水草。拟向溪西牧，亦不免食他国王水草。不如随分纳些些，总不见得。”

师(南泉)将顺世，第一座问：“和尚百年后向甚么处去?”师曰：“山下作一头‘水牯牛’去。”座曰：“某甲随和尚去还得也无?”师曰：“汝若随我，即须衔取一茎草来。”

前一个“水牯牛”象征人的“心性”，后一个“水牯牛”说的则是“异类中行”。“异类”，指属于佛果位以外之因位，如菩萨、众生之类。“异类中行”，指行于异类之中。发愿利生之菩萨，于悟道后，为救度众生，不住涅槃菩提之本城，而出入生死之迷界，自愿处于六道众生之中，以济度一切有情。星云法师说：“正如《金刚经》所说，所有一切众生之类，我皆令入无余涅槃而灭度之。所有的生命都是息息相关的，都是大自然的一部分，彼此相互依存，所以吾人更应该平等对待万物，关怀众生，救度众生，为天下众生服务。因此，菩萨在悟道之后，为了救度众生，不会贪著于涅槃菩提的清净，反而积极出入于生死的迷界，自愿在五浊恶世的六道（地狱、饿鬼、畜生、阿修罗、人、天）之中，济度一切有情。而一个禅者，不只是求悟道而已，他还要能感受到芸芸众生的忧悲苦恼，发愿以没有分别、没有拣择的心去弘法利生才是。”

异类即是佛类，佛类即是异类。有一天，香严、仰山正在做饼。沩山说：“当时，百丈先师悟得一个道理。”仰山与香严相顾而视，问：“什么人能说出这个道理？”沩山说：“有一人荅得。”仰山问：“是阿谁？”沩山指水牯牛道：“快说，快说。”仰山取一束草来，香严取一桶水来，放在牛前。在三位禅师眼中，牛就是佛，佛就是牛。

云岩曾问南泉：“如何是异类中行？”南泉答道：“不见道，智不到处切忌道着，道着即头角生，直须向异类中行。”天衣义怀禅师比喻说：“如雁过长空，影沉寒水。雁无遗踪之意，水无留影之心。”若能如是，方解异类中行。

（李志军）

蚊子上铁牛

师问云岩[①]：“闻汝久在药山[②]，是否？”岩曰：“是。”

师曰：“如何是药山大人相？”岩曰：“涅槃后有。”

师曰：“如何是涅槃后有？”岩曰：“水洒不着。”

岩却问师：“百丈大人相如何？”师曰：“巍巍堂堂，炜炜煌煌。声前非声，色后非色。蚊子上铁牛，无汝下嘴处。”

（《五灯会元》卷九）

〔注释〕 ① 云岩：指云岩昙晟(782—841)，俗姓王，钟陵建昌(今江西永修)人。少时于靖安县石门山泐潭寺出家，初从奉新百丈怀海学佛，侍奉二十年，后转从希迁弟子药山惟俨，言下顿悟，始得心印，承嗣青原下三世。长期住持修水县云岩禅院，法号昙晟禅师，也有人称云岩禅师。 ② 药山：指药山惟俨禅师。

〔鉴赏〕 再读庄子的《养生主》时，吃了一惊：庄子的所谓“养生之道”，却是一场血淋淋的杀戮场面。“手之所触，肩之所倚，足之所履，膝之所踦，砉然响然，奏刀騞然，莫不中音。合于桑林之舞，乃中经首之会。”“提刀而立，为之四顾，为之踌躇满志，善刀而藏之。”那么从容，那么优雅，那么陶醉！古时有一种精致的“凌迟”之刑，必须要受三千六百刀之后犯人才被允许死去。刽子手都是“庖丁”般的高级拔尖人才。

文惠君欣赏了庖丁的表演，说：“善哉！吾闻庖丁之言，得养生焉。”庄子本人也说：“可以保身，可以全生，可以养亲，可以尽年。”“保身”“全生”为什么要靠屠杀才能实现呢？

成玄英认为，凡鄙之夫，“心灵暗塞，触境皆碍，必损智伤神”；而学道之人，“服道日久，智照渐明，所见尘境，无非虚幻”；善养生人，“智穷空有，和光处世，妙尽阴阳。虽复千变万化，而自新其德，参涉万境，而常湛凝然矣。况养生之士，体道之人，运至忘之妙智，游虚空之物境，是以安排造适，闲暇有余，境智相冥，不一不异”。庖丁的凶器“刀”成了养生的“道”的象征。成玄英其实是以佛解庄，不过既误解了佛学，又误读了庄子。庄子明确为之痛苦的是“道术为天下裂”。书中出现的所谓的“修道者”，也都是奇形怪状、残缺破碎之人，什么支离疏、右师、叔山无趾之类的。这背后，是有一个“操刀手”在的。把丑陋的外表与健全高尚的心灵集于一人，依然是一种“有待”，处于二元对立的状态，并非庄子所言与道合一的“真人”。庄子心目中真正的“得道之人”，“安时而处顺，哀乐不能入也，古者谓是帝之县解”。哀乐尚不能入，更别说刀子了。“帝之县解”，即超越生死者，“不生不灭，不垢不净，不增不减”者。

无往而不利的“庖丁之刀”，能否解剖得了沩山灵祐禅师的“铁牛”呢？

这段语录中出现百丈、沩山、药山、云岩四位高僧，关系很微妙。“蚊子上铁牛”这句话，原出自云岩昙晟的师父药山惟俨。

药山惟俨先拜石头希迁询问佛法。石头说：“恁么也不得，不恁么也不得,恁么不恁么总不得。子作么生?”药山真如“蚊子上铁牛”一般,茫然无有入处。石头指引他去拜见马祖道一去。马祖说:“我有时教伊扬眉瞬目,有时不教伊扬眉瞬目,有时扬眉瞬目者是,有时扬眉瞬目者不是。子作么生?”药山于言下契悟,便礼拜。马祖问:“你见甚么道理便礼拜?”药山说:“某甲在石头处,如蚊子上铁牛。”

三祖僧璨大师《信心铭》云:“至道无难,唯嫌拣择。”恁么,不恁么,都是拣择心、分别心。平常心是道,越是用心,离道越远,就像铁牛背上的蚊子,团团转,就是叮不进去。

有一天,药山打坐,石头问:“汝在这里作么?”药山道:“一物不为。”石头说:“恁么即闲坐也?”药山说:“若闲坐即为也。”石头问:“汝道不为,不为个甚么?”药山说:“千圣亦不识。”千圣亦不识,就是“蚊子上铁牛”。

云岩昙晟也曾在百丈怀海禅师下执侍二十余年,因缘不契却未能悟旨。后来参药山惟俨禅师。药山禅师经常问云岩禅师:“百丈说甚么法?”一次,云岩禅师说:“有时上堂,大众立定,以拄杖一时趁散。复召大众,众回首。丈曰:是甚么?”药山禅师道:“何不早恁么道,今日因子得见海兄。”云岩禅师一听,一下子豁然大悟,身心踊跃,即起礼拜。苦苦追寻佛法,真如“蚊子上铁牛”,待将“蚊子”驱散之际,“蓦然回首,那人却在灯火阑珊处”。

云岩悟道后,拜访沩山。因为云岩在百丈处二十年,却始终不识百丈的“大人相”,所以当云岩问沩山百丈先师的“大人相”时,沩山略带讽刺地告诉他:先师的“大人相”,不像药山师叔“涅槃后”才有,而是“巍巍堂堂,炜炜煌煌。声前非声,色后非色”,明明白白、清清楚楚地呈现在他与我们相处时的日常生活之中。可惜,当年你就像你的师父药山一样,如“蚊子上铁牛,无汝下嘴处”,视而不见。

(李志军)

声色外相见

师一日索门人呈语,乃云:“声色外与吾相见。”

时有幽州鉴弘上座，呈语云：“不辞出来，那个人无眼？”师不肯。

仰山凡三度呈语。第一云：“见取不见取底。”师云：“细如毫末，冷似雪霜。”第二度云：“声色外谁求相见？”师云：“只滞声闻方外榻。”第三度云：“如两镜相照，于中无像。”师云：“此语正也。”

仰山却问：“和尚于百丈师翁处，作么生呈语？”

师云：“我于百丈先师处，呈语云：‘如百千明镜鉴像，光影相照。尘尘刹刹，各不相借。’”

仰山于是礼拜。

（《潭州沩山灵祐禅师语录》）

〔鉴赏〕 在《华严经》中，善财童子遍巡游历一百一十个城池，参问德云比丘、海云比丘、善住比丘、解脱长者、观自在菩萨、正趣菩萨等五十余位善知识，最后来到毗卢遮那庄严藏大楼阁，拜见弥勒菩萨。弥勒菩萨告诉他：菩提心灯，无减无尽，一灯可燃百千灯，“入于众生心室之内，百千万亿不可说劫诸业烦恼、种种暗障悉能除尽”。

弥勒菩萨弹指出声，其门即开，善财心喜，入于楼观，一切境界悉皆明了。如灯灯交光，镜镜相映，一楼观内具有百千诸妙楼观，诸楼观中见一楼观。无数楼观有无数弥勒菩萨，皆归于一弥勒。无数楼观有无数善财童子，皆归于一善财。佛放智慧光之瑞相，有时为因，有时为果，并且要使它普遍贯注到全世界去点燃一切众生的菩提心灯。人类生活的目的，就是为了分享佛性。每个人都应当以他的生命为中心，变成一个精神光明的核心，然后以他的精神所放出来的光明，去照亮身边的人……一直到无穷无尽的一切有情众生，彼此都在那里互相贯注反照。“这样子一来，就整个世界上面的人类同一切的存在言，就像光一样，互相映照、相即相入、互摄重重地‘交光相网’，或者像水与波一样地‘交波相融’，波波皆尔，互相含摄，波纹互现波纹，而无穷无尽。”（方东美《华严宗哲学》，中华书局 2012 年版，第 264—265 页）

在整个世界中，无论时间的结构，或空间的结构是怎样的无穷，佛陀的智慧光明都遍在于一切可能的境界里面。一切物质的存在、一切生命本体、一切精神主脑，都受到了感化，而在佛陀所显现的无差别世界里面，变成了佛的化身，与佛平等。这里面有一个隐喻和象征，暗含着哲学上的一个最重要的原理——互摄性原理。理事无碍，事事无碍，无限圆融。一切存在体都是在毗卢遮那佛的光明之下，化成了光明，所有的光明都融为一体。这就是“华严境界”，无碍而又圆融。

沩山的“声色”，指的是能感知的现象世界，在华严哲学中是指“事法界”。“声色外”，指的是事物的“空性”，“诸法实相”，“佛性”，也就是华严哲学中的“理法界”。“色不异空，空不异色，色即是空，空即是色”，事物的空性遍在于事物本身，这在华严哲学中叫作“理事无碍法界”。又因为“空性”遍在的缘故，现象与现象之间，亦处处圆融无碍，这就是“事事无碍法界”。在一般人看来，矛盾无处不在，人与人之间，事与事之间，各自独立，互相干扰。胸如大海之人，方能纳百川，心如天空之人，方能容万物。只有彻底悟得空性，深入“海印三昧”，方能进入“事事无碍法界”。

沩山认为：“理事不二，真如如佛。”一天，他上堂开示：“行脚高士，直须向声色里睡眠，声色里坐卧始得。”疏山匡仁正好参访至此，便问：“如何是不落声色句?”沩山竖起拂子。疏山仍不明白，说：“此是落声色句。”沩山放下拂子归方丈。疏山不契。香严智闲告诉他：“言发非声，色前不物。”即理即事、理在事中。凡是得理昧事，或是得事昧理的禅者，都未具禅之正法眼。

有一天，沩山唤院主，院主闻声便来，沩山说“我唤院主，汝来作么?”院主无对。沩山又命侍者唤首座，首座便来，沩山说：“我唤首座，汝来作么?”首座也无对。在禅者看来，“院主”“首座”等都只是外在的名相，而非其本体，执用昧体，显然是禅者修持中的大障，以故院主、首座二人在沩山面前皆无对。

石霜会下有二禅客到沩山云：“此间无一人会禅。”后普请搬柴，仰山搬一捆柴问他们还能下得转语么？二禅客无对，仰山说：“莫道无人会禅好。”仰山将此事告诉沩山：“今日二禅客被慧寂勘破。”沩山便问其原委，仰山以实相告，沩山听罢说：“寂子又被吾勘破。”二禅客面对“搬柴之事”而不知“事中之理”,故被仰山戡破。而仰山夺去二禅客所执境相的同时,进入“理事无碍法界”却没有打破此法界,故又被沩山勘破。

又一日,仰山慧寂问沩山:“百千万境一时来作么生?”沩山道:“青不是黄,长不是短,诸法各自住位,非干我事。”如果禅者返躬自悟,涤荡一切心缘相及外境相的垢染,纷然万法澄然而现,各住己位,互不相碍。这在华严宗二祖智俨大师的“古十玄门”中,叫作“同时具足相应门”。智俨说:“今释第一同时具足相应门者,即具明教义理事等十门同时也。何以得如此耶?良由缘起实德法性海印三昧力用故得然。”宇宙间万事万物没有一样不具足的,都是在海印三昧中一时的迸现。虽然百千万境同时涌现,具有无穷的差别,但是当最高的智慧直觉形成海印三昧时,在其心境上,可以把无穷的差别世界给统摄起来,形成含融互摄、普遍和谐、圆融无碍的妙境。并且无限的事法,在无限时空交织、和谐、统贯下,一与一切相应、一与一相应、一切与一切相应、一切与一相应,如此便形成“同时具足相应门”。

对于“声色外与吾相见”的题目,幽州鉴弘上座的呈语:“不辞出来,那个人无眼”,仰山的前二个呈语:“见取不见取底”“声色外谁求相见”,都是从佛经上学来的小境界,故沩山称他们:“只滞声闻方外榻。”仰山的第三度呈语:“如两镜相照,于中无像。”好像善财童子,来到弥勒菩萨的楼阁门口,尚未登堂入室。

沩山灵佑在百丈先师处所呈的“如百千明镜鉴像,光影相照。尘尘刹刹,各不相借”,才是华严哲学的真谛、禅定的最高境界。

(李志军)

宗门令嗣

问:“如何是百丈真?”师下禅床,叉手立。

曰:“如何是和尚真?”师却坐。

师坐次,仰山从方丈前过。师曰:“若是百丈先师见,子须吃痛棒始得。”

仰曰："即今事作么生？"师曰："合取两片皮。"

仰曰："此恩难报。"师曰："非子不才，乃老僧年迈。"

仰曰："今日亲见百丈师翁来。"师曰："子向甚么处见？"

仰曰："不道见只是无别。"师曰："始终作家。"

师问仰山："即今事且置，古来事作么生？"仰叉手近前。

师曰："犹是即今事，古来事作么生？"仰退后立。

师曰："汝屈我，我屈汝。"仰便礼拜。

（《五灯会元》卷九）

师方丈内坐次，仰山入来。师曰："寂子，近日宗门令嗣作么生？"仰曰："大有人疑着此事。"

师曰："寂子作么生？"仰曰："慧寂只管困来合眼，健即坐禅，所以未曾说着在。"

师曰："到这田地也难得。"仰曰："据慧寂所见，只如此，一句也着不得。"

师曰："汝为一人也不得。"仰曰："自古圣人，尽皆如此。"

师曰："大有人笑汝恁么祗对。"仰曰："解笑者是慧寂同参。"

师曰："出头事作么生？"仰绕禅床一匝，师曰："裂破古今。"

（《五灯会元》卷九）

〔鉴赏〕 《孟子·离娄》说："不孝有三，无后为大。"宗门也是如此，如何把师父的禅法传承下去，是头等大事。这两段语录放在一起，一个讲承前，一个讲继后。

对沩山这个一千五百多人的大道场来说，在选择接班人的问题上，究竟有几个人觊觎这个位置，是否像当年五祖的东山法门，并不清楚。至少有三个具备掌门资格的候选人。一个是在最困难的时期，帮助沩山披荆斩棘，创建禅院的长庆大安；一个是聪慧博学、出口成章的香严智闲；一个是有"东方小释迦”之称的仰山慧寂。三人皆心如清水。慧寂先后开法于王莽山、仰山、东平;智闲驻锡于邓州香严;大安功成身退,烟霞高卧,后入主道州开元寺,直到沩山圆寂六年后,在僧众的迎请下才回来主持沩山。但大安的禅法不同于师兄灵祐,他说自己“在沩山三十来年,吃沩山饭,屙沩山屎,不学沩山禅”。沩山灵祐的禅法,由慧寂在仰山发扬光大,故史称“沩仰宗”。

谁是“宗门令嗣”并不重要,关键是从百丈先师处点燃的祖灯,通过沩山、仰山、香严等禅僧之手,薪火相传,“受法之人,达者不计其数”。

然而,佛鉴慧勤禅师不承认沩仰父子得到了百丈禅法的真谛。佛鉴说:“沩山摇头,仰山摆尾。虽然头尾相应,师资道合,未免养子之缘。若欲发明大寂门风,直须耳聋三日,随后一喝”,“沩山当时,若知有这个家风,儿孙亦未见断绝”。

仰山慧寂也常批评老师“有体无用”,缺乏像临济、德山那样“大机大用”的霹雳手段。其实,沩山灵佑自己心中也清楚,若无裂破古今之雄才奇士,其道法将难以为继。一次示众云:“汝等诸人,各呈所悟看。”时有志和上座出来作礼。沩山说:“不思善,不思恶,正与么时,还我志和上座本来面目。”这是当年慧能引度慧明时的问话。志和云:“正与么时,是某甲放身命处。”沩山又问:“子莫落空不?”志和答:“某甲若见有空可落,何曾是放身命处?”沩山说:“到这里,何不问去?”志和云:“某甲到这里,亦不见有和尚可问。”沩山灵佑听他回答的都是人云亦云之辞,便叹息说:“汝福薄,扶吾宗不起。”

沩山家风温和,从《五灯会元》中的另几段语录亦可感受:

一日,师翘起一足谓仰山曰:“我每日得他负载,感伊不彻。”仰曰:“当时给孤园中,与此无别。”师曰:“更须道始得。”仰曰:“寒时与他袜着,也不为分外。”师曰:“不负当初,子今已彻。”仰曰:“恁么更要答话在。”师曰:“道看。”仰曰:“诚如是言。”师曰:“如是! 如是!”

师坐次,仰山入来,师以两手相交示之。仰作女人拜。师曰:“如是! 如是!”

师问仰山:“妙净明心,汝作么生会?”仰曰:“山河大地,日月星辰。”师曰:“汝只得其事。”仰曰:“和尚适来问甚么?”师曰:“妙净明心。”仰曰:“唤作事得么?”师曰:“如是! 如是!”

“如是！如是！”沩山真是个宽和厚道的好先生。

（李志军）

仰山刈禾

师问仰山：“何处来？”仰曰：“田中来。”

师曰：“禾好，刈也未？”仰作刈禾势。

师曰：“汝适来作青见，作黄见，作不青不黄见？”

仰曰：“和尚背后是甚么？”师曰：“子还见么？”

仰拈禾穗曰：“和尚何曾问这个？”师曰：“此是鹅王择乳。”

（《五灯会元》卷九）

〔**鉴赏**〕 1927年，太虚大师在《海潮音》发表《沩山僧农村设学通告》，面对“佛教徒为人类之赘疣，是分利而不是生利的寄生虫”的指责，“数年来欲积极进行改革僧伽之弊端”。文中说：“我国自唐以来，江西百丈禅师，有向镢头边觅生活，一日不作，一日不食之语；而湖南南岳让师，沩山祐师为禅风最昌之地，尤当有一赓续先哲之遗烈，适应时机以导全国僧众之前路。”太虚欲就沩山祐祖道场为试点，实行农僧制，“凡我僧侣，不能从事学业而愿从事农作者，由寺职员，验其技能，出资招集，长年植林种田，以为佛教僧众之生产，用作修道资生之基本，则太虚有厚望焉！”具体效果如何，不得而知，但沩山道场的影响深远可见一斑。今日宁乡县的密印禅寺周边，有不少被称为“罗汉田”的小型农田，据说就是千年之前沩山师徒所垦。

在印度，僧人托钵行乞。佛教传入中国不久，便将农作引入寺院了。慧皎《高僧传》卷三所载，昙摩密多“到敦煌，于闲旷之地建立精舍，植棕千株，开园百亩，房阁池沼，极为严净”。魏晋时期的道安大师也曾“驱役田舍”。禅宗四祖创立双峰道场，则农作已经纳入了禅僧的日常生活之中。五祖弘忍大师居双峰山幽居寺时，他“缄口于是非之场，融心于色空之境，役力以申供养，法侣资其足焉”。到了开一代农禅风气的百丈那里,即有“一日不作,一日不食”的口号响彻禅林。把农禅作风掀向高潮的是沩山灵祐师徒。

庞居士云:“神通并妙用,运水及搬柴。”沩仰师徒实行农禅不仅仅是解决温饱问题,而是在开田农耕的日常生活中领悟“佛在世间觉”的佛法。田间地头,成了顿悟成佛的殊胜道场;寻常家话的言谈中,却尽寓机锋;作务坐禅、穿衣吃饭,全是禅机的显现。

沩山问慧寂:“禾好,刈也未?”慧寂作刈禾势。禾,指的是稻米,又可指机缘。禅僧的问答,句句不离体用,稍不留神,便会当头一棒。慧寂作出刈禾的架势,意为刈即不刈,不刈即刈。沩山又换了一个话题:“汝适来作青见,作黄见,作不青不黄见?”“青见”“黄见”“不青不黄见”,均为声色中事。沩山要问的却是“声色外”的事。如果顺着沩山的问话回答,怎么答都是犯了“着相”的错误。慧寂以攻为守:“和尚背后是什么?”“和尚何曾问这个?”意即我明白老师问的是“稻子”背后的“空性”,“空性”就是“稻子”。沩山给了慧寂一个满分:“此是鹅王择乳。”

佛教称佛有三十二相,其一为“鹅王”。《正法念经》云:“譬如水乳同置一器,鹅王饮之,但余其乳汁,其水犹存。”所谓“鹅王择乳,宁同鸭类”,唯鹅王能辨水乳,鸭等水族皆莫之知。比喻一切识中皆具真心,唯佛祖能了。临济义玄云:“夫出家者,须辨得平常真正见解。辨佛辨魔,辨真辨伪,辨凡辨圣。若如是辨得,名真出家。若魔佛不辨,正是出一家入一家,唤作造业众生,未得名为真出家。只如今有一个佛魔,同体不分,如水乳合。鹅王吃乳,如明眼道流,魔佛俱打。你若爱圣憎凡,生死海里浮沉。”仰山慧寂能在色中悟空,空中名色,从而超越世法的有、无、非有非无等一切边见,进入佛家的中道实相义之中,真如“鹅王”一般。

(李志军　宋海霞)

仰山插锹

师(慧寂)在沩山,为直岁[①]。作务归,沩问:“甚么处去来?”师曰:“田中来。”沩曰:“田中多少人?”师插锹叉手。

沩曰:“今日南山,大有人刈茅。”师拔锹便行。

(《五灯会元》卷九)

〔注释〕 ① 直岁:佛教僧职。禅宗寺院东序六知事之一,掌营缮耕耘。《释氏要览》下:“三千威仪经,具十德堪充直岁。”

〔鉴赏〕 这个公案,的确难解。玄沙师备云:“我若见,即踏倒锹子。”镜清道怤嘲笑玄沙踏倒锹子是没有悟透玄机,意气用事:“不奈船何,打破戽斗。”雪窦重显却说:“诸方咸谓插锹话奇特,大似随邪逐恶。据雪窦见处,仰山被沩山一问,直得草绳自缚,去死十分。”大慧宗杲说:“仁者见之谓之仁,智者见之谓之智。百姓日用而不知,故君子之道鲜矣。”

沩山明知慧寂为直岁,管理寺院内的事物,仍故意问有多少人下地干活。慧寂插锹叉手等沩山开示。沩山的“今日南山,大有人刈茅”这句话含沙射影,旁敲侧击,暗示有些人心头杂草丛生,应该把它们割掉了。慧寂拔锹便行:我的心头干干净净!

有僧问慧寂的挚友、师叔辈的长沙岑大虫:“本来人还成佛否?”岑大虫问道:“大唐天子还用去割茅刈草吗?”

后来,龙门佛眼颂“仰山插锹”道:“数目分明举即难,衲僧无不胆毛寒。须知更有壶中路,但向须弥顶外看。”

(李志军)

仰山平田

沩一日指田问师(慧寂):“这丘田那头高,这头低。”师曰:“却是这头高,那头低。”

沩曰:“你若不信,向中间立,看两头。”师曰:“不必立中间,亦莫住两头。”

沩曰:“若如是,着水看,水能平物。”师曰:“水亦无定,但高处高平，低处低平。”

沩便休。

（《五灯会元》卷九）

〔鉴赏〕 六祖慧能曾有“三十六对法”：“外境无情”五对——天与地对、日与月对、明与暗对、阴与阳对、水与火对；此外还有语与法对、有与无对、有相与无相对、色与空对等“法相语言”十二对；痴与慧对、烦恼与菩提对、常与无常对、生与灭对、法身与色身对、化身与报身对等“自性起用”十九对。慧能言：“此三十六对法，若解用，即通贯一切经法，出入即离两边。自性动用，共人言语，外于相离相，内于空离空。”

慧寂对答沩山丘田高低之说，即用此种对法之机。面对沩山“你若不信，向中间立，看两头”的考验之语，仰山则对机迅疾，他的“不必中间立，亦莫住两头”一语，扫尽了一切边见。

庄子云：“若果是也？我果非也邪？我胜若，若不吾胜，我果是也？而果非也邪？其或是也？其或非也邪？其俱是也？其俱非也邪？我与若不能相知也。则人固受其黮暗，吾谁使正之？使同乎若者正之，既与若同矣，恶能正之？使同乎我者正之，既同乎我矣，恶能正之？使异乎我与若者正之，既异乎我与若矣，恶能正之？使同乎我与若者正之，既同乎我与若矣，恶能正之？”（《齐物论》）两边无法判定是非，站在中间就有是非标准了吗？所有的高低之见，都是来自人们寻常的执着。若站在平等一如的禅观上来观照，自然是没有高低的。

然而，沩山还要求放水到田里来看是否平整：“若如是，着水看，水能平物。”慧寂说：“水亦无定，但高处高平，低处低平。”

庄子说：“和之以天倪，因之以曼衍，所以穷年也。忘年忘义，振于无竟，故寓诸无竟。”（《齐物论》）僧肇《般若无知论》曰：“诸法不异者。岂曰续凫截鹤，夷岳盈壑，然后为无异哉。”张无尽道：“万般支准费工夫，一切顺随成善巧。只么信口便道，信手便用，信脚便行。春月花开，秋时叶落。”仰山慧寂的一个“水亦无定”，便把世间一切事物“无自性”的特性表述得非常透彻。不但要达到"离四句,绝百非"的境地,最后乃至连同这一殊胜境界也得扫荡干净。

(李志军)

沩山一顶笠

上林参师。师云:"大德作甚么来?"上林云:"介胄全具。"
师云:"尽卸了来,与大德相见。"上林云:"卸了也。"
师咄云:"贼尚未打,卸作甚么?"上林无对。

(《潭州沩山灵祐禅师语录》)

僧问:"不作沩山一顶笠,无由得到莫傜村。如何是'沩山一顶笠'?"

师唤曰:"近前来。"僧近前,师与一踏。

(《五灯会元》卷九)

师因泥壁次,李军容[1]来,具公裳,直至师背后,端笏而立。
师回首见,便侧泥盘作接泥势。李便转笏作进泥势。
师便抛下泥盘,同归方丈。

(《五灯会元》卷九)

〔注释〕 ① 军容:官名,军职。南北朝时已有,中唐后为观军容使的简称。

〔鉴赏〕《庄子·天道》中讲述了一个故事。士成绮拜访老子,一见面就指责道:"吾闻夫子圣人也。吾固不辞远道而来愿见,百舍重趼而不敢息。今吾观子,非圣人也,鼠壤有余蔬而弃妹之者,不仁也!生熟不尽于前,而积敛无崖。"老子漠然不应。次日,士成绮又来了,说:"昔者吾有刺于子,今吾心正却矣,何故也?"老子曰:"夫巧知神圣之人,吾自以为脱焉。昔者子呼我牛也而谓之牛,呼我马也而谓之马。苟有其实,人与之名而弗受,再受其殃。吾服也恒服,吾非以服有服。"士成绮进而问:"修身若何?"老子曰:"而容崖然,而目冲然,而颡頯然,而口阚然,而状义然,似系马而止也。动而持,发也机,察而审,知巧而睹于泰,凡以为不信。边竟有人焉,其名为窃。”

湖南上林戒灵禅师就像这个士成绮一样,他“介胄全具”,来到沩山就是准备法战一场的。然而,高僧之间的法战,是互相测试自己或者对方是否真的证悟,而不是争出曲直高下。在一来一往的语言交锋中,禅师心同虚空,见色明心,借色明心,最忌讳心灵黏滞于外物名相。沩山没有像老子那样深刻地批评上林戒灵,只是淡淡地说:“把你的盔甲都卸了来吧。与大德相见。”

在《庄子·天道》中,士成绮是翻来覆去思考了一夜,心才平静下来。而上林马上就说:“盔甲已卸。”见风使舵,仍是心机,盔甲不仅未卸,更是梁上架梁。

沩山灵祐突然话锋一转,说:“贼尚未打,卸作甚么?”这个“贼”,已经不是指沩山,而是上林自己心中的种种妄念,要靠正法来化解消除。上林无言以对。直到后来参拜永泰湍禅师,才领悟机要。

与上林相反,第二个僧人却是把沩山的“斗笠”整天扣在自己的头上。反倒向沩山灵祐请教什么是“沩山一顶笠”。沩山禅师很少用打骂去接引僧徒,这次突然破例,狠狠踹了他一脚,告诉他:“观身与佛不差别,何顺更觅彼无余!”无为无欲就是“沩山一顶笠”,无为故无形而不周,无欲故无事而不适。

李军容对沩山禅师的参访是毕恭毕敬。沩山和其他僧众一样,同吃同住同劳动。这天他正在粉刷墙壁。李军容身穿公裳,走到沩山背后,不敢打搅,端笏而立,以本色相见。沩山转头看见,便以泥盘作取泥势。军容心领神会,以手中的简笏作进泥势。沩山放下泥盘,二人同归方丈。

岩头禅师听说了,叹息说:“噫!佛法也太淡薄了!大小沩山,泥壁也不了。”死心悟新禅师觉得岩头的批评还不够狠:“岩头恁么错判名言?殊不知,沩山、军容,这两个人都是弄巧成拙!”的确,沩山的接人手段也太单调浮浅了。

（李志军）

二子圆梦

师睡次。仰山问讯,师便回面向壁。

仰曰："和尚何得如此!"师起曰："我适来得一梦，你试为我原看。"仰取一盆水，与师洗面。

少顷，香严亦来问讯。

师曰："我适来得一梦，寂子为我原了，汝更与我原看。"严乃点一碗茶来。

师曰："二子见解，过于鹙子①。"

(《五灯会元》卷九)

〔注释〕 ① 鹙子：梵语音译舍利弗。因其母眼如鹙鹭，从母立字，故名。善解诸法，故称智慧第一。

〔鉴赏〕 二子圆梦，皆不问梦的内容。是这段语录的第一个关节点。

庄子喜欢讲梦，前面说过了"蝴蝶梦"，他还有一个"大圣梦"。《齐物论》："梦饮酒者，旦而哭泣；梦哭泣者，旦而田猎。方其梦也，不知其梦也。梦之中又占其梦焉，觉而后知其梦也。且有大觉而后知此其大梦也，而愚者自以为觉，窃窃然知之。君乎，牧乎，固哉！丘也与女，皆梦也；予谓女梦，亦梦也。是其言也，其名为吊诡。万世之后而一遇大圣，知其解者，是旦暮遇之也。"人生是梦是醒？梦归何处？醒归何处？庄子将梦归于既囊括时空而又超越时空的"寥天一"。《大宗师》云："且汝梦为鸟而厉乎天，梦为鱼而没于渊。不识今之言者，其觉者乎？其梦者乎？造适不及笑，献笑不及排，安排而去化，乃入于寥天一。"谁是庄子的知音？期待于万世之后的某个"大圣"。

佛教认为，无论是梦是醒，皆是无明习气的虚妄显现。藏传佛教有一个《醒梦辩论歌》，中云："昨夜梦中善妙境，今日所见显现法。二者始则同等生，二者终则同等灭"，"此后二者成一体，一体又融虚空中"。《华严经·十忍品》亦云："菩萨了世法，一切皆如梦，非处非无处，体性恒寂灭。诸法无分别，如梦不异心。三世诸世间，一切悉如是。梦体无生灭，亦无有方所。三界悉如是，见者心解脱。梦不在世间，不在非世间，此二不分别，得入于忍地。"三世三界，一切皆如镜花水月，梦幻泡影。能见如是者，方能心解脱。解脱之道，是梦中悟梦，以幻修幻。《宗镜录》云："修习空华万行，安坐水月道场，降伏镜像天魔,证成梦中佛果”,“是以若实若幻,皆是一心。以实是心之性,幻是心之相。”如是于一切时、一切处、一切顺境逆缘,吃饭穿衣、行住坐卧都应作梦中想:感受安乐时应想这梦中之乐,有何可贪;感受痛苦时应想这是在梦中受苦,并不实有……久而久之,自然会体会到人生确如梦幻空花,本来无可把捉,从而看破放下,不再取舍执着,从此可做一个无贪无嗔的无事道人了。故《圆觉经》云:“善男子,一切众生种种幻化,皆生如来圆觉妙心。”修行到最后,修行亦要舍弃,如《圆觉经》所说:“心如幻者亦复远离,远离为幻亦复远离,离远离幻亦复远离,得无所离,即除诸幻。譬如钻火,两木相因,火出木尽,灰正烟灭,以幻修幻,亦复如是,诸幻虽尽,不入断灭。”究竟时,醒者、梦者的显现都成了一味一体的空性,或是所缘境的显现与能缘境的分别识都成了无生的空性本体,一体的空性又融入远离戏论的般若胜义实相。

“舍利弗问梦”的故事讲的正是“以幻修幻”。舍利弗问须菩提:“梦中说六波罗蜜,与觉时同、异?”提曰:“此义深远,吾不能说。会中有弥勒大士。汝往彼问。”舍利弗问弥勒。弥勒云:“谁是弥勒? 谁名弥勒?”

沩山的梦,不仅仅是睡觉时所作的梦,更指的是人生如梦。仰山让他洗脸,香严请他喝茶,都是说:“醒醒吧,师父,梦中之事都要放下,应生活在当下才是。”所以沩山称二子见解,胜过舍利弗。

(李志军 宋海霞)

赵州从谂禅师

平常心是道

童稚于本州扈通院从师披剃。未纳戒便抵池阳,参南泉[①]。

值泉偃息而问曰:“近离甚处?”师曰:“瑞像。”

泉曰:“还见瑞像么?”师曰:“不见瑞像,只见卧如来。”

泉便起坐，问："汝是有主沙弥，无主沙弥？"师曰："有主沙弥。"

泉曰："那个是你主？"师近前躬身曰："仲冬严寒，伏惟和尚尊候万福。"

泉器之，许其入室。

他日问泉曰："如何是道？"泉曰："平常心是道。"

师曰："还可趣向也无？"泉曰："拟向即乖。"

师曰："不拟争知是道？"泉曰："道不属知，不属不知。知是妄觉，不知是无记②。若真达不疑之道，犹如太虚，廓然荡豁，岂可强是非邪？"

师于言下悟理。

（《五灯会元》卷四）

〔**注释**〕 ① 南泉：即南泉普愿禅师，唐至德二年(757)出家，大历十二年(777)三十岁时具戒。后游讲肆，习《楞伽》《华严》《中论》《百论》，再参马祖。于贞元十一年(795)入南泉山。② 无记：佛教语。谓事物之性体中容，不可记为善，亦不可记为恶者。

〔**鉴赏**〕 赵州从谂禅师(778—897)，俗姓郝，曹州（治今山东菏泽）郝乡人。童稚之时，即孤介不群，超然离俗，稍长即辞亲，从本州扈通院（亦说龙兴寺）落发出家。后听说池州南泉普愿禅师道化日隆，赵州禅师虽未受戒，便以沙弥的身份，前往参礼。

南泉禅师卧以接待赵州，并不拘于礼数，同时也没有把这个小沙弥放在眼里。得知其来自瑞像禅院，南泉问："还见瑞像么？"这句问话暗含禅机。"瑞像"，是"三关"语：第一层含义是瑞像禅院，第二层含义是释迦牟尼之像，第三层含义是指禅法。此外，不管你悟到了第几层含义，只要是顺口答出，"见"或者"没见"，都将赢得一顿好打。高僧对话，句句不离机锋，句句不犯机锋，就像武林高手对决，枪枪不离心窝，一不留神，就会中招。赵州虽小，极其睿智："瑞像即不见，只见卧如来。"这句答话的确不同凡响，什么"瑞像"都没看见，只看见"卧如来"——既可指佛性，又可赞美了南泉。以至南泉听后坐了起来。

面对有主沙弥、无主沙弥的勘问，赵州云："有主沙弥。"至于"哪个是你主?"赵州一句"仲冬严寒，伏惟和尚尊候万福"，令人惊叹。别说他的年龄和阅历了，就是久经法战的老将，也未必答得如此经典。他对南泉的问题置之不理，却走上前请老和尚注意身体安康，意即别问我的主人了，先当好自己的主人吧。两番攻击都被对方巧妙地化解了，前者守中有顺，后者守中有攻，进退有节，并且合情合景，契理契机。南泉心里大喜，乃唤维那云："此沙弥别处安排。"

赵州禅师问南泉禅师："如何是道?"这个问题极难回答。略知皮毛者往往滔滔不绝，知者往往如寒山子所言，"吾心似秋月，碧潭清皎洁。无物堪比伦，教我如何说?"南泉借用老师马祖道一的话平淡地说："平常心是道。"二人之间的对话也进一步廓清了什么是平常心。

生活中人们常被要求有一颗"平常心"，指待人接物的心态要平和恬淡。但对于修行中人，这样是远远不够的。"平常心"，指的是自性清净心、佛心。心如止水为"平"，其极致是"空"；否则依然见风而起波澜，遇污而生杂染，仍为外界所吸引、牵制。"常"乃恒常，乃《心经》所言"不生不灭，不垢不净，不增不减"者，通于一切众生。千圣相传，唯传此心。圆悟克勤说："虽居千万人中，如平常心本源天真自性也。虽居千万人中，如无一人相似，此岂粗浮识想、利智聪慧所能测哉?"

而心中一旦有趋向，便是"水上波生"。佛法不舍，亦成污染。马祖道一说："道不用修，但莫污染。何为污染？但有生死心造作趣向，皆是污染。若欲直会其道，平常心是道。谓平常心无造作，无是非，无取舍，无断常，无凡无圣。只今行住坐卧，应机接物，尽是道。"《金刚经》云："应无所住而生其心"，一方面"无所住"，空无一物，一方面"而生其心"，灵明不昧，缺一不可。"知是妄见，不知是无记"，两面开光，着实有力。这个"应无所住而生其心"的"心"就是"平常心"，"犹如太虚，廓然荡豁"，包容万物，统贯古今。

赵州禅师得南泉点化，豁然大悟，心如朗月。赵州禅师自见道后的百年间，可以说是须臾未曾离也。后来遍到诸方，莫有出其右者，皆为"平常心是道"五字之故也。

（李志军　宋海霞）

异类中行

一日问泉曰："知有底人向甚么处去？"

泉曰："山前檀越[①]家作一头水牯牛去。"师曰："谢师指示。"

泉曰："昨夜三更月到窗。"

泉曰："今时人，须向异类中行始得。"

师曰："异即不问，如何是类？"

泉以两手拓地，师近前一踏，踏倒。却向涅槃堂里叫曰："悔！悔！"

泉令侍者问："悔个甚么？"师："悔不更与两踏。"

（《五灯会元》卷四）

〔**注释**〕 ① 檀越：指施主。即施与僧众衣食，或出资举行法会等之信众。

〔**鉴赏**〕 "知有底人"，乃宗门内的行话，谓已明心见性的过来人。长灵守卓禅师说："知有底人，触途见性。"永觉和尚说："盖知有底人，语语归根，悉顺正法，殆非世俗所能测也。"

然而，修道的目的是证悟空性，非空非有，真空妙有，为什么却以"知有"来代表得道的人？

南泉普愿禅师上堂开示："三世诸佛不知有，狸奴白牯却知有。"既已成佛，还要知有吗？

长庆宗宝独禅师说："目前山河大地，明暗色空，外既有境，则内必有心。心境相对，动辄伤锋。须是知有底人，方才在里面，平贴贴地，不犯丝毫头手脚。"以华严宗的观点来说，唯悟空性同时又知有的人，才能做到理事无碍，事事无碍，才算达到圆融之境。

洞山禅师曾问曹山本寂:“甚么处去?”曹山答:“不变易处去。”“不变易事”,即“是诸法空相,不生不灭,不垢不净,不增不减”。曹山又说,“不变易事”有两种:一者人人尽有本分事;二者就是“知有底人”:“不舍一切声色是非,于一切物物上不滞,呼为一切处不易,亦唤作被毛戴角,亦唤作入泥入水,亦唤作行李底汉。”

这段对话中,“作水牯牛”就是“异类中行”。南泉和尚喜欢以“水牯牛”自喻,常云:“道个如如早是变了也,今时师僧须向异类中行。”将圆寂时,首座问:“和尚百年后,向甚么处去?”南泉还是说:“山下作一头水牯牛去。”

平常心是道。南泉和尚之答,有三层含义:一者,破常人希圣求异之心;二者,修行之人,要作牛作马,回报众生供养之恩;三者,理事不二,事事无碍,触处皆真,方为得道,正如本觉一禅师所颂:“塞鸣高贴冷云飞,影落寒江不自知。江水无情雁无意,行于异类亦如斯。”

赵州后来说:“南泉老和尚常常说,须向异类中行,什么意思?不像如今的黄口小儿,略知皮毛,便向十字街头说葛藤禅,骗取供养,树个人崇拜,聚三五百众,自称是善知识,‘教化’学人。”南泉之喻,正是切中丛林时弊。

这天,南泉又说:“今时人,须向异类中行始得。”赵州抓住时机问道:“异即不问,如何是类?”南泉是个十分幽默的老师。一次,他真的牵一头水牯牛进入僧堂内,巡堂而转,考察弟子们的反应。这一次他还以为赵州是寻常请益,便以两手拓地,做出水牯牛的样子。不料,赵州上前,对着屁股就是一脚,把南泉踏倒在地。赵州回到涅槃堂里,后悔只踢了南泉一脚。

对这段公案,有两段很有见地的解读。

礼山江峰编注的《禅宗公案译解》中说:“也许是故意也许是无意,南泉说了一个错误的命题。以自性的观点看。无别无类,一切平等,老禅师却说要向异类中去,明显有异同之见。赵州问得巧妙,不问异,只问类,有相同性的事物才能归为一类。禅师说异类,却只问同。南泉以身式作言语,答的还是异。答非所问,所以先踏上一脚。赵州大叫悔没有再来一脚,因为话题本身就是错的,还应再有一脚。”

冯学成在《赵州禅师语录壁观》中说:“这是在见地上见与行的分野,赵州把‘异类’二字撕碎，表明自己在行上而不落于见上。南泉和尚‘两手托地’以示‘异类中行’。赵州‘踏倒’，以示对异类的超越。再归涅槃堂以示圆满，而‘悔悔’则一概不住。这里也透露出赵州日后‘有佛处不得住，无佛处急走过’的先机，而何况‘狸奴白牯’！”

（李志军）

明头合，暗头合

南泉上堂。师出问：“明头合，暗头合？”泉便下座，归方丈。

师曰：“这老和尚被我一问，直得无言可对。”

首座曰：“莫道和尚无语好！自是上座不会。”

师便打一掌曰：“此掌合是堂头[①]老汉吃。”

（《五灯会元》卷四）

师问南泉：“离四句，绝百非外，请师道。”泉便归方丈。

师云：“这老和尚每常口吧吧地，及其问著，一言不措。”

侍者云：“莫道和尚无语好。”师便打一掌。

（《古尊宿语录》卷十三）

〔注释〕 ① 堂头：方丈的别称，指住持人之居处。因而住持云“堂头和尚”。

〔鉴赏〕 南泉师徒，与沩山师徒的风格大不相同。仰山如状元及第，温文尔雅。赵州则如少年将军，八面威风，连南泉老和尚也退避三舍。

赵州禅师开悟之后，在南泉道场历练二十余年，与南泉和尚一唱一和，举手投足，触处尽是无上大法，演出了一幕一幕精彩的话剧，看得旁人目瞪口呆。最著名的就是“南泉斩猫”公案。而赵州顶靴，也让无数禅者费猜。《碧岩录》说：“殊不知，古人意，如天普盖，似地普擎。他父子相投，机锋相合。那个举头，他便会尾。如今学者，不识古人转处，空去意路上卜度。若要见，但去他南泉赵州转处便见好。”赵州把鞋子戴在头上，或者把帽子穿到脚上都不重要，关键是父子二人心意相通，扬眉瞬目，心心相印。故后人颂曰："公案圆来问赵州，长安城里任闲游。草鞋头戴无人会，归到家山便即休。"又有颂曰："两堂争处南泉断，王老放时赵老收。头上草鞋多少重，白云流水共悠悠。"

这两段灯录也是如此，他们父子二人心知肚明，旁观者以思虑心猜度，只有自讨苦吃。

"明头"者，可知可见处；"暗头"者，不可知不可见处。若会得，明头可合，暗头亦可合；若不会，明头处合不得，暗头处更合不得。赵州禅师明知故问，南泉和尚岂能落他圈套，故不语而归方丈。

"离四句，绝百非"，为禅宗悟道的指南。言语是生灭法，是相对意识的产物。而真如本体与禅悟之境，是绝对如如。参禅者必须超越一切假名概念，忘言绝虑，故要"离四句，绝百非"。在此之外，请老师说，南泉当然说不出来，只有三十六计，一走了之，方为上策。

如南泉答话，赵州禅师便要下手，谁知老和尚两次都没有上钩。偏偏就有喜欢耍弄小聪明之人。此机此境，首座哪里识得？侍者哪里识得？这掌原本是给老和尚准备的，搂草打兔子，赵州顺手赏给他们每人一掌。

后来，五祖戒和尚叹道："正贼走了，逻从人吃棒"，都是因为南泉失去大机，"当断不断，反招其乱"。

（李志军）

南泉一只箭

师到黄檗。檗见来，便闭方丈门。师乃把火于法堂内，叫曰："救火！救火！"檗开门捉住曰："道！道！"师曰："贼过后张弓。"

到宝寿[1]。寿见来，于禅床上背坐。师展坐具礼拜。寿下禅床，师便出。

又到道吾[2]。才入堂，吾曰："南泉一只箭来也！"师曰："看箭！"吾曰："过也。"师曰："中。"

又到茱萸[3]，执拄杖于法堂上，从东过西。萸曰："作甚么？"师曰："探水。"萸曰："我这里一滴也无，探个甚么？"师以杖倚壁，便下。

师将游五台，有大德作偈，留曰："无处青山不道场，何须策杖礼清凉。云中纵有金毛现，正眼观时非吉祥。"师曰："作么生是正眼？"德无对。

(《五灯会元》卷四)

〔注释〕 ① 宝寿：宝寿沼禅师，临济义玄之法嗣。 ② 道吾：指道吾宗智禅师(769—835)，原籍豫章海昏(治今江西永修县西北艾城东)，俗姓张。幼年出家，依百丈山涅槃和尚受戒，后投药山惟俨门下，得其心印而嗣其法。唐大和年间(827—835)入潭州道吾山开辟法堂。 ③ 茱萸：指茱萸山和尚，亦嗣南泉，住鄂州(治今湖北武昌)。

〔鉴赏〕 赵州从谂在南泉处得道后，先回到曹州，归院省觐。业师赶忙告知从谂父母。亲人听说，忻怿不已，期盼相见。从谂说："俗尘爱网，无有了期。已辞出家，不愿再见。"当夜即离开家乡。其后，一瓶一钵一杖，开始了漫长的行脚生涯。

南泉寂前，赵州虽亦游历，如参百丈、药山等，应是归南泉。南泉寂时，赵州已五十六岁。而后三十年，游踪不定，见潼关在陕西，见沩山道吾在湖南，见茱萸在湖北，见投子在安徽，见寒山、拾得、大慈在浙江，见云居在江西，见临济在河北，朝五台在山西，灭法时隐遁又在山东，受戒在河南，游历之广，世所罕见。

从谂禅师深得六祖慧能"无念、无相、无住"之"一行三昧"。他说："老僧行脚时，除二时斋粥是杂用心力处，余外更无别用心处也。"他曾意气风发地说："七岁童儿胜我者，我即问伊。百岁老翁不及我者，我即教他。"至纯之性，菩萨心肠跃然纸上。他"无我相，无人相，无众生相，无寿者相"，像从池州南泉山上射出来的一只利箭，无坚不摧。丛林诸宿，莫敢撄其锋者。

从谂到黄檗。黄檗希运曾在南泉处为首座，接受锤炼，与他有同门之谊。见从谂到来，便坐在方丈，闭门不出，意味真性永恒，如如不动。没想到从谂用火逼黄檗出来。在《法华经》中，有一比喻，三界如火宅，众生沉迷于其中而不知。诸佛出世，以方便善巧予以教化，像对待贪玩的儿童一样，把众生哄骗出火宅，上到大白牛车。在南泉处，赵州已放了一把火。他把自己关在房内，烧得浓烟滚滚，然后大叫“救人，救火”！等大家赶来时，他说：“你们说对了，我就开门。”大家无言以对。不料南泉一语不发，只把钥匙从窗口递进去，请他自开自门，自证自道，自启自心。这次赵州将火放到了黄檗的佛堂，黄檗被动而出，“贼过后张弓”。

到了宝寿。宝寿沼禅师以背相对，坐在禅床上不动。给赵州从谂来一个“蚊子上铁牛”，看他如何下口。赵州只管下拜，表明他已消除了正反差别观念。宝寿回礼之举落入俗情，禅机全失。从谂扭头便走，又还给他一个背。

赵州行脚时见二“道吾”，一为药山门下之道吾宗智，一为归宗智常法孙关南道吾。前者居潭州（治今湖南长沙），后者居襄州（治今襄阳市襄城区）。不知是哪一位。《景德传灯录》作“盐官齐安”禅师。道吾熟知赵州功行，见面即呼南泉为一只箭来，赵州随着道吾的话头顺水行舟让他“看箭”。此时只可意会，不可言传，道吾答“（箭）过也”，便是中的。

赵州在黄檗处用“火攻”，到了鄂州茱萸处，则用“水攻”。他用拄杖在茱萸的法堂上，从东探到西。禅师随身常带拄杖，方便行路。若在“拄杖”下端的二尺处，留一小枝，缠绕杖身，便于涉水时，探测深浅。这种用杖，就叫作“探水”。赵州在这里，探的是茱萸的道行又多深。茱萸从容作答：“我这里一滴也无，探个甚么？”你既无水，我的拄杖也无用处，就把它留在你这个干涸的池塘里吧！赵州将拄杖倚在壁上，走了出去。后来泐潭择明禅师颂“赵州访茱萸探水”因缘云：“赵老云收山岳露，茱萸雨过竹风清。谁家别馆池塘里，一对鸳鸯画不成。”

这时，赵州已年届八旬，“老老大大，还在走来走去”。云居道膺曾劝过他：“你年纪也一大把了，何不觅个住处？”赵州问：“什么处住得？”云居云：“前面有古寺基。”师云：“那么，请和尚自住取。”云居是好意相劝，赵州却斗起机锋，他的“古寺基”是指佛法：“你做你的守尸鬼吧，我是‘无所住而生其心’的。”

茱萸是南泉的法嗣，也劝师兄：“像你这样的年纪，也该定居下来弘法了。”赵州这次疏忽了，只作是师弟的关心，问：“我该定居在什么地方啊？”茱萸惊讶地问：“什么！像你这把年纪了，居然还不知道自己的住处吗？”原来，茱萸的意思是：得道之人，时时刻刻要心与道合！赵州懊悔地说："我三十年来骑在马背上遨游，想不到今天却被驴子踢了一脚。"

后来，赵州想到山西五台山的清凉寺去，有位佛学家便写了一首偈子给他说："何处青山不道场，何须策杖礼清凉。云中纵有金毛现，正眼观时非吉祥。"清凉寺位在五台山，是为了崇敬华严宗的四祖清凉而建的，据说当清凉说法时，云中曾出现金毛狮子。佛学家的偈子，表面上看，是说一切平等，无有差别；文辞之中，却又是"道场"，又是"清凉"，又是"金毛狮子"，又是"正眼"，正说明了他是一个处处着相的知解之徒。赵州反问那位佛学家说："什么是正眼？"那位佛学家无话可答。

赵州是带着正眼策杖而行的。唐大中十一年(857)，八十高龄的从谂禅师行脚至赵州，受信众敦请驻锡观音院，弘法传禅，人称"赵州古佛"。

(李志军)

一　枝　草

上堂："如明珠在掌，胡来胡现，汉来汉现。老僧把一枝草为丈六金身用，把丈六金身为一枝草用。佛是烦恼，烦恼是佛。"

僧问："未审佛是谁家烦恼？"师曰："与一切人烦恼。"

曰："如何免得？"师曰："用免作么？"

(《五灯会元》卷四)

〔鉴赏〕《后汉书·西域传》记载：东汉永平三年(60)，汉明帝刘庄曾做了一个梦，看见一个高大的金人，头上放着光，围绕着金殿飞行。第二天，让众大臣圆梦。傅毅说："西方有神，名佛，其形丈六而黄金色。"佛教声称：凡人八尺，佛身丈六。丈六金身，便为佛的代称。

文殊菩萨一日令善财采药，曰："是药者，采将来。"善财遍观大地，无不是药。却来白曰："无有不是药者。"殊曰："是药者采将来。"善财遂于地上拈一茎草，度与文殊。文殊接得，呈起示众曰："此药亦能杀人，亦能活人。"遍观大地，无不是药，此药亦能杀人，亦能活人。关键在人，而不在草。六祖慧能说："心迷法华转，心悟转法华。"关键在心，而不在《法华经》。赵州和尚说："汝被十二时辰使，老僧使得十二时。"每人每天都有十二个时辰，是随波逐流，头昏脑胀，还是心在永恒，超然自在，关键在于你是不是自己的"主人公"。

赵州和尚又言："未出家时被菩提使，出家后使得菩提。"这里的"出家"，不是指形式上的剃去头发，穿上袈裟，而是洞彻心源，见性成佛。如果没有明心见性，"丈六金身"的佛，成为固定在心头的偶像，形成了新的烦恼。如果明心见性，悟得包括佛祖在内的"凡所有相，皆是虚妄"的道理，所有的烦恼，与佛等同。这就叫作："佛是烦恼，烦恼是佛。"而且佛"与一切人烦恼"。赵州云：凡是不明白自心是佛，而向外追求的人，"佛"就是最大的烦恼源。文殊菩萨云："我不求菩提。何以故？菩提即我，我即菩提。"百丈怀海说："心若不乱，不用求佛，求菩提，求涅槃"，"为求无上菩提涅槃，故名出家，犹是邪愿"，"只如今求佛求菩提，求一切有无等法，是名'运粪入'"。所以，对于执着求佛，而不能返观自心的学者来说，佛不是烦恼又是什么？只要不将外面的"粪"运入心中，自然自心清净，免去烦恼。

《楞严经》云："若能转物，即同如来。"赵州和尚手握法印，真如出窟狮子一般，杀活自在，游戏世间。在他的眼中，世间万象，如明珠在掌，透顶透底。丈六金身与一茎草，毫无分别，幻时同归于幻，真时同归于真，方便说法，任意施为。紫柏老人说："觉则无物非心，不觉何心非物。何物非心，一茎草可以为丈六金身；何心非物，丈六金身可以为一茎草。"憨山老人说："岂不闻《法界观》颂云：'若人识得真空理，心内真如还遍外。情与无情共一体，处处皆同真法界。'但将此偈蕴在胸中，一切日用六根门头，见色闻声处，一印印定。久久纯熟，自然内外一如。有情无情打成一片。一旦豁然了悟，是时方知山河大地，共转根本法轮。鳞甲羽毛，普现色身三昧，心外无法，满目青山。到此方信赵州有时拈一茎草作丈六金身用，有时将丈六金身作一茎草用。"

（李志军　宋海霞）

东门，西门，南门，北门

问："如何是道？"师云："墙外底。"云："不问者个。"

师云："问什么道？"云："大道。"师云："大道通长安。"

（《古尊宿语录》卷十四）

问："如何是赵州？"师曰："东门，西门，南门，北门。"

（《五灯会元》卷四）

问："如何是玄中玄？"师曰："汝玄来多少时邪？"曰："玄之久矣。"

师曰："阇黎若不遇老僧，几被玄杀。"

（《五灯会元》卷四）

问："了事底人如何？"师云："正大修行。"学云："未审和尚还修行也无？"师云："着衣吃饭。"

学云："着衣吃饭寻常事，未审修行也无？"师云："你且道我每日作什么？"

（《赵州和尚语录》卷一）

〔鉴赏〕 一次，在四川马祖道一大师的家乡召开佛学研讨会。讨论到"平常心是道"的名言，究竟什么是"平常心"？学者们众说纷纭。在会议的总结性报告中，得出的结论是："平常心就是不平常心"。

这段语录中，赵州的答复非常简单、轻松。简单得让人以为老和尚的脑筋有问题，等你反应过来，又不禁会心大笑，击掌叫绝。院墙外面的是道、大道通长安、东西南北门是赵州，这些看似简单的对话实际暗含禅机，有普融道平禅师颂道："赵州有四门，门门通大道。玉泉有四路，路路透长安。门门通大道，毕竟谁能到？路路透长安，分明进步看。"

一般人都把佛法看得十分玄奥。"玄"了还不够，还要"玄中玄"。赵州没有正面回答什么是"玄中玄"，说："法师要不是遇见老僧，就要被'玄'杀掉了。”可见，佛法虽玄，却也要平常心来习，否则是自入迷宫，难以作为。

赵州认为学佛之人的修行是“要眠即眠，要起即起”。无独有偶，有律师问大珠慧海禅师：“如何用功？”慧海说：“饥来吃饭，困来即眠。”律师感到奇怪：一切人都是如此，那和尚与大家有何不同？慧海说：“他吃饭时不肯吃饭，百种须索；睡时不肯睡，千般计较。所以不同也。”

有学人问：“正修行的人，能被鬼神测得不能？”赵州说：“能测得。”修行到了脱落圣凡的境界后，鬼神莫测。《景德传灯录》记载，南泉普愿游一庄所，庄主预备迎奉。南泉感到意外：“老僧居常出入，不与人知，何得排办如此？”庄主说：“昨夜土地报道，和尚今日来。”南泉惭愧地说：“王老师修行无力，被鬼神觑见。”侍者便问：“和尚既是善知识，为甚么被鬼神觑见？”南泉：“土地前更下一分饭。”学人问：“如果鬼神测得，修行中出了什么问题？”赵州答道：“他的过失，就在向外寻觅。”对于得道的人是否也要修行，赵州给出了四个字：“正大修行”，落于日常则是“穿衣吃饭”。意即佛法在世间，吃饭穿衣就是修行。

有一天，赵州正在扫地。一个僧人问：“和尚是大善知识，为甚么扫地？”这个僧人颇懂得几分禅法，问话之中夹枪带棒。扫地就是扫地。僧人的问话，好奇也好，挑衅也好，都是飘在心头的尘埃。赵州看了他一眼，说：“尘从外来。”僧人不甘落败，进而问道：“既是清净伽蓝，为甚么有尘？”赵州笑了：“又是一点也。”

赵王幕僚有一位马大夫，问道：“和尚还修行吗？”赵州云：“老僧若修行即祸事。”马大夫又问：“和尚既不修行，教什么人修行？”赵州回答道：“大夫您是一个修行的人。”马大夫感到奇怪：“在下何名修行？”赵州说：“大夫若不修行，怎么能够补在人王位中，喂得来赤冻红地，无有解出期。”一句话，说到马大夫的心酸处，乃下泪拜谢。

古往今来，当官都是一个风险极大的行业，不修行行吗？商人皈依，求的是财源滚滚；官员拜佛，为的是加官晋爵。

所以，赵州的修行，反而让人不好理解了。

（李志军　宋海霞）

镇州[1]萝卜,青州布衫

问:"承闻和尚亲见南泉,是否?"师曰:"镇州出大萝卜头。"

(《五灯会元》卷四)

问:"万法归一,一归何所?"师曰:"老僧在青州作得一领布衫,重七斤。"

(《五灯会元》卷四)

问:"和尚姓什么?"师云:"常州有。"云:"甲子多少?"师云:"苏州有。"

(《五灯会元》卷四)

〔注释〕 ① 镇州:治今河北正定。

〔鉴赏〕 "道在院墙外","道在四个城门",赵州的答案已经十分奇特,然而,这里的四句回答更是奇特十分。看赵州从谂禅师的语录,真如游览黄山一般,一峰比一峰险绝,一峰比一峰壮丽。

王国维将诗词的境界分为"有我之境"和"无我之境"。"有我之境,以我观物,故物皆着我之色彩。无我之境,以物观物,故不知何者为我,何者为物。""无我之境",即"现量境",乃禅僧顿悟之后,空明之心中所呈现的世界最真实的相状。故丹霞子淳云:"宝月流辉,澄潭布影。水无蘸月之意,月无分照之心。"水月两忘,境在有我、无我之间。

赵州的这几个答语,彻底斩断人日常的思维逻辑,裁取一个日常生活的小片段,一下子呈现在你的眼前,这就是"无我之境"。

第一段对话中,僧人问赵州可曾亲见大名鼎鼎的南泉大师,赵州以"镇州出大萝卜头"作答。赵州和尚当然知道这位僧人要问的是南泉普愿的禅法。然而,池州南泉山上,有南泉禅师出世,不是和镇州特产大个头的萝卜一样正常吗?我曾经亲近过南泉禅师,不是和你吃一顿镇州萝卜一样平常吗?南泉禅师的禅法就是"平常心是道"。道在哪里?道就在萝卜白菜之中。湛愚老人《心灯录》说:"要知此七字,毫无理路,毫无意谓,总不相干。更要知此七字乃理路之最精最妙，最奇最玄，直指他刻下即亲近南泉。”《佛光大辞典》甚至说：“即便是南泉教诫之金言，亦不如镇州出产的大萝卜头来的真切有用。”

第二段对话中，“万法”，就是我们日常所见的世间万象。当然也包括萝卜白菜，长袍短衫。《庄子·知北游》说，道在瓦甓，道在屎溺，并非是反讽，而是道真的无处不在。屎溺不好吗？它能让我们吃上丰盛的新鲜的蔬菜瓜果。瓦甓低下吗？它能造就千万间广厦。不要在寻常日用之外寻找“大道”。不过，七斤的青州布衫也太重了，不是寻常人可以穿在身上。如之奈何？那便丢掉它！自己怎么舒服怎么穿戴，怎样好看怎样打扮。径山宗杲禅师为此作诗：“青州七斤衫，尽力提不起。打破赵州关，总是自家底。”别峰禅师亦云：“无端提起七斤衫，多少禅流着意参。尽向青州作窝窟，不知春色在江南。”

第三段对话中，僧人询问的并非赵州的“姓”氏，而是赵州的“本性”；亦非是赵州的“高寿”，而是诸佛出世之劫数。冯学成《赵州禅师语录壁观》中说：“好个赵州，不妨与他顺水推舟。‘常州有’，天下莫不有；‘苏州有’，天下亦莫不有。赵钱孙李，周吴郑王，‘常州’不漏一姓；甲子乙丑，丙寅丁卯，‘苏州’亦不漏一岁。真如自性，竖穷三际，圆裹十虚，历劫历世，涵盖天下，无有纤毫遗漏。于此可见赵州精神。虽无棒喝，亦无险峻雄奇之语，而险峻雄奇，犹是赵州儿孙。”

（李志军）

摘杨花

僧辞，师曰：“其处去？”曰：“诸方学佛法去。”师竖起拂子曰：“有佛处不得住，无佛处急走过。三千里外，逢人不得错举。”

曰：“与么则不去也。”师曰：“摘杨花，摘杨花。”

（《五灯会元》卷四）

〔鉴赏〕 “生命诚可贵,爱情价更高。若为自由故,二者皆可抛。”裴多菲的这首诗曾使人热血沸腾,甚至愿意时刻准备着,为了自由这一理想而牺牲自己。人生而自由,然而由于种种因素又往往无时无刻不在枷锁之中。真正抵达“自由自在”境界的,可能只有得道的高僧。

当然高僧的自由自在是纯粹心灵上的。慧能的法门是“无念为宗,无相为体,无住为本”。人之本性,于世间善恶、好丑、冤亲等等,念念相续不断,则为系缚,形成“枷锁”。于相而离相,于念而无念。念念不住,即无缚也,此是以无住为本。故《坛经》云:“无住无往亦无来,三世诸佛从中出。”

有学人问:“如何是定?”赵州云:“定就是不定。”学人迷糊了:“为什么不定?”赵州云:“活物,活物。”人的心灵不是死寂的,而是生龙活虎,自由自在的。

众人为了种种目的而一窝蜂地“修佛”,而不明了佛法真谛。“佛”,成了羁绊人的心灵的“系驴桩”。永嘉大师《证道歌》云:“心是根,法是尘,两种犹如镜上痕。痕垢尽时光始现,心法双亡性即真。”赵州曾示众云:“佛之一字,吾不喜闻。”这是打破法执的向上一提。佛尚不喜,更有什么可杂用心处?

“有佛处不得住,无佛处急走过。”这句话太精彩了。赵州老和尚三十年间,踏遍大小丛林,阅尽人间沧桑,见过无数“真佛”,更有“假佛”无数。《金刚经》云:“法亦应舍,何况非法?”赵州对这个行脚僧谆谆教诲,可他却被吓住了:有佛的地方不敢住,无佛的地方不敢去。那么,又能去哪里呢?赵州看着墙外随风自由飞翔的杨柳絮,说:“摘杨花,摘杨花。”

赵州的这段语录真是响彻刹宇,后众多高僧纷纷赞颂。

淮海原肇禅师举“僧辞赵州”。州云:“有佛处不得住”,烂泥中有刺;“无佛处急走过”,回头便招祸;“三千里外,逢人不得错举”,出门犹更频吩咐;僧云:“与么则不去也”,不知谁是知音者;州云:“摘杨花,摘杨花”,春风无定度,吹起过邻家。

天童觉禅师颂云:“青山不异,白玉无瑕。茫茫流水,扰扰黄花。有佛处纤毫不立,无佛处万别千差。长安路上未归客,寻溪犹自摘杨花。”

破山明禅师解制上堂云:“东风解冻,百草萌芽。行脚衲子,似粟如麻。

拖泥带水兮草鞋犷如虎，混俗和光兮拄杖活如蛇。向有佛处不可住，无佛处急走过，方称英俊作家。切不可向万里无寸草处去，虚度生涯。大众，且如山僧这里，九旬禁足，三旬调心。今日解制，临行一句作么生道？摘杨花，摘杨花！”

（李志军）

四大五阴

僧问："承师有言，世界坏时，此性不坏。如何是此性？"师曰："四大五阴①。"

曰："此犹是坏底，如何是此性？"师曰："四大五阴。"

（《五灯会元》卷四）

〔注释〕 ① 四大五阴：四大，即地、水、火、风，造作生出一切之色法（物质）。五阴，即五蕴，谓色、受、想、行、识。有相为色，领纳名受，取像曰想，迁流为行，分别为识。蕴者积聚为义，谓积聚生死之过患。阴，以阴覆为义。无明黑云之所阴覆，盖覆真性，摄尽有为。

〔鉴赏〕 一日，东坡居士去拜访佛印了元禅师。佛印正与诸弟子在丈室说法。佛印说："此间无坐榻，居士来此作甚么？"东坡说："暂借佛印四大为坐榻。""四大"指的是佛印的肉身。佛印说："山僧有一问，居士若道得，即请坐；道不得，即输腰下玉带子。"东坡欣然答道："便请。"佛印说："居士适来道，暂借山僧四大为坐榻。只如山僧四大本空，五阴非有，居士向甚么处坐？"东坡不能答，遂留玉带。

"色不异空，空不异色。色即是空，空即是色。"这四句话，很多人出口就来，但对于其真正的含义，却不能理会，包括苏东坡在内。"四大"本"空"，"空"即"四大"，东坡何不以"空"为座？

僧肇诗云："有物先天地，无形本寂寥。能为万象主，不逐四时凋。""此物"即是世界的本体，乃是万物的"空性"。龙树菩萨云："因缘所生法，我说即是空，是亦为假名，亦为中道义。"宇宙间的所有事物，都是因缘和合的产物，故其本质为"空"性；正因为万物皆空，才能有新的万物源源不断地生长出来。

万物皆变,唯"空"性不变。

赵州禅师上堂示云:"未有世界,早有此性。世界坏时,此性不坏。""此性"即"四大五阴",是生生灭灭的世间具体事物,又蕴含着不生不灭、不来不去、不增不减的永恒本性。而"空"性蕴含在每一个事物之中。万物于空性,如同波浪之于大海。世人只见波浪不见大海,只见树木不见森林。唯是迷悟有殊,所以圣凡有异。楚石梵琦禅师说:"还知赵州老汉舌头落处么?尽山河大地,是四大五阴;尽山河大地,是不坏之性。若未知赵州老汉舌头落处,则四大五阴,自在一边,不坏之性,自在一边,驴年得休歇去!"

(李志军　宋海霞)

密　密　意

尼问:"如何是密密意?"师以手掐之。

尼曰:"和尚犹有这个在。"师曰:"却是你有这个在。"

(《五灯会元》卷四)

有尼问:"如何是沙门行?"师云:"莫生儿。"

尼云:"和尚勿交涉。"师云:"我若共你打交涉,堪作什么?"

(《赵州和尚语录》卷一)

〔鉴赏〕 有和尚,就有尼姑。二者的关系比一般的男女之间似乎更为微妙。

相传,因"女性鄙弱人少敬信,故无弘化之益,反更毁辱正法减半",释迦牟尼曾不许女子出家。戒律中,对尼众专门有"八敬"。百岁比丘尼见初受戒比丘,当起迎送礼拜、问讯、请令坐。比丘尼不得骂谤比丘,不得举比丘罪说其过失,但比丘得说尼过。

和尚见尼姑,通常的态度是大男子主义。有一尼姑悟道,参见临济义玄,请求开堂。谈空禅师坚决反对:"你有五障,不得开堂。"尼云:"龙女成佛有几障?"谈空云:"龙女现十八变,你试变看。"尼云:"不是野狐精,变个什么?"谈空便打数下。这纯属意气用事，打得毫无道理。龙女能成佛，胜鬘夫人能成佛，中国成佛的尼姑也不少，并且还有指导和尚开悟的。俱胝禅师住庵时，有一尼戴笠子绕禅床一周云："道得，即放下笠子。"俱胝无对。尼拂袖便打。俱胝云："何不且住？"尼云："道得即住。"俱胝又无对。尼去后，自己叹道："我虽是丈夫汉，无丈夫志气。"拟弃庵往诸方参学。后天龙禅师来，举起一指示之，俱胝方才大悟。

所谓"唯大英雄真本色，是真名士自风流"，赵州老和尚乃禅门内第一通达之人，故其行事说话，不拘男女老少，皆天真率性而为。

有尼问："如何是密密意？"老和尚掐了掐她的手腕。尼姑脸一红，嗔怪道："和尚，你还有这个在。"赵州说："却是你有这个在。"只有阿哥阿妹之间有"密密意"，佛法明明白白，哪里有什么"密密意"？拟心即差。尼姑不知返观自心，向外寻找密密意，是因她的心中尚有"这个"存在。

有尼问："如何是沙门行？"赵州说："别生儿。"尼姑哪里会生儿子？赵州却说："我何尝与你乱讲了？"出家人的修行，本来就是做好出家人每天该做的事情。切不可节外生枝，自寻烦恼。

赵州老和尚真是个绝妙的人！一句玩笑，一个儿戏的动作，童心未泯，平易可亲，却胜似当头棒喝。

（李志军　宋海霞）

宾中主，主中宾

问："如何是宾中主？"师曰："山僧不问妇。"

曰："如何是主中宾？"师曰："山僧无丈人。"

（《五灯会元》卷四）

〔鉴赏〕 临济、曹洞二家各立"四宾主"之说，其义各异。

临济宗的"四宾主"，是讲师与徒之间的关系。临济宗开祖义玄就宾（学人）与主（师家）之关系，即立宾看主、主看宾、主看主、宾看宾等四句，以提示禅机。依此,师家令学人自觉邪正,趋向真正之道。

据《临济录》,临济义玄一日示众云:“参学人大须仔细。如宾主相见,便有言说往来,或应物现形,或全体作用,或把机权喜怒,或现半身,或乘师子,或乘象王。如有真正学人,便喝先拈出一个胶盆子。善知识不辨是境,便上他境上,做模做样。学人又喝,前人不肯放。此是膏肓之病,不堪医治,唤作‘宾看主’。或是善知识,不拈出物,随学人问处即夺。学人被夺抵死不放,此是‘主看宾’。或有学人,应一个清净境界,出善知识前。善知识辨得是境,把得住抛向坑里。学人言‘大好善知识’,即云:‘咄哉!不识好恶。’学人便礼拜。此唤作‘主看主’。或有学人披枷带锁,出善知识前。善知识更与安一重枷锁。学人欢喜,彼此不辨。唤作‘宾看宾’。”

临济的这一段耐心细致的堂上讲课,是说宾主相见,法语交锋。学人心悟而主人不悟,叫“宾看主”;主人心悟而学人不悟,叫“主看宾”;两人都是心底透亮,叫“主看主”;两个糊涂蛋在一起装模作样,叫作“宾看宾”。

如果把“四宾主”与“临济四喝”结合起来,便更加威风凛凛:“主一喝验宾,宾一喝验主。主再喝验宾,宾再喝验主。四喝后无宾主也。到这里主家便夺却,更不容他。”法堂之内,剑拔弩张,杀气腾腾,一般人还真过不了这一关。

后来,临济子孙发展为“宾中主”“主中宾”“主中主”“宾中宾”四宾主,并颂以诗句。如风穴延沼禅师“宾主问答”。僧问风穴:“如何是宾中宾?”穴云:“攒眉坐白云。”“如何是宾中主?”穴云:“入市双瞳瞽。”“如何是主中宾?”穴云:“回鸾两曜新。”“如何是主中主?”穴云:“磨砻三尺剑,待斩不平人。”

曹洞宗的“四宾主”,则是讲体(空性)与用(现象)两方面的关系。“主”为正、体、理;“宾”为偏、用、事。“主中宾”,谓体中之用,即从本体之中引发出作用;譬如大臣奉帝王之命,出而行事。“宾中主”,谓用中之体,即寓存于各种作用中之本体;譬如帝王潜居于闹市之中。“宾中宾”,谓用中之用,即作用与本体相互乖离而不与本体相应;譬如化外之民、无主之客。又禅林中亦常用以指“头上安头”之情形,即无用、不必要之意,与“雪上加霜”同义。“主中主”,谓体中之体,即法理中未牵涉作用,或未显现为作用之本体;譬如帝王深居于王宫之中，其权能虽存，然未发令以动员臣民之作为。

马祖道一的弟子隐山和尚传给洞山良价的“四宾主”，就温和细腻多了。洞山问隐山：“如何是主中主？”隐云：“长年不出户。”洞云：“如何是主中宾？”隐云：“青山覆白云。”洞云：“宾主相去几何？”隐云：“长江水上波。”洞云：“宾主相见，有何言说？”隐云：“清风拂白月。”

临济义玄与洞山良价都是赵州从谂的子侄辈。但因赵州长寿，在义玄和良价后仍继续弘法。临济与洞山二人，各自的“四宾主”，在丛林中，已经广为流传，争相参悟。赵州常说：“老僧此间，即以本分事接人。”

领教过了临济宗的刚猛雄健和曹洞宗的缜密优雅，以及他们共同的复杂僵化的特点。我们欣赏一下赵州老和尚如何以“本分事”接人。

学人问：“如何是宾中主？”赵州说：“山僧不问妇。”作为一位出家的山僧，当然不考虑娶新媳妇的事了。学人又问：“如何是主中宾？”赵州说：“山僧无丈人。”一个和尚，没有娶媳妇，哪来的老丈人？

这两句让人禁不住捧腹大笑的大实话，回答得恰到好处，可以说是精妙绝伦。第一个回答中，山僧是宾，媳妇是主——一个怕老婆的山僧。“山僧不问妇”，我心中自有佛，不用到外面寻找主人公。第二个回答中，山僧是主，丈人是宾。“山僧无丈人”，世间万法，平等一如，无主无宾，无圣无凡，无体无用。两句轻松诙谐的话，均一语双关，无论是就临济的师徒还是曹洞的体用而言，均表达出了物我双亡，人法俱泯之无上境界。

《赵州录》中，还有一段精彩的“本分事”接人的对话：

僧问：“如何是清净伽蓝？”赵州答：“丫角女子。”僧又问：“如何是伽蓝中人？”赵州答道：“丫角女子有孕。”

伽蓝，指寺院。清静伽蓝，则指的是诸佛的清静境界。丫角女子，比喻佛的境界就像未成年的少女那样干净纯洁。伽蓝中人，比喻成佛。如果一个人一个劲地追求成佛，只会适得其反，就像未婚少女怀孕一样，是一件十分荒唐的事情。

（李志军）

若不会，截取老僧头去

上堂："金佛不度炉，木佛不度火，泥佛不度水，真佛内里坐。菩提涅槃，真如佛性，尽是贴体衣服，亦名烦恼。实际理地[①]甚么处着。一心不生，万法无咎。汝但究理，坐看三二十年，若不会，截取老僧头去。"

（《五灯会元》卷四）

师谓众曰："你若一生不离丛林，不语五年十载，无人唤你作哑汉，已后佛也不奈你何。你若不信，截取老僧头去。"

（《五灯会元》卷四）

〔注释〕 ① 实际理地：指真如境界，诸法实相。

〔鉴赏〕 赵州老和尚风趣平易，和蔼可亲，而几番放出"截取老僧头去"的狠话，可见当时老人对丛林流弊痛切之深。

赵州言："共你各自出家，比来无事，更问禅问道，三十二十人聚头来问，恰似欠伊禅道相似"；"若是新入众底人，也须究理始得。莫趁三百五百丛林，称道'好个住持'。洎乎问著佛法，恰似炒砂作饭相似，无可施为，无可下口"。一方面是欺世盗名的"假高僧"，一方面是如一群追香逐臭欲得物吃的猎狗一样的僧人。赵州感慨万千：千人，万人，尽是觅佛汉子，一味追捧崇拜什么"金佛""木佛""泥佛"。一个真正的道人也见不到。

"金佛不度炉，木佛不度火，泥佛不度水。"那些浪得虚名的所谓的宗师、高僧、居士，统统是金玉其外，败絮其中的"狮子身上虫"。正如永嘉大师说的"若将妄言诳众生，自招拔舌尘沙劫"，凡装模作样招摇撞骗者，最后的归宿只能是拔舌地狱。如此自身难保的泥菩萨，安能度人？

佛性是宇宙的本体，横亘古今，涵盖虚空，"未有世界，早有此性。世界坏时，此性不坏"，当然十分崇高。赵州又说："真佛内里坐。"佛性不是别物，就是你的心，你的主人公。菩提涅槃，真如佛性，在你的心头，就像一件贴体衣服，为你遮身蔽体，挡风御寒。但衣不得体或者冬行夏令时，同样给你带来无穷的麻烦。烦恼即菩提,菩提即烦恼,二者不一不二。若无烦恼,实际理地什么处着?故《维摩经》云:“一切烦恼皆是佛种”“不入烦恼大海,则不能得一切智宝”。入得佛,亦入得魔,乃真觉之丈夫。

参须真参,悟要实悟。何为真参?一次,赵州示众云:“不得闲过!念佛,念法。”有个僧人问:“如何是学人自己念?”赵州反问:“念者是谁?”僧人答道:“没有伴侣。”意思是自己就是不与万法为侣者,已经成佛。赵州骂道:“这个驴!”赵州引用三祖《信心铭》云:“一心不生,万法无咎”,“梦幻空华,徒劳把捉。心若不异,万法一如”。念佛念法,念到没有佛、没有法、没有念者,方为究竟。

得道的境界自由自在,修佛的过程坚苦卓绝。赵州说:“汝但究理,坐看三二十年”,“若一生不离丛林,不语五年十载”,“已后佛也不奈你何”。明代为霖道霈禅师对此深有体会。他在《旅泊庵稿》中说:“夫僧堂者,乃淘炼身心磨砺志气之所也。盖为僧者,弗居此堂,放下诸缘,静慧观察,则何以知生死之苦,发出世之心,穷本有之真源,坚度生之弘誓,续佛慧命,仰报四恩乎?故有智之士,一入此堂,兴决烈志,开特达怀,克苦履践。久之,自然恶习渐消,真光透露,而平生之志愿偿矣。古德云:‘但能一生不离丛林,敢保大事成办。’岂虚言哉?”

(李志军)

庭前柏树子

师上堂,谓众曰:“此事的的,没量大人,出这里不得。老僧到沩山,僧问:‘如何是祖师西来意?’沩山云:‘与我将床子来。’若是宗师,须以本分事接人始得。”

时有僧问:“如何是祖师西来意?”师云:“庭前柏树子。”

学云:“和尚莫将境示人。”师云:“我不将境示人。”

云:“如何是祖师西来意?”师云:“庭前柏树子。”

(《赵州和尚语录》卷一)

问:“如何是学人自己?”师云:“还见庭前柏树子么?”

(《赵州和尚语录》卷一)

问:“柏树子还有佛性也无?”师曰:“有。”

曰:“几时成佛?”师曰:“待虚空落地时。”

曰:“虚空几时落地?”师曰:“待柏树子成佛时。”

(《五灯会元》卷四)

〔鉴赏〕 “柏树子”话头,乃宗门内千古绝唱,为无数高僧上堂举颂的典型公案。

自“生公说法,顽石点头”之后,一阐提人也可成佛,乃至无情有性已成共识。如来藏系的佛经中,常常以荷花代表佛性,人们习以为常,因为荷花有出淤泥而不染的高洁的品格。早在庄子,就说“道在屎溺”;近在临济,虽也说无位真人是“干屎橛”,却给人以偏执的感觉。“庭前柏树子”公案,之所以震动禅林,在于赵州老和尚以“本分事”接人的禅风。

赵州行脚到沩山时,有僧问:“如何是祖师西来意?”赵州以庭前柏树子作答。尽管“青青翠竹,尽是法身;郁郁黄花,无非般若”,几乎成了流行于僧侣士大夫之间的口头禅。但一下子指着眼前的柏树子说:“这就是佛!”还真让人的大脑转不过弯来。

赵州语录中,“柏树子”有两种意象:一种是佛,“没量大人”。赵州上堂,云:“此事的的,没量大人,出这里不得。”“此事”“这里”,均指的是“道”。“祖师西来意”,让人明心见性,即当明于此,见于此。“没量”,超越思维分别的禅悟之心。“没量大人”,即见性成佛之人。一种是学人,普通人。僧问:“如何是学人自己的本性?”赵州云:“还见庭前柏树子么?”

万法平等,“心佛众生,三无差别”。学人就是柏树子,柏树子就是佛。可惜这僧不能理会得,柏树子是外境,祖师西来为的是让人成佛,二者怎能扯在一起呢?僧不服,故云:“和尚莫将境示人。”赵州无须去辩,只说:“我不将境示人。”那僧再问,赵州再次肯定地答:“庭前柏树子。”体与相一如,心与境俱合。柏树子不是你眼前的外境,它就是佛!

此言一出,使无数人大费思量:“柏树子”如何就是“佛”? 一个僧人忍不住了,跑去问赵州和尚:“柏树子何时能成佛?”赵州答:“待虚空落地时。”“那么,虚空几时落地?”赵州答:“待柏树子成佛时。”这句话更把人绕进去了,有点像民间流行的“先有蛋还是先有鸡”的悖论。

其实,按赵州的意思,整个世界无时无刻不漂浮于虚空之中,包涵于虚空之中。庭前的柏树子,诸佛,地球,日月星辰,乃至宇宙都是虚“空”一体,何尝分离过?

(李志军　宋海霞)

至道无难,唯嫌拣择

上堂:“至道无难,唯嫌拣择。才有语言,是拣择,是明白。老僧不在明白里,是汝还护惜也无?”

时有僧问:“既不在明白里,护惜个甚么?”师曰:“我亦不知。”

僧曰:“和尚既不知,为甚道不在明白里?”师曰:“问事即得,礼拜了退。”

别僧问:“至道无难,唯嫌拣择。是时人窠窟否?”师曰:“曾有人问我,老僧直得五年分疏不下。”

又问:“至道无难,唯嫌拣择。如何是不拣择?”师曰:“天上天下,唯我独尊。”曰:“此犹是拣择。”师曰:“田库奴,甚处是拣择?”僧无语。

(《五灯会元》卷四)

〔鉴赏〕 “至道”,是最高的精神境界,超越凡情俗思。真的是“寒鸦戏水,冷暖自知”,只能用心灵去印证它,感受它,而无法准确地表述出来。历代的高僧都极力想把自己的所证所悟,把这些极其难得、极其珍贵的精神成果传递给后代子孙,可就是说不清楚,越说得多,越说不清楚。与三论、天台、华严、唯识等中国大乘佛学的宗师们的动辄洋洋百万言著作相比,禅宗三祖僧粲大师的《信心铭》已经算很短了，仍然有五六百字。

赵州对《信心铭》十分精熟，经常张口即是，片言只语，直楔主题。《信心铭》的开篇便是："至道无难，唯嫌拣择。"心中的"至道"静如止水，空如太虚，最怕的是无风起浪，杂念萌生。如明儒王阳明的"无善无恶心之体，有善有恶意之动"，意念一动，便有分别心，便是"拣择"。语言就更是拣择了。

"才有语言，便是拣择。"这里存在一个悖论。不用语言，此境无法表达；借助语言，人们便容易把心思花在对语言的领会分析上。导师的作用，就是不断破除留在学人心中的任何固定的概念和思想，像擦洗玻璃镜子一样，要不停地抹去上一次清洗所留下的痕迹。《永觉和尚广录》卷二："昔三祖《信心铭》云：'至道无难，唯嫌拣择，但莫憎爱，洞然明白。'岂不是剖心剖胆，说与后人？但既曰'唯嫌'，便是'拣择'；既曰'但莫'，便是'憎爱'；况有'明白'可指，岂为究竟之谈？须知至道无难亦无易，无'拣择'亦无'无拣择'，无'憎爱'亦无'无憎爱'，无'明白'亦无'无明白'。只如老僧恁么道，还免得过也无？老僧虽不落拣择憎爱，亦是借拣择憎爱为弄引，岂能免过？"说到底，还是《金刚经》中的那一句话："应无所住而生其心。"

"至道无难，唯嫌拣择，但莫憎爱，洞然明白。"面对语言，有"拣择"，也有"明白"。按照一般人的思维，参禅问道，不是在"明白"里，便是在"拣择"中。既然在"拣择"之中，还"护惜"个什么？但是，赵州的"不在明白里"，不是回到"拣择"之中，而是对"明白"的超越，打破了人心中对"明白"的执着。从"拣择"到"明白"，又从"明白"到新的"明白"。

这种不断的超越，并非是简单地抱着彻底批判的精神和否定一切的态度，而是保持着一个无限空灵的心境，故赵州云："我亦不知。"这种"不知"的状态，并非是什么都不知道，而是无上智慧。东晋僧肇大师《般若无知论》云："夫有所知，则有所不知。以圣心无知，故无所不知。不知之知，乃曰一切知。故经云：'圣心无所知，无所不知。'信矣。是以圣人虚其心而实其照，终日知而未尝知也。"圣心之知，如月印碧潭，雁过秋水，朗照毕现，了无痕迹。

僧人追问：般若无知，才是真正的"明白"，为什么又说"不在明白里"？这个僧人虽然有几分道行，但是背本趋末，争高下，斗机锋，而不去参悟语言的真实目的,正是犯了“拣择”的毛病。赵州不再与他纠缠,说:“问事即得,礼拜了退。”然而一波未平,一波又起。又有一个僧人问:“至道无难,唯嫌拣择。是时人窠窟否?”赵州答道:“曾有人问我,老僧直得五年分疏不下。”

“至道无难,唯嫌拣择”这八个字,本身就是一个语言的陷阱,不仅仅是时人的“窠窟”,即便是赵州和尚也五年分疏不下,达摩祖师九年欲语无言。祖师正令,不落言诠。才落言诠,变成污染。圆悟克勤禅师在《碧岩录》中说:“设使三世诸佛,只可自知;历代祖师,全提不起;一大藏教,诠注不及;明眼衲僧,自救不了。到这里,作么生请益?道个佛字,拖泥带水;道个禅字,满面惭惶。久参上士,不待言之。后学初机,直须究取。”

僧人又问:“那么,如何才是不拣择?”赵州答:“天上天下,唯我独尊。”“不拣择”,并非是哑羊枯坐,心如死水,是为“掉举昏沉”。当年,石头希迁禅师读《肇论》,至“会万物为己者,其唯圣人乎”,恍然大悟,乃拊几道:“圣人无己,靡所不己。法身无象,谁云自他?圆鉴灵照于其间,万象体玄而自现。境智非一,孰云去来?至哉斯语也。”只有像佛陀那样具备“光明显曜普照十方”的精神力量者,才能真正做到“不拣择”。

(李志军　宋海霞)

斗劣不斗胜

师与文远论义曰:“斗劣不斗胜。胜者输果子。”远曰:“请和尚立义。”

师曰:“我是一头驴。”远曰:“我是驴胃。”

师曰:“我是炉粪。”远曰:“我是粪中虫。”

师曰:“你在彼中作甚么?”远曰:“我在彼中过夏。”

师曰:“把将果子来。”

(《五灯会元》卷四)

〔**鉴赏**〕 近水楼台先得月,高僧的侍者都不简单。赵州老和尚与侍者文远更是绝配的一对。一个心明如镜的百岁老人,一个是聪慧绝顶的总角儿童,一个返老还童,一个活泼顽皮,两人玩得有滋有味。

一天,文远在佛殿礼拜。赵州见了,用拄杖敲了一下,问:"作甚么?"文远说:"礼佛。"赵州问:"用礼作甚么?"文远说:"礼佛也是好事。"赵州说:"好事不如无。"一般来说,人的烦恼并不是因为故意去做什么坏事,而是做好事。三祖《信心铭》云:"才有是非,纷然失心",一波才起万波随,无穷烦恼滚滚而来。对于他人,有时候做好事,反倒是一种不尊重,所以佛教讲"随缘乐助","随缘"二字尤其重要。先贤曾说:"己所不欲,勿施于人",现代的民主社会应该是:"己所欲,亦勿施于人。"

一天,赵州与文远一起散步。老和尚指着一片地说:"这里好造个巡铺。"他要考试小文远的修行次第。文远机智灵活,马上站在路旁,说:"把你的公验拿来。"他先下手为强,要检查老和尚的禅法。赵州上前,给了他一巴掌。这小子太聪明了,但聪明未必是禅。文远依然反客为主,说:"好!算是你过关了。"

最有趣的是两人斗胜劣输果子的故事。这段公案,常为禅客们津津乐道。灯录中以"果子"为筹码,在《祖堂集》中,则是以"胡饼"为筹码:"师有一日向七岁儿子云:'老僧尽日来心造,与你相共论义。你若输,则买胡饼与老僧;老僧若输,则老僧买胡饼与你。'"

在《庄子》中,有一段论道的对话,与这段公案极其相似。《庄子·知北游》云:"东郭子问于庄子曰:'所谓道,恶乎在?'庄子曰:'无所不在。'东郭子曰:'期而后可。'庄子曰:'在蝼蚁。'曰:'何其下邪?'曰:'在稊稗。'曰:'何其愈下邪?'曰:'在瓦甓。'曰:'何其愈甚邪?'曰:'在屎溺。'东郭子不应。"

赵州与文远二人不是简单地"斗输赢",也不是像庄子那样,以每况愈下的事物来揭示"道"的绝对普遍性,而是"相共论义",以"劣"为标杆,来斗禅法。禅师说出的每一句话,都藏有双重含义,稍有不慎,便被揪住尾巴。"我是一头驴。"中的"驴"字,就很凶险,可为"凡驴"亦可谓非"凡驴"。《汾阳无德禅师语录》卷二载:"普化吃生菜。临济云:'普化大似一头驴。'化便拓地作驴鸣。济云:'直岁与他细抹草料。'"《碧岩录》卷五载:"临济迁化,垂示云:'吾去后,不得灭吾正法眼藏。'三圣出云:'争敢灭却和尚正法眼藏。'济云:'已后有人问尔,作么生?'三圣便喝。济云:'谁知吾正法眼藏,向这瞎驴边灭却。'"

所谓"道在屎溺",斗法中的"驴""驴胃""驴粪""粪中虫"等等,都是"道"的显现,平等不二,无有高下劣胜之分。赵州突然话锋一转:"你在彼中作甚么?"文远灵机一动,答:"我在彼中过夏。"僧人的"过夏",可不是常人说的度过一个夏天。在印度,夏天的雨季长达三个月,佛陀乃订定四月十六日至七月十五日为安居之期。雨季期间,草木、虫蚁繁殖最多,行走误蹈,易伤害生灵。在此期间,出家众禁止外出,聚居一处精进修行,称为安居。安居的首日,称为结夏;圆满结束之日称为解夏、过夏。文远的"虫子",能在"粪"中,自我沉潜的修行,可见非同一般。然而,修行即是有为;在赵州的规则下,当然输了。

(李志军)

佛,佛心

问:"如何是佛?"师曰:"殿里底。"

曰:"殿里者岂不是泥龛塑像?"师曰:"是。"

曰:"如何是佛?"师曰:"殿里底。"

(《五灯会元》卷四)

僧问:"如何是古佛心?"师曰:"三个婆子排班拜。"

问:"如何是不迁义?"师曰:"一个野雀儿从东飞过西。"

(《五灯会元》卷四)

〔**鉴赏**〕 越是世俗中人,越是轻视日常的事物。最高贵的,恰恰就是最卑微的。在现象中看到本质,在本质中看到现象,在华严哲学中,称为"理事无碍法界"。非有非无,亦真亦空,就是中道精神。反之,就是落入了边见。

"如来佛"——最伟大的佛祖,法力无边,连大闹天宫的孙悟空都翻不出他的手掌心。其实,"如来"之意,就是事情真相,本来面目。高僧废了很多口舌,指导人们修佛参禅,只不过告诉他,不要总是把目光放在遥不可及的天上，而要看看你的脚下、身边、眼前。

佛，只是一个称谓，一个符号，就像殿里所塑的佛像。殿里的佛是泥胎，真实的释迦牟尼也不过是肉身，没有什么区分。关键在于，一个字，一个符号，一个泥塑，一个凡人，同时又具有神圣的象征意义。他是人类的灵魂中真善美的化身。

有僧问："如何是古佛心？"赵州说："三个婆子排班拜。"三个婆子依次恭恭敬敬地拜佛，不可简单视为愚昧或者迷信。她们对佛的敬畏心，本身就是佛心。

僧人又问："如何是不迁义？"赵州答："一个野雀儿从东飞过西。"僧肇《物不迁论》说："必求静于诸动，故虽动而常静。不释动以求静，故虽静而不离动。"世上既没有绝对的永恒，也没有绝对的运动，永恒就在运动之中，运动就在永恒之中。

还有一个著名的"野鸭子飞过去"公案。百丈怀海陪同马祖道一赶路，见一群野鸭飞过。马祖问："是甚么？"怀海说："野鸭子。"马祖问："甚处去也？"怀海答："飞过去也。"马祖便揪住怀海的鼻子，边扭边骂："又道飞过去也！"百丈怀海痛得失声痛哭，但同时恍然大悟。

马祖道一是让百丈怀海从运动之中看到永恒。赵州和尚是让僧人从永恒之中看到运动。所谓的"不迁"，就在麻雀的从东向西的飞行之中。

（李志军）

赵　州　桥

问："久向赵州石桥，到来只见略彴[1]。"师曰："汝只见略彴，且不见石桥。"

曰："如何是石桥？"师曰："度驴度马。"

曰："如何是略彴？"师曰："个个度人。"

（《五灯会元》卷四）

〔注释〕 ① 略彴(zhuó)：小木桥。南宋陆游《闭门二首》其一："独木架成新略彴，一峰买得小嶙峋。"

〔鉴赏〕 隋代所建的赵州石桥，为中华建筑史上之奇迹，为世界所赞叹，天下无过其雄壮者。而"略彴"，为一独木小桥。赵州从谂的观音院位于赵州城东，距石桥十里。老和尚常以石桥说法。他与首座一起看石桥，乃问首座："石桥是什么人造?"首座答："李膺造。"赵州问："造时向什么处下手?"首座无对。赵州训斥道："天天说石桥，问着下手处也不知!""石桥"乃指禅法。

一天，赵州问一个新到的僧人："从什么处来?"答云："南方来。"赵州又问："你知道有个'赵州关'吗?"这个僧人倒也伶俐，企图蒙混过关，说："须知有不涉关者。"赵州骂道："你这个没有胆量闯关的贩私盐汉!"停了一会儿，赵州又说："兄弟，'赵州关'也的确难过。"僧人问："如何是'赵州关'?"赵州说："石桥!"

赵州在人们心目中的地位过于高大了。见面不如闻名，看景不如听景。一见赵州本人，真叫人跌破眼镜。赵州常说："诸方难见易识，我这是易见难识。"

"包装"，是一种社会时尚。注重绚丽的外表，是世人的通病。太多的聪明人，对眼前的坦途视而不见，而对虚幻缥缈的海市蜃楼深信不疑，神往不已。那些所谓的大德高僧们，无不热衷于大兴土木，广聚门徒，高居讲坛，畅谈佛法。道貌岸然，口若悬河，令人望而生畏。而大名鼎鼎的赵州禅师，用他自己的话说，"裩无腰，袴无口，头上青灰三五斗"；观其修行，"不习禅，不论义，铺个破席日里睡"；想与他谈玄论道，不是"柏树子"，就是"吃茶去"。这样一个邋邋遢遢的老和尚，哪里有什么佛法?

一个僧人问："远闻赵州，到来为什么不见?"老和尚只有苦笑："是老僧的罪过。"更有僧人向赵州挑衅说："某甲从长安来，横担一条拄杖，不曾拨着一人。"赵州淡淡地说："自是大德拄杖短。"海水怎能用斗量呢?

这一次，赵州和尚不客气了，他冷峻地说："汝只见略彴，且不见石桥。"且石桥度驴度马，而略彴个个度人。"度驴度马"，这句话的含义太丰富了！除了反讽之外，正是赵州佛法的特征，简单明白，质朴无华，妙用无穷，就像这座宽阔的大石桥一样，所有众生，均可度过。

《遗教经》云:“僧行道,如牛负重轭行深泥中,疲极不敢左右顾。”有人问:“如何是出家?”赵州说:“不履高名,不求苟得。”如驴如马,勤勤恳恳,踏踏实实,才是修行之正道。

作驴作马,方为成佛。僧问:“无为寂静,得道涅槃之人,不会落在沉空中吧?”赵州说:“落在沉空。”僧又问:“究竟如何?”赵州答:“作驴作马!”“俯首甘为孺子牛”,甘为他人作驴作马,才是真正的“悟空”,才是最高的精神境界。有僧问:“南泉迁化后向什么处去?”南泉的弟子长沙景岑答道:“东家作驴,西家作马。”

美丽的彩虹不是桥,大道就在脚下。所以僧问:“如何是石桥?”赵州大声召唤:“走过来!走过来!”

(李志军)

千钧之弩,不为鼷鼠而发机

师上堂云:“兄弟,但改往修来。若不改,大有着你处在。老僧在此间三十余年,未曾有一个禅师到此间。设有来,一宿一食急走过,且趁软暖处去也。”

问:“忽遇禅师到来,向伊道什么?”师云:“千钧之弩,不为鼷鼠而发机。”

师云:“兄弟,若从南方来者,即与下载。若从北方来,即与装载。所以道,近上人问道即失道,近下人问道者即得道。兄弟,正人说邪法,邪法亦随正。邪人说正法,正法亦随邪。诸方难见易识,我者里易见难识。”

(《赵州和尚语录》卷一)

〔鉴赏〕 “千山鸟飞绝,万径人踪灭。孤舟蓑笠翁,独钓寒江雪。”(唐·柳宗元《江雪》)

冰山,雪地,寒江,孤舟。在一个广袤无限、万籁俱寂、洁白冷清的世界里，只有老翁一人，默默垂钓。柳宗元的这首小诗，正是赵州老和尚遗世独立，峻洁孤高的人生境界的写照。

赵州尝幽默地说：诸位学禅，最好向南方丛林去，莫在我这里。南方是丛林，我这里是“柴林”。

唐末，北方动荡不止。自安史之乱后，先是藩镇割据，后是黄巢起义。北方士民，包括僧人，大量地到南方避难。南方远离战乱，经济繁荣，文化发达。僧侣之中，聚集了如云门雪峰等大量的优秀禅师。而北方禅林，长时间唯赵州独力支撑。

赵州如古松傲雪，志效古人，心如止水。“僧堂无前后架，旋营斋食。绳床一脚折，以烧断薪用绳系之。每有别制新者，师不许也。住持四十年来，未尝赍一封书告其檀越。”（《全唐文・赵州真际禅师行状》）

赵州在观音院三十余年，生活极为艰苦。他曾作《十二时歌》，中云：“平旦寅，荒村破院实难论。解斋粥米全无粒，空对闲窗与隙尘。唯雀噪，无人亲，独坐时闻落叶频。谁道出家憎爱断，思量不觉泪沾巾”；“半夜子，心境何曾得暂止。思量天下出家人，似我住持能有几！土榻床，破芦蓆，老榆木枕全无被。尊像不烧安息香，灰里唯闻牛粪气。”

燕王刘仁恭、赵王王镕都十分敬重宗教，对赵州和尚礼奉有加。赵王迎礼从谂禅师，并为他建造禅宫。赵州闻之，令人谓王：“若动着一茎草，老僧即归。”其高操自守如此。

赵州从谂对宗门流弊自是洞若观火。回想当初，“老僧九十年前，见马祖大师下八十余员善知识，个个俱是作家，不似如今知识枝蔓上生枝蔓，大都是去圣遥远，一代不如一代。”他痛切地叹息：“老僧在此间三十余年，未曾有一个禅师到此间。”参禅学佛的也不少，“八百个作佛汉，觅一个道人难得”，到赵州这里一看，“一宿一食急走过，且趁软暖处去也”。

南方丛林，条件优越，正是“软暖之处”，难免学风浮华。依他作解之文字禅、鹦鹉学舌之口头禅、放浪颠狂之野狐禅十分流行。从南方来的僧人，挑着满担子的“禅法”，故需“下载”。一个新到僧人参拜，赵州问：“甚么处来？”僧答：“南方来。”赵州故意问：“佛法尽在南方，汝来这里作甚么？”那僧不知如实行履，反而卖弄起来："佛法岂有南北邪？"赵州大失所望："饶汝从雪峰、云居来，也只是个走街串巷贩卖针头线脑的'担板汉'！"

六祖慧能云："下下人有上上智，上上人有没意智。"学佛要脚踏实地，艰难困苦，玉汝而成，不是伶俐乖巧华而不实的"鼷鼠"所可企及的。故赵州云："近上人问道，则失道；近下人问道者，即得道。"

赵州和尚悲心慈语："兄弟，正人说邪法，邪法亦随正。邪人说正法，正法亦随邪。诸方难见易识，我者里易见难识。"格外玄机，为寻知己，垂钩四海，只钓狞龙。千钧之弩，岂为鼷鼠而发机！他是多么希望能遇到一只能翻江倒海，上天入地的蛟龙啊！

冯学成《赵州禅师语录壁观》中说："'三十余年，未曾有一个禅师到此间'，言虽酸涩，却有鞭笞乾坤的力量，南方丛林虽浩浩地，闻此语自当失色。难怪盛如雪峰，在得赵州一句之后，'从此不答话'。而'千钧之弩，不为鼷鼠而发机'，则从辛酸之中站立了起来，顶天立地，睥视霄汉。"

（李志军）

古　佛

因有南方僧来，举："问雪峰[①]：'古涧寒泉时如何？'雪峰云：'瞪目不见底。'学云：'饮者如何？'峰云：'不从口入。'"

师闻之曰："不从口入，从鼻孔里入？"

其僧却问师："古涧寒泉时如何？"师云："苦。"学云："饮者如何？"师云："死。"

雪峰闻师此语，赞云："古佛！古佛！"

雪峰后因此不答话矣。

（《赵州和尚语录》卷三）

〔注释〕 ① 雪峰：指雪峰义存禅师（822—908），俗姓曾，谥号真觉大师，生于泉州南安县。唐末五代著名禅师，为石头宗门下，先后参芙蓉灵训、洞山良价、投子大同等著名禅师，嗣法德山宣鉴。弟子无数，有云门文偃、玄沙师备、保福从展等大师。

〔**鉴赏**〕 赵州从谂和尚的很多讥刺，都是说给雪峰义存听的。

雪峰义存禅师，为唐末南方禅林之领袖。雪峰行走丛林二十余年，三到投子，九上洞山，契缘德山，广参博学，最后鳌山得道。当时天下大乱，军阀混战，中原地区民不聊生。雪峰义存禅师在偏安一隅的福州雪峰山建立道场，四海僧侣闻风云集。雪峰传法三十八年，座下常有众千五百人，门下弟子得法住寺者五十六人之多，并开启了云门和法眼两大禅宗宗派。法门之盛，其时虽沩仰、曹洞二宗亦逊色多矣。

北有赵州，南有雪峰。一个门可罗雀、疾风劲草，一个门庭若市、鱼龙混杂。二人虽未谋面，而行脚僧往来其间，正好传话。这一天，从雪峰处来了个僧人。赵州问："雪峰有何言句示人？"僧答："寻常道：尽十方世界，是沙门一只眼。你等诸人，向甚处屙？"

十方世界，都是清静法身，都是佛的青莲目。总不能拉撒到佛眼之中吧？看来活人真能被尿憋死。

所以赵州和尚说："阇黎若回，给雪峰带去个锹子。"把你的"一只眼"盖住吧！别让它整天光鲜眩目。

一位僧人去雪峰，赵州让其捎言："冬即言寒，夏即道热。""冬即言寒，夏即道热"，这正是赵州家风。与雪峰的"沙门一只眼"相比，二人的禅法是多么的不同！

既然是传语雪峰，这两句大白话肯定是远远不够的。赵州又说："但道亲从赵州来，不是传语人。""冬冷夏热"，不仅仅是实话实说，而是"我、法二空"后亲悟亲证的现量境，是赵州的平生得力处，是心灵的安顿空间，也是与雪峰的相见之所。雪峰闻此语，叹道："也只有赵州，才能如此。"

雪峰和弟子有一段著名的对话。弟子问："如何是古潭寒泉？"雪峰答："即便望眼欲穿，也看不到底。"弟子又问："饮者如何？"雪峰答："不从口入。"

"古涧寒泉"，乃无始以来真如佛性。不生不灭，不增不减，不垢不净，无始无终。观之如何？"惚兮恍兮，其中有象；恍兮惚兮，其中有物"（《老子》二十一章），不可测度。饮者如何？真如自性，人人本具，故雪峰云："不从口入"。

雪峰答得天衣无缝，完美之极。赵州笑了："不用嘴饮，也许用鼻子吸吧?”行脚僧疑心顿起,难道雪峰错了?便问:“你说如何是古潭寒泉呢?”赵州回答:“苦。”僧又问:“饮者如何?”赵州回答得更干脆:“死。”

“苦”字,妙不可言。佛教云人生八苦:生苦、老苦、病苦、死苦、爱别离苦、怨憎会苦、求不得苦、五阴炽盛苦。娑婆世界,一切莫非是苦。和尚劝世人:“苦海无边,回头是岸”;世人却怜悯和尚:“苦行僧”。一般人,苦就是苦,乐就是乐。苦中作乐,乐中饮苦,已属不易。苦乐同时,圆融无碍,能有几人?大粪就是鲜花,鲜花就是大粪,唯胸怀博厚如大地者,方能成就。人们张口就说:“菩提即烦恼,烦恼即菩提”,真有资格讲这句话的,恐怕只有赵州老和尚。其中滋味,怎一个“苦”字了得!

“死”字更绝。可知有多少修行者,“溺死”于“古潭寒泉”之中?

怪不得雪峰听了,赞不绝声:“古佛!古佛!”自此,不再答话。

(李志军　宋海霞)

狗子佛性

问:“狗子还有佛性也无?”师曰:“无。”

曰:“上至诸佛,下至蝼蚁,皆有佛性,狗子为甚么却无?”师曰:“为伊有业识在。”

(《五灯会元》卷四)

〔鉴赏〕 说一只在大地震中救了老太太性命的流浪犬有佛性,大概没有什么异议。当你傍晚散步时,迎面过来一只龇牙咧嘴的恶犬,你还一样信任它的佛性吗?

上至诸佛,下至蝼蚁,皆有佛性,为什么偏偏狗就没有佛性?凡是进入轮回之中的,都有业识在?为什么其他的有情众生都有佛性?

关于狗子的佛性问题,其他高僧大德也都讨论过。

赵州从谂师叔辈的兴善惟宽禅师,有人问:“狗子还有佛性否?”惟宽说:“有。”又问:“和尚还有否?”惟宽说:“我无。”那人奇怪:“一切众生皆有佛性,和尚因何独无?”惟宽说:“我非一切众生。”那人问:“既非众生,莫是佛否?”惟宽说:“不是佛。”又问:“究竟是何物?”惟宽说:“亦不是物。”又问:“可见可思否?”惟宽说:“思之不及,议之不得,故曰不可思议。”

常侍王敬初居士问僧:“一切众生还有佛性也无?”僧答:“有。”王常侍指壁上画的狗子问:“这个还有也无?”僧人无对。王常侍说:“看咬着你了。”

“狗子无佛性”! 赵州老和尚此语一出,立即响彻丛林。

黄檗希运首先提出以“公案”为参禅的敲门砖。他在《传心法要》中说:“若是丈夫汉,须看个公案。僧问赵州:‘狗子还有佛性也无?’州云:‘无。’但去二六时中,看个‘无’字,昼参夜参,行住坐卧,着衣吃饭处,屙屎放尿处,心心相顾,猛着精采,守个无字。日久月深,打成一片,忽然心花顿发,悟佛祖之机,便不被天下老和尚舌头瞒。便会开大口,达摩西来,无风起浪。世尊拈花,一场败缺。到这里说甚阎罗老子,千圣尚不奈尔何。不信道,直有这般奇特,为甚如此,事怕有心人。”

活跃于两宋的一代禅匠大慧宗杲,是“看话禅”的代表人物。提倡最多的话头,是赵州的“狗子无佛性”公案。他说:“赵州狗子无佛性话,喜怒静闹处,亦须提撕,第一不得用意等悟,若用意等悟,则自谓我今即迷。执迷待悟,纵经尘劫,亦不能得悟。但举话头时,略抖擞精神,看是个什么道理。”

著名的《无门关》,第一则即为赵州的“狗子无佛性”公案。无门慧开禅师说:“参禅虽透祖师关,妙悟要穷心路绝。祖关不透,心路不绝,尽是依草附木精灵。且道如何是祖师关?只者一个无字,乃宗门一关也,遂目之曰:禅宗无门关。透得过者,非但亲见赵州,便可与历代禅师把手共行。”

古往今来,无数参禅者因此公案而悟道。最令人惊叹的是南宋抗金名将张浚的母亲、秦国夫人计氏法真。丈夫去世后,法真屏去纷华,静心修佛。一日,大慧宗杲派道谦禅师前来问候魏公张浚。夫人问道谦禅师:“和尚寻常如何为人?”道谦禅师道:“和尚只教人看‘狗子无佛性’及‘竹篦子’话,只是不得下语,不得思量,不得向举起处会,不得向开口处承当。‘狗子还有佛性也无?无。’只恁么教人看。”当晚,法真静坐,力究“狗子无佛性”之公案。至夜静更深之时,忽尔洞然无滞。法真作偈云:“逐日看经文,如逢旧识人。莫言频有碍，一举一回新。”

“狗子有佛性”，“狗子无佛性”，就像一左一右两扇大门，把人的心灵死死地关在黑屋里面。只要用生命的力量，顽强地去撞击它，再坚固的铁锁都有断开的时候。等冲了出来，就会像一只鱼儿，自由自在地畅游在广阔、永恒的江湖海洋里。

（李志军）

赵州勘婆

有僧游五台，问一婆子曰：“台山路向甚么处去？”婆曰：“蓦直去。”僧便去。

婆曰：“好个师僧又恁么去。”

后有僧举似师，师曰：“待我去勘过。”

明日，师便去问：“台山路向甚么处去？”婆曰：“蓦直去。”

师便去。婆曰：“好个师僧又恁么去。”

师归院，谓僧曰：“台山婆子为汝勘破了也。”

（《五灯会元》卷四）

〔鉴赏〕 有婆子问：“婆是五障之身，如何免得？”赵州说：“愿一切人生天，愿婆婆永沉苦海。”“永沉苦海”者，乃大菩萨之所为。

赵州古佛，时时处处游刃有余，唯独见了那些“五个老婆三个瘿，一双面子黑皴皴”的女菩萨们，忌惮几分，一不留神，就要中招。婆子中间，嬉笑怒骂、潇洒自在的凌行婆乃是女中大丈夫，连南泉王老师也不放在眼里，几番较量，与赵州战个平手。赵州作偈曰：“当机觌面提，觌面当机疾。报汝凌行婆，哭声何得失。”行婆以偈答曰：“哭声师已晓，已晓复谁知。当时摩竭国，几丧目前机。”二人真可称得上是：“英雄识英雄，惺惺惜惺惺。”

更多的婆子并没有留下姓名，真是遗憾。

一天，僧人们正用午斋，一个婆子闯进法堂骂道：“这一堂师僧总是婆婆生的，唯有大的孩儿五逆不孝。”法堂里，以赵州从谂为尊，这个不孝的“大儿子”当然是说他的。扭头看时，婆子已经走了。般若智慧号称“佛母”，婆婆说，一堂师僧均是她生的，俨然以象征智慧的文殊菩萨自居。般若智慧以方便为本，来无影，去无踪。赵州只有吃了这个哑巴亏。

有一婆子令人送钱，请转藏经。赵州知道婆子非凡，受施利了，下禅床转了一匝，说：“告诉婆婆，转藏经已竟。”婆婆大为不满：“我请他转全藏，如何只转半藏？”为什么说是欠了半藏？再倒转一匝如何？

赵州遇见一个婆子，问道：“甚么处去？”婆子答：“偷赵州笋去。”赵州问：“忽遇赵州，又作么生？”婆子随手赏了赵州一掌。赵州这才罢休。

“赵州笋”，乃赵州禅法。这婆子之看“赵州笋”，早视为囊中物矣。“被赵州发现，怎么办？”赵州败局已定，此问已是多此一举。怎么办？逢魔杀魔，逢佛杀佛！婆子乘势一掌，赵州竟无可奈何，只得“休去”。佛鉴慧勤禅师颂云：“从来柔弱胜刚强，捉贼分明已见赃。当下被他挥一拳，犹如哑子吃生姜。”

“赵州勘婆”和“狗子无佛性”“庭前柏树子”一样，都是常举常新的公案，故各人理解大相径庭。

有的说，是赵州勘破了婆子。真净克文禅师颂云：“似狂不狂赵州老，或凡或圣人谁晓。是非长短任君裁，婆子被伊勘破了。”

有的说，是婆子勘破了赵州。剑阁子益禅师颂云：“尽道赵州勘婆子，不知婆子勘赵州。有意气时添意气，不风流处也风流。”

有的说，婆子和赵州都有问题。无门慧开说：“婆子只解坐筹帷幄，要且着贼。不知赵州老人善用偷营劫寨之机，又且无大人相。检点起来，二俱有过。”

有的说，赵州与婆子恰是一对心心相印的“红颜知己”。断桥妙伦禅师颂云：“庭前新吐一花红，袭袭馨香醉蜜蜂。公子见来情兴动，倒吹五笛弄春风。”赵州向婆子抛媚眼。龙鸣贤禅师颂云：“冰雪佳人貌最奇，常将玉笛向人吹。曲中无限花心动，独许东君第一枝。”是婆子心仪赵州。

有的说，这个僧人才是真正的高手，把赵州和婆子玩弄于掌股之间。本觉微禅师云：“有道婆子被赵州勘破，有道赵州被婆子勘破。殊不知，赵州、婆子总被这僧勘破。且道节文在什么处？”以拄杖一画云：“路从平处险，人向静处忙。”

世上本无事，庸人自扰之。张无尽居士埋怨赵州无事生非，多此一举："五台山路入嵯峨，蓦直饶声指似他。更有赵州多事汉，归来道我勘婆婆。"

圆通仙禅师说，这个公案是个祸根，原本清静的禅林被搅得纷纷扬扬："本欲平夷道路，反而土上加泥。而今五湖四海，刚被勘婆话迷。"

所有这些高僧的开示与偈颂，并不完全是对公案的阐释，更多的是借此以表现自己所悟的境界。

回到公案本身。僧人询问台山路，婆子说"蓦直去"，是告诉他："直心是道场。"僧人不悟，依旧往台山求佛。台山婆子，对这些崇拜偶像，而不知佛在心中的行脚僧已是司空见惯，故而叹息："又一个僧人，这么去了。"僧人听了，满腹狐疑。僧人并没有觉醒，反倒梦中作梦。悟有疑生，大迷才能大悟。赵州勘婆，非为婆子，乃为僧人。

憨山德清颂云："斜阳芳草正萋萋，漫把王孙去路迷。多少迷中留宿客，五更梦破一声鸡。"

"这个台山婆子，我已经为你勘破了！"正是惊破僧人五更梦的一声鸡鸣。

大名鼎鼎的黄龙慧南，就是于石霜慈明和尚的责骂中，参究"赵州勘婆"公案而彻悟，乃作颂曰："杰出丛林是赵州，老婆勘破有来由。而今四海清如镜，行人莫与路为仇。"

还有一位石头自回，参见大随静禅师。大随令其且罢诵经，看"赵州勘婆"因缘。自回禅师念念不去心。久之，因凿石，石稍坚，尽力一锤，瞥见火光，忽然省彻。走至方丈，礼拜呈颂曰："用尽工夫，浑无巴鼻。火光迸散，元在这里。"大随忻然曰："子彻也。"

自回禅师复献颂云："三军不动旗闪烁，老婆正是魔王脚。赵州无柄铁扫帚，扫荡烟尘空索索。"

（李志军）

吃 茶 去

师问新到："曾到此间么？"曰："曾到。"师曰："吃茶去。"

又问僧,僧曰:“不曾到。”师曰:“吃茶去。”

后院主[1]问曰:“为甚么曾到也云吃茶去,不曾到也云吃茶去?”师召院主,主应喏。师曰:“吃茶去。”

(《五灯会元》卷四)

〔注释〕 ① 院主:又作寺主、住持。禅家旧指监事,今称院主则为住持之意。

〔鉴赏〕 佛门茶事,最早见于晋朝。陆羽《茶经》记载,僧人单道开“日服镇守药数丸,大如梧子,药有松蜜姜桂伏苓之气,时复饮茶苏一二升而已”;释法瑶在小山寺,“年垂悬车,饭所饮茶”。但北朝贵族对茶却很鄙视,称茶水为“酪奴”。

隋唐时期,饮茶之风行于社会,其实是始于寺院。《封氏闻见录》记载:“开元中,泰山灵岩寺有降魔师大兴禅教,学禅务于不寐,又不夕食,皆许其饮茶。人自怀挟,到处煮饮。从此转相仿效,遂成风俗。”降魔师为禅宗北宗祖师神秀的弟子。禅师修行往往胁不沾席,通宵达旦。和尚吃斋,又过午不食,营养严重不足。降魔藏禅师就以茶代饭,变通解决温饱营养问题。

苏轼《东坡志林》中写道:“唐人煎茶,用姜用盐。”当时的吃法,不是像现在时尚的“工夫茶”,而是“用葱、姜、枣、橘皮、茱萸、薄荷之等,煮之百沸”,有的还加奶酪、米膏、盐、糖,类似于一些少数民族的奶茶。到了宋代,在文人雅士之中,清饮一派逐渐占了上风。但这种稠糊糊的“百沸汤”仍很普遍。《五灯会元》中,有僧问大宁道宽禅师:“如何是佛法大意?”道宽曰:“点茶须是‘百沸汤’。”僧又问:“意旨如何?”道宽曰:“吃尽莫留滓。”

饮茶逐渐成为寺院日常生活之一部分。禅寺中专门设有“茶寮”,司煎点茶的,称为“茶头”。“茶头”的地位并不高。《水浒传》中,大相国寺的首座对鲁智深说:“还有那管塔的塔头,管饭的饭头,管茶的茶头,管菜园的菜头,管东厕的净头,这个都是头事人员,末等职事。”可知,蕴含着“佛法大义”的“百沸汤”,也并不是什么多神圣的东西。

如此,赵州和尚的“吃茶去”其实就是告诉大家,佛法很简单,就在你的生活中。开悟没有开悟,不在于有多么高深莫测的玄理,而在于拥有一颗平常心。

僧人行履，到处拜访高僧，是为了验证自己的境界，或者期待高僧点拨。所以，机锋相见，电光火花。“到过此间否？”不是说到没有到过“赵州”这个地方，而是问：“有没有领会赵州从谂禅师的精神境界？”如果说“没曾到”，那么，赵州禅师说“吃茶去”，是告诉你不要把成佛看得高不可攀，佛法恰恰是存在于吃茶喝水这样的家常小事上。如果说，你已经了悟佛法的真谛，赵州禅师是在提醒你，不要把自己看得高高在上，你仍然是个吃喝拉撒的普通人。

很多茶客喜欢“禅茶一味”四个字。一些虔诚的信徒，认真地在茶中品尝禅机，在禅中寻找茶香，却离真正的“禅”的精神越走越遥远。

“禅茶一味”源自宋代高僧圆悟克勤。圆悟克勤曾手书“茶禅一味”四字，将其馈赠参学的日本弟子荣西。至今圆悟手书原迹仍被收藏在日本奈良大德寺。圆悟克勤说：“如何是佛？干屎橛。如何是佛？麻三斤。是故真净偈曰：‘事事无碍，如意自在。手把猪头，口诵净戒。趁出淫坊，未还酒债。十字街头，解开布袋。’”

原来，圆悟克勤的佛，赵州的茶，就是日常生活！

《景德传灯录》中，龙华寺慧居禅师说：“龙华遮这里也只是拈柴择菜。上来下去晨朝一粥。斋时一饭，睡后吃茶。”

一个僧人见到赵州禅师：“学人乍入丛林，乞师指示。”赵州问：“吃粥了也未？”答曰：“吃粥了也。”师曰：“洗钵盂去。”其僧忽然省悟。

在赵州古佛的语录中，“吃茶”与“吃粥”“洗钵盂”所代表的是一个意思。关键是你能不能“忽然醒悟”。

（李志军）

空　劫

问：“空劫[①]中还有人修行也无？”

师曰：“汝唤甚么作空劫？”曰：“无一物是。”

师曰：“这个始称得修行，唤甚么作空劫？”僧无语。

（《五灯会元》卷四）

问："空劫中阿谁为主?"师云："老僧在里许坐。"

学云："说什么法?"师云："说你问的。"

（《赵州和尚语录》卷一）

〔注释〕 ① 空劫：佛教认为，我们的宇宙要经过成、住、坏、空四劫。坏劫之后，自初禅梵世已下，世界空虚，犹如墨穴，无昼夜日月，唯大黑暗，名为空劫。

〔鉴赏〕 "空劫"是指世界灭坏之后，再造之前的空虚阶段。《俱舍论》云："谓此世间，灾所坏已，二十劫中，唯有虚空。"好像是现代天体物理学理论中，宇宙完全坍缩变成"黑洞"之后，下一次大爆炸之前的"奇点"的状态。

"空劫"中，所有的物质都不复存在，何来的人类？又有谁在修行、谁在说法？赵州把僧人们好奇的幻想从遥远的天边拉回到了眼前，拉回到他们的内心。

佛经里有一个著名的"箭喻"故事。

有一次，释迦牟尼佛的徒儿鬘童子尊者，在僻静处静坐修行，心中起了一些念头，令他感到非常迷惘。"世界是永恒的？还是不永恒的？世界是有限的？还是无限的？灵魂和肉体是同一物？还是两回事呢？得道的圣者死后，肉身是继续存在？还是不再存在呢？圣者死后，会不会既存在也同时不存在？还是既不存在，也非不存在呢？"他想不通，非常懊恼，便自言自语道："这些是困扰了我很久的问题，是宇宙的根本问题，若是世尊没法子解释清楚，打开我的疑团，我留在他身边修行也没有什么用处了。"

傍晚时分，鬘童子独自走向世尊的居所，行礼已毕，便恭敬地坐在一旁，向世尊道明来意，列举他的疑问。佛陀和蔼地说："好比一个中了毒箭的人，在亲友找到医生替他诊治的时候，不好好地让医生为他治疗，却傲慢地对医生说：'我不要你把箭取出来，不要你给我解毒疗伤，除非你能解答我以下的问题：伤害我的人属于什么阶级呢？名字叫什么？身材怎样？是哪里的人氏？他用的弓是什么做的？弦又是什么做的？他用的箭，箭杆是什么做的？箭翎是那种鸟的羽毛？箭镞的样子怎样？医生，你若不能给我一个满意的解释，我决不让你给我疗伤。'鬘童子，那人还没有把这些问题搞清楚，他已经毒发死掉了。同样的道理，一个人未搞清楚你所提出的那些问题之前，便把时光浪费殆尽，再没有时间修习梵行了。”

世尊说：“修习梵行，建立解脱，才是梵行的目的。我为什么不去解释你这些问题呢？因为它们与解脱无关。从梵行可以建立解脱，从解脱可以得到无限的智慧和力量，到那时，一切的智慧尽在心中，又何愁解释不了你所提出的区区几个问题呢？”

在方便说法方面，赵州老和尚的确是个一流的高手。在这段语录中，“空劫”就是“空性”。相传，跋陀禅师曾批评名标史册的佛学理论家道生法师：“只说得果上色空，不会说得因中色空。”因中色空，即“一微空故众微空，众微空故一微空，一微空中无众微，众微空中无一微”。宇宙及宇宙间的万事万物无时无刻不在“空劫”之中。

三界唯心，万法唯识，成住坏空，皆是心相。六祖说，“本来无一物，何处惹尘埃”，空劫就是心空，心空就是空劫。悟得空性，正是修行。

空劫就是现在，现在就在空劫。人人都在“空劫”之中。坐在“空劫”之中说法，这就是佛法。

（李志军）

毗目仙人执善财手

问：“毗目仙人①执善财手，见微尘佛时如何？”

师遂执僧手，云：“你见个什么？”

（《赵州和尚语录》卷一）

〔注释〕 ① 仙人：佛教指外道之高德者。以其多入山行道，故称。仙果已极，得五种通力，谓五通仙。又称佛为大仙。

〔鉴赏〕 幽默是多余的智慧。赵州老和尚就像一位浑身是戏的喜剧大师。

“毗目仙人执善财手”的典故，出自《华严经》善财童子“五十三参”里面的第八参。善财童子一路南行，到达那罗素国，在旃檀树下，拜见毗目瞿沙仙人。仙人伸出右手，来摩善财童子的头顶，又以左手执持善财童子的手。

善财童子在三昧中,来到十方佛刹微尘数诸佛道场,看见彼佛的刹土及其众会,和诸佛种种相好、种种庄严,听闻到每一尊佛,随顺一切众生心而演说佛法。善财童子完全通达明了佛所说的一文一句一字一偈,而各别受持于心,没有杂乱。

善财童子又看见他自身,在诸佛道场中,经过一日一夜、或七日夜,或半月一月,或一年十年、百年千年,或经过亿年,或阿庾多年,或那由他年,或经过半劫、百劫、千劫,或百千亿,乃到不可说不可说佛刹微尘数那么多劫。此时,善财童子为毗目瞿沙仙人之菩萨无胜幢解脱的智慧光明所照耀的缘故,而得到毗卢遮那藏(遍照一切处)的三昧光明。

毗目瞿沙仙人放开善财童子的手,善财童子即刻看见他的身体,还是在原来的地方,并没有到十方世界去。

这就是近远无碍、念劫圆融,所谓"一念为无量劫,无量劫为一念"。不移本处,而能遍十方处。既还本时,亦多劫未逾一时。

这时,仙人问善财童子说:"善男子啊! 您记得刚才所经历的境界吗?"善财童子高兴地说:"我还记得。这都是圣者善知识您的力量,所以才令我看见这种不可思议的境界。"

善财童子见微尘佛,除了毗目瞿沙仙人以"菩萨无胜幢解脱法门"加持之外,还有一个关键。这一点,毗目瞿沙仙人早已说得清清楚楚:"善男子们,若有能发无上正等正觉心的人,他将来必定成就一切智慧之道。这位善财童子,已发无上正等正觉的心了,他将来必定清净一切佛功德地,而证佛果。"

赵州古佛已经执僧人之手,他当然什么也不会看到。问题是:这位僧人发"无上正等正觉心"了吗?

(李志军)

急水上打球子

问:"初生孩子还具六识[①]也无?"师曰:"急水上打球子。"

(《五灯会元》卷四)

〔注释〕 ① 六识：眼识、耳识、鼻识、舌识、身识、意识。这是六根对色、声、香、味、触、法之六尘而生的见、闻、嗅、味、觉、思的了别作用。

〔鉴赏〕 僧人所问的，是关乎人如何成佛的心性论的问题。

六祖慧能在大庾岭上，问慧明禅师："不思善，不思恶。正恁么时，如何是明上座的本来面目？""本来面目"也好，"父母未生前的本来面目"也好，都指的是人的本心，自性清静心。

圆悟佛果禅师说："到一念不生之处，即是本来面目。所以古人道：一念不生全体现，六根才动被云遮。"眼、耳、鼻、舌、身、意"六识"，是污染人的心灵的先天生理条件。人心在"父母未生前"，是六根清净，善恶不思，一念不生的。那么，孩子刚出生时，六识俱备吗？杂念生起了吗？

老子说："专气至柔，能婴儿乎？"孟子说："大人者，不失其赤子之心者也。"《涅槃经》说："则菩萨之大行，总离分别，如彼婴儿，故名婴儿行。"以"婴儿行"命名"菩萨行"，也是用赤子心来比喻人的清净本心。石室善道禅师云："汝不见小儿出胎时，何曾道我会看教，当恁么时，亦不知有佛性义，无佛性义，及至长大，便学种种知解出来，便到我能我解。不知是客尘烦恼，十六观行中，婴儿行为最。哆哆啝啝时，喻学道之人离分别取舍心，故赞叹婴儿，可况喻取之。"明代的李贽对童心十分推崇："夫童心者，绝假纯真，最初一念之本心也。"袁中郎也说："当其为童子也，不知有趣，然无往而非趣也。面无端容，幕无定睛，口喃喃而欲语，足跳跃而不定，人生之至乐，真无踰与此时者。孟子所谓不失赤子，老子所谓能婴儿，盖指此也。此趣之正等正觉最上乘也。"

赵州却说了一句："急水上打球子。"那僧摸不着头脑，又去访问投子："急水上打球子，意旨如何？"投子云："念念不停留。"原来，老和尚的意思是：初生的婴儿不仅六识俱备，而且心中的杂念好像在湍急的水流上打球子一样，念念不停，稍不留意，便顺水漂流，让你追都追不上。《楞伽经》云："相生执碍，想生妄想，流注生则逐妄流转。若到无功用地，犹在流注相中。须是出得第三流注生相，方始快活自在。"即使纯洁如婴儿，虽无功用，依然在流注相中。

既然如此，人如何才能"出得第三流注生相"，从丛生而又飞驰的杂念中解脱，而快活自在？

《金刚经》中，须菩提向释迦牟尼所问的是："云何降伏其心？"释迦牟尼却始终没有正面回答，而是说，作为一个真正的大菩萨，要超度一切有情众生，而实无众生得灭度者。这里面，有两层含义：一是要行善，利益"无量无数无边众生"，令其进入涅槃境界。二是要于相离相，无论超度了多少众生，都不能居功自傲，要"丝毫没有感觉到"自己在救度众生，这就是"不住相布施"，"离一切诸相即名诸佛"。

有人请教赵州："'万境俱起'时如何？"赵州说："'万境俱起'就是'万境俱起'。"又问："一问一答是起，如何是不起？"赵州云："禅床是不起的。"

成人或者婴儿，包括菩萨诸佛，万境俱起，念念不断，十分正常。否则，就是木头疙瘩。根本不用刻意去"降伏"你的"心"。《圆觉经》云："居一切时不起妄念，于诸妄心亦不息灭。住妄想境不加了知，于无了知不辩真实。""一切障碍，即究竟觉。"

昔有卧轮禅师向六祖献偈子云："卧轮有伎俩，能断百思想。对境心不起，菩提日日长。"六祖一看，知道作茧自缚，遂云："慧能没伎俩，不断百思想。对境心数起，菩提作么长。"

（李志军）

看　经

问僧："一日看多少经？"曰："或七八，或十卷。"师曰："阇黎不会看经。"

曰："和尚一日看多少？"师曰："老僧一日只看一字。"

（《五灯会元》卷四）

〔**鉴赏**〕 关于读经，最值得玩味的故事，莫过于《坛经》中的一段。

一位叫法达的僧人，七岁出家，一直持诵《法华经》。初礼六祖，头不至地。六祖见他举止傲慢，呵斥道："汝心中必有一物，蕴习何事邪？"法达自豪地说:“念《法华经》已及三千部。”六祖问他此经宗旨。法达禅师却答不上来。六祖道:“吾不识文字,汝试取经诵一遍,吾当为汝解说。”于是,法达禅师高声念诵经文,念到《譬喻品》时,六祖道:“止! 此经元来以因缘出世为宗。纵说多种譬喻,亦无越于此。何者因缘? 经云:诸佛世尊唯以一大事因缘故出现于世。一大事者,佛之知见也。世人外迷着相,内迷着空。若能于相离相,于空离空,即是内外不迷。若悟此法,一念心开,是为开佛知见。”蒙六祖多方点拨,法达终于疑惑冰消,踊跃欢喜,作偈赞曰:“经诵三千部,曹溪一句亡。”

据此,许多禅僧便得出了“读经无用”的观点,好像一个个都是慧能投胎。其实,慧能并非不读经书。明代丁云鹏的《六祖画像》,就是慧能端坐在菩提树下诵经。在《坛经》中,慧能引用的经文有十几部,而且都是大段大段的句子,脱口而出,一字不差,足见其对经典的熟悉程度。

“心迷法华转,心悟转法华”,关键在人不在经。

百丈怀海禅师说:“大乘、方等犹如甘露,亦如毒药。消得去如甘露,消不去如毒药。读经看教,若不解他生死语,决定透他义句不过,莫读最第一”,否则,只是“重增比丘绳索”;菩萨讲经说法,要“说体不说相,说义不说文”,令众生“持心不持事,持行不持法”,如是说者,方名真说;若说文字皆是诽谤佛法,这种说法也是邪说。

定州有一座主到访。赵州问:“习何业。”座主得意扬扬:“经律论不听便讲。”赵州举手示之:“还讲得者个么?”座主茫然不知。赵州说:“即便你不听便讲得,也只是个讲经论汉。若是佛法,未在。”座主问:“和尚现在说的,莫非就是佛法?”赵州说:“即便你问得,答得,也总属经论,佛法未在。”

赵州自己也读经。一次,正读《金刚经》。僧人问:“一切诸佛及诸佛阿耨菩提,皆从此经出。如何是此经?”赵州便从头念起来:“《金刚般若波罗蜜经》。如是我闻,一时佛在舍卫国。”僧人说:“不是让你念经,我请教的是经书的大义。”赵州说:“如此,我也不能理会得。”可见赵州对读经的见解。

(李志军　宋海霞)

人王尊？法王尊？

二王税驾观焉。既届院内，师乃端坐不起。燕王遂问曰："人王尊邪？法王尊邪？"师云："若在人王，人王中尊；若在法王，法王中尊。"燕王唯然矣。师良久，中间问："阿哪个是镇府大王？"赵王应诺："弟子。"师云："老僧滥在山河，不及趋面。"

须臾，左右请师为大王说法。师云："大王左右多，争教老僧说法。"乃约，令左右退。师身畔时有沙弥文远，高声云："启大王，不是这个左右。"大王乃问："是什么左右？"对曰："大王尊讳多，和尚所以不敢说法。"燕王乃云："请禅师去讳说法。"师云："故知大王曩劫眷属，俱是冤家。我佛世尊，一称名号，罪灭福生。大王先祖，才有人触着名字，便生嗔怒。"师慈悲非倦，说法多时。二王稽首赞叹，珍敬无尽。

（《赵州和尚语录》卷三）

〔鉴赏〕 两晋之际的道安说："不依国主，佛法难立。"在北地弘法，若非赵、燕二王对佛法与赵州禅师的敬畏，还真难支撑下去。

唐末，诸侯割据，军阀混战。当时，盘踞镇州一带的是承德节度使、被朱温封为赵王的回纥人王镕。北边，称雄幽州（治今北京城西南隅）的卢龙节度使、燕王刘仁恭。刘仁恭领兵攻赵。到了边境，有善于观云气的幕僚，说："赵州有圣人所居，战必不胜。"刘仁恭听了，不敢妄动。燕、赵之间，化干戈为玉帛。

后燕赵二王并驾前往探望赵州。到了观音院，老和尚端坐不起，并不亢不卑地说："若在人王，人王中尊。若在法王，法王中尊。"燕王无言以对。左右随从请师为大王说法。赵州云："大王左右多，争教老僧说法。"二王遂令幕僚侍从们退下，却不知赵州的"左右"指的是大王尊讳多，"故知大王曩劫眷属俱是冤家。我佛世尊，一称名号，罪灭福生。大王先祖，才有人触着名字，便生嗔怒。"

中国人特别讲究“避讳”。北齐颜之推《颜氏家训·风操》:“凡避讳者,皆须得其同训以代换之。”禅僧虽然主要散居于萧山荒野,然“溥天之下,莫非王土。率土之滨,莫非王臣”,一样得遵从避讳之原则。元王翊《赵州古佛堂记》:“后抵赵州之观音院,方驻锡焉。亦名东院。即今之柏林也。盖师尝指柏树子以晓学者。其后丛林日盛,及金源氏,以宋之永安触讳,乃摭其遗意而命之。”赵州从谂的观音院,在南宋易名为“永安观”。到了金代卫绍王完颜永济当政时,因“永安”触“永济”之讳,又被改为“柏林禅院”。

《祖堂集》卷九《九峰和尚》载,有僧人问:“未审传什麼人语?”九峰和尚答:“宁当截舌,不犯国讳。”可见后果之严重。

给燕王刘仁恭的儿子刘守光当过参军的冯道,是一个前无古人,后无来者的“不倒翁”,经历后唐、后晋、后汉、后周四朝十帝,为相二十余年。私塾先生为他的儿子讲《老子》,“道,可道,非常道”,怎么也避讳不开冯道的“道”字,便苦笑念曰:“不敢说,可不敢说,非常不敢说。”冯道自号“但教方寸无诸恶,狼虎丛中也立身”的“长乐老”,人尚畏惧如此,更何况那些杀人如麻的混世魔王。

“才有人触着名字,便生嗔怒”的“大王先祖”,指赵王王镕的高祖王廷凑。王廷凑谋杀原节度使田弘正,将田的家属将佐三百余口一起屠杀,拥兵自立。对于胆敢作对者,常常是“坐死者二千余人”“杀将吏一百八十余人”“尽屠其家”。《旧唐书·王廷凑列传》:“而凶毒好乱,无君不仁,未如廷凑之甚也!”

燕王刘仁恭也同样凶暴。他率幽、沧步骑十万,一鼓攻取贝州,“无少长皆屠之,清水为之不流”(《旧五代史·刘守光列传》)。为扩兵,乃酷法尽发部内男子十五已上、七十已下,各自备兵粮以从军,闾里为之一空。部内男子无贵贱,并黥其面,文曰“定霸都”,士人黥其臂,文曰“一心事主”。由是燕、蓟人民例多黥涅,或伏窜而免。

对如此残忍乖戾的一方霸主说法,真不亚于降毒龙,伏恶虎。

“大王左右多”,“大王尊讳多”,赵州一挫其锐气,文远再挫其锐气,非唯屏去左右人等,亦非唯免去言语冒犯,而是要彻底打掉二王的贡高我慢之心。

国有祥瑞,妖邪不入。赵王将“赵州古佛”奉为自己的庇护神,常屈驾请益。一天,携诸子入院拜见。赵州坐而问道:“大王会么?”王镕说:“不会。”赵州说："自小持斋身已老，见人无力下禅床。"天子不得而臣，诸侯不得为友，赵州古佛，自有古君子之风。赵王更加礼重。翌日，赵王派手下将官传语，赵州下禅床受之。侍者好奇地问："和尚见大王来，不下禅床。今日军将来，为甚么却下禅床？"赵州笑道："非汝所知。第一等人来，禅床上接。中等人来，下禅床接。末等人来，三门外接。"真是一个游戏人间的世外高人。

不久，赵王派使者迎接赵州入宫说法。赵王拜请老和尚上殿端坐。赵州故意以手斫额问道："阶下站立的，是何官长？"左右大臣答道："是诸院尊宿并大师大德。"赵州说："他们都各是一方化主，若站在阶下，老僧亦起来。"赵王乃命众僧人一同上殿。

赵王要为赵州获时选地，建造禅宫。赵州听说，令人谓王："若动着一茎草，老僧却归观音禅院。"时有窦行军愿舍果园一所，号为"真际禅院"，亦云"窦家园"，师遂入院。

燕王从幽州为赵州从谂奏到"紫衣命服"。朝廷虽仅剩空名，然于朱温篡唐之前，亦是诸侯共奉之宗主。命服亦须由长安赐发。镇府上下，视为荣耀，均具威仪迎接。赵州坚让不受。大臣们将箱子抬到老和尚面前说："大王为禅师佛法故，坚请师着此衣。"赵州说："老僧为佛法故，所以不着此衣。"左右大臣苦苦哀告："请给大王一个面子吧。"赵州说："这又干你们这些俗官什么事？"乃躬自取衣挂身上。

上述几例，也可见赵州对待赵、燕二王之风骨胆略。

（李志军　宋海霞）

长沙景岑禅师

沙　门　眼

上堂："我若一向举扬宗教，法堂里须草深一丈。事不获已，向汝诸人道：尽十方世界是沙门眼[①]，尽十方世界是沙门全身，尽十方世界是自己光明，尽十方世界在自己光明里，尽十方世界无一人不是自己。我常向汝诸人道：三世诸佛，法界众生，是摩诃般若光。光未发时，汝等诸人甚么处委悉？光未发时，尚无佛无众生消息，何处得山河国土来？”

时有僧问：“如何是沙门眼？”师曰：“长长出不得。”又曰：“成佛成祖出不得，六道轮回出不得。”

僧曰：“未审出个甚么不得？”师曰：“昼见日，夜见星。”

曰：“学人不会。”师曰：“妙高山②色青又青。”

（《五灯会元》卷四）

〔**注释**〕 ① 沙门眼：指开悟禅师的般若智慧。 ② 妙高山：须弥山的汉译名。此山由金、银、琉璃、水晶四宝所成，而且是诸山中之最高者，故名。

〔**鉴赏**〕 长沙景岑禅师（788—868），祖籍长沙。幼年出家，在南泉普愿禅师处得道后，初住长沙鹿苑寺，其后居无定所。但徇缘接物，随宜说法。复住湖南长沙山，时人谓之“长沙和尚”。

景岑禅师是禅门少有的全面的奇才，既雄姿英迈，又才华横溢。宏智禅师曾评价：“机深大仰寂，用捷长沙岑。”

仰山慧寂与长沙景岑友善，某年仲秋，共赏明月。仰山指天空说：“这个大家都有，只因无明，不能充分使用。”长沙说：“那里不是没有人使得？恰好等你使用。”仰山说：“请台端先试看！”长沙奋身跳起来，一脚踢到仰山。仰山赞称：“真像一只大虫！”

以后禅林便称他为“岑大虫”，是一位“风流的逍遥人”。且看“岑大虫”的这一段堂上开示，如夏云奇峰，陡聚陡散。

第一峰：“我若一向举扬宗教，法堂里须草深一丈。”如万里晴空，风云突起。“举扬宗教”，本是沙门分内之事，法堂本是清静之地，为什么“草深一丈”？此“草”，乃指人“本来清静心”中的“一念无明”。圆悟克勤说“脚跟下草已数丈”，都是说疯长的烦恼。

禅门常将由凡入圣称为“白衣拜相”，由圣入凡称为“落草为寇”。胡兰成在《禅是一枝花》中说:“古来真命天子果然是多从落草为寇中出来的,如西汉刘邦与东汉刘秀。帮唐太宗李世民打天下的那班豪杰更是多从落草中出来的。”草莽本英雄,野草即佛性。

第二峰,峰回路转。长沙可不用“青青翠竹,尽是法身;郁郁黄花,无非般若”之类的言辞作答,他的气量太宏大了! 他说:“尽十方世界是沙门眼,尽十方世界是沙门全身,尽十方世界是自己光明,尽十方世界在自己光明里,尽十方世界无一人不是自己。”这就是华严气象。不读《华严》,不知佛家之富贵。《华严经》中,佛祖出世,光明普照,“一切光明普现三世诸佛所行诸佛世界”。在佛祖智慧之光的照耀和感召下,一切众生乃至无情物质世界均佛性显现,大放光明,与佛光交光相映,如大厅里的无数灯光融为一光,一光即是无数灯光。此时,人人都是光明的化身,人人都是佛祖的化身,就像善财童子进入弥勒的空中楼阁之后,看到无数的善财,无数的弥勒,无数善财是一善财,无数弥勒是一弥勒,善财即是弥勒,弥勒即是善财,都是佛的化身。所以,长沙禅师说:“我常向汝诸人道:三世诸佛,法界众生,是摩诃般若光。”清静的法堂与荒芜的野草本为一体,都是光明的化身。

第三峰,峰断路绝,直逼人悬崖撒手,死里求生。“光未发时,汝等诸人甚么处委悉? 光未发时,尚无佛无众生消息,何处得山河国土来?”如《华严经》言:佛祖出世,“智慧日光照除众冥,悉能显现诸佛国土,普放三世智海光明照净境界。”佛祖未出世时,你在哪里? 佛在哪里? 众生在哪里? 山河国土又在哪里?

“光未发时”,指的是人的“本来面目”,即“自性清静心”。正如当年六祖问慧明禅师:“不思善,不思恶,正与么时,哪个是明上座本来面目。”这个“摩诃般若光”,不是外在的光,而是指自心的光明。“光”发未发,佛在那里,众生也在那里,山河国土都在那里。你看见了没有?

一个禅僧问:“如何是沙门眼?”这个禅僧果然没有看见。因为他的“摩诃般若光”还没有“发”,所以什么都看不见。“近十方世界在自己光明里”,可惜他却看不见。

长沙岑禅师说:“长长出不得。”“沙门眼”太长了,就像如来佛祖的手掌心,怎么样都出不得。尽虚空世界都是佛性,都是"沙门眼",就像《华严经》说的:"无量光明充满十方,不坏法云遍覆一切。以力无畏显现无量自在力光,开方便门教化众生,悉能普现一切众会。犹如虚空而无来去,了达一切无有自性,随顺诸法平等之相。"所以说:"成佛成祖出不得,六道轮回出不得。"

禅僧仍不明白,长沙以"昼见日,夜见星"开示,禅僧仍难相契。

"妙高山色青又青",可惜盲者看不见。

(李志军)

游山归

游山归,首座问:"和尚甚处去来?"师曰:"游山来。"
座曰:"到甚么处?"师曰:"始从芳草去,又逐落花回。"
座曰:"大似春意。"师曰:"也胜秋露滴芙蕖。"

(《五灯会元》卷四)

〔鉴赏〕 佛教与花,有无尽的渊源。据《释迦如来成道记》记载,佛陀诞生前,摩耶夫人梦见一只雪白的大象衔着一朵白莲花进胎中安住。在蓝毗尼园,她看到无忧树上绽开美丽的花朵,情不自禁伸手摘取时,太子诞生。此时,百花盛开,太子向东西南北四方各走七步,步步皆生莲花。

《华严经》里的华藏世界,最下为风轮,风轮之上有香水海,香水海中生大莲华,此莲华中包藏着微尘数的世界,所以又称莲华藏世界。作为华藏世界的中心,莲华便具有特殊的意涵。

《五灯会元》记述,佛陀在灵山会上,拿起梵王所献的金色波罗花示众,当时大众皆默然,唯有迦叶尊者破颜微笑。佛陀于是说道:"吾有正法眼藏,涅槃妙心,实相无相,微妙法门,不立文字,教外别传,付嘱摩诃迦叶。"后人以此作为禅宗传法的开始。

禅宗初祖菩提达摩,于梁武帝普通八年(527)由天竺来到中国。他面壁坐禅九年之后,传法给慧可,告诉他"内传法印,以契证心;外付袈裟,以定宗旨”，并念偈一首：“吾本来兹土，传法救迷情。一花开五叶，结果自然成。”此传法偈被称为“花偈”。下面诸祖传法，皆以花作偈，如六祖慧能：“心地含诸种，普雨悉皆生。顿悟华情已，菩提果自成。”

见花如见佛，禅僧常借见花象征开悟境界。

长沙“游山”，首座明知故问，是要借游山的感受考试他的禅悟体验，修行达到了什么境界。

长沙是何等样人，出口成章：“始随芳草去，又逐落花回。”

若无闲事挂心头，便是人间好时节。对于彻悟之人来说，山河及大地，全露法王身。芳草杂树，随兴而往，自由自在。“始随芳草去”，由凡入圣，由色界悟入空界，随芳草而到孤峰顶上最高的禅境；“又逐落花回”，于已证已得以后，不居于圣位而沉空滞寂，如游人随着落花而重返人间，发机起用。

首座不以为然，以“大似春意”一语，谓景岑只是追随春意而已。

春花秋荷，从时令来看，有荣有枯，而佛性永恒，超越四季。长沙景岑已透过秋露滴芙蕖之枯淡而受用洋洋之春风。宏智禅师云：“身心一如，物我同体。不用转山河大地归自己，亦不用将自己作山河大地。如珠发光，光还自照。一切时一切处，如何得恁么见成受用去？还会么？千峰势到岳边止，万波声归海上消。”

（李志军）

百尺竿头

师遣僧问同参会和尚曰：“和尚见南泉后如何？”会默然。

僧曰：“和尚未见南泉已前作么生？”会曰：“不可更别有也。”

僧回举似师。师示偈曰：

“百丈竿头不动人，虽然得入未为真。百尺竿头须进步，十方世界是全身。”

僧便问：“只如百尺竿头如何进步？”师曰：“朗州山，澧州水。”

曰：“不会。”师曰：“四海五湖皇化里。”

（《五灯会元》卷四）

〔鉴赏〕 会庵主，为南泉之弟子，得法后隐不出世，乃潜符密证之徒。

长沙景岑派一禅僧作专使，去见庵主，传长沙法旨云：“庵主未见南泉时如何？”会庵主默然。禅僧进而问：“见南泉后如何？”会庵主答：“更不可别有也。”

禅僧回来，把情形叙说一遍。长沙述偈云：“百尺竿头坐底人，虽然得入未为真。百尺竿头须进步，十方世界现全身。”

禅僧不解，已经是百尺竿头了，如何进步？长沙答道：“朗州山，澧州水。”禅僧仍不得要领，长沙云：“四海五湖皇化里。”

禅僧又去问长沙的老师南泉普愿：“百尺竿头，如何进步？”南泉答道：“更进一步。”

禅僧又跑到泉州，询问瓦官禅师。瓦官云：“百尺竿头，用进作什么？”禅僧更加迷惑，瓦官把他打了出去。

这则公案，还是万松老人解得恰到好处。万松老人评价会庵主是：“一死不再活。”未见南泉，默然尚可，已见南泉，仍是默然，恰似一个死守门户的儿孙，把祖父家门的产业并眷属自身，一契卖掉，买一个漂亮易碎的水晶瓶子，像保护自己的眼睛一样，终日随形守护。万松老人说：“莫教万松见，定与捏破。教伊撒手掉臂，作个无忌讳快活汉。”

胜默和尚道：“撒手悬崖下，分身万象中。然后朗州山澧州水，四海五湖王化里。方可配天童水牯牛拖犁拽耙。”

“撒手悬崖下，分身万象中”，乃言禅宗印度第四祖优波鞠多的一则公案。有一着身见的修道者，求度于四祖。四祖云：“求度之法，要信吾言，不违吾教。”道人说：“既来投师，固当闻命。”四祖乃化一险崖，山耸乔木。四祖令道人爬到树上。又于树下，化作万丈深渊。四祖令其放脚，其人受教即放二脚。令放一手，便放一手。令复放手，其人答言：“若复放手，便堕坑死。”四祖云：

“先约受教,云何违我?”是时,“其人身爱即灭,放手而堕。不见树坑,即证道果”。这个会庵主,却紧抱竿头,不敢动弹。

华严哲学讲“上下双回向”,一是“上回向”,回向佛,进至“百尺竿头”的最高境界;二是“下回向”,回向“十方世界”,回到现实生活中去,普度众生。曾有僧人问长沙:“如何转得山河国土归自己去?”师曰:“如何转得自己成山河国土去?”“转得山河国土归自己”是修到“百尺竿头”,“转得自己成山河国土”乃是“十方世界是全身”的境界。“普天之下,莫非王土;率土之滨,莫非王臣”,“四海五湖”,均在“王化”——佛性及其作用——之中。

长沙禅师的“朗州山,澧州水”,可与赵州和尚的“镇州萝卜,青州布衫”相映成趣。所谓的“佛”“禅”都在现实生活的一言一行之中。如此答问还有许多。如僧问:“如何是平常心?”长沙道:“要眠即眠,要坐即坐。”僧曰:“学人不会,意旨如何?”长沙道:“热即取凉,寒即向火。”又有僧问:“向上一路,请师道?”长沙说:“一口针,三尺线。”僧又问:“如何领会?”长沙道:“益州布,扬州绢。”

二位高僧真不愧是同门兄弟,只不过性格不同。赵州睿智亲切,长沙爽朗俊雅。

(李志军)

果上涅槃,因中涅槃

皓月供奉问:“天下善知识[①]证三德涅槃[②]也未?”师曰:“大德问果上涅槃,因中涅槃?”

曰:“问果上涅槃。”师曰:“天下善知识未证。”

曰:“为甚么未证?”师曰:“功未齐于诸圣。”

曰:“功未齐于诸圣,何为善知识?”师曰:“明见佛性,亦得名为善知识。”

曰:“未审功齐何道,名证大涅槃?”师示偈曰:

“摩诃般若照，解脱甚深法。法身寂灭体，三一理圆常。欲识功齐处，此名常寂光[3]。”

曰：“果上三德涅槃，已蒙开示，如何是因中涅槃？”师曰：“大德是。”

月又问：“教中说幻意是有邪？”师曰：“大德是何言欤？”

曰：“恁么则幻意是无邪？”师曰：“大德是何言欤？”

曰：“恁么，则幻意是不有不无邪？”师曰：“大德是何言欤？”

曰：“如某三明[4]尽，不契于幻意。未审和尚如何明教中幻意？”师曰：“大德信一切法不思议否？”

曰：“佛之诚言，那敢不信？”师曰：“大德言信，二信之中是何信？”

曰：“如某所明，二信之中是名缘信。”师曰：“依何教门得生缘信？”

曰：“《华严》云：‘菩萨摩诃萨以无障无碍智慧，信一切世间境界，是如来境界。’又《华严》云：‘诸佛世尊，悉知世法及诸佛法性无差别，决定无二。’又《华严》云：‘佛法世间法，若见其真实，一切无差别。’”师曰：“大德所举缘信教门甚有来处。听老僧与大德明教中幻意：若人见幻本来真，是则名为见佛人。圆通法法无生灭，无灭无生是佛身。”

月又问：“蚯蚓断为两段，两头俱动，未审佛性在阿那头？”师曰：“动与不动是何境界？”

曰：“言不干典，非智者之所谈。只如和尚言动与不动是何境界？出自何经？”师曰：“灼然！言不干典，非智者之所谈。大德岂不见《首楞严》云：‘当知十方无边，不动虚空，并其动摇，地水火风，均名六大，性真圆融，皆如来藏，本无生灭。'"

师示偈曰:

"最甚深,最甚深,法界人身便是心。迷者迷心为众色,悟时刹境是真心。身界二尘无实相,分明达此号知音。"

月又问:"如何是陀罗尼⑤?"师指禅床右边曰:"这个师僧却诵得。"

曰:"别还有人诵得否?"师又指禅床左边曰:"这个师僧亦诵得。"

曰:"某甲为甚么不闻?"师曰:"大德岂不知道,真诵无响,真听无闻。"

曰:"恁么,则音声不入法界性也。"师曰:"离色求观非正见,离声求听是邪闻。"

曰:"如何是不离色是正见,不离声是真闻?"

师示偈曰:

"满眼本非色,满耳本非声。文殊常触目,观音塞耳根。会三元一体,达四本同真。堂堂法界性,无佛亦无人。"

(《五灯会元》卷四)

〔**注释**〕 ① 善知识:导人进入菩提道的引导者。 ② 三德涅槃:当一个人的智慧和德行都达到究竟圆满之领域,连生死和烦恼也都超越了、杜绝了,就叫作"涅槃"。三德,指大涅槃所具之三种德相,即:法身、般若、解脱三者。《金光明经玄义》云:"法身、般若、解脱,是为三;常、乐、我、净,是为德(常即不迁不变,乐即安隐寂灭,我即自在无碍,净即离垢无染,佛以此四者为德也)。"据《大乘义章》卷十八载,法身指一切存在本来具足之真如,或指以功德法完成之身。解脱即脱离烦恼束缚。般若则指悟之智慧。 ③ 常寂光:即常寂光净土,又称理性土。常者法身,法身永无生灭;寂者解脱,一切烦恼永寂;光者般若,照见实相的智慧。此法身、解脱、般若之三德,乃诸佛之所居处,故谓"常寂光净土"。 ④ 三明:指宿命明、天眼明、漏尽明。《大毗婆沙论》卷一〇二载,宿命明见过去事而生厌离,天眼明见未来事而生厌离,漏尽明既已厌离,乃欣乐涅槃;此外,宿命明可断除常见,天眼明可断除断见,漏尽明则远离此二边而安住于中道。又指菩萨明、诸佛明、无明明。据北本《大般涅槃经》卷十八载,菩萨明即般若波罗蜜,诸佛明即佛眼,无明明即毕竟空。 ⑤ 陀罗尼:又称陀罗那、陀邻尼。译作持、总持、能持能遮。以名持善法不使散，持恶法不使起之力用。分之为四种：一法陀罗尼，于佛之教法闻持而不忘也，又名闻陀罗尼。二义陀罗尼，于诸法之义总持而不忘也。三咒陀罗尼，依禅定发秘密语，有不测之神验，谓之咒，咒陀罗尼者，于咒总持而不失也。四忍陀罗尼，于法之实相安住，谓之忍，持忍名为忍陀罗尼。闻义咒忍之四者为所持之法也。由能持之体言之，法义之二者以念与慧为体，咒以定为体，忍以无分别智为体。

〔鉴赏〕 长沙景岑大师锦心绣口，机锋敏捷。《碧岩录》称："有人问教，便与说教。要颂，便与颂。尔若要作家相见，便与尔作家相见。"方便化人，出口成颂，除六祖慧能外，罕有其匹。

这段对话很长。长沙景岑禅师与皓月供奉讨论了四个问题。

欲超越生死，立地成佛，须有正知正见。尽管家家门前通长安，但首先要由"卫星定位"目的地在什么地方，以及路线是否快捷明了。

"涅槃"，是佛教的核心。《涅槃经》云："夫涅槃者，名为解脱"；"涅槃义者，即是诸佛之法性也"。涅槃就是清净无染的本心、佛性、空性。佛性常恒，无有变异，光明自在，当下就是涅槃。每个人都有一颗清净之涅槃妙心，只是为无明烦恼所覆蔽，因而不得普见涅槃，是故沉沦生死，流转六道。若能发起道心，弃除贪乐五欲，心生恭敬三宝，勤修如来正法，息灭贪嗔痴诸烦恼，普见不生不灭之佛性，即见涅槃。

与其他宗教不同，这个"目的地"，必要信徒亲达、亲历、亲证，才算究竟。若离开涅槃思想，佛教就形同生灭的世间法，只能称之为劝善，不能体会因性本空、果性本空之非因非果甚深奥义。

通常认为，"涅槃"有四种："有余依涅槃""无余依涅槃""本来自性清净而有染污涅槃"与"无住处大涅槃"。

小乘佛法的修行人，能证"有余依涅槃"与"无余依涅槃"。阿罗汉惑业已尽，生死已了，而身体尚在，名"有余依涅槃"；言其生死之因虽尽，但还余有漏的依身在，待到依身亦亡，则名"无余依涅槃"。

"本来自性清净而有染污涅槃"与"无住处大涅槃"，只有修证大乘佛法的修行人即菩萨才能够证得。凡夫从发起愿意成佛的菩提心时，一直到将来成佛，总共须要经历五十二个阶位不同层次的修证阶段。于第五十二阶位时，亲证"无住处涅槃"。菩萨以有大智慧故，断离烦恼障、所知障，不住于生死迷惑的世间，也不住于常乐我净的涅槃境地，而是怀有大慈悲，积极救护众生，因此名为“无住处涅槃”。

除了上述四种涅槃之外，尚有一种“大涅槃”，也就是《心经》说的“究竟涅槃”。“大涅槃”是诸佛的法界，是诸佛甚深的禅定，也就是“常乐我净”的境界，此境界唯佛能证。

皓月供奉所追求的“三德涅槃”，乃为“大涅槃”，法身、般若、解脱“三德”融为一体，即后面颂中之“常寂光”，永恒、宁静、光明。这是圣者所证得的不生不灭、超越时空的真如境界，它也是芸芸众生最理想、最美丽的归宿。

长沙景岑一眼看出，皓月虽饱读佛经，其实对于关键问题，心中还不甚清晰。他马上问：“你所说的‘三德涅槃’，是就因上说？还是就果中说？”

从因上说，一切众生俱有“自性清静心”，此即为“涅槃”之因性，也就是“如来藏”。《如来藏经》说：“如佛所化无数莲花忽然萎变，无量化佛在莲花内，相好庄严结跏趺坐，放大光明。众睹希有，靡不恭敬。如是善男子，我以佛眼观一切众生，贪欲恚痴诸烦恼中，有如来智、如来眼、如来身，结跏趺坐俨然不动。善男子！一切众生，虽在诸趣烦恼身中，有如来藏，常无染污、德相备足，如我无异。”《华严经》更说如来智慧无处不至：“佛子，如来智慧，无相智慧，无碍智慧，具足在于众生身中。但愚痴众生颠倒想覆，不知不见，不生信心。尔时，如来以无障碍清净天眼，观察一切众生，观已作如是言：‘奇哉！奇哉！云何如来具足智慧在于身中，而不知见？我当教彼众生觉悟圣道，悉令永离妄想颠倒垢缚，具见如来智慧在其身，与佛无异。’”尽管《华严经》言“才发心时，即成阿耨多罗三藐三菩提”，但还要艰苦的修行过程。大乘佛法的修行人修至第一十七阶位时，才能亲证“本来自性清净而有染污涅槃”，于成佛尚远。

“大涅槃”只能被亲身作证的圣人们完全理解。《法华经》说：“惟如来证大菩提，究竟圆满一切智慧，是名大涅槃。”《佛说不增不减经》卷八：“舍利弗！如是深义，一切声闻缘觉智慧所不能知，所不能见，不能观察，何况一切愚痴凡夫而能测量。唯有诸佛如来智慧，乃能观察知见此义。舍利弗！一切声闻缘觉所有智慧，于此义中唯可信仰，不能如实知见观察。舍利弗！甚深义者即是第一义谛，第一义谛者即是众生界，众生界者即是如来藏，如来藏者即是法身。”

长沙景岑说：“若问果上涅槃，天下善知识并未亲证。”因为，他们的修行之功尚未齐于诸圣。皓月不解：“功未齐于诸圣，何为善知识？”

善知识，指正直而有德行，能教导正道之人。《大品般若经》云：“能说空、无相、无作、无生、无灭法及一切种智，令人心入欢喜信乐，是名善知识。”《法句经》云：“佛言：善知识者，善解深法空无相无作，无生无灭，了达诸法从本以来究竟平等，无业无报，无因无果，性相如如，住于实际。于毕竟空中，炽然建立，是善知识。”

对于众生来说，善知识起着导师的作用。根据信徒的因缘和修行情况，可以分为四个层次的善知识：属于普通众生一类的善知识；属于地上菩萨一类的善知识；属于化身佛的善知识；属于报身佛的善知识。如果自己是一个初修业的人，当然就很难去依止佛陀或地上阶位的大菩萨们。因此就必须去依止普通众生类的善知识了。在自己的业障大部净除以后，那时就可以依止地上阶位的大菩萨；如果自己已经证得资粮道以上的果位，才能依止化身佛的善知识；等到自己证得地上的果位时就可以依止报身佛之善知识了。

能够担当起“善知识”这个光荣称号的，要具备很高的素质。《菩萨地论》云：“菩萨善知识若具八相是为圆满。何者为八？”要多闻大乘经典，持守菩萨戒律，具足修行证悟，悲心济众，无有畏惧，忍耐兼和，心离悔戚，善于言辞。《入菩萨行论》云：“真善知识者，深通大乘教，持菩萨胜律，虽逢命难缘，不舍菩萨戒。”这是说善知识（的最低条件），必须深通大乘教义和持守菩萨戒律。

“善知识”与诸佛还相距甚远。长沙说，只要能够明见佛性，亦可得名为“善知识”。

皓月又问：“那么，不知功齐何道，才能叫作亲证‘大涅槃？’”长沙禅师示偈云：“摩诃般若照，解脱甚深法。法身寂灭体，三一理圆常。欲识功齐处，此名常寂光。”皓月问：“如何是因中涅槃？”长沙说：“像大德您已经达到了‘本来自性清净而有染污涅槃’。”

第三第四个问题，长沙禅师则以机锋作答。

月又问:“教中说幻意是有邪?”

“幻”,是佛经中常用的对现象世界的形象描述。《增一阿含经》中说:“一切诸行皆空,皆寂。起者,灭者,皆是幻化,无有真实。”《金刚经》云:“一切有为法,如梦幻泡影,如露亦如电,应作如是观。”《五灯会元》中,著名的《七佛偈》更是“幻”声一片。如毗婆尸佛的偈子:“身从无相中受生,犹如幻出诸形象。幻人心识本来无,罪福皆空无所住。”拘留孙佛的偈子:“见身无实是佛身,了心如幻是佛幻。了得身心本性空,斯人与佛何殊别?”

然而,《圆觉经》言:“一切众生,种种幻化,皆生如来圆觉妙心。”种种幻化,都是永恒的法身。佛祖是大幻师,他所宣扬的教义,所建立的佛教,都是幻中说幻,目的是让众生从“幻”境中认识圆觉本心。

凡夫不识幻,处处迷幻业。声闻怕幻境,昧心而入寂。唯有菩萨识幻法,达幻体,不拘一切名相,修习菩萨如幻三昧方便,以幻修幻。譬如钻火,两木相因,火出木尽,灰飞烟灭。得如幻三昧身者,能到自觉圣智境界。如是乃能转大幻法轮成大幻涅槃,转幻生灭得不生不灭,转河沙秽土成清净法界。

如此种种,这让皓月供奉感到相互矛盾,又不可思议。他问长沙景岑,教中“幻意”到底是“有”?是“无”?还是“不有不无”?长沙皆以“大德是何言欤”反问。

“有”“无”“不有不无”“亦有亦无”,是佛经中的“四句”,勉强用来说明最高的真实与最高的精神境界。而这些恰恰是不可言说的,也是人的知识思维所不可企及的,所以禅家又言“超四句,绝百非”。

皓月老老实实地说:“如某的三明用尽,仍不契于‘幻意’。不知和尚您如何明教中‘幻意’?”长沙又反问道:“大德信一切法不思议否?”

皓月说:“佛正是这样说的,我哪敢不信?”《华严经》中有“菩萨信藏”:“此菩萨信一切法空无真实,信一切法无相,信一切法无愿,信一切法无作者,信一切法不实,信一切法无坚固,信一切法无量,信一切法无上,信一切法不可度,信一切法不生。若菩萨成就如是随顺净信,闻诸佛法不可思议,心不惊怖。闻一切佛不可思议,心不惊怖。闻众生不可思议,心不惊怖。闻法界不可思议,心不惊怖。”

长沙见他死搬教条，便说："大德言信，二信之中是何信？"

曰："如某所明，二信之中是名缘信。"

《华严经》云："信为道元功德母，增长一切诸善法。除灭一切诸疑惑，示现开发无上道。""二信"，乃指能信之清静心与所信之一真法界。前者是能缘因行，后者是所缘果境，故名"缘信"。

长沙问："依何教门得生缘信？"皓月说："《华严》云：'菩萨摩诃萨以无障无碍智慧，信一切世间境界，是如来境界。'又《华严》云：'诸佛世尊，悉知世法及诸佛法性无差别，决定无二。'又《华严》云：'佛法世间法，若见其真实，一切无差别。'"

这位皓月供奉真是无药可救，什么"一切世间境界，是如来境界"，"世法及诸佛法性无差别，决定无二"，"佛法世间法，一切无差别"，说得头头是道，为什么还不明白幻即是真，真即是幻？

长沙景岑这位"大虫"，诲人不倦的耐心也真令人佩服。他以偈颂来明教中幻意，即"若人见幻本来真，是则名为见佛人。圆通法法无生灭，无灭无生是佛身"。

而第四个问题中涉及的"蚯蚓佛性"，是禅僧们常参的一个"公案"。

胜光禅师在长沙景岑的师弟子湖利踪处镢地。胜光镢断一条蚯蚓，问云："某甲今日镢断一条蚯蚓，两头俱动，未审性命在那头。"子湖禅师提起镢头，向蚯蚓左头打一下，右头打一下，中心空处打一下，掷却镢头便归。

一名僧人曾向长沙提过同样的问题："蚯蚓断为两段，两头俱动，未审佛性在阿那头？"长沙道："妄想作么？"僧人问："它们的确在动！"长沙说："汝岂不知火风未散。"意为它的生命的因缘仍在，当然会动。

皓月供奉也问长沙："蚯蚓断为两段，两头俱动，未审佛性在阿那头？"

长沙反问皓月："动与不动是何境界？"

与"狗子有佛性，无佛性"一样，一般的僧人都会陷在非此即彼的逻辑思维的困境中。对于觉悟的人来说，遍世界都是法身。对于冥顽不化的人来说，自身的佛性都视而不见，还谈什么蚯蚓佛性？成佛，关键是找到自己的本心，与蚯蚓的"动与不动"有什么关系？

皓月反而质问长沙:"言不干典,非智者之所谈。只如和尚言动与不动是何境界?出自何经?"

长沙说:"好一个'言不干典,非智者之所谈'!大德岂不见《首楞严》云:'当知十方无边,不动虚空,并其动摇,地水火风,均名六大,性真圆融,皆如来藏,本无生灭。'"所以长沙以"法界人身便是心"一偈示之。

对于最后一个问题的"陀罗尼",因得闻"陀罗尼",乃成佛之捷径。在皓月的心目中,"陀罗尼"似乎是"海客谈瀛洲,烟涛微茫信难求"(李白《梦游天姥吟留别》)。长沙却指着身边的僧人们说:"这个师僧却诵得","这个师僧亦诵得"。

"堂堂法界性,无佛亦无人。"即色不异空,空不异色;色即是空,空即是色;声不异空,空不异声;声即是空,空即是声。

诸佛的声音充满了宇宙,诸佛的身相充满了宇宙,你可曾听见?你可曾看见?

(李志军)

本来空

皓月供奉问长沙岑和尚:"古德云:了即业障本来空,未了应须偿宿债。只如师子尊者、二祖大师,为甚么得偿债去?"沙曰:"大德不识本来空。"

月曰:"如何是本来空?"沙曰:"业障是。"

曰:"如何是业障?"沙曰:"本来空是。"月无语。

沙以偈示之曰:

"假有元非有,假灭亦非无。涅槃偿债义,一性更无殊。"

(《五灯会元》卷一)

〔**鉴赏**〕 长沙景岑与皓月供奉的这段对话,《五灯会元》是录在《二祖慧可大祖禅师》条目中。

师子尊者为禅宗西方第二十四祖，在罽宾国行化，常言："难不可以苟免。"时有外道二人：一名摩目多，二名都落遮，学诸幻法，欲共谋乱，议曰："不成即罪归佛子。"假扮为释子形象，潜入王宫。王果怒曰："吾素归心三宝，何乃构害，一至于斯！"乃命破毁伽蓝，祛除释众。又自秉剑，至师子尊者之所，问："师得蕴空否？"尊者道："已得蕴空。"王问："离生死否？"尊者曰："已离生死。"王曰："既离生死，可施我头。"尊者曰："身非我有，何吝于头！"王即挥刃，断尊者首。白乳涌高数尺，王之右臂旋亦堕地，七日而终。

东土二祖慧可大师于筦城（即管城，治今河南郑州市管城区）匡救寺三门下，谈无上道，听者集众如林。有一位辩和法师，于寺中讲《涅槃经》。学徒闻慧可讲法，过来听讲。辩和不胜其愤，诬告于邑宰。邑宰惑其邪说，加害于二祖。慧可大师怡然委顺。有人称其谓"偿债"。

"了即业障本来空，未了应须偿宿债。"一般的人认为，前因后果。悟得真如菩提，即了却生死大事，就不用再偿还宿债。只有未了业障的人，才需要去"偿债"。而像师子尊者、慧可大师这样的大彻大悟的高僧，为什么还要受业障的牵引，死于非命？

在现实生活中，也常面临这样的提问，就是好人为什么得不到好报，而恶人却享受荣华富贵？僧人在劝化世人时，往往以"今世偿还前生孽债，现在修行来世福报"来诱导。而东晋时期道生则提出"善不受报"的学说。

道生在注解《维摩诘经》时说："无为是表理之法，故无实功德利也。"无上的佛法是超越世俗利益的。"贪报行禅，则有味于行矣。既于行有味，报必惑焉。夫惑报者，缚在生矣。"要人舍弃回报之心。"言必能福彼也，然则非徒拔其贫苦而已，乃所以终得大乘之果也。"真正意义上的"福报"，并不是摆脱贫苦，而是要使之最终得到大乘的觉悟。拘那含牟尼佛偈曰："佛不见身知是佛，若实有知别无佛。智者能知罪性空，坦然不怖于生死。"迦叶佛偈云："一切众生性清净，从本无生无可灭。即此身心是幻生，幻化之中无罪福。"从觉悟真理的角度来讲，一切福德都是不存在的。真正的行善不会得到任何报答，如为求福报而拜佛修行，是为邪道。道生说："若以定欲福于人，则是灭尽定异于八邪矣。苟有异心，不能福也。"

长沙景岑要告诉皓月的无非是：空在业障中，业障在空中，理事无碍。果在因中，因在果中，因果同时。并以偈示之："假有元非有，假灭亦非无。涅槃偿债义，一性更无殊。"

（李志军）

南泉迁化

三圣[1]令秀上座问曰："南泉迁化向甚么处去？"师曰："石头作沙弥时参见六祖。"

秀曰："不问石头见六祖，南泉迁化向甚么处去？"师曰："教伊寻思去。"

秀曰："和尚虽有千尺寒松，且无抽条石笋。"师默然。

秀曰："谢和尚答话。"师亦默然。

秀回举似三圣。圣曰："若恁么，犹胜临济七步。然虽如此，待我更验看。"

至明日，三圣上问："承闻和尚昨日答南泉迁化一则语，可谓光前绝后，今古罕闻。"师亦默然。

（《五灯会元》卷四）

〔注释〕 ① 三圣：指三圣慧然禅师，临济义玄弟子，住镇州（治今河北正定）三圣院。记录整理有《镇州临济慧照禅师语录》（《临济录》）。

〔鉴赏〕 长沙景岑久依南泉，曾写《投机偈》曰：

"今日还乡入大门，南泉亲道遍乾坤。法法分明皆祖父，回头惭愧好儿孙。"

整个乾坤都是南泉禅师所彰显的法性身，历历在目，明明白白。惭愧的是，自己好像天涯浪子，今天才找到归家的大门。但南泉认为，是你自己幡然醒悟，迷途知返，与"祖父"没有关系。祖父坐在家中，静静等待着游子的归来。故以偈答道："今日投机事莫论，南泉不道遍乾坤。还乡尽是儿孙事，祖父从来不出门。"

长沙还有一首《劝学偈》,可见对师父南泉的崇敬之深,感激之重:"万丈竿头未得休,堂堂有路少人游。禅师愿达南泉去,满目青山万万秋。"南泉圆寂后,长沙时时刻刻都在怀念师父。他为南泉的写真(画像)赞曰:"堂堂南泉,三世之源。金刚常住,十方无边。生佛无尽,现已却还。"

可是,当僧人询问:"南泉迁化向甚么处去?"长沙却说:"东家作驴,西家作马。"那么伟大的禅师,应该是上升到兜率天宫,或者往生西方净土,至少要脱离六道轮回,怎么会给他人作驴作马呢!长沙以"要骑即骑,要下即下"解僧人疑惑,意在南泉迁化,与无尽诸佛融为一体,与山河大地融为一体。他就在我们的身边,就在我们的日用之中。

三圣慧然禅师令一位秀上座前往问道:"南泉迁化向甚么处去?"长沙说:"石头作沙弥时参见六祖。"

这句话听起来驴唇不对马嘴,其实暗含讽刺。三圣慧然是临济义玄的弟子,与长沙景岑相比,是孙子辈分,派你来问我,就像当年石头希迁拜见六祖慧能一样。石头嗣法青原行思,是慧能的法孙。

秀上座再问,长沙:"教伊寻思去。"

沙弥希迁前往拜见六祖时,六祖将示灭。希迁问:"和尚百年后,希迁未审当依附何人?"六祖说:"寻思去!"六祖圆寂后,希迁每天在静处端坐,苦苦"寻思"。有人告诉他说:"你有一个师兄,行思和尚,今住吉州,你的因缘在那里。"希迁依止行思,印证得法。

如果长沙仅仅倚老卖老,秀上座当然不服:"和尚虽有千尺寒松,且无抽条石笋。""千尺寒松"固然卓尔不群,高高在上,但并不说明你已经达到活泼、自由的境界,有令石笋抽条、枯木生华的大手段。

但长沙景岑默然。

到此,秀上座亦深感佩服。

懂得"一默如雷"的道理,仍不过是一种知解。长沙依旧默然。

秀上座无计可施,回去向三圣禅师叙述了经过。三圣也钦佩:"就凭这一点,也超过我师临济的'棒喝'七步。不过,尽管如此,也要我亲自检验一下。"

第二天,三圣前去相问并盛赞可谓光前绝后,今古罕闻。长沙依旧默然。

长沙景岑多次默然，其实就是大机大用。

（李志军　宋海霞）

鄂州茱萸和尚

虚空里钉橛

金轮可观和尚问："如何是道？"师云："莫向虚空里钉橛。"观云："虚空是橛。"师便打。

观把住云："和尚莫打某甲。已后错打人去在。"师便归方丈。

（《联灯会要》卷六）

〔鉴赏〕 茱萸乃南泉弟子，与赵州从谂、长沙景岑同为南泉门下之高足。茱萸先赵州数十年住院，先住随州（今属湖北）护国寺，后住茱萸山，被称为"茱萸山和尚"。

当年，南泉有书与茱萸曰："理随事变，宽廓非外。事得理融，寂寥非内。"

雄辩家惠施曾有"至大无外，至小无内"的命题，庄子借来用以说明"道"之弥纶宇宙，齐同万物的观念。南泉之"宽廓非外，寂寥非内"，是讲华严哲学的"理"（空性）与"事"（现象）之间的关系，以说明"色不异空，空不异色，色即是空，空即是色"的道理。

送信的僧人不明此理，问茱萸："如何是宽廓非外？"茱萸云："问一答百也无妨。""问一答百"，"一"就是"百"，"百"就是"一"。僧又问："如何是寂寥非内？"茱萸云："睹对声色，不是好手。""睹对声色"，将声色当作身外之物，心外之物，哪里会能明了"理事无碍"的境界？

僧人不解，又问长沙景岑。进前语，长沙瞪目视之；进后语，长沙闭目示之。僧人更不解，又问赵州。进前语，赵州作吃饭势；进后语，赵州以手作拭口势。僧人回去,举似南泉。南泉赞叹云:“此三人,不谬为吾弟子!”

茱萸和尚响彻丛林的,是赵州和尚都败在了他的手下。赵州行脚,来到茱萸山。他关心地埋怨师兄:“老老大大,何不觅个住处?”赵州故意问:“向甚处住?”茱萸见他来斗机锋,就势反击:“老老大大,住处也不知。”赵州无言以对,自嘲道:“三十年弄马骑,今日却被驴扑。”

赵州不甘,又挑起法战。一日,赵州将拄杖在茱萸法堂上探来探去,说是“探水”,欲寻茱萸破绽。茱萸云:“我这里一滴也无,探个什么?”如同铜壁铁墙一般。赵州只好将杖子倚壁。

茱萸和尚行迹语录,远不如赵州、长沙之富。常被后人拈举的,是“虚空里钉橛”公案。万物皆空,道不可言。一旦出口,便似在虚空里钉橛,何处可钉?可观和尚却不是寻常之辈,认为“虚空就是橛”。问话已是多余,再说更是饶舌,这个百无一用的橛子已经把人系住了。茱萸擎起橛竹便打。可观把住云:“和尚莫打某甲。已后错打人去在。”茱萸看他尚能转身,知是真悟,便归方丈。

云门文偃曾评价这个公案:“矢上加尖。”一个僧人站出来质问:“和尚怎能这样讲?”文偃叹道:“槌钟谢响,却只得个虾蟆出来。”

(李志军)

沙门行

僧问:“如何是沙门行?”师云:“行即不无,若觉即乖。”

其僧举似洞山。山云:“何不进语云:‘是甚么行?”

其僧复来,进语。师云:“是佛行,是佛行。”

僧回举似洞山。山云:“幽州犹似可,最苦是新罗。”

僧却问洞山:“如何是沙门行?”山云:“头长三尺,颈短二寸。”

(《联灯会要》卷六)

〔**鉴赏**〕 在当时,茱萸山和尚的名声很大,引得很多禅师前来法战。

茱萸问一行脚僧:“阇黎是游山玩水,还是问道参禅?”僧人反客为主,以静制动:“和尚试道看。”茱萸说:“雕镂小蚶小蛤一类是用不着掺泥和水的。远来辛苦。”僧人颇为自负,但也甘拜下风,说:“尽管浑身如铁,结果还是挨了一重锤。”茱萸和尚笑道:“知道厉害就行了,降将不斩了。”

茱萸问新到僧人:“从什么地方来?”僧道:“从闽中来。”

闽中有大名鼎鼎的雪峰禅师的法席。茱萸问:“闽中尊宿,爱举‘胡来胡现,汉来汉现’,是否?”

僧人刚要开口,却被茱萸打了一掌。既然标榜心如明镜,何必多言多语?僧人理屈,只好苦笑:“想要鲤鱼跳龙门,谁知却遭点额归。”

茱萸毫不客气地说:“燕金塞海,蝃蝻摇山。”当年燕昭王筑高台,置千金于上,延天下之士。燕金乃无价之宝,却被用来填海,蝃蝻为蜉蝣之虫,怎能撼动高山?

没想到僧人拊掌大笑出去。

茱萸见他不识深浅,却又装腔作势,自不量力,不由好笑:“疥狗不愿生天,却笑云中白鹤。”

不过,高手还是不少。茱萸见一僧来,以手一划。僧人扭头便走。茱萸故意大声说:“这僧来不通名,去不通姓。”僧人转身,亦以手一划。茱萸继续试探:“这僧名又不识,姓又不知。”僧人说:“且道,某甲姓个甚么?”

茱萸招架不住,只好叫苦:“苦哉!波斯吃胡椒。”真是木匠戴枷,自作自受。那僧十分洒脱,拂袖而出。茱萸在身后不住赞叹:“作家师僧!天然有在!”

洞山禅师也派人来挑战:“如何是沙门行?”茱萸答:“行即不无,若觉即乖。”洞山不满其答复,令僧再问,师云:“是佛行,是佛行。”洞山感慨:“幽州犹似可,最苦是新罗。”前一番答语还有个罅隙,透出光亮来;后一句回答,如同无孔铁锤,叫人下手不得。

僧人却问洞山:“如何是沙门行?”洞山云:“头长三尺,颈短二寸。”

头长三尺,如头上安头;颈短二寸,还有颈吗?头在何处?

（李志军）

子湖利踪禅师

子湖一只狗

师于门下立牌曰：

“子湖有一只狗，上取人头，中取人心，下取人足。拟议即丧身失命。”

临济会下二僧参，方揭帘。师喝曰：“看狗！”僧回顾。师便归方丈。

（《五灯会元》卷四）

〔**鉴赏**〕 长沙的“岑大虫”令人谈虎色变，子湖的“一只狗”更使天下禅僧闻风丧胆。

衢州子湖岩利踪禅师（800—880），澶州（治今河南清丰西南）人。姓周氏，幽州开元寺出家，依年受具，后入南泉之室。抵于衢州之马蹄山，结茅宴居。唐开元二年（714），邑人翁迁贵施山下子湖创院。唐僖宗广明年间（880—881）示寂。

子湖利踪禅师于门前下榜云：“子湖一只狗，上取人头，中取人心，下取人足。往来好看。”

临济门下有二僧，常听江湖传言，遂远求寻访。才到门前，刚要以手揭帘，欲起未起。子湖大喝：“看狗！”二僧连忙回头。子湖早已回方丈去了。

如是见到之人，天上地下，唯我独尊，别说是一只看门守户的家犬，就是一只饿虎，其奈我何！这两个禅僧，一声吆喝，就心慌意乱，也是一知半解之辈，贸然拜山叫阵，不仅自讨没趣，更是辱没临济门庭。

又一僧近前礼拜，问道：“承师有言：子湖有一只狗，上取人头，中取人心，下取人足。如何是子湖狗？”子湖叫到：“嗥！嗥！”

僧人不知如何应对。子湖转身便归方丈。

子湖放狗，遭者即死。整个丛林都在研究如何应对这只“恶狗”。大家讨论两个问题：一是为什么却咬赵州不得？二是如何救得这僧？

子湖之犬，“上取人头，中取人心，下取人足”，来势汹汹，无坚不摧。实则此犬乃是你自己的“心魔”所生。只为心被外境所惑，“无意立意，无事生事。无内外强作内外，无东西谩说东西”。所以奢靡不能明了，以至根境不能自由。“根境法中造诸妖怪，山精鬼魅附汝行持。”这就叫作“师子身中虫，自食师子身中肉”。

子湖常示众云：诸法荡荡，何绊何拘。心源朗朗，无物莫疑。本性具足，本自周备。直下承当，不劳功用。“可中向这个皮袋子内辨得者个去，坐却天下人咽喉性命，尽被汝盖覆乾坤，尽被汝自由自在，皎皎明白。”若达此境界，别说子湖之犬咬不得，阎罗来也奈何不得。

（李志军）

白马昙照禅师

苦 与 乐

常曰：“快活！快活！”及临终时叫：“苦！苦！”又曰：“阎罗王来取我也。”

院主问曰：“和尚当时被节度使抛向水中，神色不动，如今何得恁么地？”

师举枕子曰：“汝道当时是，如今是？”院主无对。

（《五灯会元》卷四）

〔鉴赏〕 梁漱溟说过，印度文化是苦的文化，中国文化乃在持重“乐之精神”。他说，《论语》一书，不但以“子曰不亦乐乎”开头，并且始终贯串着一种和乐的人生观——一种谨慎地乐观态度。如“仁者乐山，智者乐水”“贫而乐”

“饭疏食饮水，曲肱而枕之，乐在其中”“发愤忘食，乐以忘忧，不知老之将至”，等等。其中显示出来的气氛又何等不同！尤其是孔子和颜回。孔子在身陷困境，走投无路的时候，还弦歌不辍。颜回到了饥寒交迫的境地，依然不改其乐。宜乎后儒便有“寻孔颜乐处”之倡导了。

一般人的生活常常充斥着各种烦恼。只有“有道之士”——得乎生命自然流畅之道者——更不须待外来刺激，固可以无时而不乐。王阳明也说：“乐是心之本体。”孔颜乐处，在于仁人之心，以天地万物为一体，䜣合和物，原无间隔。庄子在妻子亡故时，能鼓盆而歌，也是因为他心与道合。

中国的圣人也不是每天都心花怒放。最贤良的颜回，只能做到“其心三月不违仁，其余，则日月至焉而已矣”。

这位荆南白马寺的昙照禅师，比颜回还舒畅通达，整天生活在快乐之中。但是，到了临终时，却叫苦连天。这也就罢了，还惊恐地说：“阎罗王来取我来了。”令院主十分疑惑。

院主问：“和尚当时被节度使抛向水中，神色都不动。如今，如何这个样子？”

圣人不是榆木疙瘩，也通人情。

魏晋时期的玄学家，进行过“圣人有情无情”的讨论。何晏认为，凡人任情，喜怒违理，而圣人无喜怒哀乐，其论甚精，钟会等述之。王弼以为：“圣人茂于人者，神明也。同于人者，五情也。神明茂，故能体冲和以通无；五情同，故不能无哀乐以应物。然则圣人之情，应物而无累于物者也。”

玄学家们身在魏阙，心在林下，祈求两全其美。佛教徒则是苦修实证，以菩提为烦恼，以烦恼为菩提。高僧们在生死凡圣之间随意出入，游戏三昧。洞山和尚，临终前，乃命剃发、澡身、披衣，声钟辞众，俨然坐化。大众号恸不已。洞山忽然睁开眼说：“出家人心不附物，是真修行。劳生惜死，哀悲何益？”又延迟了七天，随众斋毕，说：“僧家无事，大率临行之际，勿须喧动。”然后圆寂。

大儒朱熹，临终答弟子问曰：“艰苦。”停了一会儿，忽而又云：“天地生万物，圣人应万事，直而已矣。”牟宗三评价朱子说：“这表示此老已翻上来了，他获得了临终的喜悦。此诚子贡所谓：‘大哉死乎，君子息焉，小人休焉。’翻上来曰‘息’，翻不上来曰‘休’。”“翻上来”标志着“德之完成”。

昙照不仅翻上来了，更妙的是，到了这个时候，他还要斗机锋，启迪院主。他举起枕头反问："你说当时是，如今是？"

直心就是道场，昙照始终都是。无论是平时的快活，还是临终的苦，都是随心而感，心外无物。而院主的心思整天围绕别人转，也就根本就没有关注自己的内心。

（李志军）

云际师祖禅师

摩 尼 珠

初参南泉，问："'摩尼珠，人不识，如来藏里亲收得。'如何是'藏'？"泉曰："与汝往来者是。"

师曰："不往来者如何？"泉曰："亦是。"

曰："如何是珠？"泉召师祖，师应诺。

泉曰："去！汝不会我语。"师从此信入。

（《指月录》卷十一）

〔鉴赏〕 "摩尼珠，人不识，如来藏里亲收得。"出自永嘉玄觉的《证道歌》。永嘉玄觉与六祖慧能名为师徒，其实拜见慧能时，已经是大彻大悟，当仁不让于师者。《坛经》记载：

永嘉见六祖，振锡而立。六祖说："大德何方来？生大我慢？"玄觉答："生死事大，无常迅速！"——来不及讲礼让了，先解决紧要的生死问题吧！祖曰："何不体取无生，了无速乎？"答曰："体即无生，了本无速！"六祖深为赞叹："如是如是。"玄觉方具威仪礼拜，须臾告辞。祖曰："返太速乎？"玄觉答："本自非动，岂有速耶？"六祖以机锋直刺永嘉当下见地曰："谁知非动？"永嘉并不躲闪趋避，反以针锋相对："仁者自生分别！"慧能见如此妙契机锋，滴水不漏，即嘉许："汝甚得无生之意！"永嘉不领情，反而讽刺六祖："无生岂有意耶？"祖曰："无意谁当分别？"对曰："分别亦非意。"六祖赞不绝口："善哉！善哉！"永嘉给了慧能一个面子，留宿了一个晚上，故后人称为"一宿觉"。

后代禅僧对永嘉玄觉格外景仰敬重，其《证道歌》在禅林广为传诵。歌很长，其相关的一段为："摩尼珠，人不识，如来藏里亲收得。六般神用空不空，一颗圆光色非色。净五根，得五力，唯证乃知难可测。镜里看形见不难，水中捉月拈争得。常独行，常独步，达者同游涅槃路。"

摩尼珠，民间称为"如意珠"，出自龙宫。《大智度论》说，像蚌含珍珠一样，如意珠是孕育于龙脑之中。有福众生自然得之，常出一切宝物、衣服、饮食，随意皆得。得此珠者毒不能害，火不能烧。又云，过去久远佛舍利，法既灭尽，变成此珠，以为利益。佛教常以摩尼珠比喻不生不灭、利乐有情的佛性。

摩尼珠又云"无垢光""离垢""增长"，意谓摩尼宝珠无有自色，乃随所对物之色而现其色相，比喻佛性本来空，虽离诸相而随缘显现诸相。

世尊一日示随色摩尼珠，问五方天王："此珠而作何色？"时五方天王互说异色。世尊复藏珠入袖，却抬手曰："此珠作何色？"天王曰："佛手中无珠，何处有色？"世尊叹曰："汝何迷倒之甚！吾将世珠示之，便各强说有青、黄、赤、白色；吾将真珠示之，便总不知。"时五方天王悉皆悟通。

如来藏，即佛性，也称为觉性、自性、法身、涅槃、真如、实相等等。一切有情众生之身中都有如来藏。《央掘魔罗经》云："我说道者，说何等道？道有二种，谓声闻道及菩萨道。彼声闻道者，谓八圣道；菩萨道者，谓一切众生皆有如来藏。"

《大般涅槃经》卷七《如来性品》有"力士额中珠"的故事，说明何为"如来藏"。王家有大力士，眉间有摩尼宝珠，他与另一力士角力相扑，以头触之，额珠没于肤中，自己四处寻珠不得。有一良医言珠在肤内，力士不信，医取镜照之，明了显现。力士喻众生，良医喻佛，珠喻佛性。如经文云："善男子！如来如是说诸众生皆有佛性，喻如良医示彼力士金刚宝珠。是诸众生为诸无量亿烦恼等之所覆蔽，不识佛性。若尽烦恼，尔时乃得证知了了，如彼力士于明镜中见其宝珠。善男子！如来秘藏如是不可思议。"

永嘉大师的《证道歌》，以"摩尼珠"比喻人的"自性清净心"。人心本净，但是被后天的情识所污染覆盖，故不能自视，更不能自觉。不能自觉，而人人具备，是为“如来藏”。

云际师祖禅师，拜见南泉普愿，问：“‘摩尼珠，人不识，如来藏里亲收得。’什么是‘如来藏’？”

南泉见他对《证道歌》背诵得滚瓜烂熟，却没有真正领会其中的精髓，正是处于永嘉大师所说的“吾早年来积学问，亦曾讨疏寻经论。分别名相不知休，入海算沙徒自困”的阶段。

南泉并不如此长篇大论地讲叙“如来藏”的来龙去脉，而是说：“那天天与你相往来的，就是‘如来藏’。”

“如来藏”，是内在众生身上的“本心”“自性”，怎么会是“与自己相往来”的乱七八糟的外物呢？

云际又问，那个“不生不灭，不垢不净，不增不减”的东西又是什么？南泉说：“亦是‘如来藏’。”

世间万象都是佛性，都是法身，哪有内外、我人之分呢？自身的本心是永恒的“如来藏”，自己日常生活中的万事万物哪个不是“如来藏”？故而《证道歌》云：“无相无空无不空，即是如来真实相。心镜明，鉴无碍，廓然莹彻周沙界，万象森罗影现中，一颗圆光非内外。”

云际仿佛有省，继续问：“什么是‘摩尼珠’？”

南泉召云际师祖。云际随口应诺。南泉骂道：“去！汝不会我语。”云际一下子明白过来：南泉召唤的不是站在这里的云际师祖，而是作为“摩尼珠”的云际师祖。

（李志军）

苏州西禅和尚

拂　子

僧问：“三乘十二分教[①]则不问，如何是祖师西来的的意?”师举拂子示之。

其僧不礼拜,竟参雪峰。峰问:“甚么处来?”曰:“浙中来。”峰曰:“今夏甚么处?”曰:“西禅。”峰曰:“和尚安否?”曰:“来时万福。”峰曰:“何不且在彼从客?”曰:“佛法不明。”峰曰:“有甚么事?”僧举前话。

峰曰:“汝作么生不肯伊?”曰:“是境。”

峰曰:“汝见苏州城里人家男女否?”曰:“见。”峰曰:“汝见路上林木池沼否?”曰:“见。”

峰曰:“凡睹人家男女,大地林沼,总是境。汝还肯否?”曰:“肯。”

峰曰:“只如举起拂子,汝作么生不肯?”僧乃礼拜曰:“学人取次发言,乞师慈悲。”

峰曰:“尽乾坤是个眼,汝向甚么处蹲坐?”

僧无语。

(《五灯会元》卷四)

〔**注释**〕 ① 三乘十二分教:三乘,即被称为小乘的声闻乘、缘觉乘,和被称为大乘的菩萨乘。十二分教,又称十二分圣教、十二部经,是释迦牟尼佛所说的一切言教,依其内容和形式可分为十二类:契经、祇夜(重颂)、记别(受记)、讽颂(偈)、自说、因缘、譬喻、本事、本生、方广、未曾有法、论议。

〔**鉴赏**〕 这位问道禅僧也是一位走遍丛林的久参之人,来到苏州,一见西禅和尚便直截了当地问:“如何是祖师西来的最根本的意义?”

西禅举起拂子。

这个禅僧也不礼拜,转身就走,径直到福州,参见雪峰义存。雪峰得知他到过苏州西禅寺,便关切地问起西禅和尚日常的身体状况,觉得很奇怪:“你不在苏州参学,到处乱跑什么?”禅僧说:“他那里佛法不明。”并把来龙去脉讲了一遍。

雪峰问:“你为什么不肯承认和尚开示的佛法?”禅僧说:“他显现的只是

外境,不是达摩祖师心心相传的佛法。”雪峰耐心地引导:“你见到苏州城里人家男女了吗?”禅僧答:“见了。”雪峰又问:“你见到一路上的林木池沼了吗?”禅僧答:“见了。”雪峰问:“凡睹人家男女,大地林沼,全都是外境。你还肯定里面的佛法吗?”禅僧熟读大小三乘十二分教义,当然明白“一切众生皆有佛性”,乃至“山河大地皆是法身”的道理,故答:“肯定。”雪峰反问:“那么,西禅和尚举起拂子,你为什么却不肯?”禅僧如梦方醒,连连礼拜,说:“学人愚钝,只见到了表面现象,祈望大师慈悲,继续为我讲明。”雪峰:“如此,整个世界都是如来的眼睛,汝大便时,向甚么地方蹲坐?”禅僧又不知所措了。

有空境破空境,有圣境破圣境,破除一切执着,方为佛法大意。“尽十方世界,是沙门一只眼。你等诸人,向甚处屙?”这是雪峰勘验禅僧是否真的开悟所常用的手段。

赵州和尚听说了,要托人给雪峰“带去个锹子”,以掩埋住你的“沙门眼”,大家想在什么地方拉,就在什么地方拉!

这段公案很有意思。主人公是西禅和尚,整篇却是雪峰在讲。雪峰是在代西禅说法。就像我们非常熟悉的《心经》,佛祖入定了,观自在菩萨代替佛祖,描述了入定后,“照见五蕴皆空”的境界。

苏州西禅和尚,在当时名气很大。宋代契嵩所编《传法正宗记》载:“大鉴之四世,曰池州南泉普愿禅师,其所出法嗣凡十七人”,其中就有苏州西禅和尚。然而他所流下来的语录却不多。有些禅宗史料也有一些名为“西禅”的记载,但不能确定是苏州的西禅和尚。《汾阳无德禅师颂古代别卷》讲了一段公案,极有可能是他。其他的“西禅”,譬如“蜀川西禅和尚”“信州西禅钦禅师”比较晚,不与宝寿同时。“西禅到宝寿云:‘甚处来?’云:‘西山来。’寿云:‘还见猢狲么?’云:‘见。’寿云:‘作得个甚伎俩?’云:‘见某甲一个,伎俩也做不得。’寿便打。”宝寿禅师是临济义玄弟子,禅风硬朗,所言“猢狲伎俩”乃指人的心意烦乱,西禅答话之意,谓“你我两个猢狲,才能做得伎俩”,是想给宝寿开个玩笑,没想到宝寿来真的,结果挨了打。故汾阳无德颂云:“旧人相见话中心,诘问西山路浅深。对众直言呈伎俩,洪炉锻炼要真金。”

不仅西禅和尚是神龙见首不见尾,他的西禅寺也早已荡然无存。《苏州府志》载，西禅寺位于苏州盛家浜，始建于唐贞观年间(627—649)。明代先后改寺为盐政通判治事之所、巡盐公署、军门游击衙署。2011年11月，苏州干将桥施工，挖出了“西禅寺”界碑。人们才记起这里曾有个寺院，有位得道的高僧。

这个石碑，是西禅和尚举起的“拂子”吗?

(李志军)

池州甘贽行者

甘 贽 设 斋

因岩头[1]在家过夏。一日，把针次。甘于头前立。头举针作扎势。

甘归，欲着衣服礼谢。妻云:“作甚么?”甘云:“莫说。”妻云:“有甚事，也要大家知。”

甘举前话。妻云:“从此三十年后，一度饮水一度咽。”

女子云:“还知尽大地人性命，被豁上座针头上，扎将去么?”

(《联灯会要》卷六)

一日，入南泉设斋，黄檗为首座。行者诸施财，座曰:“财法二施，等无差别。”甘曰:“恁么道，争消得某甲䞋[2]。”便将出去。

须臾复入，曰:“请施财。”座曰:“财法二施，等无差别。”甘乃行䞋。

又一日，入寺设粥，仍请南泉念诵。泉乃白椎曰:“请大众为狸奴白牯，念摩诃般若波罗蜜。”甘拂袖便出。

泉粥后问典座[3]:“行者在甚处?”座曰:“当时便去也。”

泉便打破锅子。

(《五灯会元》卷四)

〔注释〕 ① 岩头：指岩头全奯(huò)禅师(828—887)，福建泉州人，德山宣鉴之法嗣。② 嚫(chèn)：梵语“达嚫”的简称，指布施僧尼。 ③ 典座：寺院中掌管大众斋粥等杂务的和尚。

〔鉴赏〕 在禅林，甘贽行者与庞蕴居士齐名。不过庞居士四处行脚，拜访高人，甘行者则在家，接待四方慕名而来的僧人。庞居士像是到处挑战的打擂者，甘行者则是常年摆擂台的擂主。

庞居士有一个得道的妻子庞婆和一个禅机犀利的女儿灵照，甘行者也有一个得道的妻子和得道的女儿。“门有孙膑铺，家存甘贽妻”，是认为已经明心见性的居士对自己的标榜。

岩头禅师在甘贽家中过夏。一日，正拿针缝补衣裳。甘贽在面前站立。岩头举起针，做出扎的姿势。

《西游记》里孙大圣的金箍棒，也是一根绣花针，与岩头和尚的“针”一样，都是空性的化身。“空性”，无形无影，却能摧毁一切，消融一切，同时又成就一切。一部流行的专讲“空性”的佛经，叫作《金刚经》，唐玄奘甚至翻译为《能断金刚般若波罗蜜经》，取其硬如金刚，无坚不摧之意。在“悟空”的手里，绣花针就是千钧棒。甘贽行者有事没事，站在岩头面前，无非是清净的玉宇里的一点尘埃而已。

甘贽行者也非等闲之辈，一见禅师的“针”起，赶紧跑掉。回屋穿戴整齐，出去礼谢。

甘贽妻问：“作甚么？”甘贽答：“不可说。”妻云：“有甚事，也要让大家知道。”甘贽把事情讲了一遍。甘贽妻云：“从此三十年后，一度饮水一度咽。”甘贽女儿云：“还知尽大地人性命，被岩头和尚的针头上扎将去了吗？”

有一住庵僧，出来化缘。甘贽说：“我有一问，若能道得即行布施。”就写了一个“心”字，问：“是甚么字？”僧答：“心字。”甘贽又问妻：“甚么字？”妻答：“心字。”甘贽哈哈大笑：“看来在下的妻子也可以住庵了。”

只有开悟得法的僧人，才又资格住庵。甘贽行者的问话，岂是停留在世情俗见的层面上所能理解和回答得了的吗?

甘贽又问一僧:“甚么处来?”曰:“沩山来。”甘贽说:“曾有僧问沩山:‘如何是西来意?’沩山举起拂子。上座怎么理解沩山的意旨?”其僧答:“借事明心,附物显理。”这个僧人不是从自心来观照世界,依然是在知性上理解事情的道理。所以甘贽说:“你最好还是回沩山去吧!”

甘贽的名声越来越大,连雪峰义存也来拜见。甘贽远远望见,关上大门说:“请和尚进来。”雪峰隔篱掷过袈裟。甘贽便开门揖客。

药山也派化主来。甘贽问:“甚么处来?”云:“药山。”甘贽云:“还将得药来么?”化主机警地反问:“行者有甚么病?”甘贽欣然,施银一百两。

甘贽望着化主的背影,说:“山中若有得道之人,银子就会回来。”

化主归山,将所化来的东西献上。药山奇怪:“你怎么那么快就回来了?”化主云:“甘贽询问佛法,我回答得当,得银一百两。”

“像你那样耍小聪明的回答,哪配从甘行者手里得到一百两银子?他不是与你斗禅机,只不过让你捎信于我”,药山说,“你快快下山,送还与他。你已经着贼了也!”

化主即赶忙送还。

一切都在甘贽的意料之中。他轻而易举地把药山的回马枪拨在了一边,居高临下地说:“原来山中真的有人。我再施舍给他一百两!”

甘贽也会主动出击,不过在他眼中的,都是一等一的高手。譬如他的师父南泉普愿,或者师兄黄檗希运。

一次,他在南泉处施粥。当时,黄檗希运为首座。甘贽行者上前挑战:“请师兄施财。”出家人哪来的钱财?黄檗不动声色地说:“施财施法,等无差别。”你施财,我施法,彼此一般。“这么普通的一句答话,就想吃我施舍的粥,不够资格吧?”甘贽拿上钱就出去了。停了一会儿,甘贽又进去了:“请师兄施财。”黄檗依然不动声色:“施财施法,等无差别。”甘贽明白,黄檗显示出了如如不动之体,只好将钱递给了师兄。

又一次,甘贽往南泉设粥。甘贽请南泉念诵,南泉白槌云:“为狸奴白牯念摩诃般若波罗蜜多。”

南泉常说："祖佛不知有，狸奴白牯却知有。""花狸猫""白牯牛"，指能入"异类中行"的菩萨道修持者。临终时，首座问："和尚百年后向甚么处去？"南泉依然说："山下作一头'水牯牛'去。"不入西天净土，甘愿为百姓当牛做马。

但是，南泉的这句答话，尽管含有深意，却根本不是禅机！甘贽并不给师父留丝毫面子，拂袖而出。

南泉粥罢，问典座："甘行者在什么地方？"首座云："当时便去了也。"

南泉猛然醒悟，悔之已晚，懊丧地说："把锅子打破了吧！"

（李志军）

虔州处微禅师

六句外

僧问："三乘十二分教，体理得妙。与祖意是同是别？"师曰："须向六句外鉴，不得随声色转。"

曰："如何是六句？"师曰："语底，默底，不语，不默，总是，总不是。汝合作么生？"僧无对。

（《指月录》卷十一）

〔鉴赏〕 中国传统经典《周易》中的"易"有"变易"，"不易"，"简易"之意。如果将易禅并说，那"变易"，就是佛教说的因缘和合，缘起缘灭的生灭法，现象世界。"不易"，就是《心经》中"不来不去，不垢不净，不增不减"的诸法实相，宇宙的本体，万物的空性。你以"空"的心境，站在本体的高度看现象，无论如何千变万化，都一目了然，这就是"简易"。所以，《系辞》说："《易》无思也，无为也，寂然不动，感而遂通天下之故。"用禅宗的话说，就是"无所住而生其心"。用《庄子》的话说，就是"得其环中，以应无穷"。一个禅者，人生的每一步都踩在脚下，是易学的最高境界，生不求上天堂，死不怕下地狱，这就叫

“善易不占”。

其实，易也好，禅也好，祖师西来意也好，三乘十二分教也好，最终的目标，都是要站在那一个不生不灭、不来不去、无思无为的永恒的“点”上。这一个“点”，只能体会，不是实存，就是空性，也就是庄子的“环中”。“语底，默底，不语，不默，总是，总不是”，都是变化无穷的现象。面对现象，心在“环中”，这就是佛陀借给你的一双“慧眼”。在声色之中追逐声色，只能像崔健一样感叹：“不是我不明白，这世界变化快！”

读过经书，或者对禅宗有所了解的人，大都知道文殊菩萨说法，维摩诘居士默然的典故，明白禅“不立文字，不离文字”的道理。但不知道，所有这些，都依然不过是表面的现象而已。

最根本的是“环中”。

这位僧人是个初学者，迷惑于祖师所传的心印与佛祖所说的那么多经书，到底是不是一回事。所以处微禅师告诉他：“须向六句外鉴，不得随声色转。”

在“语底，默底，不语，不默，总是，总不是”之外，你站在什么地方？

（李志军）

湖南祇林和尚

贼不打贫儿家

每叱文殊普贤皆为精魅，手持木剑，自谓“降魔”。

才见僧来参，便曰：“魔来也！魔来也！”以剑乱挥，归方丈。

如是十二年，后置剑无言。

僧问：“十二年前为甚么降魔？”师曰：“贼不打贫儿家。”

曰：“十二年后为甚么不降魔？”师曰：“贼不打贫儿家。”

（《指月录》卷十一）

〔**鉴赏**〕 小时候读《西游记》,常为孙悟空最终不能打死妖怪而遗憾不已。妖怪祸害人间,千方百计要吃唐僧肉。每一次遇见妖怪,唐僧都是九死一生,孙悟空弟兄们都是以命相搏,千辛万苦。眼看就要一棒结束妖怪性命的时候,就有神仙及时出现了。这个妖怪,不是天上私自下凡的仙灵,就是诸佛菩萨的宠物。

后来才知道,这些妖怪和佛祖原来是在演双簧戏,故意考验唐僧师徒的毅力,磨炼他们的意志。再后来,明白了《西游记》是在讲修行者明心见性的心路历程。孙悟空的花果山就是一个"心"字,他学艺的"灵台方寸山,斜月三星洞"、灵台、方寸都是"心","斜月"是一横弯勾,加上三个小星星,就是一个"心"字。悟空就是一个不安分守己的"心猿"。

佛教的"魔",都是"心魔"。心生,种种魔生;心灭,种种魔灭。佛与魔,都是心中的一念之差。若不信,就请看《西游记》第十七回《孙行者大闹黑风山 观世音收伏熊罴怪》。孙悟空请观音菩萨变作黑熊精的朋友凌虚子,自己变作仙丹,带入洞去。

尔时菩萨乃以广大慈悲,无边法力,亿万化身,以心会意,以意会身,恍惚之间,变作凌虚仙子。

行者看了,还拿观音菩萨开涮:"妙啊!妙啊!是妖精菩萨,还是菩萨妖精?"

菩萨笑道:"悟空,菩萨妖精,总是一念。若论本来,皆属无有。"

一念不悟,菩萨就是妖精;一念悟时,妖精亦是菩萨。行者心下顿悟,转身就变做一粒仙丹。这个仙丹,乃是"走盘无不定,圆明未有方"的妙明真心。

佛家的降魔,就是修心。

慧能的师兄神秀有个弟子叫"降魔藏"禅师,也就是前面赵州公案"吃茶去"里面介绍过的寺院禅茶的创始人。当时旷野多妖鬼,魅惑于人。他年少无畏,故得"降魔"之名。他拜见神秀,秀问:"你名叫'降魔'。而我这里并无山精木怪,你翻作魔吗?"他答:"有佛有魔。"神秀说:"你若是魔,必住不思议境界。"降魔禅师答道:"是佛亦空,何境界之有!"

正所谓"贼不打贫儿家",香严智贤禅师有偈子云:"去年贫,贫无立锥之地,今年贫,锥也无。"魔亦空,佛亦空,一贫如洗。"本来无一物,何处若尘埃?"自然天下无贼了。

"十二年前降魔",是因为禅师心中有魔,无论文殊还是普贤,统统都是妖魔。《西游记》中,文殊菩萨的狮子,普贤菩萨的大象,还有如来佛祖的舅舅大鹏金翅鸟,都是曾经惑乱唐僧师徒心性的妖魔。

"十二年后不降魔",是因为禅师的眼中,妖魔、僧人,文殊、普贤,都是菩萨。

(李志军)

陆亘大夫

南泉出鹅

宣州刺史陆亘大夫问南泉:"古人瓶中养一鹅,鹅渐长大,出瓶不得。如今不得毁瓶,不得损鹅,和尚作么生出得?"

泉召大夫,陆应诺。泉曰:"出也。"

陆从此开解,即礼谢。

暨南泉圆寂,院主问曰:"大夫何不哭先师?"陆曰:"院主道得即哭。"院主无对。

(《五灯会元》卷四)

〔**鉴赏**〕 2008年,有书法家曾做了一系列的"写个囚"的行为艺术。在长长的宣纸上笔墨淋漓地写,在木制的囚笼里正襟危坐地写,在无数的鸡蛋上写,在气球上写,赤身裸体地写,穿着自己书写的囚服写——形形色色的方格子里面的"人"——困兽,囚犯。

他以此表明其观点:我们生活在一个与自我生命无关的"囚境"里,我们实际上被自我追求的与社会营构的虚假幻相所"囚禁"却茫然不觉!

几乎是同时,在美国芝加哥,一名在伊拉克出生的艺术家也将自己装进了一个囚笼里面,要居住一个月,参观者可以使用彩弹球朝他射击,通过此举表明伊拉克的每个日夜都在躲避子弹的袭击。

人生究竟怎么了?世界究竟怎么了?

中国的古人会如何处理现实人生之困境呢?

唐代的陆亘大夫,抱着与现代人同样的苦恼,问南泉普愿禅师:“古人瓶中养一鹅,鹅渐长大,出瓶不得。如今不得毁瓶,不得损鹅,和尚作么生出得?”

南泉不作声,突然叫到:“大夫!”陆亘应声而答。南泉说:“出来了!”陆亘即此悟入。

南泉圆寂。院主不满地问:“大夫何不哭先师?”陆亘说:“院主道得即哭。”院主无言以对。

陆亘的心境颇似《庄子》里面的一个观点,即:方内之人,以一己之身为身,深陷牢笼之内。方外之人,“以无为首,以生为脊,以死为尻”,知生死存亡之一体者,故安时而处顺,哀乐不能入也。

陆亘的思想还真的与《庄子》有渊源。

陆亘(764—834),字景山,吴郡吴县(今江苏苏州)人。历刺兖、蔡、虢、苏四郡,迁越州刺史、浙东团练观察使,移宣歙观察使。

陆亘大夫久参南泉普愿禅师,喜读《肇论》。僧肇为晋时高僧,为鸠摩罗什门下“四哲”之一。幼年好读庄老,后因抄写《维摩诘经》,有悟处。后随罗什翻译研习大乘般若经典,错综庄老,乃造《肇论》四篇。论中道:“夫至人空洞无象,而万物无非我造。会万物为自己者,其唯圣人乎!”虽有神,有人,有贤,有圣,各别而皆同一性一体。尽乾坤大地,只是一个自己。

一日,陆亘读到“天地与我同根,万物与我一体”,心中豁然感动,便问南泉:“师父,甚为奇特!”南泉手指庭前花,召大夫云:“时人见此一株花,如梦相似!”

未曾悟道者,见花如在梦境,并不真实,因为他与花保持着距离。悟道者,则视花与己本来同一道体,平等一如,立处即真。

对于庄子、禅僧,世人多有误解,认为他们的思想虚无枯寂。其实世人追逐的，只是现象界的转瞬即逝的声色利益；唯有打破人我、物我的“囚笼”，游心方外，与永恒的天地精神融为一体，才是最实在最活泼的生命。由此陆亘终于彻悟。

（李志军）

芙蓉灵训禅师

一翳在眼，空华乱坠

初参归宗，问：“如何是佛？”宗曰：“我向汝道，汝还信否？”

曰：“和尚诚言，安敢不信？”宗曰：“即汝便是。”

师曰：“如何保任？”宗曰：“一翳在眼，空华乱坠。”

（《五灯会元》卷四）

〔鉴赏〕 这个公案并不难理解，关键在于是否能够用心去亲切体会。

芙蓉灵训禅师抱着见性成佛的崇高理想来到庐山，拜见大名鼎鼎的归宗智常禅师。连声称“大唐国里无禅师”的黄檗希运，唯独对归宗敬佩三分。

灵训参见归宗，开口就问：“如何是佛？”归宗看他太严肃了，开起了玩笑：“我向你说，你相信吗？”灵训说：“和尚诚言，小僧哪敢不信？”归宗说：“你就是佛。”

灵训当然明白“即心即佛”的道理，但是怎样才能寻找到，才能守住自己的“清净心”呢？

归宗以喻说明：“一翳在眼，空华乱坠。”一味追求成佛，反而搅乱了原本清净的自心。再美丽贵重的金屑，掉进眼里，都使人满眼金星。

（李志军）

五台智通禅师

师姑元是女人作

初在归宗会下,忽一夜连叫曰:"我大悟也。"众骇之。

明日上堂众集。宗曰:"昨夜大悟底僧出来。"师出曰:"某甲。"

宗曰:"汝见甚么道理,便言大悟? 试说看。"师曰:"师姑元是女人作。"

宗异之,师便辞去。

宗门送,与提笠子。师接得笠子,戴头上便行,更不回顾。

(《五灯会元》卷四)

〔鉴赏〕 许多重要的理论其实都是在告诉人们简单的事实。而在禅师看来,无上神圣的佛法其实也很简单。

五台智通禅师投在归宗智常门下参禅。忽一夜,连声大叫:"我大悟了!我大悟了!"众人骇然。但这个大悟是什么呢? 即智通说的:"师姑原来是个女人。"

就连神通广大的归宗禅师也惊得瞠目结舌。

智通起身告辞。归宗亦印证了智通的领悟,为他提笠子送行。从此,智通自称"大禅佛"。后居五台山法华寺,临终有偈曰:"举手攀南斗,回身倚北辰。出头天外看,谁是我般人?"

"师姑原来是个女人!"越是平常的道理,越是不平常,智通悟的,当然不是师姑是不是女人,而是真如佛性不变的道理,但这种道理难以用语言表达清楚,不如一句"师姑原来是个女人"来得微妙而传神。

"师姑原来是个女人",仅仅发现了这样"一个简单的事实",便使得智通禅师翘首天外，掌玩乾坤！

（李志军　宋海霞）

镇州普化和尚

辅佐临济

尝暮入临济院吃生菜。济曰："这汉大似一头驴。"师便作驴鸣。济谓直岁[①]曰："细抹草料着！"师曰："少室人不识，金陵又再来。临济一只眼，到处为人开。"

（《五灯会元》卷四）

临济一日与河阳木塔长老同在僧堂内坐，正说师每日在街市掣风掣颠，知他是凡是圣？师忽入来。济便问："汝是凡是圣？"师曰："汝且道我是凡是圣？"济便喝。师以手指曰："河阳新妇子，木塔老婆禅。临济小厮儿，却具一只眼。"济曰："这贼。"师曰："贼！贼！"便出去。

（《五灯会元》卷四）

〔注释〕 ① 直岁：直者当也，当一岁之干事，故称。

〔鉴赏〕 凡开创一番大事业者，总有一个先驱在。六祖慧能在岭南，印宗法师为他落发，然后请他登坛弘法。

相传仰山慧寂有未卜先知的神通。义玄还没出师时，到大沩山做客，弟兄两个闲聊。仰山说："老兄向后北去，有个住处。"义玄说："哪里有这么的好事？"仰山说："但去无妨。会有一人辅佐你。此人只是有头无尾，有始无终。"

这个人就是普化禅师。

如果说高僧是世外高人的话，普化禅师则是高僧中的世外高人。他通天彻地，比布袋和尚更像下凡的未来佛。

普化是马祖道一的高足盘山宝积禅师的弟子。盘山将圆寂，问众人："有人会为我写真吗？"众人纷纷将所画像呈上，皆不契师意。

普化站出来说："我能画得。"盘山说："何不呈似老僧？"普化打着筋斗就出去了。盘山笑道："这个家伙向后掣风狂去了！"

普化禅师在北方行化。或在城市，或在冢间，摇着铃唱："明头来，明头打。暗头来，暗头打。四方八面来，旋风打。虚空来，连架打。"

一日，临济让僧人捉住他，问："什么都没有来时如何？"普化推开他说："过两天，大悲院里有斋吃。"临济说："我从来疑着这汉。"

普化要"打"的是心头的挂碍。临济义玄的"江山"就是这样"打"出来的。临济上堂云："如诸方学道流，未有不依物出来底。山僧向此间从头打，手上出来手上打，口里出来口里打，眼里出来眼里打。未有一个独脱出来底，皆是上他古人闲机境。山僧无一法与人，只是治病解缚。"

一天晚上，普化进入临济院内吃生菜。临济见云："普化大似一头驴。"普化便作驴鸣。

"普化驴鸣"，也是一个著名的公案。冯学成先生曾有解读："'吃生菜'，今僧人修头陀苦行者亦间有之。临济见云：'普化大似一头驴'，亦南泉、沩山'水牯牛'之谓也。能力行之，若非入'无我'之境，孰能当之？'普化作驴啼'，于中得自在也。洞宗有偈云：'头脚混泥尘，分明露此身。绿杨芳草岸，何处不称尊。'此偈是为'异类中行'之写照也。"

临济对直岁说："好好用草料伺候！"是对普化的逍遥自在的赞赏。

普化说："少室人不识，金陵又再来。临济一只眼，到处为人开。"

普化将自己比喻为孤独的达摩祖师，而视师侄义玄为知己。

有一日，临济与河阳、木塔二位长老同在僧堂内坐，正说着普化每日在街市掣风掣颠，不知他是凡是圣。普化忽然进来了。临济便问："你到底是凡是圣？"普化反问："你且道我是凡是圣？"

临济奋起神威，大喝一声。普化则轻描淡写地用手指着说了几句。

临济无奈，说："这贼。"普化说："贼！贼！"便走了出去。

临济同普化一起赴施主斋。临济问："毛吞巨海，芥纳须弥，是神通妙用？

还是法尔如然?"普化一脚踢翻饭桌。临济说:"太粗鲁了!"普化骂道:"这里是甚么地方!说粗说细?"

次日又同赴斋。临济又问:"今日供养,何似昨日?"普化又飞起一脚,踢翻饭桌。临济苦笑:"得即得,太粗鲁了。"普化喝道:"瞎汉!佛法说甚么粗细?"

棒喝天下的临济义玄只有吐舌。南堂兴禅师颂云:"掣颠掣狂普化,张口吐舌临济。共展大机大用,漏泄祖师关捩。南山鳖鼻添牙,焦尾大虫插翅。"

一日,临济义玄向普化、克符二位上座说:"我欲于此建立黄檗宗旨,请二位帮助我。"二人珍重下去。三日后,普化却上来问:"和尚三日前说甚么?"临济便打。又三日后,克符上来问:"和尚前日打普化作甚么?"临济亦打。

普化之颠狂,神鬼莫测,遐迩闻名。克符上座不衣丝绵,常服纸衣,号"纸衣和尚",也是一位特立独行的异僧。临济义玄打得二人服服帖帖,真是骇人耳目。

至晚小参,临济义玄禅师说了著名的临济宗旨——"四料拣":

"有时夺人不夺境,有时夺境不夺人,有时人境两俱夺,有时人境俱不夺。"

普化不仅辅佐义玄创建临济宗,自己也有一代一代的追随者。在日本,有个禅宗支派,叫"普化宗"。其僧被称为"虚无僧",又称"普化僧"、莽薗破裸、暮露、梵论、梵论子等等。此宗无所依之经典,唯十分崇拜普化禅师。虚无僧不着僧衣,头戴名为"天盖"之深草笠,口吹尺八竹箫,颈挂袈裟及方便囊,行乞诸方。江户时代,普化宗成为武士修行之宗派,非武士者不得入门,虚无僧遂多为勇士浪人。

(李志军)

振　铎

凡见人无高下,皆振铎一声,时号"普化和尚"。或将铎就人耳边振之。或拊其背,有回顾者,即展手曰:"乞我一钱。"

(《五灯会元》卷四)

唐咸通初,将示灭,乃入市谓人曰:"乞我一个直裰。"人或与布袄，或与布裘，皆不受，振铎而去。

临济令人送与一棺。师笑曰："临济厮儿饶舌！"便受之。

乃辞众曰："普化明日去东门死也。"郡人相率送出城。师厉声曰："今日葬不合青鸟[①]。"乃曰："明日南门迁化。"人亦随之。又曰："明日出西门，方吉。"人出渐稀。出已还返，人意稍怠。

第四日，自擎棺出北门外，振铎入棺而逝。

郡人奔走出城，揭棺视之，已不见，唯闻空中铎声渐远，莫测其由。

（《五灯会元》卷四）

〔注释〕 ① 青鸟：指青乌子，传说中的古代堪舆家。一说"鸟"系"乌"字之讹。

〔鉴赏〕 "春雨楼头尺八箫，何时归看浙江潮？芒鞋破钵无人识，踏过樱花第几桥！"

在迷蒙细雨中，一代诗僧苏曼殊倚靠在日本民居的小楼上，正听着百助用尺八吹奏着《春雨》曲，引出了无尽的人生孤独和梦幻般的乡愁。

尺八，是中国古老的竖吹管乐器。史书记载，黄帝令伶伦伐昆仑之竹作笛（笛早期为竖吹）。其实，河南舞阳贾湖遗址出土的骨笛，距今约 9 000 年。东汉时，蔡邕曾运用音律原理制作了律笛。唐太宗为了统一律制，命乐官吕才重定乐律。吕才根据律笛中黄钟笛的一尺八寸为标准，统将笛称为"尺八"。盛唐时期，遣唐使将尺八带回日本。至今，在日本奈良正仓院东大寺仍保存有八支"唐尺八"。

宋时，一位叫觉心的日本和尚来到中国，在护国寺拜高僧无门慧开为师学习禅法，并从同门张参居士学会了尺八名曲《虚铎》。公元 1254 年，觉心告别无门慧开，带着无门禅师所送的达摩、寒山、拾得三帧像赞，和张参的四位高足同船返日，传习尺八技艺，延续至今，称为"普化尺八"。

普化是一位音乐天才。他吹不吹尺八不知道，但绝对是个一流的振铎（即摇铃）高手。凡见人无高下，皆振铎一声，时号"普化和尚"。或将铎就人耳边振之。或拊其背，有回顾者，即展手曰：“乞我一钱。”整天手不失铎，边走边摇，边摇边唱。直摇得临济义玄惊疑不定，直唱得道吾宗智张口无言。

普化是带着美妙的铃声离开娑婆世界的。

第二个公案就讲了普化在示灭之际的行为：接受了临济义玄送与的一口棺材。

当日告别众人：“普化明日去东门死也。”郡人相率送出城。普化厉声道：“今日葬不合青乌。明日南门迁化。”

次日，人们又跟随着他。普化又曰：“明日出西门，方吉。”跟在后面看热闹的人渐渐少了。第三日，又是出去回来。大家以为，平日里他就疯疯癫癫，这次仍是在开玩笑。

第四日，普化自己举着棺材，出北门外，振铎入棺而逝。

郡人奔走出城，揭棺视之，人已不见，唯闻空中铎声渐远，莫测其由。

普化的铎声永远消失了，然而他的禅法与音乐的完美结合，却在尺八中流淌了千年。

河南府的居士张伯，十分仰慕普化铎音的优美，请求普化收为弟子，遭到拒绝。张伯整天跟在普化的身后，用心体会。张伯素善笛艺，于是削竹制笛，模仿铎音吹曲，取名《虚铎》。尺八音色苍凉辽阔，又能表现空灵恬静的意境。《虚铎》也成为张伯的传家宝，代代相传。第十六代传人，即是觉心的尺八师父张参。

觉心回到日本后，建兴国寺，立“普化宗”。将尺八吹奏融入修禅，称为“吹禅”。因当年普化禅师喜欢边摇边唱：“明头来，明头打。暗头来，暗头打。四面八方来，旋风打。虚空来，连架打。”普化宗即以“坐断明暗两头，通彻明暗不到之处，然后方可以一枝竹箫，得转大法轮”作为“本则”，借吹奏方式，期身心修入虚灵幽妙妙境，拈得明暗双打之自在境，倡说虚无吹断为禅那至上之法。觉心传尺八禅法于寄竹禅师。寄竹以下的第五代是僧“虚无”。他开始规定了衣服规格，制出“天盖”僧帽、挂络、副子等，并且发明叫作“雾海篪”“虚空篪”的两个曲子，吹箫流浪四方。据说，“虚无僧”的名称就是从他开始的。镰仓时代，有僧朗庵，人称“普化道者”，常吹尺八自娱，后住京都妙安寺，弟子无数。“普化尺八”传遍了整个日本，并发展为“现代尺八”。

（李志军）

寿州良遂禅师

良遂知处

参麻谷[①]。谷见来，便将锄头去锄草。师到锄草处，谷殊不顾，便归方丈，闭却门。

师次日复去，谷又闭门。师乃敲门，谷问：“阿谁？”师曰：“良遂。”

才称名，忽然契悟曰：“和尚莫谩良遂，良遂若不来礼拜和尚，洎被经论赚过一生。”

谷便开门相见。

乃归讲肆，谓众曰：“诸人知处，良遂总知。良遂知处，诸人不知。”

（《五灯会元》卷四）

〔注释〕 ① 麻谷：指麻谷宝彻禅师，马祖道一禅师的法嗣，后住持蒲州（治今山西永济南蒲州镇）麻谷山。

〔鉴赏〕《我们从哪里来？我们是谁？我们到哪里去？》是高更创作生涯中最大的一幅油画，完成于1897年2月。高更说：“在我临终以前我已把自己的全部精力都投入这幅画中了。这里有许多我在种种可怕的环境中所体验过的悲伤之情，把我眼睛看到的不经校正地真切地描绘出来，以致一切轻率仓促的痕迹荡然无存，它们看见的就是生活本身。”

到塔希提放逐自己的高更，想要寻求的并不仅仅是原始质朴的生活和美丽的自然景观，更是为了寻求人类混沌生命的本质。这件作品是高更对生命意义的追问。

“我是谁？我从哪里来？我到哪里去？”

这是一个一思考就令人恐惧，乃至让人疯狂的问题。但是，人人都会思考它，无法停止思考也是人有别于动物之处了。

如是我闻。一时，释迦牟尼佛在菩提树下静坐，睹明星而悟道后，第一句话即是：“奇哉！奇哉！一切众生皆有如来智慧德性。只因妄想执着，不能证得。”

我们本来是佛。我们来自佛。最终要走向佛，脱离轮回，走向永恒。

和无数的出家人一样，良遂禅师四处拜见高僧，寻求解脱成佛之道。久闻麻谷宝彻禅师大名，便风尘仆仆来到山西蒲州麻谷山。

麻谷看见，不等良遂行礼，便扛起锄头去田里锄草。良遂不舍，赶到田野。麻谷看都不看他一眼，又回了方丈，并把门也给关上了。第二天，良遂又去拜见麻谷，仍旧吃了闭门羹。良遂上前敲门。麻谷明知故问：“谁？”良遂答道：“良遂。”

我是良遂！

刚刚说出名字，良遂忽然恍然大悟。他大声说：“和尚莫要逗良遂了。良遂若不来礼拜和尚，枉自被经论骗过一生。”麻谷便开门相见。

我们的世界本来干干净净，我们的本性本来干干净净。自从来到世界的那一刹那，便被外在的色、声、香、味、触所吸引。随着年龄的增长，受到的诱惑越来越多，以至于本性迷失，良心泯灭。佛祖出世，指明了我们的心灵家园。如果在回家的路上，依然是向外追求的话，只会误入歧途，渐行渐远。故临济义玄三次参黄檗，三次被打，云门文偃三次敲睦州禅师之门，被强行推出时甚至扭伤脚踝，都是在告诉他们：佛性就在你的身上，佛法就在你的智慧之中，不要舍本逐末，向外找寻了。

良遂回到讲肆，向众人宣布：“诸人知处，良遂总知。良遂知处，诸人不知。”

（李志军）

龟山智真禅师

示众偈

敕命如雷下翠微，风前垂泪脱禅衣。
云中有寺不容住，尘里无家何处归？

明月分形处处新，白衣宁坠解空人。
谁言在俗妨修道，金粟①曾为居士身。

忍仙②林下坐禅时，曾被歌王割截肢。
况我圣朝无此事，只令休道亦何悲。

(《五灯会元》卷四)

〔注释〕 ① 金粟：传说为维摩诘(净名)居士之前身。 ② 忍仙：即忍辱仙人。出自大《大涅槃经》与《毗婆沙论》。相传释尊前世曾为忍辱仙人，在南天竺国富单罗地的山中修行。某日，国王歌利率领宫女及随从到山上云游猎。游玩倦了，就地休息，不觉入梦。宫女众人见王熟睡，便各自随意走动，行至一茂林中，见一仙人，相貌端严，坐禅入定，便纷纷跪下，请求仙人给她们讲道。歌利王凶残暴戾，见状大怒，割下菩萨的耳朵、鼻子，斩断菩萨的手足。菩萨的面容不变，依然和颜悦色，说："若我真无嗔恨心念，愿我被肢解的身体能恢复如故。"他的身体立即恢复原状，一无所损。菩萨发愿道："未来世时，我成正觉，第一个就度你大王！"歌利王放下利剑，惊恐跪下，哀求忏悔。国王就是佛陀初成正觉后，初度的五比丘之一的憍陈如尊者。

〔鉴赏〕 与一般的禅诗不同，这是龟山智真禅师在"会昌法难"中，被迫还俗时，所写的三首偈子。

智真禅师(782—865)是扬州人，俗姓柳，受业于本州华林寺。唐元和元年(806)，在润州丹徒(今属江苏镇江)天香寺受戒。智真不习经论，唯慕禅法。拜谒章敬怀晖禅师。

章敬问："何所而至？"智真答："至无所至，来无所来。"

这个答问有点像永嘉大师拜见六祖慧能。章敬禅师默然无语，印可了智真禅师已经证悟的境界。

长庆二年(822)，智真与正原禅师同游福建建阳，应邀住持东禅寺。开成元年(836)，应长溪邑人陈亮、黄瑜之请，前往福建龟山开法讲禅。

龟山智真禅师是一位锦心绣口的诗僧，上堂示众出口成章："动容瞬目，无出当人。一念净心，本来是佛。"乃说偈云：

"心本绝尘何用洗，身中无病岂求医？欲知是佛非身处，明鉴高悬未照时。"

高悬未照的明镜，就是隐藏在你身上的古佛之心。

开成五年(840)，唐武宗即位，改年号为会昌。武宗崇尚道教，迷信长生之术。为炼仙药，甚至"令诸道进年十五岁童男童女心胆"。同时，大肆废除佛寺，沙汰僧尼。

智真的三首偈子就是作于此时。

第一首描述初闻大难临头，犹如晴天霹雳，禅僧们无所适从，只好含泪脱掉僧衣的场面。不仅文辞优美，意境空灵，而且感情真挚，契情契景。"云中有寺不容住，尘里无家何处归？"把出家人的绝望、无奈、悲愤描绘得淋漓尽致，如放在《唐诗三百首》或者《千家诗》里面，亦堪称佳句。

第二首偈子，写心态的转化。"山重水复疑无路，柳暗花明又一村"，我无法改变厄运，但是能在厄运中挺立起来。无论处于什么样的环境条件下，一心向善、勇猛精进的修行之路是不会改变的。况且，"千江有水千江月，万里无云万里天"，佛性无所不在，就如月照江水，无处不映。"明月分形处处新，白衣宁坠解空人。"无论是在僧在俗，只要有心学佛，都会像维摩诘居士那样，达到万里晴空，天心月圆的无上境界。

《维摩诘经》，是最受人欢迎的佛经之一。维摩诘是古印度毗舍离城的一个富翁，家有万贯，奴婢成群。妻子貌美，名叫无垢，有一双儿女，子名善思童子，女名月上女，皆具宿世善根。一家四口，平日以法自娱。维摩诘居士勤于攻读，虔诚修行，正念真如，亲证空性，处相而不住相，对境而不生境。他佛法精深，辩才无碍，为度化声闻二乘人，示现生病。因担心遭到呵斥，佛陀的众弟子、菩萨甚至不敢探望。即便智慧第一的文殊师利菩萨，也稍逊一筹。维摩诘居士倡导"佛在世间觉"的不二法门，即烦恼即菩提，不离生死而住涅槃，是读书人心目中的偶像。有"诗佛"之称的大诗人王维的字"摩诘"便源于此。李白《答湖州迦叶司马问白是何人》云："青莲居士谪仙人，酒肆藏名三十春。湖州司马何须问，金粟如来是后身。"预言自己将来会像维摩诘居士一样成为金粟如来的化身。

第三首偈诗中用了忍仙的典故。释迦牟尼佛在前世行菩萨道为忍辱仙人时，曾遭残暴凶戾的歌利王无端截割肢体。国王的暴行，恰是修行忍辱波罗蜜的助缘。"况我圣朝无此事，只令休道亦何悲？"比起佛陀前世的遭遇，情况好多了，就更应该远离嗔恨，修习无念、无相、无住之无上大法。

佛法在世间。灭佛运动不仅没有摧毁智真禅师的信念，反倒使他的心灵境界更上一层楼，实现了从真空到妙有的转化。等到唐宣宗继位，复兴佛教，被逼还俗的僧人纷纷回归山林，而智真禅师却再也没有出家为僧，而是以居士身坚持弘法修道，盛名远播。咸通六年(865)终老于福建建阳龟山，寿84岁。唐懿宗敕谥号"归寂禅师"，塔号"秘真"。

（李志军）

荐福弘辩禅师

辩对七刻

唐宣宗问："禅宗何有南北之名？"对曰："禅门本无南北。昔如来以正法眼付大迦叶，展转相传，至二十八祖菩提达磨，来游此方初祖。暨第五祖弘忍大师在蕲州东山开法。时有二弟子：一名慧能，受衣法，居岭南为六祖；一名神秀，在北扬化。其后神秀门人普寂者，立秀为第六祖，而自称七祖。其所得法虽一，而开导发悟有顿渐之异，故曰南顿北渐，非禅宗本有南北之号也。"

帝曰:"云何名戒?"对曰:"防非止恶谓之戒。"

帝曰:"云何为定?"对曰:"六根涉境,心不随缘名定。"

帝曰:"云何为慧?"对曰:"心境俱空,照览无惑名慧。"

帝曰:"何为方便?"对曰:"方便者,隐实覆相权巧之门也。被接中下,曲施诱迪谓之方便。设为上根言,舍方便但说无上道者,斯亦方便之谭。乃至祖师玄言,忘功绝谓,亦无出方便之迹。"

帝曰:"何为佛心?"对曰:"佛者西天之语,唐言觉。谓人有智慧觉照为佛心。心者佛之别名,有百千异号,体唯其一,无形状,非青黄赤白、男女等相,在天非天,在人非人,而现天现人,能男能女,非始非终,无生无灭,故号灵觉之性。如陛下日应万机,即是陛下佛心。假使千佛共传,而不念别有所得也。"

帝曰:"如今有人念佛如何?"对曰:"如来出世为天人师,善知识随根器而说法,为上根者开最上乘顿悟至理。中下者未能顿晓,是以佛为韦提希[①]权开十六观门,令念佛生于极乐。故经云:'是心是佛,心外无佛,佛外无心。'"

帝曰:"有人持经念佛,持咒求佛,如何?"对曰:"如来种种开赞,皆为最上一乘。如百川众流,莫不朝宗于海。如是差别诸数,皆归萨婆若[②]海。"

帝曰:"祖师既契会心印,金刚经云'无所得法',如何?"对曰:"佛之一化,实无一法与人。但示众人,各各自性,同一法藏。当时然灯如来但印释迦本法而无所得,方契然灯本意。故经云:'无我无人,无众生,无寿者,是法平等,修一切善法,不住于相。'"

帝曰:"禅师既会祖意,还礼佛转经否?"对曰:"沙门释子，礼佛转经，盖是住持常法，有四报焉。然依佛戒修身，参寻知识，渐修梵行，履践如来所行之迹。”

帝曰：“何为顿见？何为渐修？”对曰：“顿明自性，与佛同俦。然有无始染习，故假渐修对治，令顺性起用。如人吃饭，不一口便饱。”

师是日辩对七刻，赐紫方袍，号圆智禅师，仍敕修天下祖塔，各令守护。

（《五灯会元》卷四）

〔注释〕 ① 韦提希：摩揭陀国的王后，生出弑父的太子阿阇世。佛陀为她说十六观。韦提希得到佛的加持力，通过观想法，看见阿弥陀佛，往生极乐世界。见《观无量寿经》。 ② 萨婆若：梵语，又译为“萨般若”，意译为“一切智”，指了知内外一切法相之智，即指佛智而言。而以海比喻一切智之广大，称为“萨婆若海”。

〔鉴赏〕 杜甫《可叹》云：“天上浮云似白衣，斯须改变如苍狗。”人间万事皆如此，无上佛法的遭遇亦不例外。

自从佛教传入中国，至唐代达到巅峰。在京师，在宫廷，华严、唯识、密宗、禅宗、净土、律宗等等，可谓是百花齐放，竞艳争芳。祖琇在《隆兴编年》卷十五说：“吾释之盛，莫盛于唐，凡三百年间，以道德为天下宗师者不可悉数。”各宗高僧被尊为国师的，有华严宗的澄观、法藏，密宗的金刚智、不空，净土宗的法照，禅宗的神秀、老安，以及南阳慧忠，等等。

然而，到了唐武宗时期，在道士赵归真的鼓动和李德裕的支持下，会昌二年(842)，唐武宗开始没收寺院财产；次年，唐武宗下“杀沙门令”，仅因为谣传有藩镇的奸细假扮僧人藏在京师，京兆府在长安城中打杀的裹头僧就有三百余人。会昌四年(844)，敕令尽拆大型寺院、佛堂，勒令僧尼还俗；会昌五年(845)，唐武宗勒令中国东西二都可以留寺两所，天下各节度使治所留寺一所，其它寺庙全部拆毁，僧尼全部还俗。为唐王室收缴了良田数千万顷，强迫还俗的僧尼约二十六万人，拆寺四千六百所，兰若(私立的僧居)四万所。史称“会昌法难”。

第二年武宗死，宣宗即位。宣宗皇帝早年曾因宫廷斗争而流落民间。据《宋高僧传》《黄檗宛陵录》等史料记载，他曾与杭州盐官齐安国师、黄檗希运大师均有交往。即位后，复兴佛教。

此时的京师，唯识、华严、密宗等诸宗及禅宗北宗、禅宗南宗荷泽神会一系相继衰微，马祖道一的洪州禅异军突起，门下的鹅湖大义、佛光如满、章敬怀晖、兴善惟宽等曾先后应诏进京，传洪州禅法，使“两宫祟重，道俗宗仰”。“会昌法难”后，洪州一系继续在长安弘法，其中最著名的是京兆府荐福寺的弘辩禅师。

弘辩，一作弘辨，京兆府章敬寺怀晖禅师的弟子。按《释氏稽古略》等记载，弘辩于大中五年(851)正月应诏入内，回答宣宗的提问，诏对七刻之久。

“辩对七刻”共有十一问、十一答，涉及宗门、修行、弘法等方面的问题。这些问题，不仅当时的人们不甚了了，也一直是一般初学禅者混沌不清的问题。

宣宗首先问：“禅宗何有南北之名？”

随着《坛经》的广为流传，神秀与慧能呈偈竞争以求衣钵的故事为人们所津津乐道，其事实并非那么简单，也没有那样富有传奇性。史称，弘忍徒众千百，得其法者十余人，声名显赫、有资可查的有法如、神秀、老安、玄赜、慧能等，在弘忍之后，大江南北，分头弘法。神秀、老安、玄赜等都曾应召入京，于东都广开禅门。慧能则在边远的岭南行化。《召曹溪慧能入京御札》载神秀和老安向中宗推举慧能：“南方有能禅师，密受忍大师衣法。”慧能无意荣光，不愿应旨晋京。中原地区以神秀一系为主，“中宗闻秀高年，特下制令普寂代本师统其法众”，就像荐福所言，“神秀门人普寂者，立秀为第六祖，而自称七祖”。

慧能弟子神会，来到北方发展，欲振六祖之风，便对神秀一系禅法进行攻击。开元二十年(732)，设无遮大会于河南滑台大云寺，与山东崇远论战，指斥神秀一门“师承是傍，法门是渐”，确立南宗慧能一系之正统传承与宗旨。著《显宗记》，定南北顿渐两门，即以南能为顿宗，北秀为渐教，“南顿北渐”之名由是而起。此后更形成争夺法统的紧张：“顿渐门下，相见如仇雠；南北宗中，相敌如楚汉。”(《禅源诸诠集都序》)安史之乱，神会主坛度之事，所获财帛悉充郭子仪军需。乱平后，肃宗诏他入宫内供养，并建造禅宇于荷泽寺中，诏请住之，故世称荷泽大师。贞元十二年(796)，皇太子集诸禅师，楷定禅门之宗旨，遂以神会为禅宗第七祖。同时，慧能的其他弟子，尤其是马祖道一与青原行思等人，儿孙人才济济，更鲜明地张扬顿悟法门的禅风，日益成为中国禅风的主流。

荐福弘辩之答对，除“西天二十八祖”的谱系不可考外，基本符合禅宗玄旨与客观史实。神秀禅法虽讲渐修，也讲顿悟。神秀《大乘无生方便门》说：“一念净心，顿超佛地”，“悟在须臾，何须皓首”。门下确有不少弟子“豁然自证，禅珠独照”，“皆证佛心也”。慧能虽“唯传顿教法门”，同时也说：“法无顿惭”，“法即一种”，“法无不一”，南北两宗都是一样的。《坛经》中说：“世人尽言南能北秀，未知根本事由。……法即一宗，人有南北，因此便立南北”，“何以渐顿，法即一种，见有迟疾，见迟即渐，见疾即顿。法无渐顿，人有利钝，故名渐顿”，“法无顿渐，人有利钝，迷即渐契，悟人顿修，自识本心，自见本性”。荐福说：“其所得法虽一，而开导发悟有顿渐之异，故曰‘南顿北渐’，非禅宗本有南北之号也。”

荐福又说：“顿明自性，与佛同俦。然有无始染习，故假渐修对治，令顺性起用。如人吃饭，不一口便饱。”故除了顿悟之外，还要注重日常切实的修行，“依佛戒修身，参寻知识，渐修梵行，履践如来所行之迹”，以防范对治狂禅、口头禅、野狐禅等禅病。“防非止恶谓之戒”，“六根涉境，心不随缘名定”，“心境俱空，照览无惑名慧”，都是实修实证。包括礼佛转经，都是住持常法。

荐福不愧是京城禅师，气度恢宏。虽为禅僧，其它宗派的修持方法俱不排斥，包括禅宗本身，均视为方便法门，显示出众法平等、一体圆融的开放态度。“方便者，隐实覆相权巧之门也。被接中下，曲施诱迪谓之方便。设为上根言，舍方便但说无上道者，斯亦方便之谭。乃至祖师玄言，忘功绝谓，亦无出方便之迹”。无论是天台宗、华严宗、唯识宗、三论宗的“持经”之道，还是净土宗的“念佛”之方，抑或是密宗的“持咒”之术，都是：“如来种种开赞，皆为最上一乘。如百川众流，莫不朝宗于海。如是差别诸数，皆归萨婆若海。”

在回答“何为佛心”时，弘辩认为，无论何人，只要达到了无我无相、而又洞悉一切的纯净的心灵，皆可称“佛心”。佛即是心，心即是佛。平常是以人心做事，人心修成了佛心之后，就是以佛心做事。所以佛心是做好每一件事情的最好的助缘。“在天非天，在人非人，而现天现人，能男能女”，“如陛下日应万机,即是陛下佛心”。“日应万机”即是“智慧觉照”,也是“佛心”的显现。皇帝陛下如果能够以佛心做事,就是活佛在世。荐福的回答,寄期望、规劝于逢迎之中,既通透又圆熟。

荐福弘辩的应对,颇得宣宗赞赏,赐紫方袍,并得“圆智禅师”的封号。

(李志军)

上林戒灵禅师

介胄全具

初参沩山。山曰:“大德作甚么来?”师曰:“介胄全具。”
山曰:“尽卸了来,与大德相见。”师曰:“卸了也。”
山咄曰:“贼尚未打,卸作甚么?”师无对。
仰山代曰:“请和尚屏却左右。”沩山以手揖曰:“喏!喏!”
师后参永泰[①],方谕其旨。

(《五灯会元》卷四)

〔注释〕 ① 永泰:指荆州永泰寺灵湍禅师,马祖道一法嗣。据《宋高僧传》卷十一,俗姓萧,兰陵(治今江苏常州市西北)人,太和三年(829)卒,春秋七十五。《祖堂集》卷十五云,永泰和尚灵瑞,嗣马祖,俗姓黄,湖南衡阳人。大(太)和三年卒,春秋六十九。

〔鉴赏〕 满腹经纶的戒灵禅师,带着一路上精心准备的辩辞,欲与大名鼎鼎的沩山灵祐法战一场。沩山明知故问:“大德作甚么来?”戒灵信心十足地说:“介胄全具。”沩山不以为然:“尽卸了来,与大德相见。”

戒灵似有所悟,表示介胄已经卸了。没想到沩山呵斥道:“贼尚未打,卸作甚么?”前令尽卸了来,这会儿又问卸作甚么,戒灵不知如何是好。

佛经常以“六贼”比喻色、声、香、味、触、法六种尘境,以眼、耳、鼻、舌、身、意这“六根”为媒介扰乱人心。《楞严经》曰:“眼、耳、鼻、舌及与身、心,六为贼媒,自劫家宝。”《涅槃经》卷二三云:“菩萨摩诃萨观此六尘如六大贼。何以故？能劫一切诸善法故。"《西游记》中，悟空皈依后，出现了六个剪径的强盗，代表孙悟空的六尘六根。一个唤作眼看喜，一个唤作耳听怒，一个唤作鼻嗅爱，一个唤作舌尝思，一个唤作意见欲，一个唤作身本忧。孙悟空将他们一齐棒杀，叫作"心猿归正，六贼无踪"。

修习佛法的目的是涤除自己心中的六个蟊贼，而不是到处与人来辩论的。你扔掉了佛法，就好像孙悟空丢失了金箍棒，怎么歼灭"六贼"？

仰山在一旁，代戒灵说："请和尚屏却左右。"

"屏却左右"，即是既不能以佛法为强梁，也不要弃佛法如敝屣，要保持一个中正平和的心境。而这正是沩山想要开示戒灵的，只是戒灵直到参永泰灵湍禅师，方谕其旨。

（李志军　宋海霞）

五台秘魔岩和尚

三千里外赚我来

常持一木叉。每见僧来礼拜，即叉却颈曰："那个魔魅教汝出家？那个魔魅教汝行脚？道得也叉下死，道不得也叉下死。速道！速道！"学徒鲜有对者。

霍山通和尚[①]访师，才见不礼拜，便撺入怀里。师拊通背三下。

通起拍手曰："师兄三千里外赚我来，三千里外赚我来。"便回。

（《五灯会元》卷四）

〔注释〕 ① 有两位通和尚，一为仰山法嗣霍山景通，活动年代稍晚。一为归宗法嗣"大禅佛"智通和尚。此处应为智通禅师。

〔鉴赏〕 “英雄敬英雄,惺惺惜惺惺。”

世间值得敬爱的英雄固然很少,要真想找到也并不困难。俗话说:“梁山的英雄都是打出来的。”“惺惺”,则是大彻大悟之人。大凡惺惺者,都是和光同尘之人,凡胎肉眼断难辨认,故“假惺惺”者则极多。

唯佛与诸佛方能究竟诸法实相。真惺惺,假惺惺,一验便知。

郎州古堤禅师,一见僧来,便下逐客令:“去! 汝无佛性!”

这一招,无异于当头一棒。若非心与道冥,坚如磐石者,定被打得晕头转向。即便勉强应答,也只是这一棒打下来的尘埃粉末而已。

仰山到了,参见和尚。古堤手起棒落:“去! 汝无佛性。”

仰山视古堤这一套,如同儿戏,照常行礼如仪,叉手近前三步应喏。

我有没有佛性与你有什么关系? 向你行礼,只不过因为你是这里的主人罢了。

古堤笑了:“你在什么地方得到此如如不动之三昧?”仰山说:“我从耽源应真禅师处得名,沩山灵祐禅师处得地。”古堤问:“莫是沩山的弟子么?”

仰山答:“从世谛来说,也算是,从佛法上,则不敢说。”这句话,答得入情入理,不卑不亢。可以谦虚地说,我没有得到佛法,也可以不谦虚地说,得法者便是诸佛,哪有师徒之分?

仰山问:“和尚从甚处得此金刚三昧?”古堤说:“我从章敬处得此三昧。”

仰山也叹服:“不可思议,来者难为凑泊。”

五台山的密魔岩和尚,几乎不让人“凑泊”。他常持一个木叉。每见僧来礼拜,即叉住对方的脖子,喝道:“那个魔魅教汝出家? 那个魔魅教汝行脚? 道得也叉下死,道不得也叉下死。速道! 速道!”

人心本来清清净净,万事万物皆属空性。不能安住自心,东寻西求者,都是受到外物的诱惑,心魔涌动而已,即便出家求佛也不例外。无论是“道得”,还是“道不得”,都是自由清澈的心灵之溪上泛起的浮沤。密魔岩和尚的木叉,就是一根把你心头杂念扫除干净的降魔宝杖。

“速道! 速道!”在当下的现量境中,才能勘验出僧人是否真悟。学徒鲜有对者。

霍山通和尚听说，前来拜访。一见面，也不礼拜，便撺入怀里。道得、道不得，叉住脖子的滋味并不好受。先下手为强，让你猝不及防，就是最好的回答。

密魔岩在霍山通的背上轻轻敲了三下。

霍山通起来，手舞足蹈："师兄，三千里外赚我来！三千里外赚我来！"扭头便回。

心心相印——这才真的是"有朋自远方来，不亦乐乎！"

（李志军）

道吾宗智禅师

不识药山

幼依槃和尚受教登戒，预药山法会，密契心印。

一日，山问："子去何处来？"师曰："游山来。"山曰："不离此室，速道将来。"师曰："山上乌儿头似雪，涧底游鱼忙不彻。"

（《五灯会元》卷五）

师到五峰[1]，峰问："还识药山老宿否？"师曰："不识。"峰曰："为甚么不识？"师曰："不识，不识。"

……

因设先师斋，僧问："未审先师还来也无？"师曰："汝诸人用设斋作甚么？"

石霜[2]问："和尚一片骨，敲着似铜鸣，向甚么处去也？"师唤侍者，者应诺。师曰："驴年去！"

（《五灯会元》卷五）

〔注释〕 ① 五峰：五峰常观禅师，百丈怀海弟子，生卒年不详。唐大中年间(847—859)，驻锡于江西省宜丰县五峰山。 ② 石霜：石霜庆诸禅师(807—888)，道吾宗智禅师之法嗣，俗姓陈，庐陵新淦(今江西新干)人。后住湖南潭州石霜山。

〔鉴赏〕 潭州道吾山宗智(圆智)禅师，早年从百丈和尚受教登戒，后转依药山惟俨和尚。

药山问："一句子如何言说？"宗智说："有一个人总不曾言说。"药山问："既不言说，大藏小藏那么多经书从何而来？"宗智说："傍出。"

释迦牟尼不是也说"说法四十九年，不曾说出一字"吗？如来法要、祖师心印不是教外别传吗？

药山大为惊奇。

一天，药山问："你今天干什么了？"宗智答："游山。"药山说："不离此室，速道将来。"宗智答道："山上乌儿头似雪，涧底游鱼忙不彻。"

从现象看，乌鸦全身皆黑，如何头白如雪？从本体看，道通为一，万物皆是道之显现，无彼无此。自庄子以后，世间之人无不羡慕鱼游涧底，自由自在。而站在永恒的立场上，何物不是生生灭灭，如白驹过隙？

有施主布施裤子。药山提起示众道："法身还具四大也无？有人道得，与他一条裤子。"

有部著名的"黑色幽默"小说，叫《第二十二条军规》。第二次世界大战期间，厌战情绪笼罩着位于地中海的一个美国空军基地的飞行员们。当时，美军的军规总共有二十一条，但有个"第二十二条军规"：如果你精神失常了，可以住在医院，不用执行时刻可能葬身海洋的飞行任务；但如果你说自己有精神病了，就证明你精神正常。

药山的问题，也是这样一种"黑色幽默"。

尽管整天说"四大皆空"，但僧人还是需要一条裤子，总不能光着屁股吧！但如果想要裤子，就说明你修行不够。如果你依照佛法，说法身无相，超越了地、水、火、风，说明你已修成了法身，无需要这条裤子了；如果你道不得，显然是不会把这条裤子奖励给你的。

道吾宗智说："性地非空，空非性地。此是地大，三大亦然。"

空即是色,色即是空。法身即是色身,色身即是法身。药山大师诲之曰:“吾无宝玉大弓以为分器,今赏汝犊鼻一腰,虽云微末,而表亲褒欤!”

道吾宗智来到五峰山。五峰常观禅师为百丈怀海大师的嗣法弟子,道吾早年在百丈处受戒,与五峰有同门之谊。

五峰问:“你认识药山老和尚了没有?”宗智说:“不识。”五峰又问:“为什么不识?”宗智说:“不识! 不识!”

一个人只要识得自己的本心,与认识不认识他人,有什么干系?

到了药山惟俨的忌日,道吾宗智与众僧设斋祭奠先师。

一僧问:“不知道先师到来了没有?”“设斋是干什么的?”道吾不客气地呵斥道。

此僧所问,很不识趣。从俗谛来讲,为先师设斋是孝义之道。从真谛来讲,佛法永驻,先师的法身当然来到了这里。

石霜庆诸问:“和尚一片骨,敲着似铜鸣,向甚么处去也?”道吾不理他,转身唤侍者。侍者应诺。道吾没好气地说:“驴年去!”

石霜问的是“空间”,道吾答的是“时间”。况且,十二生肖中有牛有马,哪有“驴年”?

空即是色,色即是空。先师的法身,不在而在,在而不在。

(李志军)

咬得指头血出

师离药山见南泉,泉问:“阇黎名甚么?”师曰:“宗智。”

泉曰:“智不到处,作么生宗?”师曰:“切忌道着。”

泉曰:“灼然,道着即头角生。”

三日后,师与云岩在后架把针。泉见乃问:“智头陀前日道,智不到处切忌道着,道着即头角生。合作么生行履?”师便抽身入僧堂,泉便归方丈。

师又来把针。岩曰:“师弟适来为甚不只对和尚?”师曰:“你不妨灵利!”岩不荐,却问南泉:“适来智头陀为甚不只对和尚,某甲不会,乞师垂示。”

泉曰:“他却是异类中行。”岩曰:“如何是异类中行?”

泉曰:“不见道:智不到处切忌道着,道着即头角生。直须向异类中行。”岩亦不会。

师知云岩不荐,乃曰:“此人因缘不在此。”却同回药山。

山问:“汝回何速?”岩曰:“只为因缘不契。”

山曰:“有何因缘?”岩举前话。

山曰:“子作么生会他,这个时节便回?”岩无对。

山乃大笑。岩便问:“如何是异类中行?”山曰:“吾今日困倦,且待别时来。”

岩曰:“某甲特为此事归来。”山曰:“且去!”岩便出。

师在方丈外,闻岩不荐,不觉咬得指头血出。

师却下来问岩:“师兄去问和尚那因缘作么生?”岩曰:“和尚不与某甲说。”师便低头。

云岩临迁化,遣书辞师。

师览书了,谓洞山、密师伯曰:“云岩不知有,我悔当时不向伊道。虽然如是,要且不违药山之子。”

(《五灯会元》卷五)

〔鉴赏〕 刘、关、张的生死之交千古流传,出家人赤心一片,多情不让江湖义士。道吾宗智与云岩昙晟是师兄弟,日常相处如亲兄弟,《祖堂集》干脆说他们在家就是亲兄弟。

昙晟和道吾一样,先依百丈,后归药山,久不开悟。道吾陪着他离开药山,拜见南泉普愿和尚。

南泉问道吾的名字,并在他的名字上作文章:“‘智’不到处,作么生‘宗’?”道吾从容作答:“切忌道着。”南泉大为赞赏:“灼然,道着即头角生。”

“宗”乃涅槃之境，非智慧到处，更不可言说。有所言说，无非是无风起浪，节外生枝。

三日后，师与云岩在后院花架下缝补衣服。南泉上前问：“智头陀前日道：‘智不到处，切忌道着，道着即头角生。’如果是这样，如何修行？”此事不可言说，又不能不说。假如真的“头角生”了，如何是好？道吾抽身入僧堂的举动，表示该怎么行，就怎么行！何必多问？无需回答。

云岩不明其意，问师弟刚才为什么不应对和尚？道吾说：“我可没有你这么聪明！”云岩仍不解，又问南泉，南泉答：“他却是异类中行。”

“异类中行”是南泉对修行者的最高赞扬。涅槃之境，廓然无物而又包罗万象。世间万物，皆是真空妙有。只有心甘情愿为人民当牛做马的人，才有资格称得上“大菩萨”。只有像道吾这样进入物我双泯之人，才能做到“异类中行”，在三界六道轮回之中出入自由。

云岩追问：“如何是异类中行？”南泉说：“不见道，‘智不到处，切忌道着，道着即头角生’？只管向异类中行。”云岩还是不会。

道吾知道云岩的因缘不在这里，又同回药山。云岩向药山举前话，认为与南泉因缘不契。药山说：“你去会他是为了什么，这个时节便回？”云岩无言以对。药山乃大笑。

云岩便问：“如何是异类中行？”药山说：“我今日困倦，且待别时来。”云岩着急地说：“我特为此事归来。”药山说：“先出去吧！”云岩只好出来。

道吾在方丈外，听见云岩还是不悟，很是着急，不觉咬得指头血出。

道吾问云岩：“师兄去问和尚那因缘怎么样？”云岩难过地说：“和尚不给我说。”道吾想告诉云岩，但又说不出口。只有等待他自己去领悟，否则只会害了师兄。道吾一筹莫展，难过得低下了头。

云岩觉悟后，师兄弟二人经常在一起勘验佛法。一天，道吾提起斗笠，准备出门。云岩指着斗笠问：“用这个作甚么？”道吾说：“有用处。”

云岩开始找碴儿：“忽遇黑风猛雨来时如何？”道吾说：“盖覆着。”无论遇到什么狂风暴雨，都要好好守护住自己干净的心性。

云岩话头一转，问：“难道‘他’还受盖覆吗？”

自性不生不灭,圆满自足,还需要覆盖吗?再说,佛性遍及万物,能覆盖得了吗?道吾说:"虽然道理如此,还是要守护好,别给雨水淋污了。"

云岩生病,道吾前去探望,问:"离此壳漏子,向甚么处相见?"云岩说:"不生不灭处相见。"道吾说:"如何不道:非不生不灭处,亦不求相见?"

云岩临终,写信给道吾告别。道吾看罢,向洞山良价、密师伯说:"云岩不知何为'妙有',我真后悔当时不向他说明。尽管如此,这样做,才无愧于是药山和尚的弟子。"

（李志军　宋海霞）

速道!速道!

沩山问云岩:"菩提以何为座?"岩曰:"以无为为座。"

岩却问沩山。山曰:"以诸法空为座。"

又问:"师作么生?"师曰:"坐也听伊坐,卧也听伊卧,有一人不坐不卧。速道!速道!"山休去。

（《五灯会元》卷五）

沩山问师:"甚么处去来?"师曰:"看病来。"

山曰:"有几人病?"师曰:"有病底,有不病底。"

山曰:"不病底莫是智头陀么?"师曰:"病与不病,总不干他事。速道!速道!"

山曰:"道得也与他没交涉。"

（《五灯会元》卷五）

〔鉴赏〕 道吾、云岩早年都曾在百丈怀海处,与沩山灵祐是师兄弟。当时沩山为典座,云岩为侍者,不离左右,辅佐和尚。云岩与沩山曾有一愿,谁先开悟,即度对方。兄弟三人,聚在一起,互斗机锋,其乐融融。

菩提以何为座?云岩云:"以无为为座。"沩山答:"以诸法空为座。"

"菩提",乃是证入空性、抵达彼岸的觉悟之舟。但是,"菩提"的根基是什么？云岩的以“无为”为座，不仅有老子的“无为而无不为”，更有慧能的“无念、无相、无住”，应无所住而生其心，时刻保持空灵清澈的心，当然是菩提的境界。然而，在沩山看来，“无为”也是一种“为”。当年，药山惟俨禅师在石上坐禅，石头希迁问：“你在这里干什么？”药山说：“一物不为。”石头问：“那么，就是闲坐了？”药山说：“若闲坐，即是有为。”

沩山说，“菩提”，以“空”为座。《心经》云：“观自在菩萨，行深般若波罗蜜多时，照见五蕴皆空，度一切苦厄。”“菩提”以诸法空为座，当然不会有错。

但是，在道吾看来，这仍然不是真正彻底的“菩提”。“坐也听伊坐，卧也听伊卧。”这才是真正的任运无为，这才是真正的心无挂碍。此外，“还有一人不坐不卧。”道吾反过来逼问沩山，“这个人是谁？速道！速道！”

沩山不作声了。

有一次，沩山问道吾：“甚么地方去了？”道吾说：“看病去了。”

沩山问：“有几个人病了？”这个“病”，已经不是平常生病的“病”了，而是《维摩诘经》中，“众生病故我病”的“病”了。此“病”，乃是没有参透佛法之意。

道吾说：“有病的，有不病的。”

沩山发起攻击：“不病的，莫非是智头陀吗？”

道吾说：“病与不病，都与他没有丝毫关系。速道！速道！”

沩山说：“说出来，也与他没有任何关系。”

兄弟斗法，机锋尽显，又不失融洽，正是这样的切磋磨砺，使他们在精进之路上各有所成。

（李志军　宋海霞）

忽然火起

僧问：“如何是今时着力处？”师曰：“千人万人唤不回头，方有少分相应。”

曰：“忽然火起时如何？”师曰：“能烧大地。”

师却问僧：“除却星与焰，那个是火？”曰：“不是火。”

别一僧却问:“师还见火么?”师曰:“见。”

曰:“见从何起?”师曰:“除却行住坐卧,别请一问。”

(《五灯会元》卷五)

〔鉴赏〕《老子》四十一章:“上士闻道,勤而行之;中士闻道,若存若亡;下士闻道,大笑之,不笑不足以为道。”

道在日常生活中,远远超越于时风乡愿之上,非常人所能理解,亦非常人所能坚守。修道之人,一心向道,非有“朝闻道,夕死可矣”的精神而不可为,亦非有“君子独立不惧,遁世无闷”之坚守而不能为。故当僧问“如何是今时修道的着力处”时,道吾说:“千人万人唤不回头,方有少分相应。”

僧问:“忽然火起时如何?”

“火”,在佛教里的寓意非常丰富。

《法华经》:“三界无安,犹如火宅,众苦充满,甚可怖畏。”“火”就是人心中突如其来的无明烦恼。临济义玄大师云:“你一念心疑,被地来碍。你一念心爱,被水来溺。你一念心嗔,被火来烧。你一念心喜,被风来飘。”这样的“大火”,能够烧坏“大地”。《仁王经》:“劫火洞然,大千俱坏。”然大千俱坏,而佛性不坏。大火宅中,正是道场。故雪峰云:“三世诸佛,向火焰上转大法轮。”洞山初禅师颂曰:“心是火,热得众生烦恼果。枝枝叶叶普皆荣,开得心莲花一朵。”

道吾却反问僧:“除却星与焰,哪个是火?”

历代禅师多喜欢用“钻火”比喻修行。“钻火”喻出自《圆觉经》:“譬如钻火,两木相因,火出木尽,灰飞烟灭。以幻修幻,亦复如是。”人生如幻,修行亦幻,幻中修幻,幻尽而实相生。譬如钻木取火,火出而灰飞烟灭,赖以修行的禅法经文皆应抛除,连所证之空性亦应抛除,空亦复空。

这个禅师倒是个了然之人,答:“不是火。”

佛教因明学也有一比喻,见角知牛,见烟知火。而在此禅师眼里,既没有星,也没有焰,更没有火。

另一禅僧见二人法战正酣,也向道吾挑战:“难道和尚看见火了吗?”道吾说:“当然看见了。”

僧以为抓住了把柄,进逼一句:“见从何起?”

道吾反戈一击:“除却行、住、坐、卧,别请一问。”

《圆觉经》又云:“诸幻虽尽,不入断灭。”“火焰”正在行、住、坐、卧之中,“木牛步步火里行,真个法王妙中妙”。除此之外,问从何来?

(李志军)

云岩昙晟禅师

因子得见海兄

钟陵建昌王氏子,少出家于石门。参百丈海禅师二十年,因缘不契。

后造药山,山问:“甚处来?”曰:“百丈来。”

山曰:“百丈有何言句示徒?”师曰:“寻常道:我有一句子,百味具足。”

山曰:“咸则咸味,淡则淡味,不咸不淡是常味。作么生是百味具足底句?”师无对。

山曰:“争奈目前生死何!”师曰:“目前无生死。”

山曰:“在百丈多少时?”师曰:“二十年。”山曰:“二十年在百丈,俗气也不除。”

他日侍立次,山又问:“百丈更说甚么法?”师曰:“有时道:‘三句外省去,六句内会取。’”山曰:“三千里外,且喜没交涉。”

山又问:“更说甚么法?”师曰:“有时上堂,大众立定,以拄杖一时趁散。复召大众,众回首。丈曰:‘是甚么?’”

山曰："何不早恁么道，今日因子得见海兄。"

师于言下顿省，便礼拜。

（《五灯会元》卷五）

〔鉴赏〕 云岩昙晟，俗姓王，钟陵建昌（今江西永修）人。少时于靖安县石门山泐潭寺出家。他和师弟道吾宗智，一开始都在马祖道一弟子百丈怀海处学佛。

云岩昙晟的开悟之路也真是曲折漫长。

道吾宗智先辞别百丈，转到石头希迁弟子药山惟俨禅师门下。在药山处学禅得滋味后，一心观望昙晟师兄到来。

宗智给昙晟写信，说："石头（石头希迁系的禅法）是真金铺，江西（马祖道一系的禅法）是杂货铺。师兄在彼中堕根作什么？千万，千万！速来，速来！"

昙晟得到信后，左右为难，十分忧愁。有一天，在和尚身边侍立，直到三更。百丈和尚曰："回去歇息吧。"昙晟不去。

百丈和尚奇怪："你有什么事？颜容瘦恶，好像肚里有事。有事但说无妨。"昙晟说："无事。"

百丈和尚笑了："是不是收到智头陀的信了？"昙晟说："不敢。"

百丈索道吾信。昙晟取出，呈给和尚。

百丈和尚看了，说："灼然如此！'生我者父母，成我者朋友'。你不用在我这里，便速去！"昙晟说："不敢去。"

百丈见状，说："我有一封书信，还有些礼物，早就想给药山送去。你就带着我的书信，马上去。"

昙晟奉师命，持书到药山。道吾宗智相接，引见给药山惟俨禅师。

收了书信，药山问："百丈师兄平日有何言句示徒？"

昙晟答："常常说：'我有一句子，百味具足。'"

药山问："咸则咸味，淡则淡味，不咸不淡是常味。什么是'百味具足'的句子？"

"百味具足"，指的是佛法涵盖乾坤。昙晟不能明白，无言以对。

药山换了个话题:“目前生死之事,如之奈何?”

生死之事,指的是超生脱死,见性成佛。昙晟依然摸不着头脑,说:“目前,没有生死。”

药山不满,问:“在百丈和尚处,多少时间了?”昙晟说:“已经二十年了。”

药山说:“二十年在百丈,俗气也不除。”

宗智看师兄在这里不行,又陪他去拜见另一位大禅师南泉普愿。在南泉处,昙晟依然没戏。兄弟二人又垂头丧气地回了药山。

这天,昙晟在药山身边侍立。药山又问:“百丈师兄还说有什么法?”

昙晟说:“有时道:‘三句外省去,六句内会取。’”

何为“三句”?何为“六句”?让后来解禅人颇费思量。岩头全豁禅师说:“吾教意如∴字三点。第一向东方下一点,点开诸菩萨眼。第二向西方下一点,点诸菩萨命根。第三向上方下一点,点诸菩萨顶。此是第一段义。吾教意如摩醯首罗,擘开面门,竖亚一只眼。此是第二段义。吾教意犹如涂毒鼓,击一声远近闻者皆丧。此是第三段义。”据此,明代的汉月法藏分别种种圆相、种种三法,以为佛祖法式。

百丈怀海说:“夫教语,皆三句相连。初、中、后善。初直须教渠发善心,中破善心,后始名好善。菩萨,即非菩萨,是名菩萨;法,非法,非非法;总与么也。”此“三句”,乃是《金刚经》中之语言模式,“所谓佛法者,即非佛法,是名佛法”,如果只说“是佛法”“是菩萨”,定会使信徒心生执着,故百丈禅师云,“若只说一句,令众生入地狱”。

百丈禅师又说,如果说了“三句”,自已入地狱。因为这“三句”虽然破了“一句”的执着,又容易陷入“三句”的语言网络之中,形成新的、更大的思想束缚。

百丈怀海一再说要“透三句”,如:“有大智人,破尘出经卷。若透得三句过,不被三段管。教家举喻,如鹿三跳出网,唤作缠外佛。无物拘系得渠,是属然灯后佛。是最上乘,是上上智,是佛道上立。此人是佛”;“但不被一切有无诸法管,透三句及一切逆顺境得过……是佛常住世间,而不染世法”;“但人法俱泯,人法俱绝,人法俱空。透三句外,是名不堕诸数”。如果能透过“三句”，则能得圆融无碍之智慧，“处于生不被生之所留，处于死不被死之所碍，处于五阴如门开不被五阴碍，去住自由，出入无难”。

总之，百丈怀海是千方百计要打破佛法经义的语言束缚，除了“一句”“三句”之外，还有“四句”“六句”“十句”等。他可真是苦口婆心，诲言谆谆：“但莫贪染及解缚之事，无别语句教人。若道别有语句教人，别有法与人者，此名外道，亦名魔说。须识了义教不了义教语，须识遮语不遮语，须识生死语，须识药病语，须识逆顺喻语，须识总别语。说道修行得佛，有修有证，是心是佛，即心即佛，是佛说，是不了义教语，是不遮语，是总语，是升合担语，是拣秽法边语，是顺喻语，是死语，是凡夫前语。不许修行得佛，无修无证，非心非佛，佛亦是佛说，是了义教语，是遮语，是别语，是百石担语，是三乘教外语，是逆喻语，是拣净法边语，是生语，是地位人前语。从须陀洹向上直至十地，但有语句，尽属法尘垢。”

难怪宗智说百丈怀海那里是一个“杂货铺”！

药山不禁庆幸：“多亏我和他相隔三千里外，且喜和他没有什么交往。”

药山又问：“恐怕不止这些吧？还说了甚么法？”云岩说：“有时上堂，大众立定。百丈和尚用拄杖把我们一下子驱散。又复召唤大众。众人回首时，和尚忽然问：‘是甚么？’”药山说：“何不早说？今日，通过你才算见到了海师兄的禅法！”

原来这才是禅！昙晟于言下顿时醒悟，赶忙礼拜药山。

（李志军）

弄 师 子

一日，山问：“汝除在百丈，更到甚么处来？”师曰：“曾到广南来。”

曰：“见说广州城东门外有一片石，被州主移去。是否？”师曰：“非但州主，阖国人移亦不动。”

山又问：“闻汝解弄师子①，是否？”师曰：“是。”

曰："弄得几出？"师曰："弄得六出。"曰："我亦弄得。"

师曰："和尚弄得几出？"曰："我弄得一出。"

师曰："一即六，六即一。"

后到沩山，沩问："承闻长老在药山弄师子，是否？"师曰："是。"

曰："长弄？有置时？"师曰："要弄即弄，要置即置。"

曰："置时师子在甚么处？"师曰："置也，置也！"

（《五灯会元》卷五）

〔注释〕 ① 师子：狮子。

〔鉴赏〕 药山禅师怕云岩昙晟根基不稳，随时勘验。

一天，药山问："你除了在百丈师兄处外，还到过什么地方？"昙晟说："我曾经到过广南。"药山说："听说广州城东门外有一片石头，被州主移去。是否？"昙晟说："非但州主，全国人都去搬也搬不动。"

"倾山覆海晏然静，地动安眠岂睬伊。"当年，慧能得到衣钵，辞别师父，一路南行，风餐露宿，两个月来到大庾岭。后面有数百人来，欲来争夺。为首的是曾为四品将军的惠明，性行粗糙，赶上慧能。慧能掷下袈裟于石上，说："此衣表信，可力争耶？"惠明到了衣前，竟然提掇不动，乃唤云："行者，行者，我为法来，不为衣来。"这块石头，和慧能的袈裟一样，是如如不动的佛性的化身，别说是州主搬不动，全国人都搬不动，就是倾山覆海、地动天崩也撼不得丝毫。

药山换了个话题，问昙晟是否会舞狮子，昙晟作了肯定的回答，并且"舞得六出"。

药山师徒二人说的"舞狮子"，可不是电影《狮王争霸》里面的"广东十虎"之一的黄飞鸿所舞的狮子，而是武则天宫殿里的"金狮子"。

武则天对佛教十分虔诚，敬重高僧，究心佛理。她作的一首赞叹大乘法宝的四句偈，至今仍是佛教徒诵经的"开经偈"："无上甚深微妙法，百千万劫难遭遇；我今见闻得受持，愿解如来真实义。"

唐太宗驾崩后，其时作为后宫五品才人的则天被送到感业寺落发为尼，青磬红鱼，一心向佛。则天掌握朝政后，诏请慧能的师兄弟慧安、神秀二位禅师入京，她亲自行跪拜礼，尊为国师，朝夕问道。她听说于阗国有梵本《华严》大经，特派专使前往迎求。于阗国王以尊者实叉难陀随经于武周万岁通天元年(696)，来到大唐的长安。则天大为喜悦，诏入大遍空寺，与菩提流志、复礼法师等，共同翻译经文。则天不时亲自到寺，亲究笔削，参与译经。八十卷《华严经》译成后，则天亲制序引，并在太极殿宣示百官。

法藏法师(643—712)号贤首，被尊为华严宗三祖。本康居国人，到长安来寻师学道，为智俨大师的得法弟子。法藏曾参加实叉难陀的译场，对《华严》玄旨十分精熟。长安元年，武则天诏请贤首法师，在东都佛授记寺，开讲新译《华严经》，又诏入长生殿问道。法藏大师用手指着镇殿的金狮子，讲述《华严经》中的“十玄六相”之义。后来，又据此撰写出了著名的《华严经金狮子章》。

法藏用“金子”比喻世界的“空”性，用“狮子”之相比喻世界的万千现象。因为“万法皆空”的缘故，理法界(即空性的世界，以“金”为象征)，与事法界(即现象的世界，以“狮子”为象征)之间，是没有矛盾、圆融无碍的关系，共同构成“理事无碍法界”。因为所有的现象，其本质都是“空”性的，又处于一个世界共同体之中，所以现象与现象之间的关系，事与事之间的关系，就像狮子身上的眼睛与耳朵的关系一样，是没有矛盾的。大家各住其位，各司其职，各行其道，共同构成“事事无碍法界”。

药山惟俨禅师问云岩昙晟会不会“舞狮子”，是在考察弟子的学养深厚不深厚，是否是一个仅有小聪明的机灵鬼。精通天下第一大经《华严经》的奥义，可不是一件开玩笑的事情。

昙晟成竹在胸，说：“舞得六出。”这“六出”，又是《华严经金狮子章》中的一条极其重要的原理——“六相圆融义”。

“六相”是：总相，别相；同相，异相；成相，坏相。狮子是总相，五根差别是别相；共从一缘起是同相，眼、耳等不相滥是异相；诸根合会有狮子是成相，诸根各住自位是坏相。

“六相圆融观”，不只是法藏的思想。二祖智俨，偶遇异僧对他说：“你想要了解的华严一乘法界宗旨，就在《十地品》中的‘六相’义。”六相，也就是总、别、同、异、成、坏为同一缘起的六种看法，“相”即相入而圆融无碍。（一）总相，谓任何统一整体，总摄一切成因，譬如人体之全。（二）别相，谓多德个别互殊，组成总相全体，依止总相而续存。譬如人体之手足头目。（三）同相，谓重重杂多之结构中，凡诸成因而非互斥或相矛盾者，以组成融贯整体。譬如眼耳鼻舌手足之同于一身。（四）异相，诸多虽彼此互具，然各自必须保持其独特性，而互不相夺。譬如人体器官功能互异。（五）成相，谓真际全体之各层面，缘起资成。譬如八万四千毛孔，一时成了。（六）坏相，谓诸因之中，凡定住一境，不入其他，以成任何他法者。譬如人体器官各住本位，而头在上，足在下，不得紊乱。

法藏大师的“金狮子喻”，金子狮子，混成一块，万象纷然，参而不杂。一切即一，皆同无性；一即一切，因果历然。力用相收，卷舒自在。

药山说：“我也会弄狮子”，且“弄得一出”。昙晟替老师说：“一即六，六即一。”

这“六相”，从不同的角度来看，显示出差别相；而总的来看，即体即相即用，差别相融于本体之中。一即六，六即一，“六相圆融”。

后来，昙晟到师兄沩山处。沩山问：“到处都在传说老兄在药山处舞狮子，是不是？”昙晟说：“确有此事。”沩山问：“一直舞？还是有闲置？”昙晟说：“要弄即弄，要置即置。”随心所欲，自由自在。沩山又问：“停止的时候，狮子在什么地方？”昙晟说：“放下吧！放下吧！”

言下之意，我早就放下来了，你还把“狮子”扛在身上，喋喋不休，问个不停。

（李志军　宋海霞）

观音正眼

道吾问：“大悲千手眼，那个是正眼？”师曰：“如人夜间背手摸枕子。”吾曰：“我会也。”

师曰：“作么生会？”吾曰：“遍身是手眼。”师曰：“道也太煞道，只道得八成。”

吾曰：“师兄作么生？”师曰：“通身是手眼。”

（《五灯会元》卷五）

〔鉴赏〕 “大悲”，就是指千手千眼、大慈大悲、救苦救难的观世音菩萨。

观世音菩萨在梵文中称为“阿缚卢枳帝湿伐逻”，译名有好几种，“光世音”“观世音”“观自在”等，民间简称“观音”。在密教中，有不空羂索观音，以同等的大慈与同体的大悲平等导引化度众生，密号称“等引金刚”。

观世音菩萨、文殊菩萨、普贤菩萨、地藏菩萨，是我国百姓最崇奉的四大菩萨，而以观世音菩萨信徒最多，影响最大，香火最旺。观世音菩萨行无缘大慈，运同体大悲，大慈与人乐，大悲拔人苦，于智、悲、行、愿之中，在娑婆人间救苦救难，成为慈悲的化身。在国际上，有“人类的仁慈保护者”之称。在净土宗中，观世音菩萨更是极乐世界的大菩萨，与大势至菩萨一起，辅佐阿弥陀佛救度接引众生，被尊为“西方三圣”。

记载观世音菩萨的佛经很多。

如《悲华经·受记品》中说，菩萨在远古因地修行时期，因发大悲誓愿而蒙宝藏如来授记：“善男子，汝观天人及三恶道一切众生，生大悲心，欲断众生诸烦恼故，欲令众生住安乐故，善男子，今当字汝，为观世音。”《地藏经》中，佛告诉观世音菩萨：“你与娑婆世界有一大因缘，所有的天龙、鬼神乃至六道中的苦难众生，若能闻你名号，或见你形像，或敬仰赞叹你，这些众生必生于无上道，且必获不转退心，常生人道或天界，享受安乐，等到因缘成熟时，会遇佛授记，他日必将成佛。”据《楞严经·耳根圆通章》谓，菩萨自述，往昔恒河沙劫前，师事观世音如来，以闻思修，入于正定，观世音如来“叹我善得圆通法门，于大会中，授记我为观世音号”，并说：“由我所得圆通本根，发妙耳门，然后身心微妙，含容周遍世界，能令众生，持我名号，与彼共持六十二亿恒河沙诸法王子，二人福德，正等无异。”又据《法华经·普门品》谓，释迦牟尼佛就菩萨告诉无尽意菩萨:“善男子,若有无量百千万亿众生,受诸苦恼,闻是观世音菩萨,一心称名,观世音菩萨即时观其音声,皆得解脱。”

相传善良的信徒每到难处,只要一心崇拜观世音菩萨,呼唤其名号,菩萨即会闻声而现,救苦救难。

和其他菩萨一样,观世音菩萨就有了“一体两面”。一方面是“观自在”,即自觉,觉悟成佛;另一方面,是“观世音”,即觉他,闻声度人,救苦救难。

但是,如何才能实现救苦救难?世上那么多人,那么多的苦难,纵然观世音菩萨有千手千眼也不够用啊!答案在于最短而又流传最广的一部经——《心经》。

《心经》中说:“观自在菩萨,行深般若波罗蜜多时,照见五蕴皆空,度一切苦厄。”

观世音菩萨之“度一切苦厄”,在于照见五蕴皆空。也就是说,菩萨之所以能自度,因为觉悟了空性,觉悟了空性,即成了佛;菩萨超度他人,也是帮助他人觉悟空性。太虚大师说得非常棒:“因为观世音菩萨有般若的智慧,照见五蕴皆空,所以能救苦救难。平常人执五蕴为世界、为我,就不能照见五蕴皆空,有自、有他、有人、有我。要能照见五蕴皆空,则人我是非皆能消除。真正做到无人无我,则能以众人苦难为苦难,这样才能成就大慈大悲,才能成就大公无私的伟大人格,发挥救苦救难的作用。”(《太虚全书·杂藏》)

何为观世音般若智慧,如何才能照见五蕴皆空,云岩昙晟和道吾宗智师兄弟二人,就此开始了充满禅机的探讨。

道吾问:“大慈大悲的观世音菩萨千手千眼,那一个才是正眼?”“正眼”,就是正法眼藏,历代禅宗祖师所传的心法。云岩说:“如人夜间背手摸枕子。”晚上睡觉,手摸枕头,根本不用思考,全是自然反应。

道吾有所悟:观音“遍身是手眼”。云岩认为他不过只说了八成,观音“通身是手眼”。

“遍身是手眼”,是观音照应他人,是觉他,尚有“我”在;“通身是手眼”,整个观世音菩萨,就是“空性”的化身,都是“正眼”。

千眼就是一眼,一眼就是千眼,都是正法眼藏。用时,千手千眼,不用时,收归一眼。

(李志军)

洞山乞眼

住后,上堂示众曰:"有个人家儿子,问着无有道不得底。"

洞山出问曰:"他屋里有多少典籍?"师曰:"一字也无。"

曰:"争得恁么多知?"师曰:"日夜不曾眠。"

山曰:"问一段事还得否?"师曰:"道得却不道。"

(《五灯会元》卷五)

师作草鞋次,洞山近前曰:"乞师眼睛得么?"

师曰:"汝底与阿谁去也?"曰:"良价无。"

师曰:"设有,汝向甚么处着?"山无语。

师曰:"乞眼睛底是眼否?"山曰:"非眼。"师便喝出。

(《五灯会元》卷五)

〔鉴赏〕 昙晟得法后,独自云游,辗转来到醴陵九峰山(一说攸县),见山岩陡峭,直上云中,便傍岩坐禅,人称"云岩昙晟"。后来,洞山良价经沩山灵祐指点,前来拜师。自此徒众渐聚,建云岩寺。

云岩昙晟弟子不多,但有一个洞山良价就足够了。洞山良价继承了云岩昙晟的衣钵,开出了绵延千年,可与临济宗分庭抗礼的曹洞宗。

临济将军,曹洞宰相。一个刚猛峻烈,一个缜密稳实。一如严父,一如慈母。二家禅风不同,见解却无区别。

临济常上堂示众说:"赤肉团上有一位无位真人,常从汝等诸人面门前出入,未证据者看看。"有个僧人出列问道:"如何是无位真人?"义玄下禅床,上前扭住,喝道:"说!说!"僧人刚要开口,义玄一把推开云:"无位真人,是什么干屎橛!”

云岩昙晟的师父药山惟俨说:“皮肤脱落尽,唯留一真实。”留下来的这个,就是你的另一个“自我”,真正的“主人公”,临济义玄的“无位真人”。

一日,云岩昙晟谓众曰:“有个人家儿子,无论问什么,没有答不上来的。”良价出来问:“那么渊博! 他屋里有多少经论?”云岩说:“一字也无。”良价问:“他哪里来的那么多知识?”云岩说:“他日夜不曾眠。”

日夜不眠,时刻惺惺。“他”,就是你的本心。

良价问:“问一段事,还得否?”云岩:“道得,却不道。”

正如云岩昙晟传给洞山良价的《宝镜三昧歌》所说:“夜半正明,天晓不露。为物作是,用拔诸苦。虽非有为,不是无语;如临宝镜,形影相睹。”

道得,却不道。不道,又时时处处道。良价似懂非懂,很是苦恼。

云岩在打草鞋,良价上前请求借师父的眼睛一用。良价要借的,不是肉“眼”,而是灵明本心、般若智慧,即临济所说的“处处无碍净光”。

云岩问:“你的眼睛又去哪里了?”良价自认为没有眼睛。云岩进一步问:“假若你有了眼睛,你把它放在哪里?”良价无语。云岩又提示他:“借眼睛的不正是你的眼睛吗?”

此时的良价尚不够自信,没有发现或者承认自己的灵明本心。但是,日后的良价却开宗曹洞,造诣极深。

一天,一个尼姑来拜。云岩问:“你父亲还健在吗?”尼姑答:“在。”云岩问:“高寿多少?”尼姑说已经八十了。云岩说:“你还有个父亲,年龄不是八十。你还知否?”尼姑十分聪慧,问:“师父说的,莫非是‘那一个’?”

“那一个”指的是不生不灭的法身佛。

云岩豪气干云:“就是‘那一个’,也是我的儿孙!”洞山良价更是顶天立地:“即便不是‘那一个’,亦是儿孙!”

十方神圣,三世诸佛,都是儿孙! 一向恬静平和的云岩父子也会呵祖骂佛,真可谓明心见性,直指本心。

(李志军　宋海霞)

船子德诚禅师

船 子 覆 船

道吾后到京口，遇夹山[1]上堂。僧问："如何是法身？"山曰："法身无相。"曰："如何是法眼？"山曰："法眼无瑕。"道吾不觉失笑。

山便下座，请问道吾："某甲适来只对这僧话必有不是，致令上座失笑。望上座不吝慈悲！"吾曰："和尚一等是出世，未有师在。"山曰："某甲甚处不是，望为说破。"吾曰："某甲终不说，请和尚却往华亭[2]船子处去。"

山曰："此人如何？"

吾曰："此人上无片瓦，下无卓锥。和尚若去，须易服而往。"

山乃散众束装，直造华亭。

船子才见，便问："大德住甚么寺？"山曰："寺即不住，住即不似。"师曰："不似，似个甚么？"山曰："不是目前法。"

师曰："甚处学得来？"山曰："非耳目之所到。"

师曰："一句合头语，万劫系驴橛。"

师又问："垂丝千尺，意在深潭。离钩三寸，子何不道？"

山拟开口，被师一桡打落水中。

山才上船，师又曰："道！道！"山拟开口，师又打。

山豁然大悟，乃点头三下。

师曰："竿头丝线从君弄，不犯清波意自殊。"

山遂问："抛纶掷钓，师意如何？"师曰："丝悬渌水，浮定有无之意。”

山曰:“语带玄而无路,舌头谈而不谈。”

师曰:“钓尽江波,金鳞始遇。”山乃掩耳。

师曰:“如是!如是!”遂嘱曰:“汝向去直须藏身处没踪迹,没踪迹处莫藏身。吾三十年在药山,只明斯事。汝今既得,他后莫住城隍聚落,但向深山里、镢头边,觅取一个半个接续,无令断绝。”

山乃辞行,频频回顾。师遂唤“阇黎!”山乃回首。

师竖起桡子曰:“汝将谓别有。”乃覆船入水而逝。

(《五灯会元》卷五)

〔注释〕 ① 夹山:夹山善会禅师,俗姓廖,广州人氏。幼年出家,后居润州(即文中“京口”,今江苏镇江)鹤林寺。咸通十一年(870)夹山寺(位于今湖南石门县南)建成,善会禅师居于此。 ② 华亭:据《太平寰宇记》卷九十五,秀州唐时是苏州府的一部分,后晋天福四年(939)分苏州置秀州,辖嘉兴、华亭、海盐、崇德四县,所以编《五灯会元》时称“秀州华亭”。

〔鉴赏〕 道吾宗智为了师兄开悟,咬破自己手指。德诚禅师为了让弟子大彻大悟,竟然沉船自尽。

秀州华亭船子德诚禅师,与道吾、云岩为师兄弟。节操高邈,度量不群。

德诚拜见药山惟俨禅师,药山问道:“你叫什么名字?”“我叫德诚。”“德诚,成得个什么?”德诚说:“家园丧尽浑无路。”说得不错,但仍是知见。药山微笑,摇了摇头。德诚正要再说,药山用手捂住了德诚的口。德诚一下子大悟,惊叫了一声。药山问:“叫个什么?”德诚说:“长相丑陋,搽胭脂涂粉也没有用!”药山说:“你以后上无片瓦,下午立锥之地。大阐吾宗。”

德诚拜别师父。临行,向道吾、云岩二位师兄说:“公等应各据一方,建立药山宗旨。在下率性疏野,唯好山水,乐情自遣,无所能也。他后知我所止之处,若遇灵利座主,指一人来,或堪雕琢,将授生平所得,以报先师之恩。”

德诚禅师至秀州华亭,泛一小舟,随缘度日,以接四方往来之者。时人莫知其高蹈,因号“船子和尚”。

一日，泊船岸边闲坐。有官人问："如何是和尚日用事？"船子竖桡子问："会么？"官人答："不会。"船子叹息："棹拨清波，金鳞罕遇。"

船子在这里如闲云野鹤，优哉游哉。师弟的嘱托，道吾时时刻刻放在心上。三十年后，道吾云游到京口，刚好遇夹山上堂。

一僧问："如何是法身？"夹山答："法身无相。"僧又问："如何是法眼？"夹山答："法眼无瑕。"道吾不觉失笑。夹山赶忙下座，请教道吾："某甲适来只对这僧话必有不是，致令上座失笑。望上座不吝慈悲！"道吾说："和尚一等是出世，可惜没有名师指点。"遂请和尚往华亭船子处去。

夹山乃散众束装，直奔华亭。船子自当有一番考验，问："大德住甚么寺？"夹山答："寺即不住，住即不似。"船子逼问："不似，似个甚么？"夹山答："不是目前法。"船子问："甚处学得来？"夹山答："非耳目之所到。"船子骂道："一句合头语，万劫系驴橛。"船子又问："垂丝千尺，意在深潭。离钩三寸，子何不道？"夹山拟开口，被船子一桡打落水中，爬上船还未开口又被打，顿时恍然大悟，乃点头三下。船子这才首肯："竿头丝线从君弄，不犯清波意自殊。"

夹山遂问："抛纶掷钓，师意如何？"船子答道："丝悬渌水，浮定有无之意。"夹山反过来指责老师："语带玄而无路，舌头谈而不谈。"船子欣慰地称赞道："钓尽江波，金鳞始遇。"

夹山连忙捂住自己的耳朵。船子道："如是！如是！"遂嘱曰："汝向去，直须藏身处没踪迹，没踪迹处莫藏身。吾三十年在药山，只明斯事。汝今既得，他后莫住城隍聚落，但向深山里，镢头边，觅取一个半个接续，无令断绝。"

夹山乃辞行，频频回顾。船子遂唤："阇黎！"夹山乃回首。船子竖起桡子曰："汝将谓别有。"乃覆船入水而逝。船子沉水而去，只因为夹山临别时，对他依依不舍。

沉水而去的船子不仅佛学造诣深厚，而且是个天才的音乐家。其《拨棹歌》中"夜静水寒鱼不食，满船空载月明归""两岸映，一船红，何曾解染得虚空"等句，意韵极美，堪称千古绝唱。

（李志军　宋海霞）

百岩明哲禅师[1]

一语不契,一夜不安

洞山与密师伯[2]到参。师问:“二上座甚处来?”山曰:“湖南。”

师曰:“观察使姓甚么?”曰:“不得姓。”师曰:“名甚么?”曰:“不得名。”

师曰:“还治事也无?”曰:“自有郎幕在。”

师曰:“还出入也无?”曰:“不出入。”

师曰:“岂不出入?”山拂袖便出。

师次早入堂,召二上座曰:“昨日老僧对阇黎一转语不相契,一夜不安。今请阇黎别下一转语。若惬老僧意,便开粥相伴过夏[3]。”

山曰:“请和尚问。”

师曰:“岂不出入?”山曰:“太尊贵生!”

师乃开粥,同共过夏。

(《五灯会元》卷五)

〔注释〕 ① 百岩明哲禅师:《景德传灯录》中,有两个“明哲禅师”,一为“定州柏岩明哲禅师”,马祖道一法嗣,曾从药山问道;一为“鄂州百颜明哲禅师”,药山惟俨法嗣,洞山和密师伯曾造访。《联灯会要》为“定州柏岩明哲禅师”,马祖道一法嗣。《五灯会元》为“鄂州百岩明哲禅师”,药山惟俨法嗣。今从《五灯会元》。 ② 密师伯:指潭州神山僧密禅师,本为云岩昙晟的师兄,因在云岩昙晟启发下开悟,故尊云岩为师。他和洞山关系密切,经常结伴游方参学,洞山称他为“密师伯”。 ③ 过夏:在印度,夏季的雨季长达三个月,佛陀乃订定四月十五日至七月十五日为安居之期,在此期间,出家众禁止外出,聚居一处精进修行,称为安居。因为一者雨季期间,草木、虫蚁繁殖最多,恐外出时误蹈,伤害生灵;二者,天气炎热,妇女穿衣不庄严,僧众托钵乞食出入村庄,为防世人讥嫌,因此禁止外出。安居的首日,称为结夏;圆满结束之日,称为解夏、过夏。结夏安居是僧众修行制度之一,在安居之始,得举行一定的法会仪式，以公告安居开始。在此处，应该是夏安居开始。

〔鉴赏〕 高手遇见高手，对双方来说，都是一场严峻的考验。但是要想修炼自己的心性，必须寻找天下一流的高手挑战。

洞山辞别师父云岩昙晟，开始了漫长的江湖历练。

洞山来到宣州，参见师叔椑树慧省禅师。慧省问："来作甚么？"洞山说："来亲近和尚。"慧省迎面抢白："若是亲近，用动这两片皮作么？"洞山张口无言，只好黯然离去。

亲近是用"心"的，不是动嘴皮子的。如果真的悟道了，纵然相隔千里万里，已是心心相通。

洞山参南源道明禅师。刚上法堂，南源云："已相见过了也。"洞山只好下去。想了一夜，不知何时见过和尚。第二天再上法堂，问："昨日已蒙和尚慈悲。不知在什么地方和和尚见过面？"南源云："心心无间断，流入于性海。"

洞山与密师伯一起，来到鄂州，拜见另一位师叔百岩明哲禅师。知二位来自湖南，百岩问："湖南的观察使姓什么？"洞山知道师叔的"湖南观察使"指的是洞山的"心性"，便回答没有姓也没有名。

百岩问："他还掌管事情吗？"洞山答："管事自有手下的幕僚。"

人的本心乃是"心王"。志公和尚《十四科颂》云："心王自在翛然，法性本无十缠。""心王"于相离相，于空离空，物物而不物于物。至于日常事务，自有眼、耳、鼻、舌、身、意"六识"去处理。

百岩问："他还出入吗？"洞山说："不出入。"百岩很意外："怎能不出入？"

人的心是活泼的、灵动的、自由自在的，就连鼎鼎大名的临济义玄也说："赤肉团上有一位无位真人，常从汝等诸人面门前出入。"难道你的"心王"是死的吗？

洞山拂袖而去。

这一次，轮到在江湖上赫赫有名的百岩禅师失眠了。他百思不得其解，究竟哪句话问错了？让这位年纪轻轻的小师侄当场弄了个下不来台。

第二天，一大早，百岩便派人请二位上座到法堂，低声下气地说："昨日，老僧对阇黎一转语不相契，一夜不安。今请阇黎别下一转语。若惬老僧意，便请你们在这里开粥，相伴过夏。”

原来令百岩一夜不安的是“怎能不出入？”洞山说：“因为他太尊贵了！”

百岩一听大喜：原来如此！便留下二位师侄，举行开粥仪式，开始了夏安居。

曹洞宗旨，十分严谨，分五位君臣，立偏正回护。正位即空界，本来无物。偏位即色界，有万象形。君是正位，臣为偏位。臣向君，是偏中正。君视臣，是正中偏。君臣道合，兼带互融。

僧问曹山本寂：“如何是君？”曹山说：“妙德尊寰宇，高明朗太虚。”“君”，即是洞山的“湖南观察使”。僧问：“如何是臣？”曹山答：“灵机弘圣道，真智利群生。”“臣”，即洞山所说的“治事的郎幕”。

臣向君，君亦向臣，最终是：“混然无内外，和融上下平”。

（李志军　宋海霞）

澧州高沙弥

受　戒

初参药山。山问：“甚处来？”师曰：“南岳来。”

山曰：“何处去？”师曰：“江陵受戒去。”

山曰：“受戒图甚么？”师曰：“图免生死。”

山曰：“有一人不受戒，亦无生死可免。汝还知否？”师曰：“恁么则佛戒何用？”

山曰：“这沙弥犹挂唇齿在。”师礼拜而退。

道吾来侍立。山曰：“适来有个跛脚[①]沙弥，却有些子气息。”吾曰：“未可全信，更须勘过始得。”

至晚，山上堂，召曰：“早来沙弥在甚么处？”师出众立。

山问:“我闻长安甚闹,你还知否?”师曰:“我国晏然。”

山曰:“汝从看经得,请益得?”师曰:“不从看经得,亦不从请益得。”

山曰:“大有人不看经、不请益,为甚么不得?”师曰:“不道他不得,只是不肯承当。”

山顾道吾、云岩曰:“不信道。”

师一日辞药山。山问:“甚么处去?”师曰:“某甲在,众有妨,且往路边卓个草庵,接待往来茶汤去。”

山曰:“生死事大,何不受戒去?”师曰:“知是般事便休,更唤甚么作戒?”

山曰:“汝既如是,不得离吾左右,时复要与子相见。”

(《五灯会元》卷五)

〔**注释**〕 ① 跛脚:见解不彻底。

〔**鉴赏**〕《西游记》很有意思,能够千变万化、本领最大的是个“行者”,其次是持“菩萨戒行,断了五荤三厌”的猪八戒,然后才是沙“和尚”。满腹经纶的三藏“法师”,完全依赖弟子们的保护。在佛教历史上,还真的如此。慧能开悟时,也就是一个行者。药山惟俨门下龙象成群,其中就有一位出类拔萃的沙弥。

道吾和云岩两人在药山身边侍立,药山指案山上枯荣二树问道吾:“枯者是?荣者是?”道吾说:“荣者是。”药山赞许:“灼然一切处,光明灿烂去。”禅是生机勃勃的。又问云岩:“枯者是?荣者是?”云岩说:“枯者是。”药山也颔首:“灼然一切处,放教枯淡去。”禅又是淡然宁静的。忽然高沙弥来了,药山问:“枯者是?荣者是?”高沙弥说:“枯者从他枯,荣者从他荣。”药山回过头来,看看道吾、云岩说:“不是,不是。”二位师兄没有小师弟旷达的胸怀。

高沙弥要去受戒,路过朗州,走到药山脚下,得一位老人指点上药山。惟俨免不了要考验他,问他:“受戒图甚么?”沙弥说:“图免生死。”

药山惟俨说:“有一人不受戒,亦无生死可免。你可知道?”沙弥说:“佛祖制订了二百五十条戒律,要它何用?”这一答令惟俨对沙弥另眼相看。

后道吾来侍立。惟俨说:“刚才来了个小沙弥,虽然还欠一些火候,但是一个可以雕琢之器。”得天下英才而教之,一乐也。得道的老师看见有希望的弟子,总是情不自禁。道吾说:“村里的男女能有什么见地?未可全信,还要考试考试。”

晚上,药山惟俨上堂,召小沙弥出来,问道:“我听说长安城里乱作一团,你知道吗?”此处“长安城”指高沙弥的“心”。

药山老和尚先声夺人,给这个小沙弥一个下马威。高沙弥不慌不忙,说:“我国晏然。”兵荒马乱是在别处,我这里国泰民安,风平浪静。

惟俨问:“你的见解,是从经书里面得到的,还是求教别人学来的?”高沙弥说:“不从看经得,亦不从请益得。”惟俨逼问:“很多人也不看经、不请益,为什么却得不到?”高沙弥说:“不是他得不到,只是他不肯承当。”惟俨顾视道吾、云岩说:“现在相信我的话了吧?”

一日,高沙弥来辞别师父。惟俨问:“去哪里?”沙弥说:“我依然是个沙弥,继续待在这里,不方便,且往路边卓个草庵,接待往来茶汤去。”这茶汤,并不是饮用的茶汤,而是方便接引有缘人的禅法。

惟俨说:“生死事大,何不受戒去?”沙弥说:“心里明白就行了,更唤甚么作戒?”惟俨说:“既然如此,不得离吾左右,时复要与你相见。”

你不去受戒,也没关系!李翱曾问惟俨老和尚什么是“戒定慧”,老和尚就说:“我这里没有那些‘闲家具’!”但是,尽管你已经见性,还是必须经常保任护持,而不要忘失了心法。我要时时勘验,看你功夫是进是退。

(李志军)

打　鼓

师住庵后,一日归来,值雨。

山曰:“你来也。”师曰:“是。”

山曰："可煞湿。"师曰："不打这个鼓笛。"

云岩曰："皮也无，打甚么鼓？"道吾曰："鼓也无，打甚么皮？"

山曰："今日大好一场曲调。"

（《五灯会元》卷五）

药山斋时，自打鼓，师捧钵作舞入堂。

山便掷下鼓槌曰："是第几和①？"师曰："是第二和。"

山曰："如何是第一和？"师就桶舀一勺饭便出。

（《五灯会元》卷五）

〔注释〕 ① 和：相呼应，一唱一和。

〔鉴赏〕 明代曹洞宗僧虚一方觉编的《宗门玄鉴图》，将"国师抚掌，明觉敲床，药山打鼓，沩山打木鱼，普化耳边振铃，玄沙以火箸敲火炉"等，列入祖师教化的"观音门"，可见和尚们的禅修生活，有的时候也可谓是多姿多彩。

后来，高沙弥真的在半里之外的路边，打了个小庵清修。这天，上山看望老师，恰好碰上下雨。药山关切地问他说："把你淋坏了。"

高沙弥话头一转，说："弟子今天不打这个鼓，不吹这个笛。"这个"鼓"和"笛"指的都是禅。不打鼓，不吹笛，正是无机中的禅机。

接着二位师兄一唱一和，正是"去年贫，贫无立锥之地。今年贫，锥也无"之意。

药山见三个弟子的机锋，一个比一个敏捷，十分高兴："今日，真是大好一场曲调！"

丹霞子淳禅师颂道："偶尔垂言借问伊，知音争使落今时。胡笳不犯宫商曲，玉笛横时劫外吹。"保宁仁勇禅师亦有颂云："抹粉涂坏复裹头，尽由行主线牵抽。鼓皮打破曲吹彻，收拾大家归去休。"

药山施斋，亲自打鼓。

踩着老师的鼓点，高沙弥捧着钵盂，舞蹈着进入斋堂。

药山看见，便掷下鼓槌，问："是第几和？"高沙弥说："是第二和。"药山问：

"如何是第一和?""第二和"是身体与音乐的唱和。"第一和"是心灵与心灵之间的沟通。高沙弥从桶里舀一勺饭,走出斋堂。饥来即食,困来即眠,无牵无挂,纵横自在。

父子二人心意相通,其鼓声、舞步,皆从往劫古佛处而来,汾阳善昭禅师有颂云:"一般打鼓并作舞,与你诸方事不同。历历正声霄汉外,且非数目落寰中。"在得道高僧眼中,日日是良辰,处处皆美景。

(李志军　宋海霞)

刺史李翱居士

云在青天水在瓶

鼎州[①]李翱刺史,向药山玄化。屡请不赴,乃躬谒之。山执经卷不顾。侍者曰:"太守在此。"

守性褊急,乃曰:"见面不如闻名。"拂袖便出。

山曰:"太守何得贵耳贱目?"

守回拱谢,问曰:"如何是道?"山以手指上下,曰:"会么?"守曰:"不会。"

山曰:"云在青天水在瓶。"守忻惬作礼,而述偈曰:

"炼得身形似鹤形,千株松下两函经。我来问道无余说,云在青天水在瓶。"

守又问:"如何是戒定慧?"山曰:"贫道这里无此闲家具。"

守莫测玄旨。山曰:"太守欲得保任此事,直须向高高山顶立,深深海底行。闺阁中物,舍不得便为渗漏。"

(《五灯会元》卷五)

〔注释〕 ① 鼎州：治今湖南常德市。唐时为朗州，武德四年(621)置，天宝元年(724)改为武陵郡，乾元元年(758)复为朗州。属山南东道，旧领县二：武陵、龙阳。宋大中祥符五年(1012)，朗州改鼎州。据说是因武陵县境，在沅澧二水汇合处有鼎水，"昔有神鼎出乎其间"，故改名。

〔鉴赏〕 唐代国力雄强，但在思想上，除了佛学之外乏善可陈。值得一提的唯有李翱的《复性书》，可视为宋明理学的先驱。

李翱(772—841)，字习之。唐德宗贞元十四年(798)进士。曾任国子博士、刑部侍郎、朗州刺史、山南东道节度使等职。李翱幼时"勤于儒学，博雅好古，为文尚气质"。长大后崇拜韩愈，拜为师尊。虽立身于儒，但批评韩愈之排佛纯属意气用事，"不知心，虽辨而当，不能使其徒无哗而劝来者"。他说："佛法论心术则不异于东土，考教迹则有蠹于生灵。"主张"以佛理证心"，以心传心，复兴儒学。他的《复性书》，所复之"性"，是圣人之性，诸佛之性，亦是人人本具之性，直接来自禅宗。

早年，李翱与著名的天台宗学者梁肃过从甚密，后来喜欢与禅僧研究禅法。他曾问一位马祖道一门下僧人："马大师有何言句教诲？"僧说："马大师有时说即心即佛，有时又说非心非佛。"李翱云："奇怪，怎么总往相反的两边说？"他前去拜见得到与百丈怀海、南泉普愿并称"三大士"、马祖道一亲付袈裟的西堂智藏禅师，想要问个究竟。西堂叫了一声："李翱。"李翱应诺。西堂说："鼓角动也。"李翱听了，如堕云山雾海之中。

李翱问龙潭崇信禅师："如何是真如般若？"龙潭说："我无真如般若。"此时的李翱已经懂得了几分禅法，说："幸遇和尚。"龙潭说："此犹是分外之言。"

李翱任朗州刺史，听说了附近的药山上，有一位得道的惟俨禅师，就派属下再三恭请禅师下山说法，而总不得禅师的首肯。最后，刺史只好亲自上山，拜访惟俨。

药山手执佛经，只顾读书，头也不抬。身边侍者提醒和尚："太守在此。"李翱性子偏急，悻悻地说："见面不如闻名。"拂袖便出。药山合上经卷，慢悠悠地说："太守为什么贵耳贱目？"自性要自见，岂能仅听他人言语？李翱心头一震：不是和尚倨傲于我，而是我怠慢了和尚。李翱连忙回来，拱手谢罪，问："如何是道？"药山以手指一指天上，指一指下面：道乃"云在青天水在瓶"。

水在瓶中，心源之水在瓶，法源之水在瓶，禅源之水也在瓶中。“水”，就是清净灵明的自心；“瓶”，就是人们四大五蕴的色身。一旦找到了自心，这颗“心”，就会像一朵白云，在蓝蓝的天上，舒卷自如，来往自由。

李翱至此，大为折服，忻惬作礼。他真是个才子，出口成章而述偈曰：“炼得身形似鹤形，千株松下两函经。我来问道无余说，云在青天水在瓶。”李翱又问：“如何是戒定慧？”药山说：“贫道这里无此闲家具。”

在佛法上，“戒、定、慧”称为三无漏学，习此可证无上涅槃。戒者防身之恶，定者静心之散乱，慧者去惑证理也。戒而生定，心水澄明，则自照万象，是由定而生慧者。此三者次第相生，入道之关键也。药山禅师却说，他这里只是明心见性，不需要这些装饰门面，中看不中用的“闲家具”。

李翱莫测玄旨。药山说：“太守欲得保任此事，直须向高高山顶立，亲证宇宙间之无上境界；深深海底行，在尘世上脚踏实地践履佛法。此事如同少女闺中秘密，时刻守护，不得轻易泄露。”

惟俨禅师一夜登山经行，忽云开见月。禅师长啸一声，回声直达澧阳东九十里许。居民次日清晨迭相推问，直至药山。徒众说：“昨夜和尚山顶大啸。”

李翱太守赠诗云：“选得幽居惬野情，终年无送亦无迎。有时直上孤峰顶，月下披云啸一声。”

此“野情”，非山野之“野”，而是庄子所说的：“入无穷之门，以游无极之野。吾与日月参光，吾与天地为常。”

（李志军）

翠微无学禅师

供 养 罗 汉

京兆府翠微无学禅师，初问丹霞：“如何是诸佛师？”

霞咄曰：“幸自可怜生，须要执巾帚作么？”

师退身三步，霞曰："错！"

师进前，霞曰："错！错！"

师翘一足，旋身一转而出。

霞曰："得即得，孤他诸佛。"师由是领旨。

（《五灯会元》卷五）

师因供养罗汉，僧问："丹霞烧木佛，和尚为甚么供养罗汉？"

师曰："烧也不烧着，供养亦一任供养。"

曰："供养罗汉，罗汉还来也无？"

师曰："汝每日还吃饭么？"僧无语。

师曰："少有灵利底！"

（《五灯会元》卷五）

〔鉴赏〕 "远近众心归，居然占翠微。展经猿识字，听法虎知非。泉注城池梦，霞生侍卫衣。玄机不可学，何似总无机。"

这是晚唐一位叫李洞的诗人所作的《寄翠微无学禅师》，一说此诗为《寄翠微无可上人》。也有的专家说，"无学禅师"就是"无可上人"。无可上人是贾岛的从弟，与诗人戴叔伦、刘得仁、姚合、雍陶等均有诗歌往来。当然，贾岛写给无可上人的诗就更多了。李洞，生卒年不详，字才江，京兆人，大唐王室之儿孙，因倾慕贾岛诗，铸其像，事之如神，与贾岛的友谊十分深厚。李洞《赋得送贾岛谪长江》，写得情真意切，凄苦人心，诗云："敲驴吟雪月，谪出国西门。行傍长江影，愁深汨水魂。筇携过竹寺，琴典在花村。饥拾山松子，谁知贾傅孙。""翠微无学禅师"与"翠微无可上人"本是同一人的可能性不是没有。

翠微寺位于西安南郊终南山，原为翠微宫，乃唐代皇家四大行宫之一。唐武德八年(625)，高宗李渊敕旨于终南山太和峪营造太和宫，并将峪口数千亩田地划封为皇帝禁院(今内苑村)。贞观二十一年(647)，李世民下诏将太和宫扩建为翠微宫。次年(648)夏，李世民住进翠微宫并在这里处理朝政。后唐太宗驾崩在翠微宫含风殿，王室遂将宫殿改为翠微寺。玄奘法师曾于寺中翻译出著名的《般若波罗蜜多心经》。温庭筠的《题翠微寺》描绘了此地壮丽幽美的景观:“幽石归阶陛,乔柯入桥梁。火云如沃雪,汤殿似含霜。”

天子不来高僧来。翠微寺的无学禅师为大名鼎鼎的丹霞天然禅师之法嗣。

无学初拜见丹霞时,询问:“如何是诸佛师?”

丹霞禅师呵斥道:“可惜生就七尺男子汉,偏偏想去执巾持帚,作人奴仆!”

佛在心中,若不能自见,向外驰求,即是变主为奴,自作自贱。

无学禅师后退三步。丹霞禅师道:“错!”

无学禅师于是又进前三步。丹霞禅师仍然道:“错!错!”

是自己就是你自己,堂堂正正,当下即是,圆满自足,何必听命于他人言语?退缩亦错,上前亦错。

无学禅师恍然大悟,翘起一足,旋身一转,潇洒而出。

这一下,让丹霞天然禅师开心极了,开玩笑说:“得,这可好!诸佛的侍者跑掉了,就让佛孤孤单单的吧!”

唐懿宗咸通时期,无学禅师驻锡京兆翠微寺,广阐佛法。正如李洞诗中所说,“远近众心归,居然占翠微”,四方禅子竞相奔赴,以至于翠微寺无法容纳数千僧众。无学禅师上奏懿宗,并于咸通七年(866),在皇帝禁苑处构建翠微下院。“泉注城池梦,霞生侍卫衣”,正是翠微寺皇家寺院的气象。

一天,无学禅师给罗汉像上供。有位僧人看了半天,奇怪地问:“丹霞烧木佛,和尚为甚么却供养罗汉?”

当年,丹霞云游到洛阳,住慧林寺。冬天冷,丹霞把木佛劈了,作柴取暖。院主气坏了,骂他。他笑嘻嘻地说:“吾烧取舍利。”院主哭笑不得:“木佛里面哪来的舍利?”丹霞大笑:“既无舍利,再取两尊烧!”事后,院主的眉毛却掉光了。

丹霞烧佛,为什么院主的眉毛脱落?这就是在禅林到处传颂的“丹霞烧木佛”的公案。

师父烧掉偶像,弟子却搞偶像崇拜,实在让人想不通。无学禅师道:“烧嘛,我就也不烧了。但是供养,还是要继续供养。”

那僧又问:“供养罗汉,罗汉还来也无?”木佛里既无舍利,泥胎里岂有罗汉?

无学禅师反问道:“你每日还吃饭么?”

这与我每天吃饭能一样吗?那个僧人就更糊涂了。

无学禅师不由叹息那位僧人缺乏灵巧。

丹霞烧去的哪是佛像？他烧去的是人们对心外之物的执着。无学又何尝供养罗汉？他守护的是真善美的本心。

祖师爷们反复说，要“直指人心”，要“明心见性”，而学人往往只看现象，不知视心。石头大师问药山惟俨：“恁么也不得，不恁么也不得，恁么不恁么，总不得。子作么生？”马祖大师问药山惟俨：“我有时教伊扬眉瞬目，有时不教伊扬眉瞬目，有时扬眉瞬目者是，有时扬眉瞬目者不是。子作么生？”

《金刚经》说：“若以色见我，以音声求我，是人行邪道，不能见如来。”修行中执着于佛，离佛也就远了，所以要“无佛处作佛”。

（李志军　宋海霞）

孝义性空禅师

父母俱丧

僧参，师乃展手示之。僧近前，却退后。

师曰：“父母俱丧，略不惨颜。”僧呵呵大笑。

师曰：“少间与阇黎举哀。”僧打筋斗而出。师曰：“苍天！苍天！”

僧参人事毕，师曰：“与么下去，还有佛法道理也无？”曰：“某甲结舌有分。”

师曰：“老僧又作么生？”曰：“素非好手。”

师便仰身合掌，僧亦合掌。师乃拊掌三下，僧拂袖便出。

师曰：“乌不前，兔不后，几人于此茫然走。秖有阇黎达本源，结舌何曾着空有？”

（《五灯会元》卷五）

〔**鉴赏**〕 在禅宗语录里面,根据说话的场合不同,“父母”二字有四种含义。

一是讲孝道,最著名的是洞山良价的《辞北堂书》:“伏闻诸佛出世,皆从父母而受身。万汇兴生,尽假天地而覆载。故非父母而不生,无天地而不长。尽沾养育之恩,俱受覆载之德。”而种种孝行,莫若出家之功德,“载生死之爱河。越烦恼之苦海。报千生之父母,答万劫之慈亲。三有四恩。无不报矣”。

二是以“父母未生时”代表人的自性清静心。圆悟克勤说:“父母未生以前,净裸裸赤洒洒,不立一丝毫。及乎投胎既生之后,亦净裸裸赤洒洒,不立一丝毫。然生于世,堕于四大五蕴中,多是情生翳障,以身为碍,迷却自心”,“若能返照,无第二人,根脚下净裸裸赤洒洒,六根门头亦净裸裸赤洒洒,乃至山河大地穷虚空界,尽无边香水海,亦净裸裸赤洒洒”。

三是以“父母”象征一切偶像,特别是“佛”与“佛法”,法身为父,般若为母。杀父杀母,乃超佛越祖之谈。相传在灵山会上,文殊承佛神力,遂手握利剑,持逼如来。于是五百比丘,自悟本心,如梦如幻。于梦幻中,无有我人,乃至能生所生父母。

有僧问曹山本寂:“国内按剑者是谁?”答曰:“曹山!”僧又问:“拟杀何人?”曰:“但有一切总杀。”僧云:“忽逢本父母,又作么生?”曹山反问:“拣甚么?”又有僧问:“如何是师子?”曹山曰:“众兽近不得。”僧云:“如何是师子儿?”曹山答:“能吞父母者。”僧云:“既是众兽近不得,为甚么却被儿吞?”曹山说:“岂不见道:子若哮吼,祖父俱尽。”后人评价说:“悟得法性空后,佛、法、僧一如,是为‘祖父母俱尽’。本寂能‘吞食父母,大饱一餐’,固一世之雄也!”

四时以无明为父,贪爱为母。《临济录》中说:“云:‘如何是父?’师(临济义玄)云:‘无明是父。尔一念心求起灭处不得,如响应空,随处无事,名为杀父。’云:‘如何是母?’师云:‘贪爱为母。尔一念心入欲界中,求其贪爱。唯见诸法空相,处处无着,名为害母。”临济义玄又说:“道流,尔欲得如法见解,但莫受人惑。向里向外逢着便杀,逢佛杀佛,逢祖杀祖,逢罗汉杀罗汉,逢父母杀父母,逢亲眷杀亲眷,始得解脱。不与物拘,透脱自在。”

有的修行者以“父母俱丧”说自己已经顿悟成佛。有一女人哭入法堂。百丈怀海问:“作什么幺蛾子?”女人答:“父母俱丧,请师拣日。”百丈说:“等到明日，一起埋了吧。”

这一段语录，两个“影帝”演出了一场好戏。

性空禅师是丹霞天然的弟子，住吉州孝义寺。

吉州是禅宗重要的根据地，青原行思、石头希迁、耽源应真、仰山慧寂等几位大师都在这里活动传法。孝义寺乃唐敬宗宝历年间(825—826)性空和尚所建，坐落在天钟山山腰，乃“山谷穷绝处”，三面险峻陡峭，唯有一条小路通往山下。

这一天，有位僧人爬上又高又险的孝义寺，专门来拜访性空禅师。性空展开两手。这位僧人先近前，却退后。

这两个高僧的哑谜有点意思。

属于性空师侄辈的洞山良价接人，有三个套路，叫“鸟道、玄路、展手”。至道寥廓，空中鸟迹。欲得玄学，展手而学。“展手”一招，可能是从性空这里学来的。鸟道、玄路由外绍而得，积功而拔；展手则本自圆成，无修无证。曹山本寂曾说遇古人时不得展手，因为展手是主对宾，是大师接引学人的手段，为迷者道，不为悟者言。

性空展手，有点店大欺客，看我佛法手段。僧近前，是表请益；又退后，因为尔处佛法无多子，我这里也有这个。

性空斥道：“父母俱丧，略不惨颜！”在孝义寺说人家父母俱丧，儿子不孝，更是咄咄逼人。僧人反而呵呵大笑：子已长成，卓然自立，本源已达，不着空有。性空继续说：“一会儿，与阇黎举哀。”对于斗机锋来说，这句话多余了，有点自我解嘲的味道。僧人不再接话，打个筋斗出去了。性空只有追悔莫及，呼天唤地了。

佛鉴慧勤点评这段公案：“展开两手，只见锥头利。进前退后，不见利头锥。呵呵大笑，笑里有刀。连哭苍天，弓折箭尽。且道毕竟如何？良久云：‘若不共同桥上过，空信桥流水不流。’”

僧人安排已毕，与性空禅师闲话。性空问：“如此说来，还有佛法道理没有？”僧人说“在下说话口迟。”意思是不愿讨论什么佛啊道啊这些破玩意。性空被折服了，问：“老僧怎样？”僧人不客气地说：“素非好手。”

二人又开始了好玩的哑剧。性空仰身合掌,表示接受批评。僧亦合掌。性空乃拊掌三下,恭维客人。僧人不上当,拂袖便出,而性空对这位禅僧则心悦诚服。

佛鉴慧勤和孝义性空诗云:"进不前,退不后,头尾中间两处走。胡僧抚掌笑呵呵,此土西天未曾有。"

(李志军)

米仓和尚

主人公

有僧新到参,绕师三匝,敲禅床曰:"不见主人翁,终不下参众。"师曰:"什么处情识去来?"僧曰:"果然不在。"

师打一拄杖。僧曰:"几落情识。呵呵。"师曰:"村草步头[1],逢着一个,有什么话处?"

僧曰:"且参众去。"

(《景德传灯录》卷十四)

〔注释〕 ① 步头:航道埠头,俗称"步头"。常光国师《泛大井河》诗云:"龟阜南溪古步头,袈裟见许共方舟。"

〔鉴赏〕 在灯录中,米仓和尚有两个。一个是丹霞天然的法嗣米仓和尚,一个是临济义玄的法嗣沧州米仓和尚。除此之外,沩仰宗的门里还有一位十分活跃的米和尚。

先说沧州的米仓和尚。一天,州牧请米仓和尚与宝寿沼禅师到州府用斋。到大厅坐定,州牧令人传语,请二位长老谈论佛法。宝寿沼说:"请师兄答话。"这句话里有陷阱,无人问,哪有答?

米仓和尚大喝一声。

宝寿沼说:“我还没有问话,你乱喝什么?”

米仓和尚说:“还嫌我喝得少吗?”这句话答得随意了。禅师交锋,句句不能黏滞在别人的话头上,要么截断众流,要么任其东西,要么腾空而去。

果然,给宝寿沼留下了把柄。宝寿沼大喝一声。

再说丹霞门下的这一位米仓和尚,不知生平,也不知住于何寺。有一位僧人来访,绕着米仓转了三圈,敲着禅床,挑战说:“不见主人公,终不下参众。”

当然,僧人眼中的“主人公”,可不是寺里的方丈。他要亲自考察一番,这里的方丈是不是尸位素餐,徒有虚名。

米仓问:“你在什么地方,想出来这样一个馊主意?”僧人说:“‘主人公’果然不在!”米仓打了他一拄杖。告诉他,这就是“主人公”。僧人说:“差一点觉得疼痛了。呵呵。”米仓反问:“村草边,野渡口,逢着一个人,我与他有什么话说?”令僧人落败。

在这场交锋中,僧人自信而来,却无奈而去。僧人欲勘验他人的“主人公”,却丢了自己的“主人公”,没有守住自己的本性,只得“参众”去。

(李志军　宋海霞)

仙天禅师

僧参,方展坐具

新罗僧参,方展坐具,拟礼拜,师捉住云:“未发本国时道取一句?”僧无语。师便推出曰:“问伊一句,便道两句。”

僧参,展坐具,师曰:“这里会得,孤负平生去也。”曰:“不向这里会得,又作么生?”师曰:“不向这里会,更向那里会?”便打出。

僧参,才展坐具,师曰:“不用通时暄,还我文彩未生时道理来!”曰:“某甲有口,哑却即闲,若死觅个腊月扇子作么?"师拈棒作打势。僧把住曰:"还我未拈棒时道理。"师曰:"随我者随之南北,不随我者死住东西。"曰:"随与不随且置,请师指出东西南北。"师便打。

披云和尚[①]来,才入方丈,师便问:"未见东越老人[②]时,作么生为物?"云曰:"只见云生碧嶂,焉知月落寒潭。"师曰:"只与么也难得。"曰:"莫是未见时么?"师便喝。云展两手,师曰:"错怪人者,有甚么限?"云掩耳而出。师曰:"死却这汉平生也!"

洛瓶和尚参,师问:"甚处来?"瓶曰:"南溪。"师曰:"还将南溪消息来么?"曰:"消即消已,息即未息。"师曰:"最苦是未息。"瓶曰:"且道未息个甚么?"师曰:"一回见面,千载忘名。"瓶拂袖便出。师曰:"弄死蛇手,有甚么限?"

(《五灯会元》卷五)

〔**注释**〕 ① 披云和尚:与麻谷宝彻禅师相善。生卒不详。 ② 东越老人:所指不详。

〔**鉴赏**〕 潭州的大川禅师,每逢僧参拜,一言不契,即赶出去。僧人叫苦连天,认为他容易"错判诸方"。丹霞天然很是欣赏,并说自己比大川还要严厉三分。洞山良价说:"不是丹霞,难分玉石。"

大川的法嗣仙天禅师完全继承师父的家风。

一新罗僧参,方展坐具,还没有礼拜。仙天上去捉住,说:"未发本国时道取一句?"僧无语。仙天便把他推出去,说:"问伊一句,便道两句。""未发本国时",和通常说的"父母未生时"一样,都是指人们没有污染的本心。无语说明僧人根本没有见性。无语也是一种言说。所以,仙天骂他"问一句,答两句"。

又一僧参,刚展坐具。仙天骂道:"你的佛性在你的身上,拜我做什么?我教给你的,终究不是你的佛性。"僧人闹糊涂了,问:"不向这里会得,又作么生?"仙天又骂道:真是一个糊涂虫!我不告诉你,你怎么知道佛性就在你的身上?仙天把他打了出去。

有一个僧参，才展坐具。仙天喝道："不用说一些寒暄好听话，还我文彩未生时道理来！"这个僧人倒是个过来人，知道和尚指的是觉悟的境地，这是说不出口的。僧人说："在下长的有嘴，不说话时就闲着。如此死找一把腊月扇子干什么？"仙天拈棒作出打的架势。僧人抓住棒子，说："把未拈棒时的道理告诉我。"仙天说："随我者，随之南北；不随我者，死住东西。"僧人针锋相对："随与不随且置，请和尚指出东西南北。"仙天便打，意为这就是东西南北。

披云和尚来，才入方丈，仙天便问："未见东越老人时，作么生为物？"披云："只见云生碧嶂，焉知月落寒潭。"前者说心灵的潇洒自在，后者指小乘的孤寂境界。玄理很通达，文辞也很优美，但显然不是当机而发。仙天说："有这样的见地，也很是难得了。"披云质问："难道还是没有见道的时节吗？"仙天便喝。披云展两手。仙天说："错怪你了，不妨碍吧？"披云掩耳而出。仙天在后面道："你这个家伙，一辈子也是个死汉。"

洛瓶和尚参，仙天问："什么地方来？"洛瓶说："南溪。"仙天问："带有南溪的什么消息来吗？"洛瓶说："消即消已，息即未息。"仙天说："最可怕的是未息。"洛瓶说："你说，未息个甚么？"仙天说："一回见面，千载忘名。"一旦悟道，了无挂碍。洛瓶拂袖便出。仙天说："你这个弄死蛇手，有甚么厉害？"

晚唐五代时期，大师的风范在禅林广为传播，僧众争相模范，形成了固定的套路。披云、洛瓶应对自如，未必是真的见道。

（李志军）

三平义忠禅师

杀人箭，活人箭

初参石巩[①]，巩常张弓架箭接机。

师诣法席，巩曰："看箭！"师乃拨开胸曰："此是杀人箭。

活人箭又作么生?"

巩弹弓弦三下,师乃礼拜。

巩曰:"三十年张弓架箭,只射得半个圣人。"遂拗折弓箭。

后参大颠[2],举前话。颠曰:"既是活人箭,为甚么向弓弦上辨?"平无对。

颠曰:"三十年后,要人举此话也难得。"

师问大颠:"不用指东划西,便请直指。"颠曰:"幽州江口石人蹲。"

师曰:"犹是指东划西。"颠曰:"若是凤凰儿,不向那边讨。"师作礼。

颠曰:"若不得后句,前话也难圆。"

(《五灯会元》卷五)

〔注释〕 ① 石巩:指石巩慧藏禅师,马祖道一禅师之法嗣,生平姓氏不详。 ② 大颠:指大颠宝通禅师,俗姓陈(一说姓杨),法号宝通,自号"大颠和尚",广东潮阳人,石头希迁禅师法嗣。

〔鉴赏〕 历代高僧大德很多,被后世奉为神灵的罕见,"三平祖师公"便是其中1例。

福建省平和县的深山中,有座闻名遐迩的千年古刹——三平寺。寺院供奉着一位"三平祖师公",千百年来,香火不断。不仅如此,人们还将"祖师公"的香火供奉在家中,带到海外。"三平祖师"已成为海外侨胞的主要民间信仰之一,在全球三十二个国家和地区,都拥有"祖师公"的信众,仅台湾地区就有五十多座三平寺支院。台胞每年都要把分庙"祖师公"神像请到祖地三平寺"割香火",以求风调雨顺、安居乐业。如今,漳州市政府还举办有海峡两岸人士参加的"三平祖师文化节"。

三平祖师公,即三平义忠禅师,俗姓杨,福建福唐(今福清)人。贞元十年(794),投宋州玄用禅师门下为僧。具足戒后,四方云游,先后拜见百岩怀晖、西堂智藏、百丈怀海诸山大老，禅学日渐精进。

义忠来到江西抚州，参石巩禅师。

如果说真有放下屠刀，立地成佛的人，石巩慧藏算是一位。他本是一个猎户，厌恶出家人。因逐鹿从马祖庵前过，受马祖道一的点化而悟道。住寺后，常以弓箭接机。

义忠刚刚走进法堂，石巩弓满箭直，大喝一声："看箭！"义忠并不惊惧，拨开胸口说："此是杀人箭。活人箭又作么生？"石巩弹弓弦三下。义忠便拜。石巩说："三十年张弓架箭，只射得半个圣人。"遂拗折弓箭。

几年后，义忠肩锡南游广东潮州灵山寺，拜见大颠和尚。大颠十分喜欢义忠，便把他留在身边，充任侍者。

自入大颠之室，义忠渐获深契。一天，说起"石巩折弓"之事。大颠问："既是活人箭，为甚么向弓弦上辨？"义忠无对。大颠曰："三十年后，要人举此话也难得。"

义忠问大颠："不用指东划西，便请直指。"大颠说："幽州江口石人蹲。"义忠说："依然是指东划西。"大颠说："若真是一个凤凰儿，就不会向那边讨取。"

"既是活人箭，为甚么向弓弦上辨？"这正是"指东划西"。是死是活，都是自己之事，若真是一个悟道的"凤凰儿"，除了自心之外，哪里也不会去关注。当初，石巩以箭相见，乃单刀直入，义忠以胸相对，体露真常。二人一场双簧，配合得天衣无缝，显示出直指人心，顿悟成佛之宗旨。不过，弓箭乃凶器，可以让人斩断思维，但只能称得上是"杀人箭"，如何才能更上提一步呢？义忠追问"活人箭"，石巩拨动弓弦，义忠便拜，说明义忠仍然在向外追求，所以石巩称他是"半个圣人"。而这个"杀人"的弓箭，的确该折断了。

义忠此时大彻大悟，深深作礼。大颠说："若不是后面的讨论，前面的折弓之话也难圆彻。"

宝历二年(826)，义忠游于闽南，在漳州开元寺后的半云峰下创建三平真院，宣扬佛法。会昌年间(841—846)，唐武宗废僧汰佛。义忠禅师率领僧众避居于平和九层岩，后在大柏山麓建成三平寺。

当时的三平，属于蛮荒瘴疠之地。义忠到此，积极引导山民开垦荒山，建造田园,兴建水利,筑起村舍,男耕女织,改变了茹毛饮血、刀耕火种的原始生活方式,同时还传授医术武术,治病救人,济贫扶弱。

大中三年(849),宣宗皇帝降旨恢复禅宗。巡礼僧常启、惟建等二十人向朝廷奏明了义忠大师行善济世的义举,宣宗皇帝敕封义忠为"广济禅师"。咸通十三年(872),三平义忠圆寂。在老百姓的心目中,义忠禅师成为法力无边、有求必应的"三平祖师公"。

(李志军)

断得公案

升座次,有道士出众从东过西,一僧从西过东。师曰:"适来道士却有见处,师僧未在。"士出作体曰:"谢师接引。"师便打。僧出作礼曰:"乞师指示。"师亦打。

复谓众曰:"此两件公案作么生断?还有人断得么?"如是三问,众无对。

师曰:"既无人断得,老僧为断去。"乃掷下拄杖,归方丈。

(《五灯会元》卷五)

〔鉴赏〕 义忠禅师隐避三平山,时人莫测其玄关。有一僧人,饱读经书,辩才无碍,号称"黄大口"。义忠问:"久闻'大口'之名,是公不?"大口对曰:"不敢。"义忠问:"口大小?"答曰:"通身是口。"义忠说:"什么地方屙?"黄大口一下子张口结舌,无言以对。

自此,义忠法道声扬寰海。四方信徒不惧瘴疠,千里来奔,法席日隆。

三平义忠却说:"今天诸位到来,都把弛走求法,当作悟道的眼目,什么时候才能成就?诸位要学,不用其他,自己本身都有佛性,何不体取?作么心愤愤、口悱悱,有甚么利益,分明向诸位说。若要修行路及诸圣建立化门,自有大藏教文在。若是宗门中事宜,汝切不得错用心!"

有僧人问:"宗门之中,还有学路吗?"义忠云:"有一路滑如苔。"僧人问:

“还许人蹑不?”义忠说:“不拟心,你自看。”

有讲经法师问:“三乘十二分教,学人不疑,乞和尚指西来意!”义忠云:“大德,龟毛拂子、兔角拄杖,你把它们藏在何处?”法师疑惑:“龟毛、兔角,岂是有耶?”义忠说:“你这个家伙,肉重千斤,智无铢两。”禅门难修,放心即是。龟毛兔角,有名无实。荷玉和尚颂曰:“龟毛拂,兔角杖,拈将来,随处放。古人事,言不当,非但有,无亦丧。”

义忠说:“诸人若未曾见过大善知识即不可。若曾见过真正开悟的高僧来,一定要有一些心中体认。然后,向幽岩雅嵩,独宿孤峰,木食草衣。只有这样,方能有少分相应。若驰求知解义句,即万里望乡关去也。”

经常有道友来斗机锋。一天,刚刚升座,有道士出众从东过西,一僧从西过东。义忠禅师说:“刚才,道士却有见处,师僧未在。”道士忙出来行礼致谢:“谢师接引。”义忠挥拄杖便打。僧出作礼:“乞师指示。”义忠亦打。

这两件公案怎么断? 一个僧人,一个道士,一个从东向西,一个由西向东,哪里有什么是非、高下! 两个人做出奇特行为,显然是齐来挑战。义忠禅师不动声色,却设下了陷阱。果然,这两个家伙都是半瓶子醋,一个经不起表扬,一个经不起批评,当下便露出了马脚。悟道之人,安住自心,根本不为外境所动。《庄子·逍遥游》:“之人也,物莫之伤。大浸稽天而不溺,大旱、金石流、土山焦而不热。”再说,见性没见性,只有自己知道,哪由别人来评判?

(李志军 宋海霞)

马頬本空禅师

本来祖翁

上堂:“只这施为动转,还合得本来祖翁么? 若合得,十二时中无虚弃底道理? 若合不得,吃茶说话往往唤作茶话在。”僧便问:“如何免得不成茶话去?”师曰:“你识得口也未?”

曰:“如何是口?”师曰:“两片皮也不识。”

曰:“如何是本来祖翁?”师曰:“大众前不要牵爷恃娘。”

曰:“大众忻然去也。”师曰:“你试点大众性看!”

僧作礼。师曰:“伊往往道一性一切性在。”

僧欲进语。师曰:“孤负①平生行脚眼。”

问:“去却即今言句,请师直指本来性。”

师曰:“你迷源来得多少时?”曰:“即今蒙和尚指示。”

师曰:“若指示你,我即迷源。”

曰:“如何即是?”

师示颂曰:“心是性体,性是心用。心性一如,谁别谁共?妄外迷源,祇者难洞。古今凡圣,如幻如梦。”

(《指月录》卷十二)

〔注释〕 ① 孤负:辜负。

〔鉴赏〕 喝茶之风,由“文化人”向各行各业的高端人士中间蔓延。主人茶台的背景墙上,大都悬挂着“禅茶一味”的镜框。其实,禅茶一味,两味,还是三味,与茶没有关系,与禅更没关系,晚唐的马颊山本空禅师说,就看你的所作所为,与你的心中的“本来祖翁”合拍不合拍。若合拍了,一天到晚十二个时辰,没有虚过的道理;若不合拍,吃茶说话也就是叫作吃茶说话而已。

一个僧人问:如何才能做到吃茶说话,不仅仅是叫作吃茶说话呢?

本空问:“你知道什么是口吗?”僧人以为这个“口”里面包含有高深的玄义,却不料本空说:“口就是两片皮子啊。这你都不知道?”

僧人问:“什么是‘本来祖翁’?”本空说:“大众面前,不要牵爷恃娘。”

“本来祖翁”,指的是自身上的佛性。但是这个原是一个好东西的“佛性”,成了人们学佛的障碍。

僧人说:“大众欣然去也。”大家众人各自安住于自己的佛性当中。本空说:“你把大众佛性点出来试试看!”

佛性只属于他自己,外人是点不出来的。僧并不搭话,只是作礼。本空说:“你不是常常说:‘一性一切性在’吗?”

僧又想开口理论。本空说:“今天的表现,真对不起你平生云游行脚的见识。”僧又请师直指本来性。本空说:“你迷失本源,有多少时间了?”僧答:“今天蒙和尚指示。”本空说:“我若指示你,我即迷源。”僧人感到奇怪:“怎么会是这样?”由此本空禅师以颂来阐明其观点。

“心是性体,性是心用。心性一如,谁别谁共?妄外迷源,只者难洞。古今凡圣,如幻如梦。”

宋代的佛鉴慧勤禅师点评说:“问不徒然,答无虚设。才随语转,觌面千山。后偈中虽有收有放,其奈错下名言。山僧重为别过。乃有偈曰:‘心本非心,性本非性。心性两忘,谁少谁剩。老倒本空,灼艾求病。妄外迷源,孤负凡圣。”

(李志军　宋海霞)

石室善道禅师

石头抽刀

作沙弥时,长髭[①]遣令受戒,谓之曰:“汝回日,须到石头和尚处礼拜。”

师受戒后,乃参石头。

一日随头游山次。头曰:“汝与我斫却面前树子,免碍我。”

师曰:“不将刀来。”头乃抽刀倒与。

师曰:“何不过那头来?”头曰:“你用那头作甚么?”

师即大悟,便归长髭。

髭问:“汝到石头否?”师曰:“到即到,只是不通号。”

髭曰:“从谁受戒?”师曰:“不依他。”

髭曰:“在彼即恁么,来我这里作么生?”师曰:“不违背。”

髭曰:“太忉忉生!”师曰:“舌头未曾点着在。”髭喝曰:“沙弥出去!”师便出。

髭曰:“争得②不遇于人!”

(《五灯会元》卷五)

〔注释〕 ① 长髭:长髭旷禅师(740—830),石头希迁之法嗣,唐朝湘东地区的著名禅师。② 争得:怎得。

〔鉴赏〕 1983年,日本驹泽大学曹洞宗僧众来华寻根礼祖,来到潭州攸县宝宁寺,寻访祖庭圣地。当时,宝宁寺尚在一片荆棘之中。该寺始建于唐天宝十载(751),开山祖师是攸县籍人士长髭旷禅师。

众所周知,曹洞宗为洞山良价和曹山本寂父子所创建,洞山良价的师父是云岩昙晟,云岩昙晟的师父为药山惟俨。然而,日本曹洞宗所存典籍之中有“潭州攸,长髭旷”的记载,为什么长髭旷禅师却成了曹洞宗的祖师爷?

1985年,攸县宝宁寺发现开山祖师长髭旷墓塔。左右边碑石刻“风云”“回互”碑额,和“凭什么造就石室云岩,靠这个引导曹洞宗风”的对联。可见日本曹洞宗所存史料是符合历史真相的。

原来,药山惟俨与长髭旷二人不仅仅同为石头希迁门下的师兄弟,而且云岩昙晟是药山和长髭两个高僧的弟子。《祖堂集》说:“师(昙晟)秉承药山,后止攸县,大弘法化。”药山即惟俨禅师,攸县即长髭旷禅师。有学者将昙晟来攸县依长髭旷学法的时间确定为于唐元和十年(815)。南怀瑾先生在《禅话》一书中,也认为昙晟直接嗣法于长髭旷名下。

“凭什么造就石室云岩,靠这个引导曹洞宗风”,这副对联又澄清了另外一段史实。石室即石室善道,长髭旷禅师唯一剃度的弟子,曾隐居于献花岩之“石室”,故称“石室善道”。云岩即云岩昙晟。《五灯会元》载,洞山良价参沩山灵祐以求禅法。沩山指示他去拜云岩昙晟,说:“此去澧陵攸县,石室相连(《祖堂集》作“相邻”),有云岩道人,若能拨草瞻风,必为子之所重。”《醴陵志》中,有这样的话:“道者(指善道)住攸县之石室,昙祖(指昙晟)居醴陵之云岩,云岩去石室,未及数十里,所言石室相连者……”又“当时沩山指价祖(洞山良价)参昙祖,值板荡之际,所以昙祖不时避乱石室,与道者相若,有机缘存焉。”当时云岩处于隐修的状态,石室善道已经名扬天下。沩山便告诉良价,在醴陵攸县之间,与石室善道相距不远,有一位云岩道人,禅法同样高明,你的机缘在那里。《五灯会元》中还有一个公案:“院主游石室回,师问:‘汝去入到石室里许,为只恁么便回?’主无对。洞山代曰:‘彼中已有人占了也。’师曰:‘汝更去作甚么?’山曰:‘不可人情断绝去也。’”院主去石室善道处游玩,回来遭到云岩的责备。院主答不上来,洞山替他圆场。可以看出洞山良价对师伯石室善道也是十分熟悉。也就是说,洞山良价从云岩昙晟那里所传承的“曹洞宗风”,里面有石室善道很大的功劳。

石室善道(768—845),攸县人,10岁时即由长髭和尚收为法子。唐贞元二年(786),已经18岁的善道问和尚:“某甲欲得受戒去,还得也无?”长髭问:“受戒图什么?”善道说:“某甲祖公在南岳,欲得去那里礼觐,只是未受戒,不敢去。”长髭说:“须到二十岁始得受戒,先等等吧。”

长髭忽然心中一动,又把他叫回来,同意他受戒。

善道第二天一大早便辞别和尚。和尚说:“你受戒归来,要先到石头老和尚处去。”

善道去南岳般若寺受过戒,便去参拜石头。石头问:“从什么处来?”善道说:“从长髭来。”石头说:“今夜在此宿,好不好?”善道对云:“一切听从老和尚安排。”

第二日早朝,善道来请示。石头便带小徒孙进山游玩。路边,有一棵小树,石头云:“你去给我砍了,这个树碍我的路。”善道说:“我没有带刀子来。”石头说:“我这里有刀子。”

石头抽刀,手握刀柄把刀子递过去。善道无法接刀,说:“为何不递那头来?”石头问:“用那头干什么?”

善道忽然明白了:师祖要他去砍的,不是路边的小树,而是自己二元对立的分别心。这个“分别心”，就是盘踞在他心头，妨碍他悟道的“野树”。

回家时的小善道，已经是目空一切，意气风发。长髭问：“教你去拜见石头老和尚，你去过没有？”善道对曰：“到则到了，什么也没听见，什么也没看见。”

长髭问：“依什么人受戒？”对曰：“谁也不依。”长髭说：“既然如此，回来干什么？”对曰：“不违背。”

没有得到佛法，但也并不违背佛法。不取法相，亦不取非法相，是为般若之真谛。

长髭说：“你这个饶舌的小和尚！”对曰：“我的舌头可什么都没有染着！”

长髭见他对答如流，心无挂碍，自然高兴，但考虑到弟子毕竟还很年轻，便骂了一顿，赶了出去。

望着善道的背影，长髭感叹：“怎能不遇于人！”是金子总有闪亮的时候。

（李志军）

开心碗子，无盖盘子

师寻值沙汰，乃作行者，居于石室。每见僧，便竖起杖子曰：“三世诸佛，尽由这个。”对者少得冥契。

长沙[①]闻，乃曰：“我若见即令放下拄杖，别通个消息。”三圣[②]将此语只对，被师认破是长沙语。

杏山[③]闻三圣失机，乃亲到石室。师见杏山，僧众相随，潜入碓坊碓米。

杏曰：“行者接待不易，贫道难消。”师曰：“开心碗子盛将来，无盖盘子合取去。说甚么难消。”杏便休。

仰山[④]问：“佛之与道，相去几何？”师曰：“道如展手，佛似握拳。”

曰：“毕竟如何的当，可信可依。”师以手拨空三下曰：

"无恁么事,无恁么事。"

曰:"还假看教否?"师曰:"三乘十二分教是分外事。若与他作对,即是心境两法,能所双行,便有种种见解,亦是狂慧,未足为道。若不与他作对,一事也无。所以祖师道'本来无一物'。汝不见小儿出胎时,可道我解看教、不解看教?当恁么时,亦不知有佛性义、无佛性义。及至长大,便学种种知解出来,便道我能我解,不知总是客尘烦恼。十六行中,婴儿行为最哆哆和和时,喻学道之人离分别取舍心,故赞叹婴儿,可况喻取之。若谓婴儿是道,今时人错会。"

师一夕与仰山玩月。山问:"这个月尖时,圆相甚么处去?圆时,尖相又甚么处去?"师曰:"尖时圆相隐,圆时尖相在。"

仰山辞,师送出门。乃召曰:"阇黎!"山应诺。师曰:"莫一向去,却回这边来。"

(《五灯会元》卷五)

〔注释〕 ① 长沙:长沙景岑禅师,南泉普愿弟子,住洞庭湖长沙山,大开化门,机锋敏捷,同道敬为"岑大虫"。 ② 三圣:三圣慧然禅师,生卒不详,临济义玄弟子,住镇州三圣院。记录整理有《镇州临济慧照禅师语录》(《临济录》)。 ③ 杏山:杏山鉴洪禅师,生卒不详,云岩昙晟弟子。 ④ 仰山:仰山慧寂禅师,沩山灵祐弟子。因居仰山,故世称仰山慧寂,或仰山禅师。仰山慧寂与师父沩山灵祐共同开创沩仰宗。

〔鉴赏〕 唐大和九年(835),27岁的唐文宗不甘为宦官控制,和李训、郑注、韩约等大臣策划诛杀宦官,夺回皇帝丧失的权力。11月21日,唐文宗以观露为名,将宦官头目仇士良骗至禁卫军的后院欲斩杀,被仇士良发觉,双方激烈战斗,结果韩约等朝廷重要官员被宦官杀死。史称"甘露之变"。

李训见事不济,出宫单骑走入终南山华严寺中,投奔宗密大和尚。后宦官派人以不告之罪逮捕宗密。善道等与宗密交厚的高僧受到了牵连,被诏沙汰为行者,从保宁寺来金仙山献花岩的"石室"隐居。

来访的僧人络绎不绝。每见僧来，善道便竖起拄杖相对。当时能对者寥寥，更无有冥符契机者。这在禅林掀起了一场波澜。当时的高僧，长沙岑大虫、临济义玄门下的三圣慧然、云岩昙晟的弟子杏山鉴洪、沩仰宗的仰山慧寂等激情盎然，欲与石室善道一斗机锋。

长沙景岑说："我若见，即令放下拄杖，别通个消息。"三圣慧然不远千里，从河北镇州一路跋涉来到献花岩，喝令善道放下拄杖。善道说，这话只有岑大虫才能说出来。

杏山鉴洪听说三圣战败，也从江西赶到石室。善道见杏山来了，僧众前呼后拥，便潜入碓坊碓米。

杏山说："行者接待不易，贫道难消。"这是个挑衅，说石室行者的禅法贫乏寒碜。

善道说："开心碗子盛将来，无盖盘子合取去。说甚么难消？"

我用欢喜的心交给你，你用空明的心接过去，说什么难消不难消？杏山无言以对。

杏山又问："行者还曾到五台山没有？"善道说："到过。"杏山问："还见文殊菩萨了吗？"善道说："见了。"杏山进一步问："向行者说了些什么？"善道说："说你的亲生父母埋在荒草丛中。"

还是回去吧，菩萨说，你的本心上面杂草丛生。杏山又失对。

数年后，杏山迁化。主事差两人往洞山达哀书。洞山问两人："和尚迁化后怎么样？"对曰："拾得二万八千粒舍利。一万粒则纳官家，一万八千粒则三处起塔。世间罕有。"洞山问："说什么罕有？"对云："有眼不曾见，有耳不曾闻，岂不是罕有？"

洞山良价说："任你和尚遍天下尽是舍利子，总不如当时识取石室行者两句话。"

沩山灵祐听说善道这么厉害，不敢贸然挑战，先派仰山慧寂前往石室探个虚实。

仰山来到石室，问："佛之与道，相去几何？"石室说："道如展手，佛似握拳。"仰山问："毕竟如何才算明心见性，可信可依。"石室以手拨空三下说："无恁么事,无恁么事。”

肇法师说:“天地之内,宇宙之间,中有一宝,秘在形山。”“佛”在心中,如密在拳中。子曰:“道不远人,人之为道而远人,不可以为道”,明明白白,清清楚楚,“其如示诸掌乎?”如果明心见性了,掌也没有,拳也没有,“无苦集灭道,无智亦无得”。

仰山又问:“还用看经书吗?”石室善道说:“三乘十二分教是分外事。若与他作对,即是心境两法,能所双行,便有种种见解,亦是狂慧,未足为道。若不与他作对,一事也无。所以祖师道‘本来无一物’。又以小孩出生到长大之时来说明,有的禅师也常用婴儿喻道,但对于初学者容易形成一种排斥知识的误读。”而善道指出,不是说无知无识的“婴儿”就是会“道”,而是说“婴儿”没有分别之心。

仰山回去,具陈前话。沩山连忙从禅床上下来,向石室的方向合掌致敬。

自此,石室与仰山结为忘年之交。

献花岩前,有一石坪,皎月当空,万籁俱寂之际,不时有兔月之景影于石壁,因此,“石室”岩洞又名为“月窟”。

一夕,与仰山玩月。仰山问:“这个月尖时,圆相甚么处去?圆时,尖相又甚么处去?”善道说:“尖时圆相隐,圆时尖相在。”

前面讲述云岩与药山在一起“弄师子”时,曾介绍了华严宗贤首国师法藏大师指镇殿金狮子,向武则天讲解《华严经》的圆融无碍之义。其中《勒十玄第七》讲“隐”与“显”的关系。“若看狮子,唯狮子无金,即狮子显金隐。若看金,唯金无狮子,即金显狮子隐。若两处看,俱隐俱显。隐则秘密,显则显著。”这在法藏大师的“十玄门”中称为“秘密隐显俱成门”。

月亮的“圆相”,和狮子的“金”一样,都是象征人人皆有,圆满自足的自性清净心。“尖相”和狮子的五官四肢一样,是世间的万象。世俗的眼睛,看见尖相是尖相,看见圆相是圆相。悟道之人,从尖相中看到圆相,从圆相中看到尖相。尖相圆相,皆是一相。善道的“尖时圆相隐,圆时尖相在”,以及后来云岩的“尖时圆相在,圆时无尖相”,道吾的“尖时亦不尖,圆时亦不圆”,均为法藏大师“十玄门”中的第十门“唯心回转善成门”:“金与师子,或隐或显,或一或多,各无自性,由心回转。说事说理,有成有立。”

而这个公案结尾仰山辞行时,石室送出门并叮嘱道:“莫一向去,却回这边来。”也是石室善道的祖师爷石头希迁禅师所传下来的“回护”之法要。石头《参同契》中说:“灵源明皎洁,枝派暗流注。执事元是迷,契理亦非悟。门门一切境,回互不回互。”时时不执于一边,就能门门一切境。心在现象,要回护空性;心在空境,要回护现象;才能理事无碍,事事无碍。沩山灵祐也是这样教导仰山说:“以思无思之妙,返思灵焰之无穷,思尽还源,性相常住。事理不二,真佛如如。”

(李志军)

龙潭崇信禅师

天皇心要

其家卖饼。师少而英异。初悟和尚[1]为灵鉴潜请居天皇寺,人莫之测。师家于寺巷,常日以十饼馈之。天皇受之,每食毕,常留一饼曰:“吾惠汝以荫子孙。”

师一日自念曰:“饼是我持去,何以返遗我邪?其别有旨乎?”遂造而问焉。

皇曰:“是汝持来,复汝何咎?”

师闻之,颇晓玄旨,因投出家。皇曰:“汝昔崇福善,今信吾言,可名崇信。”由是服勤左右。

一日问曰:“某自到来,不蒙指示心要?”皇曰:“自汝到来,吾未尝不指汝心要。”

师曰:“何处指示?”皇曰:“汝擎茶来,吾为汝接。汝行食来,吾为汝受。汝和南时,吾便低首。何处不指示心要?”

师低头良久。

皇曰:“见则直下便见,拟思即差。”师当下开解。

复问:“如何保任?”皇曰:“任性逍遥,随缘放旷。但尽凡心,别无圣解。”

(《五灯会元》卷七)

〔注释〕 ① 悟和尚:指天皇道悟禅师,俗姓张,婺州东阳(今属浙江)人。曾谒径山国一、马祖道一等大禅师,又参石头希迁,为嗣法弟子。先后栖止荆州当阳紫云山、天皇寺。法嗣有龙潭崇信。崇信门下出德山宣鉴,其法系分云门、法眼二宗。另外,据唐玄素所撰之《江陵城西天王寺道悟禅师碑铭》记载,除上述之天皇道悟外,别有天王道悟。天王道悟(737—818),唐代禅师。渚宫(今湖北荆州市西北)人,俗姓崔。先后参石头希迁、南阳慧忠、马祖道一,为马祖道一嗣法弟子。有人考证龙潭崇信为天王道悟法嗣。有关天皇道悟与天王道悟之法统,诸禅籍史传之记载,大有出入,此系源自云门、临济二宗互争南岳下之正统而起。

〔鉴赏〕 世上最难的事,不是战胜强敌,而是折服对方的心;更难的事,是让人洗心革面、脱胎换骨——把心头的污垢冲洗干净,开始新的生命。

让弟子开悟的手段千奇百怪,令人叹为观止。高僧都是具有大智慧的人。

荆州城内,有座名刹叫天皇寺,因不慎失火,全寺化为灰烬。寺主灵鉴率众连夜赶到柴紫山的庵庐中,迎请一位道行高深的道悟禅师住持天皇寺。

道悟住进寺后,“隐耀藏光,人莫我测”。他独居小院,多闭禅房,静坐而已。四海禅流,无由凑泊。寺边的小巷子里面,住着一户卖胡饼的小商贩。家中一个小孩儿,走街串巷叫卖胡饼。小孩儿很善良,每天都会送给天皇道悟禅师十个胡饼。数年之间,从不间断。

道悟见他虽然年幼,而与众不同,“弱龄宛异,神府宽然”,每次吃过都会留下一饼,送给小孩,说:“吾惠汝以荫子孙。”小孩的确有慧根,自己纳闷:“饼是我送的,为何会反过来送我一个,难道还有其他的意思吗?”遂拱手相问。

道悟说:“你送出去的东西,难道就不能返还给你吗?”

小孩一听,话里有话,似懂非懂。什么东西是我的?我把什么送人了?和尚又返给了我什么?小孩说:“弟子浮生扰扰,毕竟如何?”道悟说云:“在家牢狱逼迮,出家逍遥宽广。”小孩便投天皇出家。天皇说:“汝昔崇福善,今信吾语,宜名崇信。”

崇信服侍在天皇左右,渐渐长成一位挺拔的青年。忽于一日问天皇道:“弟子身厕僧伦,已果宿志,道心坚固,但直到现在,未蒙和尚指示个心要。伏乞指示。”

天皇说:“你自到我身边来,哪一天没有给你指示心要?”崇信问:“哪里是和尚指弟子心要处?”天皇说:“你捧茶来,我接过杯子;你备了饭菜,我把它吃掉;你向我行礼,我便低首。何处不是指示心要?”

这一段话太经典了!没有赵州老和尚“吃茶去”的脑筋急转弯,也没有云门文偃“日日是好日”的深不可测,他让崇信放下苦苦追求之心,回想品味每天平平淡淡的生活。是啊,老师不就是一个得道的高僧吗?开悟的生活不是由他和老师两个人共同进行的吗?

崇信的心就像一股湍急的山溪,一下子溶入深邃平静的湖水之中,慢慢地澄明起来,与天光云影共相徘徊。

崇信低头良久。

天皇说:“见则直下便见,拟思即差。”

返观自心,再加上顿悟,崇信的所有问题似乎迎刃而解。但崇信还是不放心,因为这个结果来得太意外了,简直不可思议,还有点不真实。他担心下一个瞬间,这一切都会如梦如幻般地消失。

天皇对他说明:心性如同山间的泉水,清澈见底,灵光迥耀,无拘无束,自由自在。不要安禅习定,不要塞耳藏睛。让它随山就势,汩汩流动,悄无声息,自成碧潭。“但尽凡心,别无圣解。汝能尔者,当何患乎?”

崇信既领宗要,触目朗然,犹如远客还家,顿息他游之意;亦如贫收宝藏,故无不足求。

自荆渚至澧阳龙潭栖止,崇信和他的老师天皇道悟一样,如愚若讷,行不惊俗,世莫能疑。

有个僧人问:“髻中珠谁人得?”

“髻中宝珠”是一个佛经故事,象征肉身中的佛性。龙潭说:“不赏玩者得。”僧人又问:“它藏在身中何处?”龙潭说:“如果你知道在什么地方,就请你告诉我。”

一尼姑问:“如何才能成为一个僧人?”

在佛教之中,女众始终没有什么地位。依八敬法规定:女众不能独立,必须仰靠男众,不能和男众共住,也不能离开男众太远而住;必须要请男众的长老上座,为女众说法教诫,女众不能直接在尼僧中受戒,必须通过男众的证明;比丘尼虽然受戒一百年,还要礼拜新受比丘戒的男众。

佛经认为女人有五障,或者叫五漏之身,就是女性不能成佛、不能为魔王、不能为帝释天、不能为梵王、不能为转轮圣王。成佛先转男身,否则便不能如愿。阿弥陀佛的四十八大愿中,就有一愿:“我作佛时,国无妇女,若有女人,闻我名字,得清净信,发菩提心,厌患女身,愿生我国,命终即化男子,来我刹土。”

龙潭问:“你作为尼姑有多少时间了?”尼姑还是最关心自己的未来:“还有为僧的机会没有?”龙潭问:“你即今是什么?”

男身女身,等无差别,都是佛身。在《维摩诘经》中,有一段舍利佛和天女之间的故事。这位天女神通广大,而且能言善道,包括智慧第一的舍利佛以及般若化身的文殊菩萨都不是她的对手。但舍利佛还是瞧不起她,说:“你既然这么厉害,为什么还是个女的,为什么不转成男身呢?”于是天女耍了小神通,把舍利佛变成天女,把自己变成了舍利佛。

尼姑感到奇怪:“我现在是尼身,大师难道看不出来?”龙潭说:“谁识汝?”

不认识你的,是你自己。执着于男身女身的差别之见,就始终是个尼姑,倘若无人相,无我相,无众生相,即可立地成佛,还要为僧干什么?

李翱居士问:“如何是真如般若?”龙潭说:“我这里没有真如般若。”

一切贤圣,皆以无为法而有差别。般若无知,而现一切知。李翱深为折服,后因李翱的推崇和极力邀请,龙潭崇信出世说法。

《祖堂集》云:“所居兰若临小溪潭,时属元阳,郡民多于是处祈求雨泽,故号龙潭和尚焉。”崇信之所以有“龙潭”的雅号,或许更是因为他的气质和禅风。

这个宁静而又幽深的龙潭,将涵养出一条摇头摆尾的狞龙,一根棒打遍天下，在禅林掀起了惊天巨浪。

（李志军）

龙潭吹烛

鼎州德山宣鉴禅师，简州周氏子，丱岁出家，依年受具。精究律藏，于性相诸经，贯通旨趣。常讲金刚般若，时谓之"周金刚"。尝谓同学曰："一毛吞海，海性无亏，纤芥投锋，锋利不动。学与无学，唯我知焉。"后闻南方禅席颇盛，师气不平，乃曰："出家儿千劫学佛威仪，万劫学佛细行，不得成佛。南方魔子敢言直指人心，见性成佛，我当搂其窟穴，灭其种类，以报佛恩。"

遂担《青龙疏钞》[①]出蜀。至澧阳路上，见一婆子卖饼，因息肩买饼点心。婆指担曰："这个是甚么文字？"师曰："《青龙疏钞》。"婆曰："讲何经？"师曰："《金刚经》。"婆曰："我有一问，你若答得，施与点心。若答不得，且别处去。《金刚经》道：'过去心不可得，现在心不可得，未来心不可得。'未审上座点那个心？"师无语，遂往龙潭。

至法堂曰："久向龙潭，及乎到来，潭又不见，龙又不现。"

潭引身曰："子亲到龙潭。"

师无语，遂栖止焉。

一夕侍立次，潭曰："更深何不下去？"师珍重便出。却回曰："外面黑。"潭点纸烛度与师。师拟接，潭复吹灭。师于此大悟，便礼拜。潭曰："子见个甚么？"师曰："从今向去，更不疑天下老和尚舌头也。"

至来日，龙潭升座，谓众曰："可中有个汉，牙如剑树，口似血盆，一棒打不回头。他时向孤峰顶上，立吾道去在！”

师将疏钞堆法堂前，举火炬曰：“穷诸玄辩，若一毫置于太虚。竭世枢机，似一滴投于巨壑。”遂焚之。

（《五灯会元》卷七）

〔**注释**〕 ①《青龙疏钞》：《青龙疏》，乃青龙寺沙门道氤奉唐玄宗之诏命，对《金刚经》所作之注疏。《青龙疏钞》，为德山宣鉴对《青龙疏》所作的进一步阐释。

〔**鉴赏**〕 如果说，天皇道悟是在崇信懵懂的心灵上打开了一扇天窗的话，龙潭崇信则是降服了一匹桀骜不驯的野马，让它变成了腾云驾雾的青龙。

德山宣鉴（782—865），俗姓周，简州（治今四川简阳西北）人。

宣鉴幼年出家，依年受戒。苦读经论，持戒精严，对法性法相之学，融会贯通。他雄辩宏辞，宋代希叟绍昙《五家正宗赞》说他“初讲《金刚经》，名冠成都”，人称“周金刚”。他很自负地说自己能领悟到：“一毛吞海，海性无亏。纤芥投锋，锋利不动。”从学理上，的确已达到臻性相圆融、理事无碍之最高境界。后来，他听说南方禅席颇盛，心中不平，乃曰：“出家儿千劫学佛威仪，万劫学佛细行，不得成佛。南方魔子敢言直指人心，见性成佛，我当搂其窟穴，灭其种类，以报佛恩。”“遂云游海内，访谒宗师，凡至击扬，皆非郢哲。后闻龙潭，则石头之二叶，乃摄衣而往焉。”（《祖堂集》）他带着《金刚经青龙疏抄》，从简州出发，顺沱江至重庆，徒步穿越三峡，走出“难于上青天”的蜀道，遍访江南禅林。一路上，所向披靡，后来听说卖烧饼出身的崇信，禅法幽深不可测，便决心去龙潭寺，闯一闯这个“龙潭”。

在去龙潭寺的路上，宣鉴走得又饥又渴，见一婆子卖烧饼，便放下行李，买点心吃。

婆子指担问：“这个是甚么文字？”宣鉴说：“《青龙疏钞》。”婆子又问：“讲何经？”宣鉴说：“《金刚经》。”婆子说：“我有一问，你若答得，施与点心。若答不得，且别处去。《金刚经》道：‘过去心不可得，现在心不可得，未来心不可得。’不知上座点那个心？”

这下把宣鉴打蒙了。书到用时方恨少，不，满腹的经论，到了一个卖烧饼的婆子这里竟然毫无用处！还不知寺里那个卖烧饼的和尚怎么样呢！

宣鉴默默无语，担起行囊，硬着头皮，进了龙潭。

到了法堂，看起来普普通通，与其他道场并无出奇之处，宣鉴有些失望，胆气似乎又壮了一点，大声说："久向龙潭，及乎到来，潭又不见，龙又不现。"崇信欠欠身子，轻描淡写地说："你已经亲到龙潭了。"

潭在这里，龙也在这里，见与不见，全都在这里。你看见或看不见，只与你的眼睛有关。

宣鉴不敢作声，先住了下来。

一天晚上，宣鉴一直侍立在老师身边。龙潭说："夜已深了，为何不下去？"宣鉴说了声"珍重"，到了门口，回头说："外面很黑。"龙潭点亮纸烛，递给宣鉴。宣鉴刚要接，龙潭"噗"一声，把烛吹灭了。

宣鉴恍然大悟，拜伏于地。

夜晚的黑暗不可怕，可怕的是内心的黑暗。一盏纸灯，老师可以帮你点亮；内心的光明，老师无法帮你点亮，佛祖也不能帮你点亮，三藏经论、术语名相更不能帮你点亮。自己心中的明灯，要靠自己的生命去点亮它。在燃灯、吹灯的刹那交替之间，德山宣鉴一下子洞彻心源。纸烛灭了，心灵之灯熊熊燃烧起来，照亮了山河大地。

（李志军）

卷六、慧能下五世

睦州陈尊宿

入头处

一日晚参，谓众曰："汝等诸人还得个入头处也未？若未得个入头处，须觅个入头处。若得个入头处，已后不得孤负[1]老僧。"

时有僧出礼拜，曰："某甲终不敢孤负和尚。"师曰："早是孤负我了也。"又曰："明明向你道，尚自不会，何况盖覆将来。"

又曰："老僧在此住持，不曾见个无事人到来，汝等何不近前？"

时有一僧方近前，师曰："维那不在，汝自领去三门[2]外，与二十棒。"

曰："某甲过在甚么处？"师曰："枷上更着杻。"

师寻常见衲僧来，即闭门。

或见讲僧，乃召曰："座主。"主应诺。师曰："担板汉。"或曰："这里有桶，与我取水。"

一日在廊阶上立。僧问："陈尊宿房在何处？"师脱草屦蓦头打。僧便走。师召："大德。"僧回首，师指曰："却从那边去！"

天使问："三门俱开，从那门入？"师唤尚书，使应诺。师曰："从信门入。"使又见画壁，问曰："二尊者对谭何事？"师掴露柱[3]曰："三身中那个不说法？"

（《五灯会元》卷四）

〔注释〕 ① 孤负：违背；对不住。又可谓徒然错过，"孤"与"辜"同音通假。或云："孤负"不同于"辜负"，"辜负"是同义联合，表示"对不住"；"孤"则可以表示"单独，独"的意思，在"负"前为修饰语。 ② 三门：寺院山门之制形如阙，开三门，故亦称"三门"。三门含有智慧、慈悲、方便三解脱的意思，或象征信、解、行三者之义。但并非必有三个门才称"三门"，只有一个门，也称"三门"。 ③ 露柱：指旌表门第立柱柱端的龙形部分。

〔鉴赏〕 与日月同其光，与世俗同其尘，庄子称之为"真人"，在佛门称其为"菩萨"。一般的老百姓无以表达其敬爱之情，则会把种种神异附加在他们身上。

"野旷天低树，江清月近人"（孟浩然《宿建德江》），写的就是梅城的景色。唐代为睦州府，位于新安江与兰江汇合处。城西建昌山麓有一开元寺，道明和尚自小就在这个寺院出家。

道明(780—877)，南朝陈氏后裔。潜心修学，"持戒精严，学通之藏"。后游方到了福清黄檗山，参谒希运禅师，旨意契合。为四众请住睦州观音院，后归开元寺。"常百余众，经数十载，学者叩激，随问遽答。词语峻险，既非循辙，故浅机之流，往往嗤之。唯玄学性敏者钦伏。由是诸方归慕，咸以'尊宿'称。"

历代高僧，长寿者不乏其众，谈话中呼对方为"尊宿"表示敬意的也很常见，但以"尊宿"为名的，唯道明禅师一人而已。虚云老和尚编著的《再增订佛祖道影》，赞曰："机似闪电，用若神龙。七古八怪，觅之即空。等闲垂手，肇建两宗。悬一草履，巢寇避翁。"是对陈尊宿一生的最恰切的评价。

宋代吕希纯《陈尊宿庵》诗云："临济亲推出，云门手推开。于今两禅派，俱自睦州来。"禅宗五宗，临济、云门两宗的创始人都是由陈尊宿亲手提携。临济义玄在黄檗希运会中三年，久不开悟。时道明在黄檗为首座，看义玄是个参天之树，便像联合国秘书长一样穿梭于希运与义玄之间，一方面鼓励义玄不要灰心丧气，大胆参问，一方面又给师父出点子，终于使临济义玄三次被打之后明心见性。云门文偃以己事未明，慕名来参睦州。文偃三日叩门，三日被拒，最后强行伸进一只脚，刚要说话，又被道明推出，损伤一足，而从此悟入。道明指导文偃投到雪峰义存门下锤炼，终成一代大师。

道明禅师是一个心如皎月，至纯至孝之人。居开元寺时，母已年迈。道明不以寺院里化缘而来的钱物养母，而是夜里编织草蒲鞋，次日清晨拿到集市出售，换得柴米，奉养母亲。有时编的草鞋多了，就把它放在路上，让需要的人穿走。人们又亲切地称他为“陈蒲鞋”。

“机似闪电，用若神龙。七古八怪，觅之即空”，是说陈尊宿禅风之高峻。临济宗之刚猛雄健，云门宗之险绝迅疾，无不得益于这位晦迹密行、偶露鳞爪的“云中神龙”。

陈尊宿游心于道，一般的参众都停留在表面的现象上绕圈子，找不到入道的途径，故抱怨他“机峻莫偕，言如枯柴”，哪知陈蒲鞋的苦口婆心？

一日晚参，尊宿向众人说：“汝等诸人还得个入头处也未？若未得个入头处，须觅个入头处。若得个入头处，已后不得孤负老僧。”这时，有一僧出来礼拜，说：“在下终不敢孤负和尚。”尊宿说：“你早已孤负了我了。”

“入头处”如同风景区的验票口。在景区外面的游客，才会寻找入口。进入了景区，就尽情地游山玩水。有谁会大喊大叫，炫耀自己找到验票口了吗？那是精神有毛病。

道本不可说，说出来了，又领会不了。尊宿叹息：“明明向你道，尚自不会，何况盖覆将来。”尊宿又说：“老僧在此住持，不曾见个无事人到来，汝等何不近前？”

时有一僧方近前。尊宿说：“维那不在，汝自领去三门外，与二十棒。”僧人说：“在下过在什么处？”尊宿说：“枷上更着杻。”

尊宿说得清清楚楚，要“无事人”。这个僧人偏偏生事，显示自己是个“无事人”。尊宿要他自己打二十棒，把“生事之心”打掉。他连自己错在什么地方都不明白，错上加错，无可救药。

尊宿平日见衲僧来拜，闭门不见。见，则无事生事。不见，就是禅机！云门文偃就在“不见”之中，找到了入口之处。

有时见到头头是道的讲僧，便叫一声：“座主。”讲僧应诺。尊宿便失望地说：“又一个不能放下的担板汉。”或者开玩笑说：“这里有桶，给我担一挑水来吧。”

一日，尊宿在廊阶上立着。有一僧问：“陈尊宿房在何处？”僧人问的是：尊宿的心安顿在何处。

明明白白在这里，为什么看不见！尊宿脱下他的草鞋蓦头就打。僧人扭身便跑。尊宿召唤：“大德。”僧回首，尊宿一指：“应该从那边去！”

会的话，往哪边走都对；不会的话，往哪边走都是错。

有天使到来，问：“三门俱开，从那门入？”已经说了“三门俱开”，还要问“从那门入？”这位天使是要卖弄一下自己的禅法。尊宿唤了一声：“尚书。”天使应诺。尊宿说：“从信门入吧。”《璎珞本业经》云：“一切众生，初入三宝海，以信为本。”这位天使听起来很智慧，实则一个依然生活在俗情之中的门外汉，就从最基本的“信”门入吧！不过，“信为道元功德母，长养一切诸善根”，如果心中真信，则初发心即入佛道。

天使自以为高明，又见画壁，又打着禅机问：“画中的二位尊者在谈论什么？”尊宿当然不能打天使，便掴了露柱一个耳光，说：“三身中哪个不说法？”十方世界，三世诸佛，包括露柱在内，哪个不在说法？

游心于道，充满自性，自可“机似闪电，用若神龙”，陈尊宿名副其实。

（李志军）

五百力士揭石义

问：“座主讲甚么经？”曰：“讲《涅槃经》。”

师曰：“问一段义得么？”曰：“得。”

师以脚踢空，吹一吹，曰：“是甚么义？”曰：“经中无此义。”

师曰：“脱空谩语汉！‘五百力士揭石’义，却道无。”

（《五灯会元》卷四）

紫衣大德到，礼拜。师拈帽子带问曰："这个唤作甚么？"曰："朝天帽。"师曰："恁么则老僧不卸也。"

复问："所习何业？"曰："唯识。"

师曰："作么生说？"曰："三界唯心，万法唯识。"

师指门扇曰："这个是甚么？"曰："是色法。"

师曰："帘前赐紫，对御谭经，何得不持五戒？"德无对。

（《五灯会元》卷四）

看《华严经》次，僧问："看甚么经？"

师曰："大光明云，青色光明云，紫色光明云。"却指面前曰："那边是甚么云？"

曰："南边是黑云。"师曰："今日须有雨。"

（《五灯会元》卷四）

〔鉴赏〕 读书如同吃饭。一日三餐，目的是保证一个人的源源不断的生命能量，不能让食物堆积在肚子里面发霉。

"问渠哪得清如许，为有源头活水来。"（朱熹《观书有感二首》其一）佛祖的智慧，就是心灵的源泉。读经的目的，是不断冲洗蒙在心头的污垢，让它如同明镜一般的清澈，而不是沉积为一潭死水。

很多的读经僧、讲经僧，不过是积水潭里的"死虾蟆"。

尊宿问一座主："讲什么经？"座主云："《涅槃经》。"尊宿说："给老僧讲一讲。"座主老老实实地说："在下只是依章句作疏解。"尊宿说："你不会讲。"座主云："在下真是不会讲。请和尚给我讲讲。"尊宿不客气地说："对不起，你不是听经人。"

第二天座主又说："昨日蒙和尚慈悲，今天请为在下讲一讲吧。"尊宿说："三段不同。今当第一。"座主云："古人就是这样章疏的。"法师判一切经，皆作序、正宗、流通三分。序，是序述一经发起因缘；正宗，陈述一经所说要旨；流通，即将此经流通后代。所谓"弥天高判，今古同遵"，诸古德释经，多用此三分为判释。尊宿说："你见个什么道理？"座主无语。尊宿骂道："你这吃夜饭汉，打你也是白打了。去吧。”僧人是过午不食的，故“吃夜饭汉”便是披着袈裟，徒有其表的俗汉。

另一座主讲《涅槃经》，尊宿说：“张口便是满嘴臭气！”座主不理解：古人就是这样说的，我又能怎么办？尊宿说：“奴才见婢女，殷勤不肯休。”座主无语。尊宿又召唤：“近前一点。”座主听话地走到近前。尊宿生气了：“你怎么这样没有主见！”挥鞋便打。

有一个讲《涅槃经》的座主来访。陈尊宿以脚踢空，吹了一吹，问：“这是什么义？”座主说：“经中并无此义。”尊宿骂道：“你这个睁眼瞎汉！此乃‘五百力士揭石’义，你却说没有！”

《涅槃经》卷十六云：“我欲涅槃，始初发足向拘尸那城。有五百力士，于其中路平治扫洒，中有一石，众欲举弃，尽力不能。我时怜悯即起慈心。彼诸力士，寻即见我以足拇指举此大石掷置虚空，还以手接，安置右掌，吹令碎末，复还聚合。令彼力士贡高心息，即为略说种种法要，令其俱发阿耨多罗三藐三菩提心。善男子！如来尔时，实不以指举此大石在虚空中，还置右掌吹令碎末复合如本。善男子！当知即是慈善根力，令诸力士见如是事。”

佛祖前往拘尸那城涅槃，众人伤悲。佛祖以脚拇指将一块巨石掷向半空，用手接住，放在右掌之上，吹成粉末，又令其复合。是告诉众大力士，虚空生出巨石，巨石归于虚空。巨石变成粉末，粉末复为巨石。人的肉体亦复如是，佛的色身亦复如是，佛的法身亦复如是，经论佛法，更是如此。和五百力士一样，这位所谓的座主，把经文放在心中，如同路上巨石，不能撼动。对陈尊宿来说，这些只不过像掌中浮尘一样，经不住轻轻一吹。

一部《涅槃经》，佛祖苦口婆心，讲的无非是这个道理。这位座主，不知给信众讲了些什么？

有一位受皇帝敕封的紫衣大德来到尊宿处，见礼已毕。尊宿问：“所习何业？”大德说：“唯识。”尊宿问：“怎么讲？”大德简明扼要地说：“三界唯心，万法唯识。”尊宿指门扇问：“这个是什么？”大德这时才明白尊宿的禅机，说：“是色法。”尊宿挖苦说：“帘前赐紫，对御谈经，怎么不持五戒？”

“五戒”即不杀、不盗、不邪淫、不妄语、不饮酒，是佛教徒的最基本的戒规。《佛说金刚心陀罗尼经》云:“五戒不持,人天路绝。”陈尊宿说这位风光一时的帝王师“不持五戒”,是非常严厉的批评,甚至是无情的羞辱。大德却无言以对。经中明明说道:“欲成佛道,先用明心。心明则因果不昧,见性则成佛无疑。”又言:“人身难得,中土难生,正法难遇,知识难逢,人身难得。今已得逢,头头具足,种种现成。若不发心,佛也难救。”这位大德纵然讲得天花乱坠,龙颜大悦,自己没有明心见性,真是佛也难救!

一天,陈尊宿在读《华严经》。僧问:“看什么经?”

尊宿念道:“大光明云,青色光明云,紫色光明云。”忽然,一指面前,问:“那边是什么云?”僧人说:“南边是黑云。”陈尊宿说:“今日要下雨了。”

在《华严经》中,佛陀出世,“如日轮出,照明世界。三世所行,众福大海,悉已清净,而恒示生诸佛国土。无边色相,圆满光明,遍周法界,等无差别;演一切法,如布大云”。《入法界品》更言:“诸菩萨得不思议正法光明,心大欢喜,各于其身及以楼阁、诸庄严具,并其所坐师子之座,遍逝多林一切物中,化现种种大庄严云,充满一切十方法界。所谓:于念念中放大光明云,充满十方,悉能开悟一切众生。”

《华严经》就是“一片光明云”,陈尊宿何尝不是“一片光明云”?在开悟者的眼中,佛光照耀下的十方世界,处处都是一片光明云。而在这个僧人的眼中,只有下雨的黑云,和不下雨的白云。所以陈尊宿只能叹息:哎!又要下雨了。

(李志军)

喝

师闻一老宿难亲近,躬往相访。才入方丈,宿便喝。

师侧掌曰:“两重公案。”宿曰:“过在甚么处?”

师曰:“这野孤精!”便退。

(《五灯会元》卷四)

〔**鉴赏**〕 陈尊宿喜欢说:“心不负人,面无惭色。”

有一位座主苦恼地问:“在下也讲经,也行脚,但始终不会教意,如之奈何?”陈尊宿说:“说得不错,当好好忏悔。”座主说:“乞师指示。”尊宿说:“你若不问,老僧即缄口无言。你既然问,老僧就不可缄口了。”座主诚恳地说:“请师便道。”陈尊宿说:“心不负人,面无惭色。”

一个俗官问:“弟子广陈供养,师有何方便说法?”尊宿说:“只怕你不问。”俗官云:“便请和尚道。”陈尊宿说:“心不负人,面无惭色。”

心中见性,坦坦荡荡。心行道中,步步踏实。很多自以为开悟的人,不可一世,一旦遇到高手,三招两式,便现了原形。

陈尊宿问一僧:“什么地方来?”

对前来挂单的僧人,通常都会问上这么一句,但也暗含着询问你的安身立命之所的禅机。这个僧人就努起双目,瞪着陈尊宿。

尊宿见他这个架势,便道:“驴前马后汉!”骂他的眼睛像驴眼马肛门一样。僧人说:“请师鉴。”我这个样子,是请您勘验我的悟境。做贼心虚,一打就招,自抖家底。尊宿进逼一步:“驴前马后汉! 道将一句来。”僧人彻底崩溃了。

陈尊宿问另一僧:“今夏在甚么处?”僧人说:“待和尚有住处即说。”等和尚你开悟了,再问我。尊宿说:“狐非师子类,灯非日月明。”你这个小东西,不知天高地厚。

自从德山宣鉴和临济义玄棒喝以来,大家都在学习。特别是“喝”,既能吓唬别人,又能给自己壮胆。

尊宿问僧:“近离何处?”僧便喝。尊宿避其锋芒,说:“老僧接受你这一喝。”僧人乘胜追击,又喝一声。尊宿说:“三喝四喝之后还能干什么?”其僧无语。尊宿抬手便打:“你这掠虚汉!”

陈尊宿听说一位老宿的禅法特别险峻,难以亲近,便躬往相访。尊宿才入方丈,老宿便大喝一声。陈尊宿侧掌说:“两重公案。”投石问路,打草惊蛇。才喝一下,就有了两重公案,那一重是什么? 老宿心中发慌,问:“什么地方出了差错?”陈尊宿说:“又一个野孤精!”转身便走了。

心未见性，底气不足，稍问则惑。“喝”也不是人人学得来，用得自如的。

（李志军 宋海霞）

上大人，丘乙己

问：“如何是一代时教？”师曰：“上大人，丘乙已。”

（《五灯会元》卷四）

师问秀才：“先辈治甚经？”才曰：“治《易》。”师曰：“《易》中道，百姓日用而不知。且道不知个甚么？”才曰：“不知其道。”

师曰：“作么生是道？”才无对。

（《五灯会元》卷四）

〔**鉴赏**〕《孔乙己》是鲁迅先生著名的小说之一，文字不多，把所谓的文人雅士的穷酸相写得让人过目难忘。“因为他姓孔，别人便从描红纸上的‘上大人孔乙己’这半懂不懂的话里，替他取下一个绰号，叫作‘孔乙己’。”

旧的学塾中，有一种描红本子，上面印着“上大人，孔乙己。化三千，七十立。尔小生，八九子，佳作人，可知礼也”。大概这二十五个字的组合，文辞简单而又笔画丰富，并且又合于圣道，便印成红色楷书大字，供后蒙学生用墨笔描摹，俗称“描红纸”。

有一种纸牌，流行于湖北地区。牌面从头到尾有二十四种图形，每种图形在口头上用一个字命名，分别是：上、大、人、孔、乙、已、化、三、千、七、十、士、尔、小、生、八、九、子、佳、作、仁、福、禄、寿。每种图形有五张牌，整副纸牌共120张牌数。其打法类似于现在扑克牌的“同花顺”之类。

明代祝允明（枝山）却见解独特，说这组字是孔子写给父亲的书信。梁章钜引祝允明《猥谈》：“此孔子上其父书也。‘上大人’为一句。‘孔’为一句，乃孔子自称名也。‘一已化三千七十士尔’为一句；言一身所化士有如此也。‘小生八九子佳’为一句，盖八九乃七十二，言三千人中，七十二更佳也。‘作人可知礼也’为一句，作犹为仁与礼相为用；七十子善为为仁，其于礼可知也。”祝枝山的重新断句为:“上大人,孔,一己化三千七十士尔,小生八九子佳,作人可知礼也。”

纸牌也好,描红也好,“上大人,丘(或作“孔”)乙己”作为通俗文化,在中晚唐已经在社会上十分流行。

僧问:“如何是一代时教?”“一代时教”指的是无上的大法,陈尊宿却说:“上大人,丘乙己。”

小孩子们学的启蒙课程,大人们玩的扑克牌,就是“一代时教”。

我们通常说,道在百姓日用之间。百姓的哪些日用才能称之为“道”呢?

陈尊宿问一位治《易经》的老秀才:“《易经》中说:‘百姓日用而不知。’请问不知个什么?”

秀才说:“不知‘大道’。”那什么是“大道”呢? 秀才不知。

而真正的“大道”,如同孝敬公婆,是在自己家里,是在春去秋来的呵寒问暖之中,不是在课堂里,不是在电视台,不需要社会知道,也不需要公婆知道,甚至也不需要自己知道。这就是“百姓日用而不知”的“大道”。

又一秀才访问陈尊宿,自称是个书法家,会二十四家书体。尊宿以拄杖在空中点一点,问:“会吗?”秀才看得一头雾水。尊宿说:“还吹嘘说会二十四家书,‘永字八法’也不识。”

永字八法,是中国书法的用笔法则,以“永”字八笔顺序为例,阐述正楷笔势的方法。相传为东晋王羲之或其子孙智永所创。依柳宗元解说,点为侧,如鸟之翻然侧下;横为勒,如勒马之用缰;竖为努,用力也;钩为趯,跳跃貌;提为策,如策马之用鞭;撇为掠,如用篦之掠发;短撇为啄,如鸟之啄物;捺为磔,笔锋开张也。点是最基本的笔画,在书写时需要把毛笔的笔锋侧压下去,圆顿收回,因此名“侧”。

点是汉字的根源,横、竖、撇、捺等笔画都始于一点。陈尊宿按照笔势,用拄杖在空中做了一个点的动作。秀才琢磨不透老和尚的拄杖头上究竟里面藏了多少高深莫测的玄机,哪知禅法就是最普普通通的一点而已。

世间万象都起始于空中的一点。黄龙慧南禅师说:“睦州一点,直在威音王已前。及乎八法论书,却被俗人勘破,若是归宗即不然。孔门弟子无人识,碧眼胡僧笑点头。”

（李志军）

赵　州　茶

问僧：“近离甚处？”曰：“河北。”

师曰：“彼中有赵州和尚，你曾到否？”曰：“某甲近离彼中。”

师曰：“赵州有何言句示徒？”僧举吃茶话。师乃呵呵大笑曰：“惭愧！”

却问：“赵州意作么生？”曰：“只是一期方便。”

师曰：“苦哉！赵州被你将一勺屎泼了也。”便打。

师却问沙弥：“你作么生会？”弥便设拜，师亦打。

其僧往沙弥处问：“适来和尚打你作甚么？”弥曰：“若不是我，和尚不打某甲。”

（《五灯会元》卷四）

〔**鉴赏**〕“初唐四杰”之一卢照邻的孙子卢仝也是一位诗人。其《走笔谢孟谏议寄新茶》中有“七碗茶”，因而被后代茶人奉为“茶仙”，与“茶圣”陆羽齐名。诗云：“柴门反关无俗客，纱帽笼头自煎吃。碧云引风吹不断，白花浮光凝碗面。一碗喉吻润，二碗破孤闷。三碗搜枯肠，惟有文字五千卷。四碗发轻汗，平生不平事，尽向毛孔散。五碗肌骨清，六碗通仙灵。七碗吃不得也，唯觉两腋习习清风生。蓬莱山，在何处？玉川子，乘此清风欲归去。山上群仙司下土，地位清高隔风雨。”

陆羽的道友皎然和尚有“三饮茶”。皎然《〈饮茶歌〉诮崔石使君》云：“越人遗我剡溪茗，采得金芽爨金鼎。素瓷雪色缥沫香，何似诸仙琼蕊浆。一饮涤昏寐，情思爽朗满天地。再饮清我神，忽如飞雨洒轻尘。三饮便得道，何须苦心破烦恼。此物清高世莫知，世人饮酒徒自欺。愁看毕卓瓮间夜，笑向陶潜篱下时。崔侯啜之意不已，狂歌一曲惊人耳。孰知茶道全尔真，唯有丹丘得如此。”

赵州和尚也有“三吃茶”。不过赵州的茶“最苦”，不似卢仝、皎然的琼浆玉液，三碗七碗之后便可得道，成仙成佛。赵州的茶，是与“苦沙盐”“大麦醋”并驾齐驱的“油麻茶”，枯涩难咽且不说，更让人苦恼不已的是，这口茶吃得人懵懵懂懂、糊里糊涂。

赵州从谂问来访的和尚：“曾到此间否？”和尚说：“曾到。”赵州说：“吃茶去。”又问另一个和尚，和尚说：“不曾到。”赵州说：“吃茶去。”院主听到后问：“为甚曾到也云吃茶去，不曾到也云吃茶去？”赵州呼院主，院主应诺。赵州说：“吃茶去。”

曲高千里外，自有知音者。睦州的尊宿与赵州的古佛，早已心心相印。

陈尊宿问从赵州处来的一僧人：“赵州最近有何言句示徒？”僧人便把“吃茶去”的故事讲了一遍。尊宿乃呵呵大笑，连声说：“惭愧！惭愧！”只是如沙漠逢甘泉，饮得痛快淋漓。

尊宿却问僧人：“赵州的旨意是什么？”僧人说是一场方便说法。尊宿叫苦不迭：“苦哉！赵州被你将一勺屎泼了也。”

陈尊宿看到的，是赵州清冽纯净的心泉和轻松自如的智慧。僧人则是绞尽脑汁，寻找老和尚不着边际的言行中所蕴藏的微言大义。尊宿便打。

尊宿又问身边的沙弥：“你怎么理解？”沙弥便拜，尊宿亦打。

沙弥拜，显然是领悟尊宿与赵州的心意的。理解也打，不理解也打。陈尊宿现场说法，把赵州老和尚的机锋移植过来，演习了一遍。

那个僧人依然不明白，又串演了“院主”的角色，找到沙弥问：“刚才和尚为什么也打了你？”沙弥说：“若不是我，和尚不打在下。”《金刚经》明明说：“无我相、无人相、无众生相、无寿者相。”打我是我着了“我相”，你跑来跑去又做什么？

有僧问：“古涧寒泉时如何？”赵州说：“苦。”又问：“饮者如何？”赵州说：“死。”

“赵州茶”如同这口“古涧寒泉”，饮者死，不饮亦死，几人能活？

灵隐石鼓夷禅师颂云：“春风吹落碧桃花，一片流经十万家。谁在画楼沽酒处，相邀来吃赵州茶。”

（李志军）

千顷楚南禅师

易　与　难

上堂："诸子设使解得三世佛教，如瓶注水，乃得百千三昧，不如一念修无漏道，免被人天因果系绊。"

时有僧问："无漏道如何修？"师曰："未有阇黎时体取。"

曰："未有某甲时教谁体？"师曰："体者亦无。"

问："如何是易？"师曰："着衣吃饭，不用读经看教，不用行道礼拜，烧身炼顶，岂不易邪？"

曰："如何是难？"师曰："微有念生，便具五阴。三界轮回生死，皆从汝一念生。所以佛教诸菩萨云：佛所护念。"

（《五灯会元》卷四）

〔鉴赏〕 杭州千顷山楚南禅师(813—888)，是个学问僧，著有《般若经品颂偈》《破邪论》《传灯录》等。《传灯录》比《祖堂集》要早一个世纪，比《景德传灯录》要早150年左右，因为置身其中或者去之不远，所记录的禅僧言行当更具史料价值，可惜已经失传。不过，从流传下来的语录来看，千顷楚南的禅学与《心经》完全一致，当符合于其著作《般若经品颂偈》。

楚南禅师俗姓张，福建人，幼年出家，投开元寺昙蔼为沙弥。后诣五台山受具足戒，到赵郡学习小乘相部律，又赴上都学习《维摩诘经》。一律一经，主旨已通，则知顿机不甘为渐教所缚，乃前往常州礼谒马祖道一的法嗣芙蓉太毓禅师。

芙蓉禅师见了楚南，沉思片刻，说："吾非汝师。汝师江外黄檗是也。"

楚南又前往江西参黄檗希运。黄檗问："子未现三界影像时如何？""三界影像"尚未现形，乃是父母未生时的本来面目，你的真如佛性，自性清净心。楚南答道："现在的眼前难道有三界影像吗？"黄檗一转话题："有无且不说。

当下是个什么?”楚南禅师答道:“非古非今。”当下一念心性,即是三世诸佛之法身,哪里有古往当下之分别? 黄檗希运闻言大喜:“吾之法眼,已在汝躬。”楚南禅师便留在黄檗禅师的身边,执巾侍盥,朝夕请益。

会昌法难,楚南随黄檗告别洪州,窜入唐山,住千顷,辅佐师父“从旧址营建梵宇”。后唐宣宗即位,恢复佛教。裴休移职于宛陵,大建水西精舍,请希运出山,开法扬化。楚南亦随往宛陵。不久因裴休之请,住苏州报恩寺,禅定读经,足不出户二十余年。其后,历住宝林寺、支硎山。唐僖宗乾符五年(878),又重回千顷山住持慈云院,大振黄檗禅风。

般若经典,乃至一切佛经,皆为诸佛菩萨在禅定中对诸法空性的体验。出定之后,化而为语言文字。《般若波罗蜜多心经》亦是如此。

“观自在菩萨”。“观自在”三个字本身的含义就是“观空性”。“行深般若波罗蜜多时”,即进入定境,“照见五蕴皆空”,可以“度一切苦厄”。

在苏州报恩寺禅定时,楚南禅师即使在开坛讲法期间,也常常入定。《宋高僧传》云:“师虽应机无倦,而常寂然处定。或逾月,或浃旬。”少则十天半月,多则一定就是月余。

这段语录为楚南禅师在报恩寺时上堂开示。

“无漏道”,就是“不生不灭,不垢不净,不增不减”的“诸法空相”,“空中无色,无受想行识,无眼耳鼻舌身意,无色声香味触法,无眼界,乃至无意识界。无无明,亦无无明尽,乃至无老死,亦无老死尽”。

“无无明,亦无无明尽,乃至无老死,亦无老死尽”,就是“免被人天因果系绊”。

时有僧问:“无漏道如何修?”楚南说:“未有阇黎时体取。”“未有阇黎时”,就是前面黄檗所问的:“子未现三界影像时如何?”可惜僧人不是当年的楚南,他迷惑地问:“未有我时,教谁体取?”楚南说:“体者亦无。”

“照见五蕴皆空”自然“体者亦无”。正所谓,“本来无一物,何处惹尘埃”?

有一个僧人问:“如何是易?”楚南说:“着衣吃饭,不用读经看教,不用行道礼拜,烧身炼顶,岂不易邪?”

这就是《心经》所言,“无苦集灭道,无智亦无得。以无所得故,菩提萨埵,依般若波罗蜜多故,心无挂碍。无挂碍故,无有恐怖,远离颠倒梦想,究竟涅槃”，岂不易哉？

僧人又问：“如何是难？”楚南说：“微有念生，便具五阴。三界轮回生死，皆从汝一念生。所以佛教诸菩萨云：佛所护念。”

一念无明，便堕六道生死轮回。一念不生，的确太难。莫说是肉身凡胎，莫说是修行中人，包括诸佛菩萨，也要恒常护念，岂不难哉！

修得不退转位有多难？按照《十地经》及《华严经》等，菩萨修行由初欢喜地、二离垢地逐级修行，一直到第八不动地，无分别智任运相续，相用烦恼不能动，才能不退转。法相宗以依万劫修因入十住之位，成就唯识观，无复退堕恶业流转生死之位，称为“位不退”；既入初地，成就真唯识观，于利他之行不退失，称为“行不退”；八地以上，得无功用之智，念念入真如海，于定散中恒常自在，称为“念不退”。而天台宗则以别教之初住至第七住为“位不退”，于此间断灭“见思”之惑而永超三界之生死；以第八住至十回向之终为“行不退”，于此间破除尘沙之惑而不退失利他之心；以初地以上为“念不退”，此时既断无明之惑，永不退失中道之正念。如配以圆教，则初信至第七信为“位不退”；第八信至第十信之终为“行不退”；初住以上为“念不退”。而净土宗认为，由于对《大乘无量寿经》不听闻故，有一亿菩萨退转于阿耨多罗三藐三菩提。

禅宗讲顿悟成佛，要护持住清净真心。六祖慧能说：“但一切善恶都莫思量，自然得入清净心体。湛然常寂，妙用恒沙”，“其法无二，其心亦然。其道清净，亦无诸相。汝等慎勿观静，及空其心。此心本净，无可取舍。各自努力，随缘好去”。

（李志军）

乌石灵观禅师

雪 峰 扣 门

寻常扃[①]户，人罕见之。唯一信士每至食时送供，方开。

一日,雪峰伺便扣门。师开门,峰蓦胸搊住曰:"是凡?是圣?"师唾曰:"这野狐精!"便推出闭却门。

峰曰:"也只要识老兄。"

(《五灯会元》卷四)

雪峰一日又来敲门。师问:"阿谁?"峰云:"凤凰儿。"

师云:"作甚么?"云:"啖老观。"

师开门搊住云:"道,道。"

峰拟议。师便托开。掩却门。

(《联灯会要》卷八)

〔注释〕 ① 扃:关闭。

〔鉴赏〕 福州乌石山,有一"三贤祠",祀唐吴兴处士周朴、神光寺僧灵观、巴州刺史薛逢。周朴为晚唐高士,避乱入闽,隐居福州乌石山寺,与神光寺的灵观、西禅寺的大安为禅悦交。周朴又是一位诗人,常苦吟,未成篇即播人口,有"月锻季炼"之誉,"晓日春山当大海,连云古堑对高楼",乃咏福州名句。

灵观为黄檗希运法嗣,算是大安的师侄,二人感情很好。可以与宝志、济公并驾齐驱的慧日禅师来拜灵观,灵观说:"我不是你的师父,你师是西院的大安。"

灵观和大安经常一起游戏三昧。

一天,灵观正在铲草,一个僧人路过。他问道:"你到何处去?"僧人说:"到西院,礼拜安和尚去。"竹上有一青蛇,灵观指蛇说:"你想认识西院那个老野狐精,这条小蛇就是。"

一次,灵观问大安:"此一片地,可放什么物?"这一片,指的是"心地"。大安说:"好放个无相佛。"言"无相佛"时,已经着相了。灵观说:"好好的一片地,被兄污染了。"

大安喜欢坐禅,人称"懒安"。灵观更绝,居一小兰若,平日室门紧闭,人罕见之,每至食时送供方开。人们便给他个雅号"老观(鹳)"。鹳,俗名"老等",长长的腿,长长的脖子优雅地卷曲着,静静地站在浅水里不动,似乎总是在等待着什么。

灵观如同深谷幽兰，遁世无闷，游心于道。宝贝都是这样，藏的越深越神秘，人们的好奇心就越强。何况是一位得道的高僧？

雪峰义存初入闽中，久钦高峻，遂往扣门。灵观一开门，雪峰猛然揪住他的胸口，问："是凡？是圣？"灵观唾了一声，骂道："你这野狐精！"便推出去，又闭上了门。雪峰泄气了，连忙解释："我只不过想见识见识老兄。"

松源崇岳禅师颂云："一不作，二不休，宾主互换有来由。焦砖打着连底冻，赤眼撞着火柴头。"此颂有点抬高雪峰，说灵观"连底冻"可以，当时的雪峰还称不上"焦砖"，顶多是一块"青砖"。

过了几天，雪峰又来敲门，这次做了充分的准备。

灵观问："谁？"雪峰斩钉截铁："凤凰儿！"灵观心中一喜，问："干什么？"雪峰说："吞老鹳！"灵观开门，揪住雪峰："快说！快说！"雪峰刚要张嘴说话。灵观一把将他推开，又紧闭屋门。

张口即错，理论更是错上加错。灵观的确门庭峻硬，这次听到雪峰吐气如虹，专为他"八字打开"，只可惜仍然没能进去。

雪峰对此耿耿于怀，成为一代宗师之后，还常常旧事重提："我当时若入得老观门，你这一队噇酒糟汉，向甚处摸索？"山容波禅师颂云："闲抱瑶琴访玉真，临风一曲洞天昏。归来重论伤心事，不是愁人也断魂。"尼姑无著妙总则颇有微词："养成羽翼凤凰儿，老观门下偶差池。冷地忽然思旧债，却来别处讨便宜。"

（李志军）

道与不道

曹山行脚时，问："如何是毗卢[①]师、法身主？"师曰："我若向你道，即别有也。"

曹山举似洞山。山曰："好个话头，只欠进语。何不问为甚么不道？"

曹却来进前语,师曰:"若言我不道,即哑却我口。若言我道,即謇②却我舌。"

曹山归,举似洞山,山深肯之。

(《五灯会元》卷四)

〔注释〕 ① 毗卢:毗卢舍那佛(亦译毗卢遮那)之省称。即大日如来。在梵语中,是佛光普照的意思。一说,法身佛的通称。 ② 謇:口吃,结巴。

〔鉴赏〕 "老鹳"守在水边,等待的岂是小鱼小虾,他期待的是能跃入龙门的赤尾锦鲤。

有僧问:"什么是佛?"灵观伸了伸舌头。僧人作礼答谢。灵观说:"且住!且住!你见了什么便要礼拜?"僧人说:"谢和尚慈悲,伸舌指示佛法。"灵观说:"老僧近日舌上生疮了。"

一僧到,敲门。行者打开门,便出去了。僧人进屋礼拜,问:"如何是西来意?"灵观反问:"刚才出去的,是什么人?"僧刚要上前,灵观将他推出,又闭上了门。

一天,灵观正在作水引面条,有僧人来参。灵观用面示之,僧人一见,便走了。到了晚上,灵观问首座:"今日新来的僧人在什么地方?"首座说:"当时便去了。"灵观惋惜地说:"是即是,可惜只得一橛。"

曹山本寂行脚时,先到西院拜见大安,问:"如何是大人相?"大安说:"安三藏时则有。"洞山良价听说了,向西院合掌云:"作家。"

洞山说:"某甲行脚时,遇着南泉。南泉也有一个与此相似的因缘。有僧问:'如何是大人相?'南泉答曰:'王老师三岁时则有,如今无。'"

洞山又问曹山见过"老鹳"没有。曹山答:"见到了。"他来到乌石山,问:"如何是毗卢舍那佛的老师、法身的主人?"灵观说:"我若向你说了,即是画蛇添足。"洞山闻此语,便合掌云:"古佛。"

洞山说:"好个话头,可惜尚欠一句更进一步的话。何不问他'为什么不道'?"曹山折身返闽,来进前语。灵观为难地说:"若言我不道,即哑了我的口。若言我道,即僵了我的舌。"道也不是,不道也不是。道也是,不道也是。

曹山归,举似洞山。洞山合掌,连连称:"古佛!古佛!"

禅法在心,重在体悟。能说出来的往往落于言辞的窠臼,流于相的执着,难免画蛇添足。可见灵观深谙道与不道之机。

(李志军)

相国裴休居士

真仪可观,高僧何在

守新安日,属运禅师初于岭南黄檗山舍众入大安精舍,混迹劳侣,扫洒殿堂。

公入寺烧香,主事只接。因观壁画,乃问:"是何图相?"主事对曰:"高僧真仪。"

公曰:"真仪可观,高僧何在?"主事无对。

公曰:"此间有禅人否?"曰:"近有一僧,投寺执役,颇似禅者。"公曰:"可请求询问得否?"

于是遽寻檗至,公睹之欣然曰:"休适有一问,诸德吝辞,今请上人代酬一语。"

檗曰:"请相公垂问。"

公举前话,檗朗声曰:"裴休!"公应诺。

檗曰:"在甚么处?"

公当下知旨,如获髻珠[①]。曰:"吾师真善知识也。示人克的若是,何故汩没于此乎?"寺众愕然。

(《五灯会元》卷四)

〔注释〕 ① 髻珠:髻中之珠也。法华七喻之一。有大功者,王解髻中之明珠而与之,以喻为已出分段生死,进而离变易生死之机说法华也。

〔鉴赏〕 《白蛇传》中的老法海实有其人，不过他没有坏了白娘子的姻缘，仅仅把一条伤害人畜的白色大蟒蛇驱入长江而已。法海原名裴文德，是帮助唐宣宗重整朝纲、复兴佛教的一代名相裴休之子。

裴休(791—864)，字公美，河内济源(今属河南)人。为官勤政精练，为人蕴藉雍闲。裴休对佛教十分虔诚，中年后不食荤血，常守斋戒，摒绝嗜欲。《旧唐书·裴休列传》："香炉贝典，不离斋中；咏歌赞呗，以为法乐。"有时甚至身着僧衣，持钵乞食。世称"河东大士"，又称"宰相沙门"。

裴文德年纪轻轻就中了状元，皇帝封他为翰林，但裴休亲自送他入沩山灵祐门下，代皇子出家，作诗云："含悲送子入空门，朝夕应当种善根。身眼莫随财色染，道心须向岁寒存。看经念佛依师教，苦志明心报四恩。他日忽然成大器，人间天上独称尊。"又诗云："江南江北鹧鸪啼，送子忙忙出虎溪。行到水穷山尽处，自然得个转身时。"

与裴休交往的高僧很多，如知玄、灵祐、圆绍、楚南、神智等。当然，与他来往最久也最密切的要推草堂寺的宗密。裴休曾向宗密咨问禅法及禅宗各分派的承传，宗密的解答，就是《中华传心地禅门师资承袭图》。裴休著有《劝发菩提心文》，其序为"终南山草堂寺圭峰沙门宗密撰"。裴公也为宗密的著作作序：一为《禅源诸诠集都序》，一为《注华严法界观门序》。此时的宗密，因三年前被卷入"甘露之变"，几遭杀身之祸。而裴休在序中仍然推崇宗密的道行与学问，公开表示他与和尚的交谊，可以看出二人感情的深厚和裴休的道德勇气。宗密逝世后，裴公又为宗密的名著《大方广圆觉经大疏》写了序文，撰写了宗密的传法碑。总结了宗密的生平、为人、成就与风范，也提到他与宗密的友谊。裴休说自己与宗密，"于法为昆仲，于义为交友，于恩为善知识，于教为内外护"，是师是友，如兄如弟，道契志同。

裴氏的佛学境界，甚为宗密所推崇，称其为"儒门上士"。宗密说："吾与裴公交佛道久，已知其入佛门、到佛境"，"所谓洞了自心，德等于佛，非心外求也"。

裴休之明心见性，得益于黄檗希运禅师。

长庆年间(821—824)，裴休为洪州刺史，到大安寺行香礼佛，观赏寺内廊壁画作，便询问寺僧："是何图相？"寺僧回答："高僧真仪。"裴休反诘："真仪我是看到了，高僧何在？"裴休所追问的"高僧"，乃指人的"佛性""本心"，普通的僧人哪能答得上来。没想到投寺的杂役僧却轻而易举地回答了这个问题。杂役僧张口喊道："裴休！"裴公脱口一应。杂役僧又问："在什么地方？"裴休如当头一棒，惊喜地说："吾师真善知识也，何以没身至此？"

裴休对佛学义理已经相当熟悉了，但对经论中所揭示的遍在的佛性始终体会不到。杂役僧指名道姓的一声大喝，惊醒了裴休向外追寻的心，原来"高僧"不在身外，更不在僧人的画像中，"高僧"就是裴休自己。

当时，裴休一听此僧便是百丈怀海之弟子，临济义玄之师父，大名鼎鼎的黄檗希运，赶忙将禅师延请至官邸，执弟子礼。

裴休到钟陵做官，即将黄檗禅师请到钟陵。坐镇宛陵，又把禅师请到宛陵。日夜问法，精勤不休。白天请教，晚上笔记。

希运禅师教导裴休："诸佛与一切众生唯是一心，更无别法"，"佛与众生更无别异。但是众生着相外求，求之转失。使佛觅佛，将心捉心，穷劫尽形，终不能得。不知息念忘虑，佛自现前。"

裴休拓一尊佛于师前，跪下说："请师安名。"希运召曰："裴休。"裴休应诺。希运说："与汝安名竟。"

裴休写了一篇学佛心得的好文章，让老师看。希运仍在座上，略不披阅，良久问："会么？"裴休老老实实答："未测。"希运道："就这两下子，略知皮毛。若也形于纸墨，何有吾宗？"

裴休有赠黄檗希运禅师诗曰："自从大士传心印，额有圆珠七尺身。挂锡十年栖蜀水，浮杯今日渡漳滨。一千龙象随高步，万里香花结胜因。拟欲事师为弟子，不知将法付何人？"

希运亦无喜色。

后希运圆寂，裴休将禅师的日常开示整理成《钟陵录》《宛陵录》各一卷，名为《黄檗希运禅师传心法要》。序中称黄檗希运的禅法"其言简、其理直、其道峻、其行孤"，"独佩最上乘离文字之印，惟传一心，更无别法"。

（李志军）

临济义玄禅师

黄檗三棒

幼负出尘之志,及落发进具,便慕禅宗。初在黄檗会中,行业纯一。

时睦州为第一座,乃问:"上座在此多少时?"师曰:"三年。"

州曰:"曾参问否?"师曰:"不曾参问,不知问个甚么?"

州曰:"何不问堂头和尚,如何是佛法的的大意?"师便去。

问声未绝,檗便打。

师下来,州曰:"问话作么生?"师曰:"某甲问声未绝,和尚便打,某甲不会。"

州曰:"但更去问。"师又问,檗又打。

如何三度问,三度被打。

师白州曰:"早承激劝问法,累蒙和尚赐棒,自恨障缘,不领深旨。今且辞去。"州曰:"汝若去,须辞和尚了去。"师礼拜退。

州先到黄檗处曰:"问话上座,虽是后生,却甚奇特。若来辞,方便接伊。已后为一株大树,覆荫天下人去在。"

师来日辞黄檗,檗曰:"不须他去,只往高安滩头参大愚,必为汝说。"

师到大愚,愚曰:"甚处来?"师曰:"黄檗来。"

愚曰:"黄檗有何言句?"师曰:"某甲三度问佛法的的大意,三度被打。不知某甲有过无过?"

愚曰:“黄檗与么老婆心切,为汝得彻困[①],更来这里问有过无过?”师于言下大悟。乃曰:“元来黄檗佛法无多子。”

愚搊住曰:“这尿床鬼子,适来道有过无过,如今却道黄檗佛法无多子。你见个甚么道理? 速道! 速道!”

师于大愚肋下筑三拳。愚拓开曰:“汝师黄檗,非干我事。”

师辞大愚,却回黄檗。

檗见便问:“这汉来来去去,有甚了期?”师曰:“只为老婆心切。”

便人事了,侍立。檗问:“甚么去来?”师曰:“昨蒙和尚慈旨,令参大愚去来。”

檗曰:“大愚有何言句?”师举前话。

檗曰:“大愚老汉饶舌,待来痛与一顿。”师曰:“说甚待来,即今便打。”随后便掌。

檗曰:“这风颠汉来这里捋虎须。”师便喝。

檗唤侍者曰:“引这风颠汉参堂去。”

(《五灯会元》卷十一)

〔注释〕 ① 彻困:极度困窘。

〔鉴赏〕 临济一喝,喝断天下,响彻古今。

临济义玄(? —867)之所以能给人们的心灵带来如此巨大的震撼,不仅仅是他的雄霸之气、王者之风,而在于他整个就是空的化身。他是一个高尚的人,一个纯粹的人,一个道成肉身的人,一个脱离了所有妄念的人。通体上下,彻内彻外,都是空性。用他的话说便是:“心法无形,通贯十方”,“一心既无,随处解脱”。

临济义玄之横空出世,有三个关键的人物。第一个就是陈睦州陈尊宿,另外两位是黄檗希运和高安大愚。当时陈尊宿在黄檗山为第一座。

所谓“世上本无事，庸人自扰之”，陈尊宿却怂恿义玄去询问“什么是佛法大意”。

“心心不异，名之活祖”，无论是求佛求祖，向内向外，一旦拟问，便是心心相异之处。所以，他开口一问，黄檗希运便打，打掉他的这颗向外追求的念头。

更妙的是，陈尊宿继续鼓励他去问，让他继续挨打，直到被打得灰心丧气，不敢再问。嘴里不问，心里仍在疑问，为什么一问便打？

救人须救彻，杀人须见血。陈尊宿真是个热心肠，既鼓励徒弟，又鼓励师父，生怕黄檗希运不明白自己的良苦用心，错过了培养义玄这颗参天大树的因缘。

对于义玄，黄檗希运当然心中有数。参禅之妙全在于不能说透，如果说透了，则功亏一篑。活生生的生命体验又变成了死的道理、知识。但又不能不点透，否则小鸡就有可能闷死在蛋壳之中。

谁来帮他点透？这个人十分重要。黄檗把这个任务交给了高安大愚禅师。

义玄到了高安滩头参见大愚，将三度问佛法大意，三度被打的经过诉说了一遍，问：“不知在下过错在什么地方？”没想到大愚笑道：“黄檗这个老和尚太老婆心切了，已经把你的妄念全部打掉了。你却跑到这里问有过无过？”义玄此时如梦方醒，说：“原来黄檗山的佛法没有多少东西！”大愚揪住他说：“这尿床的小孩子！刚才还问有过无过，现在却敢说黄檗佛法没有几下子。你悟出了什么道理？快说。”义玄在大愚的肋下捅三拳：这就是我的道理，你敢问，我就敢打！大愚连忙推开说：“你的师父是黄檗，于我没有关系。”

义玄辞别大愚，回到黄檗。出门时满心狐疑，归来时精神焕发，斗志昂扬。

黄檗一见，故意问道：“你这个家伙跑来跑去，要干什么？”义玄说：“只因为您老人家的老婆心切。”向师父汇报了参大愚的情况。黄檗说：“大愚老汉多嘴多舌，等有机会痛打一顿。”义玄说：“说什么将来，现在便打。”抬手给了黄檗一巴掌。黄檗说：“这个风颠汉，敢来这里捋虎须。”

临济义玄大喝一声，地动天摇！

高安大愚禅师，是一位见首不见尾的神龙。禅宗文献鲜见记载，《景德传灯录》与《五灯会元》皆只列其名号，无生平行状和机缘语句的记录，有一个传法弟子筠州末山尼了然。关于对临济义玄的点化，灯录与《祖堂集》的记载有别。

《祖堂集》中，黄檗希运告诉众人说："余昔日参马祖大师时，有一道友，名叫大愚。此人诸方行脚，法眼明彻，今在高安，不好群居，独栖山舍。分别时曾叮嘱我说：'他后或逢灵利者，指一人来相访。'"义玄一听，便往造谒。到了夜里，在大愚面前大谈《瑜伽论》、唯识论。大愚一夕悄然不对，到了天亮，对义玄说："老僧独居山舍，念子远来，且延一宿，何故夜间于吾前无羞惭，放不净？"言讫，杖之数下推出，关却门。

义玄回黄檗，复陈上说。黄檗一听，遥遥礼拜，说："真是一位大禅师！如同烈火，可烧掉一切虚妄。恭喜你遇到了人，为何白跑一趟？"

义玄又去，复见大愚。大愚说："前时不知羞愧，今日何故又来？"言讫便棒，推出门。义玄复返黄檗，上启和尚："此回再返，不是空归。"黄檗问："何故如此？"义玄说："我已于一棒下入佛境界。假使百劫，粉骨碎身，顶擎绕须弥山，经无量匝，报此深恩，莫可酬得。"黄檗闻已，喜之异常，说："你先休息一下，还要前往彻底印证。"

过了十多天，义玄再至大愚所。大愚一见，又拿起了大棒。义玄夺过棒子，抱倒大愚，在背上搉了数拳。大愚高兴异常，连连点头："吾独居山舍，将谓空过一生，不期今日却得一子。"

正是："当时教化全因佛，今日威拳总属君。"义玄因此侍奉大愚，经十余年。大愚临迁化时嘱义玄云："子自不负平生，又乃终吾一世，已后出世传心，第一莫忘黄檗。"

黄檗、大愚对义玄的如琢如磨中，带着各自的特色与坚持，佛法的传承往往在禅机妙用，悟者心相契。沩山曾问仰山："临济义玄当时得大愚的力？还是得黄檗的力？"仰山说："非但骑虎头，亦解把虎尾。"彻头彻尾，全机大用，棒喝交驰，虎啸龙奔，是为临济家风。

（李志军）

吾宗到汝，大兴于世

黄檗一日普请次，师随后行。檗回头见师空手，乃问：

“镢[①]在何处?”师曰:“有一人将去了也。”檗曰:“近前来共汝商量个事。”师便近前,檗竖起镢曰:“只这个天下人拈掇不起。”师就手掣[②]得,竖起曰:“为甚么却在某甲手里?”檗曰:“今日自有人普请。”便回寺。

师普请鉏地次,见黄檗来,拄镢而立。檗曰:“这汉困那!”师曰:“镢也未举,困个甚么?”檗便打。师接住棒一送送倒。檗呼维那:“扶起我来。”维那扶起曰:“和尚争容得这风颠汉无礼?”檗才起便打维那。师镢地曰:“诸方火葬,我这里活埋。”

师一日在僧堂里睡,檗入堂见,以拄杖打板头一下。师举首见是檗,却又睡。檗又打板头一下,却往上间。见首座坐禅,乃曰:“下间后生却坐禅,汝在这里妄想作么?”座曰:“这老汉作甚么?”檗又打板头一下,便出去。

师栽松次,檗曰:“深山里栽许多松作甚么?”师曰:“一与山门作境致,二与后人作标榜。”道了,将镢头𡎺地三下。檗曰:“虽然如是,子已吃吾三十棒了也。”师又𡎺地三下,嘘一嘘。檗曰:“吾宗到汝,大兴于世。”

黄檗因入厨下,问饭头:“作甚么?”头曰:“拣众僧饭米。”檗曰:“一顿吃多少?”头曰:“二石五。”檗曰:“莫太多么?”头曰:“犹恐少在。”檗便打。

头举似师,师曰:“我与汝勘这老汉。”才到侍立。檗举前话,师曰:“饭头不会,请和尚代一转语。”檗曰:“汝但举。”师曰:“莫太多么?”檗曰:“来日更吃一顿。”师曰:“说甚么来日,即今便吃。”随后打一掌。檗曰:“这风颠汉,又来这里捋虎须。”师喝一喝,便出去。

师半夏上黄檗山,见檗看经。师曰:“我将谓是个人,元来是唵〔或作揞〕黑豆老和尚。”住数日，乃辞。檗曰：“汝破夏来，何不终夏去？”师曰：“某甲暂来礼拜和尚。”檗便打趁令去。师行数里疑此事，却回终夏。后又辞檗，檗曰：“甚处去？”师曰：“不是河南，便归河北。”檗便打。师约住与一掌，檗大笑。乃唤侍者：“将百丈先师禅板几案来。”师曰：“侍者将火来。”檗曰：“不然。子但将去，已后坐断天下人舌头去在。”

（《五灯会元》卷十一）

〔**注释**〕 ① 镢：大锄头。 ② 掣：拖拉，拽。

〔**鉴赏**〕 得道的高僧们的精神世界，是另外的一个世界，是一个永恒、宁静、空灵的世界。这个世界又与我们的世界是同一个世界。得道的高僧就像《封神榜》里的土行孙一样，可以在这两个世界间随便地从任何一个地方隐去，而在另一个地方出现。而一旦心有俗念，就会像崂山道士一样，被墙壁碰得头破血流。

义玄开悟后，在两个世界之间自由来往，与黄檗希运玩起了捉迷藏的游戏。众人目瞪口呆，湖南的沩山父子却看得津津有味，并不时品头论足。

一天，众僧上山干活。黄檗见义玄空着手，便问他的镢头在哪里。义玄说：“别人拿去了。”镢头是锄去荒草的，我的心头干干净净，根本用不着镢头。

待义玄近前，黄檗竖起镢头说：“只‘这个’，天下人拈掇不起。”“这个”，不是镢头，而是佛法。义玄随手夺了过来，竖起说：“为甚么却在在下的手里？”黄檗说：“今日自有人干活。”便回寺。黄檗是一员老将，当然也有扭转乾坤的手段。心中无草，手里无镢，当然也不用干活了。

仰山问师父：“镢头在黄檗手里，为甚么却被临济夺去？”沩山云：“贼是小人，智过君子。”青出于蓝而胜于蓝。

这天，义玄正在锄地，见黄檗来，拄镢而立。

你不是不用锄草吗？黄檗抓住机会说：“这汉困那！”禅者的心永远都是灵明不寐的，不可稍稍懈怠。义玄说：“镢也未举，困个甚么？”禅者的心无念、无住、无相，镢头未举，困从何来？

黄檗便打。义玄接住棒，顺手一推，黄檗跌倒在地。师父的打是考试，弟子的迎是答案，二人心心相印。

黄檗呼维那："扶起我来。"维那扶起，埋怨道："和尚怎么容得这风颠汉无礼？"黄檗刚一站稳，便打维那。

义玄一边锄地一边说："诸方火葬，我这里活埋。"你们大家的禅法所涤除的都是死的东西，我的禅法是活的，是要扫荡日常生活中的任何妄念。

沩山问仰山："黄檗打维那，是什么意思？"仰山说："正贼走却，逻赃人吃棒。"

一日，义玄在僧堂里睡。黄檗进堂看见，打一下禅板。义玄见是黄檗，只管接着睡。黄檗又打禅板一下，到了上间，见首座坐禅，说："下间屋里后生坐禅，你在这里妄想什么？"首座也是不好惹的，不耐烦地说："你这老汉，是干什么？"

沩山举问仰山："只如黄檗，又是什么意思？"仰山："两注彩头，一场赌赛。"对于悟者来说，睡觉坐禅，两无差别。

义玄栽松，黄檗说："深山里栽这么多松树作什么？"义玄说："一与山门作境致，二与后人作标榜。"

"作标榜"，在《景德传灯录》中为"作古记"，即授记成佛之意。义玄栽松，意气风发，不仅目前光耀黄檗的门庭，而且还要让儿孙们同样成佛作祖。义玄说完，又用镢头在地上打了三下。

黄檗说："虽然如此，你已经吃我三十棒了。"弟子的口气是否太大了？义玄信心百倍，又打地三下，并伸出指头，嘘了一嘘。黄檗这才放心地说："吾宗到汝，大兴于世。"

沩山举问仰山："黄檗当时只嘱临济一人，还有其他的人？"仰山说："有。只是年代深远，不欲举似和尚。"禅法是跨越时空的。多年之后，在临济宗法脉命悬一线时，又有人挺身而出，将其发扬光大。

沩山说："虽然如是，吾亦要知，汝但举看。"仰山云："一人指南，吴越令行，遇大风即止。"此预言风穴延沼禅师。

黄檗到了厨房，问饭头："作什么？"饭头说："拣众僧饭米。"黄檗问："一顿吃多少？"饭头说："二石五。"黄檗说："是否太多了吧？"饭头说："还恐怕不够吃呢。"黄檗便打。

禅师接引弟子，句句都是话里有话，一旦悟入，就进入了另外的世界。就事论事，永远都只是在现象世界里打转转。

饭头告诉了义玄。义玄说："我替你勘这老汉。"待黄檗也举前话，义玄说："是否太多了吧？"黄檗说："来日更吃一顿。"义玄说："说甚么来日，即今便吃。"随手就是一掌。米饭、巴掌都是禅法，随时要，随时有。黄檗说："这风颠汉，又来这里捋虎须。"义玄喝了一声，便出去。

沩山举问仰山："此二位尊宿之意，怎么看？"仰山云："和尚怎么看？"沩山云："养子方知父慈。"仰山云："不然。"沩山云："你又怎么看？"仰山云："大似勾贼破家。"

义玄在夏安居一半时，才上黄檗山。见黄檗看经书，义玄嘲笑说："我以为是个人物，原来是一个含黑豆的老和尚。"住了数日，乃辞去。黄檗说："你半夏才来，为何不终夏去？"义玄说："在下只是暂时来礼拜和尚。"黄檗便把他打了出去。

义玄走了数里，心中犹疑不定，又回来了。

夏安居结束，义玄辞别。黄檗问："何处去？"义玄说："不是河南，便归河北。"黄檗便打。义玄接住，回敬一掌。黄檗大笑，乃唤侍者："将百丈先师禅板几案来。"义玄说："侍者将火来。"黄檗说："不然。子但将去，已后坐断天下人舌头去在。"纵然是超佛越祖，亦不可将先人的经论禅法完全抛却。正是诸佛前贤拓开了一条金光大道，你才能"坐断天下人舌头"。

经千锤百炼，义玄续承黄檗，开一代临济禅宗，法脉久远，实现了黄檗"吾宗到汝，大兴于世"的预言。后沩山问仰山："临济辜负他黄檗了没有？"仰山云："不然。"沩山云："你怎么看？"仰山云："知恩方解报恩。"沩山云："从上古人还有相似的没有？"仰山云："有。只是年代深远，不欲举似和尚。"沩山云："虽然如是，吾亦要知，子但举看。"仰山云："只如楞严会上，阿难赞佛云：'将此深心奉尘刹，是则名为报佛恩。'岂不是报恩之事？"沩山点头称是："如是，如是。见与师齐，减师半德。见过于师，方堪传授。"

（李志军　宋海霞）

石火莫及，电光罔通

师行脚时到龙光，值上堂。师出问："不展锋铓，如何得胜？"光据坐。师曰："大善知识，岂无方便？"光瞪目曰："嗄。"师以手指曰："这老汉今日败缺也。"

次到三峰平和尚处，平问："甚处来？"师曰："黄檗来。"平曰："黄檗有何言句？"师曰："金牛昨夜遭涂炭，直至如今不见踪。"平曰："金风吹玉管，那个是知音？"师曰："直透万重关，不住青霄内。"平曰："子这一问太高生！"师曰："龙生金凤子，冲破碧琉璃。"平曰："且坐吃茶。"又问："近离甚处？"师曰："龙光。"平曰："龙光近日如何？"师便出去。

又往凤林，路逢一婆子。婆问："甚处去？"师曰："凤林去。"婆曰："恰值凤林不在。"师曰："甚处去？"婆便行。师召婆，婆回首。师便行。〔一作师曰："谁道不在。"〕到凤林。

林曰："有事相借问，得么？"师曰："何得剜肉作疮。"林曰："海月澄无影，游鱼独自迷。"师曰："海月既无影，游鱼何得迷？"林曰："观风知浪起，玩水黟帆飘。"师曰："孤蟾独耀江山静，长啸一声天地秋。"林曰："任张三寸挥天地，一句临机试道看。"师曰："路逢剑客须呈剑，不是诗人不献诗。"林便休。

师乃有颂曰："大道绝同，任向西东。石火莫及，电光罔通。"

（《五灯会元》卷十一）

〔**鉴赏**〕"临济游方，气吞诸方。"

义玄辞别黄檗，一路逶迤，来到熊耳山定林寺达摩祖师塔前。塔主云："长老，先礼佛，先礼祖？"义玄说："佛也不礼，祖也不礼。"塔主云："佛祖与长老是什么冤家?”义玄拂袖而出。

临济来到龙光,正值上堂。义玄站出来问:“不展锋铓,如何得胜?”龙光安然不动,示以无相之相。义玄继续挑逗:“大善知识,岂无方便?”龙光果然上当了,瞪起了眼睛:“嗄。”临济很开心,以手指曰:“这老汉今日败缺也。”

这场法战,如同战国时的“长平之战”。无论秦军如何挑衅,廉颇只是坚守不出,相持三年。后来换上了纸上谈兵的赵括。赵括轻举妄动,结果一败涂地。一个真正的禅师,心如磐石,步步踏住,才能进可攻,退可守。可惜龙光心志不坚。

大慧宗杲禅师曾举这段因缘,言龙光据坐,虽然无语,其声如雷。堂头法叔禅师问:“哪里是龙光败缺处?”大慧道:“路远夜长休把火,大家吹杀暗中行。”

接着,来到三峰平和尚处。三峰问:“黄檗有何言句?”义玄说:“金牛昨夜遭涂炭,直至如今不见踪。”“金牛”指佛法,就是临济义玄所说的“幻化身”“老比丘”“拭不净故纸”。三峰问:“金风吹玉管,那个是知音?”既然如此,还要佛、法、僧干什么?义玄意气冲天:“直透万重关,不住青霄内。”三峰说:“您这一句话未免说得太大了吧!”义玄说:“龙生金凤子,冲破碧琉璃!”三峰说:“且坐吃茶。”又问:“近离甚处?”义玄答:“龙光。”平问:“龙光近日如何?”义玄起身便走了。这些尊宿们的见地不过如此。

义玄到了浙江大慈山。大慈寰中禅师在方丈内坐。义玄进门就挑战:“端居丈室时如何?”大慈云:“寒松一色千年别,野老拈花万国春。”前句说统一中的差别相,后者说差别中的统一性;前者就时间来说,“一切法入一法”,后者从空间来说,“一法入一切法”;因果圆融,时空圆融,理事无碍,事事无碍。从佛学的义理上来说,真是天衣无缝。义玄却说:“今古永超圆智体,三山锁断万重关。”既有超佛越祖的向上一路,又有重重无尽的差别万象。大慈便喝。义玄亦喝。大慈问:“干什么?”义玄拂袖便出。

义玄行脚,还到过德山、襄州、翠峰、象田、明化、金牛等地,见过诸山大德。在象田,义玄喝云:“许多秃子,在这里觅什么碗!”到明化,他骂道:“这老汉,话头也不识!”

在去见凤林的路上，相逢一婆子。禅僧在路上见到婆子都得当心，说不准哪个是活菩萨现身。婆子问："何处去？"义玄说："凤林去。"婆子说："恰值凤林不在。""凤林"，指的是"禅法"。义玄问："何处去了？"已经告诉你无佛无禅，还要苦苦找寻，真是不可救药！婆子扭头便行。

《孙子兵法》云："以正合，以奇胜"。义玄精于此道。他冲着婆子渐渐远去的身影，突然喊了一声。婆子掉以轻心了，不觉回首。谁说"凤林"不在？义玄扭头便行。

见到了凤林。凤林说："有事相借问，得么？"义玄反客为主，说："何得剜肉作疮？"无事是贵人，但莫造作，只是平常。无事生非，真是"剜肉作疮"。凤林讽刺义玄说："海月澄无影，游鱼独自迷。"义玄反问："海月既无影，游鱼何得迷？"凤林说："观风知浪起，玩水黟帆飘。"我见的人多了，你玩的把戏我能不知道？义玄说："孤蟾独耀江山静，长啸一声天地秋。"曲高必和寡，谁是知音者？凤林继续进攻："任张三寸挥天地，一句临机试道看。"别吹牛皮，当场说一句看看。义玄说："路逢剑客须呈剑，不是诗人不献诗。"凤林只好罢休。

临济义玄乃有颂云："大道绝同，任向西东。石火莫及，电光罔通。"

大道是永恒的，无所不在；大道又是活泼的，永不停息。禅机更如电光石火，转瞬即逝。所有言辞，在出口的刹那，早已错过了，只有禅师的心是相通的。

义玄游方，处处显露其锐利的禅法。在临济棒喝之外，还体现出禅悟思维的突发性、意会性的特点，犹如电光石火，发生得很突然，如果未能及时意会，只能罔通莫及。

沩山问仰山："石火莫及，电光罔通。从上诸圣，以何为人？"仰山云："和尚的意思是什么？"沩山云："但有言说，都无实义。"仰山云："不然。"沩山云："你又怎么讲？"仰山云："官不容针，私通车马。"

（李志军）

无位真人

上堂云："赤肉团上有一无位真人，常从汝等诸人面门出入，未证据者看看。”

时有僧出问：“如何是无位真人？”师下禅床把住，云：“道，道。”

其僧拟议。师托开，云：“无位真人是什么干屎橛？”便归方丈。

（《镇州临济慧照禅师语录》）

〔鉴赏〕 临济义玄是彻底空性的化身。

他的空性是黄檗的大棒打出来的。往日临济曾向毗尼中留心，亦曾于经论寻讨，后方知尽是济世药表显之说，遂一时抛却，访道参禅。在黄檗希运处，三度发问，三度被打。事后，他有个形象的比喻，说追问“什么是佛法的真正含义”，是“向虚空里钉橛”。

佛与祖师是无事人。无漏无为为清净业。有求皆苦，所有的追求都是造业。

对世俗的贪婪，当然是入魔界，而对于神圣的追求，同样是入魔界。

诸方高僧都言“有修有证”，实际上是把出家人领入歧途。他骂道，有一般瞎秃子，吃饱饭了，便坐禅观行，把捉念漏不令放起，厌喧求静，这是外道法。所有的佛法经论，皆是表显之说。学人不会，便向名句上生解，皆是依倚落在因果，未免三界生死。临济说：“设有修得者，皆是生死业。尔言六度万行齐修，我见皆是造业。求佛求法，即是造地狱业，求菩萨亦是造业，看经看教亦是造业。”

临济说：“十地满心犹如客作儿，等妙二觉担枷锁汉，罗汉辟支犹如厕秽，菩提涅槃如系驴橛”，“乃至三乘十二分教皆是拭不净故纸，佛是幻化身，祖是老比丘”。一切入凡入圣，入染入净，入诸佛国土，入弥勒楼阁，入毗卢遮那法界，都是外道法。佛陀出世，转大法轮，照样入于涅槃。“若道佛是究竟，缘什么八十年后向拘尸罗城双林树间侧卧而死去？”所谓的无生法界、华藏世界，都是诸法空相，皆无实法。

学人们受到这些世俗观念的误导，如同饿狗一般，向一切“粪块上乱咬”。

使他们本来清净的心上,沾染了各种各样的执着,诸方学道流,未有不依物出来的,皆是依草附叶竹木精灵、野狐精魅。临济的禅法,没有别的,就是魔佛俱打。临济义玄说:“山僧向此间从头打,手上出来手上打,口里出来口里打,眼里出来眼里打。未有一个独脱出来底,皆是上他古人闲机境。山僧无一法与人,只是治病解缚。”

在一片的打杀声之中,形成了惊世骇俗的“临济宗风”。“但莫受人惑,向里向外,逢着便杀,逢佛杀佛,逢祖杀祖,逢罗汉杀罗汉,逢父母杀父母,逢亲眷杀亲眷,始得解脱。不与物拘,透脱自在。”

把一切妄念都打掉,无佛无众生,无古无今,无修无证,无得无失。只剩下“即今目前孤明历历地听者”,临济义玄称之为“无依道人”“无位真人”,才是“诸佛之母”。

这个“赤肉团”上、“五蕴山”中的“无依道人”“无位真人”,就是人的“心”。一念心歇得处,唤作菩提树。若念念心歇不得,便上无明树,入六道四生,披毛戴角。“夫如真学道人,并不取佛,不取菩萨罗汉,不取三界殊胜。迥无独脱,不与物拘。乾坤倒覆,我更不疑。十方诸佛现前,无一念心喜。三涂地狱顿现,无一念心怖。缘何如此?我见诸法空相。变即有,不变即无。”

三界唯心,万法唯识。心法无形,通贯十方。这颗心,“在眼曰见,在耳曰闻,在鼻嗅香,在口谈论,在手执捉,在足运奔。本是一精明,分为六和合”,常从你的面门出入。

他是分明的“有”,又是绝对的“无”,故称“无依道人”“无位真人”。

一心既无,随处解脱,“此人处处不滞,通贯十方,三界自在。入一切境差别不能回换。一刹那间透入法界,逢佛说佛,逢祖说祖,逢罗汉说罗汉,逢饿鬼说饿鬼。向一切处游履国土教化众生,未曾离一念。随处清净光透十方,万法一如”。

他就是佛祖。义玄说:“古人云,平常心是道。大德,觅什么物?现今目前听法‘无依道人’,历历地分明,未曾欠少。尔若欲得与祖佛不别,但如是见,不用疑误。尔心心不异,名之活祖。”“尔要与祖佛不别,但莫外求。尔一念心上清净光,是尔屋里法身佛。尔一念心上无分别光,是尔屋里报身佛。

尔一念心上无差别光,是尔屋里化身佛。此三种身,是尔即今目前听法底人,只为不向外驰求,有此功用。”只要心不外驰,便立地成佛。

但有声名文句,皆是梦幻。只有这个“乘境底人”,是诸佛之玄旨。“佛境不能自称我是佛境,还是这个无依道人,乘境出来。若有人出来问我求佛,我即应清净境出。有人问我菩萨,我即应慈悲境出。有人问我菩提,我即应净妙境出。有人问我涅槃,我即应寂静境出。境即万般差别,人即不别,所以应物现形,如水中月。”

这个乘境而出、应机而行的“无位真人”“无依道人”,就是临济义玄自己,也是一切真正开悟的人。

“悟道之人,随处作主,立处皆真。但有来者,皆不得受。尔一念疑,即魔入心。”执着于“如何是无位真人”,也就是受困于“有”,与佛相去甚远。因此义玄才一把推开问道僧人,说:“无位真人是什么干屎橛?”

(李志军)

四料简

时有僧问:“如何是夺人不夺境?”师云:“煦日发生铺地锦,婴孩垂发白如丝。”

僧云:“如何是夺境不夺人?”师云:“王令已行天下遍,将军塞外绝烟尘。”

僧云:“如何是人境两俱夺?”师云:“并汾绝信,独处一方。”

僧云:“如何是人境俱不夺?”师云:“王登宝殿,野老讴歌。”

(《镇州临济慧照禅师语录》)

〔**鉴赏**〕 早在黄檗山的时候,义玄曾替师父送信到沩山,与仰山慧寂闲话。仰山建议他到北方发展。临济义玄心中没有把握。仰山说:“但去无妨。将有一人佐辅你成功。只是此人有头无尾,有始无终。”这个人就是普化和尚,为义玄师叔辈。普化在镇州一带,“有时歌舞,或即悲号,人或接之,千变万态,略无恒度”,惹人注目。他的禅风与义玄如同一辙,也是“打”:“明头来,明头打。暗头来,暗头打。四方八面来,旋风打。虚空来,连架打。”

义玄离开黄檗后,辗转来到河北。当时盘踞此地的军阀,成德镇是王元逵和王绍鼎、王绍懿兄弟,魏博镇是何敬弘。虽然时值唐武宗断灭佛教,政令却不能在这里行通,他们又都是虔诚的佛教徒,给义玄传法提供了良好的环境。日本僧圆仁(794—864)在其《入唐求法巡礼记》中说:“天下州县准敕条流僧尼还俗已尽;又天下毁拆佛堂、兰若、寺舍已尽;又天下焚烧经像、僧服罄尽;又天下剥佛身上金已毕;天下打碎铜铁佛,称金两收验讫;天下州县收纳寺家钱物、庄园,收家人、奴婢已讫。唯黄河以北,镇、幽、魏、潞等四节度,元来敬重佛法,不毁拆寺舍,不条流僧尼。佛法之事,一切不动之。”

镇州城东南隅,临滹沱河侧,有一小院,因地得名“临济寺”,义玄应请住持于此。不久,学侣云集。为了更广泛地传授真正的禅法,使更多的信徒明心见性,临济义玄在师徒之间因材施教、随机点化的基础上,总结出“四料简”“三玄三要”“四喝”“四宾主”“四照用”等简捷方便、行之有效的模式,形成独特的教学体系,加强对师僧的培养,并成为禅宗史上第一个开宗立派、法脉最久、影响最广的大禅师。

一日,义玄谓普化与克符二位上座:“我欲于此建立黄檗宗旨,希望你们能玉成我。”二人珍重下去。三日后,普化上来问:“和尚三日前说甚么?”义玄便打。又三日后,克符上来问:“和尚前日打普化作甚么?”义玄亦打。

所谓“疑心生暗鬼”,一念心疑,便入魔境。休要探头,有问即打。至晚小参,临济义玄宣布了著名的“四料简”:

“有时夺人不夺境,有时夺境不夺人,有时人境两俱夺,有时人境俱不夺。”

临济义玄喜欢将彻悟者称为“无位真人”“无依道人”。二者意蕴相同,各有侧重。“无位”,就是“无我相”“无人相”,破除“我执”。“无依”,就是心不依内外之境,破除“法执”。《临济录》云:人心最容易被外境所惑,“尔一念心疑被地来碍,尔一念心爱被水来溺,尔一念心嗔被火来烧,尔一念心喜被风来飘”,特别是诱人成佛的各式各样的修行方式,“皆是依草附叶竹木精灵野狐精魅”。无依道人则不然,不被境转,随处解脱。“入色界不被色惑,入声界不被声惑,入香界不被香惑,入味界不被味惑,入触界不被触惑,入法界不被法惑。所以达六种色声香味触法皆是空相,不能系缚此'无依道人'";甚至,"入火不烧,入水不溺,入三涂地狱如游园观,入饿鬼畜生而不受报。缘何如此?无嫌底法。尔若爱圣憎凡,生死海里沉浮"。

禅僧们一个个生龙活虎,师僧在接引学人时,必须随机应变,"动与不动是二种境。还是无依道人用动用不动。如诸方学人来,山僧此间作三种根器断。如中下根器来,我便夺其境,而不除其法。或中上根器来,我便境法俱夺。如上上根器来,我便境法人俱不夺。如有出格见解人来,山僧此间便全体作用不历根器。大德!到这里学人着力处不通风,石火电光即过了也"。至此,"一刹那间便入华藏世界,入毗卢遮那国土,入解脱国土,入神通国土,入清净国土,入法界,入秽入净,入凡入圣,入饿鬼畜生,处处讨觅寻,皆不见有生有死,唯有空名"。

作为得道的师僧,真正成坏,玩弄神变,入一切境,随处无事。而境不能换。对于来求禅法者,就要随机应变。

有"我执"而无"法执"者,即"夺人不夺境";对于有"法执"而无"我执"者,"夺境不夺人";"我法二执"时,则"人境两俱夺";对得道者,"人境俱不夺"。

克符问临济:"如何是夺人不夺境?"临济则用诗句来答:"煦日发生铺地锦,婴儿垂发白如丝。"

用诗句来答极妙!如用语言解说,就会让学人用理性来思考,形成新的黏滞。禅境与诗境一样,唯有意会,不可言传,领会了诗意,就与诗人心意相通。旭日初升,山河锦绣;白发婴儿,生命枯竭;境存而人亡。

"如何是夺境不夺人?""王令已行天下遍",领土全部归于朝廷;"将军塞外绝烟尘",唯有将军独立域外;境夺而人存。

"如何是人境俱夺?""并汾绝信,独处一方。"并州、汾州割据一方,朝廷既不能管辖领土,又无力治理人民,既失去境,又失去人。尽管义玄并无确指的历史事实,却是晚唐时的严峻的社会现实。

"如何是人境俱不夺?""王登宝殿,野老讴歌。"天下太平,百姓乐业。既象征了理事圆融、事事无碍的华严境界,又是动荡年代人民内心渴望的反映。

夺与不夺，因人而异，其目的在破除“我”“法”的执着。我法双遣，凡圣皆空，自可到达本原心性，成就无位、无依真人。

（李志军　宋海霞）

三　句

僧问：“如何是真佛、真法、真道？乞师开示。”

师曰：“佛者，心清净是。法者，心光明是。道者，处处无碍净光是。三即一，皆是空名而无实有。如真正作道人，念念心不间断。自达磨大师从西土来，只是觅个不受人惑底人。后遇二祖，一言便了，始知从前虚用工夫。山僧今日见处，与祖佛不别。若第一句中荐得，堪与祖佛为师。若第二句中荐得，堪与人天为师。若第三句中荐得，自救不了。”

僧便问：“如何是第一句？”师曰：“三要印开朱点窄，未容拟议主宾分。”

曰：“如何是第二句？”师曰：“妙解岂容无著问，沤和争负截流机。”

曰：“如何是第三句？”师曰：“但看棚头弄傀儡，抽牵全藉里头人。”

乃曰：“大凡演唱宗乘，一句中须具三玄门，一玄门须具三要。有权有实，有照有用。汝等诸人作么生会？”

（《五灯会元》卷十一）

〔鉴赏〕 临济义玄说，传法要“以心印，心心不异”，“心心相印”一词即由此而来。

临济常骂学道之人，受“一般秃比丘”的蛊惑，求佛被佛魔摄，求祖被祖魔摄，而虚用功夫。自己与达摩初祖一样，只要寻找“不受人惑底人”，“我且不取尔解经论，我亦不取尔国王大臣，我亦不取尔辩似悬河，我亦不取尔聪明智慧，唯要尔真正见解”。有“真正见解”者，才能算是“真正道人”，“夫出家者，须辨得平常真正见解，辨佛辨魔，辨真辨伪，辨凡辨圣。若如是辨得，名真出家。若魔佛不辨，正是出一家入一家，唤作造业众生”。

什么才算是“真正见解”？

僧问：“如何是真佛、真法、真道？”临济声明：“山僧今日见处，与祖佛不别。”

六祖慧能说：“令善知识于自色身见自法性有三身佛。此三身佛，从自性上生。”临济义玄说：“佛者，心清净是”；“尔要与祖佛不别，但莫外求。尔一念心上清净光，是尔屋里法身佛。尔一念心上无分别光，是尔屋里报身佛。尔一念心上无差别光，是尔屋里化身佛”。

《大乘起信论》说：“心生种种法生，心灭种种法灭。”临济义玄说：“云何是法，法者是心法。心法无形，通贯十方，目前现用。人信不及，便乃认名认句。向文字中求意度佛法，天地悬殊。道流！山僧说法说什么法？说心地法。心如幻化，更无一尘一法，处处清净是佛。”所以，“法者，心光明是。道者，处处无碍净光是”。

无佛可求，无道可成，无法可得。“三即一，皆是空名而无实有。”一心不生，万法无咎。

义玄宣布了著名的“临济三句”并称：“若第一句中荐得，堪与祖佛为师。若第二句中荐得，堪与人天为师。若第三句中荐得，自救不了。”

“临济三句”第一句为：“三要印开朱点窄（侧），未容拟议主宾分。”“三要”为真佛、真法、真道；“印”为祖师心印，“印开”，指一念开悟，见性成佛；“朱点”，为公文上朱笔所批点之最关键处，一说“朱点”即指“心”；“窄”比喻下笔时的难为心理，一作“侧”，指“永字八法”中的“点”。义玄说：“道流！真佛无形，真道无体，真法无相，三法混融和合一处，辨既不得。”这就是真正的“祖师心印”！想要表达出来，朱笔难点。学人拟议即错，即成客体，与主人公（无位真人、无依道人）已经天地悬隔了。如果从这一句里省悟，可以与祖佛为师。

第二句为：“妙解岂容无著问，沤和争负截流机。”“无著”指唐代高僧，相传在大历年间曾到五台山巡礼文殊菩萨，文殊菩萨显化赠以“一念净心是菩提”的偈颂。“沤和”为梵语“方便”的音译；“截流机”，断灭烦恼之流。大音希声，大道无形，妙解无问，方便无门。如果能得意忘言，得鱼忘筌，可以为人天之师。

第三句为：“但看棚头弄傀儡，抽牵全藉里头人。”《临济录》中说：“古人云，身依义立，土据体论。法性身，法性土，明知是光影。大德！尔且识取弄光影底人，是诸佛之本源。”这个“弄光影的人”，就是“无位真人”“无依道人”，临济说：“四大色身不解说法听法，脾胃肝胆不解说法听法，虚空不解说法听法，是什么解说法听法，是尔目前历历底，勿一个形段孤明。是这个解说法听法。若如是见得，便与祖佛不别。”如果在傀儡、玩偶的背后，找到这个“里头人”，也有可能成佛。这是对中下根器的人说的，“夺其境而不夺其法”。

临济进而指出：“大凡演唱宗乘，一句中须具三玄门，一玄门须具三要。”何为“三玄三要”，义玄没说，后代禅僧困惑不已。如果按照字面理解，前面三句，一句三玄，要有九玄，一玄三要，得二十七要。也有禅僧如云门宗的荐福承古分“三玄”为“玄中玄”“体中玄”“句中玄”。对于“三要”，则始终无人说清。这些做法，显然都是错误的。因为临济义玄所讲的“真正禅法”，正是要打掉所有的文字名相，而始终保持一颗“孤明历历”的“心”。

据《汾阳语录》记载，汾阳善昭“举扬宗乘，渠渠惟以三玄三要为事，临济宗真要诀也”。汾阳颂“三玄三要”很多，也喜欢以“三玄三要”接人。汾阳说：“夫说法者，须具宗师眼目，须识玄门，要辨缁素邪正”，“为什么临机道不得，只为一切境识不通被他回换，便随境走，不能作得主宰。所以，一句中三玄三要”，要“直须会取古人意旨，然后自心明去，便得通变自在，受用无穷，唤作自受用身佛”。

临济义玄的目光十分高远。他关心的已不是弟子的开悟，而是后代的儿孙如何“演唱宗乘”，是他的“真正佛法”能否永存世间。他提出“三玄三要”，目的是加强对禅师们接引徒众的手段的锤炼。无论他的“三句”“三玄”“三要”，指的是真佛、真法、真道，还是本心、对境、机用，还是境、主、客，还是玄中玄、意中玄、句中玄，或者是如汾阳善昭所说的学人着力处、学人转身处、学人亲切处，都是让禅师举一反三、熟透于心，在实际的运用中心不离境，境不离心，心境生用，用合心境。

（李志军）

四　喝

师谓僧曰：

“有时一喝如金刚王宝剑，有时一喝如踞地师子，有时一喝如探竿影草①，有时一喝不作一喝用。汝作么生会？”

僧拟议，师便喝。

（《五灯会元》卷十一）

〔注释〕 ① 探竿影草：临济宗七事随身之一，略称“探草”。探竿、影草皆为渔者之工具。探竿，系束鹈羽于竿头，探于水中，诱聚群鱼于一处，然后以网漉之。影草，系刈草浸水中，则群鱼潜影，然后以网漉之。或谓探竿、影草为盗者之道具。探竿，指盗者探测室内动静之竹竿。影草，为可隐身之蓑衣。禅家引申为探测学人水准之手段。

〔鉴赏〕 “喝”，是临济宗的品牌。

郭天锡《临济慧照玄公大宗师语录序》中说临济义玄：“平生用金刚王宝剑，逢凡杀凡，逢圣杀圣，风行草偃，号令八方。如雪色象王，如金毛师子，踞地哮吼，狐狸野干，心破脑裂，百兽见之，无不股栗。如惊涛险崖，壁立万仞，使途中之人其行次，且不敢举足下足，惟恐丧身失命。”

“喝”的运用，并不始自义玄。马祖道一大喝一声，直震得百丈怀海三日耳聋，义玄的师父黄檗希运听了不觉咂舌。子湖见学人来，大喝“看狗”，石巩见学人来，大喝“看箭”，真的是电掣星驰，卒难构副。岂容拟议，那许追思？很少人能应付下来。《人天眼目》中说：“南泉父子，皆马祖之嗣也，而不用棒喝。沩山父子，皆百丈之嗣也，而不事孤峻。”很多禅师的教学风格都是平和亲切的。

但义玄不同。他从高安滩头回来，在黄檗堂上大喝一声，标识着他已经成为威风凛凛的“金毛狮子”。径山寺有五百众，黄檗令义玄到径山参访。黄檗不放心，问："你到那里后怎么办？"义玄说："不要紧，到那里自有方便。"义玄到径山，上法堂拜见。径山方举头，义玄一声断喝。径山刚要开口，义玄拂袖便行。有僧问径山："这僧刚才有什么高见？便喝和尚。"径山云："这僧从黄檗会里来，你想要知道吗？就去问他。"径山会中五百众，竟分散离去了一大半。

临济义玄的棒喝，更多的是出于对当时禅林风气的强烈反感。他说："佛与祖师是无事人，所以有漏有为，无漏无为，为清净业。"而有一般瞎秃子，饱吃饭了，便坐禅观行，说有道可修，有法可证。"后生小阿师不会，便即信这般野狐精魅，许他说事，系缚人。"很多人明知这种现象，却不敢测度他老宿，怕生口业。临济骂道："瞎驴生！尔一生只作这个见解，辜负这一双眼，冷噤噤地，如冻凌上驴驹相似，我不敢毁善知识。"

临济说："道流！夫大善知识，始敢毁佛毁祖，是非天下，排斥三藏教，骂辱诸小儿，向逆顺中觅人"，"若人修道道不行，万般邪境竞头生。智剑出来无一物，明头未显暗头明"。

狮子一吼，野干脑裂。从伦禅师说："临济祖师以正法眼，明涅槃心，兴大智大慈，运大机大用，棒头喝下，剿绝凡情"，"令三界迷徒归一真实际，天下英流莫不仰瞻，为一宗之祖理当然也"。

《临济录》一开篇，喝声就不绝于耳。

府主王常侍，与诸官请义玄升座。义玄上堂云："山僧今日事不获已，曲顺人情，方登此座，若约祖宗门下，称扬大事，直是开口不得，无尔措足处。山僧此日以常侍坚请，那隐纲宗。还有作家战将，直下展阵开旗么？对众证据看。"

僧问："如何是佛法大意？"临济便喝。僧礼拜。师云："这个师僧，却堪持论。"问："师唱谁家曲？宗风嗣阿谁？"临济云："我在黄檗处，三度发问，三度被打。"僧拟议。师便喝，随后打云："不可向虚空里钉橛去也。"最后，临济云："此日法筵为一大事故。更有问话者么？速致问来。尔才开口，早勿交涉也。何以如此？不见释尊云：法离文字，不属因，不在缘故。为尔信不及，所以今日葛藤。恐滞常侍与诸官员，昧他佛性。不如且退。"

喝一喝，云："少信根人，终无了日。久立，珍重。"

临济义玄上堂便喝，退堂也喝，在这个场景中，行喝的主旨已经揭示得十分清楚。释尊云："法离文字，不属因，不在缘。"开口不得，开口早无交涉，即昧佛性。但今日之法筵，一方面因王常侍及众官员之坚请，曲顺人情，另一方面，也是为一大事故。这个"一大事"因缘，就是为了开佛知见、示佛知见，令众生悟佛知见、入佛知见。堂上之喝，是为了打消众人向外向内追求的念头，打掉"虚空里钉的橛"。下堂之喝，是清除自己及众人在堂上的所有言行。

临济堂上堂下，天天喝声一片。

上堂。僧问："如何是佛法大意？"临济竖起拂子，僧便喝，临济便打。僧又问："如何是佛法大意？"临济亦竖拂子，僧便喝，临济亦喝。僧拟议，临济便打。乃曰："大众！夫为法者，不避丧身失命。我于黄檗先师处，三度问佛法的的大意，三度被打，如蒿枝拂相似。如今更思一顿，谁为下手？"

时有僧出曰："某甲下手。"临济度与拄杖，僧拟接，临济便打。

有来往的僧众，也用棒喝来接待。

临济问一尼："善来？恶来？"尼便喝。临济拈棒曰："更道！更道！"尼又喝，临济便打。

临济应机多用喝，会下参徒亦学喝。临济也很烦："汝等学我喝，我今问汝：'有一人从东堂出，一人从西堂出，两人齐喝一声，这里分得宾主么？汝且作么生分？'若分不得，已后不得学老僧喝。"

临济义玄将"喝"的功能发挥得淋漓尽致。他说："有时一喝如金刚王宝剑，有时一喝如踞地师子，有时一喝如探竿影草，有时一喝不作一喝用。"

《人天眼目》将临济的宗风全概括在这"一喝"之中："自是一喝中，体摄三玄三要也。金刚王宝剑者，一刀挥尽一切情解。踞地师子者，发言吐气，威势振立，百兽恐悚，众魔脑裂。探竿者，探尔有师承无师承，有鼻孔无鼻孔；影草者，欺瞒做贼，看尔见也不见。一喝分宾主者，一喝中自有宾有主也。照用一时行者，一喝中自有照有用。一喝不作一喝用者，一喝中，具如是三玄三要、四宾主、四料拣之髅。大约临济宗风，不过如此。"

（李志军）

四 宾 主

示众:"参学之人,大须子细。如宾主相见,便有言论往来。或应物现形,或全体作用,或把机权喜怒,或现半身,或乘师子,或乘象王。如有真正学人便喝,先拈出一个胶盆子①。善知识②不辨是境,便上他境上作模作样,便被学人又喝,前人不肯放下,此是膏肓之病,不堪医治,唤作'宾看主'。或是善知识,不拈出物,只随学人问处即夺,学人被夺,抵死不肯放,此是'主看宾'。或有学人应一个清净境,出善知识前,知识辨得是境,把得抛向坑里。学人言:大好善知识。知识即云:咄哉!不识好恶。学人便礼拜。此唤作'主看主'。或有学人,披枷带锁,出善知识前,知识更与安一重枷锁。学人欢喜,彼此不辨,唤作'宾看宾'。大德,山僧所举,皆是辨魔拣异,知其邪正。"

(《五灯会元》卷十一)

〔注释〕 ① 胶盆子:比喻让对方无法摆脱的语言陷阱。 ② 善知识:指正直而有德行,能教导正道之人。又作知识、善友、亲友、胜友、善亲友。反之,教导邪道之人,称为恶知识。据《大品般若经》卷二十七《常啼品》载,能说空、无相、无作、无生、无灭之法及一切种智,而使人欢喜信乐者,称为善知识。这里指有可能开悟或住持寺院的临济弟子。

〔鉴赏〕 大愚禅师笑黄檗棒打义玄是"老婆心切",临济义玄对弟子更是苦口婆心,简直是手把手地教。他设计出了许许多多学人来拜的场景,训练弟子如何机锋相对。《临济录》中有很多这样的记述。

临济说,通常诸方有学人来,主客相见礼毕,学人便会考验你。学人拈出一个机锋话抛出来,看你识不识。你若识得是境,便扔向坑子里。对方无可奈何,会向你索话。你若能依前夺之。学人就会夸奖你:"上智哉,是大善知识!"这是个陷阱,千万不要上当,要继续呵斥他:"尔大不识好恶!"

如果你摆出个境块子,试探学人,对方心明眼亮,不受境惑。你就现出半身，对方便喝。你就用各种机锋话头继续纠缠，对方骂："不识好恶老秃奴！"这时你只有赞叹："真正道流！"

如何才能分辨出主客双方的胜与负，开悟没开悟，由此临济提出了"四宾主"。

禅僧斗禅，你来我往，如同性命相搏，进攻防守，上风下风，生死循环，瞬息万变。所以，参学之人，必须全心全意，高度警觉。主客一相见，便唇枪舌战，使出浑身解数，随机应变。或如猛虎下山，势如破竹；或如蛟龙乘雾，时见首尾；或疾若惊雷，如狮子吼；或处之泰然，如象王行。

临济详细讲解了"四宾主"要诀。

如果来访者是一位真正的禅僧，先声夺人，拈出一个"胶盆子"。被参者看不出这不过是心外之境，反而上去作模作样。客人大喝，主人仍不肯下来。此是膏肓之病，不可救药，唤作"客看主"。

如果主人胸有成竹，以静制动，见招拆招。对方被夺，仍抵死不放，此是"主看客"。

或有学人，将一个清净境，放在禅师面前。禅师看得透彻，破得干净。双方以心会心，此唤作"主看主"。此处的"主"，指的已经不是日常生活中的东道主，而是临济义玄心目中的"无位真人"。

或有学人，披枷带锁，出现在禅师面前。禅师不能破除，反而头上安头，枷上带枷。两个糊涂虫痴人说梦，彼此不辨，自为得意，这就叫作"客看客"。两个都是门外汉。

"四宾主"实则是在问答中检验对方的禅学功底，不执我境，不随境转，无论是客还是主，都可以掌握主动权。"主看主"需要双方都超然物外，明心见性，方可"心心相印"，这自然也是最好的交流和过招。至于"客看客"，披枷带锁，自以为是，彼此不辨，怎能觉悟？归根到底，是主是客，主看客还是客看主，抑或主看主、客看客，都在于自性觉悟的高低。

（李志军　宋海霞）

四　照　用

示众："我有时先照后用，有时先用后照，有时照用同时，有时照用不同时。先照后用有人在；先用后照有法在；照用同时，驱耕夫之牛，夺饥人之食，敲骨取髓，痛下针锥；照用不同时，有问有答，立宾立主，合水和泥，应机接物。若是过量人[①]，向未举已前，撩起便行，犹较些子。”

（《五灯会元》卷十一）

〔注释〕 ① 过量人：指已经觉悟的过来人。

〔鉴赏〕 “四照用”是临济自己接引学人的心得体会的总结。

临济义玄是一个天才的将军，驰骋疆场时勇不可当，排兵布阵时井井有条。他又是一位出色的教育家，因材施教，因地制宜，耐心细腻。

“用”是接人的手段。“照”，则不仅仅是禅师对学人的观照、观察、打量、认识等等，更重要的是，他必须是一个已经开悟的禅师，并且是用与日月同辉的“心”来照。就是说，如同《华严经》上所说的，佛祖出世，如同日出，普照大地。才能根据根器、个性、机缘的不同引导走向自己，走进阳光。

先照后用，要靠禅师的精神力量的引导和具体的措施。先用后照，依法而行。照用不同时，有问有答，立宾立主，合水和泥，应机接物，都是日常的机锋运用。独有照用同时，是对上上之机。“驱耕夫之牛，夺饥人之食”，把学人的心理念头、精神依赖一扫而光，这才是大机大用，临济宗风。

最后，“若是过量人，向未举已前，撩起便行”，这就是“临济三句”中的第一句，“三要印开朱点窄，未容拟议主宾分”中的“父母未生时本来面目”的境界。

临济后学对“四照用”多有阐述，首山省念禅师说的最简约。

问：“如何是先照后用？”首山云：“南岳岭头云，太行山下贼。”“如何是先用后照？”首山云：“太行山下贼，南岳岭头云。”“如何是照用同时？”首山云：“收下南岳岭头云，捉得太行山下贼。”“如何是照用不同时？”首山云：“昨日晴，今日雨。”

琅琊慧觉禅师说得也很有趣：“先照后用，露狮子之爪牙。先用后照，纵象王之威猛。照用同时，如龙得水，致雨腾云。照用不同时，提奖婴儿，抚怜赤子。”

临济义玄或者后学所归纳出来的所谓的“临济宗风”，三句、四喝、三玄、三要、四料简、四宾主等等，诸如此类，其实都是一回事，不过是从不同的侧面着眼而已。汾阳善昭云：“凡一句语，须具三玄门。每一玄门，须具三要路，有照有用。或先照后用，或先用后照，或照用同时，或照用不同时。”慈明楚圆禅师偈云：“一喝分宾主，照用一时行。会得个中意，日午打三更。”一喝之中，宾主、照用、三玄、三要，尽在其中，如能领会，成佛作祖，如不领会，如聋如哑。

（李志军　宋海霞）

莫道无事好

有一老宿参师，未曾人事[①]便问：“礼拜即是？不礼拜即是？”师便喝。老宿便礼拜。师云：“好个草贼！”老宿云：“贼！贼！”便出去。师云：“莫道无事好。”

首座侍立次。师云：“还有过也无？”首座云：“有。”师云：“宾家有过？主家有过？”首座云：“二俱有过。”师云：“过在什么处？”首座便出去。师云：“莫道无事好。”

后有僧举似南泉。南泉云：“官马相踏。”

（《五灯会元》卷十一）

〔注释〕 ① 人事：交际应酬的礼仪。

〔鉴赏〕 这个公案，正好是临济归纳出来的“宾主句”的典型战例。

有一老宿参师，未曾人事便问：“礼拜即是？不礼拜即是？”

这个老宿先“拈出一个胶盆子”，来作试探。临济当然看得清清楚楚，便大喝一声，把“胶盆子”抛向坑里。

老宿便礼拜，夸奖“大好善知识”。临济云：“好个草贼！”又是一喝。老宿云：“贼！贼！”便出去。

两人彼此心知肚明，难分上下，这叫作“主看主”。

临济向老宿的背影说："莫道无事好。"

不要以为一走可以了之。《金刚经》言："应无所住而生其心。"临济又开始无事生非了。这时，刚好首座在一边侍立。临济问："还有过也无？"

这次是临济"摆出个境块子"，试探首座。

首座不受境惑，说："有。"将前面两人的做派全部否定，打破了临济的"境块子"。临济再次试探："宾家有过？主家有过？"首座云："二俱有过。"临济用各种机锋话头继续纠缠："过在什么处？"首座便出去，不予理会。

几次进攻，临济都没有捞到便宜，落了个"宾看主"的结果。按照临济的教学，这时应该赞叹："真正道流！"

但临济毕竟是临济，禅机更不是死搬教条。面对老宿和首座的拂袖而去，临济都不紧不慢地送上一句："莫道无事好！"这就是起死回生的"向上一句"。

（李志军）

院主粜米

师问院主："甚么去来？"曰："州中粜黄米来。"师曰："粜得尽么？"主曰："粜得尽。"

师以拄杖画一画曰："还粜得这个么？"主便喝，师便打。

典座[①]至，师举前话。座曰："院主不会和尚意？"师曰："你又作么生？"座礼拜，师亦打。

（《五灯会元》卷十一）

〔注释〕 ① 典座：寺院中，负责大众床座及斋粥等杂事之役的僧人。

〔鉴赏〕 平常心是道，如果没有通达空性，很难随时做到。临济说："若达得万法无生，心如幻化，更无一尘一法，处处清净是佛。"譬如杯子，只有常空才能常用，用后即空，常用常空。这也就是临济说的"吹毛用了急须磨"。

临济对弟子们，时常作这方面的训练。

上堂:"有一人论劫在途中,不离家舍。有一人离家舍,不在途中。那个合受人天供养?"

上堂:"一人在孤峰顶上,无出身路。一人在十字街头,亦无向背。且道那个在前,那个在后?不作维摩诘,不作傅大士。珍重!"

"家舍"指清净本心,心灵的家园。"在途中,不离家舍",身处世俗而心在佛。"在十字街头,亦无向背",也是指无分别之心,立处即真的境界。相反"离家舍,不在途中""在孤峰顶上,无出身路",指的都是"向一切处驰求,心不能歇"的学人。

对于常情来说,当然是成佛成圣好了,出家修道不就是为了这个吗?但对于临济来说,要打的就是求佛求法的心:"尔若爱圣憎凡,生死海里浮沉",所以他是魔佛俱打。

临济见僧来,举起拂子。僧礼拜,临济便打。又有僧来,临济亦举拂子。僧不顾,临济亦打。又有僧来参,临济举拂子。僧曰:"谢和尚指示。"临济亦打。

这个有一点像赵州"吃茶去"的公案。每有游方僧人来参,临济举起拂子。对方拜也打,不拜也打,称谢也打,打得人无路可逃。

古人云,向外作工夫,总是痴顽汉。拟心即差,动念即乖,只要心旌摇荡,统遭毒手。

这天,临济得知院主去州中粜黄米,便问:"粜完了吗?"这实际是一种禅机,"粜黄米"变成了清除妄念。院主说:"粜完了!"临济以拄杖画一画问:"还粜得这个么?"院主便喝,临济便打。典座来到,临济举前话。典座说:"院主并没有领会和尚的意旨?"临济问:"你又怎么样?"典座礼拜,临济亦打。

魏府大觉禅师说:"得即得,犹未见临济机在。"他们的见地都没有问题,只是还没有真正把握住临济禅的大机大用。

(李志军)

赵州洗脚

赵州游方到院,在后架洗脚次。师便问:"如何是祖师西来意?”州曰:“恰遇山僧洗脚。”

师近前作听势,州曰:“会即便会,啖啄[①]作什么?”

师便归方丈。州曰:“三十年行脚,今日错为人下注脚。”

(《五灯会元》卷十一)

〔注释〕 ① 啖啄:古语方言。“啖”(读作 dàn)就是“吃”,“啄”(读作 zhuó)也是吃,“啄”一般用于鸟类吃食。鸟(麻雀)在剩有很多谷子的臼里吃得撑着了这个过程,就是“啖啄”了。这里有品味之意。

〔鉴赏〕 绝世高手之间的巅峰对决总是令人神往,就像武侠小说中的“华山论剑”。

临济义玄与赵州从谂无疑是那个时代的禅林里面的两座丰碑。一个独坐大雄峰,逢祖杀祖,遇佛灭佛;一个正是一尊古佛,睿智风趣,深不可测。他们两个都是打遍天下并且目空一切。赵州说:“老僧三十年前在南方火炉头有个无宾主话,直至如今无人举着”;“老僧在此间三十余年、未曾有一个禅师到此间”。临济说:“山僧说法,与天下人别。只如有个文殊、普贤出来目前,各现一身问法,才道咨和尚,我早辨了也。老僧稳坐,更有道流来相见时,我尽辨了也。”

他们两人是山东曹州老乡,都在河北镇州一带行化,也都是马祖道一的法系,赵州从谂的师父南泉普愿与临济义玄的师爷百丈怀海是同门师兄弟。算起来,赵州是临济的师叔。

临济义玄到镇州传法的时间大约是在唐武宗会昌五年(845)禁断佛教前后。此时赵州从谂已经“老老大大”,“仍在跑来跑去”,四处游方。858 年,80 岁的赵州从谂才入住赵州城东观音院。九年后,临济义玄去世。

赵州的足迹踏遍了大江南北的各大寺院,与临济义玄的祖孙四代都有过机锋往来。拜访过百丈怀海,琅琊慧觉称“赵州老人向狮子窟中换得爪牙”。在黄檗的法堂“放过火”,并嘲笑希运禅机迟钝,是“贼过后张弓”。他甚至还降贵纡尊,过访临济的弟子宝寿沼禅师。“七岁孩儿胜我者,我即问伊;百岁老翁不及我者,我即教伊”,真是此言不虚。

赵州从谂的确会晤过临济义玄,否则的话,便会在禅宗史上留下很大的遗憾，也会使后代学人费尽猜量。关于这个重要的事件，有两种不同的记载。

《临济录》中说："赵州行脚时参师(临济)。遇师洗脚次。州便问：'如何是祖师西来意？'师云：'恰值老僧洗脚。'州近前作听势。师云：'更要第二勺恶水泼在？'州便下去。"

《赵州录》中说："师(赵州)因到临济，方始洗脚。临济便问：'如何是祖师西来意？'师云：'正值洗脚。'临济乃近前侧聆。师云：'若会便会，若不会，更莫啖啄作么？'临济拂袖去。师云：'三十年行脚，今日为人错下注脚。'"

这样的场面真有点叫人失望，既没有文殊菩萨问疾维摩诘居士时的雄辩弘辞，锦心绣口，又没有佛祖拈花、迦叶微笑的浪漫与美妙。

无论是赵州洗脚、临济问法，还是临济洗脚、赵州问法，效果都是一样，整个过程看起来就像是例行公事，不痛不痒。

一个问："如何是祖师西来意？"一句套话，大家都是这么问的。一个答："我正在洗脚。"对普通人来说，两句话驴唇不对马嘴。像他们那样的高僧岂能不明白？洗手洗脚、吃饭睡觉都是说法。问法者乃近前作侧聆状。对方呵斥："用不着装模作样！"这一位赶快下去。另一位还在后悔："三十年行脚，今日为人错下注脚。"他要把战场打扫干净。

行家一出手，就知有没有。一问一答，看似平淡，却句句凶险，都是宾主互换之机，就像两大国手的"纹枰论道"，每落下一子，场上局势都会马上逆转。真是高手过招，轻描淡写，稍有不慎，就会毁掉半世英名。

大慧宗杲禅师于此有颂云："一人眼似鼓椎，一人头如木勺。两个老不识羞，至今无处安着。"雪庵从谨禅师亦有颂云："临济赵州，禅林宗匠。特地相逢，恰似扑相。撞见今时行脚僧，呼为两个闲和尚。"

两人以后再见过面没有，不得而知。临济义玄一直都在赵州古佛的视线之内。《赵州录》记载："普化吃生菜。临济见云：'普化大似一头驴。'普化便作驴鸣，临济便休去。普化云：'临济小厮儿，只具一只眼。'师(赵州)代云：'但与本分草料。'"临济师徒对赵州更为关注。黄檗希运首先把赵州的"狗子无佛性"提出当作话头来参。陈尊宿以赵州的"吃茶去"勘验来访僧人。赵州从谂虽没有开宗立派，他所留下来的雪泥鸿爪，同样成为后世禅僧取之不尽的精神源泉，尤其是临济宗的高僧们，无不乐此不疲地举唱赵州从谂的语录、公案，以启发弟子悟道。

（李志军）

正法眼藏

将示灭，说《传法偈》曰：

“沿流不止问如何，真照无边说似他。离相离名人不禀，吹毛用了急须磨。”

复谓众曰：“吾灭后，不得灭却吾正法眼藏。”三圣出曰：“争敢灭却和尚正法眼藏？”

师曰：“已后有人问，你向他道甚么？”圣便喝。

师曰：“谁知吾正法眼藏，向这瞎驴边灭却。”言讫，端坐而逝。

（《五灯会元》卷十一）

〔**鉴赏**〕 临济义玄也是个具有诗人气质的禅僧，与人应对，出口成章，意达辞美，如珠如玑。但留下的诗偈却不多，通观其语录，也不过两首而已。一首是写给风林禅师的四言偈，一首是《传法偈》。

唐懿宗咸通八年(867)四月十日，临济即将示灭，说偈云：

“沿流不止问如何，真照无边说似他。离相离名人不禀，吹毛用了急须磨。”

“子在川上曰：逝者如斯夫！”这个“沿流不止”，不是一般的江河，而是“生命之河”，是思维之“河”。

人生苦短，命在呼吸之间。按佛教教义，不仅此生如白马过隙，而且贯通三世，连带前世与来生。《唯识三十颂》云：“阿赖耶识甚深细，一切种子如瀑流。”“无明”，就是人的杂染的根本识阿赖耶识，带着人在生死之河中流转不已。因为前世的一念无明，导致了今生轮回在苦恼的人道之中；今生的无明，将继续导致来生继续在六道中轮回。

如何才能得到解脱，这是一切佛教徒孜孜以求的根本大事。临济义玄说，回归佛性，找到自己的本心，自性清净心。佛性的智慧光明，真照无边，囊括宇宙，存在于天地未剖之前，劫火洞烧之后。沿流不止的生命之河，思维之河，都是她所显现出来的不同的表相而已。

《金刚经》说："凡所有相，皆是虚妄。若见诸相非相，即见如来。"清楚了思维之河、生命之河的起点、终点及其本质，就会明心见性，顿超三界之外。"离名离相人不禀"，可惜人们迷信于自己的眼耳鼻舌，执着于对现象世界的追求，而对离名离相、玄之又玄的事物背后的永恒却视而不见，置若罔闻，只能借助智慧的利剑斩断烦恼的情丝。

"吹毛用了急须磨"，这是临济对于禅者的最后叮咛。"苟日新，又日新，日日新"，禅者的心灵是鲜活的、睿智的，如同吹毛宝剑的锋芒，要时用时磨，稍有懈怠，即前功尽弃！

临济临终，又一次坐了起来："吾灭后，不得灭却吾正法眼藏。"三圣慧然出云："怎敢灭却和尚正法眼藏？"临济问："已后有人问你，向他道什么？"三圣便喝。临济云："谁知吾正法眼藏，向这瞎驴边灭却。"言讫，端然示寂。

对三圣慧然的这一喝，是褒是贬，是功是过，自然众说纷纭。有人说，三圣只会因循守旧，临济绝望而去。有人说，正言若反，表面的责骂正是对三圣的赞扬。南院慧颙问风穴延沼："临济道：'谁知吾正法眼藏，向这瞎驴边灭却。'渠平生如狮子，逢人即杀。及其将死，何故屈膝妥尾如此。"风穴对曰："密付将终，全主即灭。"

临济义玄的禅法就让他自己全部带走吧！

（李志军）

大随法真禅师

子真得其髓

梓州王氏子。妙龄夙悟，决志寻师。于慧义寺出家，圆具[1]后南游。初见药山、道吾、云岩、洞山,次至岭外大沩会下,数载食不至充,卧不求暖,清苦炼行,操履不群。

沩深器之,一日问曰:"阇黎[2]在老僧此间,不曾问一转话?"师曰:"教某甲向甚么处下口?"

沩曰:"何不道如何是佛?"师便作手势掩沩口。

沩叹曰:"子真得其髓。"从此名传四海。

(《五灯会元》卷四)

〔注释〕 ① 圆具:受具足戒。少年出家,最初接受沙弥戒,年满二十岁成为比丘,要接受严格的具足戒。 ② 阇黎:梵语指阿阇黎,汉译正行。是对僧人的尊称。以能纠正弟子之行,即教授得戒等师。

〔鉴赏〕 大随法真禅师(834—919),为百丈怀海弟子长庆大安(793—883)法嗣。

大随俗姓王,四川梓州人。天性聪慧,"决志寻师"。禅宗厉害的地方,不是老师考学生,而是学生考老师。沩山灵祐言:"只贵子眼正,不说子行履。"遇到什么样的老师,是一生能否开悟的关键。法真受具足戒后,即挂单云游天下。

这是一个禅宗大师辈出的时代。大随所拜谒的药山、道吾、云岩、洞山,均为一代宗师。药山惟俨是石头希迁的弟子,云岩昙晟和道吾宗智都是药山惟俨的弟子,开创曹洞宗的洞山良价是云岩昙晟的弟子。四位高僧,在传承上是祖孙三代,属于青原行思的一系。

在他们的熏陶下,大随法真渐渐成熟。后来到了南岳怀让法系的"大沩"会下时,已经表现得卓尔不群。

岭外即五岭之外,在唐代包括湖南的一部分。沩山是衡山山脉的分支,又称大沩山,在长沙宁乡县西。这里的"大沩",不是沩山灵祐,而是长庆大安。灵祐和大安都是百丈弟子。灵祐创居沩山道场,大安躬耕助道。及祐归寂,众请接踵住持。在《景德传灯录》中,大安亦称"大沩和尚"。

长庆大安以《遗教经》的一句话,"如牧牛人执杖视之,不令犯人苗稼"而开悟。他说:"安在沩山三十来年,吃沩山饭,屙沩山屎,不学沩山禅,只看一头水牯牛，若落路入草，便把鼻孔拽转来，才犯人苗稼，即鞭挞。调伏既久，可怜生受人言语，如今变作个露地白牛，常在面前，终日露迥迥地，趁亦不去。”“露地白牛”，出自《法华经》的“譬喻品”，以立于门外露地之大白牛车，譬大乘佛法。“露地白牛”象征成就的佛性。长庆大安以牧牛喻心性的修炼，所以对大随法真的“食不至充，卧不求暖，清苦炼行，操履不群”十分欣赏。

法真并不向老师求教。佛法的真谛已了然于他的胸中。

老师反倒坐不住了，来问法真：“和尚，你到了好长时间，为什么也不问我一句转话呢？”

“转话”就是“转语”。所谓的“下一转语”，是指参禅参到山穷水尽，走投无路时，请人代下一语，以为拨转，而得峰回路转，柳暗花明。禅宗之所以为禅宗，就是用这个手段，直指人心，让人恍然大悟。所以说，“直饶得八斛四斗舍利，不如当时下得一转语好”。

然而，不到一定的修行境界，下转语是没有用的。公案里面，有一个比喻叫“啐啄”，鸡子将孵化时，小鸡在卵中之吮声，谓之啐，母鸡欲令出而啮壳，谓之啄。必须“啐啄同时”，才能使小鸡成活。“啐啄”，就是“下转语”。

一般是觉得自己修行到位了，主动去问老师，但总是遭到呵骂，乃至棒喝。其实呵骂棒喝本身恰恰正是“转语”。

法真却反问老师：“你要我从什么处下口？”

正如《关尹子》中说：“非有道不可言，不可言即道；非有道不可思，不可思即道。”世上万象都是佛身，诸佛境界不可言说，何以下口？

大安还以为他不会转语，便提示：“何不道如何是佛？”

这是禅僧通常提的一个问题。法真便作手势掩长庆大安的口。这个问题不仅不能问，也不能答，更不能引导别人或者代替别人去问。

法真已深谙禅法，佛在自性清明，超然物外，又岂是言辞可说得明白？长庆大安一心想勘验弟子，没想到是多此一举。法真掩口之举，是“子真得其髓”。得了真髓的法真日后也像大安一样，名传四海。

（李志军）

随 他 去

僧问:“劫火[①]洞然,大千俱坏。未审这个[②]坏不坏?”师曰:“坏。”

曰:“恁么则随他去也。”师曰:“随他去。”

僧不肯。后到投子[③],举前话。

子遂装香遥礼曰:“西川古佛出世。”谓其僧曰:“汝速回去忏悔。”

僧回,大随师已殁。僧再至投子,子亦迁化。

(《五灯会元》卷四)

〔注释〕 ① 劫:音译劫簸、劫波等。意译分别时节。通常年月日时不能算之远大时节也。劫火:佛经上说,在旧世界崩溃的“坏劫”之末,将发生“大三灾”——火灾、水灾和风灾。当火灾发生时,七日并出,山崩地裂,海枯石烂,大火从地狱烧到色界的二禅天,世界化为灰烬。 ② 这个:指佛性。 ③ 投子:灯录中,有好几个人叫投子。此处应指投子大同,卒于后梁乾化四年(914)。

〔鉴赏〕 唐末五代,天下大乱。当时,四川为蜀国,相对安定。法真得法后,回到四川,寄锡天彭堋口山龙怀寺,于路旁煎茶普施三年。因往后山,见一古院号“大随”。群峰矗秀,涧水清泠,风景优美。院中有一树,围四丈余。南开一门,中空无碍,不假斤斧,自然一庵,当时人称之为“木禅庵”。法真乃居之十余载,故称“大随法真”。光天元年(918),前蜀国主王建,对大随法真十分钦敬,数次征召,师皆辞以老病,蜀主赐号“神照大师”。佛家所谓“寂而常照,照而常寂”之意。

政权更迭,如同走马。生逢乱世,朝不保夕。社会的大动乱,让人容易联想起宇宙大动乱。何为无常?何为永恒?有僧问:“劫火洞然,大千俱坏,未审这个坏不坏?”劫火到了,地球都要毁坏,宇宙都要毁坏,你修的那个性的本体是坏?还是不坏?法真答:“坏。”

在一般人的心目中,大乘佛法讲佛性常、乐、我、净。修行,就是要修这个永恒不朽的佛性。但禅宗的根本要义,是破除执着。如果一味追求“这个”不坏的东西,就会作意,形成法执。大随法真是要破除永恒的概念对僧人的束缚。其实,坏和不坏都包容在佛性里边。大千世界,生生灭灭。生为佛生,灭为佛灭。即相即体,即动即静。瞬间就是永恒的显现,永恒存在于瞬间之中。

僧很是迷惑:"那么,则随他去也?"法真说:"随他去。"

既然是坏,那么我也不要修行了?对的,放下即是。把有待打破,无待了,心灵就完全自由了。《金刚经》中说:"应无所住而生其心。"

僧不肯,因为跟他所学到的佛教观念大相径庭。这位衲僧像一只迷路的羔羊,站在"坏"与"不坏"的十字路口,不知所措。于是,他去拜访投子,希望得到准确的指引。

没想到投子听了,点起香来,遥遥礼拜:"西川古佛出世。"并告诉其僧说:"汝速回去忏悔。"

僧回,大随师已殁。僧再至投子,子亦迁化。

大随法真已经圆寂了,投子大同也去世了。僧执着于佛经教义,做不到圆融无碍,只得在法真与投子之间跑来跑去,与两位古佛擦肩而过,不得其意,不明其旨,不知所措。

(李志军)

西山住庵,东山唤汝

问僧:"甚处去?"曰:"西山住庵[①]去。"

师曰:"我向东山头唤汝,汝便来得么?"曰:"不然。"

师曰:"汝住庵未得。"

(《五灯会元》卷四)

〔**注释**〕 ① 住庵:主持寺院。僧人大悟,得到师父印可,方有资格分座,接受诸方迎请或官府委任,到一丛林任住持。

〔**鉴赏**〕 大随上堂开示云:

"此性本来清净,具足万德。但以染净二缘,而有差别。故诸圣悟之,一向净用，而成觉道。凡夫迷之，一向染用，没溺轮回。其体不二，故般若云：无二无二分，无别无断故。”

这段话简约明了，但十分重要，真正从内心领悟了，便解决了禅者修行的一切问题。“此性”，当然是指佛性，“本来清净，具足万德”，整个世界本来都是清净的。你认为这个世界是有差别的，不是世界的问题，是你的问题。因为你是用污染的心灵、污染的眼睛来看待这个世界的。诸佛菩萨，是用纯净的心灵、纯净的眼睛来观照，所看到的是一个浑然一体、完美无缺的世界。

大随问一位僧人："何处去?"僧人自豪地说："西山住庵去。"大随问："我向东山头唤你，你便来得么?"僧人说："不然。"大随笑了："你还没有住庵的资格。"

人在西山，而向东山头唤人，他当然听不到。这是常人的观念。但是，作为一个得道的僧人，是一个拥有自由自在的心灵的人，如庄子所言，“与天地精神相往来”，何来东西南北的分别！

《法华经》说："唯佛与诸佛，乃能究尽诸法实相。"反过来说，如能究尽诸法实相，即同诸佛。十方世界都是佛，向哪个方向唤佛，佛不知晓呢?

这个僧人的心灵依然陷在世俗的思维层面之中，他看到的仍是一个差别的世界，当然没有住庵的资格。

木禅庵的旁边卧了一只龟。有僧人问："一切众生皮裹骨，这个众生为甚骨裹皮?"大随拈一茎草履在龟的背上。僧人无语。

僧人的提问，是一个挑衅，也是对大随的考试。“一切众生皮裹骨，这个众生为甚骨裹皮?”问话里有一个陷阱。如果沿着僧人的思路走，怎么答都说不清，怎么答都是错。但是，大随从陷阱上轻轻迈了过去。他拈草盖在了龟的背上。这一枝小草有无穷的答案。

也许大随是在告诫他：人生无常，生死事大。关注自心，见性成佛，方为第一要务。不要在事物的表相上要小聪明。

也许大随说：在你的眼里，这个众生与其他众生之所以不同，是因为你有分别心，我用小草挡在你的眼前，把你的分别心抹掉。

一切否定都是肯定。大随截断了僧人的日常思维之流，同时也为他打开了通往另外一个世界的大门。在这个世界里面，一切的一切，都是平等一如，圆满自足，自由自在。皮裹骨也好，骨裹皮也好，是没有任何差别的。

这个僧人却没有“百尺竿头放步行”的力量和智慧。他在大随的语境里不知所措。

（李志军）

大随烧蛇

因烧畬[1]次。见一蛇，以杖挑向火中。咄云：“这个形骸，犹自不放舍。你向这里死，如暗得灯。”

时有僧问：“正当恁么时，还有罪也无？”

师曰：“石虎叫时山谷响，木人吼处铁牛惊。”

（《指月录》卷十三）

〔注释〕 ① 烧畬：烧荒种田。

〔鉴赏〕 “有一个美丽的传说，精美的石头会唱歌。”

在常人的思维里，石头唱歌只不过是一段美丽的传说，是百姓善良愿望的精神象征。而相传生公说法，使顽石点头，桃花盛开，令志勤悟道。在觉者的世界中，青草、翠竹，乃至枯木、骷髅，到处都是欢声笑语，生意盎然。

“石虎咆哮，山谷相和，木人低吼，铁牛惊疑”，真令人惊心动魄。

其实，在孩子们纯净天真的眼睛中，竹椅板凳，破砖烂瓦，都和他们一样拥有鲜活的生命、圣洁的心灵。大人们视之为有趣可笑的“童话世界”。

谁能意识到，不是孩子们的幼稚，而是大人的心灵已经被严重污染了呢？

“会天地而为一，其唯圣人乎？”

修道、参禅，就是要洗净心头的污垢，用孩子一样纯洁的心灵来感知世界。

这个世界的所有东西，都是原本干净的本性的显现。

僧人问：“如何是诸佛法要？”大随举起拂子说：“会么？”僧人说：“不会。”大随说：“尘尾拂子即是。”

世界万物都是佛性的显现,尘尾拂子又何尝不是呢?

僧人问:“和尚百年后法付何人?”大随说:“露柱,火炉。”僧人疑问:“它们也能接受佛法吗?”大随说:“火炉,露柱。”

接受佛法是“露柱,火炉”,没有接受佛法是“火炉,露柱”。火炉自火炉,露柱自露柱。关键不是它们能否听到佛法,而在于听懂了没有。

僧人问:“如何是大人相?”大随说:“肚上不贴榜。”

“大人相”,既指寺院的佛像,又指的是佛的法身,清净的佛性。大随的回答最妙,榜文可以张贴在任何地方,但谁敢粘贴在神圣庄严的佛像上呢?从深密义来说,没有被“贴上去的榜文”污染的心灵,就是佛性。

有一个行者来参,后面跟了一大帮人。大随问:“已经参悟的人,把‘东’唤作什么?”行者说:“不可唤作‘东’。”

很多所谓的“高僧”“大德”,身上沾染两种“气”,一个是“鬼魅气”,一个是“江湖气”,以此招摇过市,不仅对信徒是个欺骗,更可怕的是对佛教自身的伤害。这个行者,以开悟自居,把“道”吹得神乎其神。

大随骂道:“臭驴汉!不唤作‘东’唤作什么?”行者无语。追随的人纷纷离去。

僧人问:“生死到时如何?”大随说:“遇茶吃茶,遇饭吃饭。”僧人问:“人都没了,谁受供养?”大随说:“那么就把茶饭放在钵盂里面吧!”

四大皆空,生死亦空,明白此理,即如如佛。一个禅者,所关心的不是将来的生死问题,而是踏踏实实过好当下的每一天。禅在哪里参?就在每天的茶饭之中参。

有僧人问:“佛法遍在一切处,教学人向甚么处驻足?”

雪峰义存曾问:“遍十方世界,都是沙门一只眼。你等诸人,向甚处屙?”赵州从谂说:“寄去一个锹子,把沙门的眼睛埋掉吧!”这位僧人的问话,也是一个道理,既然遍十方世界都是佛的法身,让我在什么地方下足?大随的回答不同赵州,这正是你觉悟成佛的机缘啊!到处都是佛的法身,只可惜你每一步都没有踏在佛性之上。

“大海从鱼跃,长空任鸟飞。”大随是孤独的,遇到一个可以付法的弟子是多么的困难。

大随领着徒众烧畲开田，看见一条蛇，以杖挑向火中。有僧人问："你这样做，难道没有杀生之罪吗？"

大随说："石虎叫时山谷响，木人吼处铁牛惊。"

一天，僧众上堂参拜。大随歪着嘴，装作中风，说："有人医好我的口吗？"众僧人竞相送药。居士们听说了，亦多送药。大随一概不受。七日后，大随自己掴了一巴掌，嘴便正了，说："如许多时鼓这两片皮，至今无人医得。"即端坐而逝。

佛祖灭度时，称自己说法四十九年，没说一个字，以免后辈儿孙执着于言语文字。大随临终，也要把一生所讲泯灭干净，可惜弟子们无人领会。

（李志军）

灵云志勤禅师

悟道偈

三十年来寻剑客，几回落叶又抽枝。
自从一见桃华后，直至如今更不疑。

（《五灯会元》卷四）

〔**鉴赏**〕 灵云志勤因见桃华（花）悟道，人人称羡称奇。

这首偈子字面意思很简单。"剑客"指的是"得道者"，此"剑"乃智慧之剑。有僧问陈尊宿："如何是曹溪的的意？"尊宿说："老僧爱嗔不爱喜。"僧问："为什么如此？"尊宿说："路逢剑客须呈剑，不是诗人莫说诗。"春枝发芽，秋叶飘摇，三十余载，苦苦修道，几多沮丧，几多绝望，几多怀疑，几多徘徊，但志勤一直矢志不渝，直到有一天，灿烂盛开的桃花，使他心花怒放，原来"大道"就在这里！大道无处不在，只是你心灵的眼睛是否被凡情俗念所蒙蔽。

每一个人都有一个向往自由、美好的内心世界，又有一个让你无可奈何的大千世界。通常这两个世界是处于分隔甚至对立的状态。某一天，在某一个点上，忽然发现，这两个世界原本就是一个世界，都是如此的美好，如此的真实，你的心灵一下子打开了，两个世界完美地融为一体了。

灵云志勤将这首偈子呈献给沩山。此"沩山"，《景德传灯录》作沩山灵祐；《广圣传灯录》作长庆大安。大安与灵祐是同门师兄，一直在沩山匡助灵祐，灵祐圆寂后继住沩山。

沩山看了偈子，询问其开悟的情况，很是高兴，说："从缘悟达，永无退失。善自护持。"

灵云的偈子与目睹桃花而悟道的事情迅速传遍了禅林。有僧讲给玄沙师备。玄沙不以为然，认为灵云太看重这个瞬间了，说："谛当甚谛当，敢保老兄未彻在。"

玄沙此言，出乎意外，令人惊疑。玄沙问弟子桂琛："我这么说，你怎么理会?"桂琛云："不是桂琛，即走杀天下人。"

灵云的悟道故事太浪漫了，偈子也很优美，以致历代高僧纷纷唱和。如黄龙慧南云："二月三月景和融，远近桃花树树红。宗匠悟来犹未彻，至今依旧笑春风。"大慧宗杲云："尽道见桃花悟道，此语不知还是无。茫茫宇宙人无数，那个男儿是丈夫。打破鬼门关，日轮正当午。一箭中红心，大地无寸土。"

（李志军）

驴事未去，马事到来

问："如何是佛法大意?"师曰："驴事未去，马事到来。"

曰："学人不会。"师曰："彩气夜常动，精灵日少逢。"

（《五灯会元》卷四）

〔鉴赏〕 志勤离开沩山，回到福州灵云山开堂传法。他说："诸仁者所有长短，尽至不常。且观四时草木，叶落华开。何况尘劫来，天人七趣，地水火风，成坏轮转，因果将尽，三恶道苦，毛发不曾添减，唯根蒂神识常存。上根者遇善友伸明，常处解脱，便是道场。中下痴愚，不能觉照，沉迷三界，流转生死。释尊为伊天上人间，设教证明，显发智道，汝等还会么？”

世间万象，皆有成住坏空，因缘生灭。有情众生，无始以来在天人七趣之中轮回。只有人的本心本性常存。上根器之人，如果能遇到高人点拨，随时随地，都可以明心见性。否则，只有在生死中流转。

灵云志勤是一位诗人，出口成章。

僧人问：“如何才能够出离生老病死？”灵云说：“青山元不动，浮云任去来。”本心如同青山般巍然屹立，像浮云一样随风飘荡的乃是你的思绪。僧人又问：“君王出阵时如何？”灵云答：“春明门外，不问长安。”

“君王”比喻人的本心。本心显现，到处都是佛性，好像君王出巡，普天之下，莫非王土，四海之内，皆是王臣，何必再问京都、皇宫？

又有一僧人问：“如何得觐天子？”如何才能见到本心？灵云说：“盲鹤下清池，鱼从脚底过。”你的本心到处显现，可惜你像一只瞎眼鹤，鱼从你的脚底游过也看不见。僧人问：“那么，如何才是佛法大意？”灵云骂道：“驴事未去，马事到来。”一重蒙眼布还没有揭去，又蒙上了一重佛法的厚布。无奈僧人不悟，灵云遂开示：“彩气夜常动，精灵日少逢。”五彩云气在漆黑的夜里也同样在天空飘动，要有明亮的眼睛才能看得到，像精灵一样的禅者在白天也难以遇见。

“驴事未去，马事到来”，回答得很是经典，也有的语录认为是灵云志勤对长庆慧棱的回答。

僧人问：“诸方悉皆杂食，未审和尚如何？”大家学禅学佛，都广受博取，不主一家，不知和尚如何？灵云大气磅礴地说：“独有闽中异，雄雄镇海涯。”僧问：“久战沙场，为甚么功名不就？”灵云说：“君王有道三边静，何劳万里筑长城。”

若见本心，处处自在，何必庸人自扰，到处求禅求法，苦苦修行？

僧人问：“罢却干戈，束手归朝时如何？”不用修行，无为而治，就能顿悟本心了吗？灵云说：“慈云普润无边刹，枯树无华争奈何？”

佛性如同慈云甘露，滋润万物，无有高下，但是你的心灵枯死了，他人又能如何？

僧人问："如何是西来意？"灵云说："井底种林檎。"

"西来意"，乃达摩祖师所传心法，禅僧无不以领会祖师西来意为顿悟成佛之捷径，灵云却说"井底种沙果树"，是有死无活。僧人说："学人不会。"灵云说："今年桃李贵，一颗直千金。"真正的心法像是桃李一样的平平常常，可是无人领会，真是"一颗千金"！

又有僧人问："摩尼珠不随众色，未审作何色？""摩尼珠"比喻空性、本心、佛性，无形无色，随形赋色。灵云却说："白色。"僧人说："那么，就是随众色了！"灵云说："赵璧本无瑕，相如诳秦主。"

战国时期，秦国以割十五城为条件，换取赵国惠文王的"和氏璧"。蔺相如捧璧使秦，献于秦王。相如见秦王无意割城，便说"璧有瑕疵"，将璧骗回手中，派人连夜送回，完璧归赵。灵云说，所有的禅法、佛法，乃至释迦牟尼所创的佛教，都是和相如戏秦王一样，是一场骗局，目的是让人脱离苦海，进入涅槃。

（李志军）

打破镜来，与汝相见

长生[①]问："混沌未分时含生何来？"师曰："如露柱怀胎。"

曰："分后如何？"师曰："如片云点太清。"

曰："未审太清还受点也无？"师不答。

曰："恁么则含生不来也。"师亦不答。

曰："直得纯清绝点时如何？"师曰："犹是真常流注。"

曰："如何是真常流注？"师曰："似镜长明。"

曰："向上更有事也无？"师曰："有。"

曰："如何是向上事？"师曰："打破镜来，与汝相见。"

（《五灯会元》卷四）

〔注释〕 ① 长生：指长生皎然禅师，福州人，雪峰义存禅师法嗣。

〔鉴赏〕 灵云回到闽中时，雪峰义存正如日中天。两人相距不远，常常互通款曲。

雪峰有偈送双峰禅师，末句云："雷罢不停声。"灵云别云："雷震不闻声。"

雪峰听了，拜云："灵云山头古月现。"按照辈分，灵云志勤为雪峰的师叔。雪峰也曾受教于灵云的师父长庆大安。

雪峰曾问灵云："古人道：'前三三，后三三'，意旨如何？"

"前三三，后三三"，出自何典，究竟旨意，是个谜团。相传，唐宣宗时，无著文喜禅师在五台山金刚窟，遇见一牵牛老翁，乃文殊菩萨化身。文喜问："此间佛法如何住持？"翁曰："龙蛇混杂，凡圣同居。"文喜问："多少众？"翁曰："前三三，后三三。"文喜问童子："前三三，后三三，是多少？"童子召："大德！"文喜应诺。童子反问："是多少？"文喜茫然不知。

雪峰也问过长庆慧棱："古人道：'前三三，后三三'，意作么生？"慧棱便出去。

现代学者的解释就复杂多了。有的说，"前三三"是指证道之前的"见三""行三""位三"；"后三三"是证法身本位之后的"三通""三用""三德"。这样，整个禅人的禅修过程就是所谓的"前三三，后三三"，包括一切位，也就是无量众。也有的说，"前三三，后三三"，象征前后际断。时间由过、现、未架构而成。前已经过去，后尚未来临，现正成过去。过、现、未都没有的世界，即是完全无的世界。前三三后三三，即是表现对无的体验。

当时，灵云志勤的回答就空灵多了："水中鱼，天上鸟。"雪峰问："什么意思？"灵云说："高可射兮深可钓。"

人心就像水中的鱼、天上的鸟一样自由自在。但它们不是断线的风筝，而是心灵的飞翔，收放自如。

一天，有位僧人前去拜见雪峰。灵云说："我有一信寄雪峰，可以吗？"僧人说："便请。"灵云脱下一只草鞋，抛在僧人面前。僧人扭头便去。

见过礼后，雪峰问："灵云和尚可好？"僧人说："有一信相寄。"随后脱下一只草鞋，抛向雪峰面前。雪峰会心一笑。

雪峰的弟子长生皎然来访灵云志勤。

两人一问一答，似乎漫不经心，不着边际，纯是荒唐之言，无端崖之辞，然而一字一句，都包含着无限丰富而空灵的含义，非悟入极高之境界者，断难应对。高手过招，片羽可以伤人。长生初出茅庐，锋芒毕露，见面便斗机锋，招招狠毒，不离前心后背。读起来真是惊心动魄。

长生问："混沌未分时，含生何来？""混沌"乃天地未判之前的状态。《白虎通·天地》言："混沌相连，视之不见，听之不闻。""含生"指有生命者。宇宙还没有成形时，生命在何方？灵云答道："如露柱怀胎。"

法堂外面的"露柱"哪里会怀胎！简直是笑话。但是，从佛法言，所有的生命不都是和没有生命的露柱一样，由地、水、火、风四大所构成的吗？从宇宙演化的科学而言，生命不正是源自无生命吗？

长生继续问："分后如何？"灵云说："如片云点太清。"

《首楞严经》云："十方虚空生汝心内，犹如片云点太清里。"所有的生命，包括整个的宇宙，都是有限的个体，处于生灭变化之中，在你的妙明真心中，不过是辽阔无际的蓝天上飘浮几点白云而已。

长生步步进逼："不知太清还受点吗？"

这是个语言的陷阱。长生偷换了灵云的概念。"受点"，等于承认了清净的本心受到了污染；"不受点"，则与上句话自相矛盾。灵云不答。

长生以退为进，又设了一个圈套："那么，则含生不来也。"灵云仍不答。长生换了一个进攻方向，问："直得纯清绝点时如何？"灵云说："依然是真常流注。"佛性无始无终，即便空无一物，仍然大道流行。长生问："如何是真常流注？"灵云说："似镜长明。"体用同时，寂而常照，照而常寂。长生问："向上更有事也无？"意思是质问，佛性既然如此完美无瑕，至高无上，那么他就是宇宙万物的最后依据了？

这也是个难以回答的问题。如果说"没有更向上事"，佛性在灵云的心目中，就是个僵化的死物；如果说“有”，则佛性并非如灵云上面说的，是世界的本体。灵云没有被难住，他不仅肯定了有更向上的事，而且指出更向上事就是“打破镜来，与汝相见”。凡所有相，皆是虚妄。把心中的“镜子”，连同那么多刁钻古怪的问题，全部扔掉，就可以本心相见。

执着的人总有一部镜子，容易照见外物，照见差别，却唯独照不见自己的心性。唯有镜碎才能返归本真，识得禅机。

（李志军）

寿山师解禅师

忘 前 失 后

尝参洞山。山问：“阇黎生缘何处？”师曰：“和尚若实问，某甲即是闽中人。”

山曰：“汝父名甚么？”师曰：“今日蒙和尚致此一问，直得忘前失后。”

（《五灯会元》卷四）

〔鉴赏〕 金圣叹读第五才子书《水浒传》，称眼前要浮一大白。读到痛快处，要满饮一大碗。特别是，读到第十五回，吴用游说阮氏三雄入伙，同劫生辰纲时，每听到阮小七的快人快语，都要痛饮一碗。

《五灯会元》等灯录，虽然不是小说，但语言极为优美，寥寥数语，即把禅师的突出个性表现得淋漓尽致。寿山师解禅师真是妙人妙语，无论是面对一代宗师洞山良价，还是雄霸一方的福建大帅，都举重若轻，游刃有余。亦庄亦谐，假假真真。假如金圣叹读了，定有三大碗酒下肚了。

师解尝参洞山。洞山问：“阇黎生缘何处？”师解说：“和尚若问的是实话，在下就是闽中人。”

洞山又问:“你的父亲叫什么名字?”这个“父亲”,就不是这实实在在的亲生父亲了,而是指“本来面目”,他的本心本性了。师解心知肚明,并未直接作答,转而言:“今日蒙和尚致此一问,直得忘前失后。”被洞山问得忘记前后似答在情理之中,实则绝妙好辞。本性一直都在,空然无物,哪来的父亲母亲、前前后后,又岂可用语言来描述命名。

住山后,上堂开示:“诸上座幸有真实言语相劝,诸兄弟合各自体悉,凡圣情尽,体露真常。但一时卸却从前虚妄攀缘尘垢,心如虚空相似。他时后日,合识得些子好恶。”

无凡无圣时,本心本性就会自然流露出来。把以前所有的牵念全部放下,让心如虚空,庶几就接近大道了。

闽帅问:“寿山年多少?”“寿山”,指的是盛产美玉的寿山,又指寿山师解的年龄,又可能暗含机锋。要知道,闽帅笃信佛教,大兴寺院,广延禅僧,闽中高僧如云,经常一起谈玄论道,亦非等闲之辈。师解说:“与虚空齐年。”意谓寿山已是悟道之人,修得肉身成法身,与天地同寿,与日月和光。闽帅又问:“虚空年多少?”师解说:“与寿山齐年。”

有僧人曾问赵州和尚:“柏树子几时成佛?”赵州说:“待虚空落地时。”僧人又问:“虚空几时落地?”赵州说:“待柏树子成佛时。”

师解之答,与赵州有异曲同工之妙。在觉者的眼中,柏树子、寿山、山河大地、宇宙万象都是佛性,均等同虚空。

(李志军 宋海霞)

严阳善信尊者

放不下,担取去

初参赵州,问:“一物不将来时如何?”州曰:“放下着。”师曰:“既是一物不将来,放下个甚么?”州曰:“放不下,担取去。”

师于言下大悟。

（《五灯会元》卷四）

〔**鉴赏**〕 据南宋僧人晓莹《感山云卧纪谈》云，洪州（治今江西南昌）武宁县，有一严阳山，赵州和尚之上首弟子善信禅师，因乐山之奇秀，结庵其间。善信道德高尚，世不欲名，人称“严阳尊者”。唐末天祐年间（904—919），江西制置使刘公，于武宁县治之西，创新兴院，迎严阳尊者居之。

严阳尊者禅风平和质朴，酷似乃师赵州从谂。

僧问：“如何是佛？”尊者答：“土块。”又问：“如何是法？”尊者答：“地动也。”至道无难，唯嫌拣择；才有是非，纷然失心。追求佛法，心地震动。僧又问：“如何是僧？”尊者答：“吃粥吃饭。”问：“如何是新兴水？”尊者答：“面前江里。”问：“如何是应物现形？”尊者说：“与我拈床子过来。”

严阳尊者心无一念，又是一尊慈眉善目的“古佛”。身边常有一蛇一虎，随随便便地从他的手中取食。

世人多谓降龙伏虎的罗汉神通广大，法力无边。岂不知，是人与动物之间，敌意的化解，善念的相通，更是佛性的圆融。

严阳尊者当初参拜赵州，问：“一物不将来时如何？”赵州说：“放下着。”尊者感到奇怪：“既是一物不将来，放下个甚么？”赵州说：“放不下，担取去。”

尊者于言下大悟。原来自己不能最终解脱，乃是被佛法所讲的“空”境所累。

（李志军）

光孝慧觉禅师

莫谤先师

师到崇寿，法眼[①]问：“近离甚处？”师曰：“赵州。”

眼曰:“承闻赵州有‘庭前柏树子’话,是否?”师曰:“无。”

眼曰:“往来皆谓僧问:‘如何是祖师西来意?’州曰:‘庭前柏树子。’上座何得言无?”师曰:“先师实无此语。和尚莫谤先师好。”

(《五灯会元》卷四)

〔注释〕 ① 法眼:指法眼文益禅师(885—958),俗姓鲁,浙江余杭人。幼时出家,随宁波余杭寺希觉律师学法,后嗣法于罗汉桂琛禅师。他创建了法眼宗,法眼宗是五宗里最后成立的宗,虽然传世不长,但影响却非常深远。

〔鉴赏〕 六祖慧能得法衣后,五祖送过大江。五祖把橹摇船。慧能说:“请和尚坐,弟子合摇橹。”五祖说:“合是吾渡汝。”慧能云:“迷时师度,悟了自度。度名虽一,用处不同。”五祖高兴地说:“如是!如是!以后佛法,由汝大行。”

德山宣鉴夜行,龙潭递给他一盏灯。宣鉴伸手接时,龙潭把灯吹灭了,让他自己重新点燃。宣鉴一下子恍然大悟。

这段语录中的师,指扬州光孝院慧觉禅师,为赵州和尚之高足,精通经史子集,能诗善文,有“觉铁嘴”之称。

慧觉游方到崇寿,拜见法眼。法眼问:“承闻赵州有‘庭前柏树子’的话头,是否?”慧觉断然否定。

法眼说:“往来的僧众都说有人问:‘如何是祖师西来意?’赵州说:‘庭前柏树子。’上座何得言无?”

慧觉说:“先师实无此语。和尚最好不要冤枉先师。”

是的。赵州的确没有说过“庭前柏树子”,赵州只是开启过某个僧人的心智。无论那个僧人悟了还是没悟,当时的场景已经随风飘散,永不再来。我们每天,乃至每分每秒,都面临和经历完全不同的事。如果把往事的某个片段固定下来,试图当作放之四海而皆准的真理,不是荒唐可笑吗?

一个僧人问慧觉:“觉华才绽,遍满娑婆。祖印西来,合谈何事?”慧觉说:“情生智隔。”

既然已经知道智慧的心灵一旦开放,满世界都是光明,还用讨论什么是祖师心印吗?一个念头闪过,就把慧心遮蔽了。

僧人不解地问："这不是经论的意思吗？我问的是禅法。"慧觉说："你披了一件什么衣服？"为什么总是要把一些名词概念当作一件外衣穿在身上？僧人又问："一棒打破虚空时如何？"慧觉说："别吹牛了，如果困了，就睡觉去吧。"

可见佛法不在祖师的片言只语里面，而在身边的生活之中。

（李志军　宋海霞）

杀生无罪

俗士问："某甲平生杀牛，还有罪否？"师曰："无罪。"曰："为甚么无罪？"师曰："杀一个，还一个。"

（《五灯会元》卷四）

〔**鉴赏**〕"平生杀牛，并无罪恶。"

对这样的话来作评判，是非常危险的。

从佛教义理来说，世间万物，都无永不消失的自性，都有灭亡的那个瞬间。生存还是毁灭，都是各自因缘所定。迦叶佛偈曰："一切众生性清净，从本无生无可灭。即此身心是幻生，幻化之中无罪福。"

最高的道德取向是无善无恶的。不仅佛教，王阳明也说："无善无恶心之体，有善有恶意之动。"一切宗教的最高境界，都是站在人世间的善恶标准之外的。

但是，以无善无恶来处理世事，世界就成了相互杀戮的大屠宰场。

佛教分世间法和出世法。这是两个不同的领域。如同站在泰山极顶，可以享受长空万里，一览众山小的气象。然而，上山下山，就要当心足下，以免掉落悬崖了。

当年释迦牟尼的众弟子，有证得四大皆空者，不愿再回人世，纷纷自杀或者请别人把自己杀掉。释迦牟尼特地强调，不准杀生，包括自杀。

无善无恶是出世间法，不是身陷俗世的凡夫俗子所敢轻言的，唯有已经抵达最高境界的圣贤才可以此为方便法门接引众生。

这个以宰牛为业的屠夫听说无罪，自己也不敢相信，问："为甚么无罪？"

难道我也可以成佛吗?

是的,“放下屠刀,立地成佛”。

我们尽管没有杀过牛,可是我们吃过牛肉、羊肉、猪肉、鸡鸭鱼肉,我们没有资格阻断这个屠夫成佛的道路。我们心安理得地享受着用钱买来的美味的牛排。那些亲手杀死牛的人则每天都听着生命临终时的嚎叫,看着永不瞑目的眼睛。

佛,本来就是一朵“恶之花”。美丽的罂粟,其果实既可以制成害人的毒品,也可以作治病救人的良药。污浊的池塘之上是清香的荷花,残荷又终归于淤泥。既无绝对的善,亦无纯粹的恶。善恶总是相生相伴,如影随形。关键是你能觉悟吗?

现在,能否成佛,不在于杀没有杀过牛,而在于放下心中的包袱,重新做人。三祖说:“一心不生,万法无咎。无咎无法,不生不心。”做到这一点,你就是佛。

杀了一头牛,成就了一尊佛。何罪之有?

(李志军)

雪窦常通禅师

密　室

僧问:“如何是密室?”师曰:“不通风信。”

曰:“如何是密室中人?”师曰:“诸圣求睹不见。”

僧作礼。师曰:“千圣不能思,万圣不能议。乾坤坏不坏,虚空包不包。一切无比伦,三世唱不起。”

问:“如何是三世诸佛出身处?”师曰:“伊不肯知有汝三世。”

僧良久。

师曰:"荐[1]否?不然者,且向着佛不得处体取。时中常在,识尽功亡。瞥然而起,即是伤他,而况言句乎?"

(《五灯会元》卷四)

〔注释〕 ① 荐:理解,醒悟。

〔鉴赏〕 雪窦资圣禅寺位于浙江省奉化市溪口镇西雪窦山上,据《雪窦寺志》记载,雪窦寺"建于晋、盛于唐,极崇于宋之诸宗,稍歇于元之中叶,尽毁于明之末季"。宋仁宗曾梦游是山,于景祐四年(1037)遣使赏赐,遂号"应梦道场"。南宋理宗皇帝御书"应梦名山",勒碑筑亭。雪窦寺高僧辈出,有永明延寿、雪窦重显等。绍熙年间(1190—1193),日本僧人道元前来该寺参学,回国后大倡曹洞宗风,日本曹洞宗也尊雪窦为祖庭。

雪窦寺的开山祖师为南岳第五代常通禅师(834—905)。《宋高僧传》称之为"恒通":"俗姓李,邢州平恩人,家传士族。(也有传言说常通是一位叫庞勋的起义领袖,并有认为他就是黄檗一说)……年二十于本州开元寺具戒后,往京兆荐福寺听习经律。七八年间,寻穷藏教。乃曰:'摩腾入汉,译著斯文。圣胄来梁,复明何事?'因辞北阙迳请南方,遇招贤岑大师。"

"招贤岑大师"即有"大虫"之称的长沙景岑。大师问曰:"何处人也?"常通答:"邢州人也。"

大师说:"我道不从彼来。"

常通的确是个一点就透的慧根之人。他醒悟岑大师说的已非他的家乡,而是"本来面目"了,遂反问:"和尚还住此无?"难道大师还心有所住吗?于是,有滞皆伸,无疑不决。

景岑又指示参见洞山良价、石霜庆诸等禅师。长沙景岑示灭,常通为师父服丧后天下漫游。天祐二年(905)逝,享年72岁。

这段语录,乃常通住瑞圣禅院时答僧问。"密室",指开悟的境界。在有的禅师口里,这个境界是活泼的、自由的,而在常通的心中,这个境界是"密不透风""诸圣求睹不见",是神圣、庄严、至高无上的。《心经》言:"是诸法空相,不生不灭,不垢不净,不增不减。是故空中无色,无受想行识,无眼耳鼻舌身意,无色声香味触法,无眼界乃至无意识界,无无明亦无无明尽,乃至无老死亦无老死尽,无苦集灭道,无智亦无得。”

常通所云:“千圣不能思,万圣不能议。乾坤坏不坏,虚空包不包?一切无比伦,三世唱不起。”与基督教的在时间空间之外的上帝类似,乃僧肇言说之物:“有物先天地,无形本寂寥。能为万象主,不逐四时凋。”

常通在回答僧人“如何是三世诸佛出身处?”时,说道:“诸佛不知道有你的三世。”当下即是,说什么三世诸佛?

僧人良久不作声。常通说:“理解否?不然者,且向着佛也领略不到的地方体取。‘他’永恒常在,要你识尽功亡。瞥然而起,即是伤‘他’,而况言句乎?”《心经》言:“以无所得故,菩提萨埵,以般若波罗蜜多故,心无挂碍,无挂碍故,无有恐怖,远离颠倒梦想,究竟涅槃。”常通之说,即是对此的阐发。

（李志军　宋海霞）

石梯和尚

上堂斋

一日见侍者拓[①]钵赴堂,乃唤侍者,者应诺。

师曰:“甚处去?”者曰:“上堂斋去。”

师曰:“我岂不知汝上堂斋去?”者曰:“除此外别道个甚么?”

师曰:“我只问汝本分事。”者曰:“和尚若问本分事,某甲实是上堂斋去。”

师曰:“汝不谬为吾侍者。”

（《五灯会元》卷四）

〔注释〕 ① 拓:即“托”。

〔鉴赏〕 相传，苏东坡有一天诗兴大发，作了一首偈子："稽首天中天，毫光照大千；八风吹不动，端坐紫金莲。"觉得非常满意，叫人送去长江南岸的归宗寺，给佛印禅师看。"八风"即称、讥、毁、誉、利、衰、苦、乐；这八种是人生成败得失的总和。佛印禅师在下端，批上"放屁"两个大字，交给仆人带回。东坡马上过江，气呼呼上庐山去找禅师评理。禅师呵呵大笑，说道："八风吹不动，一屁打过江。"

禅者参禅，经常会有灵光涌现，以为自得。如果没有经过反复锤炼，难以心如磐石。

大梅法常住山后，马祖道一担心他根底不稳，派僧去问："和尚见马大师得个什么，便住此山？"大梅说："大师向我道：即心是佛。我便向这里住。"僧人说："大师近日佛法又变了，说：'非心非佛'。"大梅说："这老汉，惑乱人未有了日。任他非心非佛，我只管即心即佛。"马祖兴奋地说："梅子熟也！"

有个僧人拜见石梯和尚，在和尚面前立了一会儿，便出去了。

石梯问："有甚么辨白处？"僧人再回。石梯说："已经辨得了。"这个僧人立地无言，来去自如，似乎是个得道者。僧人问："辨得后怎么样？"石梯说："全部埋掉。"僧人叫："苍天！苍天！"这一叫不仅画蛇添足，而且是东施效颦，露出了马脚。石梯说："一开始像那么一回事，看来还是不行。"

石梯的侍者请他去洗浴。石梯说："既不洗尘，亦不洗体。汝作么生？"

我的心头并无尘垢，自心亦空，你洗什么？侍者说："和尚先去，在下把皂角给你拿来。"洗澡就是洗澡，哪有那么多事！石梯呵呵大笑。

一日，石梯见侍者捧着钵去斋堂，便问侍者干什么去。侍者直言上堂斋去，但石梯坚持问他的本分事，侍者坚定地说："和尚若问本分事，在下的的确确是上堂斋去。"侍者的回答获得了石梯由衷的赞赏。

佛法并非高深莫测，更不是故弄玄虚，其实就在日常的生活之中，当下即是。"尽日寻春不见春"，佛法修行是要用自己的心去证悟，如果对日常生活"习焉不察"，一味追求灵光涌现，哪来的平常心，又怎能护持自如心性？所以，洗澡就是洗澡，吃饭就是吃饭，"佛法在世间，不离世间觉"。

（李志军　宋海霞）

关南道吾和尚

打动关南鼓，唱起德山歌

凡上堂，戴莲华笠，披襕①执简，击鼓吹笛，口称“鲁三郎”神：

“识神不识神，神从空里来，却往空里去。”便下座。

有时曰：“打动关南鼓，唱起德山歌。”

僧问：“如何是祖师西来意？”师以简揖曰：“喏！”

有时执木剑，横肩上作舞。僧问：“手中剑甚处得来？”师掷于地。僧却置师手中。师曰：“甚处得来？”僧无对。

师曰：“容汝三日内，下取一转语。”其僧亦无对。

师自代②，拈剑横肩上，作舞曰：“须恁么始得？”

（《五灯会元》卷四）

〔注释〕 ① 襕：金襕衣，金缕织成的袈裟。 ② 自代：自己代替僧人下一转语。

〔鉴赏〕 每个人都有独特的悟道因缘。

一天，村里的巫师正在跳大神，一边舞一边念道“识神无……”，路过此地的道吾和尚竟然忽然开悟了。

“识神无”究竟是说“认识神不”？还是没有“识神”？不得而知。

在人们的心目中，总是认为或者疑惑于有没有灵魂的存在，特别是佛教讲“三世两重因果”。但是佛教里面所说的带来轮回的种子识——阿赖耶识，指的是人的根本无明，不能简单地等同于“灵魂”。《唯识三十颂》云：“阿赖耶识甚深细，一切种子如瀑流。我对凡众不开演，恐彼执持为自我。”长沙景岑禅师亦有偈云：“学道之人不识真，只为从来认识神。无始劫来生死本，痴人唤作本来人。”世人不知“无我”的道理，认为人死后有个轮回的主体“识神”在，并把这个“识神”当作自己的本来面目。实际上，这个“识神”并不是一个不变的实体,它的本性是空的;换言之,它不是实有,而是迁流不息、刹那生灭的假有。

道悟和尚听到了"识神无",一下子打开了心结!

道吾和尚当即参礼襄州关南道常禅师,并得到了他的印可。后又前往德山宣鉴禅师座下参学,道业大进,法味弥著。

后回襄州关南,开法接众。道吾和尚行为怪异,每次上堂,必戴莲华笠,披襕执简,击鼓吹笛,有时口称"鲁三郎",唱道:"识神不识神,神从空里来,却往空里去。"

有时载歌载舞:"打动关南鼓,唱起德山歌。"

道吾的师父关南道常禅师是盐官齐安国师的法嗣,也是个音乐家,擅长打击乐,自称"打动关南鼓"。作《乐道歌》曰:"三界兮如焰,六道兮如幻。圣贤出世兮同电。国土犹如水上泡,无常生灭频迁变。唯有摩诃大般若,坚如金刚是可羡。……不是山僧独施为,自古先贤作此调。不坐禅,不修道,任运逍遥只麼好。但知万法不干怀,无如何曾有生老。"而时辈鲜有唱和者。

道吾接过了师父曲高和寡的"关南鼓",再加上棒打天下的"德山歌",更是知音难觅。他无奈地说:"法乐,自娱者是也。"

时有僧问:"如何是祖师西来意?"道吾禅师握着竹简,作揖道:"喏!"

有时他手执木剑,横在肩上自己作舞。有一天,一位僧人问他:"师手中剑甚处得来?"此"剑"指"般若慧剑"。

道吾即将木剑掷在地上。哪有什么慧剑?

僧人连忙拾起来,重新放在道吾和尚的手中。

道吾和尚突然问:"甚处得来?"僧人无言以对。道吾和尚道:"容汝三日内,下取一转语。"

三天过去了,那僧还是不知道如何应答。道吾和尚亲自替他下一转语。

道吾拈剑横在肩上,边舞边道:"须恁么始得。"慧剑就在自己的手中,想要什么剑法就要什么剑法。

赵州禅师曾来参访道吾和尚。道吾听说了,便身穿豹皮裈,手执吉獠棒,坐在三门下,翘起一只脚,恭候大驾光临。一见赵州到来,他便站起高声唱

“喏”。赵州道：“小心伺候着！”要他守护好自己的心。道吾禅师又唱一声“喏”，便走开了。

还有个“道吾起拜”的公案。僧人问：“如何是和尚家风？”道吾下禅床，作女人拜云：“谢子远来，无可招待。”实在对不起，我这里什么禅法都没有。

道吾问第一座：“上座是什么人？”首座云：“东国人。”道吾问：“你们那里还有这个样人（佛）没有？”首座说：“有。”道吾说：“既有，还来这里干什么？”首座也很机智，开玩笑说：“只为有，所以回避了。没想到，今日在这里又碰到了一位。”

道吾呵呵大笑，回了方丈。

（李志军）

末山尼了然禅师

不是神，不是鬼，变个甚么

因灌溪闲和尚[①]到，曰：“若相当即住，不然即推倒禅床。”便入堂内。

师遣侍者问：“上座游山来？为佛法来？”溪曰：“为佛法来。”

师乃升座。溪上参。

师问：“上座今日离何处？”曰：“路口。”师曰：“何不盖却。”溪无对。

始礼拜，问：“如何是末山？”师曰：“不露顶。”

曰：“如何是末山主？”师曰：“非男女相。”

溪乃喝曰：“何不变去！”师曰：“不是神，不是鬼，变个甚么？”

溪于是伏膺，作园头三载。

（《五灯会元》卷四）

〔注释〕 ① 灌溪闲和尚：指灌溪志闲禅师(？—895)，魏府馆陶史氏子。幼从柏岩禅师披剃受具，临济义玄之法嗣。

〔鉴赏〕 临济义玄的嗣法弟子灌溪志闲也是一位异僧。《祖堂集》说，志闲初住灌溪山，后在岳麓山弘法，“每有一言，五阴山中古佛堂毗卢昼夜放圆光”。临终时问侍者：“坐死者谁？”侍者说：“僧伽。”又问：“立死者谁？”侍者说：“僧会。”僧伽和僧会都是唐高宗时有神机的西域僧人。志闲乃行七步，垂手而逝。

志闲幼年从定州柏岩禅师出家，受具足戒后参临济。临济蓦胸揪住，志闲说：“明白，明白。”临济推开说：“先放你一顿。”

志闲离开临济，来到末山。

末山主持了然是一位尼姑，乃是高安大愚的法嗣。临济义玄就是在大愚的点化之下才开悟的。了然的机锋自然非同小可。

有僧人来到，了然说：“太褴褛了吧！”僧人知道尼姑说的不是袈裟的破烂，而是心思的杂乱，便说：“虽然如此，仍是师子儿。”了然说：“既是师子儿，为甚么被文殊骑？”僧人无对。

又有僧人问：“如何是古佛心？”了然说：“世界倾坏。”世界坏空之后，还有个不生不灭的，就是“古佛心”。僧人问：“世界为什么倾坏？”了然说：“宁无我身。”

对于这位名震禅林的师姑，前来拜山的志闲并不放在眼里，扬言说：“若相当即住，不然即推倒禅床。”上山后，气宇轩昂，径直走进法堂。

了然得知志闲为佛法而来，便具威仪升座。志闲上来参见。

了然问：“上座今日离何处？”志闲说：“路口。”了然说：“为何不盖住。”志闲无对，只好礼拜。志闲不甘心，开始发难：“如何是末山？”了然说：“不露顶。”末山的境界，岂是凡夫俗子所能看见？志闲又说：“如何是末山主？”了然说：“非男女相。”女身不能成佛，要先修成男身。志闲终于找到了一个破绽，大喝一声：“何不变去！”

凡所有想，皆是虚妄。明明已经告诉你了，这里没有男女之相，还要强词夺理。了然不慌不忙，反问了一句："不是神，不是鬼，变个什么？"

志闲口服心服，留在末山，为师姑管了三年菜园子。

后来，志闲住寺后，上堂说："我在临济爷爷处得半勺，末山娘娘处得半勺，共成一勺。吃了，直至如今饱不饥。"

（李志军）

金华俱胝和尚

一 指 禅

初住庵时，有尼名实际来，戴笠子执锡绕师三匝，曰："道得即下笠子。"

如是三问，师皆无对，尼便去。

师曰："日势稍晚，何不且住。"尼曰："道得即住。"师又无对。

尼去后。师叹曰："我虽处丈夫之形，而无丈夫之气。不如弃庵，往诸方参寻知识去。"其夜山神告曰："不须离此。将有肉身菩萨来为和尚说法也。"逾旬，果天龙和尚[①]到庵，师乃迎礼，具陈前事。

龙竖一指示之，师当下大悟。自此凡有学者参问，师唯举一指，无别提唱。

有一供过童子，每见人问事，亦竖指只对。

人谓师曰："和尚，童子亦会佛法，凡有问皆如和尚竖指。"

师一日潜袖刀子，问童曰："闻你会佛法，是否？"

童曰："是。"师曰："如何是佛？"童竖起指头，师以刀断其指，童叫唤走出。师召童子，童回首。师曰："如何是佛？"童举手不见指头，豁然大悟。

师将顺世，谓众曰："吾得天龙一指头禅，一生用不尽。"

(《五灯会元》卷四)

〔**注释**〕 ① 天龙和尚：杭州人，大梅法常禅师之法嗣。灯录皆仅记载其简短之上堂、问答语各一篇，生平事迹与生卒年俱阙。

〔**鉴赏**〕 "俱胝一指禅"的公案非常著名，几乎接触过禅宗的人都知道。尽管俱胝禅师令弟子开悟的手段极其高明，但下手太狠，近乎残忍。

何谓"俱胝"？

中国人称"宇宙"实际上就是通常所说的"天下"，能看得见，与人有关的青天之下，实际上是一个可以感觉到的天球。天球之外，就以"玄远"名之。印度人的思维是开放的，并且极有穿透力。人家的宇宙才真叫"宇宙"，宇宙之外还有无穷的宇宙。

俱胝，为梵文的音译，是古印度数字系统内极大的数字，意译"千万"，《华严经疏钞》卷十三以之为"百亿"，泛指不确切的庞大数字。

俱胝够大了，上面还有更大的数字。《俱舍论》卷十二云："如彼经言，有一无余数始为一，十一为十，十十为百，十百为千，十千为万，十万为洛叉，十洛叉为度洛叉，十度洛叉为俱胝，十俱胝为末陀，十末陀为阿庾多，十阿庾多为大阿庾多，十大阿庾多为那庾多。"

在这么多的数目字中间，"俱胝"之所以引人注目，在于一个非常神奇的咒语，叫作"准提咒"。相传常念此咒，可以超生脱死，见性成佛，法力无穷。

准提咒，又称"准提神咒"。准提菩萨的真实身份是宇宙间一尊很古很古的佛，是无始劫前法界宇宙本初佛——阿达尔妈佛佛母的化身。"准提"两字若按古梵语的普通字义诠释，是清净的意思。汉译有准提观音、准提佛母、七俱胝佛母等名。

七俱胝佛母。俱胝若解为百亿，于凡俗世界是一个大数目，但在法界宇宙来说，只不过是个小数字而已！七表示法界宇宙有形时空所有方向，即上下四方及中央；而位于这不同时空、不同法界的无数如来，皆因修持大清净佛母法门而得成无上正等正觉。我们本有清净无染的自性，决定可以用准提咒来打开；因为准提咒的咒力是由无数古佛的力量汇聚而成。

金华俱胝禅师，俗姓、生卒年、乡贯等均不详。因常诵“准提咒”，故世称“俱胝”。这天，有一位名叫“实际”的尼姑来访。

实际戴笠子，执锡杖，绕俱胝三匝，说：“道得，即下笠子。”

如是三问，俱胝皆无对。尼姑便去。俱胝挽留，以尽地主之谊：“日势稍晚，何不且住。”

实际说：“道得即住。”

一句对不上，句句对不上。禅的魅力，就在于当下即是，思考出来的，再机智精妙，充其量也不过是俏皮话而已。俱胝又无对。尼姑飘然而去。

书到用时才觉少，咒到用时方恨无。俱胝羞愧难当：“我虽处丈夫之形，而无丈夫之气。不如弃庵，往诸方参寻知识去。”

戏不够，神仙救。每到山穷水尽之处，总有神仙下凡。相传当夜，“准提咒”开始显灵了。山神托梦给俱胝：“不须离此。将有肉身菩萨来为和尚说法也。”

俱胝苦苦盼了十多天，真的有一位高僧到了。

他就是杭州的天龙和尚。俱胝如久旱逢甘霖，忙上前迎礼，具陈前事。

天龙和尚的师父是马祖道一的高足大梅法常禅师。大梅是著名的“一根筋”，不管马祖如何方便说法，他只是“即心即佛”。天龙也是沉心空境，不愿多言。灯录上只有一句话，上堂说：“大众莫待老僧上来便上来，下去便下去。各有华藏性海，具足功德，无碍光明。各各参取，珍重！”说完便走。僧问：“如何得出三界去？”他反问：“你现在在什么地方？”

听了俱胝的倾诉，天龙竖起一根指头。

一即一切，一切即一。无论是一俱胝也好，七俱胝也好，无量数古佛也好，无量数宇宙也好，都不出当下的这一念清净性海。芦山旻古佛颂云：“顿悟天龙一指头，河沙佛祖便同俦。饶他鹫子悬河辩，百亿须弥一芥收。”

俱胝言下大悟。自此凡有学者参问，俱胝唯举一指，无别提唱。

庵中有一童子,每见人问事,亦竖指只对。俱胝便在袖子里面藏了一把刀子,问童子:“如何是佛?”童子竖起指头,俱胝挥刀斩断其指。童子叫喊着跑出。待童子回首,俱胝问:“如何是佛?”

童子举手,不见指头。

万法归一,一归何处?童子豁然大悟。俱胝的一刀,如同巨灵神力劈华岳,把童子心中的五蕴山劈得虚空粉碎。故无门慧开颂云:“俱胝钝置老天龙,利刃单提勘小童。巨灵抬手无多子,分破华山千万重。”

俱胝将顺世,时谓众人:“吾得天龙一指头禅,一生用不尽。”也正是像临济义玄说的,原来佛法没有多少东西!一根手指头已经是绰绰有余,甚至是多余的了。

(李志军　宋海霞)

石霜庆诸禅师

一　粒　米

回抵沩山,为米头①。一日筛米次。沩曰:“施主物,莫抛撒。”师曰:“不抛撒。”

沩于地上拾得一粒曰:“汝道不抛撒,这个是甚么?”师无对。

沩又曰:“莫轻这一粒,百千粒尽从这一粒生。”

师曰:“百千粒从这一粒生,未审这一粒从甚么处生?”沩呵呵大笑,归方丈。

沩至晚,上堂曰:“大众!米里有虫,诸人好看。”

(《五灯会元》卷五)

后参道吾,问:“如何是触目菩提?”吾唤沙弥,弥应诺。

吾曰:“添净瓶水着。”良久,却问师:“汝适来问甚么?”师拟举,吾便起去。师于此有省。

吾将顺世,垂语曰:“我心中有一物,久而为患,谁能为我除之?”师曰:“心物俱非,除之益患。”吾曰:“贤哉!贤哉!”

师后避世,混俗于长沙浏阳陶家坊。朝游夕处,人莫能识。

后因僧自洞山来。师问:“和尚有何言句示徒?”曰:“解夏上堂云:‘秋初夏末,兄弟或东去西去,直须向万里无寸草处去。’”良久,曰:“只如万里无寸草处作么生去?”

师曰:“有人下语否?”曰:“无。”

师曰:“何不道,出门便是草?”

僧回,举似洞山。山曰:“此是一千五百人善知识语。”

(《五灯会元》卷五)

〔**注释**〕 ① 米头:寺院中管理米仓事务的僧人。

〔**鉴赏**〕 很多公案读起来惊心动魄。“石霜七去”便是。

石霜庆诸禅师圆寂后,大众请首座主持法席。侍者九峰道虔禅师说:“须明得先师意,始可。”首座反问:“先师有什么意?”九峰说:“先师道:‘休去,歇去,冷湫湫地去,一念万年去,寒灰枯木去,古庙香炉去,一条白练去。’其余则不问,如何是‘一条白练去’?”首座答:“这个只是明一色边事。”九峰说:“原来未会先师意在!”首座急了:“你不肯我那?但装香来!香烟断处,若去不得,即不会先师意!”侍者马上点上香,香还没有燃完,首座就已经坐脱了。九峰抚摸着首座的背说:“坐脱立亡即不无,先师意未梦见在!”

什么才是石霜庆诸的“一条白练去”?石霜庆诸是谁?他留下的话头竟如此摄人心魄?

潭州石霜山庆诸禅师,道吾宗智禅师之法嗣,俗姓陈,庐陵新淦(今江西新干)人。十三岁时依洪州西山绍銮禅师落发,二十三岁赴嵩岳受具足戒,后诣洛下学习毗尼。学了一段时间之后，庆诸禅师深感所学毕竟是渐教，与自己出家志求顿悟成佛之愿有相当距离。于是便终止所学，回到江西，投沩山灵祐禅师座下，充当米头，专门负责舂米。

一日，庆诸正在筛米，沩山禅师道："施主物，莫抛撒。"庆诸不知道沩山的画外音是"不要让自己的心念在外面乱跑"，就随口应道："不抛撒。"沩山从地上拾起一粒米，问："你说不抛撒，这个是甚么？"

这个情节有点像当年百丈点化沩山自己的场景。

百丈说："汝拨炉中有火否？"沩山拨了一下说："无火。"百丈躬起身，拨得一点火，举以示之说："汝道，无这个？"沩山由是发悟。

庆诸不知如何回答。沩山接着说道："莫轻这一粒，百千粒尽从这一粒生。"色身，外洎山河、虚空、大地，咸是妙明真心中物。庆诸开窍了，便问："百千粒从这一粒生，未审这一粒从甚么处生？"沩山禅师一听，便呵呵大笑，归方丈室去了。庆诸禅师愣在那里。

晚间上堂时，沩山禅师道："大众！米里有虫，诸人好看。"庆诸已经开始探究"向上一路"了。

庆诸仍不明白沩山禅师的意旨，改参道吾宗智禅师。

庆诸问："如何是触目菩提？"道吾没有理他，而是唤附近的一个沙弥给净瓶添添水。过了很久，道吾才回过头来，问："你刚才问甚么？"庆诸正要重复刚才的问话，道吾却起身走开了。

"哦——"庆诸禅师终于豁然："原来小沙弥给净瓶添水就是触目菩提！"

道吾疾病发作，自感不久于人世，便召集大众，问道："我心中有一物，久而为患，谁能为我除之？"

庆诸走出来，答道："心物俱非，除之益患！"

本来无一物，何处惹尘埃？道吾一听，非常高兴，赞叹道："贤哉！贤哉！"

庆诸悟道后，有相当长一段时间，过着隐修的生活。混俗于长沙浏阳陶家坊一带，与村众朝游夕处，人莫能测其深浅。

有一天，洞山良价禅师座下有位僧人前来参礼。庆诸禅师问道："和尚有何言句示徒？"那僧道："解夏上堂云：'秋初夏末，兄弟或东去西去，直须向万里无寸草处去。'良久曰:'只如万里无寸草处作么生去?'"庆诸禅师又问:"有人下语否?"那僧道:"无。"庆诸禅师道:"何不道'出门便是草'?"

"万里无草处",乃指心中绝无任何杂念的空灵境界。"出门便是草",自心是佛,自家有宝。心若动念,出门外求,便为俗缘牵动,陷入无明烦恼之中。不引发妄念、烦恼的环境是没有的,而能在这样的环境中不起妄念,才是真正的不起妄念。

那僧回去后,把庆诸禅师的答话告诉了洞山禅师,由此得到洞山禅师赞誉,庆诸"囊锥始露,果熟香飘",遂住石霜山,开法接众。道吾病危,也来到石霜山,以庆诸为嗣法弟子。庆诸每天勤勉服侍,礼同父子。道吾圆寂后,学侣云集,常住僧众多达五百余人。

(李志军)

空中一片石

僧问:"如何是西来意?"师曰:"空中一片石。"僧礼拜。师曰:"会么?"曰:"不会。"师曰:"赖汝不会,若会即打破汝头。"

(《五灯会元》卷五)

〔鉴赏〕 庆诸居石霜山二十年间,学徒多有长坐不卧,屹若株杌,天下谓之"枯木众"。这可能是最早的"枯木禅"。

黄檗希运曾教导学人:"如枯木石头去,如寒灰死火去,方有少分相应。"

著名的"石霜七去",即"休去,歇去,冷湫湫地去,一念万年去,寒灰枯木去,古庙香炉去,一条白练去",都是要学人守护好自己的清净本心。

石霜庆诸说:"汝等诸人自有本分事,不用驰求,无你是非处,无你咬嚼处。一代时教,整理时人脚手,凡有其由,皆落今时,直至法身非身,此是教家极则。我辈沙门全无肯路,若分则差,不分则坐着泥水,但由心意妄说见闻。"

每个人,都有妙明真心,不用驰求,什么也求不到,什么也无法求到。所有的教义,都有当时的对象和原因,用于现在,则只能是对你的束缚。教派以“法身非身”为最高教义。禅家则没有出路,心一动念就错,不动念又等于坐在泥水之中,都是心猿意马,妄说见闻。

僧人问:“祖师辛辛苦苦从西方跑来,为了什么?”庆诸说:“空中一片石。”

空中哪能飘着一片石头?祖师西来,传的就是无心之心印。若当作一个固定的法门来追求,就像空中飘石头。

僧人礼拜。庆诸问:“会么?”僧答:“不会。”庆诸说:“幸亏你不会,若会,石头掉下来,即打破你的头。”僧人说:“既然什么佛法都得不到,什么法门都毫无用处,师父,您的本分事是什么?”庆诸说:“石头还出汗吗?”僧人问:“佛的真身还出世不出?”庆诸说:“不出世。”僧人说:“那真身怎么办?”庆诸说:“琉璃瓶子口。”真身出世不出世不是你该操心的事情。你的心应像永远张开着口的琉璃瓶子一样,空着就行。

有僧人问:“佛性如虚空,是否?”庆诸说:“卧时即有,坐时即无。”

心安安静静时,它等同虚空,涵盖乾坤,笼罩十方。一念心动,它便消失得无影无踪。这就是不可思议的佛性。

但是,如寒灰枯木,只是不动心的状态,而不是真的让人心如死灰。僧人问:“如何是佛法大意?”庆诸说:“落花随水去。”僧人又问:“意旨如何?”庆诸说:“修竹引风来。”

“落花随水去”,禅是天然的;“修竹引风来”,禅是活泼的。

(李志军)

石霜不顾

僧问:“三千里外,远闻石霜有个不顾。”师曰:“是。”

曰:“只如万象历然,是顾不顾?”师曰:“我道不惊众。”

曰:“不惊众是与万象合,如何是不顾?”师曰:“遍界不曾藏。”

(《五灯会元》卷五)

〔鉴赏〕 石霜上堂,举唱示众:"三世诸佛不能唱,十二分教载不起。三乘教外别传,十方老僧口,到这里百杂碎。"

与永恒的佛性相比,所有的言语都不过是浮在表面的残渣碎片而已。

佛法不可说。不可说就坚决不说。

有个僧人也问:"如何是祖师西来意?"庆诸就咬咬牙。僧人不理解。庆诸圆寂后,僧人去问九峰道虔:"先师咬齿,意旨如何?"九峰说:"我宁可截舌,不犯国讳。"

"国讳",皇帝的名字,全国人都不能说的,否则便有欺君之罪,要砍掉脑壳的。"第一义"也是如此。

僧人又问云盖志元,云盖说:"我与先师有甚么冤仇?"先师不说破,我为什么要背叛先师意旨?

一个僧人问:"只如万象历然,是顾不顾?"佛性就是万象,万象就是佛性,历历在目,你理会还是不理会?石霜说:"我不会去惊动他们。"僧人说:"不惊动他们,是心与万象契合,如何是'不顾'?"石霜说:"遍界不曾藏。"我什么都没有隐藏,也什么都没有隐瞒。世间万象都在那里,历历在目。

但是世上总有多嘴多舌的聪明人。

一天,石霜生了病,有新到二百来人没有参见和尚,失落惆怅,出声哭泣。石霜问监院:"是什么人在哭?"监院说:"新来了二百多人,与和尚无缘相见,因此啼哭。"石霜说:"唤他来隔窗相看。"

一僧人在窗外问:"咫尺之间,为甚么不睹师颜?""师颜"表面是指庆诸的颜面,实指"佛性"。庆诸说:"遍界不曾藏。"僧人不解,跑去问雪峰:"遍界不曾藏,意旨如何?"雪峰说:"什么地方不是石霜。"并作了一首偈子:"可怜徒勤子,时人笑你昏。神清如镜像,迥然与物分。"庆诸一听,埋怨道:"这老汉,着甚么死急!"雪峰闻说,赶忙谢罪:"是老僧的罪过。"

禅是要自心自悟的。旁人说破,不但没有用,反而使他沾沾自喜,认为自己懂了禅了。

(李志军)

头与尾

示众初机："未覩大事，先须识取头，其尾自至。"

疏山仁[①]参，问："如何是头？"师曰："直须知有。"

曰："如何是尾？"师曰："尽却今时。"

曰："有头无尾时如何？"师曰："吐得黄金，堪作甚么？"

曰："有尾无头时如何？"师曰："犹有依倚在。"

曰："直得头尾相称时如何？"师曰："渠不作个解，会亦未许渠在。"

（《五灯会元》卷五）

〔注释〕 ① 疏山仁：指疏山匡仁。

〔鉴赏〕 这则语录讲的依然是"渐修"与"顿悟"的事。

渐修与顿悟，被当作禅宗南宗正宗与北宗偏室的标签。表面上看，是说修行的事。聪明的人会来个折衷，主张"先渐后顿"，或者"先顿后渐"，听起来十分圆满。其实，这是一种"乡愿"式的肤浅理解。若只作为对禅宗的一个基本的了解，倒也无所谓；如果一个真正的修行人去这样理解，是很危险的。

参禅如同打仗。兵法上有"牛刀剜心"之计。杀牛不能杀屁股，要直摘牛心。"顿悟"的核心，不在"顿"，而在"悟"上。拔除根本无明，这是涉及生死的根本问题。如果不能使心灵彻底转化，花多少功夫修行都没有用。王莽一言一行，处处按照圣人的标准严格要求自己，他是真诚的。《汉书·王莽传》："莽独孤贫，因折节为恭俭，受《礼经》，师事沛郡陈参，勤身博学，被服如儒生。事母及寡嫂，养孤兄子，行甚敕备。又外交英俊，内事诸父，曲有礼意。"赢得了满朝儒生大臣的尊崇。就像《笑傲江湖》里的岳不群，无论平日表现得多么君子，内心最深的那个角落终究是阴暗的。"顿悟"，就是让阳光一下子直射进心中最隐秘的部分。周星驰的电影《功夫》中，无论那个小混混平日做了多少坏事，在关键的时候若能良心发现，便可脱胎换骨，羽化成佛，完全进入了一个新的天地之中。

顿悟还是渐修,要害问题不是时间长短,而在于是否见性。

石霜庆诸说:“未觏大事,先须识取头,其尾自至。”先“视取头”,就是要把“见性”放在首位,这个问题解决了,其他都是枝枝节节,可迎刃而解。

疏山匡仁来参,这可是一个不好惹的角色。

疏山问:“什么是头?”庆诸说:“直须知有。”只有你亲自悟道了,你才知道圣人并无虚言,才能体会什么是“顿悟”。匡仁问:“什么是尾?”庆诸说:“尽却今时。”开悟前心中的所有东西,都是尾。心灵深处的问题没有彻底解决的话,所做的一切,即便给人带来幸福,也是一种伪善。匡仁问:“有头无尾时如何?”悟入空境,当然是梦寐以求的好事。但黄金再好,也不能吞在肚里。庆诸呵道:“吐得黄金,堪作甚么?”匡仁问:“有尾无头时如何?”庆诸说:“是因为你的心中还没有彻底放下。”匡仁说:“直得头尾相称时如何?”庆诸说:“它如果没有让你真彻实悟到,你就永远无法明白它的存在。”

无论是顿悟还是渐修,悟是唯一精进的道路。有了这个头,就等于有了修行的基础,有了向上的根基,也只有彻底放下,才能彻头彻尾明心见性,超然物外。

(李志军　宋海霞)

渐源仲兴禅师

打　先　师

一日,侍吾[①]往檀越家吊慰。

师拊棺曰:“生邪?死邪?”吾曰:“生也不道,死也不道。”

师曰:“为甚么不道?”吾曰:“不道。不道。”

归至中路,师曰:“和尚今日须与某甲道。若不道,打和尚去也。”吾曰:“打即任打,道即不道。”师便打。

吾归院曰："汝宜离此去，恐知事得知，不便。"师乃礼辞，隐于村院。

经三年后，忽闻童子念《观音经》，至"应以比丘身得度者即现比丘身"，忽然大省。

遂焚香遥礼曰："信知先师遗言，终不虚发。自是我不会，却怨先师。先师既没，唯石霜是嫡嗣，必为证明。"

乃造石霜。霜见便问："离道吾后到甚处来？"师曰："只在村院寄足。"

霜曰："前来打先师因缘会也未？"师起身进前曰："却请和尚道一转语。"

霜曰："不见道，生也不道，死也不道。"

师乃述在村院得底因缘。遂礼拜石霜，设斋忏悔。

他日，持锹复到石霜，于法堂上从东过西，从西过东。

霜曰："作么？"师曰："觅先师灵骨。"霜曰："洪波浩渺，白浪滔天。觅甚先师灵骨？"师曰："正好着力。"霜曰："这里针扎不入，着甚么力。"

源持锹肩上便出。

（《五灯会元》卷五）

〔**注释**〕 ① 吾：即道吾宗智禅师，渐源仲兴之师父。

〔**鉴赏**〕 渐源仲兴以打老师而著名。

仲兴曾给道吾宗智做过侍者。一天把茶水递给道吾，道吾提起盏问："是邪？是正？"仲兴叉手向前，看着道吾，并不作声。道吾说："邪则总邪，正则总正。"仲兴说："弟子不这么说。"道吾问："你怎么说？"仲兴一把夺过盏子，反宾为主，提起来问："是邪？是正？"道吾夸奖说："不枉为我的侍者。"

一日，仲兴陪同师父往檀越家吊丧。仲兴手拊棺材问："生邪？死邪？"当然，仲兴问的不是这个人肉体的生死，而是人人拥有的妙明真心跑到哪里去了？是已经死了，还是在另一个世界继续活着？道吾说："生也不道，死也不道。"仲兴追问为甚么不道，道吾坚持"不道"。

回来的路上，仲兴说："和尚，今天你必须给弟子说。若不说，就别怪我的拳头不客气了。"道吾说："打，你随便打。说，是坚决不说的。"

仲兴也够鲁莽的，竟真的把师父打了一顿。

禅家的事真不好说。你开悟了，打师父几拳也就罢了。不能开悟，只能说明自己笨蛋，也要打师父。这师父当得也够倒霉了。但是，不能说破，就是不能说破。为师父的，挨一顿打没有什么，一旦说破，仲兴这一生的禅可能就白参了。

回到寺院，道吾说："你快点走吧。今天的事，要是让师兄弟们知道了，定然没有你的好果子吃。"仲兴也知道闯祸了，吓得在附近的村子里躲了起来。

虽然离开了师父，但是师父平日的教诲和自己的困惑一直盘踞在仲兴心头。

过了三年，忽然听见有童子念《观音经》，至"应以比丘身得度者，即现比丘身"，忽然大省。原来世间万物，生生死死，都是妙明真心所现。

此时，道吾已经圆寂，仲兴焚香，遥遥礼拜："我早就在想先师的遗言，终不虚发。怪只怪弟子愚钝，自己不会，却怨先师。罢了！先师既没，唯石霜是嫡嗣，只好请他为我验证一下。"

仲兴便去找石霜庆诸师兄。石霜并不追究仲兴大逆不道之罪，而是问他："先前打师父的因缘弄明白了没有？"仲兴起身进前说："请师兄下一转语。"石霜说："不记得师父说：'生也不道，死也不道？'"仲兴就讲述了听童子念经的感悟，遂礼拜石霜，恳请师兄帮他设斋忏悔。

于是，师兄弟两个祭奠师父的精彩一幕开始了。

这天，仲兴手持铁锹，来到石霜处。在法堂上，从东过西，从西过东。石霜问："干什么？"仲兴说："寻找先师的灵骨。"石霜说："洪波浩渺，白浪滔天。找什么先师灵骨？"仲兴说："正好从这里下手。"石霜说："这里针扎不入，白下什么力气？"仲兴扛上铁锹便走了。这就是仲兴对石霜代先师下的一转语的回答。

太原的孚上座听说了，感叹道："先师的灵骨正在这里。"一旦悟得诸法空相、不生不灭的道理，则遍地都是师父的灵骨。

因而可以说师父依然活着。而那个躺在棺材里面的檀越，是死耶？生耶？

（李志军）

神山僧密禅师

须死一场始得

问："生死事，乞师一言。"师曰："汝何时死去来。"

曰："某甲不会，请师说。"师曰："不会，须死一场始得。"

（《五灯会元》卷五）

〔**鉴赏**〕"须死一场始得"，是禅门的一句至理名言。

一个盲人蹲在路边行乞。有人给了他一大把金币，说："回家吧。"乞丐问："你是谁？为什么救我？"那人说："我是耶稣。"盲人摸了摸他的手，说："你不是耶稣。耶稣的掌心有钉痕。"

一个人若仅有善心，那只不过是一位好人，而不是"上帝的儿子"。作为人如果没有经历"死"，如果不把人身上的原罪彻底洗净，就不会有作为"上帝的儿子"的生。

修佛也是同样的道理。《西游记》中，唐三藏经过九九八十一难，终于来到灵山脚下凌云渡口，坐上了接引佛的渡船，看见自己的肉身随着江水漂流而去，此时才能成为"旃檀佛"。

要想明了生死问题，超生脱死，必须让凡俗的灵魂彻底死去，才能成就。

潭州神山僧密禅师，即灯录上常说的"密师伯"。他和云岩昙晟都曾在南泉、药山门下参学，为师兄弟。

一天，僧密正在打锣，南泉问："干什么？"僧密随口说："打锣。"南泉问："手打？脚打？"僧密这才意识到南泉问的不是他所做的事情的本身，又一时回答不上来。南泉说:“要好好记住。以后遇到明眼高僧,就这样告诉他。”

云岩听了,代他回答:“无手脚者始解打锣。”“此是选佛场,心空及第归。”这个“锣”,是代代相传的祖师心印,须无心者始得。

裴休大夫问一个僧人:“供养佛,佛还吃否?”僧人说:“和大夫祭家神一样。”祭如在,祭神如神在。裴休讲给云岩。云岩说:“这个僧人还没有出家。”裴休说:“和尚又如何?”云岩说:“有多少供品食物,全部撤下来。”云岩回头问僧密:“一时下来又作么生?”僧密说:“合上钵盂。”云岩点头,予以印可。

僧密禅师因在云岩的启发下开悟,便尊云岩为师。云岩依旧以师兄待之,云岩门下亲昵地叫他“密师伯”。

(李志军)

白衣拜相

师与洞山行次,忽见白兔走过,师曰:“俊哉!”

洞曰:“作么生?”师曰:“大似白衣拜相①。”

洞曰:“老老大大,作这个说话?”

师曰:“你作么生?”洞曰:“积代簪缨②,暂时落魄。”

(《五灯会元》卷五)

〔注释〕 ① 白衣拜相:白衣,泛指一般无位无官之在野平民,于佛教中多指在家人。白衣拜相,谓本无任何地位官职之一介平民,忽然被封为宰相;佛教指顿悟成佛、转凡入圣之意。② 簪缨:古代达官贵人的冠饰。后借指高官显宦。

〔鉴赏〕 洞山良价经沩山灵祐的指点,来云岩昙晟门下修行,与“密师伯”结为忘年之交,又情同手足。两人经常一起行脚,遍访四方尊宿,切磋、砥砺禅法。密师伯是一位宽厚、仁慈的长者,又有孩子般的天真烂漫,就像洞山的护法神。洞山的开悟,与密师伯的细心呵护、旁敲侧击有直接的关系。而洞山朝气蓬勃,又给密师伯的心灵注入了青春的活力。

两人一起走进了一个古寺里。洞山坐禅,师伯则一直睡觉。洞山心中郁闷,唤醒师伯,问道:“上座已经开悟了吗?”师伯说:“没有。”洞山埋怨说:“既然不会,怎么天天睡懒觉?”师伯反问:“会的人要干些什么?”洞山不语。师伯说:“自己的绳子自己系。”

密师伯与洞山渡水。洞山说:“莫错下脚。”即莫用错心。密师伯说:“错即过不得也。”洞山说:“不错的事是什么?”密师伯说:“和长老您一起过水。”

一日,与洞山一起锄茶园。洞山掷下镢头说:“我今日一点气力也无。”密师伯说:“若没有气力,怎么能领会到?”话题已经切换到参禅上了。洞山说:“难道你说参禅要下功夫吗?”修道不仅要用心,甚至要以生命为代价。然而,修到无心才是道。

密师伯缝补衲衣。洞山问:“把针之事怎么样?”密师伯说:“针针相似。”所有众生都有佛性,每一个人都与佛相似。洞山说:“你我一起修行二十年了,还说出这样的话,岂有这样下功夫的?”密师伯说:“长老您又怎么讲?”洞山说:“如大地火发的道理。”大地火发,烧毁一起,无佛无众生。密师伯问洞山:“智识所通,莫不是绕弯子。径截之处,请和尚一言。”洞山反问:“师伯的意思,还想要得到什么?”

密师伯因此顿觉彻底通明,以后下语更非同寻常。后与洞山过独木桥。洞山先过了,拈起木桥说:“过来!”悟空即得道,看你空中怎么过?密师伯唤:“价阇黎!”洞山乃放下桥木。

空的是心,而不是境。悟在心中,路在足下。丹霞子淳颂曰:“平地无端凿陷坑,木桥拈起使人行。沉沉寒水如何渡,月夜金鸡报五更。”

一天,密师伯与洞山正行走着,忽见草丛里窜出一只大白兔。师伯情不自禁地叫道:“俊哉!”洞山问:“怎么样?”师伯说:“大似白衣拜相。”洞山说:“一大把年纪了,还这样说话?”师伯问:“你怎么讲?”洞山说:“积代簪缨,暂时落魄。”

“白衣拜相”,指一念见性,即可顿悟成佛,密师伯以之勉励洞山。“积代簪缨,暂时落魄”,则指本来是佛,暂时心迷。洞山当仁不让,自信成佛只在早晚之间。

(李志军)

洞山良价禅师

无 情 说 法

师遂辞沩山，径造云岩，举前因缘了，便问："无情说法，甚么人得闻？"岩曰："无情得闻。"

师曰："和尚闻否？"岩曰："我若闻，汝即不闻吾说法也。"

师曰："某甲为甚么不闻？"岩竖起拂子曰："还闻么？"师曰："不闻。"岩曰："我说法汝尚不闻，岂况无情说法乎？"

师曰："无情说法，该何典教？"岩曰："岂不见弥陀经云，水鸟树林，悉皆念佛念法。"师于此有省。乃述偈曰：

"也大奇，也大奇，无情说法不思议。若将耳听终难会，眼处闻时方得知。"

（《五灯会元》卷十三）

〔鉴赏〕 洞山良价悟本禅师(807—869)，曹洞宗创始人。会稽诸暨(今属浙江)人，俗姓俞。唐宣宗大中(847—859)末，在新丰山(位于今江西宜丰太平乡)建洞山寺，接引后学，弘扬大道，世称"洞山良价"。

良价七岁时从本村一个小寺院出家。院主也不是多么认真负责的师父。过了两年，院主见他孝顺，教他念《心经》。未过得一两日良价便背熟了，和尚又教他别经。良价启师："《心经》还没有领会，不急念其他经。"院主问："哪里不会？"良价以手扪面，问道："明明有眼耳鼻舌等，何故经中言无？"院主骇然惊异，说："吾非汝师。汝已后当荷大乘法去。"亲自送往五泄山礼拜灵默禅师为师。

五泄灵默为马祖道一弟子，又在石头希迁的锤炼下开悟，名镇浙中。后来洞山良价云："石头路滑，当时若不是五泄先师，大难承当。然虽如此，犹涉在途。"在五泄的悉心指导下，良价渐渐长大成人。二十一岁时，到嵩山受具足戒。

五泄指示良价首诣南泉。正值马祖(一说归宗)讳辰修斋,南泉问众人:“来日设马祖斋,不知马祖还来不来?”众皆无对。良价出来,大声说:“待有伴即来。”如果有人悟道了,马祖就来了。马祖是“道”的化身。南泉跳下法坛,抚着他的背说:“此子虽后生,甚堪雕琢。”没想到良价不领情,说:“和尚莫压良为贱。”我本是佛,何用雕琢?

良价因此名播天下,被称为“作家”。

然后参沩山灵祐。沩山集徒千众,振化三湘,他见洞山言谈举止与众不同,暗自心中有数。

一天沩山密离宴室,独步林泉。洞山见是机会,乃疾追蹑迹其后。到了一个清静之地,洞山拜伏,问道:“听说南阳慧忠国师有‘无情说法’话,弟子未究其微。”沩山说:“阇黎还记得么?”洞山说:“记得。”

南阳慧忠为六祖慧能弟子,唐玄宗将其迎往京城。安史之乱后,肃宗、代宗均奉为国师。

有僧人问:“如何是古佛心?”国师说:“墙壁瓦砾是。”僧人:“墙壁瓦砾,岂不是无情?无情还解说法否?”国师说:“常说炽然,说无间歇。”僧人说:“弟子为甚么不闻?”国师说:“汝自不闻,不可妨他闻者也。”僧人问:“不知甚么人得闻?”国师说:“诸圣得闻。”僧人问:“和尚还闻否?”国师说:“我不闻。”僧人说:“和尚既不闻,争知无情解说法?”国师说:“赖我不闻。我若闻,即齐于诸圣,汝即不闻我说法也。”僧人说:“那么,则众生无分去也。”国师曰:“我为众生说,不为诸圣说。”僧人问:“众生闻后如何?”国师说:“即非众生。”

僧人又问:“无情说法,据何典教?”国师说:“灼然。言不该典,非君子之所谈。汝岂不见《华严经》云:‘刹说、众生说、三世一切说。’”

洞山讲了一遍,沩山说:“无情说法嘛,我这里也有,只是罕遇其人。”洞山说:“弟子未明,乞师指示。”沩山竖起拂子,问:“会么?”师曰:“不会,请和尚说。”沩山说:“父母所生口,终不为子说。”人们对佛法的所有的解说,都是虚妄。洞山仍感到不可思议,问:“还有与师同时慕道者没有?”沩山说:“此地不远,澧陵攸县石室相连,有一位云岩道人,若能拨草瞻风,必为子之所重。”

洞山直奔云岩,参见昙晟禅师,问:“无情说法,甚么人得闻?”云岩说:“无情得闻。”洞山问：“和尚闻否？”云岩说：“我若闻，汝即不闻吾说法也。”洞山说：“弟子为甚么不闻？”云岩竖起拂子：“还闻么？”洞山说：“不闻。”岩曰：“我说法汝尚不闻，岂况无情说法乎？”洞山问：“无情说法，该何典教？”云岩说：“岂不见弥陀经云：‘水鸟树林，悉皆念佛念法’？”

洞山于此有省。乃述偈曰：“也大奇，也大奇，无情说法不思议。若将耳听终难会，眼处闻时方得知。”

常言道，鸟语花香。人们在心无杂念的时候，看见青草、梅花、溪水、江河、大海、高山、大漠、落日、明月，乃至星空，常常会有某种感动，似乎触摸到了生命的真谛。应该说，每个人都有过这样的经历。刘勰在《文心雕龙》中说：“登山则情满于山，观海则意溢于海。”一旦冠以“无情说法”这个神圣的名字，就马上神秘起来了。没有生命的东西怎么会说话呢，并且说的是无上的佛法？

其实，“无情”说法与否，与“无情”本身无关，而只与你的心境有关。如果你洗去蒙在心头的污垢，用心倾听的话，可以与大自然里面的任何东西交流。这些声音，也都是你自己的心声。

无情说法，无情得闻，诸圣得闻。无情没有那么多的心眼，圣人虚怀若谷，没有法执我执。心眼多的人不相信别人，固执己见的人听不进不同的声音，怎么能听见无情讲话呢？

（李志军）

睹影悟道

师辞云岩，岩曰：“甚么处去？”师曰：“虽离和尚，未卜所止。”曰：“莫湖南去？”师曰：“无。”曰：“莫归乡去？”师曰：“无。”曰：“早晚却回。”师曰：“待和尚有住处即来。”曰：“自此一别，难得相见。”师曰：“难得不相见。”

临行又问：“百年后忽有人问，还邈[①]得师真否，如何祇对？”岩良久，曰：“只这是。”师沉吟，岩曰：“价阇黎承当个事，大须审细。”师犹涉疑，后因过水睹影，大悟前旨。有偈曰：

“切忌从他觅，迢迢与我疏。我今独自往，处处得逢渠。渠今正是我，我今不是渠。应须恁么会，方得契如如。”

（《五灯会元》卷十三）

〔注释〕 ① 邈：即“貌”。邈真，即描绘图像。这里指见到师父的本来面目。

〔鉴赏〕 洞山虽然渐入佳境，但自己明白，最后的“牢关”还没有打透。一天，他苦恼地告诉师父：“弟子还有余习未尽。”云岩说：“什么叫有‘余习’？你觉得自己已经见道了吗？把你悟出的道理说出来。”洞山说：“圣谛亦不为。”

“连圣谛也不要了”，这句话有点意思。《金刚经》说：“所谓佛法者，即非佛法，是名佛法。”云岩又问：“心里欢喜吗？”洞山很实在，说：“欢喜当然不会没有，好像在垃圾堆上，拾得一颗明珠。”洞山又问：“拟欲相见时如何？”如何才能见到那一个“真我”呢？云岩幽默地说，去问问“他”的传达员吧！

仅靠老师的教导，始终无法究竟，洞山决定出山漫游。云岩问：“要去什么地方？”洞山说：“虽离和尚，未卜所止。”云岩叮嘱他：“什么时候想回来，就回来。”洞山说：“师父您不能老是待在山上，待您有了住处，我就回来。”云岩伤感地说：“自此一别，难得相见。”洞山说：“难得不相见。”洞山很自信，开悟的那一刻，我们就相见了。

依依惜别时，洞山又问：“百年后忽有人问，还邈得师真否，如何回答？”云岩沉默了良久，说：“只这是。”洞山心中沉吟。云岩不忍，欲说破衷情。洞山说：“启师父，不用说破。我自己来悟，只要还要一口气在，就决不会放弃。”云岩很是感动，语重心长地说：“价阇黎，承当此事，千万要小心仔细啊！”

云岩圆寂后，洞山和密师伯一起去沩山。到了潭州，过一条大溪，师伯先过。洞山离这岸，未到彼岸时，忽然低头看见碧绿的水中自己清晰的影子，一下子愣住了。

从孩童时开始，洞山一直都在寻找另外一个自我，即在不断变化的生命背后的真实的自己。明明脸上什么都有，为什么说“无眼耳鼻舌身意”呢？“有伴马祖即来”，但那个“伴”在哪里呢？师父百年之后，他的真身又在哪里呢？

辞别师父时，云岩曾传他《宝镜三昧》歌。石头和尚以“门门一切境，回互不回互"为根本宗旨造《参同契》，经药山传与云岩，云岩以菩提心为体，万法参互为用，成"宝镜三昧"口诀，乃历代祖师心法所在。洞山早已烂熟于心，看见水中的自己，忽然想起了歌中的："如临宝镜，形影相睹。汝不是渠，渠正是汝。"

我不是"他"，"他"正是我！

我的身体在时时刻刻地变化着，"本真的我"是始终如一的。但是变化中的每一个我，哪一个不是"本真的我"呢？大千世界的生生死死的万事万物，哪一个不是不生不灭的佛性的表相呢？

密师伯见他站在水中不动，脸色变幻，呵呵傻笑，吓了一跳，忙问："师弟有什么事？"洞山说："启师伯，得个先师从容之力。"师伯云："如果是这样，须得有语。"洞山便造偈云："切忌从他觅，迢迢与我疏。我今独自往，处处得逢渠。渠今正是我，我今不是渠。应须恁么会，方得契如如。"

向其他地方寻找"真我"，只能越走越远。今天独自面对自己的时候，到处都可以看到他。他就是我，我却不是他。我与他，是二也是一，是一也是二。如此领会，方契真如。

洞山供养云岩画像。僧人问："先师道'只这是'，莫便是否？"洞山说："是的。"我已经开悟了，我的生命与先师的生命，我的心与先师的心融为一体了。我不是先师，但我就是先师。僧人摸不着头脑，问："到底是什么意思？"洞山叹道："和你现在一样，当时我也几乎错会先师意。"僧人说："不知先师知不知道今天的'有'呢？"洞山说："若不知有，怎会那么说？若知有，怎会那么说？"

一天，因云岩讳日斋会，僧人问："和尚于云岩处得何指示？"洞山说："虽然与先师形影不离，却不蒙他指示。"僧人问："既不蒙指示，又用祭奠他干什么？"洞山说："我怎敢违背他的意旨！"僧人问："和尚初见南泉，为甚么却与云岩设斋？"洞山说："我不重先师道德佛法，只重他不为我说破。"不说破，即是大机大用，说破了一文不值。僧人问："和尚为先师设斋，还肯定先师吗？"洞山说："半肯半不肯。"僧人问："为甚么不全肯？"洞山说："若全肯，即辜负先师也。"先师是先师的，我的是我的。同样，你们的是你们的。

（李志军）

问杀首座

师在泐潭，见初首座，有语曰：“也大奇，也大奇。佛界道界不思议。”

师遂问曰：“佛界道界即不问，只如说佛界道界底是甚么人?”初良久无对。

师曰：“何不速道?”初曰：“争即不得。”

师曰：“道也未曾道，说甚么争即不得?”初无对。

师曰：“佛之与道，俱是名言，何不引教?”

初曰：“教道甚么?”师曰：“得意忘言。”

初曰：“犹将教意向心头作病在。”

师曰：“说佛界道界底病大小?”初又无对。

次日忽迁化，时称师为“问杀首座价”。

（《五灯会元》卷十三）

〔**鉴赏**〕 参禅修道是为了了却生死，来不得半点含糊。佛教的修行，深浅不同，的确有很多境界，每个人只要参学，都会有所受益。如果没有大彻大悟，得到的充其量不过是人生感悟而已，尚属于世间法的范畴。但是很多人都把这些误以为已经得到了“出世间法”而自我陶醉，误己则不说，可怕的是以己之昏昏，欲人之昭昭，一盲引众盲，贻误他人。

唐武宗会昌灭佛期间，洞山或遁隐山林，或放舟江湖。唐宣宗恢复佛教后，密师伯为僧俗迎请，在潭州神山住持，不久圆寂。洞山继续潜行秘用，四处游历。一日，良价来到江西洪州泐潭寺。此时寺庙刚恢复不久，该寺尚未请到住持，就由初首座和尚暂摄寺务。

首座和尚赞叹说：“也大奇，也大奇，佛界道界不思议。”良价站了出来，问：“不要说‘佛界道界’，只说说你这个说‘佛界道界’的是什么人?”

闭着眼睛，含糊地陶醉于“佛界道界”是毫无用处的，关键的是你这个人觉悟了没有。首座和尚被问得不知所措，没有立即回答，他辩称这个问题不能争论。

相逢不拈出，举意便知有。道的确不能说，更不能争论。但是，关键不在于能说不能说，而在于你悟了没有。如果你开悟了，说与不说都不是问题。文殊菩萨说法是道，维摩诘不说也是道。

良价说："这就奇怪了，你连说也未曾说，哪里谈得上争论呢？"首座一时语塞。良价说："佛与道，不过是一些名词语句而已，何不引经说法呢？"而经教多说则千经万论，少说则一言已足，这一言即是"得意忘言"。首座说："你把经教的意旨放在心里，也是一种病。"良价又问："心头之病，好！你且回答，说'佛界道界'的这个人又有没有病呢？这个病是大，还是小呢？"

首座说得也有道理，经论名言的确不能当作教条放在心里。但是，教义是不是教条，不在经论，而在于人本身。良价句句不离"'你'这个人悟了没有"。

首座和尚又被问得不知所措，径自回到自己房中，闭门不出。第二天早上，首座和尚端坐床上，动也不动，早已坐化了。

这件事，震惊了整个禅林。洞山也被称为"问杀首座价"。

在佛教界，谈玄论道，辨析大义，等于家常便饭。召开无遮大会时，任何人都可以登坛辩论。

在印度，论师如果辩败了，有时还要自杀谢罪。戒日王请来自大唐的玄奘三藏在曲女城，与小乘佛教及外道举行辩法大会。戒日王让人把他写的《会宗论》抄出来，挂在会场门口让人挑刺，并声明："如果其中有一字无理，被人诘难攻破，论主将被斩头相谢！"

汉传佛教很少这种极端的行为，但同样是"棒下无生忍，临机不让师"，真理面前，毫不留情。洞山本人也经常遇到这种情况。

弟子云居道膺问："天上无弥勒，地下无弥勒，未审谁与安名？"洞山被问得禅床震动，乃曰："膺阇黎，吾在云岩曾问老人，直得火炉震动。今日被子一问，直得通身汗流。"

洞山与密师伯行走之际，指着路旁的一个寺院说："里面有人说心说性？"师伯问："是谁？"洞山说："被师伯一问，直得去死十分。"师伯问："说心说性底谁？"洞山说："死中得活。"

参禅之事，须大死一番始得，可惜很多人和这位初首座一样，能死不能活。

（李志军）

寒杀阇黎

问："寒暑到来，如何回避？"师曰："何不向无寒暑处去？"曰："如何是无寒暑处。"师曰："寒时寒杀阇黎，热时热杀阇黎。"

（《五灯会元》卷十三）

〔鉴赏〕 洞山在回答僧人所问："寒暑到来，如何回避？"时说的"无寒暑处"，即指无为法，是"寒时寒杀阇黎，热时热杀阇黎。"这句话听起来很荒谬。冻死人，热死人的地方，岂是"无寒暑处"？

人们通常习惯了以自我为中心，稍不遂意，便怨天尤人，而不知道返观自心。自己不能让大山跑过来，但可以到大山那边去。自己无法改变世界，但能够改变内心。《金刚经》云："一切有为法，如梦幻泡影。"寒来暑往，生生灭灭，世间万象无不如此。然而，除了世间的"有为法"之外，还有出世间的"无为法"。《心经》云："是诸法空相，不生不灭，不垢不净，不增不减。"修佛参禅，就是将自心修到"无为法"的这个境界。如果心不是自己的主人，就会被外境牵着鼻子走，寒时寒杀，热时热杀，苦时苦杀，乐时乐杀。"无寒暑处"，就是以一颗永恒空明的心，来面对、经历人生的潮起潮落，包括灾难与生死。

洞山在同密师伯一起行脚时，蹚过一条河。洞山乃问："过水之事怎么样？"师伯说："不湿脚。"洞山说："老老大大的年纪了，还说这种话。"师伯问："你又怎样？"洞山说："脚不湿。""不湿脚"，尚有用心在。"脚不湿"，则是"任他风吹浪打，胜似闲庭信步"。

冬至节，洞山请泰首座吃果子。

洞山问："有一物，上拄天，下拄地，黑似漆，常在动用中。动用中收不得。且道，过在甚么处？"泰首座说："过在动用中。"这一物，即是人的妙明真心，物物而不物于物，乃修行的最高境界，何来过错之有？洞山叫来侍者，撤去果桌。

有一个僧人问："清河彼岸是什么草？""清河彼岸"指修行的目的地，净土佛国。洞山说："不萌之草。"无始以来我们心头的荒草。僧人不明白，为什么那个清静的地方还有"草"，便进一步问："渡河就者如何？"

《优婆塞戒经》卷一云："如恒河水，三兽俱渡，兔、马、香象。兔不至底，浮水而过；马或至底，或不至底；象则尽底。""渡河就者"，指香象渡河，脚踏河底，喻大乘菩萨悟道精深彻底。洞山说："当然一切都尽了。"

洞山解释说："不萌之草为什么能藏香象？香象者，今时功成果。草者，本来不萌之草。藏者，本不认圆满行相，故云藏。"

香象渡河，不是要去万里无草的地方，也不是纯粹香花芳草的地方。实际上，这样的地方是不存在的。杂草，亘古即有，到处都是。香象进入草中，如同"银碗盛雪，明月藏鹭"，既不同流合污，而又不露痕迹，这就是洞山师叔船子和尚说的："藏身之处没踪迹，没踪迹处莫藏身。"

一日上堂，洞山云："还有不报四恩三有者么？"众人无对。洞山说："若不体此意，何超始终之患？直须心心不触物，步步无处所，常无间断，始得相应。直须努力，莫闲过日。"

"四恩"，指父母恩、众生恩、国王恩与三宝恩；"三有"指欲有、色有、无色有，此为有因有果之三界。"不报三恩四有"者，指心的修炼已经能够"跳出三界外，不在五行中"了。若不明白这个道理，连寒暑都超越不了，又如何能超越生死？直须"心心不触物，步步无处所"，才算修行到家了。

（李志军）

刮骨之言

师示众云："诸方有惊人之句，我这里有刮骨之言。"

时有人问："承和尚有言：'诸方有惊人之句，我这里有刮骨之言。'岂不是？"师曰："是也，将来与你刮。"

僧曰："四面八方请师刮。"师曰："不刮。"

僧曰:“幸是好手,为什么不刮?”师曰:“汝不见道:‘世医拱手’①。”

(《祖堂集》卷六)

〔注释〕 ① 世医拱手:在《千金翼方》卷二十一,载有耆婆治恶病,其文说:“(恶病)胡云‘迦摩罗病’。世医拱手,无方对治,名曰正报。”意思就是说麻风病是报应之病,医生也束手无策。

〔鉴赏〕 洞山良价禅风一向稳健,这天,忽然云:“诸方有惊人之句,我这里有刮骨之言。”

一石激起千重浪。有僧人给洞山出难题:“四面八方来,请师刮。”

普化和尚说:“明头来,明头打。暗头来,暗头打。四方八面来,旋风打。虚空来,连架打。”普化禅如金刚杵,无坚不摧。没想到洞山却说:“不刮。”

不是夸耀自己好手吗,为什么不刮?洞山说:“难道你没听百丈怀海说过吗?‘必死之病,世医拱手。’”

洞山开悟偈云:“切忌从他觅,迢迢与我疏。”但向外追求似乎是所有生命的天性。“佛就在自己心中”,这句话已经讲烂了,人人都知道,但就是回不过头来。后来云门文偃拈问西峰禅师道:“洞山说将来与你刮。宾家第二机来,为什么道不刮?”西峰沉吟后云:“上座。”云门应喏,西峰说:“堆阜也。”意思是说,你和那个僧人一样,心中已经有一个大土堆了,不知道把它铲除,反而继续问讯别人,土堆上添土,岂不是病入膏肓,让医生拱手放弃吗?

洞山对众人说:“知有佛向上人,方有语话分。”僧人问:“什么是比佛还要在上的人?”洞山说:“非佛。”

有僧人问:“神秀大师‘时时勤拂拭’,为甚么不得他衣钵?不知甚么人可以得到?”洞山说:“不入门者。”僧人很奇怪:“难道不入门者,也能得到吗?”“是呀。虽然不入门,却不得不与他。”洞山又曰:“就是六祖说‘本来无一物’,也没有资格得到衣钵。你说什么人有资格?在这里可以下一转语。你们说下得什么语?”

禅师悟道,最后定会被逼到一个死角,称“玄关”。必须死中求生,破除“玄关”。“山重水复疑无路,柳暗花明又一村”,其中“柳暗花明又一村”,谓之“转语”。

当时，有一上座，连下九十六转语，都不中的，末后一转，始惬师意。另有一僧在偷听，恰恰没有听清最后的那一转语，遂请益上座，上座不肯说。僧人纠缠了三年，上座终不为举。

一日，上座生病了。僧人说："我低三下四，向你请教了三年，你都不肯发慈悲心。善取不得，就用恶取。"

这个僧人比渐源仲兴更狠。渐源不过把师父暴打一顿，僧人竟然拿了一把刀，对上座说："若不为某举，即杀上座去也。"上座却无道吾的胆魄，害怕了，说："阇黎且待，我为你举。当时说的是：'就是到了将来，也无处放置这个破袈裟。'"

把佛啊、祖啊、道啊、禅啊，这些所有的破玩意都抛掉，就是洞山的"刮骨之言"。僧人问："古人有言：'以虚空之心，合虚空之理。'如何是虚空之理？"洞山说："无边无际。""如何是虚空之心？""不挂物。"僧人问："什么都没有，如何得合去？"洞山说："阇梨一心想合得上，那就合不成了。"

洞山问一僧："有一人在千万人之中，不向一人，不背一人，此唤作什么人？"僧人倒有几分见识，说："此人常在目前，不随于境。"心无挂碍，当下即是，洒脱之极。

洞山问："阇梨此语是父边道，子边道？""父边"指悟后，"子边"，尚在途中。僧人说："据弟子所见，向父边道。"洞山不认可，扭头问典座："此是什么人？"典座说："此人无面背。"已超越是非了，洞山还是摇头，典座又别对曰："此人无面目。"洞山说："不向一人，不背一人，就是'无面目'，何必要再这么说？"最后洞山告诉他们答案："绝气息者。"

"洞山禅"就是这样，不仅要拔出毒箭，还要刮骨疗毒，刮得干干净净，彻彻底底。

有一点需要清楚，"刮骨"的目的是疗伤活人。有僧从曹溪来，洞山问："听说六祖在黄梅八个月踏碓，此事是虚是实？"这个僧人是一位"作家"，说："非但八个月踏碓，黄梅亦不曾到。"

洞山继续勘验："没有到过黄梅，传下来的这么多佛法，是从哪里来的？"僧人反问："和尚给过别人佛法吗？"法本无法，洞山反倒给问住了，无奈说："你说的对是很对，就是说话太噎人了。”洞山又自言自语：“什么劫中曾失却来？”

佛法无所从得的前提，是自身具足从无失去过。

（李志军）

气宇如王

问：“和尚出世几人肯？”师曰：“并无一人肯。”

曰：“为甚么并无一人肯？”师曰：“为他个个气宇如王。”

（《五灯会元》卷十三）

〔鉴赏〕 唐宣宗大中十二年(858)，五十二岁的良价自度不可久遁于世，于江西宜丰新丰山开法。然而，道场冷清。住了一年，几乎无人来访，良价只好另择道场，离开新丰山，独自北上，欲往洪州百丈山去礼拜怀海禅师灵塔。行至豫章之高安，见有一山，山中有一平坦谷地，旁边有一山洞，酷似师父所居之云岩，喜不自禁。于是放下行囊，草创道场，命名“洞山”，自号“洞山老人”。

洞山良价在此地，“权开五位，善接三根。大阐一音，广弘万品。横抽宝剑，剪诸见之稠林。妙叶弘通，截万端之穿凿。又得曹山深明的旨，妙唱嘉猷。道合君臣，偏正回互。由是洞上玄风，播于天下。故诸方宗匠，咸共推尊之曰‘曹洞宗’。”

后来尝与友人谈及这段经历。友人问：“和尚出世几人肯？”洞山说：“并无一人肯。”“因为他们一个个气宇如王。”

禅师接引弟子，就是让他充分发掘自我，乃至道成肉身，做祖做佛，更不用说气宇如王了。当然，其中不乏滥竽充数，狂妄自大之徒，在洞山那个时代，高人如云，不说各个宗门，神龙见首不见尾的隐逸之士也比比皆是。下面就是几个有趣的事例：

洞山问三祖塔头来僧：“既然从祖师处来，又要见老僧作甚么？”僧人说：“祖师不同凡响，弟子与和尚并无区别。”洞山说：“老僧欲见阇黎的本来师，能见到吗？”

见“本来师”，即是要僧人拿出悟道的证明。僧人不客气地说：“亦须待和尚自出头来，始得。”你也要有良好的表现才有资格见到我的本来面目。洞山赶紧道歉圆场：“老僧刚才暂时不在状态。”

洞山问一路游山而来的僧人：“到顶了吗？”意即开悟了吗？僧人毫不谦虚：“到了。”洞山问：“顶上有人么？”见到其他开悟的人了吗？僧人目空一切：“无人。”洞山说：“那么，还没有到顶。”僧人说：“若不到顶，争知无人？”洞山又问：“为什么不住在山顶？”僧人说：“弟子住在哪里都无所谓，只是西天有人不让我住（因为我要超度众生）。”洞山说：“我一直关注着这个家伙，果不其然。”

又来了一位游方僧。洞山见他气度不凡，起来受礼毕，问：“从何方而来？”对曰：“从西天来。”意谓我已是一个成佛的人。洞山问：“什么时间离开西天？”僧人说：“斋后离开。”洞山抓住了把柄，说：“太迟了。”来的太晚了，速度太慢了。对方淡淡地说：“一路逍遥，游山玩水而来。”自从得道后，每天都是好日子。洞山问：“如今有何贵干？”其僧进前，叉手而立：“专为礼拜和尚。”洞山赶紧还礼：“请吃茶去。”

（李志军）

四 宾 主

上堂：“道无心合人，人无心合道。欲识个中意，一老一不老。”

（《五灯会元》卷十三）

〔鉴赏〕 这首小偈子是由洞山的行脚经历有感而发得来的。

洞山与密师伯路过湖南湘潭境内，翻越龙山时，见山间溪流漂有菜叶。洞山说：“深山无人，因何有菜随流，莫有道人居否？”

二人踏着野草，溯源而行，走了六七里，忽见一老僧，羸形异貌，于是放下行李问讯。

老僧问：“此山无路，阇黎从何处来？”洞山说：“无路且置，和尚从何而入？”

机锋开始了。老僧说:“我不从云水来。”我的佛性是自己的,不用走路。洞山问:“和尚住此山多少时了?”“住山”,乃“心”住“灵山”。老僧说:“春秋不涉。”佛性超越空间,亦超越时间。洞山问:“和尚先住,此山先住?”老僧说:“不知道。”洞山问:“为甚么不知道?”老僧说:“我不从人天来。”心同佛性,弥漫虚空,无始无终。洞山问:“和尚得何道理,便住此山?”老僧说:“我见两个泥牛斗入海,直至于今绝消息。”是与非,真与妄,世间的所有纷争都不过是泥牛相斗,入海即失,无影无踪。

洞山大吃一惊,赶紧闭上了争强好胜的嘴,具威仪礼拜。原来此僧为马祖道一之法嗣,隐居于此。洞山虚心请益。

问:“如何是主中宾?”答:“青山覆白云。”

问:“如何是宾中主?”答:“长年不出户。”

问:“宾主相去几何?”答:“长江水上波。”

问:“宾主相见,有何言说?”答:“清风拂白月。”

洞山二人告退后,老僧乃述偈云:“三间茅屋从来住,一道神光万境闲。莫把是非来辨我,浮生穿凿不相关。”因兹烧庵,入深山不见。后人号为“龙山和尚”或“隐山和尚”。

与隐山和尚的一面之交,对洞山禅法影响很大。

两个泥牛相斗,最后在融为一体中泯灭消散,就像他所追求的现实中的“我”与悟境中的“我”一样,“渠今正是我,我今不是渠”。融化泥牛的大海,就是世界的实相——空性。洞山喜欢用“万里无草处”“无寒暑处”“绝气息者”等绝对的“空”,来形容最高的境界。有时,他还引用隐山和尚的“两个泥牛斗入海,直至于今绝消息”接引弟子。

曹洞宗讲“君臣道合”“偏正回互”。以“空”为理体,为最高境界,为华严宗的“理法界”,为“君”、为“父”、为“主”、为“正”;以世间万象及修道者为华严宗的“事法界”,为“臣”、为“子”、为“宾”、为“偏”。“君臣”“父子”“主宾”“偏正”之间是两面一体,相互涵容,圆融无碍的关系,在万法皆空的基础上,实现“理事无碍”,进而“事事无碍”。

主中宾,青山覆白云。永恒的佛性,不生不灭,不增不减。世间的万事万物，像飘浮的白云一样，在青山的怀抱里，时聚时散，时起时落。宾中主，长年不出户，尊贵之极。宾主之间，如长江之波，波波相连，同归一水。宾主相见，如清风拂白月，清晰、轻松、柔和、随意。

隐山和尚送洞山偈云："青山白云父，白云青山儿。白云终日依，青山都不知。欲知此中意，寸步不相离。"

僧问："如何是青山白云父？"洞山云："不森森者是。"见与不见，作为"父亲"的青山就在那里，岿然屹立。问："如何是白云青山儿？"洞山曰："不辨东西者是。"无奈却如迷途浪子，不知故乡何方。问："如何是白云终日倚？"洞山曰："去离不得。"儿子即便远在天涯海角，也从未走出父亲的怀抱。问："如何是青山都不知？"洞山曰："不顾视者是。"爱是父亲的天性，日用而不知。

洞山因此颂曰："道无心合人，人无心合道。欲知此中意，一老一不老。"

道无心而合人，人无心而合道。宾主之间，一体天成，完美无缺。"欲知此中意，一老一不老。"父子之间，尽管血脉相连，慈爱无比，仍为一体之两面，因此，"如临宝镜，形影相睹；汝不是渠，渠正是汝"。

（李志军）

鸟　道

问："师寻常教学人行鸟道，未审如何是鸟道？"师曰："不逢一人。"

曰："如何行？"师曰："直须足下无私去。"

曰："只如行鸟道，莫便是本来面目否？"师曰："阇黎因甚颠倒？"

曰："甚么处是学人颠倒？"师曰："若不颠倒，因甚么却认奴作郎？"

曰："如何是本来面目？"师曰："不行鸟道。"

（《五灯会元》卷十三）

〔**鉴赏**〕“噫吁嚱，危乎高哉！蜀道之难，难于上青天！蚕丛及鱼凫，开国何茫然。尔来四万八千岁，不与秦塞通人烟。西当太白有鸟道，可以横绝峨眉巅。”（李白《蜀道难》）人的心中，也有色、受、想、行、识五座大山，通常所谓“五蕴山”者是也。“五蕴山”封闭着人的本心，想要解放出来，其难不亚于李白笔下的“蜀道”。

洞山良价说：“我有三路接人，鸟道、玄路、展手。”禅道至难，险如鸟道；至道寥廓，如空中鸟迹也。

洞山又说：“体得佛向上事，方有些子语话分。”佛向上之事，如直插云霄的高山之上，犹有“鸟道”也。

一僧问：“如何是语话？”洞山说：“语话时阇黎不闻。”僧人说：“和尚还闻否？”洞山说：“不语话时即闻。”

诵读经论，不是理解文句，而是要读懂其画外之音。画外之音，即是“鸟道”。僧人不懂画外之音，故曰“不闻”佛法。

僧问：“如何是正问正答？”洞山说：“不从口里道。”僧人说：“若有人问，师还答否？”洞山说：“也未曾问。”

佛法不仅无法说，而且无法问，“不可以智知，不可以识识”（释绍昙《偈颂一百零二首》其五十四）。犹如鸟道，“黄鹤之飞尚不得过，猿猱欲度愁攀援”（《蜀道难》），只有灵魂出窍，鲲化为鹏，绝云气，负青天，才能自由翱翔。

一僧人问：“师父平常教学人‘行鸟道’，不知如何是‘鸟道’？”洞山说：“不逢一人。”僧人说：“如何行？”洞山说：“直须足下无私去。”“鸟道”乃乘物而游心，如天马之行空。

僧人问：“只如‘行鸟道’，莫非便是本来面目否？”洞山说：“阇黎为什么颠倒了？”

僧人不解：“甚么处是学人颠倒？”

洞山说：“若不颠倒，因甚么却认奴作郎？”

《祖庭事苑》曰：“鸟道，犹虚空也。”鸟道乃无路之路，禅法乃无门之门。不能把鸟道视为参禅的捷径。僧人又把无形的“鸟道”，变成了有形的高山，堵在了自己的面前。

僧人问："如何是本来面目？"洞山说："不行鸟道。"

唯有超越"鸟道"者，才是真正的"行鸟道"。一天，洞山又说："展手而学，鸟道而学，玄路而学。"

宝寿禅师听烦了，出法堂外道："这个老和尚，婆婆妈妈的，有什么事死急？"云居道膺听见了，对洞山说："师父刚才说的话，有一人不肯。"洞山借机勘问云居："我的话，为肯者说，不为不肯者说。如有不肯的人，教他出头来，我要见。"云居说："没有不肯的人。"洞山说："刚才你还说，有一人不肯，为什么又说没有人不肯？再说说看。"云居说："出来则肯也。"洞山说："的确，灼然。肯则不肯，出则不出。"

"不肯"是对"鸟道"的超越；"肯"则是把"鸟道"奉为新的教条。

（李志军）

君臣五位

师作《五位君臣颂》曰：

"正中偏，三更初夜月明前。莫怪相逢不相识，隐隐犹怀旧日嫌。

偏中正，失晓老婆逢古镜。分明觌面别无真，休更迷头犹认影。

正中来，无中有路隔尘埃。但能不触当今讳，也胜前朝断舌才。

兼中至，两刃交锋不须避。好手犹如火里莲，宛然自有冲天志。

兼中到，不落有无谁敢和。人人尽欲出常流，折合还归炭里坐。"

（《五灯会元》卷十三）

〔**鉴赏**〕 洞山良价是一位从事灵魂雕塑的"艺术"大师。

“艺”，最初乃双手捧土，精心培植庄稼之意；古代又把对少儿教育叫作“艺”，礼、乐、射、御、书、数六种教学科目称为“六艺”。《后汉书·张衡传》：“遂通五经，贯六艺。”

人们常说，“临济将军，曹洞士民”。把洞山良价比喻为精耕细作的“农夫”，也真是恰如其分，不过他耕耘的是众生的心灵。《诗经·小雅·谷风之什·楚茨》云：“楚楚者茨，言抽其棘，自昔何为？我艺黍稷。”洞山良价所从事的，就是拔去人们心头的野草荆棘，而悉心呵护着纯净的本心，使其在干涸的荒原上茁壮成长起来。

洞山《玄中铭》云：“灵苗瑞草，野父愁芸，露地白牛，牧人懒放。”他把弟子的心像艺术品一样精细地雕琢着。

通常，禅师们视顿悟本心为究竟，而之前的一切，统统都是“迷”的状态。华严宗将空性称作“理法界”、现象界称为“事法界”。洞山则从引导徒众的可操作性入手，把从迷到悟的过程，分为“正中偏”“偏中正”“正中来”“兼中至”“兼中到”五个步骤。

洞山这么复杂的一划分，普通的僧人还真摸不着头脑。曹山本寂说：“正位即空界，本来无物。偏位即色界，有万象形。正中偏者，背理就事。偏中正者，舍事入理。兼带者，冥应众缘，不堕诸有，非染非净，非正非偏，故曰虚玄大道。无著真宗，从上先德，推此一位，最妙最玄。当详审辩明。君为正位，臣为偏位。臣向君，是偏中正。君视臣，是正中偏。君臣道合，是兼带语。”

“正位”，就是“空”的境界。“偏位”，就是现实世界。“正中偏”，从空界涵融现实世界，空不异色，由空入色，即华严宗的“下回向”。“正中偏”，在现实生活中修行，觉悟成佛，色不异空，由色入空。“兼到”，色即是空，空即是色，就是华严宗所说的“理事无碍”，进而“事事无碍”。

空性，是“君”，为正位；现象，是“臣”，为偏位。臣向君，是偏中正。君视臣，是正中偏。君臣道合，色空不二，是兼带语。

试看洞山良价的颂：

“正中偏，三更初夜月明前。莫怪相逢不相识，隐隐犹怀旧日嫌。”

“正中偏”，这三个字不得含糊。“正”中之“偏”，“偏”在“正”中，就像天上的月牙,哪怕是小小的一角,也是在圆月的前提下露出来的。我们看见月牙,不是因为月不圆,而是因为我们的眼睛被遮蔽了。就像与密师伯一起行脚时,看见一只白兔跑过,师伯说是“白衣拜相”,洞山说:“积代簪缨,暂时落魄。”这就是:“莫怪相逢不相识,隐隐犹怀旧日嫌。”

“偏中正,失晓老婆逢古镜。分明觌面别无真,休更迷头犹认影。”

“偏中正”,“偏”中有“正”。即便心在迷中,也有觉悟成佛的那一刻。“失晓老婆”很有意思,天已大亮了,怀揣古镜的老太太还在昏睡之中,把梦当真,迷头认影。不过不要紧,一旦醒来,就能照见自己的本来面目。

洞山曾经有个很有趣的比喻,说:“如如与不如如,恰如一个八十岁的老婆子,嫁给一个三岁的童儿。这老婆子虽年纪长大,却成天被那童儿使唤,不得半分自由。”曹山本寂一听,不禁笑出声来。有位意上座,尚不能解,问:“小师兄失笑,想必明白师父深意。既然是八十岁的老婆子,为什么要嫁给三岁的孩童呢?”本寂说:“只有八十岁的老婆子,见多识广,才懂得侍候和爱护这个心肝宝贝啊!”洞山说:“修行也当如是,众生之如如,恰如这三岁孩童;众生之不如如,恰如这八十岁婆子;彼此离不得啊,所以说分亦不分。”

“正中来,无中有路隔尘埃。但能不触当今讳,也胜前朝断舌才。”

“正中来,无中有路隔尘埃。”这句话说尽弟子悟道之艰难,师父传道之不易。开悟的境界明明白白就在那里,却如“蜀道之难,难于上青天”。无中有路,这就是为什么洞山称之为“鸟道”。

“兼中至,两刃交锋不须避。好手犹如火里莲,宛然自有冲天志。”

“两刃交锋”,生死系于一瞬间。但如能挺立云天,超然物外,世间的任何纷争,就像两个泥牛相斗入海,泯然无踪,是是非非,尽入渔樵闲话。对于修道者来说,“两刃”即菩提与烦恼、凡人与圣人、生死与涅槃,一切相对立都在其中。功夫到时,一切法无不是佛法。冯学成《明月藏鹭》云:“《法华经》说:‘三界不安,譬如火宅’,红尘之世,更是烈火熊熊,一切都被无常之火焚尽。但佛法在世间,不离世间觉,众生是成佛的种子。恰恰是红尘的烈火,方可孕育里佛莲。‘出于污泥而不染’,这是一般人都认可的莲花的品德。但修行、度化众生,更如火里栽莲一样,不然,怎能称之为‘好手’呢?有这样的信心、愿力和手段,当然是'宛然自有冲天志'了。石头大师说:'丈夫自有冲天志,不向如来行处行。'历代祖师,谁没有这样的气概呢!"

"兼中到,不落有无谁敢和。人人尽欲出常流,折合还归炭里坐。"

"回互"是曹洞宗的突出特征。在世间要回归佛性,在觉位要回归世间,宇宙间无量大千世界均源自于佛,也要回归于佛。大菩萨的弘誓大愿,是要将污浊尘世变成人间净土,而不仅仅是一己的生死之事。"兼中到",讲的就是这种极高的精神境界,超越人世间的所有恩恩怨怨,在滚滚红尘之中服务众生。

"君臣五位"乃曹洞宗人自养之五层境界,亦为勘验学人之五种尺度。前三位为"自受用三昧",后两位乃"他受用三昧",入世度人,自觉觉他。由偈颂可以看出,虽分五位,实则一位,都是建立在"圆""正"的基础之上。所谓的"偏",是因为众生没有见到"圆"的缘故。修行的目的,就是由"偏"入"正",由"五位"入"一位"乃至"无位",才算功德圆满。

(李志军)

功勋五位

上堂:"向时作么生?奉时作么生?功时作么生?共功时作么生?功功时作么生?"

僧问:"如何是向?"师曰:"吃饭时作么生?"

曰:"如何是奉?"师曰:"背时作么生?"

曰:"如何是功?"师曰:"放下镢头时作么生?"

曰:"如何是共功?"师曰:"不得色。"

曰:"如何是功功?"师曰:"不共。"

(《五灯会元》卷十三)

〔鉴赏〕 "功勋五位",即洞山提出的"向""奉""功""共功""功功"。首先,我们要弄明白这"功勋五位"是什么意思,不然就很难理清这段语录。

“向”是目标,方向;“奉”是信奉,把持;“功”是功夫,成就;“共功”是与大家共同进入“向”“奉”“功”的修行之路,也就是出世度人;“功功”就是集体成就。这就是洞山良价的“功勋五位”。

从慧能以来,历代祖师都是应机接法,灵活方便。但随着各宗衰微,禅宗的影响扩大,在整个佛教中处于一枝独秀的地位,参禅僧众愈来愈多。高僧主持的禅院,动辄有数百人众,多者达一两千人,就需要建立起一套有章可循的修行方案。临济义玄和洞山良价都是思路清晰、善于归纳的优秀禅师。

洞山建立了“正中偏”“偏中正”“正中来”“兼中至”“兼中到”的“君臣五位”,来说明和勘验学人所抵达的境界;又从修行者的角度,提出“功勋五位”,等于不断进步中的五个梯次,作为“君臣五位”的补充。

“向”是建立信心,“信为道元功德母,长养一切诸善根”,是修道的大前提。

僧问:“如何是向?”洞山却答:“吃饭时作么生?”

禅宗生动活泼的特点在实际教学中得到了充分体现。洞山没有长篇大论地讲解自己的宗纲,而是幽默地反问:“吃饭是干什么用的?”

“佛家一粒米,大似须弥山。今生不了道,披毛戴角还。”一个僧人,吃饱饭后要干什么?精进修道啊!这就是“向”。

“如何是奉?”洞山说:“背时作么生?”

如果你意识到自己背离了佛法时会怎么办?洞山完全是启发式的教学,不直接告诉你答案,让你自己去想。

“如何是功?”洞山说:“放下镢头时作么生?”

《洞上古辙》卷上:“把锄是有向、奉,放下锄头是不向、奉。由前向、奉之功,至此顿忘,故曰放下锄头也。”当你干活累得腰疼脖子歪的时候,放下锄头,躺在暖洋洋的太阳地上的感觉怎么样?祖师告诉我们:“放下即是。”这就是“功”。但是没有之前筋疲力尽的劳作,哪有之后浑身上下的轻松自在呢?

“如何是共功?”洞山说:“不得色。”无差别的境界。

僧最后问:“如何是功功?”

“功功”是指彻底圆满。洞山却说:“不共。”这就是曹洞宗的“回互不回互”。“回互”是差别走向统一,众生走向佛,佛走向众生,最终所有众生都是佛。"不回互"是指统一之中维护差别,每个个体,安居已位。就像父母对待子女,不是让他们千篇一律,而是尊重个性,使之自由、充分地发展。

(李志军)

宝镜三昧

师因曹山辞,遂嘱曰:

"吾在云岩先师处,亲印宝镜三昧,事穷的要,今付于汝。"词曰:

"如是之法,佛祖密付。汝今得之,宜善保护。银碗盛雪,明月藏鹭。类之弗齐,混则知处。意不在言,来机亦赴,动成窠臼,差落顾伫。背触俱非,如大火聚。但形文彩,即属染污。夜半正明,天晓不露。为物作则,用拔诸苦。虽非有为,不是无语。如临宝镜,形影相睹。汝不是渠,渠正是汝。如世婴儿,五相完具。不去不来,不起不住。婆婆和和,有句无句。终不得物,语未正故。重离六爻,偏正回互,叠而为三,变尽成五。如荎草味,如金刚杵。正中妙挟,敲唱双举。通宗通涂,挟带挟路。错然则吉,不可犯忤。天真而妙,不属迷悟。因缘时节,寂然昭着。细入无间,大绝方所。毫忽之差,不应律吕。今有顿渐,缘立宗趣。宗趣分矣,即是规矩。宗通趣极,真常流注。外寂中摇,系驹伏鼠。先圣悲之,为法檀度。随其颠倒,以缁为素。颠倒想灭,肯心自许。要合古辙,请观前古。佛道垂成,十劫观树。如虎之缺,如马之馵。以有下劣,宝几珍御。以有惊异,狸奴白牯。羿以巧力,射中百步。箭锋相直,巧力何预。木人方歌,石女起舞。非情识到,宁容思虑。臣奉于君,子顺于父。

不顺非孝，不奉非辅。潜行密用，如愚若鲁。但能相续，名主中主。”

（《五灯会元》卷十三）

〔鉴赏〕 当年，洞山良价辞别师父云岩昙晟。云岩感到身体不适，唯恐来日无多，师徒再难相见，边将药山祖师秘付之“宝镜三昧”，传给洞山。洞山走过千山万水，念念不忘，终于在渡过溪水时，睹影悟道。

洞山将“宝镜三昧”视为祖师心印，家门密旨。在曹山本寂前来辞别时，洞山将《宝镜三昧歌》传给本寂：“吾在云岩先师处，亲印宝镜三昧，事穷的要，今付于汝。”洞山反复叮咛：“如何之法，佛祖密付。汝今得之，宜善保护。”曹山本寂不负师望，传习之中，心究体悟，予以发扬光大，形成了独特的“曹洞宗风”。

“银碗盛雪，明月藏鹭。”

这两句简洁优美的短语，已把自石头大师以来逐步成形的曹洞纲宗形象地概括出来了，也可以说，把佛学的最高境界完全彰显出来了。

银碗、明月，是正，是君，是父，是空，是本体，是佛性，是理法界；雪花、白鹭，是偏，是臣，是子，是有，是现象，是众生，是事法界。“类之弗齐，混则知处。”雪花在银碗中，白鹭在明月下，有在空中，众生在佛性中，浑然一色，无迹无痕，是“回互”；雪花是雪花，银碗是银碗，白鹭自白鹭，明月自明月，为“不回互”。“回互”与“不回互”，构成了“理事无碍法界”与“事事无碍法界”。

“意不在言，来机亦赴，动成窠臼，差落顾伫。背触俱非，如大火聚。但形文彩，即属染污。”

如此美丽的意境，只可意会，不可言传；只能静静地欣赏，默默地品味，拟心即差，动念即乖。洞山行脚时，会见一位官人。官人说：“三祖僧粲大师的《信心铭》，弟子打算注释一下。”洞山说：“才有是非，纷然失心，作么生注？”

“夜半正明，天晓不露。”

空性如同明月，在黑夜里发出皎洁的光辉，天亮之后消隐在阳光之后。临济义玄悟道之后，哈哈大笑：“原来黄檗老头子的佛法，没有多少东西！”

“为物作则，用拔诸苦。虽非有为，不是无语。”

《心经》云：“能除一切苦，真实不虚。”普贤元素禅师诗云：“未开口时先分付，拟思量处隔千山。莫言佛法无多子，未透玄关也大难。”

“如临宝镜，形影相睹。汝不是渠，渠正是汝。”

可以说，参透这句话打破了洞山的最后的牢关。一个是世俗世界中的“我”，因缘和合而成、不断变异的“假我”；另一个是肉身之中的佛性、与天地之心相通的永恒的“真我”。二者何时才能相见合一呢？这是困扰了洞山半生的问题。在水中看到自在的时候，他终于明白，“真我”时时处处伴随着自己。“他”不完全是“我”，但“他”才是真实的“我”。“假我”在“真我”之中，就像白鹭之于明月，雪花之于银碗，不是亦是，是亦不是。

“如世婴儿，五相完具。不去不来，不起不住。”

临济义玄称“真我”为“无位真人”，常从人的门面上出入。洞山良价称之为“五相完具”的“婴儿”。《大般涅槃经》中有“婴儿行”，指出“婴儿”具是“五相”：一、通达菩提本心；二、修菩提心；三、成金刚心；四、证金刚身；五、佛身圆满。经云：“云何名婴儿行？善男子。不能起住、来去、语言，是名婴儿。如来亦尔，不能起者，如来终不起诸法相；不能住者，如来不着一切诸法；不能来者，如来身行无有动摇；不能去者，如来已到大般涅槃。”

“婆婆啝啝，有句无句。终不得物，语未正故。”

如来教导佛法的语言，禅师传布禅法的语言，亦如“婴儿”之言，含糊不清，无法沟通。《大般涅槃经》又云：“如来亦尔，一切众生方类各异，所言不同，如来方便随而说之，亦令一切因而得解。又婴儿者能说大字，如来亦尔说于大字。所谓‘婆啝’，‘啝’者有为，‘婆’者无为，是名婴儿。‘啝’者名为无常，‘婆’者名为有常。如来说常，众生闻已为常法，故断于无常，是名婴儿行。”

下面是洞山良价所创造的独具特征的“语言”。

“重离六爻，偏正回互，叠而为三，变尽成五。”

“离”是《周易》八卦中的一卦，“离中虚”，上下两爻均为阳爻，中间为“阴爻”。两“离”上下相叠，为六十四卦之第三十卦“离”卦。

“离”卦之《彖》曰：“离，丽也；日月丽乎天，百谷草木丽乎土。重明以丽乎正，乃化成天下。柔丽乎中正，故'亨'。是以'畜牝牛，吉'也。"《象》曰："明两作，离；大人以继明照于四方。""丽"，依附之意。丽乎中正，化成天下，非常完满，并且光照四方，有圣人之德。洞山选"离"卦，乃是大吉祥之象。

朱熹《周易本义》："'离'，丽也。阴丽于阳，其象为火，体阴而用阳也。物之所丽，贵乎得正。""离"卦各爻一阴一阳，正如"空"之与"有"，相互补充，相互涵容，体阴用阳，偏正回互。

洞山为了更好地体现出他的圆融思想，将离卦的六爻"叠而为三"，分为三组。

初爻、二爻为一叠，是谓初叠。初爻为阳，二爻为阴，阴阳回互，以象"正中偏"。

第二叠，二爻为阴，三爻为阳，阴阳回互，以象"偏中正"。

第三叠，三爻、四爻，同为阳爻。虽然纯阳无阴，但第四爻阳居阴位，也是回互，名"正中来"。

第四叠，四爻为阳，五爻为阴，阴阳回互。并且四爻阳居阴位，五爻阴居阳位，各又自成回互，故名"兼中至"。

第五叠，五爻为阴，六爻为阳，两爻为一叠，是为上叠。上叠仍是阴阳回互，且阴居阳位，阳居阴位，故名"兼中到"。

"回互"是曹洞宗的根本教法。在人的精神境界中，空有、阴阳、刚柔、君臣、主宾、圣凡、心境、体用等对立的范畴，尽皆涵融交互，并且变动不居，不即不离，无限圆融。

"如荎草味，如金刚杵。"

洞山虽有"君臣五位""功勋五位""偏正五位"等设施，但根本心、究竟心只有一位，乃至一位也无。如"荎草味"——五味子，一籽而五味俱足。"金刚杵"，则为降魔之法器。

下面为方便说法之大机大用，以及沉潜密行精进不已之修持功夫。

"正中妙挟，敲唱双举。通宗通涂，挟带挟路。错然则吉，不可犯忤。"

这里，"敲唱双举"很关键。洞山建立宗风纲领，是根据禅法佛法不可说的特征，结合自己切身体会，给学人提供一条形象直接、清晰简捷的入门途径，同时极易形成新的教条。所以，在讲过偏正五位之后，马上讲禅法的具体使用。教育学生，如同排兵布阵，以整合，以奇胜，一正一反，旁敲侧击，让学人自悟。洞山本人的禅法就非常切实灵活，不亚于赵州、义玄等其他大禅师。

"天真而妙，不属迷悟。因缘时节，寂然昭着。细入无间，大绝方所。毫忽之差，不应律吕。今有顿渐，缘立宗趣。宗趣分矣，即是规矩。宗通趣极，真常流注。"

洞山进一步解释建立"宗趣"的缘由。

佛法也好，本心也好，"天真而妙，不属迷悟"，都是一种遍在的客观事实，昭然若揭。只不过属于"无为法"，我们蒙尘的眼睛看不到而已。六祖大师说："本来正教，无有顿渐，人性自有利钝。迷人渐修，悟入顿契。识自本心，见自本性，即无差别，所以立顿渐之假名。"顿渐既是假名，"宗趣"也只是一种规矩。建立"宗趣"的核心与目的，乃是真常流注的本心佛性。

"外寂中摇，系驹伏鼠。先圣悲之，为法檀度。随其颠倒，以缁为素。颠倒想灭，肯心自许。要合古辙，请观前古。佛道垂成，十劫观树。如虎之缺，如马之骣。"

然而，时下的修行者，大多是用心而修，属于有为法，与"古辙"完全是南辕北辙，背道而驰。表面看来寂静安定，实际内心摇荡，骚动不安，好像拴住的马驹、按住的老鼠一样。"十劫观树"，在《妙法莲华经》中，说有一位大通智胜佛，"十小劫跏趺坐，身心不动，而佛法犹不现前。诸天花雨供养，过十小劫，佛法乃得现前"。"虎缺"，虎之伤人一度，耳生一缺，伤人愈多，耳如锯齿。"马骣"，相传汗血马四蹄为白色，往往三脚落地，一脚高抬，好像总是在炫耀自己白色的蹄子一样，称为"马之骣"。《漆园指通》云："虎缺马骣。匠石之齐（至），不亦远乎？"以言渐修成佛之遥遥无期。故石头希迁说："宁可永世受沉沦，不向诸佛求解脱。"

"以有下劣，宝几珍御。以有惊异，狸奴白牯。羿以巧力，射中百步。箭锋相直，巧力何预。"

曹洞宗之所以讲"偏正回互"，是因为在世人的心目中，凡事都有优劣高下之分，所以要反其道而行之，以破除他们心中的执着妄念。一般人学佛要到极乐世界去，南泉、沩山等说，待老僧百年之后，变一头水牯牛去。实际上，凡圣同体，无凡无圣。《维摩诘经》云："直心是道场"，就像后羿的神箭，只要"箭锋相直"，根本不用动什么奇技淫巧的心思。

"木人方歌，石女起舞。"

这是"空"的境界，在"空"中圆融一切的境界。这种境界，是"先圣"的境界，"非情识到，宁容思虑"？

下面的几句话，是曹洞宗风的落脚点。

"臣奉于君，子顺于父。不顺非孝，不奉非辅。"

任何一套理论系统，无论怎么正确，即便说得天花乱坠，也等于零，关键是如何修行。最终要落实到"功勋五位"的前两位的"向"和"奉"。对佛法的虔信与践行，要像对君忠，对父孝一样，"孝当竭力，忠则尽命"。洞山本人就是大孝子，他的两封《辞北堂书》，都写得荡气回肠，催人泪下。"君臣五位"，就是把本心、佛性视为君，视为父的。联想到我们自身应该怎样对待父母、如何修行就不用多说了。

"潜行密用，如愚若鲁。但能相续，名主中主。"

"主中主"，乃修行的最高境界。洞山临寂，问一僧："那个是阇黎主人公？"僧人答："正在和你讲话的就是。"洞山说："苦哉！苦哉！今时人例皆如此，只认得驴前马后底，将为自己，佛法平沉，此之是也。宾中主尚未分，如何辨得主中主？"僧人便问："如何是主中主？"洞山说："恁么道即易，相续也大难。"遂示颂曰："嗟见今时学道流，千千万万认门头。恰似入京朝圣主，只到潼关便即休。"

洞山说，要想修到"主中主"，必须潜行密用，坚韧不拔。

修行是自己的事，是关乎生死的大事。修行到了哪一步，只有自己最清楚，切忌浅尝辄止，哗众取宠。庄子说："独与天地精神向往还，不谴是非，以与世俗处。"禅宗的历代祖师即便在明心见性之后，也同样和光同尘，如愚若鲁。六祖大师在猎人堆里隐藏、磨炼了十五年；裴休拜黄檗希运时，希运在寺院里充任杂役，混迹劳侣，扫洒殿堂。赵州从谂直到八十岁还到处行脚访道。首山在风穴门下默默修头陀行，直到风穴为法脉将断而垂泪时，才挺身而出，担当重任。故曹山本寂诗云:“出语直教烧不着,潜行须与古人同。”这才是真正的禅者。

(李志军)

空 里 步

僧问:“和尚违和①,还有不病者也无?”师曰:“有。”

曰:“不病者还看和尚否?”师曰:“老僧看他有分。”

曰:“未审和尚如何看他?”师曰:“老僧看时,不见有病。”

师乃问僧:“离此壳漏子,向甚么处与吾相见。”僧无对。

师示颂曰:

“学者恒沙无一悟,过在寻他舌头路。欲得忘形泯踪迹,努力殷勤空里步。”

乃命剃发、澡身、披衣,声钟辞众,俨然坐化。

时大众号恸,移晷不止。

师忽开目谓众曰:“出家人心不附物,是真修行。劳生惜死,哀悲何益?”复令主事办愚痴斋,众犹慕恋不已。

延七日,食具方备,师亦随众斋毕。乃曰:“僧家无事,大率临行之际,勿须喧动。”遂归丈室,端坐长往。

(《五灯会元》卷十三)

〔注释〕 ① 违和:不协调。此处指身体失于调理而不适。用于称他人患病的婉辞。

〔鉴赏〕 生与死,是人类最根本的问题。

修行的最迷人之处,无疑是能够超越生死。这一关解决不了,无论谁说已经开悟了,都是值得怀疑的。古往今来之高僧大德,洞然明白、来去自由如洞山良价者,寥寥无几。

洞山问僧:“世间何物最苦?”僧答:“地狱最苦。”洞山说:“不然,在此衣线下，不明大事，是名最苦。”

人们信佛念佛，希望死后能到极乐世界。然而，活着的时候，没有能够通过修行得到解脱，死了以后，如何免去地狱之苦？

洞山去涅槃堂看望一病僧。病僧问：“地水火风，四大离散之时，应当如何呢？”洞山说：“来时无有一物，去时也任从他去。”病僧说：“说的是轻巧，只是这一身病痛，怎么办？”洞山说：“你应知道，病痛之中，还有一位不病不痛的啊！”那僧又问：“那不病不痛的是什么呢？”洞山说：“如果见道开悟，则与他不隔纤毫；如果未曾开悟，就与他隔山隔水。”病僧又问：“去后的前程，还许卜度吗？”洞山说：“怎么不可卜度呢？虽然黑似漆，成立在今时。”

生前没有与永恒的那一个“我”相见，那么生死的这一瞬间便是最后一次，也是一次最好的机会了。“虽然黑似漆，成立在今时”，这个僧人的一生，已经圆满了。

有僧人问：“知识出世，学人有依，迁化去后，如何得不被诸境惑？”洞山说：“如空中轮。”僧人问：“争奈今时妄起何？”洞山说：“正好烧却。”

最后一道牢关的突破，洞山称之“如空中轮”，犹如平日修行中的“鸟道”“玄路”一样。将突如其来的各种妄念，与人的皮囊一并烧却，干干净净。

有一老宿，山后筑庵而居，病危之时，日日高呼“救命！救命！”僧人们与他讲话，他却说：“你们修为太差，连说话都没有学会。去去，去请当家和尚来，我在此住庵五年，还未与老和尚见过面。”

洞山到问：“什么相救？”那庵主不理，只是高呼“救命！”洞山近前，一把抓住：“把命交出来，老僧好给你救。”

庵主见了，问：“和尚莫非是药山和尚法孙、云岩老和尚的嫡子么？”洞山说：“不敢，正是老僧。”庵主恭敬和掌，说：“有你前来相送，此行大吉大利。”又对侍者说：“烦师兄请大家都来送我。”说完顿时圆寂。

洞山亲自为他举火，口中念道：“谁是死人，谁是活人？今生不去，来生不来。试问足下前程如何？当来佛国离垢地，永证金刚不坏身，咄！”

第二天一早，主事僧人将舍利和骨殖收拾完毕，便来到方丈，问：“亡僧迁化，向什么地方去了？”洞山说：“哪里去了，还不是如同火中的一茎茅草一般！”

佛鉴慧勤禅师颂“火后一茎茅”公案：“虽然火过一堆灰，争奈人情会见稀。毕竟水须朝海去，到头云定觅山归。”

“故曰：‘天地与我并生，万物与我为一。会万物而为己者，其唯圣人乎！’噫！至矣，尽矣。妙极于一心，而无遗事矣！”成佛不是别的，就是与天地融为一体。生前如是，死后亦如是。

一天夜参，没有点灯。有僧出问话毕，退后。洞山令侍者点灯，乃召适来问话僧出来。其僧近前，洞山说：“将取三两粉来，与这个上座。”

僧人很是恼火，和尚怎能把我当作女人？拂袖而退。一出门，忽然恍然大悟：我所在乎的面子，并不是真正的我！

僧人捐尽衣资，斋济僧民。三年后，向师父告别。洞山说：“一路走好！”

雪峰在旁侍立，问：“这僧辞去，几时却来？”洞山说：“他只知道一去，不懂得再来。”

其僧归堂，就衣钵下坐化。

雪峰赶紧来禀报师父。洞山说：“虽然如此，犹比老僧差三生修行。”

有个僧人病危，要见洞山。洞山忙赶到，僧人说：“和尚为何不救取人家男女。”洞山问：“你是什么人家男女？”僧人是：“弟子是大阐提（不能成佛者）的人家男女。”洞山好大一会没有作声。僧人问：“四山相逼时如何？”人身无常，为生、老、病、死四苦所逼迫，而无所逃逸。洞山说：“老僧日前也向人家屋檐下过来。”洞山和你一样，寄宿于这个皮囊之中。僧人问：“回互不回互？”洞山说：“不回互。”回到“那边”干嘛？僧人问：“教弟子向甚处去？”洞山说：“烧成灰，肥田去。”僧人似乎一下子明白了，说声：“珍重。”便脱化了。

这两位僧人视死如归，也是修得很到位了，但是仍然将生死对立起来，没有彻底懂得生在死中，死在生中，生死一如的道理。洞山气得用拄杖敲了他的头三下，惋惜地说：“你只知道怎么去，不明白怎么来！”

洞山讲自己的先师五泄灵默，一日沐浴焚香端坐，告众曰：“法身圆寂，示有去来。千圣同源，万灵归一。吾今沤散，胡假兴衰，无自劳神，须存正念。若遵此命，真报吾恩。傥固违言，非吾之子。”时有僧问：“和尚向甚么处去？”泄曰：“无处去。”云：“某甲何不见？”泄曰：“非眼所睹。”

洞山说:“这才是作家!”

且看洞山在生死的险关上,是如何随意出入、自由自在的。本篇即具体描绘了洞山圆寂之前的情形,以及“出家人心不附物,是真修行。劳生惜死,哀悲何益”的泰然态度。

每个人都要面对生死问题,生时不悟,还忧去时归处,实为世俗羁绊,算不得修行得道。真正的开悟是超越生死,顺其自然,劳生惜死只会徒增苦恼,无益修行,不得解脱。若如洞山一般,这世间又哪来那么多“喧动”?

(李志军 宋海霞)

夹山善会禅师

悟法迷人

上堂:“有祖以来,时人错会,相承至今,以佛祖言句为人师范。若或如此,却成狂人,无智人去。他只指示汝:无法本是道,道无一法。无佛可成,无道可得,无法可取,无法可舍。所以老僧道,目前无法。意在目前,他不是目前法。若向佛祖边学,此人未具眼在。何故?皆属所依,不得自在。本只为生死茫茫,识性无自由分,千里万里求善知识。须具正眼,求脱虚谬之见。定取目前生死,为复实有,为复实无?若有人定得,许汝出头。上根之人,言下明道。中下根器,波波浪走。何不向生死中定当取,何处更疑佛疑祖替汝生死?有智人笑汝。汝若不会,更听一颂:‘劳持生死法,唯向佛边求,目前迷正理,拨火觅浮沤。’”

僧问:“从上立祖意教意,和尚为甚么却言无?”师曰:“三年不吃饭,目前无饥人。”曰:“既是无饥人,某甲为甚么不悟?”师曰:“只为悟迷却阇黎。”

复示偈曰:“明明无悟法,悟法却迷人。长舒两脚睡,无伪亦无真。”

问:“十二分教及祖意,和尚为甚么不许人问?”师曰:“是老僧坐具。”

曰:“和尚以何法示人?”师曰:“虚空无挂针之路,子虚徒捻线之功。”又曰:“会么?”曰:“不会。”

师曰:“金粟①之苗裔,舍利②之真身,罔象③之玄谈,是野狐之窟宅。”

(《五灯会元》卷五)

〔**注释**〕 ① 金粟:维摩诘居士的前身为金粟如来。 ② 舍利:成佛之人死后的身骨,据说有白色骨舍利,黑色发舍利,赤身肉舍利。 ③ 罔象:即“无象”。《庄子·达生》:“水有罔象,丘有峷,山有夔,野有彷徨,泽有委蛇。”“罔象”“峷”“夔”“彷徨”“委蛇”,均为庄子所虚构之鬼的名字。

〔**鉴赏**〕 呵祖骂佛以打掉学人对佛祖的执着,在开悟的禅僧中间是非常普遍的现象。夹山善会要弟子“向生死中定当取”,真是追溯到了人类思维的根本点上了。

夹山善会(805—881),广州岘亭人,俗姓廖。九岁于潭州(治今湖南长沙)龙牙山剃度,二十岁受具足戒。前往江陵钻研经论,又至禅会处参学。初住润州京口(今江苏镇江)鹤林寺。后依道吾之劝,赴浙中(江苏)华亭,参谒船子德诚。船子为了让他彻悟,竟然沉船自逝。这一幕,彻底扫荡了他胸中的凡情尘念,进入了永恒的境界之中。

这个世界本来就是圆满而永恒的。因为生命的出现,才形成了对时间和空间的概念。而时间和空间,都是人对自身和存在环境的感知。

海德格尔说:“任何一种存在之理解都必须以时间为其视野。”(《存在与时间》)人向死而生,时间之箭不可逆转,故历史上充满了对时间的焦虑的声音。如“子在川上曰:逝者如斯夫”(《论语·子罕》)、“年年岁岁花相似,岁岁年年人不同”(刘希夷《代悲向头翁》)、“人生如梦,一樽还酹江月”(苏轼《念奴娇·赤壁怀古》)等。同时,因为有了“我”,才有了空间的四面八方,才有了对生存空间的争夺。人类的斗争、战争,乃至自然界的杀戮,全源于此。“物竞天择,适者生存”,就是对这种生命存在方式的一个简洁的概括。而所有伟大的思想、宗教,都是为了改变人类的这种悲凉的命运所作的不懈的努力。

超越生死,就是超越时间和空间,从在时间中的追逐与在空间中的争斗中脱身出来,进入永恒。

超越生死,就是超越自我。把“我”这个衡量时间与空间的中心点给拔掉。佛家称这个点是“空”。“空相”就是“实相”,就是永恒,“不生亦不灭,不常亦不断,不一亦不异,不来亦不出”。庄子说,此亦一是非,彼亦一是非,纷纷扰扰,争吵不休;不要从任何人的视点出发,包括他自己,而要“照之于天”;不是任何人头上的那一片天,而是“开天之天”。《易经》的“不易”就是永恒,永恒囊括时间与空间,囊括宇宙;站在“永恒”的角度,去看世界的“变易”,不是非常“简易”吗?

“跳出三界外,不在五行中。”你本来就在三界之外,是一颗纯净无瑕的妙明真心,这就是六祖所说的“父母未生前的本来面目”。因为偶然的因缘,来到这个世界。如果保持这颗“真心”的纯净,不在时间的长河中随波逐流,不为任何空间所局限,这就是超脱了生死。佛法很简单,能告诉你的仅仅如此而已。

夹山说:“佛只指示汝:无法本是道,道无一法。无佛可成,无道可得,无法可取,无法可舍。所以老僧道,目前无法,意在目前。他不是目前法。若向佛祖边学,此人未具眼在。”荀子说:“虚一而静,谓之大清明。万物莫形而不见。”老子说:“为学日益,为道日损,损之又损,以至于无为,无为而无不为。”“无为”,就是彻底放弃自我,进入永恒;“无不为”,就是如如,让世界真实面目显现出来。圣人成就之道,乃彻底无我。儒道释,皆如此。

夹山颂云:“劳持生死法,唯向佛边求,目前迷正理,拨火觅浮沤。”

永恒是无为法,在尘世的一切都属于有生有灭的有为法,哪怕一念心动。佛祖讲了那么多的大法,都是为了从心理活动的源头上消除哪怕是一念的心动。哪怕是佛法本身,无论向我求佛法,还是向经论求佛法,都是与佛祖的教导背道而驰的，就像在火焰中寻找小水泡一样。

“闻中生解，意下丹青。目前即美，久蕴成病。”夹山说，“金乌玉兔，交互争辉。坐却日头，天下黯黑。上唇与下唇，从来不相识。明明向君道，莫令眼顾着。何也？日月未足为明，天地未足为大。空中不运斤，巧匠不遗踪。见性不留佛，悟道不存师。寻常老僧道，目睹瞿昙，犹如黄叶，一大藏教是老僧坐具。祖师玄旨是破草鞋，宁可赤脚不着最好。”包括金粟之苗裔(僧)，舍利之真身(佛)，罔象之玄谈(法)，都是野狐之窟宅。

如果佛、法、僧都一无是处的话，如何成佛？夹山云：“百草头荐取老僧，闹市里识取天子。”意在目前，佛就在郁郁葱葱的百草头上，熙熙攘攘的闹市区里。

僧问：“从上立祖意教意，和尚为甚么却言无？”夹山云：“三年不吃饭，目前无饥人。”一切心中自足，无需向师求，向佛求。僧人问：“既是无饥人，弟子为什么不悟？”夹山说：“只为悟迷却阇黎。”就是因为你太急于“开悟”了，才让开悟牵着你的鼻子转。复示偈曰：“明明无悟法，悟法却迷人。长舒两脚睡，无伪亦无真。”

有僧问：“古人布发掩泥，当为何事？”

“布发掩泥”，是《因果经》的一个故事。燃灯佛欲度善慧，用神通在自己前行的路上变化出一片泥淖。善慧看见，立即脱下身上的鹿皮衣覆在地上，仍不够遮掩泥水坑。于是，他便全身躺在地面，把盘在头顶的头发解开也覆在泥上，让燃灯佛从上走过。燃灯佛为善慧授记说：“你将来必于五浊恶世中作佛，度化人天。”

夹山说：“九乌射尽，一翳犹存。一箭堕地，天下黯黑。”

天上十个太阳，被后羿射落了九个。佛就像这个太阳一样，把你们的眼睛都照耀得金星乱晃了。一箭射下来，天下黢黑时，你们才能睁开自己的双眼。

上堂云：“悟不由师。龙门跃鳞，不堕渔人之手。但意不寄私缘，舌不亲玄旨，正好知音。此名俱生话。若向玄旨疑去，赚杀阇黎。困鱼止泺，钝鸟栖芦。云水非阇黎，阇黎非云水。老僧于云水而得自在，阇黎又作么生？”

夹山说，善知识们！迷悟不在师父，而在于自己。你们都是跳跃龙门的锦鲤,不要困死在我的这个破网中。心里不牵念缘分,口中不谈论玄旨,都是佛祖的传心之人。只有困鱼才处洼水,笨鸟才栖茅芦。行脚者不一定成佛,成佛者不一定行脚。

(李志军)

夹山境

问:"如何是夹山境?"师曰:"猿抱子归青嶂里,鸟衔华落碧岩前。"

(《五灯会元》卷五)

〔鉴赏〕 善会禅师自船子和尚处得道后,遵循老师"藏身之处没踪迹,没踪迹处莫藏身"的教诲,遁世忘机。

善会曾在沩山灵祐处作典座。沩山问:"今日吃什么菜?"善会说:"二年同一春。"和往年一样。沩山叮嘱说:"好好修事着。"善会说:"龙宿凤巢。"

丈夫自有冲天志,不向如来行处行。在沩山这个"没踪迹处"藏身只是暂时而已。善会往往语出惊人,追随者越来越多,庐室星布,晓夕参依。后应邀入住夹山。

夹山位于湖南常德市石门县东南方向,澧水之北,东西双峰交错,依拥而立,如和鸣的鸾凤,被称为"鸾凤夹山"。

一位罗秀才要与夹山较量禅法,说:"请和尚破题。"秀才胸有成竹,请和尚"命题"。夹山说:"龙无龙躯,不得犯于本形。"

秀才问:"何为龙无龙躯?"夹山说:"不得道着老僧。"

秀才问:"何为不得犯于本形?"夹山说:"不得道着境地。"

秀才又问:"如何是夹山境地?"夹山答曰:"猿抱子归青嶂里,鸟衔花落碧岩前。"

也许,这两句出于牛头法融弟子天柱崇慧的"白猿抱子来青嶂,蜂蝶衔花绿蕊间",但更精炼、更高明。

这两句诗的确很美，是以夹山善会禅师此言一出，马上就流传开了。人们干脆把“夹山”称为“碧岩”。

三百年后，圆悟克勤在张商英的邀请下，来到夹山住持，对雪窦重显禅师百则《颂古》中的历代祖师公案一一评唱。弟子据此辑录整理出了“宗门第一书”，命名为《碧岩录》。后人称之为：“无边风月眼中眼，不尽乾坤灯外灯。柳暗花明十万户，敲门处处有人应。”圆悟克勤也有描绘夹山美景的句子，如“云到碧岩千仞翠，月当青嶂万溪春”，“门下青山泼黛，途中细雨如膏。灵云陌上桃花，处处芳菲溢目。香严岩畔翠竹，时时撼影摇风”，等等。但都远远没有夹山善会禅师的这两句有声有色，典雅空灵。

“猿抱子归青嶂里，鸟衔华落碧岩前。”不仅情景交融，而且禅意蕴积其中，不留痕迹，真乃王国维所推崇的“无我之境”。

“猿”的心中也有佛性。雪峰义存田中干活，路逢一猕猴，便说：“人人有一面古镜，这个猕猴亦有一面古镜。”“古镜”即本心。《西游记》中的孙悟空，拜师修道来到了“灵台方寸山，斜月三星洞”，这两句话各暗含一个“心”字。“猿抱子归”，乃是见自本心，回归佛性之意。佛性在哪里？就在郁郁葱葱、生机勃勃的青山绿水之中。

“花”，更与佛教有无尽的因缘。须菩提尊者在岩中宴坐，诸天雨花赞叹。须菩提问：“空中雨花赞叹，复是何人？云何赞叹？”答曰：“我是梵天，敬重者善说般若。”尊者说：“我于般若未尝说一字，汝云何赞叹？”梵天说：“如是尊者无说，我乃无闻。无说无闻，是真说般若。”尊者一日正在说法，帝释雨花。尊者乃问：“此花从天得邪？从地得邪？从人得邪？”帝释说：“非也。”尊者问：“从何得邪？”帝释乃举手。尊者赞曰：“如是，如是！”夹山的花，不是诸天所雨，亦不是帝释所散，乃是青鸟衔来。也许，回想一下洞山良价的禅法——“鸟道”，更能明了“鸟衔花落”的含义。

须菩提在释迦牟尼的弟子中，是“解空第一”，可以说夹山善会也是“解空第一”的禅师。

（李志军）

洞山三路

师问僧："甚么处来？"曰："洞山来。"

师曰："洞山有何言句示徒？"曰："寻常教学人三路学。"

师曰："何者三路？"曰："玄路、鸟道、展手。"

师曰："实有此语否？"曰："实有。"

师曰："轨持千里钵，林下道人悲。"

（《五灯会元》卷五）

〔鉴赏〕 洞山良价、石霜庆渚、夹山善会三人交好，如庄子所说的："子桑户、孟子反、子琴张，三人相与友，曰：'孰能相与于无相与，相为于无相为？孰能登天游雾，挠挑无极；相忘以生，无所终穷？'三人相视而笑，莫逆于心，遂相与友。"（《庄子·大宗师》）

三人同门异师，分别在江西宜丰、湖南潭州、湖南石门弘法，呈长蛇之阵，成掎角之势，相互关注，共同激昂，使药山惟俨的禅法在湘赣一带的发展如同星火燎原。

一个僧人从洞山来，夹山问道："洞山平日如何教育弟子？"僧人说："有三路教学。"夹山很感兴趣，问："哪三路？"僧人答："玄路、鸟道、展手。"

洞山《玄中铭》序云："绝韵之音，假玄唱以明宗。入理深谈，以无功而会旨"，觉悟之境界不可说，禅法亦不可说，只有"寄鸟道而寥空，以玄路而该括"。鸟行于空，鸟道无踪迹，如空体寂然，不乖群动，在现象之上，洞悉现象，称为"鸟道"。玄中之玄，主中之主，向上一路，称为"玄路"。超越佛、超越空的境界，禅林中常说的"下一转语"，以突破玄关，就是"玄路"。

"展手"，展开两手，空无所有，迎接学者，使之直入甘露之门。很多高僧都"展"过手。僧问灵树如敏："佛法至理如何？"灵树曰："展手而已"。仰山问九峰道虔："佛之与道，相去几何？"九峰说："道如展手，佛似握拳。"

还有一个"展手"公案。宋开宝中枢密使李崇矩巡护南方，入广州文殊院睹地藏菩萨像，问僧："地藏何以展手？"僧人答："手中珠被贼偷却也。"李枢密不满意,问圆明禅师:“既是地藏,为甚么遭贼?”圆明说:“今日捉下也。”东问西问,你就是盗珠之人。李枢密连忙谢罪。

天童觉禅师对“洞山三路”有个很好的开示。僧问:“如何是鸟道?”天童云:“应处无踪迹,丝毫不碍身。”僧云:“如何是玄路?”天童云:“圆同太虚,无欠无余。”僧云:“如何是展手?”天童云:“当机的的用,的的用当机。”

然而,“匠石运斤成风”,得有个“立不失容”的郢人。“洞山三路”到了冥顽不化的僧人嘴里,变成了三条死路。

夹山问:“洞山真的说过这些话吗?”僧人说:“的确说过。”夹山骂道:“轨持千里钵,林下道人悲。”

你白白地捧着钵盂行走了千里路途,真让林下道人感到悲哀。还有一种说法骂得更狠:“鬼持千里钞,林下道人悲。”你真是一个揣着冥币跑了千里的孤魂野鬼!

法眼曾问赵州弟子光孝慧觉禅师:“承闻赵州有‘庭前柏树子’话,是否?”慧觉说:“无。”法眼说:“往来皆谓僧问:‘如何是祖师西来意?’州曰:‘庭前柏树子。’上座何得言无?”慧觉说:“先师实无此语。和尚莫谤先师好。”这才是真正的弟子。

对洞山的这种极易僵化的教学模式,德山宣鉴颇有些诋毁之语。《联灯会要》载他说:“巧述言辞,强生节目,言玄路、鸟路、展手。若取如是说,如将宝器,贮于不净;如将人粪,作旃檀香。仁者!彼既丈夫我亦尔,怯懦于谁?竟日就他诸方老秃奴口觜,接涕唾吃了,无惭无愧,苦哉!苦哉!狂却子去。”

在《祖堂集》中,这段公案还没有完结。

夹山骂他:“贵持千里抄,林下道人悲。”跑来跑去,把抄来的语录当作宝贝!僧人惶恐不安,礼拜退立。夹山又骂:“咄!这个阿师近前来!”僧人赶紧近前而立。

夹山给他讲了自己悟道的经历:“某甲初见先师。先师问某甲:‘阿那个寺里住?’某甲对云:‘寺则不住,住即不寺。’先师曰:‘为什么故如此?’某甲对曰:‘目前无寺。’先师曰:‘什么处学得此语来?’某甲对云:‘非耳目之所到。’先师云:‘一句合头意,万劫系驴橛。’”

夹山讲过，诚恳地说："如今改为四句偈曰：'目前无法，意在目前。他不是目前法，非耳目之所到。'某甲无赠物与阇梨，这个是老僧见先师因缘，囊中之宝，将去举似诸方。若有人弹得破，莫来；若也无人弹得破，却还老僧。"

僧人如获至宝，高高兴兴，跑回见洞山。洞山问："那里去来？"僧人云："到夹山。"洞山问："有什么佛法因缘，汝举看。"僧人对云："彼中和尚问当头因缘，某甲情切举似彼中和尚。"洞山问："举什么因缘？"僧人说："某甲举和尚示众曰：'欲行鸟道，须得足下无丝；欲得玄学，展手而学。'"洞山便失声叫道："夹山道什么？"僧人说："贵持千里抄，林下道人悲。"洞山叹云："灼然！夹山是作家。"

夹山的一个小弟子当时在洞山。洞山教小师："你速去！是你的师父在夹山，领二百众，有如是次第。"小师不相信："某甲师父无佛法，并且不在夹山。"

有个僧人也许开悟了，风趣地对小师云："旧时则'合山'，如今改为'夹山'。"

小师这才相信，便辞洞山，却归夹山。才到门前，高声哭入，向和尚说："弟子在师父初开道场时就追随你，与和尚何事不造作？何事不经历？你有如此奇特之事，当时为什么不与弟子说？"

夹山云："当初时，是你淘米，老僧烧火；是你端饭，老僧展受。你怪我什么地方？"

和龙潭崇信一样，小师一下恍然大悟：原来禅在烧火吃饭之中。

这位小师，就是洛京韶山寰普禅师。

（李志军）

一老一不老

问："如何是一老一不老？"

师曰："青山元不动，涧水镇长流。手执夜明符，几个知天晓。"

（《五灯会元》卷五）

〔**鉴赏**〕 潭州龙山(隐山)和尚送洞山偈云:“青山白云父,白云青山儿。白云终日依,青山都不知。欲知此中意,寸步不相离。”

洞山和曰:“道无心合人,人无心合道。欲知此中意,一老一不老。”

二人的偈颂传遍了禅林。夹山教弟子去问石霜:“如何是‘一老一不老’?”石霜云:“白云听你白云,青山听你青山。”

其僧回去,告诉夹山。夹山赞叹不已。

僧问夹山:“如何是‘一老一不老’?”夹山说:“青山元不动,涧水镇长流。手执夜明符,几个知天晓。”“青山”,如如不动者,象征佛性本心,在“洞山五位”中,为君,为父,为“一老”。“白云”“流水”,都是象征在时间的长河中,转瞬即逝的一切事物,为臣,为子,为“一不老”。

“青山白云父,白云青山儿”。有情众生,山河大地,都是佛性的显现,都在佛性之中。按照华严宗的法界缘起说,世间万象都是佛性与外境因缘和合而成的。

“白云终日依,青山都不知。”陶渊明《归去来兮辞》云:“云无心以出岫,鸟倦飞而知还”,一切自然而然,故洞山云:“道无心以合人,人无心而合道。”

可惜的是,修道之人,把高僧包括佛祖所说的片言只语当作夜间行走的指路明灯,而不知天早已大亮了!就像庄子说的:“日月出矣,而爝火不息,其于光也,不亦难乎!时雨降矣,而犹浸灌,其于泽也,不亦劳乎!”(《庄子·逍遥游》)

如果人能达到石霜所言,“白云听你白云,青山听你青山”,早就见性成佛了!

(李志军)

露地白牛

有一座主参师。师问:“久习何业?”对云:“《法华经》留心。”

师曰:“《法华经》以何为极则?”对云:“露地白牛为

极则。”

师云：“爱着舍取之服、璎珞之衣，驾以白牛届此道场，岂不是座主家风?”对云：“是。”

师曰：“傍边有个樑根迦叶，起来不肯。诸子幼稚，惟无所知。老僧者里百草头与一镢。座主！向上一路富贵处，因何不问?”座主曰：“与么则有第二月也。”

师云：“老僧要坐却日头，天下黯黑，茫然者，匝地普天。”

座主问：“如何是向上一路富贵处?”师云：“滴雪峰外，白雪不挂，座主作么生?”师又云：“一句子十方共参，一句子天下不那何[1]，一句子活却天下人，一句子死却天下人。巧拙临时自看。所以道：‘贵持千里抄，林下道人悲。’直得灵草不挂，犹非九五之位[2]。明珠夜月，不是天晓。”

（《祖堂集》卷七）

〔注释〕 ① 那何：即奈何。 ② 九五之位：指帝位，即成佛。九在阳数（奇数）中最大，有最尊贵之意，而五在阳数中处于居中的位置，有调和之意。这两个数字组合在一起，既尊贵又能调和，无比吉祥，实在是帝王最恰当的象征。《易经》中，以“九”代表阳爻，“六”代表阴爻。如果阳爻居于第五位，则称“九五之位”。

〔鉴赏〕 禅宗出世，独标“教外别传”，不仅普通信众不解，也让很多讲师座主心中不服。

有人问：“祖意教意，是同是别?”夹山说：“风吹荷叶满池青，十里行人较一程。”从佛法上来讲，如同满塘荷叶，一色青青。从引导众生成佛的作用来说，讲大道理就逊色多了。

夹山吃茶，亲自烹一碗，递给侍者。侍者刚要接，夹山乃缩手，问：“是甚么?”侍者无对。悟不由师。自己的茶汤自己煮，自己的心底自己明。这个侍者不如德山机灵。在场的座主也不懂，问：“若是教意，在下即不疑。只如禅门中事如何?”夹山说：“老僧只懂得把生水烧成开水。”

一位西川座主，听说禅宗高明，罢讲遍参。一日来到襄州华严和尚处，问道:"祖意教意,是同是别?"

华严说:"如车二轮,如鸟二翼。"这是止观双修的"如来禅",而不是"祖师禅",天台宗的"一心三观",禅宗北宗的"观心看净",都是这种禅法。

座主一听,笑道:"原以为禅门别有长处,看来和教门一样。"

遂归蜀,后来听到夹山道播诸方,派弟子又将原话问了一遍。夹山说:"雕砂无镂玉之谈,结草乖道人之意。"

在经书之中寻求解脱,不过是把雕刻沙堆当作镂琢美玉一样;结草为庐,隐居河上岂是道人修行的本意?

座主听了,遥遥相拜:"原来禅门中,真的别有长处!"

有一座主参夹山。夹山问:"久习何业?"座主谦逊地说:"于《法华经》留心。"夹山问:"《法华经》以何为极则?"对云:"露地白牛为极则。"

《法华经》中,分别用羊车、鹿车、牛车,来代表佛法中的声闻乘、缘觉乘、菩萨乘。以白牛譬喻一乘教法,从而指无丝毫烦恼污染之清净境地为"露地白牛"。

夹山云:"爱着舍取之服、璎珞之衣,驾以白牛,届此道场,岂不是座主家风?"座主说:"是的。"讲解《法华经》,目的就是以大乘佛法普度众生。夹山说:"旁边有个椽根迦叶,起来不肯。"

世尊拈花,迦叶微笑,以心传心。迦叶被禅宗奉为初祖。夹山说,我就是那个刨根问底、直指人心的迦叶,并不认可你的说法。《法华经》言,众生好像年幼无知的小孩子,贪图玩耍,不肯逃出火宅,因此佛祖驾着大白牛车,骗他们上车,逃离火海。老僧认为,每个孩子都是天真聪明的,只要觉醒,都能明心见性。就是无情草木,老僧也能打出佛性来。

夹山说:"座主!向上一路富贵处,因何不问?"座主说:"露地白牛就是极则了,哪里还有向上一路?天上会有两个月亮吗?"夹山云:"老僧要坐却日头,天下黯黑,茫然者匝地普天。"老僧要把太阳盖住,让天下地上一团漆黑。这时,你就得自己想办法解决照明问题了。座主问:"如何是向上一路富贵处?"夹山云:"滴雪峰外,白雪不挂,座主怎么办?"夹山又云:"一句子十方共参,一句子天下人无可奈何,一句子活却天下人,一句子死却天下人。"是巧是拙,是迷是悟，不在经文，而在学人。六祖慧能给一位念了几千遍的《法华经》而不知佛祖本意的僧人说："心迷法华转，心悟转法华。诵经久不解，与义作仇家。"

所以，夹山说："贵持千里抄，林下道人悲。"你死记硬背，照本宣科，即使修得"灵草不挂"，"犹非九五之位"。要知道，明珠夜月，不是天晓！

（李志军）

清平令遵禅师

竿长竿短

初参翠微，便问："如何是西来的的意？"微曰："待无人，即向汝说。"

师良久，曰："无人也，请和尚说。"微下禅床，引师入竹园。

师又曰："无人也，请和尚说。"微指竹曰："这竿得恁么长，那竿得恁么短？"

（《五灯会元》卷五）

〔鉴赏〕 赵州之后，很少听到如此风趣智慧的说法了。

问："如何是禅？"答："猢狲上树尾连颠。"

想一想猴子上树时，尾巴卷到头顶，一窜一窜的样子，真令人忍俊不禁。

问："如何是有漏？"答："笊篱。"问："如何是无漏？"答："木勺。"

漏，乃流失、漏泄之意，为烦恼之异名。人类由于烦恼所产生之过失、苦果，使人在迷妄的世界中流转不停，难以脱离生死苦海，故称为"有漏"；若达到断灭烦恼之境界，则称为"无漏"。有"漏"的是笊篱，无"漏"的是木勺，妙极。

问："如何是大乘？"答："井绳。"问："如何是小乘？"答："穿钱的绳。"问："如何是清平家风？"答："一斗面粉做了三个蒸饼。"问："觌面相呈时如何？"觌面相呈，指以心传心，直截了当。令遵却说："东西带来了？直接交给当家的和尚吧。"

真可谓“逗机方便，靡徇时情，逆顺卷舒，语超格量”。

清平令遵禅师(845—919)，东平(今属山东泰安)人。少时依本州北菩提寺落发出家，后诣滑州(治今河南滑县东)开元寺受具足戒，并专攻律学。一日，令遵云：“夫沙门应决彻死生，玄通佛理。焉能孜孜卷轴，役役拘文，悉数海沙，徒劳片心！”

令遵放弃律学，远走他方，参礼禅德。至江陵白马寺，遇到一位老宿，名叫慧勤，告诉他说：“吾久侍丹霞天然禅师，今既垂老，倦于提诱。汝可往谒翠微，彼即吾同参也。”

令遵前往终南山翠微寺，拜见无学禅师。

令遵见面就问：“如何是西来的的意?”翠微说：“待无人即向汝说。”

等了好大一会儿，令遵说：“无人了，请和尚说。”于是翠微引令遵进了竹园，十分幽静。令遵又说：“无人也，请和尚说。”翠微指着竹子说：“这竿怎么那么长，那竿怎么那么短?”

翠微的“无人”，不是说没有人，而是《金刚经》中说的：“无人相，无我相，无众生相，无寿者相。”当你无先入之见时，无分别心时，世间万象就真实地呈现出来。就像园中的竹子，长者自长，短者自短。

令遵似有所悟，但没透彻。

唐文德元年(888)，令遵出住河南上蔡大通禅院。一天，上堂，举初见翠微机缘，谓众人曰：“先师入泥入水为我，自是我不识好恶。”

光化年间(898—901)，应节度使杜洪邀请，令遵率徒众百余人来到鄂州清平山安乐院。

令遵上堂云：“诸上座，夫出家人须会佛意始得。若会佛意，不在僧俗男女贵贱，但随家丰俭安乐便得。诸上座尽是久处丛林，遍参尊宿，且作么生会佛意？试出来大家商量，莫空气高，至后一事无成，一生空度。若未会佛意，直饶头上出水，足下出火，烧身炼臂，聪慧多辩。聚徒一千二千，说法如云如雨，讲得天华乱坠，只成个邪说，争竞是非，去佛法大远在。诸人幸值色身安健，不值诸难，何妨近前着些工夫，体取佛意好！”

“近前着些工夫，体取佛意”，便是令遵禅师从翠微无学那里接到的著名的丹霞天然的禅法。

（李志军）

道场如讷禅师

石从空里立，火向水中焚

僧问："如何是教意？"师曰："汝自看。"僧礼拜。

师曰："明月铺霄汉，山川势自分。"

问："如何得闻性不随缘去？"师曰："汝听看。"僧礼拜。

师曰："聋人也唱胡笳调，好恶高低自不闻。"

曰："恁么则闻性宛然也。"

师曰："石从空里立，火向水中焚。"

问："虚空还有边际否？"师曰："汝也太多知。"僧礼拜。

师曰："三尺杖头桃日月，一尘飞起任遮天。"

问："如何是道人？"

师曰："行运无踪迹，起坐绝人知。"

曰："如何即是？"

师曰："三炉[①]力尽无烟焰，万顷平田水不流。"

问："一念不生时如何？"师曰："堪作甚么！"僧无语。

师又曰："透出龙门云雨合，山川大地入无踪。"

（《五灯会元》卷五）

〔注释〕 ① 三炉：一种焚燃沉香用的铜炉。或云第三炉香。

〔鉴赏〕 人们喜欢诗，但诗人可是苦得很。贾岛自叹："二句三年得，一吟双泪流。"（《题诗后》）卢延让说："吟安一个字，捻断数茎须。险觅天应闷，狂搜海亦枯。”(《苦吟》)更有杜甫所说的“语不惊人死不休”(《江上值水如海势聊短述》)。

读灯录时，常常既艳羡又怀疑，这些高僧们难道真的有了神通？一个个风雅之极！出口成章，两句一对，意境优美，音节铿锵，禅味地道！

王国维说：“有我之境，以我观物，故物皆着我之色彩。无我之境，以物观物，故不知何者为我，何者为物。”又说：“无我之境，人惟于静中得之。”可能这些得道之人，胸中无我，眼前尽是“现量”，随便说两句“顺口溜”，就是上上乘的“无我之境”。可见想写好诗，得先参禅。

这位禅师，虽法号“如讷”，却是才思敏捷，口吐莲花。

僧问：“如何是教意？”如讷说：“明月铺霄汉，山川势自分。”佛性涵盖乾坤，不碍其中之差别境界。僧问：“如何得‘闻性不随缘’去？”《首楞严经》中有“耳根圆通法门”，以“声有声灭，闻性恒常”，说明色尘生灭，而妙明本心常住不变的道理。文殊菩萨偈云：“大众及阿难，旋汝倒闻机，反闻闻自性，性成无上道，圆通实如是。”让阿难及大众，不要追寻外境，反闻以闻自己之闻性。此性，即是圆湛不生灭性，亦即菩提涅槃元清净体，实成佛之真因。故如讷说：“你自己听。”

僧人便礼拜。如讷知道他是不懂装懂，便说：“聋人也唱胡笳调，好恶高低自不闻。”僧人问：“那么，则闻性宛然也。”这个僧人把“闻性”当作了一个客观的存在。如讷说：“石从空里立，火向水中焚。”外境空，“闻性”亦空，哪里能找得到？你能让石头立在空中吗？你能让火在水里燃烧吗？僧人问：“虚空还有边际否？”如讷已经有些不耐烦：“三尺杖头挑日月，一尘飞起任遮天。”一个出家人，心与日月同在，但你的小聪明已经把天都遮住了。

又一个僧人问：“如何是道人？”如讷说：“行运无踪迹，起坐绝人知。”道人和光同尘，心中菩提常在，行止不露声色。僧人问：“如何才能得道？”如讷说：“三炉力尽无烟焰，万顷平田水不流。”僧人又问：“一念不生时如何？”如讷说：“堪作甚么！”僧人无语。如讷又说：“透出龙门云雨合，山川大地入无踪。”如讷的回答真是禅味十足。

(李志军)

附录　问禅

千百年来，每论及禅，总是佛祖拈花、迦叶微笑、一苇渡江、十年面壁、只履西归、慧可断臂、夜付袈裟云云，无时无处不充盈着传奇色彩。这些悦人耳目的故事，虽然具有文学欣赏、艺术审美的价值，可惜却非史实。大家知道，西游记的故事同样取材于佛教历史，但从来没有人把孙悟空、猪八戒、沙和尚当成真的历史人物，把小说中渲染的九九八十一难看作玄奘西行求法路上真正遭遇的艰难险阻。历史与传说泾渭分明。为什么在谈禅时却将禅混同传奇予以渲染，使其不仅在佛门影响颇大，甚至在研究领域都传播甚广呢？我以为这与禅的性质有关。

关于禅，虽然人说人殊，但有一点是绝对统一的，那就是“不可说”。正因为不可说，于是便借传奇故事烘托它的神秘色彩，结果愈神秘愈不可说，愈不可说愈神秘，“禅到底是什么”越发变得深不可测了。其实，禅很平常，它是在我们日常生活中展现出来的，与每个人相关的，或者指导我们如何生活，或者驱使我们终生追求的一种境界或方法。

虽然如此说，但是对于大多数人而言，禅仍然是一个莫测高深，可望而不可即的东西。所以，我们还是要问，禅是什么呢？

鲁迅先生曾说：“晋以来的名流，每一个人总有三种小玩意，一是《论语》和《孝经》，二是《老子》，三是《维摩诘经》，不但采作谈资，并且常常做一点注解。”这一现象应当说反映了中国文化儒、道、释三教合一的本质；另一方面也可以看出，中国思想以儒家之实，取道家之超然，同时兼容佛家之空，在哲学上是如何将实、空和超然统而化之的。基于此，大多数人解释禅，常常将中国文化中的禅区别于印度之禅，不以“定”为禅之根本，而说是“自然”，或者说是“智慧”。其原因在于，中国文化中的禅更多的濡染了道家之超越精神。这既是禅的特点，也可以说体现了中国文化的特点。

那么禅到底是什么呢？

谈禅务必谈“空”，“空”是佛门的老生常谈。首先，我们必须弄清什么是“空”。其实“空”不像有些人理解的那样是什么都没有。如果什么都没有，还谈什么，又何必谈呢？中国历史上有多少思想家都对这个问题孜孜以求，无论是道家、玄学家，还有为数不少颇受佛教义理影响的儒生，乃至理学家，当然包括那些佛门弟子。他们谈空说有，绵延不绝，而且花样翻新，层出不穷。显然，“空”的定义是一个相当复杂的问题。如果一定要用简单的话说明它的意义，那么可以说：

空是一种存在的形式。

为了说明什么是空，这里引述一段《道德经》中的话：

> 三十辐共一毂，当其无，有车之用。埏埴以为器，当其无，有器之用。凿户牖以为室，当其无，有室之用。故有之以为利，无之以为用。

这段话的意思是，一个车的车轮，因为中间的毂是空的，才能容纳车轴于其中，让固定在周围的辐条所撑起的轮子运转起来，车就有了运载之用。揉和泥土捏制成中空的器具，因为中间是空的，才能作为盛物的器具。建造的房屋，必须有门窗，且在墙内和屋顶下有足够的空间，才能容人居住，才能叫作房屋。所以说，“有”，是为了有利，或者是为了盈利；“无”，才是为了实用。换句话说，“无”才是有用。

“无”与“空”几乎可以说是同样的意思，理解了这段话大致可以理解“空”。它们就是这样的一种存在。侯外庐先生曾经回忆他与李约瑟的交往，也谈到了这段话的内涵。他是以经济学的方法分析的，强调“有”是价值，“无”是使用价值，应当说这是很有创新性的见解。懂得了这一点，也就理解了“空”是一种存在，而不是不存在。

不过，与禅联属的空尚不止于此。禅家的空不仅是存在，而且是最高的存在。从哲学上说，空显然是佛学的根本，或者说生成一切，而不被生成的非本体的本体。这个问题更复杂，日后会不断地提到，有机会专门论述。

理解了道家的空是那样的一种存在，禅又是什么呢？

为了说明禅的性质，我们不妨先借用胡适的一些观点。

胡适虽然是反佛的，但他对禅宗有专门的研究。借用他的话说明禅是什么，可能会更客观一些。他研究禅，也像研究其他问题一样，特别重视方法，所以，他曾总结禅的方法有三：

其一，是不说破。也就是说，在解答问题时，不要太直、太白、太简易，甚至不要有一言半语，应当以能引起对方独立思考为目的。下面举例说明：

磨砖作镜的故事大家耳熟能详。说的是马祖道一投师南岳怀让门下，终日端坐不动，其他僧人颇为赞叹，唯怀让不语。一日，怀让持一片瓦在巨石上反复磨，道一不解，于是问怀让做什么。怀让回答，磨制成镜。道一更加迷惑，继续问，磨砖岂能成镜？怀让接着说，坐岂能成佛？道一于言下大悟。这里不仅有对"定"的否定，表现出禅学中国化的倾向，而且，确实如胡适所说，禅以不说破，从而促进人独立思考为方法。至于后来怀让进一步说："若学坐禅，禅非坐卧；若要成佛，佛非定相"，则更能体现禅"离言""离相"的方法和否定精神。

接着讲的仍然是禅门公案。有尼叫实际的，诘难俱胝和尚，俱胝不得要领，无言以对，于是云游挂单，参寻诸方。一日至天龙和尚处，求以至道。天龙不语，唯举手竖起大拇指以示之，俱胝当下大悟。之后，凡有参学者，俱胝唯示之一指，故有"一指禅"之称。门下有一童子，耳濡目染，虽不得要领，却习以为常。偶有人问童子大师所说何法，童子则依葫芦画瓢，故作高深，也举一指，如俱胝状。大师得知此事，唤童子于座前，并问什么是禅。童子似乎已成条件反射，像往常一样，闭口不言，唯举起拇指以作回答。大师无言，顺手以刀刃砍去童子所竖拇指，再问，什么是禅？童子习惯成自然，又举手欲再竖起拇指以作应答，然而，什么也没有竖起，或者说竖起的什么也不是，童子不知所措，骤然有悟。日后更是勇猛精进，一生受用不尽。这段公案说得未免有点残酷，自然不一定是事实，意思无非是突出禅的境界在于杜绝思虑于“心行路绝”之中。从接受者而言，直超而入，领悟于浑然不觉之间；就传授者讲，就是无言，或者如胡适所指——不说破。

不说破，作为一种方法，它自然是禅的方法；作为结果，它无疑是追求的境界，也就是禅的本身。胡适于此，似乎特别偏爱法演，他反复吟诵法演的诗：

鸳鸯绣取从君看，不把金针度与人。

所谓“不把金针度与人”，就是不要把自己的思虑所得直接告诉别人，而是采用各种手段，启发学人自觉、自得，这就是“不说破”的意思，如能悟得，在胡适看来就是禅的境界。

其二，贵在自得。也可以这样说，禅的方法，从授者言是不说破，对于接受的人而言，当然也就是“自得”了。

铃木大拙在西方谈禅，可以说是风靡一时，成功将禅宗思想传入了西方。那些西方人听得也算得上神魂颠倒了。一次铃木作关于禅的演讲，虽然让一些西方朋友听得如痴如醉、心旌摇曳，但于演讲结束后仍旧难以真正领会，显得不知所云，因而问“到底什么是禅”。铃木端坐讲台，闭目鼓舌，发出“咚咚咚”“咚咚咚”的声音。听众继续问，“咚咚咚”是什么意思？铃木继续以“咚咚咚”“咚咚咚”作为回答。我们可以想象，铃木对禅自有其独特的理解，甚至可以说达到了运思巧妙、出神入化的地步。有一次，铃木对胡适（也有说是罗素）发牢骚说，竟有人问他什么是真理？胡适马上回答，如果有人问他这个问题，他就给那人一个耳光！一个著名的禅者，只是觉得真理乃不可说，而对追问表现出无可奈何；一个反对佛教的学者，却希望在当头棒喝中，启发、诱导受教者在迷茫中自觉、自得。两者比较，应当说胡适的方法更接近禅法。击一掌，踢一脚，“洗钵盂去”，就是教人自得的方法。以前讲的老贼教小贼“吃饭的法子”，不仅是智慧，是急智，是没办法中想出办法的急中生智，而且也是激发或者唤起人的心志，依靠自己的觉悟实现自我的方法。在胡适看来，拳打脚踢，呵祖骂佛，虽然是发疯，但是，发疯也是方法！

其三，行脚。胡适称之为禅门“教学方法中最重要的一环”。他说，佛门弟子，带着满腹的疑惑，一根禅杖，一个钵盂，一领袈裟，一双草鞋，云游四方，乞食挂单；一方面洗碗帮工，一方面叩门参问，日积月累，经验日渐宽阔，理解逐月加深；对世界，对人生，对现象，对真理，也就是对禅，逐渐产生了认识。某日听见人们闲聊，或者看到舞女们舞蹈，也许是嗅到无名小花的幽香，甚或是受到风声雨声的启迪……蓦然间，在一些司空见惯的现象中恍然大悟！“桶底已经脱落”，一切了如指掌！这正如同著名理学家朱熹《观书有感二首》其二诗中所描述的境界：

昨夜江边春水生，艨艟巨舰一毛轻。
向来枉费推移力，此日水中自在行。

这首诗谈的是实践与“穷理”（穷理尽性，理指天理，用现在的话说便是认识真理、把握真理）的关系。它的意思在于说明，实践必须达到超越对立的境域，才能于至大无外、至小无内的“理”豁然贯通，才能够“于众物表里精粗无不到，而吾心之全体大用无不明”，的确与禅门顿渐问题有些类似。

胡适如此说禅，尤其与儒家传统相接近。儒家思想熏陶出来的中国士人，无不讲既要破万卷书，还要行万里路：要想增长知识，必须先增广见闻；只有增长知识，才能消除狭隘的二元对立。行脚之说显然也就是行万里路，而于“理”豁然贯通的意思。通观上述，在胡适看来，“不说破”也好，“自得”“行脚”也罢，禅不仅是一种方法，一种疯狂的方法，而且是一种智慧，一种经过长期积累，屡经磨炼，自然而生，骤然而得的智慧，并因之升华的境界，即所谓“向来枉费推移力，此日水中自在行”！

从这个意义上说，禅应当是一种随缘，即断灭二元思维的超然。下面的几个禅门公案和历史故事似乎也说明了这个意思。

清远和尚曾强调：“修行须离念”，离念即超越所思所想，用佛家的话讲就是破除我执。为了说明何谓离念，他给弟子们讲了一个生动却又教人哭笑不得的故事。他说：

一持戒僧夜间行走时，脚下踩一物吱咕作响，于是心生疑虑，以为自己踩死了一只蛤蟆，并且是一只腹中孕育着无数子蛤蟆的母蛤蟆。结果一路上惊悔不已，越想越觉得自己罪孽深重，直到后半夜仍然坐立不安，难以入眠。终于睡意袭来，朦胧中便见数百只蛤蟆奔来索命，惊惶之中一直坐待天晓，立即破门而出，直奔夜间踩物处。寻而观之，见路上被踩之物，只不过是一只烂茄子。和尚顿时释然。

他借此想告诉人们的是，很多事其实都是自己心中作怪，就是执着。

接着，他又讲了一个佛经中哭婆婆的故事。

说的是一个老太太有两个女儿，大女儿是卖鞋的，二女儿却是卖雨伞的。老太太终日愁眉紧锁，忧虑重重。人们问她为何有那么多的愁烦？她抱怨说：老天不给方便，要么终日阴雨连绵，大女儿的鞋子如何卖得出去，鞋卖不出去，大女儿何以为生？要么天朗气清，阳光明媚，老二的雨伞也会积压，二女儿的生活自然也是无以维系。人们听了之后不得不告诉她说，你为什么不换个角度思考呢？阴雨连绵，不是给二女儿提供了赚钱的机会？天气晴朗，行人如云，大女儿的鞋子自然也就畅销无阻，她们不也就财源滚滚了吗？老太太听了之后，觉得有理，紧锁的眉头瞬间便舒展开来，脸上也洋溢着明媚的笑容。

这里仍然说的是境由心生，只有破除我执，才能实现超然的道理。

大家知道，苏轼是属于豪放派的诗人、词人，一曲“大江东去，浪淘尽，千古风流人物……”，可谓气势磅礴，一泻千里，至今传诵不已。当然还有“明月几时有，把酒问青天”“人有悲欢离合，月有阴晴圆缺”这样细腻委婉、清新隽永的词句，让人们感受到自然、人事处处蕴含的绵绵不绝的情愫与世事变幻的苍凉。不过苏轼的诗，不仅跨越了唐诗以情胜的历史，而且似乎尤其能够体现宋以下说理诗的特征，特别是他的佛学说理诗，融佛理于诗文之间，把玄奥深邃、繁难艰涩的佛学义理注入情境之中，让读者在不知不觉中濡染佛家思想的精髓。“溪声便是广长舌，山色岂非清净身？夜来八万四千偈，他日如何举似人？”(《赠东林总长老》)这种以自然比喻佛法，婉转表述内心深处对空灵神韵不可言喻的感受，不知曾经教多少读者在朦胧中茅塞顿开，心领神会。至于他的那首小词(《自题金山画像》)，尤其教人从心灵上触摸到他在佛家思想影响下的超然与洒脱：

心似已灰之木，身如不系之舟。问余平生功业，黄州、惠州、儋州！

在官场上，由于政见不同，相互倾轧，乃至你死我活，历史上屡见不鲜，所谓“成则王，败则寇”。得意的人固然得意，踌躇满志；失意的人是一蹶不振，还是应当以超然的心态面向将来，却也是人生的重大课题。苏轼的一生可以说是历尽沧桑，一贬再贬，由京城贬之湖北黄州，继而放之当时尚为蛮荒之地的广东惠州，最后干脆彻底又被驱逐到号称“天涯海角”的海南儋州。远离朝廷，远离家乡，远离亲人，苏轼虽然悲从中来，而有心如死灰之叹，但是那种自由自在的豪放，淡泊世事的幽默，超越荣辱的洒脱，都蕴含在短短的六字和离政治中心越来越远的三个地名之间。什么悲欢离合，什么兴衰荣辱，什么生离死别，一切的一切，都不过如此！正所谓“金满箱，银满箱，转眼乞丐人皆谤”“昨怜破袄寒，今嫌紫莽长”，《红楼梦·好了歌注》与苏轼的这阕小词实在有许多异曲同工之妙。正因为有如此达观的心境，苏轼才能够在惨痛的失败中和沉重的打击下，排遣失落，以稳定的心态，直面惨淡人生，历经大起大落、大落大起，并以之为平生功业，而感到无愧于己，无愧于人。“心如死灰”显然不是一蹶不振的表述，而是超越政治斗争的宣言。

与苏轼不同，王安石显然是当时政治斗争的得意者，他对佛学的理解自然也与苏轼不同。当其位极人臣之时，赵宋王朝内忧外患。庙堂之上，纲纪不整；江湖之远，民不聊生。身为宰相的王安石难免政务繁忙，加之同僚攻讦，应接不暇，成败得失，终日萦绕胸间，致使其废寝忘食，忧心忡忡，坐立难安。于是他求教一位高僧，僧教其坐禅，以求速效。王遵僧教，每日行禅定，行后便觉神清气爽，见老僧即告回：此前神思恍惚，如今“下笔有神”。老僧闻言，唯摇头叹息而已。因为在僧人看来，王氏终日沉湎于政治事务，执着于利害得失，故生此弊。教其坐禅，原本是要引导王氏拿得起，放得下，从而实现“平常心是道”的超越追求：不仅超越利害，超越荣辱，而且超越善恶，乃至超越生死，所谓“放下即是”说的就是这个道理。王安石虽行禅定，也有颇多收获，然而，他借此破除了一种执着，却又进入了另一种执着。由此也可见，禅定作为一种方法，并不一定能通向禅的境界，即超然的追求，这是佛家早已认同的。

最后我们介绍云门文偃的一则公案。文偃对弟子们说："十五前不问，十五后道将一句来。"众弟子茫然而无以为对。文偃自己回答说："日日是好日。"话虽简单，但它却说明了一个普遍的道理，看似浅易，却不是每一个人都能付诸实践：只要能以良好的心态面对世事，只要能拿得起，放得下，生活就是美好的，生命也就充满着希望与光彩。

应当承认，无论是自然，还是人生，都不可能是圆满的，都无法永远的光明、无尽止的兴盛。有圆就有缺，有光明就有黑暗。反观历史，哪一代王朝，哪一个皇亲国戚不寄希望于皇祚永存，殊不知，有生就有死，即使是再兴旺的家族，终究逃不出"君子之泽，五世而斩"的历史规律。正像纳西族老人在古乐伴奏下吟唱的苍凉而富有人生哲理的民歌：

十三的月亮是缺的，十五的月亮又圆了，人生就是这样，圆了缺，缺了圆。

这首舒缓的民歌，固然倾洒了一些酸楚，却坦诚地告诉人们一个不得不承认的事实：无论社会也好，生命也罢，任何事物既非只圆不缺，当然也就不可能但缺不圆。然而，许多人不懂得这个道理，或者说不愿承认这个道理，总希望圆满，总希望光明，总希望富贵与声名显赫，一旦在生命的道路上，稍有一点沟沟坎坎，就怨天尤人，乃至万念俱灰，看到的，感受到的，便也只有残缺和一片黑暗。通常我们把风花雪月作为美的象征，美的启迪，美的追求，但是，若主体的心境不好，那就可能变成临风洒泪，对月叹息的凄凉情景，邪恶的心境自然会生成"月黑杀人夜，风急放火天"（元怀《拊掌录》）的感受。正因为注意到了这一点，禅门特别注重稳定平和、"放得下"的心境。

天门和尚有一偈中说得好：

春有百花秋有月，夏有凉风冬有雪。

若无闲事挂心头，便是人间好时节。

“若无闲事挂心头”，就是清远说的“离念”，就是前面所说的超然！做到了这一点，看到的、感受到的每一天，都将是春花秋月，风和日丽，庄严圣洁，以至于至善至美！

那么，我们是否就可以说禅就是超然？当然不能这么说！

那禅到底是什么呢？

当代著名历史学家李学勤先生在为拙著《中国禅宗思想发展史》所写的序言中特别强调，禅宗思想“其主旨实在是产生于中国，塑造于中国的。前人总是谈禅如何影响理学、心学，并以此作为指责儒者的‘帽子’，事实则可能是禅宗和理学有着共同的思想来源”。这个来源，除了居于统治地位的儒家思想以外，就是中国的道家思想，尤其是庄子的思想。所以，我认为：

禅是大众化的庄老哲学。

通常认为，“禅”来自印度的“瑜伽”（Yoga），是对梵文 Dhyāna 的翻译，应当说这是一个相沿成习的错误。因为“禅”既非它们的音译，意义又与之多不相干。若说受巴利文 Jhāna 发音的启发，倒也可能与历史比较接近。

Dhyāna 之意，来源甚古，古印度《奥义书》中就有类似的意思，这就是被称为“瑜伽”的方法和状态。实际上，这个词是印度文与日耳曼文的糅合，有“枷”或“驾”的意思，英文谓之“牛轭”。引申开来，便有“联系”“合一”，或者干脆就是“管束”的意思。中国古代文献和佛经也有译作“相应”的，比如《瑜伽焰口施食要集》便作这样的解释：“三业相应，故曰瑜伽。”不过在古印度，它特指一种制服奔驰、激扬、奋发的情欲的方法，便是“枷”或“驾”的意思。据汤用彤先生考证，瑜伽之术原有两种，一种是苦行，另一种则是持心。其实也可说是一种，它们最终的目的在于心定，追求的最高境界是心、智、感觉全部停止的超验状态。这种被称为“瑜伽”的入定之法，早在佛教创立之前，已经流行于印度次大陆。释迦牟尼菩提证道以前，也曾从瑜伽师学习此法。佛教兴起之后，也就吸取了“瑜伽”，后来索性把“瑜伽”纳入佛法，并称之 Dhyāna。可见，无论是古印度早期的“瑜伽”，还是佛教的 Dhyāna，其核心均在于“定”的工夫。胡适说:“总的说来,印度的禅,都是入定”,“定”之一字,可以说是对“瑜伽”“Dhyāna”言简意赅的概括。

应当承认,佛法初传,印度瑜伽、Dhyāna入定之术也与庄老思想和方士吐纳之术相混杂。士大夫崇尚庄老,梦想飞升成仙,出息入息,状若坐禅。东汉向栩常常坐在板子上终日不动,久而久之,木板上便形成他的膝、踝、足、指的印迹。达摩面壁的传说大概是受此启发,并以此为原形而逐渐形成的,不过远比向栩坐板的事迹带有更多的神话色彩。由此可见,Dhyāna若翻译成“坐忘”,便是非常贴切的。换句话说,它是“定”,而不是我们通常说的“禅”。

那么接下来,我们还要继续问:禅到底是什么呢?

其实,禅之一字,原本并不读chán而读shàn,从示,从单。《说文解字》:“天垂象,见吉凶,所以示人也。从二,三垂,日月星也,观乎天文以察时变。示,神事也。”这就是说,禅实际上包含了神示的意思,既有“天文”,又有“时变”,总而言之,禅之一字,原本就蕴含了许许多多不可言喻的思想内容,它的意思决非瑜伽、Dhyāna的翻版,更何况,它的发音也不是现在的chán。关于原来的Dhyāna什么时候变成现在的禅(chán)还需要详细地考察,但是,我们可以确定无疑地说,禅,作为一种思想、一种理念、佛教哲学的一个重要范畴,作为佛教的一个宗派,它的应用和内涵的演变,与《庄子》有着密不可分的关系,本就是从《庄子·寓言》中挖出来并予以改造的。请看庄子是如何使用禅的:

> 万物皆种也,以不同形相禅(读shàn),始卒若环,莫得其伦,是为天均。天均者,天倪也。

依照庄子的这句话,“禅”应当理解为“嬗代”的意思(“嬗”与“禅”应视为同音的通假字),也就是成玄英疏解的“运运迁流而更相代谢”。庄子以寓言标示其作品,无疑也有代替之意。尤其重要的是这句话指明了事物的本源、变化,以及虽然变化递嬗,其本源却仍然同一;还有万物平等,周而复始,绵延不绝等丰富而又变化莫测的神秘内涵。事实上,早在东汉时期,西域高僧安世高就已经赋予它“断生死,得神足”的超越意识。以后各家对禅的理解,便越来越多的沿着这一思路，着重于幽明玄密的心境向前发展。安世高的弟子康僧会序《安般守意经》则强调定的结果是明，即所谓“厥心即明”“无幽不睹”，心明则无所不察，无所不能，制天地，住寿命，运宇宙、人生于一心之中。“定”的形式早已融化在“明”的思维中了。东晋谢敷又是突出以“慧”守意的，“慧”是核心，同样需要创造性的翻译，用一个新的概念、新的范畴，以表述如此丰富而又难以言喻的内涵。

直到南朝梁慧皎著《高僧传》，记述习禅者二十人，并撰文论禅，进一步使之庄老化了。他说：

> 禅也者，妙万物而为言，故能无法不缘，无境不察。缘法察境，唯寂乃明。

这里用“妙”这一个字来说明自然、社会的性质，显然是吸取了庄子寓言的观念。在慧皎看来，“禅”既是生成万物的本体，又是认识大千世界的主体意识，因而也是体现万事万物神妙莫测性质的概念。这就与禅宗思想的“禅”相当接近了。至于道生的顿悟说，僧肇“非有非无”的不真空论，更是对庄老思想的趋同。他们在学术上崇尚庄老，游走于佛道之间，有意识地取诸庄子，对禅之一字不断扩容，寓意或者说使之浸淫于华妙难知、玄秘深奥之境，从而确立超乎有无、动静的非本体的本体，以及得意忘象的思维方式。这表现了创造性思维的特点，因而达到思辨哲学的最高层次，对于“性含万法”、“不思善”、“不思恶”、不着空、不着相、超二元对立的禅的思维，乃至去欲存净、厌离生死、心一境性的心性论，他们的贡献是显而易见的。当然还有牛头法融，他的《心铭》集中表述本性自觉、自净，因此无念、无住，同样是在庄子的思维模式中运作的。

正是在这样的思想基础上，经过漫长的历史演化，直到慧能，才形成以《坛经》为代表的、系统的禅宗思想。所谓禅的精神，根本在于离念、离相、离言，超二元对立的否定性思维和思辨哲学，并以此实现超二元对立的终极关怀：向外返归自然而达到外在超越，向内求诸本心而把握内在超越。

这里需要作一点附带的说明。至今相传的禅宗初祖菩提达摩，虽然历史上确有其人，但是，他以“定心”“安心”为核心的禅数和壁观之法，仍然是印度瑜伽“御心、摄意”的继续，是类似 Dhyāna 的入定之法，与引庄入佛，离念、离相，以超越有无、色空、一异、生灭等一切二元对立为终极关怀的禅宗之禅实不相同。早在唐代，道宣已经在他的《续高僧传》的“习禅篇”末，批评达摩之法“理事难通”。汤用彤先生更是一针见血，告诉我们“达摩四行非大小乘各种禅观之说，语似婆罗门外道，有似《奥义书》中所说。达摩学说果源于印度何派，甚难断言”。考察历史，所谓达摩面壁、只履西归、六代传宗、慧可断臂等，都不过是郢书燕说，以及禅门后裔牵强附会而选用的具有神话色彩的传说罢了。

因此我们可以说，禅宗思想的形成，是以《庄子·寓言》中禅(shàn)之一字的创造性翻译为前提，不断而又广泛地撷取庄、老思想，由道生、僧肇奠基，终至《坛经》而系统化、大众化的哲人之慧。也就是说，禅实际上是：

一种意境；

一种力图摆脱思维羁绊，超越相对，涵盖相对，游行自在的意境。

由此可知，禅宗思想的发端早在达摩之前，其传承更不像后世禅僧们说得那样神奇。事实上，佛教初传，给两汉经学所造成的沉寂的学术氛围，带来了清新的气息；佛典翻译，则对于玄学思潮的泛滥，起到了推波助澜的作用；庄老思想也随之在学术界重新崛起。时至魏晋，玄风飙起，名僧名士皆崇尚庄老，原来因受印度“瑜伽”、Dhyāna，以及巴利文 Jhāna 的启发，转借《庄子》之意，而活用的“禅”字，日复一日，终于被赋予丰富的内涵。以“定”为显著特征的印度 Dhyāna 之法，一变而为充满庄老玄理和思辨性格的中国禅学范畴。

不过，禅的观念自传入、翻译始，直到禅宗思想形成以后的一千余年，作为印度定法的禅，始终没有被完全抛弃，它与禅宗思想之禅并存，有时混用。达摩作为禅宗初祖的传说，以及单传直指，六世传心之演绎，既可以视为这两种不同的禅不分的原因，也可以说是二禅不分的结果。所以这里要特别说明，禅绝不是定，或者说不只是定。禅宗思想之禅，与禅定之禅是决不能再予混淆的。

从客观上看，任何一种学说，都不满足于现有的生存环境，佛家更是把人生视为苦难的历程。不过，它认为苦难的原因不在外境，而在于人类自身之无明所生的人我、是非、高下、胜负、多寡、善恶、生灭种种执于我、执于法，或执于我法的二元对立观念。执于上述观念则欲壑难填，道德沦丧，为民作梁上君子、市井无赖，为官则巧取豪夺、贪赃枉法；或者好勇斗恨，党同伐异，小则妇姑勃谿，兄弟阋墙，大则兵连祸结，杀人盈野……所以，佛家强调对人类最佳生活环境的追求不是向外用力，而是向内用功，要求人们专在思维活动上下功夫。就是超越相对的终极追求，这就是禅。

这一超越的追求，既然是一种意境，也就是难以言诠的。所以禅门多以语言文字为障道之本，强调意在言外，以心传心，肆力于涵盖乾坤的创造性思维。故而禅意也就越来越扑朔迷离，幽玄难知了。

但是人们还得利用语言文字去交流、传授或接受禅的体验与心得。然而这种凭借直觉而非逻辑，凭借悟性而非理性的自得之境，则因心得体验之个体差异，语言表述高下、难易、详略之不同，人说人殊也就在所难免了。

简单地说，由慧能开创，并由《坛经》体现的中国禅宗思想，其核心观念和终极追求就是“离相”“无念”“见性”。这和庄老的自然主义、齐物观念，僧肇、道生的本体无相、即体即用、非有非无、佛性本有，以及牛头之“无心合道”等，显然是一脉相承的。

所谓“离相”，即“于相离相，于空离空”“出入即离两边”，就是要否定思维中的一切二元对立。《坛经》中所举三十六对，意在说明自性、外境及语言、法相等内外一切对立都是“着空”“着相”的结果。禅的真谛就在于否定种种对立、超越种种对立，把握不着两边的绝对超越之境。直截地讲，它的本质就是否定！

所谓“无念”，即“于念而不念”“念念不住”“念念相续”。这看起来有些矛盾，其实正是禅宗吸取庄、老的辩证思维方式。“无念”并非“断除百思想”，而是认为本性自净，故应随缘而念，亦称“念念相续”。“于一切法上无住”，“于一切境上不染”，即不住于一切相。这其实是“还得本心”，而以本心超越一切对立的不同表述形式。这一形式表面看起来是对自心、本性的肯定，即所谓

“随缘”。但它的内容仍然是否定二元对立的内境、外境的思维方式。

超越对立之否定，与随顺本心之肯定，便是架构起禅宗思想体系的两根互相支撑着的支柱，以后禅宗思想的发展，无论是主流，还是歧路，或者祖述师门，或者自创新说，都是循着“离相”和“无念”的思维方式而展开的。

作为禅宗思想的主流，仍然以“出入即离两边”的否定性思维为主导，以本心去认知自然、社会和人生，充分发挥其具有批判意义的超越精神，力图以此涵盖现象界并认识无限；同时在“自性本觉”的基础上，以“随缘”的思辨方式，融合儒、道，促进三教合一以及禅与现实结合，即入世的趋势。尽管其否定精神发展到呵祖骂佛，以至于无国家、无人类之极端；但其入世精神仍把“自心净土”嫁接为“人间净土”之果。不过，无论如何，禅的超越性质和洒脱无羁的思维方式基本上是不变的。而且它对于人类思想的发展，对哲学的变革与充实，对社会的推动以及日用人伦，都具有积极的作用。

但不容否认的是，“离相”“无念”这种超常的思维方式是极容易导致意义上的歧解，并被利用而派作其它用场的。慧能以下，特别是五家七宗的弟子们，过于强调“于相离相”，即超越对立的思维方式及其所要达到的境界的不可言说性，过分渲染妙悟的作用，因此在不立文字、道断语言上大作功夫，于是语录繁兴，公案迭出，扬眉瞬目，机锋棒喝。本想绕路说禅，却愈绕愈远，愈绕愈令人不得其解。使原本平易、简朴的理念，岔入了神秘主义的歧路。本来建立在超越精神，即否定性质基础上的“无念”“随缘”，却蜕化为“一切现成”的绝对肯定，把对现实的否定与批判偷换为无条件的随顺和赞颂。于是，统治者便以禅来愚弄小民，投机取巧的禅宗末流也大讲方便或故弄噱头以欺世盗名。如此，禅的蜕化无疑给后人造成了对禅的误解。

其实，慧能的再传弟子宗密已经开始把禅复杂化，并且开始把禅推向神秘化的道路。他在《禅源诸诠集都序》中对禅作了如下的解释：

(禅)皆定慧之通称也……本源是禅理，忘情契之是禅行。

今时，有但目真性为禅者，是不达理行之旨……然亦非离真性别有禅体……此真性非唯是禅门之源，亦是万法之源，故名法性；亦是众生迷悟之源，故名如来藏藏识；亦是诸佛万德之源，故名佛性；亦是菩萨万行之源，故名心地。

宗密是上追达摩，并以达摩为宗祖的。所以他也有混淆作为定的方法之禅与禅宗思想之禅的意图和倾向。他认为，单纯视真性为禅，那是不够全面的。但他又强调真性不仅是禅门之源，而且是众生迷悟之源，诸佛万德和菩萨万行之源。也就是说真性既是自然本性(法性)，也是人性的本体(藏识)、道德本体(佛性)和行为本体(心地)。这里宗密所谓"真性"显然是慧能关注的清净自性，而且他对这一"真性"条分缕析，力图说明它在本体论、认识论、方法论和道德论中的地位，从根本上看与师门还是一致的。但其将禅复杂化，固然有推动诸宗合流的作用，却也开启了禅神秘化之先河。他还说："万行不出六波罗密，禅门但是六中之一，当其第五，岂可都目真性为一禅行哉?"这里他又把禅分为外道、凡夫、小乘、大乘和最上乘(即如来清净禅)五种，认为前四种四禅八定，包括天台宗三止三观，虽然圆妙，但均非上乘，只有达摩所传之如来清净禅才是最上乘禅，而且"人传一人"，"千灯千照"。所有这些，正是禅复杂化、神秘化之滥觞。如此说禅，老婆心切，却也失去禅初创时期简易明快、直探本源的特征，为后世说禅者开了一个很不好的先例，实在是对禅宗思想的误导。于是有临济之三玄三要、四料简、四宾主、四照用、三喝、三哭、三笑、七事随身、十智同真、十三句、十八问；曹洞宗的君臣五位、偏正五位、功勋五位、王子五位、三渗漏、三纲要、三种芦花、三解脱门；沩仰宗的圆相起因，九十六种圆相图；云门三句八要，法眼六相四因——更有断指斩猫，比驴喻狗，还有以艳诗淫语、色情色相作为参究所谓真性的话头的。真可谓是花样翻新，层出不穷。其上者尚能以种种出奇制胜的方式，斩断逻辑思维、消泯理性所造成的对立和差别，从而达到无在无不在的超越之境；其下者只停留在机锋公案的虚玄形式之上，说穿了不过是争奇斗巧，故作莫测高深，实在是自欺欺人的把戏。我们也就不再多作解释了。另一个侧面则简单得多了，只要说"平常心是道""日日是好日""黄的是纸，黑的是字""青青翠竹，尽是法身；郁郁黄花，无非般若"，以至于"担水搬柴""吃饭睡觉"，那就可以"放下即是”了。这种“一切现成”的思想虽然同禅的“无念”“随缘”观念相关，但它的本意是指认识过程的升华，是建立在否定之否定的超越基础上还其本来面目的“现成”，而非染污的“现在”。所谓三十年看山是山、看水是水讲的就是这一种“现成”与染污的“现在”的质的不同。然而，后世之禅僧也把这一超常的、具有严密思辨性的合理化过程，转换成了一种与现实绝对吻合的纯粹感觉，以“一切现成”对现实予以绝对的肯定。如此，具有强烈批判意识的禅宗，逐渐地变成了与世偃仰、与俗浮沉的乡愿了。

自宋而下，禅宗已成趋骛之势，禅意更是异说纷呈。“干屎撅”也好，吃饭、拉屎、睡觉、担水劈柴也罢；平凡隐秘也好，简洁明快，棒喝交加也罢；其目的虽然是要斩断通常的逻辑思维，以启导、发挥潜在的悟性，借助否定的形式达到超然、自在、无为而无不为，觉悟且游行自在的境界。但是，这种不落言诠，启迪智慧的方法，对于普通的、理性化的人（数据化、科学化的现代人尤甚）而言，便也成了雾里看花，捉摸不定。于是乎，颂古、拈古、代别、评唱，绕路说禅奔竞而起，看话禅独领风骚，默照禅更是因势利导，向印度“瑜伽”、Dhyāna 之定法靠拢或者说回归。“一切现成”的思想又使得禅僧平交王侯，把超越的禅法变成依草附木，甚至“整顿今人脚手”（佛照语），就是捆绑官僚百姓之世法，一些大德高僧也以此作粉饰，流于放荡而不顾。总之，前者使禅更加扑朔迷离，后者则使禅失却了禅的本质。更有甚者，禅宗末流索性诱导人们买椟还珠，用种种莫明其妙的形式欺世盗名，抑或如瞎子摸象，把禅解析得支离破碎，不成样子。

近代佛教强烈的参与意识，又使得禅意进一步理性化和世俗化了。有“世界禅者”之称的铃木大拙，匠心别具，明白断言：那不可说的禅是以自我为圆心，以无限心量为半径的圆，是超二元对立的绝对肯定。印顺认为，禅不可说，但还是说了，它是方便与究竟的结合，形式和内容的统一，是引人入胜的方便善巧。至于说“禅是生活的艺术化”，则是从宏观角度并由其效果上所赋予禅的审美价值。

禅学西渐，英美人一开始把“禅”称作 Meditation（意为冥想、沉思），而不是以 Buddha（佛）直接引入其语言体系。其原因是“禅”已非 Dhyāna，而是中国之特产。然而 Meditation 只能反映“定”的方式，禅意的幽深玄远使得他们最终还是将“禅”音译为 Zen 或 ch'an,如此才有助于显示和理解禅宗思想之“禅”否定与超越的本质。

禅门有一则故事,说善财童子受文殊之命到郊外采药,他认为山河大地无不是药,故随手摘一株野草而归。文殊言:“此草可活人,亦可杀人!”

这则故事所体现的二律背反的现象正是禅家说禅的前提。自然界之存在,尤其是文明之发展,无不表现出二重性,执着一端便不得其真,不是给别人造成祸患,就是给自己带来痛苦。《坛经》中“出入即离两边”的三十六对说法,既是对佛门“理超四句,体绝百非”的阐扬,更是对事物两面性的超越。当然,这也是接受了《老子》正反、祸福、得失、成毁、无为而无不为的辩证思想而不断资益的。所以,只有超越二元对立的思维方式,才能根除个体之苦、社会之祸。这就是禅门的价值判断和价值取向。

首先,如前面所说,从根本上看,禅是超二元对立的哲学范畴,是不落阶级、不着两边的思维方式,是离相、离言的超越之境。

平常人之思维,总摆脱不了有无、是非、真假、断常、一多、小大、生死等二元对立的思维框架。然而,世界,特别是人类的认知及情感世界是多样化的,而非二元对立的思维方式所能表述净尽的。因此,二元对立的思维方式要么局限于一得之见,要么则扭曲事物的本来面目。康德提出的先验理性所导致的二律背反及存在的不可知性,说的正是这个意思。依佛法而言,人之所以痛苦是源于人之无明,无明正是二元对立思维的别名。所以,从原始佛教的“八不”(不一不异、不常不断、不来不去、不生不灭)说,印度龙树的中道观,直到禅宗“出入即离两边”的说法,正是针对二元对立的思维而提出的矫治之法。他们认为,事物的本质,也可以说真理,不在二元对立的任何一端,只有在非二元对立的情形下才能求得。所谓“理超四句,体绝百非”根本精神就是禅宗说的“于相离相,于念离念”。即非有、非无、非亦有亦无、非非有非无,充分表现了禅宗否定和超越的精神。这种看起来不近情理的思维方式,显然违反了形式逻辑的矛盾律、排中律。然而事实证明,形式逻辑的一切定律也都有局限性,不能认同为普遍真理,而禅的思维倒也具有合理性的价值。1920年,波兰学者卢卡西维茨提出三值命题的演算,用以代替古典的二值逻辑,认为在二元对立的真假命题之外，还应当有一个可能的命题逻辑系统，以后又得到量子力学的验证，并发展为多值逻辑，肯定真假命题之外还存在有各种可能性，即可能是真、可能是假、可能不是真、可能不是假等。在这里形式逻辑中的排中律、矛盾律自然是不成立的。直觉主义逻辑尤其反对任何形式逻辑，不仅认为 $A \vee \neg A$（A或非A）排中律的公式是错误的，而且认为它只适用于“有限集”。比如A即非R(n)，那么非A是R(n)，n为自然数，对于非递归的谓词R(n)来说，排中律显然是不存在的。这与禅宗“离相”“超四句”的思维方式非常相似。不过禅宗“离相”是否定两极，而数理逻辑则是在肯定两极的基础上，肯定还有另一种存在的形式。尽管如此，它还是为二元对立外的存在，即禅所追求的超越之境提供了新的、科学的证据。

铃木大拙一再说明，禅是“对立的否定”；而胡适则认为是一种疯狂，但他也不得不承认：“他们奇怪的方法，并非没有意义。”（胡适《中国禅学之发展》）但是，禅追求的是超越的空境，铃木讲的是超二元肯定。其实，空境是否定之否定，是无限超越；肯定是否定的肯定，是有限超越，它势必在另一个层面上表现执着。如此亦可见铃木禅与中国禅之差距了。还是汤用彤先生说得好，他曾经引证斯宾诺莎的话说：To call anything finite is a denial in part（任何肯定都是否定）。禅的本质就在于否定，它不仅否定有，而且否定无，还否定亦有亦无、非有非无，由是而进至完全心灵化的，或者如有的学者所说的审美的超越之境。

禅不仅要离相，为了离相还须“离言”，因为语言文字与逻辑、理性紧密相关，同样具有其局限性。也就是说，语言文字的功能是有限的，故有“说似一物即不中”之说。所以，禅宗特别标明道在妙悟、非关文字。但语言文字虽不是亲证禅境的必由之路，却是禅的传播、授受的主要方法，甚至可以说是唯一的方法。语言文字的功能虽然有限，然而舍此也别无他途。故禅还需借助文字以显示它的内容。准确地说应当是“不落言诠”，即不要执着于语言文字的偏执性。所以说，不立文字并非不要文字，而是要使语言文字摆脱它的有限性，不断扩充它的功能，使其准确地表述超越相对、不落两边的思维，从而使学者或听者循着同样的心路而达到无住、无念、无相，也就是既不执着于相、也不执着于空的意境。

当然，禅的境界虽然在于超越，但其并非与现实生活绝不相干。佛门有言曰：天下事了犹未了，世外法法无定法，事犹如此，人何以堪?《红楼梦》中潇湘妃子对宝玉爱之不成，恨之不能，弃之不甘，人类的感情尤其非二元对立的方法所能剖析的。可见存在的本身也绝非二元对立的世界，然而人们又太偏执于对立的思维，因而陷入利害、得失、荣辱、成败、爱恨以至生死的交战之中而不能自拔，把自我的实现混同于对外在虚妄的无尽追求。如是或者失去了自我，或者断送了自我。禅之否定和超越不仅教人跨出相对，认识本我，更重要的是引导人们认识事物的相对性和模糊性，因而不再把金钱、地位等外在之物看得太重。只有如此，才能勘破利害、勘破荣辱、勘破生死，才能做到忘我、无念，才能够无私无虑、勇猛精进。无论贫富，无论贵贱，无论达困，都能够因势利导，泰然处之，化险为夷，随遇而安。

毫无疑问，所谓平常心是道，一切现成，则是以超越二元对立为前提的。与离相不同，它强调的是认识过程中的自我否定。三十年后看山是山，看水是水，凸显的正是认识对现象的超越，对自我的超越，而不是绝圣弃智式的返归原始。

值得注意的是，正是由于佛学对道家思想的吸收，以及禅作为庄老化的结果，禅与玩习庄老的中国士人、士大夫遥相呼应，中国的士阶层才能够将超越、随缘，且隐含强烈批判意识的禅爱不释手，才有鲁迅先生所说的中国知识分子手中有三件小玩意之说。也正是由于禅与中国知识分子在思想深处的共鸣，才使得以三纲(亲亲、仁民、止于至善)、八条目(诚心、正意、格物、致知、修身、齐家、治国、平天下)为立身行事标准，疾呼“为天地立心，为生民立命，为往圣继绝学，为万世开太平”的历代士人，在仕途的奔竞中，力图超越仕途。达则兼济天下，习禅以修心养性；困则借诗谈禅，向内用力为终极追求，把禅运于股掌之上，把进亦忧、退亦忧的忧患意识转换为超然于忧喜之上的自在情趣和对人的真性的终极关怀。“开太平”的现实精神，完全融入了立心、立命的超越追求之中，当然也是包括禅在内的“绝学”之中了。如是，禅与文人结合，实在是中国文化史上一个特别有趣的现象。因此，从某种意义上讲，禅也可以说是“文人禅”!

还需要说明,禅是不可复制的。禅作为一种思维的境界,它存在于每个人心灵中,还要靠自己去亲证,这就是禅家的口头语“还得本心”的意思。

总之,禅对着外境而不执着于外境,由心发端而不执守自心。安心无为而任自然,任自然而不执一端,不执一端必超越相对,超越相对则可涵盖无限。

禅就是这样一种思维方式和这种思维方式所通达的意境。从思维上讲,它是经验的;从意境上看,它则是哲学的和审美的。

对于现代人来说,尤其需要以这样一种意境和心态,面对工业文明、电子文明、信息文明所造成的一切紧张与对立。勘破利害,坦荡磊落,少一分对立,多一分爱心,去一点贪欲,增一些真诚。唯有如此,对于我们这个生存空间才是有利而无弊的。这就是以自心净土,建人间净土。

还应当说明,禅宗思想在形成之后,很快地出现了一个繁花似锦的极盛时期,宗门的发展也有烈火烹油之势,但也孕育了禅宗自身衰败的种子。当然也可以说是《坛经》已把禅宗思想发展到了极致,后世禅僧也只有在方法上花样翻新了。加之禅本身的不可言说性,尤其使他们有条件在不立文字、道断语言方面搬弄手脚,结果不是得鱼忘筌、得兔忘蹄,而是执着于筌、蹄而失鱼、兔了。否定性思维岔入了神秘主义的公案,离相、无念又返归印度式定、静之枯羊哑坐。见性成佛、随缘任运否定性思维的结晶,完全坠入了一切现成的自然主义之中,一切否定变成了一切的肯定。禅的超越精神和批判意识在某些地方荡涤殆尽,甚至变成愚弄大众的工具。加之禅门极度膨胀,迅速扩张,禅僧素质每况愈下,其中多起自文盲,名字未识,何论经教?更谈不上什么超二元对立的终极关怀了。禅宗实质上的衰败已成不可挽回之势。禅之后世,不仅复杂化、神秘化,而且也被神权、王权制度化、工具化。在民间甚至也有打着禅的招牌,抽签算命,求神问卜,超亡送死,不一而足,这显然不归于禅,而另当别论。

但是,我们必须承认,一种思想的形成,既要以一定的文化形态予以保证,同时,思想的发展与贡献,又不止在对于原初形态之巩固,而在于它对整个社会文化的重构和对人类精神的重塑。所以,尽管宗门衰颓、寥落,禅宗思想却仍然凭借它强大的渗透力，在不同的历史阶段，向社会的各个层面浸渍并实现它自身的价值。特别自宋以后，禅宗思想持续不断地影响着中国思想发展的进程。它不仅丰富了中国传统的思维，重铸了华夏民族的人生哲学，同样也陶冶了知识阶层的审美观念。禅宗思想的发展再也不限于山林寺观，而转向社会和学术思想界了。

于是，禅宗思想的发展，自然也就不再局限于宗门，而是在整个社会文化的大背景中激荡飞扬。所以，自宋代起，不仅有颂古、评唱，以及看话、默照、文字禅的崛起，还有禅对理学、政治、诗歌文学的浸淫与渗透同样触目皆是。禅宗思想在元明的转化主要是促进全真道之禅化，念佛禅之泛滥，士大夫之禅悦与逃禅，以及阳明禅之崛起。清代禅僧平交王侯，门户与意气之争，更有雍正以人主之身干预僧诤，使禅宗思想完全纳入了世俗社会之中。其参与精神促使其进一步在社会生活中得到更新，而其宗法门户观念加强，却使禅宗组织进一步没落。不过，乾嘉学派对禅宗及禅宗思想的批判，今文经学家及近世学者、禅衲对禅宗思想的改造和利用，又使得禅宗思想取代了佛学的地位，以新的姿容面向社会，面向未来。近世禅宗思想发展，主要是学术界对它的历史，及其兴衰变迁之迹的研究，也正是这些研究，推动了禅宗思想的近代转型。

历史证明，作为中国传统文化的一个重要组成部分的禅，曾经在中国思想学术领域、在不同时期的社会生活中，产生过极大的作用，作为文化的心理积淀，尤其有不可忽视的社会效果。20世纪以来，禅宗思想虽然发生了并且正在发生着极大的变化，它的参与精神，它的纯粹学术化的倾向，几乎可以说是完全摆脱了青灯黄卷式的古朴及对现实的超越。但它那否定性的思维方式，却又被集中用来作为审视自然、审视社会、审视人生的工具；它那强烈的自我意识以及向本体升华，并与本体合一的超越之境，随缘任运的生活态度和审美情趣，不仅在中国，在亚太地区，甚至在现代文明高度发展的西方，也都受到越来越多的关注，因而有不断蔓延的趋势。禅宗思想的现代意义及其在现代社会中的发展，显然也是不可否定的。

当然，在多元并存、全面发展的现代文化架构中，禅宗思想要谋求再度辉煌，虽然不是不可能的，但也绝非易事。其发展的迟速，影响范围的大小，不仅取决于学术、社会对它的逼迫性改造，同时在一定程度上也受僧人立身行事、思想学术水平的影响。科学民主社会中的现代僧人，若不能承继传统并实现自我更新，承担起弘扬禅宗思想的历史重任，早已不属于佛门专有的禅宗思想，必将在继续的外向渗透中，逐渐被各种思想吸收并扬弃。到最后人们也许就只知有“禅”，而不知有禅宗了。

综上所述，有以下几点需要特别给予说明：

一、“禅”字作为翻译名词，取诸《庄子·寓言》。早在达摩来华前几个世纪已经应用，其内蕴也在不断丰富。

二、“禅”字初始读音 shàn，原是递嬗变易之意。它既非印度之 Dhyāna 的音译，也非 Dhyāna 之意译，或许可以算作形、声结合，意义引申和转化的创造性翻译。在意义上，早期尚含有印度“瑜伽”(Yoga)和 Dhyāna 中定心、摄意与断灭知见的意思及其方法，但已经有意识地在《庄子》中借用了“禅”字，并不断地赋予它庄老思想的内涵，读音也变为 chán，而与“瑜伽”、Dhyāna 分道扬镳，各司其职。

三、因此，在菩提达摩之前，“禅”字已经具有两个方面的内容：一是类似印度“瑜伽”和 Dhyāna 以定为核心的修习方法，有人称之为禅定，有人谓之禅法，或谓之习禅之禅；二是已经开始庄老化，特别是形成了庄子化的哲学范畴，禅宗思想正是在这一基础上发展起来的。作为修习方法的“禅”，在以后近 2 000 年的禅宗史上，始终与作为哲学范畴的“禅”同时存在。歧义并存，研究禅宗思想尤应注意予以区别。

四、达摩并非禅的翻译的先驱，其思想近似婆罗门外道，壁观之说，理、行之学，更接近印度瑜伽和静思维的行法，其中固然有道家自然主义的人生观，但没有一点超出前人对禅的创造性思维。所谓“楞伽宗”，实际上还是注重头陀苦行，至于“四卷《楞伽》以为心要”，更是后人所妄造。所以，菩提达摩与禅宗思想并没有直接关系；“以心传心”“禅宗初祖”之说，实在是羌无故实之谈。